中国企业改革与发展研究会 ◎ 编

THE BLUE BOOK OF CHINA ENTERPRISE
REFORM AND DEVELOPMENT

中国企业改革发展
2020蓝皮书

中国商务出版社
CHINA COMMERCE AND TRADE PRESS

图书在版编目（ＣＩＰ）数据

中国企业改革发展2020蓝皮书 / 中国企业改革与发

展研究会编. -- 北京：中国商务出版社, 2020.12

ISBN 978-7-5103-3657-7

Ⅰ. ①中… Ⅱ. ①中… Ⅲ. ①企业改革—研究报告—

中国—2020 Ⅳ. ①F279.211

中国版本图书馆CIP数据核字(2020)第250808号

中国企业改革发展2020蓝皮书

ZHONGGUO QIYE GAIGEFAZHAN 2020 LANPISHU

中国企业改革与发展研究会 编

出　　版：中国商务出版社

地　　址：北京市东城区安定门外大街东后巷28号　　　　邮　　编：100710

责任部门：数字出版社事业部（010-64248236）

责任编辑：杨晨

总 发 行：中国商务出版社（010-64515150）

网　　址：http://www.cctpress.com

邮　　箱：szch2016cctp@163.com

排　　版：苑冬兴

印　　刷：天津联城印刷有限公司

开　　本：889毫米 × 1194毫米　1/16

印　　张：29　　　　　　　　　　　　　　字　　数：481千字

版　　次：2020年12月第1版　　　　　　　　印　　次：2020年12月第1次印刷

书　　号：ISBN 978-7-5103-3657-7

定　　价：260.00元

序　言

2020年年初以来，新冠肺炎疫情在全球肆虐，不仅冲击了本就承受下行压力的中国经济，并且重创低迷的世界经济，给人类和全球秩序带来了空前巨大挑战。面对肆虐传播的疫情，以习近平同志为核心的党中央统揽全局、果断决策、科学应对，全国人民众志成城，迅速打响了疫情防控的人民战争、总体战、阻击战，遏制住了疫情在本土的肆意传播。与此同时，统筹疫情防控和复工复产，恢复生产生活秩序，使我国成为世界上第一个走出疫情阴霾恢复经济增长的国家。

在此期间，无论是国有企业还是民营企业，在全力以赴抗击疫情的同时，积极复工复产、复商复市，扎实做好"六稳"，坚定落实"六保"，以实际行动为国为民解难，为抗疫提供坚强支撑，为恢复社会经济正常运转做出坚实贡献，为世界各国抗击疫情提供积极帮助。国有企业在抗疫复工过程中战一线、保供应、抓先机，展现了国企速度、国企担当和国企作为；同时不忘深化改革，以改革激发活力动力、对冲经济下行压力，成为经济复苏、发展的中流砥柱。民营企业，特别是中小企业，在疫情中所面对的困难更多、更严峻，供应问题、物流问题、销售问题、用工问题、资金问题等，压力山大。但国家给政策，民企敢拼搏，广大民营企业逆势而上，奋力前行，不仅在武汉、湖北疫情爆发期间奉献了"大爱"，而且在复工复产、恢复经济方面做出了重要贡献，彰显了民营企业的"家国情怀"。

6月30日，中央全面深化改革委员会第十四次会议审议通过了《国企改革三年行动方案（2020-2022年）》，为未来三年国有企业深化改革指明了方向，三年行动方案明确了下一步国企改革的目标、时间表和路线图。今年是落实三年行动方案的第一年，"双百行动"走深走实，"科改示范行动"启动实施，中国特色现代企业制度不断完善，重组整合扎实推进，混合所有制改革和股权多元化持续深化，国有资本投资、运营公司作用有效发挥，企业内部分配制度改革进一步深化，企业办社会职能等历史遗留问题加速解决，国有企业落实党的全面领导，改革涌现出一批先进典型。国资委明确提出，实施国企改革三年行动要把提升国资国企改革成效作为根本任务，坚持社会主义市场经济改革方向，抓重点、补短板、强弱项，通过实施国企改革三年行动，在形成更加成熟、更加定型的中国特色现代企业制度上取得明显成效，在推动国有经济布局优化和结构调整上取得明显成效。随着四批210户混改试点、"双百行动"、"区域综改试验"、"科改示范行动"、"世界一流示范工程"等一系列改革举措加速实施，从中央到地方上千家试点企业改革不断深化，国有企业将更加具有活力和效率，国有经济竞争力、创新力、控制力、影响力、抗风险能力将进一步加强。

作为年度发布的权威性报告，《中国企业改革发展2020蓝皮书》综合反映了本年度中国企业改革发展的主要情况。内容包括总报告、分报告、企业案例、企业改革发展大事记、数据统计与分析、领导讲话及指导性文件等。其中总报告依据详实的数据分析了中国企业改革发展的现状、问题与对策，包括国有企业改革与发展重要举措、成就、机遇与挑战，民营企业发展困境、机遇与挑战等。为便于广大研究工作者使用，今年新增加了数据统计与分析章节，包括国民经济相关数据、居民消费数据、对外经济贸易数据、科技创新数据、500强企业趋势数据等。今年还特别收录了中国企业研究会课题组的"关于新冠肺炎疫情对企业经营发展影响的调查分析报告（第四期）"，文章在持续跟踪调查数据的基础上，分析了新冠疫情冲击下广大企业经营发展中的实际困难、预期及政策需求，是一份不可多得的深入分析报告。

千淘万漉虽辛苦,吹尽黄沙始到金。近一两年甚至再长的时期内，企业面对的市场还将充满诸多的不确定性。作为企业，应坚定按照中央提出的"加快形成以国内大循环为主体、国内国际双循环相互促进的新发展格局"和党的十九届五中全会布局"十四五"规划和2035年远景目标要求，弘扬企业家精神，加快建设世界一流企业。企业要笃定办好自己的事，以辩证思维看待当前形势，积极应对危机和挑战，危机中育新机，变局中开新局，用创新用改革催生动能、激发活力、引领发展，锚定未来发展新航标，乘势而上，有所作为，在我国新的发展征程中做出企业的贡献！

宋志平

2020年12月

目　录

Ⅰ 总报告

Ⅱ 分报告

Ⅲ　企业案例

Ⅳ　数据统计与分析

Ⅴ　大事记

Ⅵ　领导讲话及指导性文件

后 记

总报告

中国企业改革发展现状、问题与对策研究总报告（2020）

一、中国企业改革发展现状

2020年，国际环境日趋复杂，不稳定性不确定性明显增加，新冠肺炎疫情影响广泛深远，经济全球化遭遇逆流，世界进入动荡变革期，单边主义、保护主义、霸权主义对世界和平与发展构成威胁。同时，我国已转向高质量发展阶段，正在加快构建新发展格局，改革发展任务比以往时期更加艰巨和繁重。面对新挑战和新任务，党中央、国务院始终高举中国特色社会主义伟大旗帜，坚持以习近平新时代中国特色社会主义思想为指导，全面贯彻党的十九大和十九届四中、五中全会精神，准确把握国内国际两个大局，着力抓好发展和安全两件大事，加强战略谋划，增强战略定力，坚持稳中求进工作总基调，持续统筹推进"五位一体"总体布局和协调推进"四个全面"战略布局，团结带领全党全国各族人民攻坚克难、砥砺前行，"不忘初心、牢记使命"，认真做好"六稳"工作、落实"六保"任务，使得全国经济社会发展工作取得了辉煌成就，在疫情防控和经济恢复上都走在世界前列。宏观方面，社会主义基本经济制度不断完善，科技不断进步，经济发展高质量化凸显，人民生活水平不断提高。2020年一季度，中国经济呈现负增长，GDP同比增幅为–6.8%，但是到了二季度，当世界各国经济仍然呈现显著衰退的时候，中国经济率先实现了正增长，GDP同比增幅为3.2%，并且增长速度在提高，表明经济复苏在加快。据国家统计局数据显示，2020年第三季度GDP同比增长4.9%。微观方面，国有企业改革进一步深化，混合所有制改革工作取得显著成效，国企民企呈现深度融合趋势；非国有企业发展问题得到进一步解决和落实，市场环境持续改善，市场活力得到进一步释放。面对世界经济衰退和新冠肺炎疫情的复杂形势，我国能够取得如此骄人成绩，这与市场各经济主体认真落实国家"六稳六保"总体经济方针、充分发挥自身应有作用密不可分，其中我国企业织不仅充分发挥了经济稳定器的作用，更是展现了关键时刻担当重任的角色力量，在打赢疫情攻坚战方面起到了顶梁柱和国家队的作用，在国民经济复苏过程中起到了带动和引导作用。

（一）总体发展情况

1.全国市场主体数量持续增长，营商环境显著改善

据国家市场监管管理总局公布数据显示，2019年，各类市场主体均呈现不同程度增长：截至2019年年底，全国拥有市场主体总数为12339.5万户，其中企业为3858.3万户，个体工商户为8261万户，农民专业合作社为22.1万户；新增市场主体数量总计2377.4万户，其中新增企业739.1万户，新增个体工商户1261.5万户，新增农民专业合作社16.5万户。与2018年相比，企业主体数量保持了较快的增长速度，个体工商户增速趋缓，农民专业合作社增长速度持续放缓。

表1 2016年－2019年全国市场主体情况　　　　　　　　单位：万户

	期末实有数				新增市场主体数量			
	总计	企业	个体工商户	农民专业合作社	总计	企业	个体工商户	农民专业合作社
2019年	12339.5	3858.3	8261	220.1	2377.4	739.1	1261.8	16.5
2018年	11020.0	3474.2	7328.6	217.3	2149.6	670.0	1456.4	23.1
2017年	9814.8	3033.7	6579.4	201.7	1289.8	607.4	1289.8	27.8
2016年	8705.4	2596.1	5930.0	179.4	1068.9	552.8	1068.9	29.6

数据来源： 国家市场监督管理局。

　　与此同时，市场退出机制继续发挥新陈代谢的作用。根据测算，2017年全国市场主体总计退出180.4万户，2018年累计退出944.4万户，2019年退出情况有所缓解，共退出1057.9万户。受国际国内经济形式影响，企业主体退出情况呈现上升趋势，个体工商户则表现出退出减弱情况①。

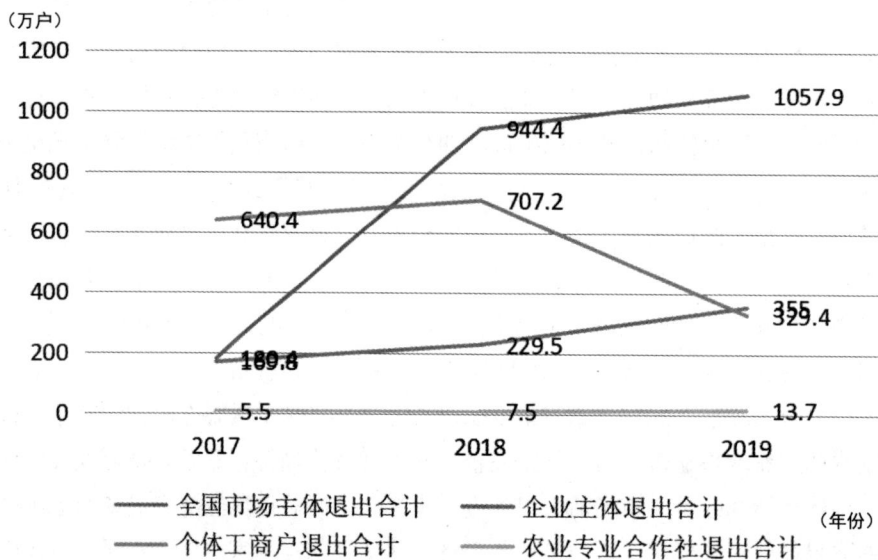

图1 各类市场主体退出情况估计

　　在营商环境优化方面，来自《2019年全国企业负担调查评价报告》的数据显示，党中央、国务院出台的一系列优化营商环境、减轻企业负担政策措施取得了积极成效，企业发展环境得到进一步改善。2019年6月至9月，中国中小企业发展促进中心，针对营商环境、企业负担等问题，对来自全国31个省（区、市）的6188家企业发放了调查问卷，其中私营企业比重最大，占70%，中小微企业占88%。在调查企业中，对营商环境满意和非常满意的领域有：开办企业和工商注册登记信息变更便利度、获得电

---

　　① 市场主体退出的数量是根据前一年年末市场主体存量、本年新增市场主体数量和本年市场主体存量计算而来，具体公式为本年退出市场主体数量=上年存量+本年新增－本年存量。

力供应便利度和知识产权保护，反应满意的企业占比分别为90%、87%和87%；企业对获得信贷便利程度评价较低。另据全国工商联发布的《2020中国民营企业500强报告》显示，500家民营企业中有91.88%的实际填报企业认为所在地政府出台的一系列配套措施执行力度较大，比2018年高2.82个百分点，在企业对营商环境的感受方面，实际填报的企业中，59.06%的企业认为政府服务企业力度加大，比2018年高3.8个百分点；52.80%的企业认为有利于民营经济发展的舆论氛围进一步加强，比2018年低2.01个百分点；46.76%的企业认为税费负担有所降低，比2018年高6.27个百分点；46.31%的企业认为亲清政商关系进一步确立，比2018年高17.23个百分点；44.30%的企业认为市场监管进一步加强，比2018年高11.19个百分点。

2.国有控股企业固定资产投资好于民间固定资产投资，经济稳定器作用凸显

2019年，全国各类型组织固定资产投资总额为551478亿元，同比增长5.4%，其中国有企业固定资产投资同比增长6.8%，民间固定资产投资增长4.7%，从增长速度上看，国有企业和民间投资的增速同时呈现放缓趋势，自经济进入新常态以来，国有企业和民间投资表现出了明显的互补增长状态，2016年，民间投资增长出现疲软情况下，国有企业固定资产投资呈现显著增长状态，而到了2018年，国有企业投资增长出现疲软的情况下，民间投资则呈现出显著增长状态，2019年国有企业投资与民间投资再次呈现互补状态。

表2 2012年-2019年国有控股企业固定资产投资情况　　　　单位：亿元

年份	全国		国有企业		民间		
	实际数据	同比增长	实际数值	同比增长	实际数值	同比增长	占比
2012	364835	20.6%	123694	14.7%	223982	24.8%	61.4%
2013	436528	19.6%	144056	16.3%	274794	23.1%	62.9%
2014	502005	15.7%	161629	13%	321576	18.1%	64.1%
2015	551590	10%	178933	10.9%	534007	10.1%	64.2%
2016	596501	8.1%	213096	18.7%	365219	3.2%	61.2%
2017	631684	7.2%	232887	10.1%	381510	6%	60.4%
2018	635636*	5.9%*		1.9%	394051*	8.7%*	62%
2019	551478*	5.4%*		6.8%	311159*	4.7%*	56.4%

数据来源：国家统计局网站。

*表示统计口径调整之后的数值。

2018年以来，受到国际经济环境影响，各类企业发展短期内受到制约，固定资产投资增长速度趋缓，呈现缓慢下降趋势。2019年年末，全国累计固定资产投资同比增长为5.4%，较2018年同比下降0.5个百分点；从各月累计固定资产投资情况看，仅有前三个月同比增长速度较高，其余呈现平缓下滑趋势。其中，民间企业固定资产投资下滑速度较快。2019年全年累计固定资产投资总额同比2018年仅增长4个百分点，而2018年同期同比2017年则增长8.7%，增长速度下降4个百分点；并且2019年全年各月累计固定资产投资增长速度同比均呈现下降态势。在国际国内经济紧张局势不断加剧的情况下，国有企业扮演了经济稳定期的角色，充分发挥了国有企业与民营企业优势互补的作用。2018年底，国有控股企业全

年累计固定资产投资同比仅增长1.9%，但是到2019年底，全年累计固定资产投同比增长6.8%，并且在全年各月份累计固定资产投资同比均保持高于民进累计投资的增长速度，有效缓解了因民进投资不足所引起的经济发展下行压力。

表3 2018年年末至2019年年末，各类企业固定资产投资增长情况　　　　　单位：%

指标	2018年1月–12月	2019年1月–2月	2019年1月–3月	2019年1月–4月	2019年1月–5月	2019年1月–6月	2019年1月–7月	2019年1月–8月	2019年1月–9月	2019年1月–10月	2019年1月–11月	2019年1月–12月
固定资产投资（不含农户）	5.9	6.1	6.3	6.1	5.6	5.8	5.7	5.5	5.4	5.2	5.2	5.4
其中：国有控股	1.9	5.5	6.7	7.8	7.2	6.9	7.1	7.1	7.3	7.4	6.9	6.8
其中：民间投资	8.7	7.5	6.4	5.5	5.3	5.7	5.4	4.9	4.7	4.4	4.5	4.7

数据来源：国家统计局。

自中美贸易摩擦以来，一些外资企业开始撤出中国市场，受此影响，2019年，外资企业各月累计固定资产投资增长速度大体呈现下降趋势，到2019年年末时，外资企业累计固定资产投资总额出现负增长，增长率–1%。相对于外资企业，港澳台资企业比较看好国内经济环境，2019年港澳台资企业固定资产投资同比2018年全年呈现负增长，但是于2019年年初时同比转为正向增长，并且在随后的各月累计固定资产投资同比均呈现增长态势。

表4 2012年–2019年港澳台及外资企业固定资产投资增长情况　　　　　单位：%

指标	2008年1月–12月	2019年1月–2月	2019年1月–3月	2019年1月–4月	2019年1月–5月	2019年1月–6月	2019年1月–7月	2019年1月–8月	2019年1月–9月	2019年1月–10月	2019年1月–11月	2019年1月–12月
港澳台商投资企业固定资产投资	–12	0	2.8	0.7	2	1.1	1.9	1.7	2.4	2.3	2.5	7.5
外商投资企业固定资产投资	6.1	3.4	8.7	4.6	2.8	1.2	3.6	2.5	1.8	2	–0.6	–1

数据来源：国家统计局

受疫情影响，2020年1月至2月，固定资产投资出现大幅度下滑，下滑24.4%，在这一时期，各类型企业的固定资产投资也都呈现出不同程度地下滑，但是外资下降幅度较小，表明外资对中国经济发展依然保持良好信心。随着中国治理疫情的呈现凸显，全社会固定资产投资逐渐开始恢复，其中国有控股企业、港澳台商投资企业和外商投资企业固定资产投资恢复较快，特别是外商投资企业，并没有因为国际复杂的经济环境而撤出中国市场，反而是不断增加投资。这一方面表明了中国应对新冠疫情得到了国际社会的普遍认可，另一方面也表明国有及国有控股企业作为经济稳定器不仅发挥了弥补民间投资不足的作用，同时起到了引导社会资本投资的作用。

表5 2020年不同类型企业固定资产投资增长情况　　　　　　　　单位：%

累计月份	固定资产投资（不含农户）	其中：国有控股	其中：民间投资	内资企业固定资产投资	港澳台商投资企业固定资产投资	外商投资企业固定资产投资
2020年1月-2月	-24.5	-23.1	-26.4	-24.8	-23.4	-16
2020年1月-3月	-16.1	-12.8	-18.8	-16.3	-13	-9
2020年1月-4月	-10.3	-6.9	-13.3	-10.6	-6.6	-1.3
2020年1月-5月	-6.3	-1.9	-9.6	-6.5	-4.4	-0.2
2020年1月-6月	-3.1	2.1	-7.3	-3.4	0.6	3.9
2020年1月-7月	-1.6	-3.8	-5.7	-1.8	1.5	3.5
2020年1月-8月	-0.3	3.2	-2.8	-0.5	4.5	3.8
2020年1月-9月	0.8	4	-1.5	0.7	4.9	5.3

数据来源：国家统计局。

3.全国规模以上工业企业增加值增长速度稳中有降，国有及国有控股企业增加值增速呈现V字型

2019年，全国规模以上工业企业增加值增长5.7，同比2018年下降0.5个百分点。在经济增长进入新常态的大环境下，从2012年开始，全国规模以上工业企业增加值增速总体上呈现放缓趋势。从2012年到2016年，全国规模以上工业企业增加值下降速度较快，但是，在国家宏观经济政策的有效调控下，从2016年开始呈现出增长速度恢复迹象，但是2018年的中美贸易摩擦阻碍了这一势头，从下图中可以看出，从2017年开始，全国规模以上工业企业增加值增长速度再次呈现阶段性下降态势，但是在国家"六稳六保"的政策指导下，整体下去速度相对缓慢，从2017年到2019年仅下降0.9个百分点。

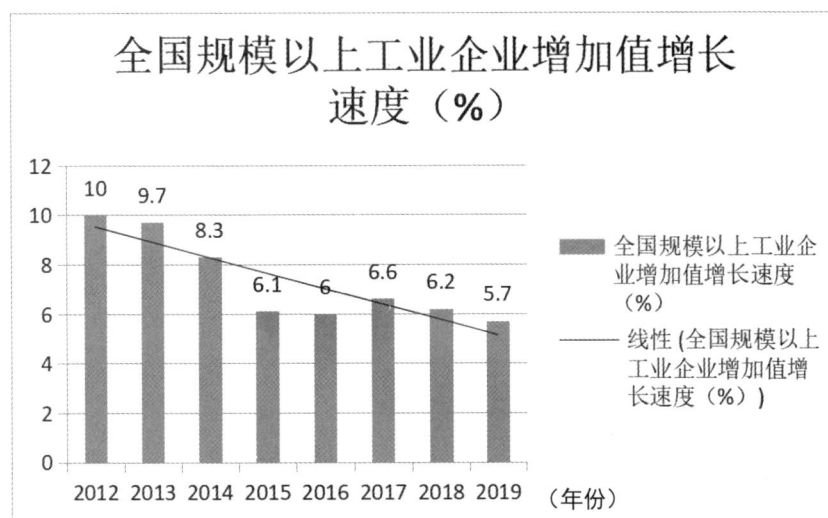

图2 2012年至2019年全国规模以上工业企业增加值增长速度情况

数据来源：国家统计局。

从企业类型看：国有及国有控股企业总体呈现先抑后扬的趋势，从2013年到2015年，规模以上国

有及国有控股企业增加值增长速度由8.3%下降至1.4%，下降6.9个百分点，与此同时其他类型规模以上工业企业增加值增长速度也呈现同步下降的趋势。但是，从2016年开始，规模以上国有及国有控股企业增加值开始呈现加速增长态势，与此同时，其他类型规模以上工业企业增加值增速开始呈现稳中有升态势，但是收到中美贸易摩擦影响，外商企业增加值增长速度于2019年再次大幅回落。总体而言，在新常态趋势下，各类型企业增加值增长速度都呈现不同程度的下滑状态，但是在应对复杂国际经济环境时，国有及国有控股企业在稳定经济发展方面扮演了非常重要的角色，充分发挥了经济稳定器的功能。

表6 2012年–2019年各类型规模以上工业企业增加值增长情况　　　　　单位：%

年份	企业类型			
	国有及国有控股企业	私营企业	股份制企业	外商及港澳台投资企业
2012	6.4	14.6	11.8	6.3
2013	8.3	12.4	10.8	8.3
2014	4.9	10.2	9.7	6.3
2015	1.4	8.6	7.3	3.7
2016	2	7.5	6.9	4.5
2017	6.5	5.9	6.6	6.9
2018	6.2	6.2	6.6	4.8
2019	4.8	7.7	6.8	2.0

数据来源：国家统计局

2020年上半年，规模以上工业企业增加值受疫情影响呈现下滑趋势，但下滑幅度逐渐减弱，这得由于国家宏观经济政策调整，使得各类型企业于2020年3月份开始呈现缓慢增长态势，但由于前期下滑幅度较大，直到2020年8月份，整体增加值才得到根本性扭转，到2020年第三季度，规模以上工业企业累计增加值实现1.2%的增长水平，全国各类型企业累计增加值也都恢复为正向增长。据国家统计局网站公布数据显示，2020年前三季度，国有控股企业增加值累计同比增长0.9%；股份制企业累计增长1.5%，外商及港澳台商投资企业累计增长0.3%；私营企业增累计长2.1%。

表7 2020年规模以上工业企业增加值增长情况

2020年	全国累计	当月				
		全国	国有及国有控股	股份制	外商及港澳台	私营
1-2月	−13.50%	· −	−	−	−	−
1-3月	−8.40%	1.10%	−	−	−	−
1-4月	−4.90%	3.90%	0.50%	4.00%	3.90%	7.00%
1-5月	−2.80%	4.40%	2.10%	4.80%	3.40%	7.10%
1-6月	−1.30%	4.80%	−	−	−	−
1-7月	−0.40%	4.80%	4.10%	4.20%	7.60%	4.20%
1-8月	0.40%	5.60%	5.20%	5.80%	5.30%	5.70%
1-9月	1.20%	6.90%	−	−	−	−

数据来源：国家统计局。

4.规模以上工业企业实现利润能力得到出现滑落，国有企业利润下滑幅度较大

2019年，全国规模以上工业企业实现利润总额61995.5亿元，比2018年下降3.3%。从2018年开始，受到经济发展新常态、国际经济环境、以及统计方式[②]的影响，核算数据呈现大幅回落，但总体上基本保持了总体上涨趋势，从2012年到2019年，规模以上工业企业实现利润由55578亿元增长为61995.5亿元。

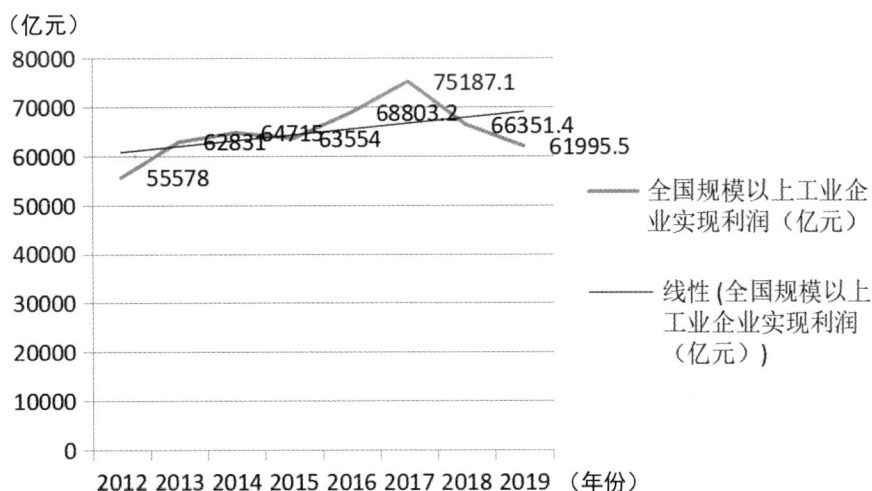

图3 全国规模以上工业企业增加值

数据来源：国家统计局。

从企业类型看：规模以上工业企业中，国有控股企业实现利润总额16355.5亿元，比2018年下降12.0%；股份制企业实现利润总额45283.9亿元，下降2.9%；外商及港澳台商投资企业实现利润总额15580.0亿元，下降3.6%；私营企业实现利润总额18181.9亿元，增长2.2%。国有企业利润下降幅度与其投资增长情况呈现鲜明对比，在经济下行压力较大情况下，国有企业并没有选择减少投资、收缩市场的方式保留实力，而是通过用利润换活力的方式，不断引导和激发非国有企业，增强市场信心，稳定经济秩序。

表8 2012年-2019年各类型规模以上工业企业实现利润情况 单位：亿元

企业类别	全国	国有控股	股份制	外资企业	私营企业
2012年	55578	14163	32867	12688	18172
2013年	62831	15194.1	37285.3	14599.2	20876.2
2014年	64715	14006.7	42962.8	15971.8	22322.6

---

② （一）根据统计制度，每年定期对规模以上工业企业调查范围进行调整。每年有部分企业达到规模标准纳入调查范围，也有部分企业因规模变小而退出调查范围，还有新建投产企业、破产、注（吊）销企业等变化。（二）加强统计执法，对统计执法检查中发现的不符合规模以上工业统计要求的企业进行了清理，对相关基数依规进行了修正。（三）加强数据质量管理，剔除跨地区、跨行业重复统计数据。根据国家统计局最新开展的企业组织结构调查情况，2017年四季度开始，对企业集团（公司）跨地区、跨行业重复计算进行了剔重。（四）"营改增"政策实施后，服务业企业改交增值税且税率较低，工业企业逐步将内部非工业生产经营活动剥离，转向服务业，使工业企业财务数据有所减小。

续表

2015年	63554	10944	42981.4	15726.1	23221.6
2016年	68803.2	11751.1	47196.8	17351.9	24325.3
2017年	75187.1	16651.2	52404.4	18752.9	23753.1
2018年	66351.4	18583.1	46975.1	16775.5	17137
2019年	61995.5	16355.5	45283.9	15580	18181.9

数据来源：国家统计局。

受到新冠疫情和国际经济环境影响，2020年1—9月份，全国规模以上工业企业实现利润总额43665.0亿元，同比下降2.4%（按可比口径计算，详见附注二），降幅比1—8月份收窄2.0个百分点。其中，国有控股企业实现利润总额11303.1亿元，同比下降14.3%；股份制企业实现利润总额30681.1亿元，下降3.6%；外商及港澳台商投资企业实现利润总额12443.0亿元，增长2.6%；私营企业实现利润总额12748.3亿元，下降0.5%。从下表可以看出，从2020年1月到2020年9月，国有企业利润下滑非常显著。这与疫情期间，国有企业特殊使命政策有着直接关系，国有企业保民生、强稳定、促发展，疫情期间，很多国有企业在充分保证安全的情况下，一直在开工生产，保障整个国民经济平稳运行，为此也付出了巨大的成本。

表9 2020年各类型规模以上工业企业实现利润情况　　　　　　　　单位：亿元

累计月份	全国	国有	股份制	外商及港澳台	私营
2020年1—2月	4107	1465.4	3158.8	796.3	1208.3
2020年1—3月	7814.5	2226.7	5970.4	1671.5	2344.8
2020年1—4月	12597.9	3046.3	9249	3121.3	3920.1
2020年1—5月	18434.9	4404.2	13478.8	4659.2	5607.3
2020年1—6月	25114.9	6614.1	18247.1	6486.4	7119.8
2020年1—7月	31022.9	7838.1	22090.6	8586.8	8883.4
2020年1—8月	37166.5	9509.4	26340.8	10384.4	10699.7
2020年1—9月	4366ʒ	11303.1	30681.1	12443	12748.3

5.进出口总额程下降态势，民营企业进出口比重持续上升，第一次超过外资企业，成为我国第一大进出口主体

2019年，全国各类型企业进出口总额累计达45788.9亿美元，按美元计价，比2018年下降0.9%。但这不是我国对外贸易总额首次下降，自2012年以来，对外贸易总额呈现"峰-谷-峰"波动上涨趋势，这主要是受到国内宏观经济形势和国际经济环境影响所致，但是在"一带一路"政策的引导下，整体对外贸易形式并没有出现大幅度下滑，表明"一带一路"政策低于国际贸易风险能力正在加强。

表10 2012年–2019年中国外贸进出口情况 单位：亿美元

年份	金额
2012	38671.2
2013	41589.9
2014	43015.3
2015	39530.6
2016	36855.6
2017	41071.4
2018	46224.2
2019	45778.9

数据来源：海关总署。

从企业类型看：从2012年到2019年，国有企业进出口总额呈现V字型增长，总体呈现微弱增长，由2012年的4.17万亿元增长至2019年的5.32万亿元；民营企业和外资企业进出口总额增长情况较为平稳，分别由2012年的7.67万亿元、11.88万亿元增长至2019年的13.84万亿元、12.57万亿元。但与外资企业相比，民营企业进出口总额增长速度较快，特别值得一提的是，到2019年年末，民营企业进出口总额第一次超过了外资企业，成为第一大进出口经济体。此外，从民营企业从出口增长情况看，由2012年的4.84万亿元增长至2019年的8.9亿元，增幅超过民营企业进出口总额增长速度3.4个百分点，这说明民营企业出口对其对外贸易总额的贡献较大。

另据海关统计显示，2019年，我国跨境电商等外贸新业态继续保持蓬勃发展态势，其中通过海关跨境电商管理平台进出口达到1862.1亿元，增长38.3%；市场采购方式进出口5629.5亿元，增长19.7%。跨境电商新业态企业和市场采购两者合计对整体外贸增长贡献率近14%。

表11 2012年–2019年各类型对外贸易各类企业出口情况 单位：万亿元

年份	国有企业	民营企业		外资企业
2012	4.71*	7.67*	4.84*	11.88*
2013	4.54*	9.02*	5.55*	11.62*
2014	4.58**	9.12**	6.61**	12.13**
2015	4.03**（-12.1%）	9.1（-0.2***）	6.4（3.1***）	11.34**（-6.5%***）
2016	3.8（-5.6%***）	9.28	6.35	11.1（-2.1%***）
2017	4.54**	10.7	7.13	12.45**
2018	5.3（16.8%***）	12.1	7.87	12.99（4.3%***）
2019	5.32	13.84	8.9	12.57

注：数据来源于海关总署。

*2012年、2013年数据根据同期年末人民币兑美元汇率折算所得，2012年12月31日、2013年12月31日美元兑人民币汇率分别为6.2855、6.0533；

**2014年国有企业、外资企业、民营企业进出口总额、民营企业进口总额根据2015年商务部公布进出口增长比例计算所得；2015年国有企业、外资企业进出口总额根据2016年商务部公布进出口增长比例计算所得；2017年国有企业、外资企业进出口总额根据2018年商务部公布进出口增长比例计算所得。

***括号中为本年比上一年增长率。

受疫情影响，2020年前三季度进出口总额23.12亿元，仅增长0.7%，但是由于跨境电商、市场采购等新业态新模式进入快车道、营商环境不断改善，市场主体活力加快释放，2020年1-8月，有进出口实绩企业共47.8万家，同比增长6.2%。如果说国有企业是国内经济发展的稳定器，那么，民营企业则是对外贸易的稳定器。2020年，在整体对外贸易形式不景气的情况下，民营企业进出口总额从一季度累计2.78万亿元增加到三季度累计10.66万亿元，其中前三季度累计实现出口总额为7.02亿元，同比增长10%，带动整体出口增长5.1个百分点③。

表12 2020年各类型对外贸易进出口企业实际增长情况　　　　　单位：%

2020年	国有企业	民营企业		外资企业
		进出口	出口	
前一季度	1.16	2.78	1.71	2.6
前二季度	2.22	6.42	4.14	5.55
前三季度	3.46	10.66	7.02	8.91

6.企业科技创新能力不断增强

根据2019年中国科技统计年鉴数据，在不同类型的企业中，注册类型为国有独资公司和私营企业的各项指标都呈现显著增长态势，注册类型为股份有限公司的企业中内部外部科研投入和产出指标呈现缓慢增长态势，注册类型为国有企业的各项指标都呈现大幅下降状态。考虑到因国有企业改革需要，可能存在国有企业注册类型发生变更问题，本部分在考察相关指标时，将国有企业与国有独资公司的指标数值进行了加总，合称为国有企业。按照这一分类，2018年，国有企业中有研发机构的企业数为878家，有科研活动的企业数为1356家，内外部科研支出为8929441万元，申请专利数为60877件，其中发明专利数为13553件，与2017年相比，国有企业在科研机构、科研活动和科研投入相对减少的情况下，专利产出保持了稳定增长。与国有企业相比，私营企业的科技创新更为活跃。2018年私营企业中，有研发机构的企业数为41241家，有科研活动的企业数为60914家，内外部科研投入合计为40500490万元，专利申请数为380281件，其中发明专利为122242件，与2017年相比，各项指标均呈现较大幅度增长。股份有限公司的各项指标相对稳定，除前两项指标外，其余各项指标均增长幅度较小。

表13 2017年、2018年全国规模以上工业企业科技创新情况

企业类型	年份	有研发机构企业数（个）	有R&D活动企业数（个）	内部R&D支出（万元）	R&D外部支出（万元）	专利申请数（件）	发明专利数（件）
国有企业	2018	143	227	834378	104865	10004	4771
	2017	271	419	2134367	251193	17360	8782
国有独资公司	2018	735	1129	7107416	882782	50873	23494
	2017	718	1094	6341613	650021	35665	17581
股份有限公司	2018	4623	6652	20251745	1401865	150680	67621

---

③ 商务部负责人谈2020年1-9月我国对外贸易运行情况[N].商务部网站,2020-10-14.

股份有限公司	2017	4731	6665	18472440	1182624	144682	63069
私营企业	2018	41241	60914	38516119	1984371	380281	122242
	2017	36034	53668	31880597	1479841	270129	84468

数据来源：中国科技统计年鉴2019（数据截止到2018年年末）。

7.企业社会责任履行情况

2020年11月13日，《企业社会责任蓝皮书（2020）》（下称《蓝皮书》）在北京发布。根据《蓝皮书》相关数据，在履行社会责任上，国有企业社会责任发展指数连续12年领先于民营企业与外资企业。2020年，国企100强、民企100强和外企100强社会责任发展指数同步增长。其中，国企100强社会责任发展指数得分最高，为58.5分，民企100强次之，为29.3分；外企100强得分最低，为20.1分。

但是，在全国参与调研的企业中也存在超六成企业社会责任管理缺位问题。2020年，中国企业300强责任管理指数为21.5分，处于二星级水平、起步者阶段。其中，华润集团、中国华电、中国三星等8家企业社会责任管理指数达到五星级水平；188家企业社会责任管理指数不足20分，仍在"旁观"。此外，在社会责任指标细分领域，责任实践指数普遍优于责任管理指数。2020年，中国企业300强责任实践指数达39.8分，领先于责任管理指数（21.5分）。责任实践指数中，社会责任指数领先于本质责任和环境责任指数。

在同国际企业进行对比过程中发现，东亚企业社会责任发展指数大幅领先于欧美企业。2020年，韩资企业社会责任发展指数继续领先，为78.7分；欧美企业社会责任发展指数平均不足20分，仍处于旁观者阶段。中国企业300强精准扶贫议题得分为35.3分。2020年是脱贫攻坚收官之年，中国企业精准扶贫议题指数全面增长，达到35.3分，有约四成企业处于旁观状态，与2019年的五成旁观情况相比，有明显改善。其中，国企100强表现最佳，得分为69.4分，民企100强次之（28.6分），外企100强得分偏低（8.0分）。值得一提的是，中国企业300强抗击疫情议题得分高达48.5分，其中，国企100强抗击疫情议题得分最高，达到72.0分[④]。

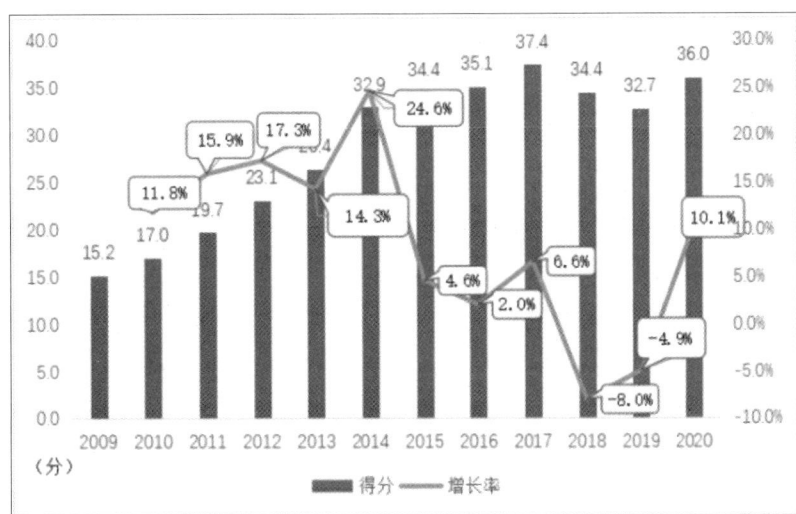

图4 2009年-2020年中国企业300强社会责任发展指数变化趋势

8.入围世界500强的中国企业数量和质量进一步提高和改善

2020年，中国大陆(含香港)进入《财富》世界五百强的公司达到124家，历史上第一次超过美国(121家)，如果考虑台湾地区企业，中国一共有133家公司上榜，有25家新上榜和重新上榜公司，其中新上榜的中国公司有8家，它们是：上海建工，深圳投资控股，盛虹，山东钢铁，上海医药，广西投资，中国核工业和中煤能源。2020年上榜的中国大陆公司平均销售收入达到669亿美元，与2019年相比有所提升，与世界500强公司横向比较，中国企业平均销售收入和平均净资产两项指标达到了《财富》世界500强的平均水平。但是，中国企业盈利水平较低。2019年，上榜中国大陆企业124家平均利润不到36亿美元，约为美国企业（70亿美元）的一半，也低于全球500家大公司平均利润41亿美元。根据这三个数据计算，上榜中国大陆公司平均销售收益率为5.4%，低于美国企业的10.5%，平均净资产收益率为9.8%，低于美国企业的17%。如果考虑到中国和美国上榜企业平均雇佣员工数量的差别，上述差距进一步扩大。

此外，2020年，进入榜单的中国银行共有10家，这10家银行利润占全部上榜中国大陆企业利润总额的44%。相比往年占比50%以上，今年上榜银行利润占比已经明显下降，但是比例仍然过高。而银行利润过高必然挤压非金融企业的利润。如果不计算银行所得利润，2019年中国大陆上榜的非银行企业114家平均利润只有近22亿美元。作为对比，113家美国非银行企业平均利润高达到63亿美元，接近中国大陆企业的3倍。[⑤]

表14 2012年–2019年世界500强企业中央企业情况   单位：家

年份	中央企业	中国企业
2012	43	79
2013	44	95
2014	47	100
2015	47	106
2016	50	110
2017	48	120
2018	48	129
2019	48	133

数据来源：历年《财富》世界500强排行榜。

（二）国有及其控股企业的发展情况

2019年，是《深化国有企业改革与发展指导意见》实施第五个年头。

1.全国国有及国有控股企业主要经济指标保持增长态势，应交税费继续下降

2019年1–12月，营业总收入625520.5亿元，同比增长6.9%，其中，中央企业实现营业收入358993.8亿元，同比增长6.0%，地方国有企业实现营业收入266526.7亿元，同比增长8.2%；营业总成本609066.1亿元，同比增长7.1%，其中，中央企业344900.0亿元，同比增长5.9%，地方国有企业264166.1亿元，同比增长8.6%；利润总额35961.0亿元，同比增长4.7%，其中，中央企业实现利润总额为22652.7亿元，

④ 企业社会责任蓝皮书（2020）在京发布：四成企业仍在旁观[N].央广网,2020年11月13日.http：//tech.cnr.cn/techph/20201113/t20201113_525329256.shtml

⑤ 2020年《财富》世界500强排行榜[N].财富中文网,2020年8月10日.http：//www.fortunechina.com/fortune500/ c/2020–08/10/content_372148.htm

同比增长8.7%；地方国有企业实现利润总额为13308.3亿元，同比下降1.5%；税后净利润26318.4亿元，同比增长5.2%，归属于母公司所有者的净利润15496.0亿元，其中，中央企业实现税后利润为16539.9亿元，同比增长10.4%，归属于母公司所有者的净利润9644.2亿元，地方国有企业实现税后利润为9778.5亿元，同比下降2.7%，归属于母公司所有者的净利润5851.9亿元；应交税费46096.3亿元，同比下降0.7%，其中，中央企业应交税费32317.1亿元，同比下降0.7%，地方国有企业应交税费13779.2亿元，同比下降0.6%；成本费用利润率6.0%，下降0.1个百分点，其中，中央企业成本费用率为6.7%，增长0.2个百分点，地方国有企业成本费用率为5.1%，下降0.5个百分点；资产负债率63.9%，下降0.2个百分点，其中，中央企业资产负债率为67.0%，下降0.4个百分点，地方国有企业资产负债率为61.6%，增长0.1个百分点。从国有及国有控股企业隶属层级上看，中央一级国有企业运行情况要好于地方国有企业。

表15 2012年-2019年全国国有及国有控股企业经济效益情况　　单位：亿元

年份	营业收入	实现利润	应交税费	资产总额	负债总额
2012	423769.6	21959.6	33496.3	806943*	520321.5*
2013	464749.2	24950.5	36812	911038.6	593166.5
2014	480636.4	24765.4	37860.8	1021187.8	665558.4
2015	454704.1	23027.5	38598.7	1192048.8	790670.6
2016	458978	23157.8	38076.1	1317174.5	870377.3
2017	522014.9	28985.9	42345.5	1517115.4	997157.4
2018	587500.7	33877.7	46089.7	1787482.9	1156474.8
2019	625520.5	35961	46096.3	2339000*	1498000*

数据来源：财政部网站关于历年全国国有及国有控股企业运行情况。

*该数据依据"2019年全国国有企业资产总额233.9万亿元[N]，中国新闻网，2020年10月15日，https://www.chinanews.com/gn/2020/10-15/9313715.shtml"数据估算。

进入2020年以来，收到国际经济环境以及新冠疫情的影响，全国国有及国有控股企业营业收入、营业成本、利润总额、应交税费、净利润等指标均呈现显著下滑态势。但是，从2020年6月份开始，这五项指标开始强势反弹，表现为积极的正向增长，并且实现连续五个月正增长。这与国有企业有序组织复产复工直接相关。

表16 2020年5月-9月全国国有及国有控股企业各指标增长情况

月份	营业收入	营业成本	利润总额	净利润	应交税费
2020年5月	-1.40%	-0.01%*	-5.50%	-4.37%*	-0.42%*
2020年6月	7.10%	6.20%	6.00%	7.50%	4.70%
2020年7月	2.70%	2.30%	14.00%	14.30%	5.70%
2020年8月	6.00%	4.80%	23.20%	25.80%	2.10%
2020年9月	9.20%	7.60%	52.50%	60.90%	10.50%

数据来源：财政部网站关于2020年全国国有及国有控股企业各月份运行情况报告。

*根据2020年累计指标和2019年累计指标估计所得，公式为：指标值=（2020年当月累计-本年度上月累计）/（2019年当月累计-当年上月累计）-1

从累计情况看，各项指标持续反弹，有效缓解了全年累计运行情况持续恶化的局面，营业成本支出一项已同比实现了0.5%的增长，按照当前各指标的平均增长速度，有望在第四季度实现全面增长。另外，从结构上看，中央企业的营业收入和营业成本恢复较地方国有企业慢，但是在成本控制和因此而产生的盈利效应上要好于地方国有企业。

表17 2020年5-9月全国国有及国有控股企业各指标累计运行及增长情况　　　　单位：亿元

2020年	营业收入	营业成本	利润总额	净利润	应交税费
1-5月	218388.1（-7.7%）	216126.2（-4.9%）	6630.9（-52.7%）	3981.6（-61.6%）	17464.7（-8.3%）
1-6月	279537.3（-4.9%）	274594.1（-2.7%）	11225.3（-38.8%）	7546.6（-44.6%）	21630.6（-6.0%）
1-7月	330158.4（-3.5%）	323238.8（-1.7%）	14763.1（-30.4%）	10316.0（-34.7%）	25969.0（-4.0%）
1-8月	382568.6（-2.1%）	373413.4（-0.6%）	18169.8（-24.2%）	13086.4（-27.3%）	28984.9（-3.5%）
1-9月	440846.4（-0.7%）	429352.4（0.5%）	22833.0（-16.0%）	16533.8（-18.5%）	33947.3（-2.3%）

数据来源：财政部关于2020年全国国有及国有控股企业各月份运行情况报告，括号中的数据为同比增长情况。

2.规模以上国有及国有控股工业企业盈利能力下滑和偿债能力高于全国国有及国有控股企业平均水平

2019年，规模以上工业企业中，国有及国有控股企业实现主营业收入288253亿元，同比增长3.7%，同期全国国有及国有企业主营业收入同比增长6.9%；同期规模以上国有及国有控股工业企业实现利润总额为16355.5亿元，比2018年增长-12%，同期全国国有控股企业实现同比增长4.7%。从主营收利润比看，规模以上国有及国有控股工业企业为5.67%，同期全国国有及国有控股企业为5.75%，相对较弱。

2019年，规模以上工业企业中，国有及国有控股企业总资产449692.67亿元，同比增长4.64%，总负债252272亿元，同比增长3.39%。规模以上国有及国有控股工业企业总资产和总负债出现双升局面，总资产上升幅度显著高于总负债上升幅度，总体资产负债率为58%，较2018年下降0.7个百分点，而同期全国国有及国有控股企业的资产负债率为63.9%，这表明规模以上国有及国有控股工业企业偿债能力进一步得到提升。

表18 2012年-2019年全国规模以上国有及国有控股工业企业运行情况　　　　单位：亿元

年份	主营业务收入	实现利润	总资产	总负债
2012	245076	15175.99	312094.37	191349.97
2013	257816.9	15917.68	343985.88	214230.57
2014	—	14508.02	371308.84	230132.08
2015	241668.9	11416.72	397403.65	246147.12
2016	238990.2	12324.34	417704.16	257235.38
2017	265393	17215.49	439622.86	266097.89
2018	273760.2	18583.1	429764.8*	252272**
2019	288253	16355.5	449692.67*	260821.75**

注：本表数据来源于统计年鉴（2013-2018）。
　　*依据国家统计局发布的当年规模以上工业企业运行情况中的每百元资产主营业收入指标计算所得
　　**依据国家统计局发布的当年规模以上工业企业运行情况中的资产负债率指标和总资产测算指标计算所得。

2020年，规模以上国有工业企业主营业务收入和实现利润同比都呈下降趋势，从下降幅度上看，呈现明显复苏态势，资产营收率逐渐提升；相对于盈利能力，资产复制率保持相对稳定。

表19　2020年规模以上国有工业企业各指标累计运行及增长情况　　　　单位：亿元

2020年	主营业务收入	实现利润	营收资产率	资产负债率
1—2月	36252.7（−11.5%）	36252.7（−32.9%）	48%	57.60%
1—3月	57585.7（−12.2%）	2226.7（−45.5%）	50.60%	57.70%
1—4月	78856.0（−9.7%）	3046.3（−46.0）	51.90%	57.90%
1—5月	100937.6（−8.1%）	4404.2（−39.3%）	53%	58%
1—6月	125810.7（−5.9）	6614.1（−28.5）	54.80%	58%
1—7月	147884.0（−4.7%）	7838.1（−23.5%）	55.20%	57.50%
1—8月	171804.5（−3.6%）	9509.4（−178%）	55.90%	57.60%
1—9月	198131.8(−2.7%)	11303.1 (−14.3%)	57.10%	57.40%

数据来源：国家统计局。括号中的数据为同比增长情况。

3.国有企业混合所有制改革情况

《中共中央、国务院关于深化国有企业改革的指导意见》（下称《指导意见》）下发后，国务院国资委等有关部门因地施策、因业施策、因企施策，指导具备条件的企业"一企一策"制定混改方案，既走出去也引进来，在培育壮大市场化经营机制，增强混改企业活力和核心竞争力的同时，持续放大国有资本功能，实现了各类市场主体优势互补共同发展。仅中央企业引入非公资本一万多亿元，目前中央企业中的混合所有制企业户数占比已经超过了70%，比2012年底提高了近20个百分点。省级国有企业混改比例接近60%。混改后实现利润增长的企业超过七成。试点企业共引入各类投资者50多家、资本超过1200亿元。国药集团、南航集团相继开展股权多元化改革，中央企业集团层面股权多元化改革取得积极进展，目前企业户数已达8家。2020年上半年，各地国有企业克服疫情影响，继续带动社会资本投资，仅央企引入资金就超过1100亿元。第四批160户混改试点企业中，有35户完成或基本完成引进战略投资者的任务。实践中，国有企业按照市场经济规律实施双向混合，既大胆'引进来'，鼓励非公有资本参与国企改革，也积极'走出去'，支持帮助非公企业发展。据统计，近几年中央企业压减的近13000户法人中，超过2000户的控股权转让给了民营企业⑥。

4.中央企业履行社会责任情况

2020年疫情期间，中央企业筹集捐款超过26亿元。以中建三局为代表的60多家中央企业所属单位10天建成火神山医院，12天建成雷神山医院，600多名央企所属医院医护人员驰援湖北。同时，央企紧急转产扩产医疗物资，迅速有效突破医疗物资扩能瓶颈。

中国石化快速建成年产能超万吨的熔喷布生产基地；国机集团从零起步10天研制成功首台平面口

⑥ 积极稳妥深化混合所有制改革 各类市场主体优势互补携手共进[J].国资报告.2020年10月30日.http：//www.sasac.gov.cn/n2588025/n2588139/c15822851/content.html.

罩机；国药集团新冠病毒灭活疫苗研发进度全球领先；石油石化、电力、煤炭等企业克服重重困难坚决做到不断油、不断气、不限电，通讯企业全力维护通信网络畅通；航空企业执飞包机确保医护人员和医疗物资及时运达；物资供应有关企业公开承诺价格不涨、质量不降、供应不断。

在为疫情防控提供有力支撑同时，中央企业带头推进差异化、精准化复工复产，加大有效投资，认真落实国家政策助企纾困，积极推进"抗疫稳岗扩就业"专项行动，3月份基本实现全面复工复产，上半年完成固定资产投资超万亿元，减费让利降低社会运行成本超过1200亿元，累计招录413.4万人。

此外，中央企业全力以赴打好精准脱贫攻坚战，2019年以来投入和引进无偿帮扶资金超过80亿元，央企产业扶贫基金募集资金314亿元。抗击疫情中开展消费扶贫专项行动和帮扶定点扶贫县农民工就业专项行动，努力帮助贫困群众解决农产品滞销、外出务工难等突出困难，今年以来已购买和帮助销售贫困地区农产品43.57亿元。

在大疫未止、大汛又至的时期，中央企业积极调动资源参与多地防汛抗洪，为救灾救险、恢复重建、维护群众生命财产安全作出重要贡献。在海外运营中，中央企业一方面抓早抓细抓实，强化境外疫情防控，全力保障境外员工生命健康；一方面力所能及地支持当地防控工作，向全世界展示了负责任大国企业的良好形象，为服务"一带一路"建设和国家外交大局作出积极贡献⑦。

（三）民营企业的发展

2019年以来，国家先后出台多项着力破解民营企业发展中面临的各种问题。2019年1月生态环境部、全国工商联联合发布《关于支持服务民营企业绿色发展的意见》，对服务民营企业绿色发展、打好污染防治攻坚战提出了新要求；2019年2月中共中央办公厅、国务院办公厅印发《关于加强金融服务民营企业的若干意见》。在2019年3月两会期间的《政府工作报告》上，李克强总理从减税、降费、优化营商环境、激发市场主体活力、解决融资难融资贵等多方面，提出了进一步支持民企发展的实质性举措。2019年4月，中共中央办公厅、国务院办公厅印发《关于促进中小企业健康发展的指导意见》，提出要进一步放宽市场准入，积极破解融资难融资贵问题，重视提高企业创新发展能力。为了应对复杂的国际经济形势，保障民营企业快速发展，2019年12月《中共中央国务院关于营造更好发展环境支持民营企业改革发展的意见》发布，从优化公平竞争的市场环境、完善精准有效的政策环境、健全平等保护的法治环境、鼓励引导民营企业改革创新、促进民营企业规范健康发展、构建亲清政商关系、组织保障等七个方面提出了进一步支持民企发展的具体意见。在上述政策指引下，民营企业快速稳步发展，各项经济指标表现优异。

进入2020年，面对复杂的国际经济形势和新冠疫情的冲击，各地区根据自身实际情况，纷纷出台相应的政策措施，缓解民营企业经营困境，收效显著，但同时，民营企业改革与发展的工作也按下了暂停键。为深入贯彻习近平总书记关于支持民营企业改革发展的重要讲话精神，认真落实《中共中央　国务院关于营造更好发展环境支持民营企业改革发展的意见》有关要求，推动相关支持政策加快落地见效，有效应对新冠肺炎疫情影响，激发民营企业活力和创造力，进一步为民营企业发展创造公平竞争环境，带动扩大就业，2020年10月14日，国家发改委等五部委和人民银行联合起草并下发了《关于支持

---

⑦ 2020年中央企业社会责任报告集中发布[N].经济日报——中国经济网,2020年10月13日.http：//www.ce.cn/cysc/zljd/qwfb/202010/13/t20201013_35883184.shtml.

民营企业加快改革发展与转型升级的实施意见》（发改体改[2020]1566号），该意见分为九个部分共三十八项内容，在为民营企业减税降负、鼓励和支持民营企业科研合作与创新、破除要素流动阻碍、融资难、转型升级、巩固提升产业链水平、挖掘市场需求、公司治理结构改革、统筹推进等方面提出了具体举措，为下一步民营企业更快更好发展铺平了道路、指明了方向。

1.民间投资

2019年，民间投资为311159亿元，按照调整后的统计口径计算，比上年增长4.7%。自2012年以来，在全国固定资产投资呈现增速放缓的情况下，民间投资也表现出增速下滑的状态，但是民间投资占全国固定资产投资的比重依然保持在50%以上。

表20 2012年-2019年民间投资及增长情况　　　　　　单位：亿元

年份	全国		民间		
	实际数据	同比增长	实际数值	同比增长	占比
2012	364835	20.6%	223982	24.8%	61.4%
2013	436528	19.6%	274794	23.1%	62.9%
2014	502005	15.7%	321576	18.1%	64.1%
2015	551590	10%	534007	10.1%	64.2%
2016	596501	8.1%	365219	3.2%	61.2%
2017	631684	7.2%	381510	6%	60.4%
2018	635636*	5.9%*	394051*	8.7%*	62%
2019	551478*	5.4%*	311159*	4.7%*	56.4%

数据来源：国家统计局。

从投资增长贡献率看，从2012年到2015年，民间投资贡献率呈现平稳状态保持在70%左右；2016年出现快速回调，贡献率为25%；2017年开始回调，到2018年时贡献率达到了91.4%，但是2019年再次回调。这期间正值国际经济局势复杂化时期，对民间投资影响较大。

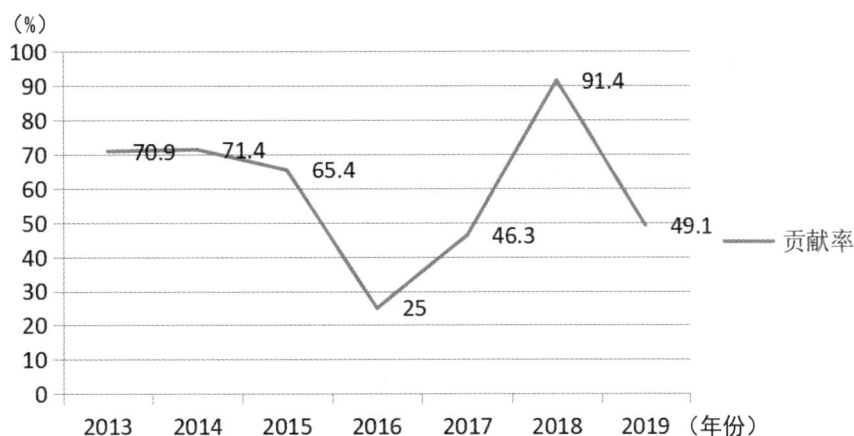

图5 2012年-2019年民间投资增长贡献率

数据来源：大成企业研究院.2019年民间投资与民营经济发展重要数据分析报告[R].中国工商联合出版社,2020年:74.

2.私营工业企业经济效益指标持续改善，盈利能力显著增强

与2018年相比，2019年，私营企业的总体规模持续扩大，总资产由2018年的229507.57亿元增长至2019年的249434亿元，营业收入和利润总额实现统计口径调整后的正增长，分别由2018年的306392.6亿元、17137亿元增长至2019年的306392.6亿元、18181.9亿元，增幅为5.6%和2.2%，但总体资产负债率有所上升，由2018年56.4%上升为2019年的57.4%。

表21 2012年–2019年规模以上私营工业企业运行情况 单位：亿元

年份	主营业务收入	利润总额	资产总计	负债总计
2012	285621.48	20191.9	152548.13	82699.28
2013	342002.6	23327.08	187704.4	101333.98
2014	372175.7	23550.42	213114.42	111130.1
2015	386394.6	24249.73	229006.48	118651.48
2016	410188.06	25494.9	239542.71	121386.12
2017	381034.44	23043（11.7%）	242636.74	127610.46
2018	306392.6（8.4%）	17137.0（11.9%）	229507.57*	129442.27**
2019	346222.7	18181.9	249434*	143175.1**

数据来源：国家统计局公布的2018年规模以上工业企业主要财务指标；括号内的数据是国家统计局公布的调整后的2018年规模以上工业企业的增长数值。

*根据国家统计局公布的规模以上工业企业主要财务指标中的每百元资产实现主营业务收入计算所得。

**根据国家统计局公布的规模以上工业企业中私营企业总体资产负债率和估算的总资产指标计算所得。

2020年，收到疫情拖累和国际经济环境不稳定预期影响，规模以上私营工业企业经济效益出现明显下滑。2020年1-2月，私营企业营业收入35731.9亿元，同比下降20.5%，实现利润总额为1208.3亿元，同比下降36.6%，两项指标的下降幅度大于国有企业和股份制企业。进入三月份，私营工业企业逐渐呈现复苏迹象，各项指标同比下降幅度开始收窄，扣除累计下降因素，当月营业收入和利润指标同比都有不同程度增长。此外，私营工业企业的资产负债率并没有因为疫情而出现恶化，而是保持了相对稳定状态，并且随着企业生产经营逐渐复苏，资产负债率开始呈现下降状态。

表22 2020年规模以上私营工业企业运行情况 单位：亿元

2020年	主营业务收入（亿元）	利润总额（亿元）	每百元资产主营业务收入（元）	资产负债率（%）
1-2月份	35731.9（-20.5%）	1208.3（-36.6）	81.7	58
1-3月份	64085（-16.1%）	2344.8（-29.5）	96.1	58.3
1-4月份	93432.9（-9.2）	3920.1（-17.2）	104.2	58.3
1-5月份	122914.1（-6.4）	5607.3（-11）	108.7	58.6
1-6月份	155493.5（-4.4）	7119.8（-8.4）	107.9	58.7
1-7月份	187264.9（-3.7）	8883.4（-5.3）	116.5	58.5
1-8月份	220933.7（-2.4）	10699.7（-3.7）	118.7	58.4
1-9月份	260509.7（-1.5）	12748.3（-0.5）	121.9	58.2

数据来源：国家统计局。

3.民营企业对外贸易保持强劲增长势头

2019年民营企业首次超过外商投资企业，成为我国外贸第一大主体。全年民营企业进出口13.48万

亿元，占我国外贸总值的42.7%，比2018年提升3.1个百分点。全年民营企业进出口增长11.4%，拉动外贸增长4.5个百分点。其中，出口8.9万亿元，增长13%;进口4.58万亿元，增长8.4%。民营企业参与对外贸易更加活跃。2019年我国有进出口实绩的民营企业达到40.6万家，这个数字比上一年增加了8.7%。民营企业借助"一带一路"倡议和区域综合成本比较优势，进出口总额增长速度呈现结构变化，中西部地区的增长速度快于东部地区。2019年中部、西部地区民营企业进出口增速分别为28.3%和22.4%，分别比东部地区高了19.5个百分点和13.6个百分点。

表23 2012年-2019年民营企业进出口总额及占比情况　　　　　　单位：万亿元

年份	民营企业进出口总额	民营企业出口总额	进出口总额占比
2012	7.67*	4.84*	31.6%
2013	9.02*	5.55*	33.3%
2014	9.12 **	6.61**	34.5%
2015	9.1（-0.2***）	6.4（3.1***）	37%
2016	9.28	6.35	38.1%
2017	10.7	7.13	38.5%
2018	12.1	7.87	39.7%
2019	13.84	8.9	42.7%

数据来源：海关总署。

*2012年、2013年数据根据同期年末人民币兑美元汇率折算所得，2012年12月31日、2013年12月31日美元兑人民币汇率分别为6.2855、6.0533。

**2014年国有企业、外资企业、民营企业进出口总额、民营企业进口总额根据2015年商务部公布进出口增长比例计算所得。

***2015年同比增长率。

4.民营企业实现税收能力不断提升

2019年1-12月，全国民营企业实现税收收入100867.88亿元，同比增长4.6%，占全部税收收入的58.6%，较上年同期提高1.8个百分点。民营企业税收收入较上年同期增加4402.36亿元，其中私营企业实现税收收入28465.58亿元，较上年同期提高1.1个百分点。

表24 各类型企业利税情况　　　　　　单位：亿元

年份	全国	国有及控股	涉外企业	民营企业	私营企业
2017年1-12月	155734.72	44471.75	29200.91	82062.06	20121.27
2018年1-12月	169956.57	43162.59	30328.46	96465.52	26200.02
2019年1-12月	172102.36	42638.81	28595.67	100867.88	28465.58

数据来源：国家税务总局收入规划核算司《税收月度快报》，转引自：大成企业研究院.民间投资与民营经济发展重要数据分析报告（2019）[R].中华工商联合出版社.2020年版：98.

5.民营企业巨头不断涌现，影响力逐渐增强

2020年9月10日，全国工商联发布了《2020中国民营企业500强发布报告》，报告显示，2020年全国500强民营企业发展呈现显著变化。第一，入围门槛突破200亿元。民营企业500强入围门槛达202.04亿元，比上年增加16.18亿元。第二，营业收入超三千亿元的企业规模继续增长。华为投资控股有限公

司（8588.33亿元）、苏宁控股集团（6652.59亿元）、正威国际集团有限公司（6138.99亿元）等10家企业营业收入超过3000亿元。第三，经营效益持续改善。民营企业500强的营业收入总额30.17万亿元，增长5.85%。资产总额36.96万亿元，增长6.78%。税后净利润1.39万亿元，增长8.06%。第四，社会贡献总体平稳。民营企业500强纳税总额达1.37万亿元，占全国税收总额的8.70%。民营企业500强员工总数1043.80万人，减少1.29%，占全国就业人员的1.35%。第五，产业结构不断优化。第二产业入围企业331家，其中，制造业企业288家，继续占据主导地位。第三产业入围企业164家，比2019年增加7家。第六，走出去日趋规范理性。民营企业500强出口总额1212.41亿美元，比2019年减少210.14亿美元，降幅14.77%。

2019年，民营企业500强认真落实习近平总书记重要讲话精神，聚焦实业、做精主业，加快实施转型升级，增强创新能力和核心竞争力，打好"三大攻坚战"，积极参与国家重大战略和区域协调发展战略，调研显示：94.60%的500强企业主动实施转型升级，推动企业实现高质量发展；民营企业500强中，有475家企业参与防范化解重大风险攻坚战，355家企业参与精准脱贫攻坚战，403家企业参与污染防治攻坚战；有471家企业参与了各类国家战略，占比94.20%；研发人员占员工总数超过3%的企业321家，其中，超过10%的企业186家，研发经费投入强度超过3%的企业59家，其中，超过10%的企业5家；有402家企业的关键技术主要来源于自主开发与研制，408家企业通过自筹资金完成科技成果转化；民营企业500强有效专利数量增长8.46%；民营企业500强中，有470家企业已形成讲法治、讲规则、讲诚信的企业法治文化，461家已建立健全法律风险控制体系和预警防范机制，439家已推进厂务公开和民主管理；将诚信纳入核心经营理念、将诚信纳入企业战略发展、建立企业信用制度等措施，企业数量分别为475家、422家和413家。

6.2020年民营上市公司运行情况

2020年上半年，A股2405家民营上市公司实现营业总收入47,816亿元，同比微增0.8%。税金及附加417亿元，同比下降8.2%。缴纳所得税占营业收入的比重0.87%，同比下降9个百分点（9.0%）。经营活动产生现金净流量为3,345亿元，同比增加712亿元，增速27.1%。实现净利润3,025亿元，同比下降13.3%。资产与负债总额分别为197,201亿元和114,346亿元，资产负债率为58%，比2019年上半年上升了1.1百分点[⑧]。

二、十八大以来国有企业改革发展重要举措、成就、机遇与挑战

（一）2019年国有企业改革发展的重要举措[⑨]

党的十八大以来，尤其是2015年9月13日，《关于深化国有企业改革的指导意见》（下称《指导意见》）正式印发以来，以习近平同志为核心的党中央亲自谋划、部署国有企业改革，更加注重改革的顶层设计，更加注重改革的系统性、整体性和协同性，改革重大举措层层落地，改革专项工程梯次推进，改革鲜活实践不断涌现。

第一，以习近平同志为核心的党中央举旗定向、统揽全局，制定新时代国企改革重大方针政策，

---

⑧ 王硕，赵建武.2020年民营企业半年报分析[R].博詹智库,2020-9-18.

⑨ 国企改革五年间 静水流深千帆竞——《关于深化国有企业改革的指导意见》印发5年综述[N].新闻中心,2020年9月15日.http://www.sasac.gov.cn/n2588020/n2877938/n2879597/n2879599/c15504674/content.html

以《指导意见》为支撑，形成了"1+N"政策体系，为国企改革提供根本遵循。各地各企业党组织坚决贯彻中央精神，充分发挥领导作用，推动改革政策落实落地。各基层党组织和广大党员干部发挥战斗堡垒作用和先锋模范作用，为国企改革提供坚强组织保障。特别是2016年10月，全国国有企业党的建设工作会议召开之后，国有企业党建工作取得了明显进展和实质性加强，有关领导用三个"前所未有"高度概括了中央企业党的建设取得的历史性成就、发生的历史性变革。

第二，国资国企从国有企业功能分类切入，聚焦建立完善中国特色现代国有企业制度、以管资本为主完善国有资产管理体制、推进混合所有制改革、加强监督防止国有资产流失、加强党的领导党的建设等，扎实推动各领域改革；以改革示范工程为支撑，先后开展"十项改革试点""双百行动""区域性综改试验"、东北国有企业改革、创建世界一流示范企业等一系列专项改革，充分发挥突破示范带动作用，国企改革发展取得了新的重大进展和伟大成就。

（二）国有企业改革发展取得的成就

近年来，国资委和中央企业坚持以习近平新时代中国特色社会主义思想为指导，坚决贯彻落实党中央、国务院决策部署，扎实推动国企改革"1+N"政策落实落地，在国有企业改革重要领域和关键环节实现了一系列重大进展，取得了一系列重要成果。一批改革成果实现了历史性突破，国有企业党的领导全面加强，首次实现对中央企业的功能界定分类，全面完成中央企业公司制改制，混合所有制企业数量和质量大幅提高。一批改革举措取得重大进展，以管资本为主的国有资产监管体制逐步完善，国有资本布局结构不断优化，市场化经营机制加快转换，国有资本投资、运营公司蹚出新路，"处僵治困"取得实质性进展，重组整合与结构调整取得关键进展。一批改革重点难点问题已经破题，剥离企业办社会职能和解决历史遗留问题实现重大突破，落实董事会职权、经理层成员任期制和契约化管理、职业经理人制度等形成了一批可复制可推广的经验。这些改革成果，都是近年来国有企业深化改革成效的生动缩影和集中体现。这些改革成果的取得，有力推动了企业发展质量效益的明显提升。

第一，微观主体活力充分激发，企业高质量发展态势更加凸显。通过领导人员分层分类管理，经理层成员任期制和契约化管理试点、职业经理人制度试点和探索长效激励约束机制，国有企业初步建立了与企业负责人选任方式相匹配、与经营业绩相挂钩、与功能定位相适应的差异化薪酬体系，灵活高效的市场化经营机制加快建立。通过积极稳妥推进混合所有制改革和国有控股混合所有制企业员工持股试点，混改企业比例大幅提高，涌现出了山东万华、格力电器、神州高铁等一批将国企实力与民企活力结合起来的混改典型，企业发展质量和效益持续改善，国有资本功能有效放大；在激发市场主体活力方面，国资国企系统探索了一系列新的改革举措，比如，2018年8月，国务院国有企业改革领导小组启动了"双百行动"，入选的四百多家央企子企业和地方国企以此为契机，实现了单项试点到综合改革的历史性跨越，通过授权放权、强化激励、优化配置等一系列改革措施，从根本上转换经营机制、激发企业市场主体活力，目前，"双百企业"的改革经验已在逐步推广，"区域性综改试验""科改示范行动"等改革正在稳步铺开，以点带面、积厚成势的良好改革态势已经形成；同时，国资国企立足基业长青，开展对标世界一流管理提升行动，推行"总部机关化"问题专项整改，全方位提升企业管理水平；2020年上半年，国有经济经受了新冠肺炎疫情的严峻考验，展现出强大韧性和活力——二季度以来主要经济指标持续改善，2020年6月份国企营收和利润总额年内首次实现增速"转正"，国有企业高质量发展态势进一步凸显，国有经济竞争力、创新力、控制力、影响力、抗风险能力进一步增强。

第二，国资监管体制和企业治理机制不断完善，相关制度走向成熟定型。按照《指导意见》要求，有关部门在推动完善中国特色现代国有企业制度、国有资产监管体制，以及全面加强党的领导党的建设方面持续发力，相关制度走向成熟定型；国有企业公司制改制全面完成，实现了历史性突破，在此基础上，绝大多数中央企业和大部分地方国有企业建立了外部董事占多数的董事会，并基本实现了党建进章程和党委(党组)书记、董事长"一肩挑"，企业党组织在公司治理结构中的法定地位进一步明确，企业各治理主体作用显著加强，董事会决策的科学性、有效性得到明显提升；各级国资委出台职能转变方案，大幅调整内设机构职能，突出管资本，赋予企业更多自主权，释放了企业活力，改革的乘数效应、放大效应开始显现；在全国范围内改组组建一批国有资本投资、运营公司，有效发挥了平台作用，提高了国有资本配置和运营效率；基本完成国资系统国有企业功能界定与分类工作，分类改革、分类发展、分类考核、分类监管工作逐步推进，国资监管的科学性有效性针对性进一步提高；国务院向全国人大常委会报告国有资产管理情况的制度初步建立；国务院国资委加快构建国资监管大格局、形成国资监管一盘棋，更好发挥国资委专业化监管优势；国资国企实时在线监管系统初步建成；强化国有企业经营投资责任追究，出资人监督力度有效加强。

第三，结构布局不断优化，服务国家战略能力进一步提升。国有资本布局结构持续优化，先后有18组35家中央企业重组，中央企业由113户调整至97户，企业重组后协同效应不断增强，经营业绩稳步提升。通过专业化整合，组建了铁塔公司、中国航发、国源公司、国海公司、国家管网等企业，在节约资源、优化配置方面取得明显成效；推动国有资本更多投向符合国家战略的重要行业和关键领域，加大向战略性新兴产业投资力度。国有企业大力推进压缩管理层级、减少法人户数，中央企业管理层级全部控制在5级(含)以内，并累计完成超过1900户"处僵治困"主体任务；中央企业化解钢铁、煤炭过剩产能分别为1614万吨1.07亿吨，整合煤炭资源2亿吨，全面完成任务；稳妥推进降杠杆减负债，带息负债占比稳步下降；国有企业在供给侧结构性改革中发挥了重要的带动引领作用；

第四，有进有退有所为有所不为，国有企业更好服务国家战略，履行社会责任的能力持续提升。2020年上半年，面对突如其来的新冠肺炎疫情，国有企业勇挑重担，在应急保供、医疗支援、复工复产、稳定产业链供应链等方面发挥了重要作用，得到了党中央、国务院的高度肯定。截至目前，国资委监管的符合条件中央企业已全部完成划转工作，共划转国有资本1.1万亿元。国有资本经营预算调入公共财政比例已达到35%，有效保障和改善了民生。中央企业坚决执行国家降电价、降气价、降资费、降路费、降房租政策，上半年累计降低社会运行成本超过1200亿元。带头打好脱贫攻坚战，中央企业累计投入和引进各类帮扶资金206亿元，国资委和中央企业定点帮扶248个贫困县，约占全国扶贫开发工作重点县的42%，其中221个已实现脱贫。国有企业围绕京津冀协同发展、长江经济带、粤港澳大湾区等国家区域发展战略，与各省市及地方企业签订战略合作协议、项目合作协议超过2900项，涉及投资金额超过12万亿元。

第五，形成了一系列弥足珍贵的经验，对下一步继续推进国企改革意义重大：一是坚持党的领导，牢牢把握国企改革正确方向；二是坚持顶层设计引领，增强国企改革的系统性整体性协同性；三是坚持改革试点先行，充分发挥示范突破带动作用；四是坚持以企业为主体，强调激发微观主体活力的极端重要性；五是坚持根植国情遵循规律，走中国特色国有企业改革之路。今后3年是国企改革关键阶段，面向未来，国资国企将以习近平新时代中国特色社会主义思想为指导，认真贯彻落实党中央、国务院决策部署，进一步总结5年来的改革经验，加快实施国企改革三年行动，抓重点、补短板、强弱项，全面提升改革综合成效，主动适应新发展变化，加快形成新发展格局，推动中国经济行稳致远，为促进经济社会持续健康发展、决战脱贫攻坚目标任务、决胜全面小康社会作出更大贡献，在实现中华民族伟大复兴的征程中续写新的辉煌。

（三）国有企业改革发展的机遇与挑战[⑩]

在当前宏观经济下行压力增强的大环境下，为国有企业低成本加快并购促进发展提供了机遇，同时也逼迫企业挖潜力、练内功、抓管理、降成本，为进一步实现"三去一降一补"提供了外部环境。同时，"新冠"疫情也将倒逼我国产业加快数字化转型发展，促进我国医药产业、5G、智能制造、区块链智能化产业发展。同时，也为我国通过疫情防控深化与世界各国的国际经济技术交流合作打造新基础。同时，国有企业也要清醒地认识到面临的各项挑战。

一是市场与资源约束将加强。在今后一段时期市场及资源对企业发展约束将进一步增强，必然导致企业两极分化，资源和利润均向优势企业集聚，弱势企业将面临生存危机，转型升级缓慢的企业可能遭到市场的淘汰。经济转型缓慢的地区可能由于企业破产倒闭等问题加剧财政困难，进入恶性经济循环。

二是稳增长压力增大。当前形势下，国有企业需要在稳定经济增长，促进就业平稳等方面发挥重要作用。目前我国农民工有2.4亿人，大专院校每年毕业学生近1000万人，经济下行环境下，需要大型企业保障社会就业平稳。近年来，我国民营企业的固定资产投资增速逐年下降，但国有企业固定资产投资增速却大幅上升，对稳定经济增长起到重要作用。

三是利润上缴压力较重。在当前财政运行紧平衡，收支压力较大的情况下，需要国有企业在保障财政稳定、提供社会保障等方面承担更多的责任。2019年我国规模以上工业企业实现利润总额61995.5亿元，较2018年下降3.3%，但中央企业实现净利润1.3万亿元，同比增长10.8%，2019年国家财政非税收入比2018年大幅增长20.2%，主要依靠央企国企上缴的利润。当前国有企业除纯保障类企业外，其余分10%-25%四档上缴国有资本收益。党的十八届三中全会提出，要提高国有资本收益上缴公共财政比例，2020年提高到30%。国有企业亟需提高资本经营效率，实现发展质量，承担起稳定财政收入、促进民生的责任。

四是技术进步压力增大。近年来，我国的制造业正处在由制造大国向制造强国转变的关键阶段，国有企业、特别是中央企业需要通过创新发展，不断引领我国经济转型升级。在当前中美贸易摩擦大环境下，中国制造遭遇了三面夹击：国内制造业面临着要素成本全面上升的挤压，传统制造有东南亚国家追赶，从2018年开始高技术制造又面临美国等西方国家的围堵，通过技术引进吸收，实现产业升级的难度进一步加大。

五是发达国家市场不乐观。虽然中美贸易第一阶段协议已经签订，但西方发达国家打压我国高新企业趋势仍然明显，对我高技术、设备等限制很可能在一段时间内持续，不仅影响我国高技术、关键设备进口，也可能对我国产业链生态产生影响。当前我国出口占GDP比重超22%，核心技术如半导体、精密仪器、光学设备等需要大量进口，贸易摩擦造成中国产品断货，或不能及时交付，都会降低中国制造在全球价值链的紧密性，影响我国产业通过吸收引进和再创新提高我国产品的国际竞争能力，也破坏我国产业链的生态安全。"新冠"疫情导致大量企业停产停工，可能进一步恶化我国产业链生态。

---

⑩ 王绛.当前经济形势与国有企业改革发展[J].国资报告杂志,2020年5月27日.http://www.sasac.gov.cn/n2588025/n4423279/n4517386/n14713768/c14709577/content.html.

（四）未来国有企业改革与发展的举措

2020年9月27日，国务院国有企业改革领导小组第四次会议及全国国有企业改革三年行动动员部署电视电话会议在北京召开。中共中央政治局委员、国务院副总理、国务院国有企业改革领导小组组长刘鹤出席会议并讲话，国务委员、国务院国有企业改革领导小组副组长王勇主持会议。

会议指出，习近平总书记高度重视国有企业改革工作，多次做出重要指示批示，必须深入学习和贯彻落实。国有企业改革三年行动是未来三年落实国有企业改革"1+N"政策体系和顶层设计的具体施工图，是可衡量、可考核、可检验、要办事的。做好这项工作，对做强做优做大国有经济，增强国有企业活力、提高效率，加快构建新发展格局，都具有重要意义。

会议要求，要通过实施三年行动，在形成更加成熟更加定型的中国特色现代企业制度和以管资本为主的国资监管体制、推动国有经济布局优化和结构调整、提高国有企业活力和效率等方面取得明显成效。一是国有企业要成为有核心竞争力的市场主体。国有企业首先必须发挥经济功能，创造市场价值，更好为党和人民服务。要加强党的领导，落实董事会职权，健全市场化经营机制，积极稳妥深化混合所有制改革。二是要在创新引领方面发挥更大作用。创新决定命运，硬实力畅通大循环。要以创新为突破口，进行大胆充分的激励，在关键核心技术攻关、高端人才引进、科研成果转化应用等方面有更大作为。三是要在提升产业链供应链水平上发挥引领作用。国有企业要对民营企业健康发展发挥带动作用和重要影响力。根据不同行业集中度要求，推动形成比较好的市场结构。国企民企要相互配合，推进兼并重组和战略性组合。中央企业要坚决压缩管理层级，防控好各类风险。四是要在保障社会民生和应对重大挑战等方面发挥特殊保障作用。要推动国有资本在提供公共服务、应急能力建设和公益性等关系国计民生的关键领域发挥更大作用，作好制度安排。对国有企业承担公益类业务，要进行分类核算和分类考核。建立健全符合国际惯例的补贴体系。五是要在维护国家经济安全方面发挥基础性作用。要坚持有进有退、有所为有所不为，推动国有资本向关系国家安全、国民经济命脉的重要行业和关键领域集中，让国有企业真正起到抵御宏观风险的托底作用⑪。

为此，翁杰明在实施国企改革三年行动推动国有企业改革发展有关情况政策例行吹风会上指出，国企改革三年行动是今后三年对于党中央、国务院"1+N"顶层设计、政策体系的落实，是具体施工图。既然是施工图，一定是有项目、有完成的时间节点，也就是我们说的可衡量、可考核，一定要落实、一定要向社会各方有明确的交待。国企改革三年行动聚焦八个方面的重点任务：一是要完善中国特色现代企业制度，坚持"两个一以贯之"，形成科学有效的公司治理机制；二是推进国有资本布局优化和结构调整，聚焦主责主业，发展实体经济，推动高质量发展，提升国有资本配置效率；三是积极稳妥推进混合所有制改革，促进各类所有制企业取长补短、共同发展；四是要激发国有企业的活力，健全市场化经营机制，加大正向激励力度，也由此提高效率；五是形成以管资本为主的国有资产监管体制，着力从监管理念、监管重点、监管方式、监管导向等多方位实现转变，进一步提高国资监管的系统性、针对性、有效性；六是推动国有企业公平参与市场竞争，强化国有企业的市场主体地位，营造公开、公平、公正的市场环境；七是推动一系列国企改革专项行动落实落地；八是加强国有企业党的领导党的建

---

⑪ 刘鹤出席国务院国有企业改革领导小组第四次会议及全国国有企业改革三年行动动员部署电视电话会议并讲话[N].中国政府网,2020年9月30日.http://www.sasac.gov.cn/n4470048/n13461446/n15390485/n15390490/c15564909/content.html

设，推动党建工作与企业的生产经营深度融合。国资委希望通过国有企业改革三年行动，在形成更加成熟、更加定型的中国特色现代企业制度和以管资本为主的国资监管体制上取得明显成效；在推动国有经济布局优化和结构调整上取得明显成效；在提高国有企业活力和效率上取得明显成效，切实增强国有经济竞争力、创新力、控制力、影响力、抗风险能力[⑫]。

三、民营企业发展困境、机遇与挑战

（一）民营企业发展困境

民营企业经过市场的不断淬炼，适应市场能力逐渐增强，对社会经济发展贡献越来越大，但同时在民营经济发展的不同阶段也面临着不同程度的困境，当前民营企业所面临的困境被疫情放大之后变得更为明显。

第一，融资难问题依然存在。2020年的新冠疫情使得很多民营企业出现大量资金缺口，为此国家和地方出来了大量的财政、金融政策帮助民营企业应对疫情带来的冲击，但是民营企业融资难问题依然存在。按照以往的思维模式，民营企业融资难，国家继续出台相关政策便于融资，减税降负，然而细究起来似乎问题并不完全在于国家政策的反应速度，一定程度上与民营企业自身问题密不可分例。如：一方面，一些民营企业呼吁银行向其发放贷款，然而，当民营企业信用评级无法达到贷款要求时，银行的风险就会增加，尽管银行有政策更大程度支持民营企业融资，但是由于信用风险问题，银行不可能将信贷向那些资质差或者存在潜在风险的企业发放；另一方面，即使民间资本可以互助民营企业，也是有选择的，民营资本也要考虑企业的发展潜力和投资盈利能力，因此并不是所有的民营企业都可以顺利获得互助性质的资金。再比如，当民营企业有减税降负的呼声时，其本质原因是因为市场竞争的激烈，企业利润空间变小，然后增值税减税降负后并不会提高利润空间，一个最重要的原因就是竞争，减税降负并不是减少的某个单个个体的税负，而是全部市场主体的税负，所以在销售额一定的情况下，市场主体并不会获得更多的收入，所以在市场竞争强度情况下，减税降负激发企业活力的命题对于一些企业而言可能是个伪命题。

第二，转型升级困难。这里的困难表现为多面：一方面是资金问题。转型升级需要大量的资金，除了前面提到的融资难无法满足转型升级的资金需求外，影响企业未来的能力空间也会限制资金的投入。大多数情况下，企业转型升级主要是受到市场竞争的压力所致，这些企业的生命周期都比较短，只有少数企业会主动通过提高自身发展条件而持续增加未来盈利能力，而往往这样的企业更加具有长久的生命力。因此，对于大多数企业而言，都不愿意损失短期收益而去对未来高度不确定的发展方式进行投资。另一方面是技术问题。转型升级不仅仅管理部门政升级，而是整个运营系统的升级，从采购到生产再到销售，以及管理、财务等等，这需要强大的技术支撑，而对于多数民营企业而言很难满足这些技术要求，即使技术外包也会被认为是额外增加成本，使得民营企业转型升级动力不足。

第三，信贷违约事件频发凸显民营企业财务风险控制能力较差。据相关资料显示，2018年我国信

---

⑫ 实施国企改革三年行动 推动国有企业改革发展有关情况政策例行吹风会（文字实录）[N],国新网,2020.10.12,
http://www.sasac.gov.cn/n4470048/n13461446/n15390485/n15390495/c15665330/content.html

用违约金额超过1100亿元[13]，2019年比2018年又有所上升，而违约主体主要是民营企业。民营企业债务违约事件频发充分暴露了一些民营企业缺乏财务风险控制能力，企业内部缺乏有效的预警机制。当宏观经济环境比较稳定时，企业能够保证正常的现金流，一些企业对于杠杆资金的使用需求就会上升，但是当宏观经济发展形势变得负责时，企业正常经营的现金流会出现波动性，会导致企业无法在债务成本上升时保证足够的流动性，这为债务违约风险埋下了隐患，资金链断裂也就不足为奇了。

（二）民营企业发展新机遇

为贯彻落实党的十九大和十九届四中全会关于坚持和完善社会主义基本经济制度的战略部署，在更高起点、更高层次、更高目标上推进经济体制改革及其他各方面体制改革，构建更加系统完备、更加成熟定型的高水平社会主义市场经济体制，2020年5月18日，中共中央、国务院印发了《关于新时代加快完善社会主义市场经济体制的意见》（以下简称《意见》），这给处在复杂的国际经济形势和饱受新冠疫情冲击的民营企业发展带来新机遇。中国民营经济研究会理事、江西省民营经济研究中心副主任，张新芝认为《意见》为民营企业发展至少提供了六大机遇[14]：

机遇一：推动国有企业改革，有助于扩大民营经济市场

《意见》再次重申了"两个毫不动摇"。毫不动摇巩固和发展公有制经济，毫不动摇鼓励、支持、引导非公有制经济发展。在此框架下，探索公有制经济的多种实现形式，支持民营企业改革发展，培育更多充满活力的市场主体。一是针对自然垄断行业，《意见》提出积极稳妥推进国有企业混合所有制改革、稳步推进自然垄断行业改革两方面，为民营企业进入一些垄断行业提供了更大的可能性。二是对竞争性行业，探索将部分国有股权转化为优先股，强化国有资本收益功能。在充分竞争领域，国有企业将进行更为深入的混合所有制改革，或者减少其持股的比例，或与民营企业有更加广泛的合作。随着国有企业改革的持续深入推进，民营企业的经营范围会逐步扩大，这对民营企业来说是机遇，也是利好。

机遇二：建设公平竞争市场，有助于激发民营经济活力

《意见》提出的建设公平竞争市场将对民营企业发展具有重要影响。具体内容包括三方面：一是建立完善的产权制度，平等保护公有财产和私有财产，明确"保护民营经济产权"；二是建立和完善"非禁即入"的负面清单制度，推行"全国一张清单"管理模式，维护清单的统一性和权威性；三是落实公平竞争审查制度，营造公平竞争的社会环境。这些举措有助于进一步增强民营企业经营发展的信心，促进民营企业与国有企业公平竞争，整顿市场秩序，激发民营经济活力，保障数量庞大的中小微民营企业的健康发展。此外，《意见》提出稳步推进电力、油气管网、铁路、邮政、烟草等领域自然垄断行业改革，表明民营企业有机会进入以上垄断性行业，同时以上的生产要素成本可能会有适当的降低或增加获得便利性。不过，推进速度或仍以"稳步为主"，一方面需要适度把握国计民生领域的安全稳健，另一方面该领域多数为规模效应行业，对入门的企业要求资金实力较高。

机遇三：完善要素市场制度，有助于降低生产要素成本

《意见》提出以要素市场化配置改革为重点，加快建设统一开放、竞争有序的市场体系，推进要

⑬ 2018年中国信用市场违约超1100亿元.新浪财经,2019年1月2日.
⑭ 张新芝.民营企业发展迎来六大机遇[N].中国工商时报,2020年6月23日.

素市场制度建设，实现要素价格市场决定、流动自主有序、配置高效公平。目前，民营企业与国有企业相比，在生产要素的获得性和成本上都有较大的差距，且谈判权和话语权较弱。虽然民营企业为社会创造了"56789"的贡献，但在生产要素方面的获得比率却远低于其贡献带来的相应比例。推动建立完善的要素市场，有助于降低生产要素成本，实现民营企业要素配置与经济贡献度的匹配。

机遇四：持续扩大对外开放，有助于深度参与国际市场

《意见》提出实行更加积极主动的开放战略，全面对接国际高标准市场规则体系，实施更大范围、更宽领域、更深层次的全面开放。一是以"一带一路"建设为重点，构建对外开放新格局。民营企业在"一带一路"走出去方面将有更大作为，不仅是企业走出去，而且可将我国的工业园区管理模式和产业集群模式以及相关企业一起抱团"走出去"。二是加快自由贸易试验区、自由贸易港等对外开放高地建设。在中西部可能会有更多的自由贸易试验区出现，原来在自由贸易区发展较好的成功企业可以找到更大的市场和发展空间。三是健全高水平开放政策保障机制。有助于推动我国民营企业参与国际竞争，提高竞争力，培育具有高附加值和核心竞争力的产品。

机遇五：完善科技创新体系，有助于参与核心技术创新攻关

《意见》对科技创新制度和组织体系的完善提出了具体要求，尤其值得关注的是强调了企业在其中发挥的作用。一是支持民营企业参与关键领域核心技术创新攻关；二是支持企业承担科研任务，激励企业加大研发投入，将有助于利用企业市场化的激励机制促进科技创新，也可以通过企业的生产经营渠道促进科技成果的高效产业化。三是建立以企业为主体、市场为导向、产学研深度融合的技术创新体系，支持大中小企业和各类主体融通创新，促进科技成果的转化。这对于民营企业投入的研究院所和技术交易平台，将会有一个新的春天，对于解决当前存在的产学研合作不够深入，研究成果转化率不高的问题，可能会有重大的突破。

机遇六：强化法治保障，有助于民营企业安心谋发展

"健全以公平为原则的产权保护制度，全面依法平等保护民营经济产权，依法严肃查处各类侵害民营企业合法权益的行为。""完善和细化知识产权创造、运用、交易、保护制度规则，加快建立知识产权侵权惩罚性赔偿制度，加强企业商业秘密保护，完善新领域新业态知识产权保护制度。"这是在保护民营经济产权与知识产权方面的最新提法，可谓是让广大民营企业吃了一颗"定心丸"，打消了不必要的顾虑，必将为企业安心谋发展营造出良好的法治环境。

（三）民营企业发展新挑战

挑战一：如何破解融资困境

一些民营企业出现的融资难问题，除了应该继续完善相应的融资配套工作外，民营企业应更多地从企业自身找原因，更多地向市场要答案，不能一味地依赖国家政策帮扶。一个企业的发展资金的自我循环才是其生生不息的根源，通过不断融资的方式维系生存不是长久之计，因此，有融资困境的民营企业应花大力气从自身找原因，向市场要效益，要不断练好内功，充分利用新时期新机遇，努力实现企业资金的正常循环流转，不断提升自己的信用资质。如果民营企业过度依赖国家政策，那么，整个市场运行将是不完全的，对待疫情的特殊时期可以这样做，但是在新常态的经济大趋势下，民营企业发展要有完全的市场意识，要敢于竞争，敢于承认竞争的结果。

挑战二：如何迎接转型

新时期经济发展中"网络""大数据""智能"等元素越来越突出，民营企业应充分抓住发展机

遇，利用好国家各项经济政策，敢于迎接新业态经济与自身的融合发展，与新经济发展相向而行，而非背道而驰，充分利用新业态经济，通过利益分享机制或自身投入，实现对传统经济实体的改造升级。民营企业要弄懂、吃透国家经济发展的各项政策，摸清国家经济发展的方向，跟紧国家经济发展的步伐，积极响应国家对经济发展做出的新要求，民营企业转型还需要由被动接受转向主动调整，而且这种调整应是持续不断的。

挑战三：如何应对复杂的国际经济形势

相对于疫情，国际经济形势对我国的经济发展影响更为深刻，随着应对疫情成效显现，我国经济逐渐开始复苏，但是国际经济环境的影响还存在，并且还可能在相当长的时间存在，在这一背景下，党中央对未来如何实现国民经济更好更快发展做出了精确地部署，提出了"深化供给侧结构性改革，充分发挥我国超大规模市场优势和内需潜力，构建国内国际双循环相互促进的新发展格局"。中央统战部副部长，全国工商联党组书记、常务副主席徐乐江指出，加快形成新发展格局，是实现稳增长和防风险长期均衡的重要途径，是重塑中国国际合作和竞争新优势的战略抉择，企业家既要抓住新发展阶段的新机遇，也要积极扩展国际视野，让企业发展更有竞争力[15]。

---

⑮ 民企如何把握双循环机遇[N].光明网,2020年9月17日.

分报告

II

资本市场是创新经济巨大的推动力

宋志平

随着科创板的推出和创业板注册制的落地，资本市场创新时代正式来临。从历史来看，每次资本市场创新迈进一步，企业创新就会往前迈一大步。目前我国资本市场的一大功能就是支持创新，推动国家经济成为创新型经济。

一、我们面临的经济三类转型

（一）从传统经济向创新经济转型

传统经济是有周期的，但是创新经济没有周期，它会一直持续增长。德鲁克在《创新与企业家精神》中提出，1945年到1965年的20年间是欧洲经济周期波动中的繁荣期，但1965年后经济开始出现衰退；而1965年到1985年这20年间美国经济却持续繁荣，这到底是为什么？是长周期理论出了问题？还是美国发生了什么？他的研究结果是美国用创新型经济取代了管制型经济，带来了美国经济的持续繁荣。

我们国家现在已进入了创新经济时代。创新经济有几个核心：

一是技术，技术解决核心竞争力的问题。在激烈的市场竞争中，企业要面对国际国内竞争，能否随着市场的需求和变化不断研发市场需要的新技术、新产品，是企业在竞争中求生存、求发展的关键。企业之间的竞争不仅仅是规模上的竞争，更重要的是企业间的技术创新实力的竞争和较量。国务院常务会议决定支持基础研究和原始创新，加强关键技术攻关，深入推进"双创"。不论是芯片、新材料，还是生物制药，这些都是硬科技。我们要聚焦关键领域和"卡脖子"瓶颈，培育发展硬科技。我们发展的产业要以科技为核心，关注和支持那些在光电芯片、人工智能、商业航天等关键领域中可能产生重大技术突破，以及有潜力成为世界单项冠军的企业。

二是互联网，互联网解决市场的问题。互联网不仅仅是一种科技，它更是一种市场化的方式，一种新的商业模式。互联网改变了信息不对称的问题，在商业上推动了去中介化，在工业上推动了智能化。我国的互联网发展正在由消费互联网进入工业互联网，消费互联网依托我国14亿人口的大市场，工业互联网则与我们的1.34亿市场主体紧密关联，是一个巨大的市场，也是下一个风口。《工业互联网产业经济发展报告（2020年）》显示，2020年，中国工业互联网产业经济规模将达3.1万亿元，占GDP比重2.9%，可带动约255万个新增就业岗位，工业互联网将成为国民经济中增长最为活跃的领域之一。进入工业互联网阶段，制造业要当好主角，把制造业数字化、网络化、智能化作为实现高质量发展的核心驱动力，加快新旧动能转换，提升创新发展能力。比如海尔卡奥斯工业互联网平台聚集了3.4亿用户和390万多家生态服务商，可接入各个层级的企业和平台，为大企业提供解决方案，为小企业提供赋能模块，实现为百业助力。

三是资本，资本是创新经济巨的推动力量。这一点我会在后面资本与创新的关系中详细展开。传统经济和创新经济间最大的区别是什么？是对人力的计算方式。在传统经济中人力是成本，不管是总经理还是工人都属于企业的成本。但在创新经济中最核心的就是把人力当成企业的资本，不仅发工资，还要分红，还得有股权。近来央企、地方国企正在围绕这方面进行变革，即进行"员工持股、管理层股票计划、科技分红和超额利润分红权"的"新三样"改革，这些改革都是围绕把人力作为资本，而不是简单当作成本的思路来进行的。

正是由于有这样的一种新经济模式，所以经济才不至于出现所谓的周期性。

（二）从国际大循环向着国内国际双循环转型

作为中国上市公司协会会长，今年在北京新发地新冠肺炎疫情控制住后，我走访了近30家上市公司。这些上市公司基本情况都不错，大家对未来充满信心，现在主要在安排两方面的工作：一项工作是转型，尤其是数字化转型，这个是势在必行。第二项工作是在以国内大循环为主体、国内国际双循环相互促进的新发展格局下，开展新的市场布局，制定新的战略，这点也很重要。过去我们是"大进大出，两头在外"，用外贸拉动内贸，或者以市场换资本、以市场换技术，现在我们要适应新格局，做出新的改变。

企业要加大国内市场的开发力度，包括品牌建设等。品牌是全球经济和科技竞争的制高点。世界主流市场已经被著名品牌瓜分，不足3%的知名品牌占有40%的市场份额，销售额超过50%，个别行业超过了90%。这不能不引起我们的认真思考。我国已然是世界制造大国，在500余种主要工业产品中有220多种产品产量位居世界第一，但我们叫得响的世界品牌还不多。我们看到现在道路上到处行驶着来自世界各国的汽车，但我国自主品牌的汽车相对还比较少。也有做得好的行业，比如家电，基本自主品牌化了，美的、格力、海尔都不错；酒业也做得不错，茅台、五粮液都是国际化品牌；但茶叶行业没有品牌，只有品种，像龙井、碧螺春、大红袍、普洱等都是品种，而立顿红茶在全球市场具有很强的品牌竞争优势。没有品牌的品种是没有竞争力的。今年7月23日，习近平总书记在中国一汽集团研发总院考察时指出："关键的是关键技术、核心技术要掌握在自己手里，我们就要立这个志向，一定要把我们的民族品牌搞上去。"作为新中国汽车工业的摇篮，"一汽"生产线上诞生了"解放""东风""红旗"等知名品牌，为中国工业制造作出了重要贡献。现在要以国内市场为主体，我们就要打造自己的品牌，掀起国潮风，要培育一批像红旗车、飞鹤奶粉、云南白药这样的民族品牌。

双循环还包括国际循环，这方面要巩固和加强我国中高端制造中心的地位。中国企业数量众多，有些产品还有过剩，全部在中国市场销售几乎不可能，因此我们必须"走出去"。一方面，产品要"走出去"，产品可以是中高端的、有品牌知名度的；另一方面，新的全球化会呈现区域化的趋势，所以我国的优秀企业也要"走出去"，真正变成跨国公司，学会到欧洲、北美等地区经营，从GDP过渡到GNP。像中国建材旗下的中国巨石，在美国南卡罗来纳州建厂，实现百分之百的达产，产品直销当地客户；在埃及建厂，可以覆盖国际客户，辐射整个欧洲，减少贸易保护主义对产品销售的影响。

（三）从存储型社会向投资型社会转型

中国社会过去是高存储型的，民众习惯把钱都存起来，有人说这和我们的民族属性有关。记得有一年接待摩根士丹利首席经济学家史蒂芬·罗奇，他认为储蓄不应该是具有基因性的，存款是可以拿出来去做投资、去消费的，关键要改变资本的一些制度和运行方法。现在我国的存款总计有192万亿元，折合27.8万亿美元，美国是多少呢？是13.3万亿美元，还不到我们的一半。根据基金业协会数据统计，截至2020年7月，已登记备案的私募基金管理人数量为24000多家，对应资金规模为14.9万亿元，但这个数字与发达资本市场相比，在体量上我们仍有差距。根据美国证监会的相关报告，截至2019年第四季度，美国证券交易委员会登记注册的私募基金管理人是3200多家，但它的股权投资金额是15.03万亿美元，折合100万亿元人民币。再来看市值，现在国内上市公司整体市值是70多万亿元，而美国的上市公司则有49万亿美元的市值。这样比较会发现一个问题，我国在投资领域的钱少，大量的钱都作为存款存起来了。所以今后除了需要鼓励大量的直接投资外，我们也要鼓励间接投资，老百姓的钱也可以委托给投资机构进行投资。传统行业中，建材在做基金，石化也做基金，这就是很大的变化，一个基金时代来临了。

二、关于资本和创新的关系

（一）资本是创新的引擎

创新的重要性已经提到中央层面。刚刚闭幕的十九届五中全会报告提出，坚持创新在现代化建设全局中的核心地位，把科技自立自强作为国家发展战略支撑。科技创新放在各项规划任务的首位，进行专章部署，这在我们党编制五年规划建议历史上也是第一次。现在大家都在讲创新创业，但是创新究竟是靠什么？有人说靠政策，建设一大批开发区来刺激创新；有人说靠制度，认为好的制度能够鼓励和激发创新；费尔普斯先生在《大繁荣》中说是靠文化，文化是大众创新繁荣的活力之源。我研究的结果是：最主要是靠资本，资本是创新的工具，资本是创新的引擎，资本是创新的动力。

1912年熊彼特在《经济发展理论》中就讲到了创新、资本、企业家精神，并提出了非常著名的观点："资本是企业家用来创新的杠杆"。再优秀的企业家，假定没有资本的支持，也做不成大事。今年世界500强排行榜中，过去我曾担任董事长的两家企业，中国建材集团排在187位，国药集团排在145位，这两家企业就是借助了资本市场的力量而得以快速成长。

除了世界500强外，我现在也很关注独角兽企业排行榜，独角兽企业是指创立10年内、估值超过10亿美金的企业。2020胡润全球独角兽排行榜上一共有586家企业，其中美国是233家，中国是227家，相差6家，而美国和中国加起来占全球独角兽企业的80%，这说明中美这两个国家是当今世界上的创新大国。中国的227家都在哪里呢？大部分都在北京、上海、深圳和杭州这4个城市，这4个城市技术密集、资金密集、资本市场发达。如果一个地区想把经济做起来，一要有技术，二要有资本，还必须有技术和资本联动。这一点也是我感触比较深的，国内的一些省份对于发展独角兽企业、上市公司等有很大的热情，但是这些地方的资本市场不发达，想把经济做起来比较困难。仅靠贷款融资，企业的杠杆会很高，是不可持续的。所以国内的许多省市要发展创新经济就要培育资本市场，不仅有上市公司，还得有大量的股权基金，创新创业需要资本的支持。

（二）资本的创新能够带动企业的创新

去年科创板正式开板，科创板是资本市场的一个重大的制度创新。今年创业板注册制落地，最近国务院印发的《关于进一步提高上市公司质量的意见》提出要更大范围地推广注册制，也就是进一步市场化。资本市场的创新极大地支持了企业的创新。美国没有纳斯达克等资本市场的支持，就不会有那么多的创新企业。现在我们的资本市场也是这样支持企业创新发展。寒武纪上市后市值一度破千亿元。特斯拉自2003年成立，多年处于未盈利状态，但也有近4000亿美金的市值。资本市场创新对经济和企业的创新至关重要，资本市场创新迈一小步，企业的创新就会迈一大步。大家都很期盼资本市场的继续创新，要沿着科创板、创业板的思路继续走下去，坚定不移地走下去，让资本市场进一步市场化，这点非常重要。

三、关于资本市场和上市公司

今年是我国资本市场30周年，12月19日是30周年纪念日。与美国200多年历史的资本市场相比，我国拥有上市公司的时间并不长，但这30年来，我国上市公司从无到有、从小到大、从弱到强，取得的成绩是巨大的。截至2020年11月8日，境内上市公司已达4087家，总市值为76万亿元，相当于2019年国内生产总值（GDP）的76.85%，千亿级上市公司突破100家。30年来，上市公司总募集资金15.83万亿人民币，其中，首期IPO募集资金只有3万多亿人民币，后续增发配股10万亿人民币，可转债2.2万亿人民币。30年来，上市公司从资本市场累计募集基金13.6万亿元，累计现金分红8.36万亿元，分红率达60%。仅2019年，我国上市公司分红就达1.36万亿元，占2019年上市公司净资产的35%。也就是说，上市公司是中国市场主体的半壁江山，是资本市场的基石，是整个经济社会的顶梁柱，大家都非常关注上市公司的发展。

上市公司引入了规范治理，带动了整个中国企业规范治理水平的进步。但从另一方面看，的确还存在着很多不尽如人意的地方，如公司治理有待进一步规范、信息披露质量、运营质量有待进一步提高等。这些问题和我国经济高质量发展以及资本市场健康稳定发展不相适应，亟待改善和解决。10月5日国务院印发了《关于进一步提高我国上市公司质量的指导意见》（以下简称"意见"）。《意见》把工作说得非常清晰，很接地气，主要包括提高上市公司治理水平、推动上市公司做优做强、健全退出机制、解决上市公司突出问题、提高违法违规成本、形成工作合力等六个方面的内容。文件虽然只列出了17条具体举措，但是"刀刀见血"，每条都很有针对性，非常精准。我们大家要认真学习这个文件，这个文件不只对上市公司治理质量提出了要求，同时也提出了要做优做强我国上市公司的战略性目标，这点非常重要。"优"是运营的问题，要有好的业绩和价值，"强"是要创新引领，要有核心竞争力，而要做到这两点，企业治理是前提和保障。治理质量、运营质量和创新质量三个维度要共同推进，形成上市公司提质增效的内生动力和市场文化。

我是中国上市公司协会会长，上市公司协会是证监会领导下的上市公司行业自律组织，本次《意见》第14条提出要充分发挥上市公司协会自律管理作用，加上了"管理"两个字。我国上市公司的面很广，要提高上市公司质量也得有管理的组织，作为上市公司的协会组织感到使命光荣，但是压力也非常大。

11月2日，中央全面深化改革委员会第十六次会议审议通过了《健全上市公司退市机制实施方案》《关于依法从严打击证券违法活动的若干意见》。这是我国资本市场历史上，第一次由中央层面制定出台关于资本市场基础制度建设的专门文件。注册制的全面推行和退市制度的完善将更好地把好上市公司的"入口"和"出口"，"零容忍"地从严打击证券违法活动、提高违法成本，共同推动上市公司质量的全面提高。

上市公司要主动担起高质量发展的主体责任，认真贯彻落实《意见》的各项要求，做到"知敬畏、守底线、尽责任"。作为一家上市公司，要尊重资本市场规则，要保持为市场投资者创造价值的初心，谨记"四个敬畏"和守住"四条底线"的要求，即敬畏市场、敬畏法治、敬畏专业、敬畏投资者；不披露虚假信息、不从事内幕交易、不操纵股票价格、不损害上市公司利益。上市公司要做好主业，要进行有质量的创新，强化管理、提高效益，要稳健经营、回报股东、创新发展，尽到应有的经济责任和社会责任，切实提高自身质量，用质量夯实资本市场改革发展的基础。

我曾看过一篇文章，专门讲到在目前的国际环境下，有一件事情我们可以做好，就是资本市场。

如果我们把资本市场做好了，能够抵御一些压力和风险，能够为创新提供动力，也能为广大投资者提供更好的回报。对于资本市场，政府、监管者、上市公司、投资者都希望把它做好。但是要做好资本市场至少要把握以下四点：

第一，经济的基本面。我国的经济基本面是很好的，但这个好是跟全世界主要的经济体去比较的好。我国经济经历了新冠肺炎疫情的冲击，又在中美经贸摩擦的情况下，走到今天是非常不容易的。当前在全世界我国经济可以用"一枝独秀"来形容，稳中有进，确实做得很好。

第二，监管水平。刘鹤副总理提出了9个字：建制度、不干预、零容忍，这次国务院出台的《意见》也体现了这9个字。"建制度"，讲的是把规则建好；"不干预"，是指不干预市场，按照市场化规律去做。如今年春节后围绕是不是要如期开市，市场上有不同的声音，到底以什么为准呢？最后还是按市场规律做，不做行政干预。开市后，经济运行得很稳定。所以既然在市场中做事，就得相信市场；"零容忍"，是在一个市场中得有规则，而且有规则就必须执行。比如信息披露是资本市场的生命线，大家买卖股票是依据公开的信息，假定信息是假的，就会给投资人、给资本市场带来不利影响，所以信息披露放在第一位，当然更不能做假账。从监管水平来看，近两年来我国监管部门是有作为的，思路清晰，而且比较稳妥，在市场化、法治化、国际化方面迈开了实质性的步伐。

第三，上市公司的质量。资本市场的核心是上市公司。作为资本市场的主体，上市公司好不好是根上的事，这4000多家上市公司运作得怎么样，关系到资本市场的长远发展。我国在提高上市公司质量方面做了大量的工作。2005年国务院就颁布了《国务院批转证监会关于提高上市公司质量意见的通知》，这次又推出了《意见》。提高上市公司的质量看起来挺简单，其实是很难的一件事。证监会已制定推动提高上市公司质量行动计划，并将采取一系列措施，力争通过3~5年努力，使上市公司整体面貌有较大改观。我们要积极做好各项工作，力争在更短的时间内完成。每一个局部不做好，系统和全局就做不好，所以这不是别人的事情，这关系到每一家上市公司的你我他，是我们上市公司董监高、关键少数等每一个人都应该承担的责任。中国上市公司协会去年给6000多位上市公司的董监高人员做了培训，今年已经线上培训了1万多人。今年培训的内容主要是学习新的《中华人民共和国证券法》（以下简称《证券法》）。新的《证券法》3月份出台，但是一些上市公司的董事长们未必认真学习过。上市公司协会的任务就是让这些上市公司的关键少数人员必须得知道和理解新《证券法》的内容和要求，让大家提高对上市公司质量工作的主动性和自觉性。

第四，投资者心态。我们现在有1.7亿个投资者，其中99%是个人账户，机构投资者仅有30万到40万，这就决定了我们的市场和西方的市场有很大的不同。现在大力发展机构投资，既要投刚才讲的这些独角兽企业以培育未来的上市公司，同时也要投在二级市场上有价值的上市公司。资本市场也希望机构投资者来发挥主导作用，散户可以在机构买基金，由基金帮他们去投，那么多的散户资金向着机构集中，这也是一个很好的转变。中国有很多小股民，可以说人人都是一个小投资家，人人都想研究上市公司，人人都想做点股票，这不一定是坏事，就像以前撒切尔夫人讲的中国人的一大特点是在娘胎的时候就会做生意。关键是对这些小股民要正确引导，让他们在投资中获益，不能误导他们。

如果把这4件事情都做好，就不用太过担心资本市场。我们做正确的事，正确地做事，只要我们做得对，资本市场自然就是春天，股价和市值自然就会上去。如果我们做的事不对，即便股价和市值暂时上去了最终还会掉下来。资本市场有它的规律，我们一定要按照规律去做，最终就能够把资本市场做好，用资本市场来支持国家经济的发展。做好资本市场是我们的底气所在，也是我们的力量所在。

国资国企改革发展专题报告

吉林大学中国国有经济研究中心

　　2020年是全面建成小康社会和"十三五"规划收官之年，是实现第一个百年奋斗目标、为"十四五"发展和实现第二个百年奋斗目标打好基础的关键之年。2020年国资国企工作的总体要求是：坚决贯彻党中央、国务院决策部署，保持战略定力、坚定必胜信心，突出抓好稳增长，推动国有企业切实发挥好在国民经济发展中的"稳定器"作用；突出抓好打赢三大攻坚战，为国家重大战略实施和地方经济社会发展提供有力支撑；突出抓好改革落实，全力实施好国企改革三年行动方案；突出抓好科技创新，推动企业大力提升技术创新能力；突出抓好结构调整，不断提升国有资本配置效率和整体功能；突出抓好职能转变，以管资本为主加强国有资产监管；突出抓好工作协同，携手共建国资监管大格局；突出抓好党建引领，为国资国企事业高质量发展提供坚强保证。

　　2020年国资国企改革主要体现在：加快国有资产监管职能转变、推动国有企业改革向纵深发展、发挥国有企业科技创新引领作用、发挥国有企业社会职能、推动国有企业实现高质量发展、加强国有企业党建工作等六个方面。

一、以管资本为主，加快国有资产监管职能转变

　　党的十九届四中全会明确要求，形成以管资本为主的国有资产监管体制，这是以习近平同志为核心的党中央立足党和国家事业发展全局、对深化国资国企改革作出的重大决策，对于优化国有资本布局、发挥国有经济主导作用、促进国民经济持续健康发展具有十分重要的意义。2019年底，国务院国资委印发了《关于以管资本为主加快国有资产监管职能转变的实施意见》（以下简称《实施意见》）。《实施意见》紧紧围绕"管资本"这条主线，从总体要求、重点措施、主要路径、支撑保障四个维度，以管资本为主加快推进国有资产监管职能转变。《实施意见》主要内容聚焦以下四个方面：

　　（一）实现四个转向，确保转变精准到位

　　转变监管理念，从对企业的直接管理转向更加强调基于出资关系的监管，确保该管的科学管理、决不缺位，不该管的依法放权、决不越位；调整监管重点，从关注企业个体发展转向更加注重国有资本整体功能，更多着眼于国有资本整体功能和效率，加强系统谋划和整体调控；改进监管方式，从习惯于行政化管理转向更多运用市场化法治化手段，更加注重以产权为基础、以资本为纽带，通过法人治理结构履行出资人职责；优化监管导向，从关注规模速度转向更加注重提升治理效益，按照高质量发展的要求，引导企业加快转变发展方式，不断增强国有经济竞争力、创新力、控制力、影响力、抗风险能力。

　　（二）突出五项职能，确保重点管住管好

　　聚焦优化国有资本配置，管好资本布局，通过加强整体调控，构建全国国有资本规划体系，引导企业聚焦主责主业，进一步发挥国有资本功能作用；聚焦增强国有企业活力，管好资本运作，通过加强

国有资本运作统筹谋划和基础管理，更好发挥国有资本投资、运营公司的功能作用，进一步提高国有资本运营效率；聚焦提高国有资本回报，管好资本收益，通过完善考核指标体系，发挥考核导向作用，推动资本预算市场化运作，进一步促进国有资产保值增值；聚焦防止国有资产流失，管好资本安全，通过健全覆盖监管全部业务领域的出资人监督制度，构建业务监督、综合监督、责任追究三位一体的监督工作闭环，进一步筑牢防止国有资产流失的底线；聚焦加强党的领导，管好国有企业党的建设，坚持"两个一以贯之"，坚持管资本就要管党建，进一步以高质量党建引领国有企业高质量发展。

（三）优化四个路径，确保转变系统有效

以国资委权力责任清单为基础，厘清职责边界，将不该有的权力拦在清单之外，保证清单内的权力规范运行；以法人治理结构为载体，依法制定或参与制订公司章程，依据股权关系向国家出资企业委派董事或提名董事人选，更好体现出资人意志；以分类授权放权为手段，根据企业不同特点，有针对性地开展授权放权，充分激发企业活力；以加强事中事后监管为重点，切实减少审批事项，实现实时在线动态监管，加大对制度执行情况的监督检查力度，不断提高监管效能。

（四）强化四个保障，确保转变全面落地

统一思想认识，凝聚系统共识，构建国资监管大格局；加强组织领导，有效落实责任，确保改革要求落地；完善制度体系，强化法治保障，推动将管资本有关要求体现到有关法律法规修订中；改进工作作风，提升队伍素质，建设一支高素质专业化国资监管干部队伍。

二、抓好改革落实，推动国有企业改革向纵深发展

（一）全力实施好国企改革三年行动方案

2020年6月底，中央全面深化改革委员会第十四次会议审议通过了《国企改革三年行动方案(2020年—2022年)》，国有企业改革三年行动是未来三年落实国有企业改革"1+N"政策体系和顶层设计的具体施工图，是可衡量、可考核、可检验、要办事的。通过实施国企改革三年行动，对做强做优做大国有资本和国有企业，加快构建新发展格局，切实提升改革综合成效，增强国有经济竞争力、创新力、控制力、影响力、抗风险能力，都具有重要意义。

1.积极稳妥推进混合所有制改革

2020年9月，国资委召开视频会议，对中央企业改革三年行动工作进行动员部署。会上提出，要牢牢把握混合所有制改革方向，坚持"三因三宜三不"原则，积极稳妥，务求改革实效。重点推进国有资本投资、运营公司出资企业和商业一类子企业混合所有制改革。根据不同企业功能定位，合理设计和调整优化混合所有制企业股权结构。集团公司要对国有相对控股混合所有制企业实施更加市场化的差异化管控，推动建立灵活高效的市场化经营机制。要加强对混合所有制改革全过程的监督，坚决防止国有资产流失。

据统计，2013年以来，中央企业推进的混改事项达到了4000项，引进了各类社会资本超过1.5万亿元，按照统计口径，混改企业的户数已经超过了中央企业法人单位的70%以上，上市公司已经成为混改的主要载体。2020年1-8月，中央企业通过投资入股、并购重组、增资扩股等方式引进了超过1700亿元的社会资本，同比增长28%。同时，中央企业还通过产业链、供应链的合作，与广大的民营企业、中小企业协调发展，投资入股超过6000家的非公企业，投资总额也超过了4000亿元，形成了一批高精尖的"隐形冠军"和各领域的龙头企业。

2.全面发挥龙头骨干企业带动作用

国有企业改革发展始终坚持"两个毫不动摇",以市场化原则和互利共赢为导向,主动加大与民营企业、中小企业的全方位合作,在稳定产业链中发挥了"国家队"作用。据国资委数据显示,截至目前,中央企业牵头组织相关中小企业发起产业技术创新战略联盟214个、搭建工业互联网平台54个,打造"双创"平台456个、承建国家双创示范基地13个,有力带动了大中小企业融通发展、产学研协同和全社会创新创业。

在三年行动方案的实施过程中,国有企业加强与民营企业中小企业合作,努力稳固产业链供应链,全面发挥龙头骨干企业的带动作用。这是做好"六稳"工作,落实"六保"任务的重要环节。一般而言,龙头骨干企业在资金、技术、管理、标准、产品质量要求等方面都具有其所在产业链上的绝对优势,可以通过各种方式把自己的优势传递给同产业链的相关企业,从而带动其发展。通过基金投资、创新平台等多种方式,充分发挥国有资本带动作用,引导国有企业注重在产业链、供应链上下游的中小企业和民营企业中培育领军企业和专精特新"隐形冠军"企业。

3.提升国有企业活力和效率

国企改革三年行动主要聚焦完善中国特色现代企业制度、推进国有经济布局优化和结构调整、积极稳妥深化混合所有制改革等八个方面的重点任务,为"十四五"时期现代化发展提供了重要支撑,打通在生产、分配、流通、消费各环节中的堵点,为加快形成以国内大循环为主体、国内国际双循环相互促进的新发展格局提供重要的发展平台。

提升国有企业活力和效率是改革发展的终极目标,中国特色现代企业制度、以管资本为主的国资监管体制是确保国有企业活力和效率提升的体制机制基础,而国有经济布局优化与结构调整则是实现国有企业活力和效率提升的关键手段。国企改革进入关键的历史阶段。随着国企改革三年行动方案的实施,国企改革的综合效能将得到提升,一些短板和弱项问题将得到有效解决,国有企业将更加具有活力和效率。

(二)进一步深化"双百行动"再部署、再推进工作

国企改革"双百行动",是国务院国有企业改革领导小组组织开展的国企改革专项行动之一,共选取百余户中央企业子企业和百余户地方国有骨干企业,在2018年–2020年期间,全面落实"1+N"系列文件要求,深入推进综合性改革,在改革重点领域和关键环节率先取得突破,打造一批治理结构科学完善、经营机制灵活高效、党的领导坚强有力、创新能力和市场竞争力显著提升的国企改革尖兵,充分发挥示范突破带动作用,凝聚起全面深化国有企业改革的强大力量,形成全面铺开的国企改革崭新局面和良好态势。中央企业所属"双百企业"聚焦"五突破一加强"目标任务,狠抓改革方案落实落地,推动综合性改革取得积极成效。

1."双百企业"综合性改革成效显著

据统计,截至2019年年末,中央企业所属"双百企业"累计改革任务完成率达到55.14%。41.55%的"双百企业"在本级层面开展了混合所有制改革,其中非国有资本持股比例超过1/3的占53.49%;62.65%的"双百企业"在子企业层面开展了混合所有制改革。

82.49%的"双百企业"在本级层面设立了董事会,其中非执行董事过半数的占62.74%。"双百企业"董事会中长期发展决策权、经理层成员选聘权、业绩考核权、薪酬管理权、职工工资分配权、重大财务事项管理权等主要职权的落实力度明显加大,57.58%的"双百企业"董事会获授上述两项以上职

权，26.07%的"双百企业"董事会获授上述全部六项职权。

"双百企业"在本级层面和子企业层面推行经理层成员任期制和契约化管理的比例分别达到45.91%和45.14%；"双百企业"在本级层面和子企业层面开展职业经理人选聘的比例分别达到22.18%和33.07%。"双百企业"基本全面实现了以合同管理为核心、以岗位管理为基础的市场化用工机制。"双百企业"在本级层面普遍拉开领导班子成员薪酬差距，同一领导班子成员中薪酬最高者与最低者的倍数平均达1.46倍。

"双百企业"中已有19%实施了国有控股上市公司股权激励，18%实施了国有科技型企业股权和分红激励，27%实施了国有控股混合所有制企业员工持股，42%采用其它方式建立了中长期激励机制。35%的"双百企业"已全面完成解决历史遗留问题。

"双百企业"中97.28%完成党建工作总体要求进公司章程工作；80.16%实现了党委书记、董事长"一肩挑"。已混改的"双百企业"中，79.23%已建立了党组织。总体上看，"双百企业"在完成国企改革重点工作任务方面的进展和成效普遍好于其他子企业，改革尖兵的引领示范作用初步显现。

2.国资委出台"双百企业"两项操作指引

为深入贯彻落实党中央、国务院关于推行国有企业经理层成员任期制和契约化管理、建立职业经理人制度的决策部署，指导"双百企业"率先全面推进相关工作，2020年1月，国务院国有企业改革领导小组办公室制定了《"双百企业"推行经理层成员任期制和契约化管理操作指引》和《"双百企业"推行职业经理人制度操作指引》。操作指引为企业推行经理层成员任期制和契约化管理、推行职业经理人制度提供了可供参考的基本操作流程，制定了任期制管理相关环节操作要点、契约化管理相关环节操作要点、监督管理相关环节操作要点、市场化选聘相关环节操作要点、差异化薪酬相关环节操作要点、市场化退出相关环节操作要点等具体内容。

三、增强创新能力，发挥国有企业科技创新引领作用

（一）国资委出台《关于推进中央企业知识产权工作高质量发展的指导意见》

2020年2月，为深入实施创新驱动发展战略，全面推进中央企业知识产权工作高质量发展，推动中央企业自主创新能力持续提升，加快培育具有全球竞争力的世界一流企业，增强国有经济竞争力、创新力、控制力、影响力和抗风险能力，国资委出台《关于推进中央企业知识产权工作高质量发展的指导意见》（以下简称《指导意见》），内容聚焦以下三个方面：

1.明确指导思想、基本原则和总体目标

指导思想是以高质量发展为主线，以提升自主创新能力为根本，以保护企业合法权益为基础，以促进科技成果转化为重点，以激发企业家和科研人员创新创造活力为导向，巩固和增强中央企业知识产权创造、运用、管理能力，不断完善知识产权保护体系，健全体制机制。《指导意见》以坚持战略引领、聚焦核心技术、遵循市场规律、突出问题导向、加强统筹兼顾为五项基本原则。总体目标是，到2025年基本建立适应高质量发展需要的中央企业知识产权工作体系，企业知识产权创造、运用、保护、管理能力显著增强，同时提出了具体要求和量化目标。

2.强调四个方面重点工作

从知识产权创造、运用、保护和管理四个方面提出了明确要求。一是加强知识产权高质量创造，包括坚持知识产权战略引领、培育一批高价值专利、加强海外知识产权布局、提升各类知识产权创造能

力。二是促进知识产权高效运用，包括加大知识产权实施力度、加强知识产权合规使用、拓宽知识产权价值实现渠道、建立知识产权运营平台。三是提升知识产权保护能力，包括强化知识产权风险防范、加强技术秘密保护、加大知识产权保护力度、提升海外知识产权保护能力。四是完善知识产权管理体系，包括强化知识产权机构和制度建设、实施知识产权分级管理、加强知识产权服务机构管理、提高知识产权管理信息化水平。

3.强化相关保障措施

一是对中央企业加强知识产权工作保障的相关要求，包括加强组织领导、加大投入力度、加强人才队伍建设、加强考核激励。二是国资委有关支持举措，包括指导中央企业编制实施知识产权战略、加大中长期激励力度、组织申报专利奖、推动知识产权联盟建设、建立知识产权专家库、组织开展培训等。三是国家知识产权局有关支持政策。包括与中央企业建立定期沟通交流机制、指导企业知识产权贯标、支持企业开展专利导航和高价值专利运营、提升知识产权创造和保护效率等。

（二）国资委出台《关于加速推进国有企业数字化转型工作的通知》

新一轮科技革命和产业变革正在迅猛发展，全球经济正处在一个前所未有的变轨期。国有企业需充分发挥国有经济主导作用，主动把握和引领新一代信息技术变革趋势，引领和带动我国经济在这轮转型变革中占据国际竞争制高点。2020年8月，国资委印发《关于加快推进国有企业数字化转型工作的通知》（以下简称《通知》），就推动国有企业数字化转型做出全面部署。

1.国有企业推进数字化转型的现状

近年来，国有企业矢志拼搏、锐意进取，积极推动新一代信息技术创新应用，加快推进生产经营数字化，着力培育数字新模式新业态，为数字化转型工作奠定良好开局。一是打造数字化研发体系，促进产品服务创新。国有企业积极开展差异化、场景化、智能化的数字产品和服务创新，打造基于协同平台的研发创新体系，中央企业中有多数研发单位实现了三维数字化建模和仿真，极大提升了研发创新效率和用户服务水平。二是大力推进智能制造，促进生产方式创新。国有企业着力开展数字化车间、智能工厂建设，推动生产现场全要素、全过程的自动感知、实时分析和自适应优化，提高资源优化配置水平，赋能企业提质增效，中央企业关键工序数控化率达到51.5%。三是积极培育新模式新业态，促进商业模式创新。国有企业积极开展以用户为中心的商业模式变革，形成一批具有代表性的创新模式和新型业态，电子商务规模不断扩大，基于平台的产业协同生态初步形成，服务化延伸、个性化定制、网络化协同等新模式新业态成为企业重要利润增长点。四是加快建设工业互联网，促进产业链供应链创新。国有企业积极开展工业互联网平台建设，充分发挥作为产业龙头的作用，构建全要素、全产业链、全价值链全面连接的"核心枢纽"，带动中小企业协同发展，助力构建以国内大循环为主体、国内国际双循环相互促进的新发展格局，目前中央企业建成高水平工业互联网平台54个。五是全力开展协同攻关，促进核心技术创新。国有企业聚焦"补短板"，加快卡脖子技术协同攻关，在卫星导航、操作系统、工业软件等领域形成"突破口"，推动5G、数据中心、人工智能等新型数字基础设施建设，致力于打造国际先进、自主可控的新一代信息技术基础平台，提升核心技术创新水平。

2.国有企业推进数字化转型的总体思路

国有企业推动数字化转型首先要做的就是理念和认识的转型。一是数字化转型是一项涉及数据、技术、流程、组织等的复杂系统工程，要注重深化对数字化转型艰巨性、长期性和系统性的认识，加强战略性统筹布局；二是数字化转型当前工作重心是充分发挥数据要素驱动作用，打通全产业链、全价值链、全创新链，共建产业发展生态，获得价值增量发展空间，要强化数据驱动、集成创新、合作共赢等数字化转型理念，加强多线条协同并进；三是数字化转型不仅是一把手工程，更是涉及全员、全要素的创新活动，要充分激发基层创新活力、营造勇于、乐干、善干数字化转型的氛围，强化上下一盘棋。

国有企业要从技术、管理、数据、安全四个方面，加强对标，夯实数字化转型基础。一是技术基础。数字化转型本质是新一代信息技术引发的系统性变革，新一代信息技术作为通用使能技术，需要不断强化其技术赋能作用，及与其他专业技术融合。二是管理基础。数字化转型不仅仅是技术渗透和融合的问题，更是一项优化管理模式以适应技术变革的问题，要导入系统化管理体系，有效获取预期的转型成效。三是数据基础。纵观历史上历次转型的核心都是动力转换，数据已成为第五大生产要素，要充分发挥数据要素驱动作用，打破传统要素有限供给对企业增长的制约。四是安全基础。安全是发展的前提，要加强安全可靠和信息安全两方面基础工作，强化本质安全。

国有企业要从真正获得转型价值出发，从产品、生产运营、用户服务、产业体系四个方面系统推进数字化转型。一是产品创新数字化。与价值创造的载体有关，要加强产品和服务创新及产品研发过程创新，以不断提高产品附加价值，缩短价值变现周期。二是生产运营智能化。与价值创造的过程有关，要加强横向纵向全过程贯通，实现全价值链、全要素资源的动态配置和全局优化，提高全要素生产率。三是用户服务敏捷化。与价值创造的对象有关，要以用户为中心，实现全链条用户服务，最大化为用户创造价值，提高用户满意度和忠诚度。四是产业体系生态化。与价值创造的生态合作伙伴有关，要加强与合作伙伴之间的资源、能力和业务合作，构建优势互补、合作共赢的协作网络。

国有企业要站在服务于经济全面转型的高度，勇于担当，加强核心技术攻关和资源能力的社会化输出，提升整个经济社会的数字化转型价值。一是新型基础设施建设。积极开展新型基础设施投资和建设，带动产业链上下游及各行业丰富应用场景。二是关键核心技术攻关。加快攻克核心短板技术，着力构建国际先进、安全可控的数字化转型技术体系。三是发展数字产业。合理布局数字产业，培育行业领先的数字化服务龙头企业。

国有企业要聚焦主业创新设计具有产业领先竞争力的端到端价值链，推动集中攻关，打通关键性业务场景，加强标杆示范推广，提升数字化转型内生动力。一是制造类企业示范样板。以智能制造为主攻方向，提升研发、设计和生产智能化水平，加快推进工业互联网。二是能源类企业示范样板。加快建设推广智能现场，强化能源资产规划、建设和运营全周期运营管控能力。三是建筑类企业示范样板。重点开展建筑信息模型、三维数字化协同设计、人工智能等的集成应用，提升数字化技术与建造全业务链的深度融合。四是服务类企业示范样板。着力推进智慧营销、智慧物流、智慧金融、智慧旅游、智慧供应链等建设，提升客户体验和客户黏性。

国有企业要构建以能力为主线的数字化转型战略布局和实施体系，加强数据、流程、组织和技术四要素统筹和协同创新，有效推进数字化转型工作。一是加强顶层规划。开展数字化转型，首要任务就是要制定数字化转型战略，并将其作为发展战略的核心内容。条件成熟的企业，数字化转型战略和发展战略可合二为一。发展战略制定要加强竞争合作优势、业务场景和价值模式等分析。国有企业依托数字化转型服务平台加强诊断分析，发现问题，找准方向。二是强化协同推进。开展数字化转型，新型能力建设是贯穿始终的核心路径，通过能力建设，统筹规划、科技、信息化、流程等管控条线，支持业务按需调用能力，以快速响应市场需求变化。三是做好资源保障。开展数字化转型，还应建立相匹配的治理体系并推进管理模式持续变革，以提供资源和管理保障，包括领导机制、管理机制、资金机制、人才机制等。

3.构建数字化治理体系的原则和方法

数字化治理体系建设是一项复杂的系统性工程，既涉及企业战略、组织架构等顶层设计，又涉及文化、制度等外部因素，还与系统、平台、工具等技术发展密切相关。在充分借鉴国际数据管理协会（DAMA）、国际数据治理研究所（DGI）、IBM数据治理委员会、中国电子工业标准化技术协会信息技术服务分会（ITSS）等国内外组织或机构提出的数据治理架构基础上，结合国有企业数据现状及工作要求，重点围绕数据标准、数据平台、数据目录、数据质量、数据共享、数据应用等方面，构建具有国有企业特色的数据治理体系，夯实数字化转型基础。

大型国有企业规模大、业务条线多，极易形成信息孤岛，要打破数据的专业壁垒，推动数据的贯通融合，必须统筹制定企业级的数据模型，形成各单位、各专业共同遵循的数据标准，从源头上保障业务协同和数据共享。数据的分散存储不仅不利于资源的高效利用，也给数据的统一管理和应用带来很大困难，制约了数据价值的有效发挥。通过建设企业统一的数据平台，可以实现数据的全量汇聚，加快推动数据的融通及共享，为数据应用及共享服务提供基础平台。作为描述数据的数据，元数据是规范数据管理的重要载体，可以为数据的查询和获取提供基础信息。通过开展数据资源盘点，规范元数据管理并构建企业级数据目录，对于全面掌握公司数据资源状况，实现数据可视可查具有重要意义。由于人工录入信息的普遍存在，以及受采集设备稳定性等客观因素影响，数据质量是各企业面临的普遍问题，也是制约企业数据价值发挥的重要因素。加强源头数据治理力度，开展数据全链条、各环节质量监控，形成数据全生命周期管控模式，建立切实可行的数据质量监控体系，是夯实企业数据质量基础的重要手段。

推进数据充分共享，是充分发挥数据价值的基础。受专业管理等客观条件影响，企业内部往往存在数据共享难等问题，影响企业数据价值的有效发挥。要打破专业壁垒，通过推动数据分级分类管理等方式，简化审批流程，基于企业数据中台等内部平台，强化数据在企业内部的充分共享。

数据作为新型生产要素，蕴含着巨大的价值。当前，很多企业数据价值未能得到有效挖掘，数据价值还未充分发挥。要结合企业自身数据特性，强化数据对业务的赋能，服务企业经营管理提升及业务创新发展，打造数据驱动的企业管理与运营模式。

四、落实社会责任，发挥国有企业社会职能

2019年8月，国资委发布《中央企业社会责任蓝皮书（2019）》，提出中央企业要自觉以创新、协调、绿色、开放、共享的新发展理念引领企业发展，在更大范围、更高层次履行社会责任。自觉提高认识站位，深刻认识中央企业必须肩负的重要责任，自觉承担时代使命。持续改进社会责任管理，有组织、有计划、成体系地开展社会责任工作。确保高标准做好社会责任重点领域工作，积极担当主动作为，在全社会树立典范，发挥示范带动作用。持续加强社会责任沟通，不断健全完善社会责任信息披露机制，主动加强与各利益相关方交流沟通，主动接受社会监督。

（一）央企扶贫基金全力决战脱贫攻坚

在决战脱贫攻坚的关键时刻，中央企业以"为党分忧，舍我其谁"的担当精神和高度的政治责任，踊跃参与中央企业贫困地区产业投资基金募资，共计募资金额高达300亿元人民币，为产业基金助力脱贫助力。

党的十八大以来，以习近平同志为核心的党中央把脱贫攻坚摆到治国理政的突出位置，在全国范围全面打响了脱贫攻坚战。为服务国家脱贫攻坚战略，发挥财政和中央企业资金的引导作用，吸引社会

资本投入，探索产业化、市场化扶贫新路，2016年10月，经国务院批准，由国务院国资委发起，财政部参与，中央企业出资成立了央企扶贫基金，通过灵活多样的投资方式，支持贫困地区产业发展，增强贫困地区的造血功能和内生动力，带动贫困群众精准脱贫。截至2020年4月，经过三次募资，央企扶贫基金目前共有103家中央企业参与出资，规模达到314.05亿元，为基金产业扶贫提供了强大动力。

央企扶贫基金紧紧围绕国家脱贫攻坚战略，严格把握基金投向，主要投资贫困地区的特色优势资源和急需发展行业；基金采取市场化运作，遵循市场规律和基金运作规则，建立了规范的法人治理结构和投资决策体制；由国务院国资委、财政部、国务院扶贫办负责同志和相关专家代表组成基金战略指导委员会，为基金运作提供前瞻性政策指导和咨询性建议。央企扶贫基金不断优化投资策略，兼顾产业发展和资金安全需要，坚持组合投资理念，灵活选择投资方式、合作对象和产业类比；依托地方产业规划和资源禀赋，有序布局现代农业、矿产资源、先进制造、医疗健康、旅游等重点行业；持续探索并购基金、政府债权平台、医疗扶贫、引导带动等投资模式。截至2019年10月中旬，央企扶贫基金累计投资决策项目79个，已完成投资177.09亿元，投资项目覆盖了全部14个集中连片特困地区，涉及全国26个省（自治区、直辖市）。

央企扶贫基金兼顾产业发展和资金安全需要，始终坚持组合投资理念，引进龙头企业，扶持本地企业，共同布局开发贫困地区一二三产业，并结合区域经济状况和企业发展阶段，灵活选择股权、可转债、子基金等投资方式。通过直接投资，在贫困面广、贫困人口多、贫困发生率高的10个重点省份设立子基金、发起扶贫基金联盟等方式，放大基金杠杆作用，引领撬动社会资本超1700亿元参与脱贫攻坚。

央企扶贫基金针对投资企业实际，基于价值提升理念和扶贫带贫目标，发挥在融资渠道、资本运作、业务资源等方面的优势，着力增强贫困地区造血机能和内生动力，按照抓重点、补短板、强弱项的原则，加大投后管理力度，建立了资金监管、信息收集、分析报告、定期检查、年度评估、增值服务等六大机制，引入现代经营管理理念，保障投资企业健康运营，在贫困地区打造优势产业。

央企扶贫基金紧紧围绕国家脱贫攻坚战略、聚合中央企业优势、广泛吸引社会资本、支持贫困地区产业发展，促进贫困地区区域经济发展和脱贫攻坚工作，央企扶贫基金已投项目全部建成达产后，可带动35万人就业，每年为就业人口提供收入28亿元，为地方政府提供税收25亿元。

（二）国有企业为抗击疫情提供最坚强物质保障

新冠肺炎疫情发生以来，国务院国资委党委坚决贯彻落实习近平总书记重要讲话精神和党中央决策部署，动员组织国有企业勇当先锋、敢打头阵，主动担当、积极作为，全力抗击疫情，有序复工复产。从承担火神山和雷神山专门医院建设到重点医疗防控物资供应，从保障煤电油气能源供应到维护通信、交通稳定运行，从率先复工复产到帮助中小企业复工复产，以中央企业为代表的国有企业全力支援疫情防控一线，为抗击疫情提供了最坚强的物质保障。

煤电油气运和粮油副食产品等基础产品服务稳定供应，是疫情防控工作的重要保障。石油石化、电力、通信、粮油、航空运输等基础保障型央企把做好保供工作作为首业首责，强化担当意识、周密组织生产、全力保障供应，优先保障重点地区需要，合力筑起抗击疫情的坚强后盾。石油石化企业统筹供应渠道、抢调油气资源，2700座加油站为湖北用户提供24小时不间断服务。电网企业主动挂牌对接，为医疗物资生产企业提供"主动服务零上门、精简手续零审批、低压供电零投资"的"三零"服务，确保"医院建到哪里，电就通到哪里"。发电企业保持高位运行，每天数万名职工奋战在湖北生产一线。1月20日至2月26日，中央企业累计向湖北地区供应汽油20万吨、柴油6.4万吨、天然气5.9亿立方米，累计供电146.4亿千瓦时、供热210.1万吉焦、供煤150.9万吨，有力维护了当地经济社会稳定。通信企业派出应急保障人员数万人次，确保湖北地区基站正常运行，中国电信搭建火神山医院5G远程会诊系统，中国联通、中国移动推出5G智慧医疗服务平台，为科学防控疫情提供有力支撑。中航集团、东航集团、南航集团等航空运输企业一方面在客座率较低的情况下，全力保障国内航线和重要国际航线"不断航"，另一方面坚决执行专项包机任务，截至2月26日累计执飞湖北包机243架次，运送防疫物资1372吨、医护人员近2.7万人。东风公司组织1100多名"东风出行"司机组建应急车队，专门护送医护人员到一线。湖北工建全力完成应急物资运送任务。

中央粮油、贸易企业全力保持湖北地区米面油糖肉奶等粮油副食产品库存充足、正常供应，在稳定市场预期、保障群众基本生活等方面作出了重要贡献。中粮集团开通运输绿色通道，每天发往湖北米面油等超过800吨。中储粮集团保持湖北粮食库存充足，可满足湖北6000万人半年以上需求。中国石油、中国石化、中化集团、中粮集团、通用技术集团、中储粮集团、华润集团、中国化工、国药集团、新兴际华集团等10家中央企业作出承诺，疫情期间全力保障防疫物资和重要民生商品供应，做到价格不涨、质量不降、供应不断。湖北长投集团旗下130多家"湖北放心粮油"门店坚持全天候营业，全面做好粮油供应和市场稳定工作。湖北清能集团、铁投集团旗下酒店为医务人员提供优质食宿服务。

为了在较短时间内完成专门医院建设、快速提升收治能力，国有企业主动请缨、尽锐出战，积极承担了全国各地专门医院的建设改造任务，开始了一场与时间竞速、与疫魔赛跑的较量。建设武汉火神山、雷神山专门医院是党和人民的重托，中国建筑所属中建三局牵头组织调动2万多名管理和作业人员，在全国1亿多网民的"云监工"加油中夜以继日施工作业，电力企业24小时不间断供电保电，矿业企业全力筹集建设物资，石油石化企业免费提供柴油和润滑油，通信企业火速建设5G基站……10天内2家医院先后建成交付。与此同时，湖北、四川、河南、广东、辽宁、福建等地超过100座专门医院、方舱医院的建设改造工程在中国建筑、中国五矿、中国中铁、中国铁建等企业日夜奋战下火速推进，有效提升了各地收治能力。

为了第一时间给奋战在抗疫一线的医护人员提供防护"铠甲"，国务院国资委党委紧急成立医疗物资专项工作组，迅速建立与中央企业集团、医疗物资生产一线单位联系的直通专线，用战时方式强力推进医疗物资生产保供。新兴际华集团所属企业紧急转产后，坚持人倒班、机不停、连轴转，迅速将防护服产能从零提高到11万套/天。国机集团所属恒天嘉华充分发挥生产无纺布优势，将可调整的生产线全部用于医用口罩和防护服生产，在不到一周时间内形成110万只平面医用口罩产能。中国石化在社交媒体发出"我有熔喷布，谁有口罩机，共同出力抗击疫情"号召，短短数天时间对接完成11条口罩生产线，日产量达到80万只。国机集团火速研制医疗物资生产紧缺设备，用9天时间完成从无技术无图纸到批量生产压条机的全过程，首批10件压条机已发运防护服生产企业。国药集团所属中国生物率先成功研制出新型冠状病毒核酸分子检测试剂盒，迅速供应各地用于一线检测；提出采用新冠肺炎康复者恢复期血浆用于临床治疗的方法，并严格按标准制备特免血浆制品和特免球蛋白，目前已应用于重型和危重型患者治疗。通用技术集团、华润集团等企业抓紧推进抗疫药物磷酸氯喹的生产储备。中央企业所属医院紧急抽调约600名医护人员驰援湖北，在鄂医疗机构全部纳入发热门诊定点医院和疑似病例收治医院，17家中央企业所属医院近万名医护人员日夜奋战抗疫一线。

（三）国有企业为稳就业做出突出贡献

2020年3月中旬，国资委实施国资央企"抗疫稳岗扩就业"专项行动以来，聚焦高校毕业生、农民工、贫困地区劳动力三类重点人群就业，统一组织中央企业和有关单位集中开展大型网络招聘活动，统筹疫情防控、复工复产和脱贫攻坚等工作，扎扎实实推进稳就业，吸引各方人才加盟中央企业。截至4月26日，累计提供招聘岗位数量超过100万个。

2020年高校毕业生数量达到了创历史新高的874万，面对新冠肺炎疫情的冲击，中央企业贯彻落实国资委要求，企业人力资源部门在对应届生的就业支持中各尽其能、各显神通。中国移动在秋招已录取了近万名应届毕业生的情况下，为了在疫情期间承担起稳岗扩就业的央企责任，组织今年春季校园招聘，提供1000多个岗位，招聘规模5500人。中国石化结合业务发展和队伍结构调整需求，追加3500多人的高校毕业生招聘计划，2020年中国石化全年招录毕业生人数将在保证质量基础上争取超过1万人，是2019年的2.3倍，同时结合高层次人才和紧缺人才需求，加大社会化招聘力度，2020年计划引进社会成熟人才1000人。中国中铁已经签约2020届高校毕业生1.2万多人，又进一步增加应届毕业生招聘数量，对于与公司业务紧密相关的土木工程专业等主专业毕业生，中国中铁放开招收限制，加大人才储备。国家能源集团在已录取2020年高校毕业3800人的基础上，开设春季招聘专场，再追加招聘计划977人。保利集团在原有2020年校招工作实际已经基本结束的情况下，考虑到疫情对就业的影响，陆续又启动了新的校招计划，扩招14%以上。

根据国资委关于聚焦三类人群稳就业的工作部署，多家央企积极推进开展就业扶贫，出台措施主动吸纳贫困地区劳动力就业。为了促进受新冠肺炎疫情影响的贫困地区农民工就业，南方电网集团公司要求所属各地公司抓实电力行业扶贫，加大招收所在地贫困农民工力度。因农民工受技能限制可从事的工种十分有限，南方电网各个公司采取"先培训再上岗"的方式，对招录农民工实施免费培训。截至3月底，南方电网贵州电网公司已吸纳了3521名受到疫情影响滞留的当地农民工。肩负复工复产和扶贫工作双重责任，很多中央企业采取措施积极开展就业扶贫工作。受新冠肺炎疫情影响，四川秦巴特困山区当地劳动力滞留，就业及扶贫压力加大。中国能建葛洲坝集团投资建设的巴中至万源高速公路项目在保证自身工作安全有序前提下，坚持项目用工向贫困地区倾斜，结合实际情况协调安排当地贫困人口就业，截至目前录用达州、巴中两市农民工合计1435人，用就业助力脱贫工作。中国石化积极推进"抗疫稳岗扩就业"专项行动，在全国范围内迅速召集贫困地区农民工返岗复工，吸收农民工就业7万余人。中广核新能源新疆分公司承接南疆地区贫困家庭劳动力到中央驻疆企业就业，制定了详细的培训计划，组织实施普通话教育、企业文化等一系列培训，为尊重少数民族员工饮食习惯，还特别招聘了专门厨师。招商局长航集团免费为贫困地区劳务人员进行海员培训，全力推荐就业。

五、健全市场化机制，推动国有企业实现高质量发展

（一）建立健全长效股权激励机制

2019年，国资委制定出台《关于进一步做好中央企业控股上市公司股权激励工作有关事项的通知》，标志着中央企业控股上市公司实施股权激励的政策体系已经基本定型。2020年5月30日，国务院国资委出台《中央企业控股上市公司实施股权激励工作指引》（以下简称《指引》），着力从微观操作层面细化对中央企业的工作指导，进而推动中央企业扩大控股上市公司实施股权激励的覆盖面，构建科学、规范的中长期激励机制，推动企业高质量发展。

《指引》重点聚焦以下四个方面：一是系统梳理股权激励计划制定的政策要点。从激励方式、激励对象范围、权益授予数量、授予价格、时间安排、激励收益等股权激励计划的六方面内容依次进行内

涵要义、政策规定、操作规范等详细阐释。二是明确提出股权激励业绩考核的导向要求。从强化公司业绩考核、健全激励对象绩效考核评价、科创板上市公司实施股权激励的考核等方面明确出资人的导向和要求，引导企业高质量发展。三是重点阐明股权激励计划的管理规范。从规范股权激励管理办法、责任追究与特殊情形处理、财务处理和税收规定等三个方面明确股权激励计划管理有关要求和规定。四是详细介绍股权激励计划的实施程序。对各级国有股东的职责进行归纳，对股权激励计划的决策、申报、实施、终止等程序事项予以梳理，并重申监督管理、信息披露等要求。

党的十九大以来，中央企业控股上市公司实施股权激励的数量快速增长，目前已有53家中央企业控股的119家上市公司有效实施了股权激励，取得了明显进展，但总体上中央企业控股境内外上市公司只有不到30%实施了股权激励，覆盖面还有待提高。《指引》印发后，国资委将指导中央企业积极履行主体责任，推动符合条件的控股上市公司科学高效规范地开展股权激励工作，加快建立健全覆盖企业经营管理骨干和核心科研技术人才的正向激励机制，充分调动各类人员积极性和创造性，推动企业实现高质量发展。

（二）强化国有企业市场主体地位

要进一步强化国有企业市场主体地位，强化国有企业的财务刚性约束，在市场竞争中优胜劣汰。要改变行政化的管理思维和方式，强化资本纽带关系，维护企业法人财产权和经营自主权。2019年11月，国务院国资委印发《中央企业混合所有制改革操作指引》，明确指出通过市场化方式推进混合所有制改革，中央企业"混资本"环节要充分发挥市场在资源配置中的决定性作用，通过产权市场、股票市场等平台公开、公平、公正进行。"混资本"过程中资产审计评估、进场交易、上市公司资本运作要严格履行相关工作程序，切实防止国有资产流失。

（三）全面推进用工市场化

为更好地激发国企员工，促使其具备创造性与经济性，国有企业需要始终以市场化的眼光去建设完善的人才机制，主动积极培育人才，以此满足内部人才供需均衡，为企业创造可持续发展的机会。当前，国企员工老龄化现象不同程度显现，人力资源结构矛盾较为突出。通过实施市场化用工，可改善国企内部人力资源结构，促进其发展。加快建立和实施以劳动合同管理为关键，以岗位管理为基础的市场化用工制度，大力推行员工公开招聘、管理人员竞争上岗、末等调整和不胜任退出制度。

（四）大力弘扬企业家精神

习近平总书记强调，"企业家是经济活动的重要主体，要深度挖掘优秀企业家精神特质和典型案例，弘扬企业家精神，发挥企业家示范作用，造就优秀企业家队伍。"2017年9月，中共中央、国务院印发《关于营造企业家健康成长环境、弘扬优秀企业家精神、更好发挥企业家作用的意见》（简称《意见》）。《意见》指出，"改革开放以来，一大批优秀企业家在市场竞争中迅速成长，一大批具有核心竞争力的企业不断涌现，为积累社会财富、创造就业岗位、促进经济社会发展、增强综合国力作出了重要贡献。营造企业家健康成长环境，弘扬优秀企业家精神，更好发挥企业家作用，对深化供给侧结构性改革、激发市场活力、实现经济社会持续健康发展具有重要意义。"

党的十九大报告强调要激发和保护企业家精神，鼓励更多社会主体投身创新创业。《意见》的出台对培养壮大我国企业家队伍，弘扬中国特色企业家精神具有重要而深远的意义。随着"对党忠诚、勇于创新、治企有方、兴企有为、清正廉洁"的国有企业家队伍的不断壮大，国资国企的改革发展必将取得新的更大的成就。《意见》提出了激发和保护国有企业家精神的具体举措，中央企业和地方国有企业正在抓好这些措施的落地。

六、坚持党的领导，加强国有企业党建工作

（一）加强国有企业党的政治建设

党的政治建设如同建设工程地基，直接决定党建大厦整体质量。抓国有企业党的政治建设，最根本的就是要坚决维护习近平总书记党中央的核心、全党的核心地位，坚决维护以习近平同志为核心的党中央权威和集中统一领导，确保国有企业、国有资产牢牢掌握在党的手中。党的十八大以来特别是全国国企党建会两年多来，国资委、国有企业坚持把党的政治建设摆在首位，持续推进习近平新时代中国特色社会主义思想学习宣贯往深里走、实里走、心里走，引导国有企业党员干部职工从这个伟大思想中汲取破解国企改革发展难题的答案、钥匙和方法，确保国有企业始终成为我们党长期执政和应对各种风险挑战最可信赖的队伍。

在建设世界一流企业伟大征程上，要旗帜鲜明讲政治，把落实"两个维护"作为首责，把听党话跟党走作为天职，严明党的政治纪律、政治规矩，狠抓政治建设质量。要做思想武装的表率，以"不忘初心、牢记使命"主题教育为契机，持续推进习近平新时代中国特色社会主义思想在国有企业大学习大普及大落实，引导广大党员干部职工把自己摆进去、把职责摆进去、把工作摆进去，真正做到学思用贯通、知信行统一。要做维护核心的表率，引导党员干部职工从历史和现实、理论和实践、国际和国内的全局高度，深刻领会维护习近平总书记核心地位、维护党中央集中统一领导，是党的政治命脉，时代的需要、事业的需要，是亿万人民共圆伟大复兴中国梦的幸福所在、期望所系，树牢"四个意识"、坚定"四个自信"、坚决做到"两个维护"。国有企业要做让党放心的表率，牢记企业责任，以只争朝夕、时不我待的精神状态，坚决扛起深化国企改革、做强做优做大国有资本光荣使命，坚决落实习近平总书记重要指示和党中央重大决策部署，始终沿着习近平总书记擘画的国企改革发展宏伟蓝图破浪前行。

（二）落实国有企业全面从严治党要求

中国共产党的领导是中国特色社会主义最本质的特征，是中国特色社会主义制度的最大优势。国有企业是党领导的国家治理体系的重要组成部分，必须始终坚持党对国有企业的全面领导。党的十九大修改通过的党章规定，国有企业党委（党组）发挥领导作用，把方向、管大局、保落实，依照规定讨论和决定企业重大事项。要强化政治责任，抓住党建责任制这个"牛鼻子"，继续完善"述评考用"相结合的工作机制，构建"压实责任—量化考核—反馈整改"的党建工作闭环，推动党要管党、从严治党落到实处。要突出政治标准，总结"选"的经验，提升"用"的实效，研究"育"的方法，健全"管"的制度，完善"督"的机制，切实把好干部选出来用起来，大力提升企业领导人员政治素质和专业化水平。要强化政治功能，抓好"三基"工程，大力加强基层党支部建设，大力推进党建工作全覆盖，大力创新基层党建工作方式，不断夯实企业党的基层组织建设。要把准政治方向，切实履行意识形态工作责任制，加大正面宣传，拓展宣传方式手段，大力强化企业宣传思想工作。要保持政治定力，全面落实党风廉政建设主体责任，坚决整治"四风"突出问题，深化政治巡视，持续保持反腐败高压态势，持续推进党风廉政建设和反腐败斗争，打造忠诚干净担当的国企国资党员干部队伍，为国有企业改革发展提供坚强保证。

（三）提升国有企业党风廉政建设质量

习近平总书记在十九届中央纪委三次全会上明确提出，"反腐败斗争取得压倒性胜利"。这个重大判断，是我们党在以习近平同志为核心的党中央坚强领导下，历经重重挑战，克服种种艰险，取得的重大胜利。党的十八大以来特别是全国国企党建会两年多来，国资委党委坚持把纪律和规矩挺在前面，持之以恒正风肃纪、坚定不移反腐惩贪，中央企业实现巡视巡察全覆盖，严肃查处一批违反中央八项规定精神问题，严厉惩治一批"一把手"重大腐败案件，严格追究一批"两个责任"不落实问题，坚决斩断政治腐败和经济腐败相互交织利益链条，纠正过去许多被认为不可能消除的痼瘤顽疾，党风企风为之一新。中央企业全面从严治党民意调查显示，职工群众全面从严治党满意率达94.28%，对遏制中央企业腐败现象表示有信心的达95.6%。

在建设世界一流企业伟大征程上，我们要以永远在路上的韧劲，不断巩固发展反腐败斗争压倒性胜利，突出重点削存量、零容忍遏增量，努力取得更大战略性成果。要保持惩治腐败高压态势，把工作重心放到党的十八大以来不收敛不收手、问题线索反映集中、群众反映强烈、政治问题和经济问题交织等重大案件上，对党的十九大后依然不知敬畏、胆大妄为的腐败分子，严惩不贷、绝不姑息。要持续抓好政治巡视巡察，统筹常规巡视、专项巡视、机动式巡视和"回头看"，聚焦政治立场政治生态，发现问题、形成震慑，督促巡视单位整改销号，做好巡视整改"后半篇文章"。要不断完善三不腐体制机制，一体推进不敢腐不能腐不想腐，打通企业内部监督体系，健全权力约束机制，强化内部流程控制，推进纪检、监察、巡视、审计"大监督"格局建设，不断强化不敢腐的震慑、扎牢不能腐的笼子、增强不想腐的自觉，坚决夺取反腐败斗争新胜利。

（四）深化国有企业基层党组织建设

2019年底，由中央组织部党员教育中心、国务院国资委党建工作局组织编写的《基层党组织书记案例选编（国企版）》一书出版，作为基层党组织书记培训教材新的组成部分，展示新时代国有企业基层党组织和党员干部队伍在坚持党的领导、加强党的建设和推动落实中央重大决策部署等方面的政治担当、工作成效、先进经验、精神面貌。国有企业深刻学习《案例选编》重要内容，围绕突出政治功能、加强思想教育、建设战斗堡垒、打造过硬队伍、培育企业文化、引领高质量发展、开展实践创新7个方面开展深化基层党建工作。

基层党组织是团结带领群众贯彻党的理论和路线方针政策、推动企业做强做优做大的组织资源和优势，也是发挥党的领导核心作用的坚实力量支撑。习近平总书记指出，中国特色现代国有企业制度，"特"就特在把党的领导融入公司治理各环节，把企业党组织内嵌到公司治理结构之中，明确和落实党组织在公司法人治理结构中的法定地位，做到组织落实、干部到位、职责明确、监督严格。创新完善基层党建坚持建强基层党组织不放松，确保企业发展到哪里、党的建设就跟进到哪里、党支部的战斗堡垒作用就体现在哪里。做好基层党组织标准建设工作，就是使党组织成为完善的公司治理结构的基本组成部分，成为促进企业改革发展稳定的关键推动力量。通过企业标准化建设把企业党组织的机构设置、职责分工、工作任务纳入企业管理体制、管理制度、工作规范之中。运用现代企业管理的思想、方法和手段，使党组织在工作中发挥企业发展的领导核心和政治核心作用。

2020中国企业信用发展研究综述

中国企业改革与发展研究会信用委员会

国信联合（北京）认证中心

21世纪以来，新一轮科技革命和产业变革加速发展，世界贸易和产业分工格局发生重大调整，国际力量对比呈现趋势性变迁。2008年国际金融危机后，全球市场收缩，世界经济陷入持续低迷，国际经济大循环动能弱化。2019年以来，西方主要国家民粹主义盛行、贸易保护主义抬头，经济全球化遭遇逆流。2020年新冠肺炎疫情影响广泛深远，逆全球化趋势更加明显，全球产业链、供应链面临重大冲击，风险加大。面对外部环境变化带来的新矛盾新挑战，通过对我国企业的经济运行及信用发展现状进行研究分析，我国企业总体运行表现持续稳定恢复。

一、2020中国企业信用现状总体评价与分析

（一）不确定因素对全球经济造成严重冲击，我国经济运行持续稳定恢复

2019年是全球经济不平常的一年。贸易保护主义及单边主义对全球经济造成严重冲击，贸易紧张局势造成的严重不确定性和市场信心低迷，令世界经济发展面临不断增加的下行压力，2019年世界经济增速放缓至十年来最低水平。2020年叠加疫情影响，对全球经济造成严重冲击，随着秋冬季节的到来，新一轮疫情更加重了人们的担忧，不确定因素的影响将更为深重。国际货币基金组织（IMF）在2020年10月最新发布的《世界经济展望》（WEO）认为，疫情对全球经济造成严重冲击。目前新冠肺炎大流行远未结束，2020年全球经济仍将深度衰退，但与6月预测相比，整体衰退程度有所缓和。第二和第三季度全球经济形势略好于预期。报告特别指出，中国经济复苏力度强于预期。

IMF认为，近期的全球经济复苏趋势得益于各国超常规的刺激政策措施。"全球近12万亿美元的巨额财政支持，以及各国央行大幅降息、注入流动性和购买资产，帮助挽救了生命和生计，并防止了一场金融灾难。"IMF首席经济学家吉塔·戈皮塔表示，受益于前所未有的支持政策，全球经济正走出上半年的严重衰退，但危机远未结束。

IMF认为，中国将是世界主要经济体中唯一保持正增长的国家。同时，中国经济有望在2021年持续增长，增幅显著。

国家统计局2020年10月19日发布的中国经济运行"成绩单"显示，前三季度国内生产总值同比增长0.7%，扭转了上半年下降的局面；同时，多项主要指标同比增速实现由负转正。今年前三季度，面对新冠肺炎疫情的巨大冲击和国内外复杂严峻的环境，各地区、各部门科学统筹新冠肺炎疫情防控和经济社会发展，有力有效地推动了生产生活恢复。总体上，前三季度经济增速由降转升，经济运行持续稳定恢复。

2007年—2020年前三季度国内生产总值及其增长速度分析见图1。

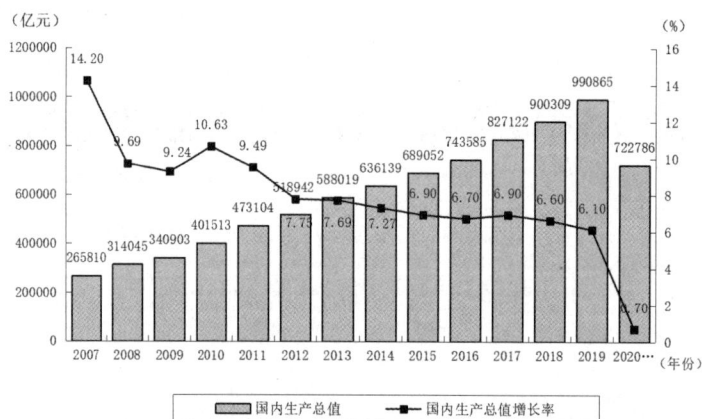

图1 2007年—2020年前三季度国内生产总值及其增长速度分析

注：该表采用国家统计局当年公告数据，未进行调整或系统修订。

国家统计局新闻发言人、国民经济综合统计司司长刘爱华在国新办发布会上表示，总体上看，今年前三季度经济呈现出了持续稳定恢复的态势。同时也要看到，当前境外的疫情形势仍然比较严峻，国际环境不稳定、不确定性仍然客观存在，国内有效需求仍然不足，地区、行业、企业的恢复还不均衡，经济持续向好的基础需要进一步巩固。

刘爱华表示，目前经济仍然在恢复进程中，一些指标都还没有恢复到正常的增长水平，累计增速有一些也还是下降的。总体来讲，一方面，现在的回升态势有基础、有条件，中国经济整体向好的基本面没有发生变化；另一方面，也要看到国内外环境中存在的不确定性。下一步要按照推动经济高质量发展和构建新发展格局的要求，扎实做好"六稳"工作，全面落实"六保"任务，筑牢民生保障基础，助力企业纾困解难，奋力完成全年的目标任务。

（二）我国企业表现较高的发展韧性，高质量发展平稳推进

尽管我国企业面临的宏观经济环境日趋严峻，但整体运行相对平稳。本报告对2019年我国企业总体经济环境分析显示，2019年我国企业的景气指数为105.31点，较2018年的106.70点下降了1.39点；盈利指数为99.76点，较2018年的97.81点提高了1.95点；效益指数为103.61点，较2018年的103.95点下降了0.34点。

2011年—2019年中国企业总体信用环境分析见图2。

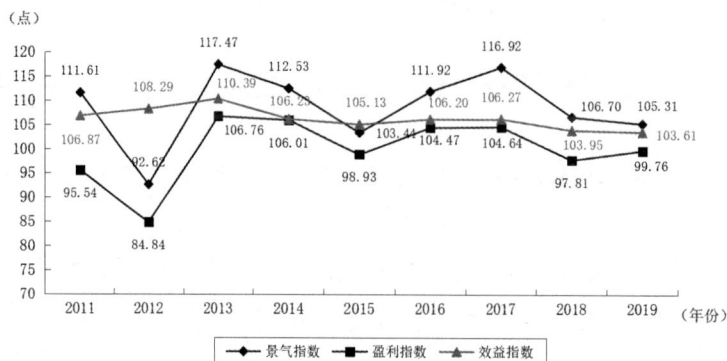

图2 2011年—2019年中国企业总体信用环境分析

2019年我国企业的景气指数和效益指数仍保持在荣枯线以上，表明我国企业整体上保持正增长的态势。盈利指数虽然徘徊在荣枯线以下，但降幅进一步收窄。

综合以上情况表明，我国企业已经历了结构性调整的震荡周期，转型升级已经取得明显效果，开始迈入持续稳步的高质量发展新时期，尤其是在当前深受贸易保护主义和单边主义影响的极为不利的全球经济环境下，表明其对我国企业的整体影响较为有限，我国企业具有较强的发展韧性。

二、2020中国企业信用收益性分析

（一）企业的平均收益水平总体稳定

2019年我国企业的平均营收利润率、资产利润率和所有者权益报酬率三项收益性指标总体处于平稳运行的状态。其中，营收利润率为3.89%，较2018年的4.08%回落了0.19个百分点；资产利润率为2.04%，较2018年的2.06%回落了0.02个百分点；所有者权益报酬率为4.92%，较2018年的5.72%下降了0.8个百分点。

2011年—2019年企业收益性指标分析见图3。

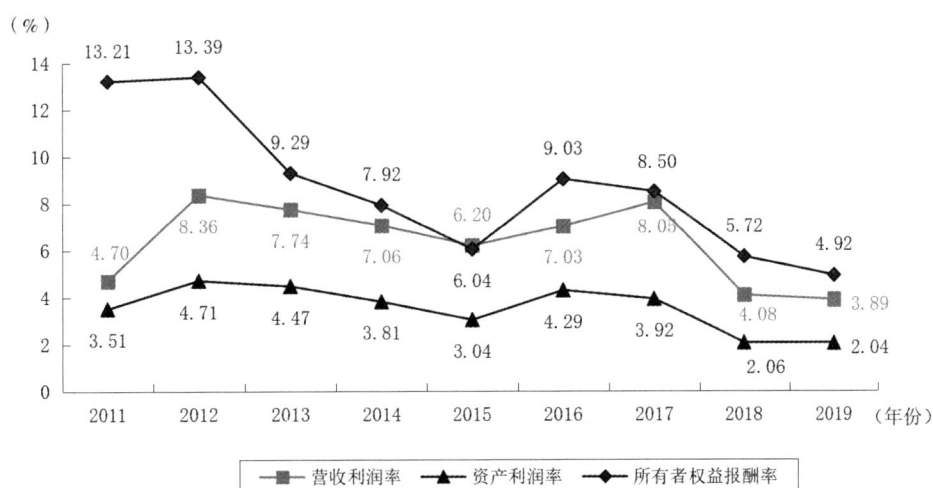

图3 2011年—2019年企业收益性指标分析

上述三项指标中，除所有者权益报酬率降幅较大外，其他两项指标均处于微小波动的状态，整体来看并未出现断崖式的跌落。2020年由于受疫情影响，预期上述三项指标仍然会出现一定波动，下行压力将会进一步加大。

（二）制造业的收益性持续下降，盈利能力进一步减弱

2019年制造业企业平均营收利润率为3.23%，较2018年的4.00%下降了0.77个百分点；资产利润率为2.66%，较2018年的2.59%下降了0.07个百分点；所有者权益报酬率为4.53%，较2018年的5.70%下降了1.17个百分点。

2011年—2019年制造业企业收益性指标分析见图4。

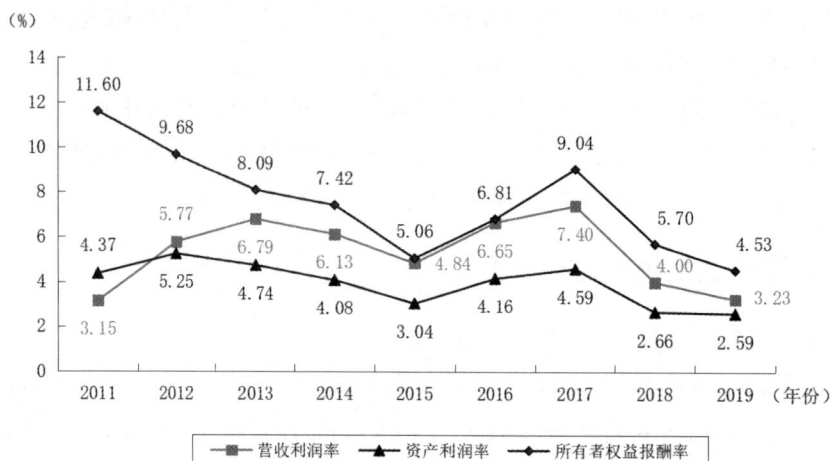

图4 2011年—2019年制造业企业收益性指标分析

从图4中可以看出，我国制造业的三项收益性指标均有不同程度的下降，其中营收利润率、资产利润率两项指标均回落到自2011年以来的最低水平，尤其是近两年的表现来看，制造业企业的盈利能力和股东回报度均呈现持续性减弱的态势，预测后期市场竞争烈度将会进一步增加，需要引起业界的高度重视。

（三）服务业盈利能力有所提高，对稳定整体经济运行作用明显

第一，从经营性收益指标分析。2019年服务业企业平均营收利润率为5.46%，较2018年的4.57%提高了0.89个百分点，这也是自2016年持续回落之后的再次重新回到提升的状态。

第二，从资产性收益指标分析。2019年服务业企业平均资产利润率为1.06%，较2018年的1.06%提高了0.07个百分点，也遏制住了自2011年以来持续下行的态势。

第三，从所有者权益报酬率分析。2019年平均所有者权益报酬为5.55%，较2018年的5.84%回落了0.29个百分点，净资产回报率虽然延续了下降的态势，但下降的幅度不明显收窄。

2011年—2019年服务业企业收益性指标分析见图5。

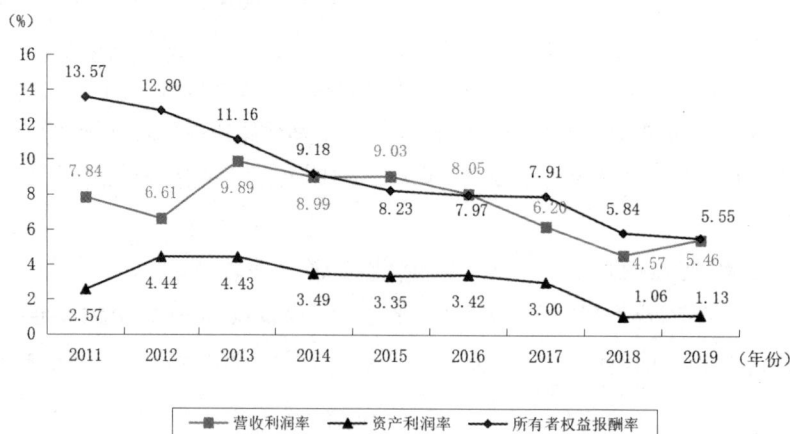

图5 2011年—2019年服务业企业收益性指标分析

从图5中可以看出，我国服务业的三项收益性指标中，除所有者权益报酬率有小幅回落外，营收利润率和资产利润率均有所提高。由此可见，服务业对稳定整体经济发挥了较为明显作用。

（四）生产业收益性指标趋于稳定，但仍处于低位徘徊

2019年生产业营收利润率为1.62%，较2018年的2.18%下降了0.56个百分点；资产利润率为1.65%，较2017年的1.61%提高了0.04个百分点；所有者权益报酬率为5.23%，较2018年的5.27%下降了0.04个百分点。

2011年—2019年生产业收益性指标分析见图6。

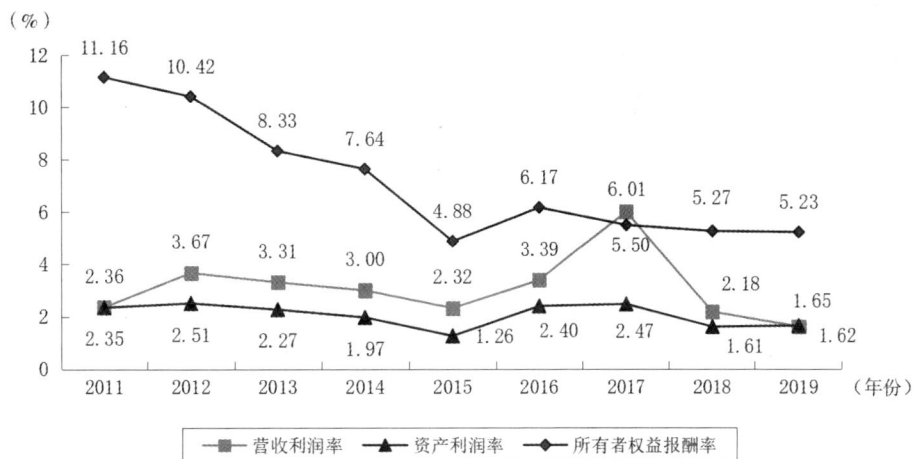

图6 2011年—2019年生产业收益性指标分析

从图6中可以看出，我国生产业的三项收益性指标运行相对平稳，波幅较小。同时也反映出我国生产类企业的资产性结构调整已经基本趋于稳定的状态，但资产优化配置尚有待进一步加强。

三、2020中国企业信用流动性及安全性分析

（一）企业的流动性指标趋于平稳，波幅较小

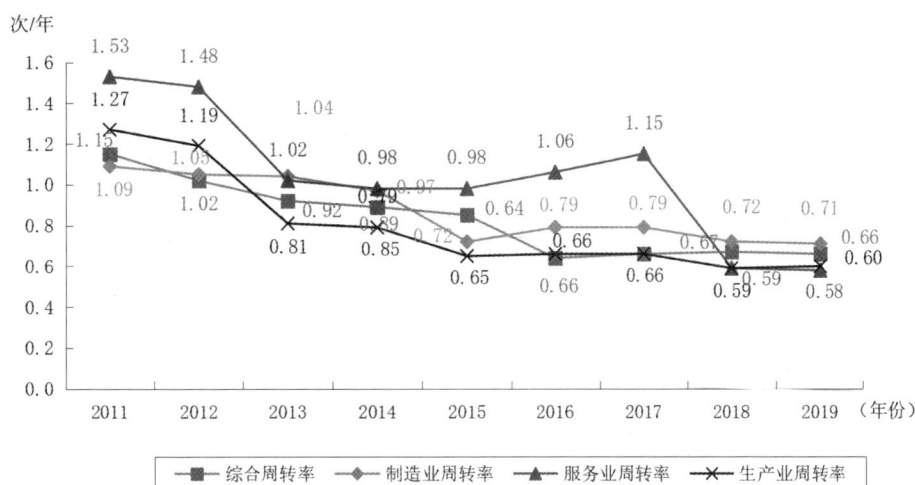

图7 2011年—2019年企业流动性指标分析

2019年企业的平均资产周转率为0.66次/年，较2018年0.67次/年下降了0.01次/年。其中，制造业企业的资产周转率为0.71次/年，较2018年0.72次/年下降了0.01次/年，服务业企业的资产周转率为0.58次/年，较2018年0.59次/年下降了0.01次/年，生产业企业的资产周转率为0.60次/年，较2018年0.59次/年提高了0.01次/年。

2011年—2019年企业流动性指标分析见图7。

从图7中可以看出，我国企业的资产周转率指标的波幅均在0.01次/年之间，表明整体流动性趋于稳定，已经明显遏制住了持续下行的态势，但仍然运行在较低水平区间，流动性压力并没有明显改善。

（二）企业的负债水平有所提高，整体融资环境有所改善

2019年企业平均所有者权益比率分别为49.89%，较2018年的48.33%提高了1.56个百分点。其中，制造业企业的所有者权益比率为55.19%，较2018年的53.56%提高了1.63个百分点，服务业企业的所有者权益比率为42.76%，较2018年的41.57%提高了1.19个百分点，生产业企业的所有者权益比率为37.60%，较2018年的34.78%提高了2.82个百分点。

2012年—2019年企业所有者权益比率分析见图8。

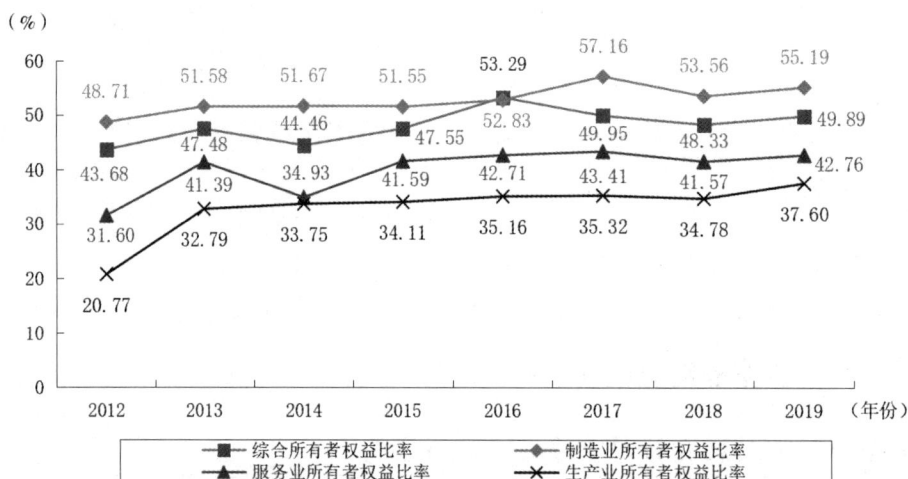

图8 2012年—2019年企业所有者权益比率分析

从图8中可以看出，我国企业不同类型行业的所有者权益比率均有所提高，相对理论负债率也就有所上升，表明企业的资金压力有所减轻，政策效应得到了进一步释放，整体融资环境明显改善。

（三）企业的负债水平有所提高，整体融资环境有所改善

2019年企业平均资本保值增值率分别为106.58%，较2018年的106.90%下降了0.32个百分点。其中，制造业企业的资本保值增值率为106.78%，较2018年的107.45%下降了0.67个百分点，服务业企业的资本保值增值率为106.27%，较2018年的105.84%提高了0.43个百分点，生产业企业的资本保值增值率为106.13%，较2018年的107.16%下降了1.03个百分点。

2012年—2019年企业资本保值增值率分析见图9。

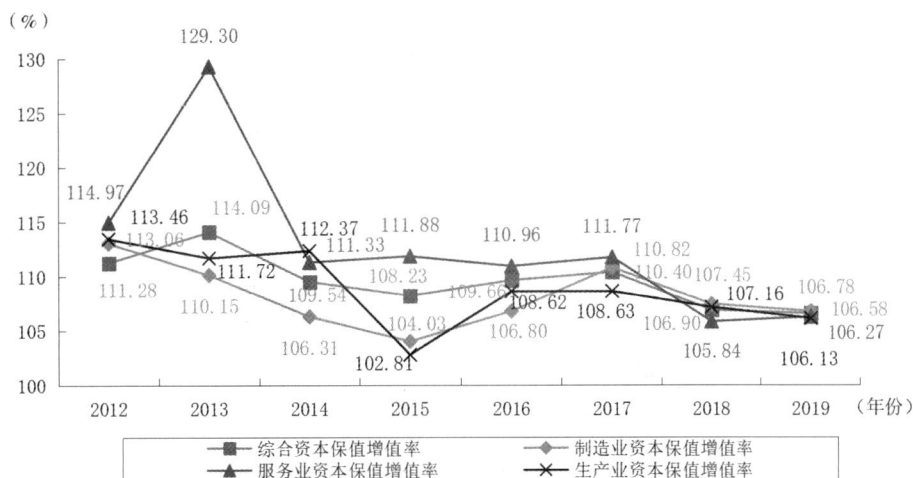

图9 2012年—2019年企业资本保值增值率分析

从图9中可以看出，我国企业的资本保值增值率总体表现平稳，波幅较小，而且整体保值增值水平基本也相当。但相对而言，制造业的保值增值率水平较高，表明其资产性结构调整产生了明显的效果，实体经济的总体效益得到了进一步改善。

四、2020年中国企业信用成长性分析

（一）企业的平均成长性指标表现良好，受全球经济影响较为有限

2019年我国企业的平均营收增长率、利润增长率、资产增长率和资本积累率四项主要收益性指标总体处于平稳运行的状态。其中，营收增长率为9.63%，较2018年的13.32%增幅回落了3.69个百分点；利润增长率为1.00%，较2018年的0.12%增幅提高了0.88个百分点；资产增长率为10.12%，较2018年的11.10%增幅回落了0.98个百分点；资本积累率为14.95%，较2018年的8.96%增幅提高了5.99个百分点。

2011年—2019年企业成长性指标分析见图10。

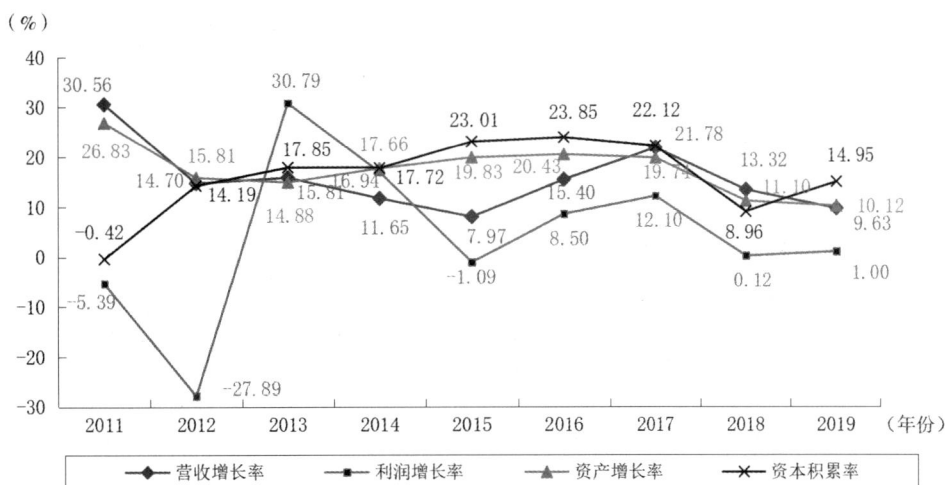

图10 2011年—2019年企业成长性指标分析

上述四项主要成长性指标中，两项主要经营性指标虽然运行于较低水平区间，但仍然保持了正增长。其中，营收增长率保持了接近10%的增长幅度，利润增长幅度也有所扩大。这也是在全球经济环境极为不利的情况下，我国企业所交出的"成绩单"，表明其极具发展韧性。

两项主要资产性指标表现良好，并保持着相对较高的增长幅度。其中，资产增长率保持了10%以上的增速，资本积累率接近15%，表明我国企业的资产结构进一步优化，经营实力得到进一步提升。

（二）制造业企业增速明显放缓，但仍然处于预期运行区间

2019年制造业企业的平均营收增长率、利润增长率、资产增长率和资本积累率四项主要收益性指标总体处于预期运行区间。其中，营收增长率为8.55%，较2018年的14.13%增幅回落了5.58个百分点；利润增长率为-1.68%，由2018年的2.64%增幅转为负增长，但幅度有限；资产增长率为9.53%，较2018年的11.73%增幅回落了2.20个百分点；资本积累率为13.20%，较2018年的9.89%增幅提高了3.31个百分点。

2011年—2019年制造业企业成长性指标分析见图11。

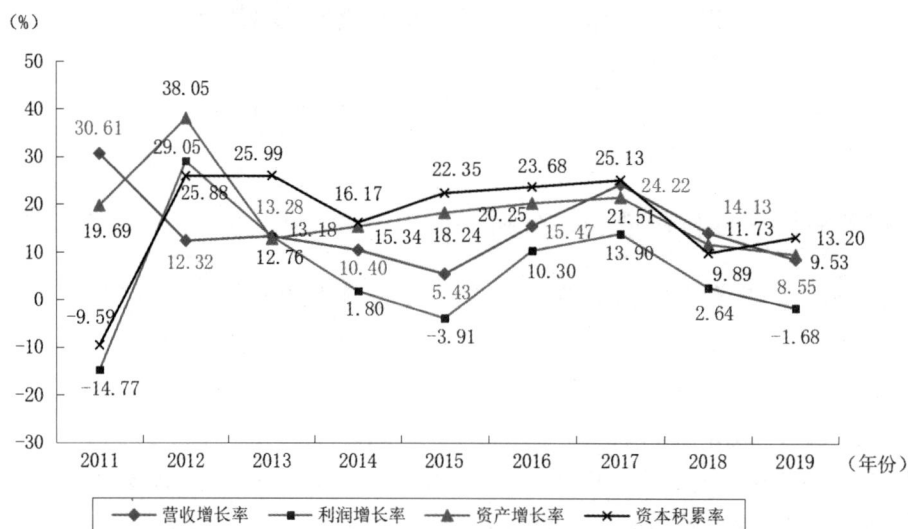

图11　2011年—2019年制造业企业成长性指标分析

上述四项主要成长性指标中，制造业的两项主要经营性指标所受影响较大。其中，营收增长幅度回落较大，利润指标转为负增长。但两项主要资产性指标相对表现良好，其中，资产增长率保持了接近10%的增速，资本积累率提高了3.31个百分点，表明我国企业的资产结构进一步优化主要集中表现在实体经济。

（三）服务业企业增速明显放缓，但仍然处于预期运行区间

2019年制造业企业的平均营收增长率、利润增长率、资产增长率和资本积累率四项主要收益性指标总体处于预期运行区间。其中，营收增长率为10.58%，较2018年的12.04%增幅回落了1.46个百分点；利润增长率由2018年的-4.94%增幅转为5.63%的正增长，但幅度有限；资产增长率为11.42%，较2018年的10.56%增幅提高了0.86个百分点；资本积累率为17.30%，较2018年的7.08%增幅提高了10.22个百分点。

2011年—2019年服务业企业成长性指标分析见图12。

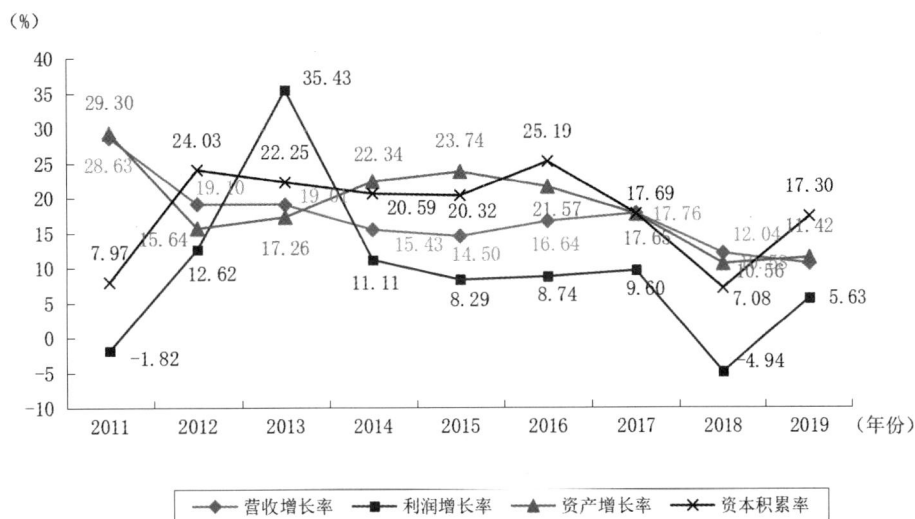

图12 2011年—2019年服务业企业成长性指标分析

上述四项主要成长性指标中，服务业的两项主要经营性指标总体表现良好。其中，营收增长幅度有所回落，利润指标由负增长转为正增长。两项主要资产性指标均表现为较大的增长幅度，表明我国服务业企业的资产配置也进一步得到优化。

（四）生产业企业增速明显放缓，但仍然处于预期运行区间

2019年生产业企业的平均营收增长率、利润增长率、资产增长率和资本积累率四项主要收益性指标总体运行好于预期。其中，营收增长率为15.03%，较2018年的12.21%增幅提高了2.82个百分点；利润增长率为2.48%，较2018年的1.91%增幅提高了0.57个百分点；资产增长率为9.00%，较2018年的8.02%增幅提高了0.98个百分点；资本积累率为19.62%，较2018年的9.45%增幅提高了10.17个百分点。

2011年—2019年生产业企业成长性指标分析见图13。

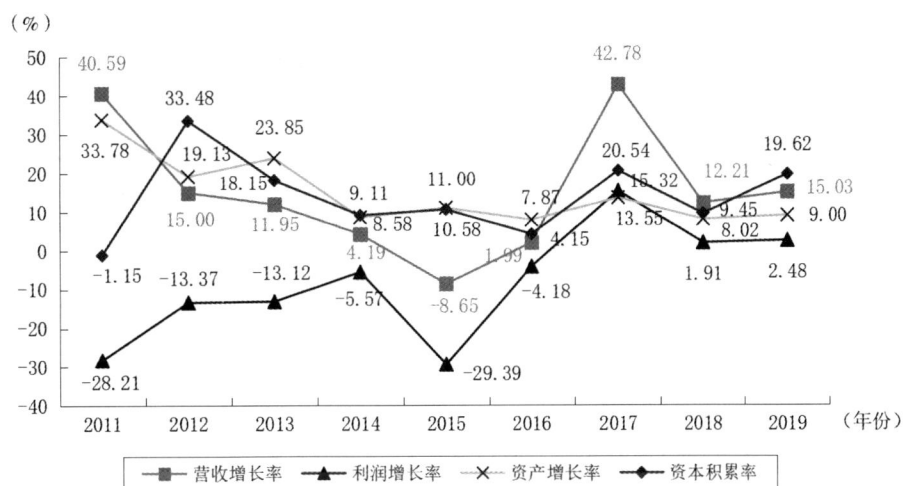

图13 2011年—2019年生产业成长性指标分析

由上述四项主要成长性指标可以看出，生产业企业的整体经营形势明显好转，表明其产业结构性调整已经取得了明显效果。

五、2020中国企业信用面临的问题及对策建议

综合对我国企业总体信用环境及其总体效益趋势分析，可以看到我国企业整体运行平稳，在极为不利的条件下受全球经济的影响较为有限，产业结构性调整和高质量发展初显效果。但同时也面临着贸易紧张和全球疫情叠加的更多不确定因素，可能导致全球格局的新变化，从而使我国企业总体下行压力将会进一步加大。这些全球性的新变局，势必也将会使我国企业在信用发展中面临着一些新问题、新矛盾、新挑战，需要引起我们的高度关注和采取一些新的应对策略和措施。

（一）以高质量改革开放解决高质量发展不平衡问题

习近平在主持召开中央全面深化改革委员会第十五次会议上强调，加快形成以国内大循环为主体、国内国际双循环相互促进的新发展格局，是根据我国发展阶段、环境、条件变化作出的战略决策，是事关全局的系统性深层次变革。要继续用足用好改革这个关键一招，保持勇往直前、风雨无阻的战略定力，围绕坚持和完善中国特色社会主义制度、推进国家治理体系和治理能力现代化，推动更深层次改革，实行更高水平开放，为构建新发展格局提供强大动力。

党的十九届五中全会通过的《中共中央关于制定国民经济和社会发展第十四个五年规划和二〇三五年远景目标的建议》（以下简称《建议》）提出，要加快构建以国内大循环为主体、国内国际双循环相互促进的新发展格局。这是对"十四五"和未来更长时期我国经济发展战略、路径作出的重大调整完善，是着眼于我国长远发展和长治久安作出的重大战略部署，对于我国实现更高质量、更有效率、更加公平、更可持续、更为安全的发展，对于促进世界经济繁荣，都会产生重要而深远的影响。

新世纪以来，新一轮科技革命和产业变革加速发展，世界贸易和产业分工格局发生重大调整，国际力量对比呈现趋势性变迁。2008年国际金融危机后，全球市场收缩，世界经济陷入持续低迷，国际经济大循环动能弱化。近年来，西方主要国家民粹主义盛行、贸易保护主义抬头，经济全球化遭遇逆流。

新冠肺炎疫情影响广泛深远，逆全球化趋势更加明显，全球产业链、供应链面临重大冲击，风险加大。面对外部环境变化带来的新矛盾新挑战，必须顺势而为调整经济发展路径，在努力打通国际循环的同时，进一步畅通国内大循环，提升经济发展的自主性、可持续性，增强韧性，保持我国经济平稳健康发展。

通过以上分析表明，我国企业当前以及未来所面临的下行压力与2018年下行具有明显的不同，且更具有普遍性。传统制造业和基础性产业的供给侧结构性调整成效已经显现，主要矛盾已经由传统的结构性矛盾转向了高质量发展不平衡的矛盾。这些问题也集中反映出长期积累的所有制之间、地区之间、规模之间和行业之间存在的发展不平衡的矛盾，我国企业面临的深度调整的基本面将是长期存在的，高质量发展仍将面临诸多挑战。我国企业界要坚持以新发展理念引领高质量发展，结合企业自身实际情况，从中短期规划着手，以长远发展布局，兼顾好短期利益和长远发展，进一步优化资产配置；以深化供给侧结构性改革为主线，坚持质量第一、效益优先，切实转变发展方式，推动质量变革、效率变革、动力变革；进一步释放政策效应，顺势而为调，积极融入"双循环"，着力实现增长方式和发展方式的根本转变，为推动我国经济高质量发展作出应有贡献。

（二）坚持自主创新，掌握核心技术，促进高质量融合发展

创新是引领发展的第一动力，是实现高质量发展的关键所在。实践反复告诉我们，关键核心技术是要不来、买不来、讨不来的。2019年我国企业研发投入强度明显加强，但依然存在总体偏弱的共性问题。我国企业界要抓住新一轮科技革命和产业变革机遇，把自主创新摆在更加突出的位置，进一步加大

研发投入力度，加快关键核心技术攻关，打造更多依靠创新驱动、发挥先发优势的引领性企业。要推动建立以企业为主体、市场为导向、产学研深度融合的技术创新体系，加强国有企业与各类所有制企业、各类主体的融通创新，加强知识产权保护，创新促进科技成果转化的机制，不断提升产业基础能力和产业链现代化水平。

数字经济作为引领未来的新经济形态，既是经济提质增效的新变量，也是经济转型增长的新蓝海，前所未有地重构经济发展新图景。我国企业要坚持以供给侧结构性改革为主线，加快发展数字经济，推动实体经济和数字经济融合发展，推动互联网、大数据、人工智能同实体经济深度融合，继续做好信息化和工业化深度融合这篇大文章，推动制造业加速向数字化、网络化、智能化发展，着力壮大新增长点，形成发展新动能。

（三）进一步释放政策效应，破解中小型企业高质量发展瓶颈

负债水平较低、流动性放缓、资产经营效率效益不高，依然是制约中小型企业信用发展的瓶颈。新型冠状病毒肺炎疫情的防控是一场全国范围内的"阻击战"，对社会运行的各个方面造成了严重的影响，对中小企业的生存带来了前所未有的冲击。部分企业特别是中小型企业经营困难增多，长期积累的信用风险隐患有所增加。

党中央和国务院非常重视和强调要解决民营企业、中小企业发展中遇到的困难，并出台了一系列精准的政策措施，尤其是深化"放管服"改革推动助企纾困政策落细落实，对于民营企业、中小型企业的支持力度进一步加大，营商环境进一步改善。近几年，中国在世界银行营商环境评估中的排名逐年上升，2019年跃升至全球第31位，在上年大幅提升的基础上，再度提升15位，已经连续两年成为全球优化营商环境改善幅度最大的十大经济体之一。

这些政策措施对民营企业和中小型企业加快转型发展、创新发展，推动企业经济高质量发展发挥了重要作用。我国民营企业和中小型企业，要充分释放政策效应，激发企业高质量发展的内在活力和动力。中小企业必须顺势而为，充分发挥其灵活性、适应性、创新性的巨大优势，发展新产业、新技术、新业态、新模式，积极进入战略性新兴产业或战略性新兴产业链中，努力开辟新的广阔发展空间。

（四）加强诚信自律，进一步推进企业诚信体系建设

加强信用监管，是深化"放管服"改革的重要内容，提升现代化治理能力和治理水平的重要手段，优化营商环境的重要保障。目前，全国信用信息共享平台已联通44个部门和所有省区市，更加强调诚信承诺，根据市场主体信用状况，采取分级分类监管措施，对信用好风险低的，合理降低抽查比例和频次；对违法失信风险高的，提高抽查比例和频次。我国企业要始终坚持底线思维，加强诚信自律，进一步推进企业诚信体系建设，以诚信建设筑牢企业高质量发展的基石。强化忧患意识，加强防范化解风险能力，高度重视和防范各类风险。要突出防范经营效益下滑风险、债务风险、投资风险、金融业务风险、国际化经营风险、安全环保风险，强化各类风险识别，建立预判预警机制，及时排查风险隐患，制定完善的应对预案，坚决打好打赢防范重大风险攻坚战，为高质量发展保驾护航。

2020中国企业可持续发展指数报告

中国可持续发展工商理事会

　　《2020中国企业可持续发展指数报告》是连续第四年发布，本报告结合企业近三年的可持续发展数据，对比分析企业可持续发展变化趋势，揭示企业可持续发展的未来方向，为我国企业持续推进可持续发展，实现高质量发展提供有力支持。2020年样本企业可持续发展指数较2019年提高1.6分，较2018年提高2.5分，企业可持续发展表现呈现上升趋势。

　　本项目由中国可持续发展工商理事会（CBCSD）和中国企业联合会（CEC）于2016年发起设立，旨在为全面提升企业可持续发展能力和管理水平提供支持和参考。项目通过深入开展中国企业可持续发展评价研究，构建了包含竞争力、环境、社会三大维度的中国企业可持续发展指标评价体系，每年对上千家规模以上企业开展可持续发展数据统计、评价和分析，并以此为基础，发布系列年度《中国企业可持续发展指数报告》和"中国企业可持续发展100佳"榜单，为我国企业实现高质量发展和可持续发展提供数据支撑。

　　世界正经历百年未有之大变局，受新冠肺炎疫情流行、中美关系恶化、地区冲突等多重因素影响，全球经济增长持续低迷，联合国2030可持续发展目标落实进展缓慢，应对气候变化、生物多样性保护、脱贫减贫等可持续发展重点议题推进工作面临更大挑战。同时，我国经济已进入高质量发展阶段，正处在转变发展方式、优化经济结构、转换增长动力的攻关期。国内外环境的深刻变化带来一系列新机遇和新挑战，在当前保护主义上升、世界经济低迷、全球市场萎缩的外部环境下，全球产业链供应链因非经济因素而面临冲击，国际经济、科技、文化、安全、政治等格局都在发生深刻调整，世界进入动荡变革期，坚持推进可持续发展成为实现高质量发展的必然选择。

　　全球层面，欧盟委员会于2019年率先推出欧洲绿色新政（EU Green New Deal），致力于加速推进欧盟各国向低碳经济转型，提出到2050年实现"碳中和"的宏伟目标。我国政府也在多领域积极推进可持续发展，2019年以来，《中华人民共和国资源税法》《中华人民共和国固体废物污染环境防治法》、全面禁止非法野生动物交易、新版"禁塑令"等一系列法律法规和政策的陆续出台与实施，为加速推进全社会可持续发展提供了更为完善的政策和制度保障，彰显了我国政府坚定落实生态文明战略和联合国可持续发展目标的决心和魄力。

　　工商企业正在逐步深入参与到推进可持续发展的进程中。近年来，我国企业在产品提质增效、数字化建设、绿色制造、清洁能源发展、节能减排、扶贫减贫等领域开展了大量卓有成效的工作，在相关政策支持下积极开展示范试点，不断提高创新研发能力，加快产业转型升级，努力追赶国际先进水平，推进高质量发展初见成效。尽管受疫情影响，部分企业因供应链韧性不足、产品服务竞争力不强、风险防范能力弱等陷入经营困境。但仍有一大批践行可持续发展战略、重视利益相关方关切并持续提升可持续发展绩效的企业突破重围，实现了逆势增长。危机之时，可持续发展的重要性更加凸显。

一、测算企业概况

（一）测算对象选取

《2020中国企业可持续发展指数报告》测算对象，涵盖不同行业、不同地区、不同所有制类别的1042家全样本企业，企业通过主动参与或邀请的方式积极参与指标测算。企业测算的基础数据时间为2019年1月1日至2019年12月31日。

（二）测算数据情况

1. 行业分布

依据自主开发的"中国企业可持续发展指数行业分类"标准，1042家企业覆盖消费品工业、建筑房地产业、信息技术业、机械设备制造业、电力热力燃气及水生产和供应业、金融保险业、消费者服务业、能源化工业、交通运输仓储业、钢铁有色业、汽车业、建材业等12个主要行业，其中，消费品工业企业数量最多，占比21.4%；建筑房地产业企业数量次之，占比11.1%；建材业企业数量最少，占比2.4%。

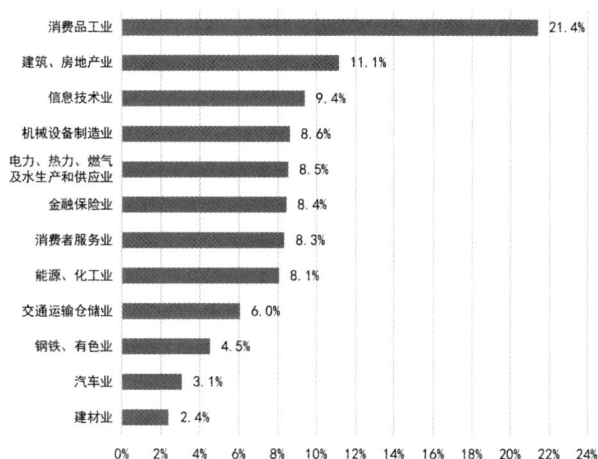

图1 全样本企业分类分布

2. 地区分布

全样本企业地域分布广泛。企业总部所在地覆盖内陆地区31个行政省市及港澳台地区。其中，北京、广东、上海等地分布最多，占比分别为17.5%、13.4%和12.4%。

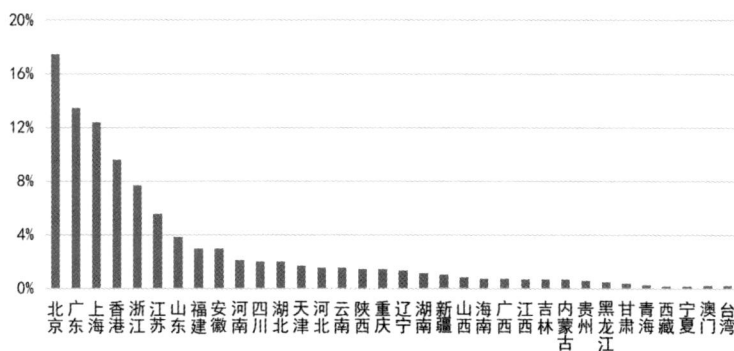

图2 全样本企业省市分布

从区域分布看，华东、华南、华北占比最大，且72.9%的企业主要分布在三大经济带。

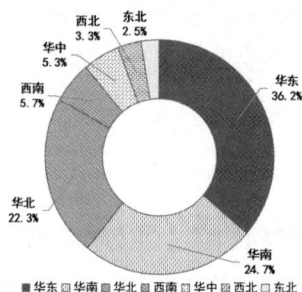

图3 全样本企业区域分布

3. 规模分布

全样本企业中，营业收入规模万亿以上的4家，占比0.4%。资产总额万亿以上的44家，占比4.5%，资产百亿以上的占比62.5%。

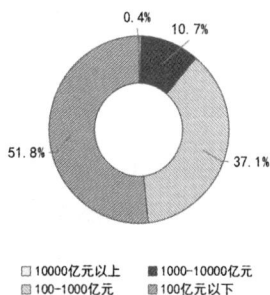

图4 全样本企业营业收入规模分布　　　　**图5 全样本企业资产总额规模分布**

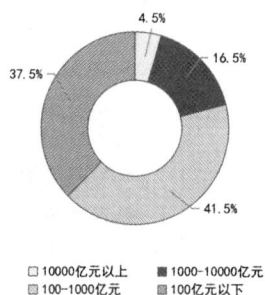

4. 上市情况

全样本企业中，上市企业占八成以上。其中，在上海证券交易所、深圳证券交易所、香港联交所等上市企业占比分别为35.9%、23.7%和22.1%，其他类型的企业占比18.3%，主要是非上市企业及少数海外上市的企业。

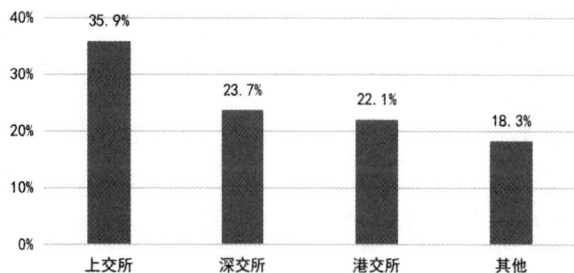

图6 全样本企业上市情况

5. 信息披露情况

企业信息披露情况进一步改善，本年度测算的全部样本企业均发布年度非财务报告，包括社会责任报告，环境、社会及管治报告（ESG报告）、可持续发展报告及综合报告、环境报告等，其中以社会责任报告占比最大，为68.6%，ESG报告和可持续发展报告所占比例有所提升，分别为22.2%和7.8%，较上一年提高2.2和0.4个百分点。

越来越多的企业连续发布非财务报告，样本企业中，超过50%的企业连续发布报告5次以上，企业信息透明度的改善一定程度上反映了企业对利益相关方关心的可持续发展问题的重视和积极作为。

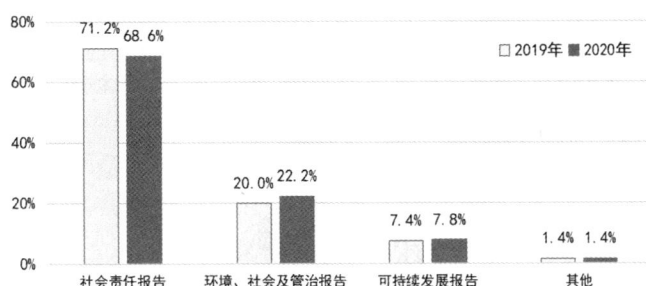

图7 全样本企业发布报告类型

二、指标表现

（一）整体指数表现

"中国企业可持续发展指数"通过企业可持续发展指标体系，从竞争力、环境和社会三个维度来测算和评价企业的可持续发展状况，具体包括3个一级指标，8个二级指标、68项三级指标及191项基础数据，简称"3-8-68-191"指标体系。其中，一级指标包括竞争力、环境、社会，二级指标包括产品、治理、员工、环境、资源、客户、社区、政府。中国企业可持续发展指数满分100分，分为三个等级，75-100（含75）分之间为"良好"、60-75（含60）分之间为"合格"、60分以下为"需要改进"。

2020年中国企业可持续发展指数为63.2分，整体表现稳中有升。全样本企业得分分布在[20.0-88.2]，即最低分20.0分，最高分88.2分，分布较为分散。

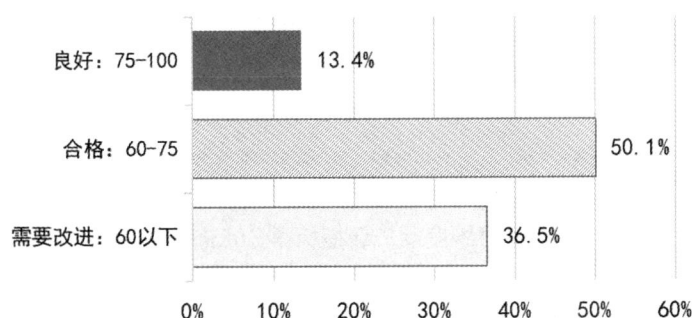

图8 企业可持续发展指数等级分布

全样本企业中，表现"良好"企业占比13.4%，在引领工商企业和行业可持续发展方面起到榜样作用；表现"合格"企业占比50.1%，一半以上的企业在可持续发展各方面表现仅为合格，仍有很大提升空间；"需要改进"企业占比36.5%，即超过三分之一的企业得分在60分以下，亟待改善可持续发展管理，提升可持续发展水平。

全样本企业在三个维度的得分差异较大，竞争力、环境、社会维度得分分别为75.2、65.0和78.2[①]，环境依然是三个维度中相对较弱的领域。

（二）竞争力维度

1. 维度表现

竞争力维度下设计了产品、治理和员工3项二级指标及31项（产品14项、治理9项、员工8项）三级指标来衡量企业的竞争力。

竞争力维度指标得分为75.2，竞争力维度的3个二级指标中：员工得分最高，为97.1；治理得分次之，为75.4；产品得分最低，为62.6。

图9 竞争力维度下二级指标表现

从各企业数据分布的范围看，竞争力维度企业得分分布在[54.5-95.5]，中位数为75.2，企业较均衡的分布在整个区间，企业之间差异明显。三个二级指标中，产品二级指标波动范围更大，得分分布在[28.6-92.9]，治理二级指标得分分布在[40.0-98.9]，员工二级指标得分分布在[65.0-100.0]，大部分企业得分在90以上。产品指标是影响企业竞争力维度表现的关键指标。

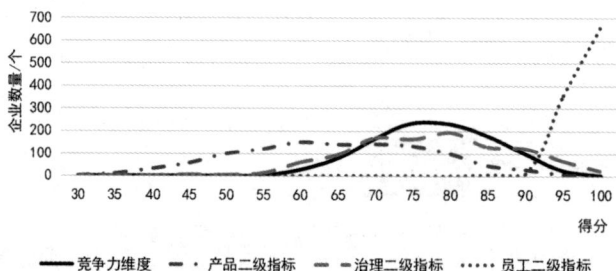

图10 竞争力维度及二级指标得分正态分布曲线

2. 产品

产品二级指标得分62.6。其中，在该指标表现良好的企业占比较少。得分高于75的企业，占比为18.9%；在60-75之间的企业，占比40.1%；低于60的企业，占比41.0%。企业普遍需要进一步提升产品表现。

---

① 为便于横向比较，本报告中维度、二级指标和三级指标的得分均转换为百分制。

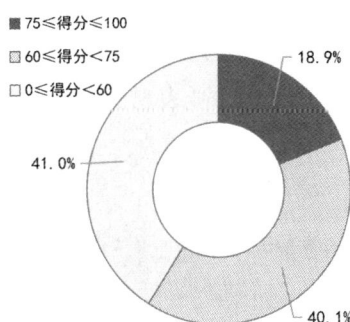

图11 产品指标企业得分等级分布

具体来看，产品指标下的各三级指标表现差异显著。其中，"质量控制""质量提升""知识产权保护""供应商管理体系"等指标表现较优，得分均在70.0以上；"品牌建设""智能化"等指标得分接近60.0，仍有较大提升空间；"绿色采购""新产品创效""创新成果""市场占有率""研发投入"等指标表现有较大不足，得分均在50.0以下，亟待改进。少数企业在负向指标"质量问题""供应商违规"等方面有所不足，在基本的质量保证和供应链稳定方面需要加强重视。

良好的经营绩效是企业生存的基础。全样本企业中，仅有35.9%的企业在评价期内主要产品（包括服务）的市场占有率或销售量较上年同比提升，40.6%的企业在市场拓展方面有一定进展，例如借助"一带一路"倡议将业务拓展到"一带一路"国家和地区。总体来看，企业市场表现仍有较大的提升空间，企业仍需强化核心产品和服务的市场竞争力，发挥创新创造能力，提供优质和创新的产品，满足消费者不断变化和升级的消费需求，提高市场竞争力、提升发展质量。

供应链管理体系建设稳步推进。绝大多数企业认识到供应商管理和严格的供应商审核制度对于供应链风险防范的重要性，86.6%的企业制定并披露了选用供应商的相关制度，例如供应商认证、年度审核、黑名单制度等。半数以上企业对供应商提出更高的要求，例如要求供应商通过环境管理体系认证、签订安全生产责任协议、食品安全承诺书等，将环境责任、安全责任、社会责任等融入供应链管理，可持续供应链建设提上日程。

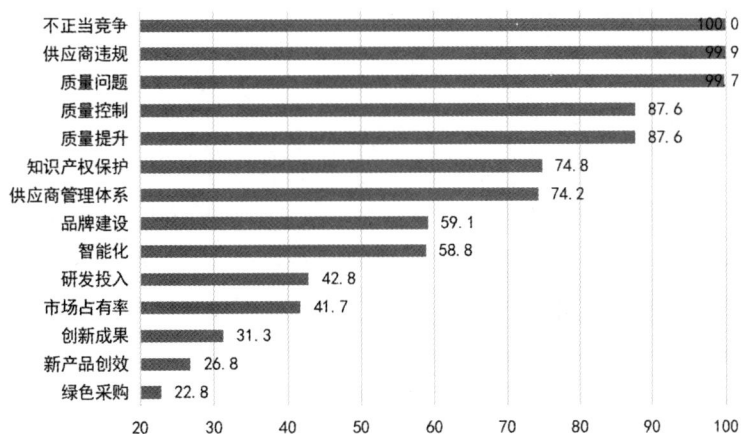

图12 产品指标下的三级指标表现

3. 治理

治理二级指标得分75.4。其中，得分高于75的企业，占比为50.9%；在60-75之间的企业，占比41.7%；低于60的企业，占比7.4%。一半以上的企业表现良好，少部分企业亟待改进企业治理水平。

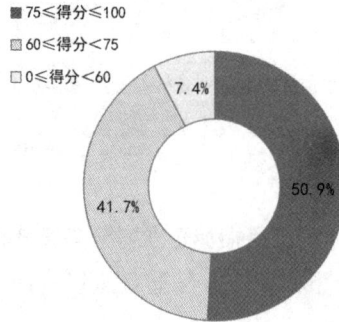

图13 治理指标企业得分等级分布

治理指标下的各三级指标表现差异较大。其中，"风险控制体系建设""可持续发展报告发布"等指标表现较优，得分接近80.0，企业发布的可持续发展报告质量不断提升，信息透明度、报告可读性、关键指标披露情况均有较大改善；"诚信管理体系建设""可持续发展战略"等指标得分在60.0以上，仍有较大提升空间。"利税贡献""国际化发展"等指标表现偏弱，得分均在50.0以下，亟待改进。部分企业在负向指标"违反政策法规""高管负面事件"等方面仍有不足，仍需加强企业合规建设，提升企业治理水平。

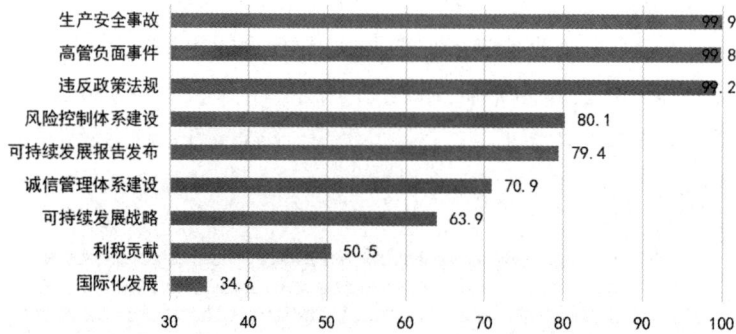

图14 治理指标下的三级指标表现

可持续发展战略的制定和落实仍待强化。虽然越来越多的企业认识到践行可持续发展战略的重要性，但在实际运营过程中，可持续发展战略的落实仍待细化和明确。全样本企业中，仅有58.1%的企业披露在制定发展战略时，将经济、环境、社会责任融入企业长期发展规划；78.9%的企业单项披露了经营战略、绿色发展战略、数字化发展战略等专题计划，极少数企业披露企业发展战略的具体目标和时间节点。企业深入研究和分析外部环境与内容条件，制定科学、明确的战略目标并实践，还需要进一步加强。

4. 员工

员工二级指标得分97.1。全样本企业在员工指标均表现良好。得分高于75的企业，占比为99.7%。

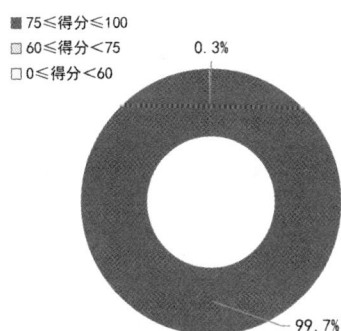

图15 员工指标企业得分等级分布

员工指标下的各三级指标普遍表现优秀。其中"员工发展""多元化"指标得分稍低，分别为86.3和91.6，仍有改善的空间。

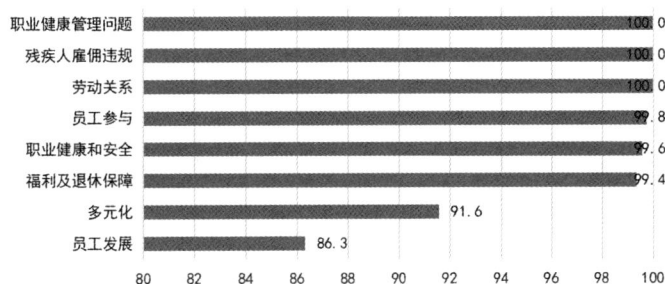

图16 员工指标下的三级指标表现

企业高度重视员工发展。企业为员工提供良好的发展环境和晋升机会也是企业获得员工认同、提高员工满意度的重要内容。全样本企业中，99.0%以上的企业开展常规的员工培训，部分通过与专业机构合作等方式，建立了完善的员工培训体系；66.5%的企业制定并披露了公开透明的员工晋升制度，为员工提供公平的职业发展平台。

员工多元化表现良好。多元化也是实现联合国可持续发展目标中的性别平等、促进包容的经济增长和体面工作的基础。越来越多的企业在保证性别平等的基础上，积极为残疾人等特殊群体提供工作机会，29.0%的样本企业披露了针对残疾人、少数民族、退役军人等群体的招聘情况，33.9%的企业披露了海外员工比例或数量；相当部分的企业还披露了在满足岗位基础专业需要的基础上，吸纳不同教育背景、文化背景的员工加入企业队伍的情况。

（三）环境维度

1. 维度表现

环境维度下从环境、资源2项二级指标及20项（环境13项、资源7项）三级指标来衡量企业的环境表现。

环境维度在三个维度中表现最弱，得分为65.0。环境维度的2个二级指标中：环境得分较高，为76.1；资源得分较低，为44.4，在8个二级指标中表现最弱。

图17 环境维度下二级指标表现

从各企业得分分布的范围看，环境维度企业得分分布在[25.5–91.5]，中位数为65.3，企业较均衡的分布在整个区间，企业之间差异明显，最大差值达66.0。两个二级指标中，环境二级指标波动范围相对较小，得分分布在[37.7–95.4]，资源二级指标差异极大，得分分布在[0–98.6]，资源指标是影响企业环境维度表现的关键指标。

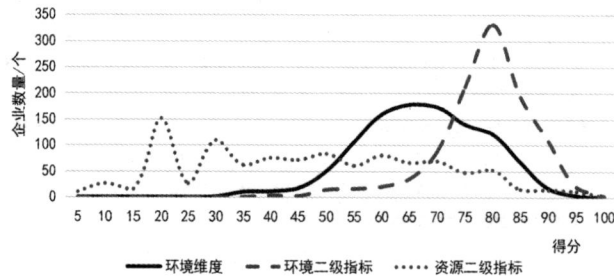

图18 环境维度及二级指标得分正态分布曲线

2. 环境

环境二级指标得分76.1。全样本企业中，得分高于75的企业，占比为62.6%；在60–75之间的企业，占比32.6%；低于60的企业，占比4.8%。

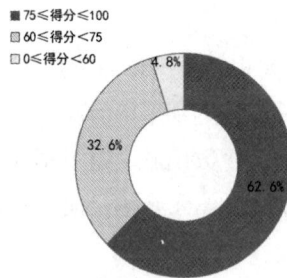

图19 环境指标企业得分等级分布

环境指标下的三级指标部分表现较好。其中"污染防治成效""环境风险管理""碳减排成效""环境治理投入"等指标得分均高于80.0，企业在污染治理方面均予以高度重视，每年投入大量的资金和人力物力，开展污染治理和节能环保技术、工艺的研发，污染治理取得较为显著的进步。

企业参与生物多样性保护的方式多元，但参与比例偏低。全样本企业中，"生物多样性保护"指标得分仅为10.6。有13.5%的企业在生产经营或项目建设过程中考虑了如何减少对生物多样性的影响，并采取预防措施；9.4%的企业通过投入资金、人力等支持生物多样性保护相关的项目，例如保护和恢复野生动物栖息地、支持野生动物相关的科学研究等；3.0%的企业开展了生产经营场所的生物多样性影响评估。数据表明，企业参与生物多样性保护的方式呈现多样化，但参与的比例仍偏低。

　　环境友好型产品研发与生产规模有待提升。一些企业通过加大研发投入、制定发展计划以及投资环境服务业务等，积极为环境友好型社会建设贡献解决方案。但环境友好型产品指标得分仅为37.2，有44.2%的企业积极开展环境友好型产品和服务布局，有5.8%的企业披露了环境友好型产品和服务的营业收入、产值等。与此同时，还存在环境友好型产品总量少、品类少，环保企业规模小等问题，环境友好型产品研发与生产规模有待提升。

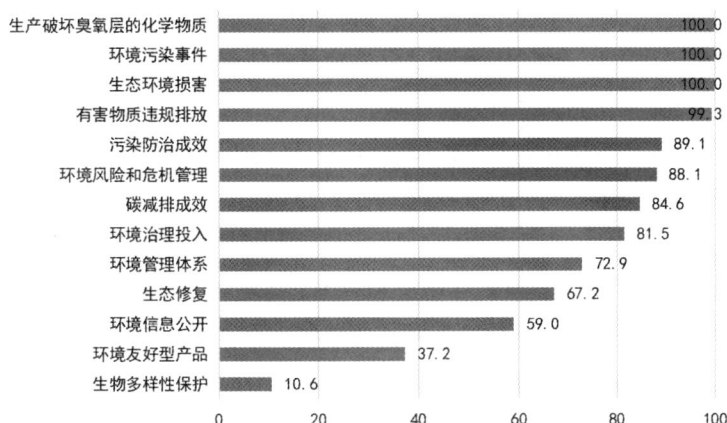

图20 环境指标下的三级指标表现

3. 资源

　　资源二级指标得分44.4。全样本企业中，资源指标表现良好的企业占比极低，得分高于75的企业，占比为8.9%；在60–75之间的企业，占比18.7%；低于60的企业，占比72.4%。

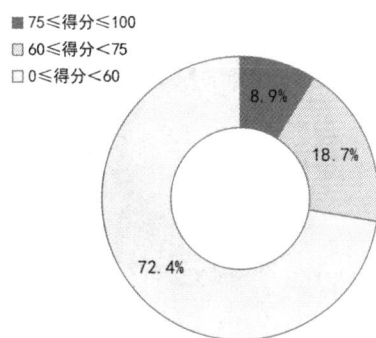

图21 资源指标企业得分等级分布

　　资源指标下的三级指标表现较弱。其中，"能源产出率""水资源产出率"等指标表现稍好，得分分别为72.4和69.6，企业在提升能源、水资源的利用效率方面取得良好成效；"资源管理体系""资源利用信息公开""清洁能源利用""循环利用协同处理"等指标得分均低于60.0；"终端回收体系"指标得分最低，为13.3。

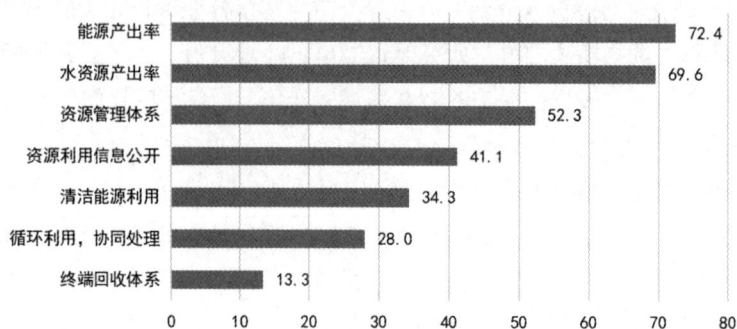

图22 资源指标下的三级指标表现

企业资源管理体系仍待进一步健全和优化。"资源管理体系"指标得分为52.3，近半数企业尚未建立起较为完善的资源管理体系，尤其是对能源、水、土地、森林等自然资源依赖度较高的企业，设立资源管理部门和岗位并明确职责、建立资源管理信息系统、详细统计资源使用数据、制定节能增效计划、建立考核标准和激励制度等，形成完善的规章制度和管理体系，是提高资源管理水平、提升资源利用效率和效益的重要保障。

清洁能源开发和利用亟待有所突破。在全球和我国大力推进清洁能源发展的背景下，企业开展清洁能源投资、生产和利用的规模、速度仍显缓慢。全样本企业中，仅有19.1%的企业投资了清洁能源领域的相关业务或开展了实际的清洁能源生产；有16.2%的企业使用天然气、可再生能源电力或布置屋顶光伏发电等。总体来看，可再生能源规模化利用尚未形成，可再生能源利用技术应用亟待拓展。

（四）社会维度

1.维度表现

社会维度下设客户、社区、政府3项二级指标及17项（客户5项、社区7项、政府5项）三级指标来衡量。社会维度得分在三个维度中表现最好。指标得分为78.2。在社会维度下的3个二级指标中，客户、社区、政府的得分分别为74.8、73.9和87.6。

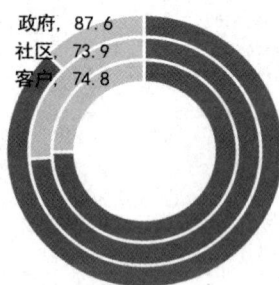

图23 社会维度下二级指标表现

从各企业得分分布的范围看，社会维度企业得分分布在[29.4–97.6]，中位数为78.8，企业普遍表现较好。三个二级指标中，客户二级指标波动范围较大，得分分布在[20.0–100.0]，呈现偏态分布，少数企业得分偏低影响了该指标整体平均得分；社区二级指标得分分布在[28.6–100.0]；政府二级指标得分分布在[40.0–100.0]，企业表现普遍较好，少数企业得分偏低。

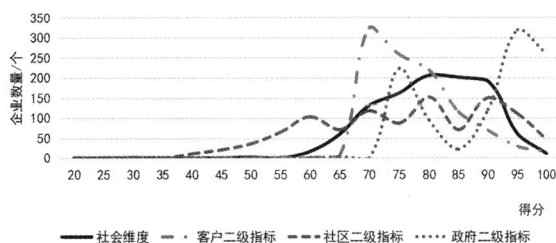

图24 社会维度及二级指标得分正态分布曲线

2. 客户

客户二级指标得分为74.8。全样本企业普遍表现较好，得分高于75的企业，占比为42.9%；在60-75之间的企业，占比56.5%；低于60的企业，占比0.6%。

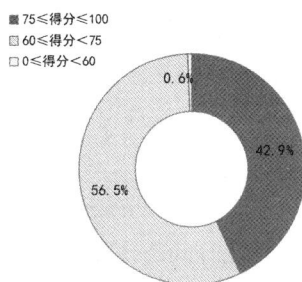

图25 客户指标企业得分等级分布

客户指标下的三级指标表现较好。企业普遍重视"投资者关系"和"客户关系管理"，得分分别为99.6和83.0；"客户信息保护"指标也有较大的改善，得分为76.1；"绿色消费倡导"指标得分较低，仅为15.4。

培育绿色消费市场有待加强。绿色消费倡导是在大力推动可持续消费基础上提出的，企业倡导绿色消费不仅是推动社会可持续发展的负责任表现，也有助于自身绿色发展转型，为研发推广环境友好型产品开拓市场，实现互利共赢。部分企业已经开始行动，通过投放公益广告、市场宣传、举办线上线下消费者教育活动以及员工培训等，积极引导绿色消费。企业培育绿色消费市场有待进一步加强。

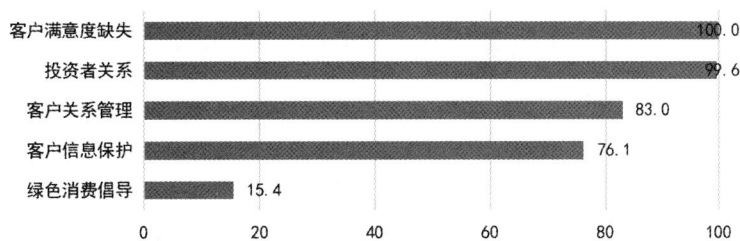

图26 客户指标下的三级指标表现

3. 社区

社区二级指标得分73.9。得分高于75的企业，占比为50.8%；在60-75之间的企业，占比29.7%；低于60的企业，占比19.5%。

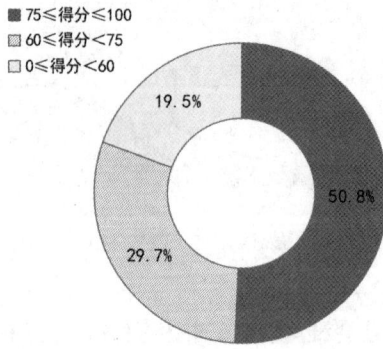

图27 社区指标企业得分等级分布

社区指标下的三级指标表现较好，"社区发展支出""尊重社区文化""慈善捐赠""教育培训支持"等指标得分均在60.0以上，"志愿者服务"指标得分为50.1。

企业更偏向于通过社区沟通、社区发展支持等方式维护与社区的良好关系，助力社区发展。企业通过企业开放日、社区共建、改善基础设施、提供就业机会等形式有效带动所在地经济发展，体现了企业对建立良好社区关系的高度重视。慈善捐赠和教育培训支持是企业参与社区发展、履行社会责任的重要途径。

志愿者服务参与情况差异大。全样本企业中，64.6%的企业发动员工开展了各种形式的志愿服务活动，但仅有28.4%的企业披露了员工开展志愿服务的统计数据，如参与人次、活动频次、志愿者团队数量等。一些企业对员工参与志愿服务活动高度重视，不仅成立志愿者团队，实现规范化管理，还通过一系列活动打造志愿服务精品项目，为社会贡献志愿服务力量的同时，进一步提升了负责任企业公民形象。

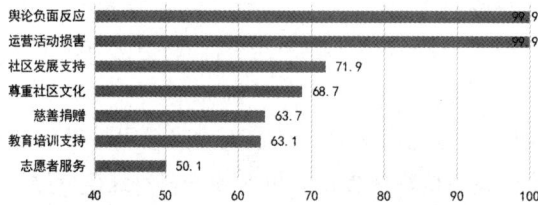

图28 社区指标下的三级指标表现

4. 政府

政府二级指标得分87.6。得分高于75的企业，占比为78.2%；在60-75之间的企业，占比21.7%；低于60的企业，占比0.1%。

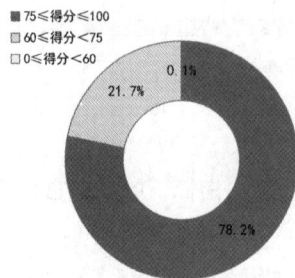

图29 政府指标企业得分等级分布

政府指标下的各三级指标表现较好，"扶贫支出"指标仍有提升空间。大部分企业均有开展扶贫相关的工作，尤其是通过发挥自身业务优势，开展相关的产业扶贫、消费扶贫等工作。除此之外，部分企业还通过投入大量的资金、人力、物力资源，以及通过与社会组织合作的方式在贫困地区开展教育、医疗、生态扶贫工作，对于改善贫困地区的人口素质、生活环境、经济发展的基础条件提供重要帮助。

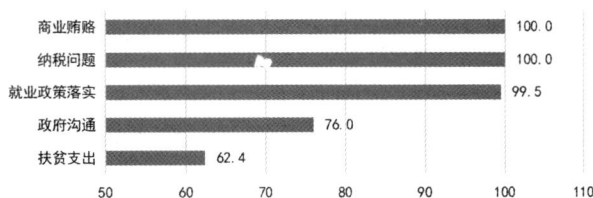

图30 政府指标下的三级指标表现

（五）行业情况

纳入本年度中国企业可持续发展指数测算的企业共1042家，分为12个主要行业。横向对比来看，不同行业在可持续发展的各个方面既有共性，也有显著差异。

1.行业指数表现

不同行业的可持续发展指数分布在[58.2-69.9]分之间。以汽车业、金融保险业、机械设备制造业表现最优，分别为69.9分、66.4分、65.0分。相比而言，消费者服务业表现偏弱，是唯一低于60分的行业。

汽车业中，位于"良好"等级企业占比34.4%，是十二个行业中唯一"良好"高于"需要改进"等级企业占比的行业。该行业不同等级的企业分布较为均衡，企业分布呈现两极分化。

金融保险业、机械设备制造业、建筑房地产业、交通运输仓储业、电力热力燃气及水生产和供应业、消费品工业等六个行业中，位于"合格"等级企业占比均高于50%，企业分布呈现"梭型"分布。

钢铁有色业、建材业中，位于"良好"等级企业比例分别为18.8%和16.0%，虽显著高于全样本企业平均水平，但由于其"需要改进"等级企业占比偏高拉低了整个行业表现，表明上述行业企业从"需要改进"向"合格"等级跃升的潜力巨大。

消费者服务业中，位于"良好"等级企业占比仅为1.1%，远低于全样本企业平均水平。不同等级的企业分布呈现金字塔型，表明该行业企业从"需要改进"向"合格""良好"等级跃升的潜力巨大。

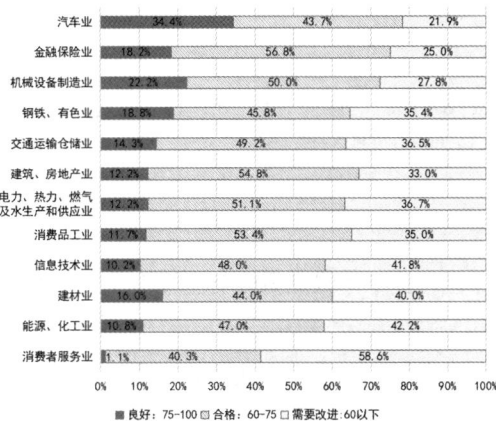

图31 不同行业的可持续发展指数等级分布情况

2. 行业维度表现

对12个行业在三个维度的表现与全样本平均值作比较，分析不同行业维度表现特征与差异。

不同行业在三个维度的表现，环境维度差异最为显著。以全样本企业各维度平均值为基准，12个行业在环境维度差异最为显著，振幅为[-5.4-6.8]；竞争力维度差异次之，振幅为[-5.0-5.0]；社会维度差异最小，振幅为[-2.7-6.4]。

各行业自身三个维度的表现也有明显不同。汽车业三个维度的表现均位于全样本平均水平之上，竞争力、环境、社会维度得分分别高于全样本平均水平5.0、6.8和2.6。

金融保险业在环境和社会两个维度表现有较大优势，得分分别高于全样本平均水平3.2和6.4，竞争力维度略低于全样本平均水平0.5。

钢铁有色业在竞争力和社会两个维度表现有一定优势，高于全样本平均水平，但在环境维度表现偏弱，低于全样本平均水平4.5，有待重点提升。

机械设备制造业在竞争力和环境两个维度表现有一定优势，高于全样本平均水平，但在社会维度表现偏弱，低于全样本平均水平0.7。

交通运输仓储业在环境维度表现有一定优势，高于全样本平均水平3.9，但在竞争力和社会两个维度仍有不足，有待进一步改善。

能源化工业在竞争力和社会两个维度表现与全样本平均水平无明显差异，但在环境维度表现偏弱，低于全样本平均水平5.3。

消费者服务业在竞争力、环境、社会三个维度表现均低于全样本平均水平超过2.0。

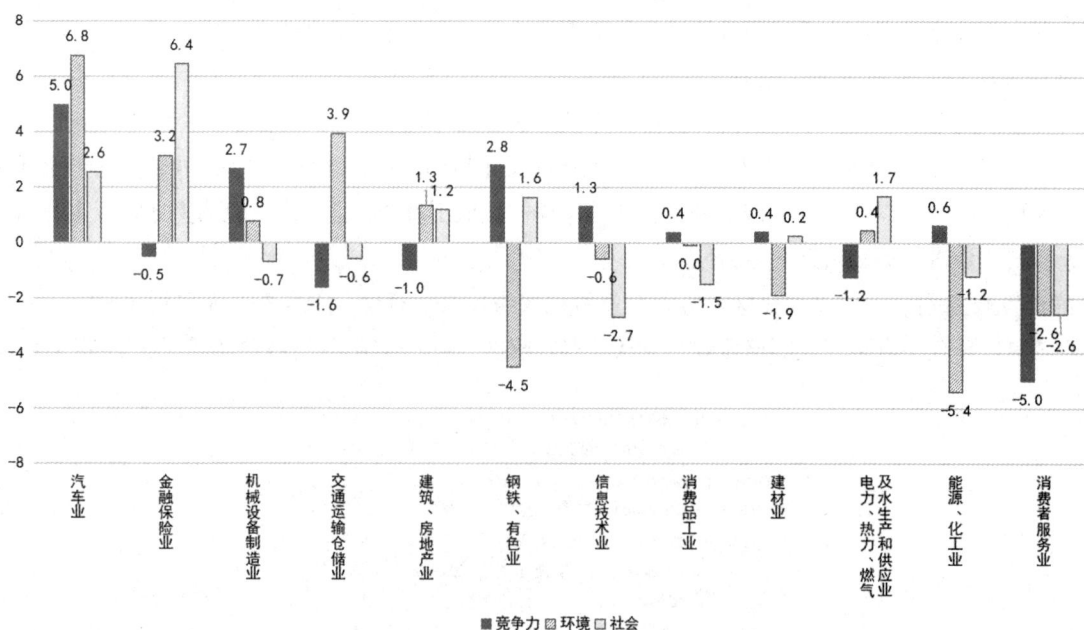

图32 不同行业三个维度得分与全样本企业平均水平比较

3. 行业二级指标表现

基于各个行业在8个二级指标表现与全样本企业平均水平的差距，进一步分析每个行业在各二级指标的特征与差异。

不同行业的二级指标表现差异程度显著。以全样本企业二级指标表现均值作为基准：资源、产品、社区3个二级指标的行业表现差异最为显著，振幅分别为[-5.7-12.0][-7.7-8.3]和[-4.8-9.4]；环境、政府和治理的行业表现差异次之；客户、员工的行业表现差异最小。

汽车业在所有一级指标均有一定优势。汽车业的8个二级指标均优于全样本平均水平。其中，资源指标表现最优，得分为56.4，高于全样本平均水平12.0，主要是由于"清洁能源利用""终端回收体系""资源利用信息公开"等三级指标得分分别高于全样本平均水平17.0、15.4、14.5。其次是产品指标表现较好，得分为71.0，高于全样本平均水平8.3，主要是由于"绿色采购""供应商管理体系""市场占有率"等三级指标得分分别高于全样本平均水平19.7、15.8、14.9。

11个行业在所有二级指标中既有优势指标，也有表现偏弱的指标。例如，金融保险业，7项二级指标表现良好，优于全样本平均水平，其中又以社区指标表现最优，高于全样本平均水平9.4，主要是由于"教育培训支持""慈善捐赠""社区发展支持"等三级指标得分分别高于全样本平均水平23.1、16.3、13.3。产品指标表现偏弱，低于全样本平均水平3.2，主要是由于"研发投入""供应商管理体系""创新成果"等三级指标得分分别低于全样本平均水平10.0以上。

消费者服务业在8个二级指标中，只有客户指标略有优势，其他二级指标表现均低于全样本平均水平。客户指标高于全样本平均水平1.2，主要是由于"绿色消费倡导"三级指标高于全样本平均水平8.9。产品指标表现最弱，低于全样本平均水平7.7，主要是由于"创新成果""研发投入""智能化""市场占有率"等三级指标得分均低于全样本平均水平10.0以上。亟待多方面提升行业整体可持续发展表现。

12个行业二级指标表现梳理见表1：

表1 不同行业二级指标表现特征

行业	二级指标表现
汽车业	所有二级指标均优于全样本平均水平，产品、资源指标优势最大。
金融保险业	除产品外的7项二级指标优于全样本平均水平，环境、客户、社区、政府指标优势较大。
机械设备制造业	产品、资源、政府指标显著优于全样本平均水平，具有优势；客户、社区指标低于全样本平均水平，仍有较大提升空间。
交通运输仓储业	资源、环境、客户指标显著优于全样本平均水平，具有优势；产品、社区指标低于全样本平均水平，仍有较大提升空间。
建筑、房地产业	治理、环境、社区指标显著优于全样本平均水平，具有优势；产品、资源指标低于全样本平均水平，仍有较大提升空间。
钢铁、有色业	产品、治理、社区、政府指标显著优于全样本平均水平，具有优势；环境、资源、客户指标低于全样本平均水平，仍有较大提升空间。
信息技术业	产品指标显著优于全样本平均水平，具有优势；资源、社区、政府指标低于全样本平均水平，仍有较大提升空间。
消费品工业	产品、资源指标明显优于全样本平均水平，具有优势；治理、社区指标低于全样本平均水平，仍有较大提升空间。

建材业	治理、社区指标明显优于全样本平均水平，具有优势；资源、客户指标低于全样本平均水平，仍有较大提升空间。
电力、热力、燃气及水生产和供应业	资源、社区指标显著优于全样本平均水平，具有优势；产品指标低于全样本平均水平，仍有较大提升空间。
能源、化工业	产品、政府指标优于全样本平均水平，具有一定优势；环境、资源、客户指标低于全样本平均水平，仍有较大提升空间。
消费者服务业	客户指标优于全样本平均水平，具有一定优势；产品、治理、资源、社区、政府等指标显著低于全样本平均水平，仍有较大提升空间。

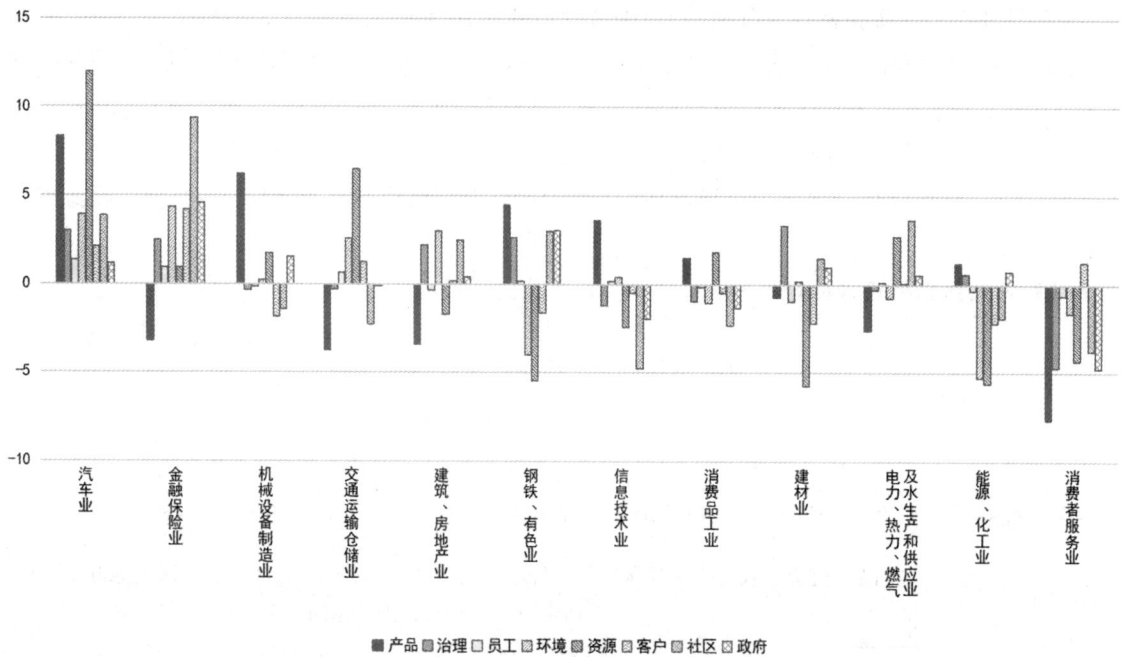

图33 不同行业8个二级指标得分与全样本平均水平比较

三、趋势分析

中国企业可持续发展指数已连续三年对超过1000家企业开展可持续发展评价与分析，其中，544家企业在三个评价年度均披露或提供了详细的分析数据，据此本章节重点分析企业可持续发展指数变化趋势，所有数据均以具有连续三年评价数据的544家企业为研究对象，以下称"样本企业"。

（一）总体情况

2020年样本企业可持续发展指数较2019年提高1.6分，较2018年提高2.5分，企业可持续发展表现呈现上升趋势。

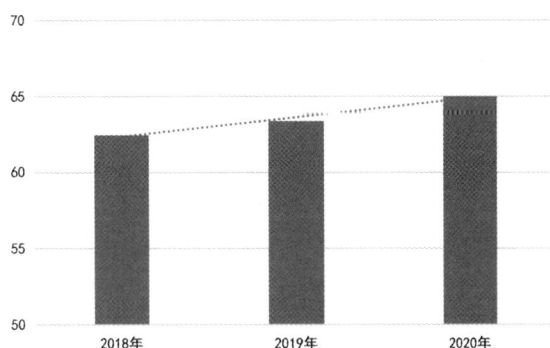

图34 企业可持续发展指数变化趋势

样本企业得分等级分布有所改善，比较可以得出，"良好"等级的企业比例略有提高，占比从2018年的10.9%持续提升至2020年的13.4%；"需要改进"等级的企业比例有所下降，占比从2018年的45.9%降低至2020年的36.5%；"合格"等级的企业占比扩大到半数以上，企业整体可持续发展表现有所改善。

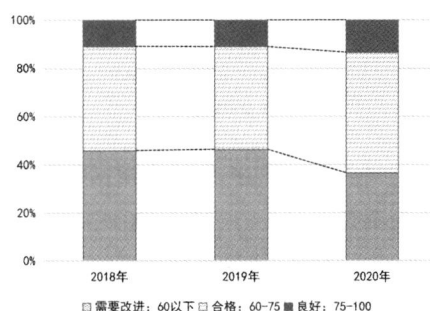

□ 需要改进: 60以下 □ 合格: 60-75 ■ 良好: 75-100

图35 企业可持续发展指数等级分布年度比较

（二）竞争力维度

从年度比较看，竞争力维度企业可持续发展表现趋好，得分较2019年提高1.1，较2018年提高1.7。其中又以治理二级指标提升最为显著，两年提高3.0。

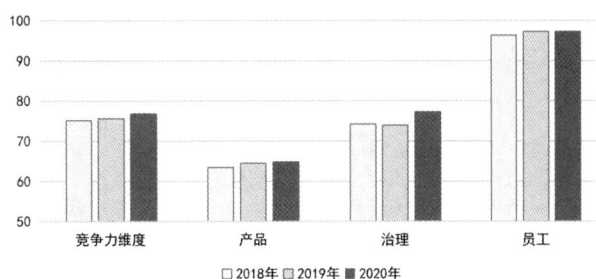

□ 2018年 □ 2019年 ■ 2020年

图36 竞争力维度及二级指标年度变化

二级指标——产品：产品指标表现略有改善，得分较2019年提高0.4，较2018年提高1.4，持续稳定提升。具体来看，"新产品创效""智能化""供应商管理体系"等三级指标两年分别提高12.0、7.0、6.7，是拉升产品指标表现的主要指标。

创新发展趋势显现，新产品创效指标持续提升。样本企业中，除"新产品创效指标"大幅提升外，"创新成果"指标得分较2018年提高4.3，"研发投入"指标得分保持稳定，企业积极投入产品研发，加快创新发展，取得了丰硕的研究成果，获得国家级、省部级科学技术奖或管理创新奖的企业数量不断提升。企业也更加重视新产品的研发、生产和市场推广工作，近半数企业在评价期内有新产品推向市场，部分企业还披露了新产品的营业收入或占比等具体表现。

企业积极推进数字化、智能化发展。"智能化"指标表现良好，呈现稳定上升的趋势。样本企业中，开展智能化技术应用、建设智能车间、智能工厂试点的企业较2019年提高7.3个百分点，较2018年提高13.0个百分点。企业积极拥抱大数据、云计算、物联网等新技术，并结合自身业务推进企业数字化转型。

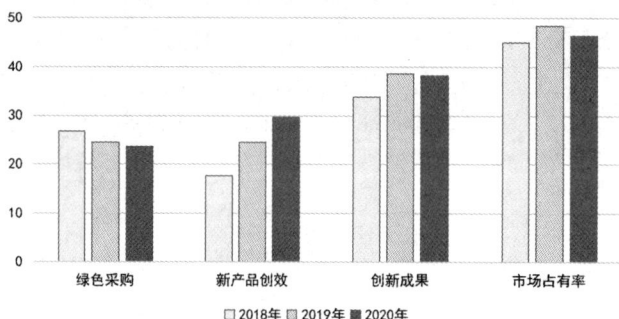

图37 产品指标下的部分三级指标年度变化

二级指标——治理：治理指标表现有所提升，得分较2018年提高3.0，是竞争力维度提升最大的指标。具体来看，"国际化发展""利税贡献""风险控制体系建设"等三级指标分别较2018年提升5.4、10.3、9.5，提升幅度较为显著，其他指标基本保持稳定。

可持续发展战略指标表现趋弱。"可持续发展战略"指标得分略有下降，2020年较2019年下降2.2，2019年较2018年提高1.0。分析其原因，可能与外部经济、政策环境变化及年初爆发的新冠疫情有一定关系，企业经营预期低于原定计划或因不确定性增加，部分企业在制定和披露可持续发展战略时有所改变，少部分企业或选择不披露发展战略和计划。

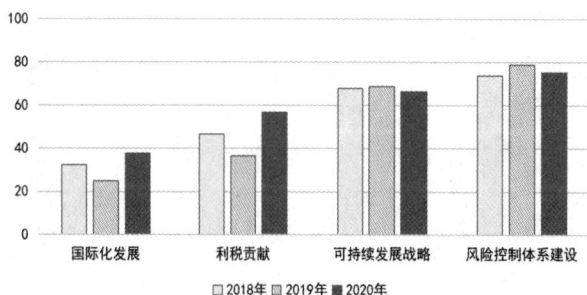

图38 治理指标下的部分三级指标年度变化

二级指标——员工：员工指标表现平稳，得分较2018年提高0.9。其中表现较为突出的是"员工发展"三级指标，两年提高6.6，增幅较显著。在员工管理方面，员工发展成为企业管理者关注的重点内容。

（三）环境维度

从年度比较看，环境维度企业可持续发展表现具有较为显著的变化，得分较2019年提高1.0，较2018年提高2.3。其中，又以环境二级指标提升更为显著，两年提高3.1。

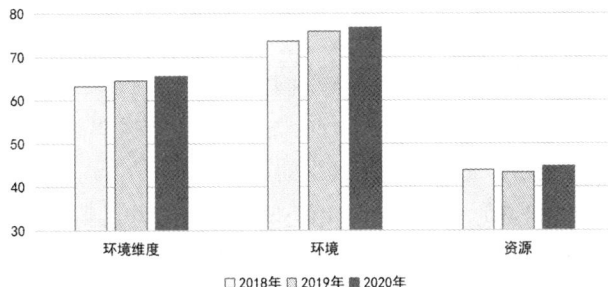

图39 环境维度及二级指标年度变化

二级指标——环境：环境指标表现改善明显，得分较2019年提高0.8，较2018年提高3.1，持续改善。具体来看，"环境友好型产品""环境信息公开""环境风险和危机管理"等三级指标较2019年分别提高1.8、7.5、0.9，较2018年分别提高4.6、11.9、10.2，显著拉升环境指标的整体表现。与此同时，"生物多样性保护""生态修复""环境管理体系"等表现偏弱的三级指标无明显改善，企业可通过第三方机构审核、认证并定期评估，进一步加强环境管理体系建设，不断提升环境管理水平；深度参与生态保护和生物多样性保护工作，提高相应指标绩效。

企业环境信息披露呈现良好发展态势。数据显示，企业在环境信息披露方面有比较明显的改善。其中，通过可持续发展报告、社会责任报告或年报等定期披露污染物排放等环境数据的企业较2019年提高5.9个百分点，较2018年提高8.6个百分点；通过生态环境管理部门、第三方环境数据库或企业官网披露企业污染源监测数据的企业较2019年提高6.8个百分点，较2018年提高12.6个百分点。近年来，主管部门、投资者、企业及第三方机构的共同努力，企业环境信息披露情况正在发生实质性转变。

环境治理成效逐渐显现。数据显示，企业在"环境治理投入""污染防治成效""碳减排成效"等三级指标均有改善，得分分别较2018年提高4.4、3.6、3.1。企业环境治理投资保持高位，通过淘汰落后设备、更新污染治理配套设施、生产工艺改进等方式，多数大企业不仅满足了我国严格的环保标准，而且主动研发攻关节能减排新技术、新工艺，并向产业链上下游企业推广，为更广泛的环境管理提供技术支持。

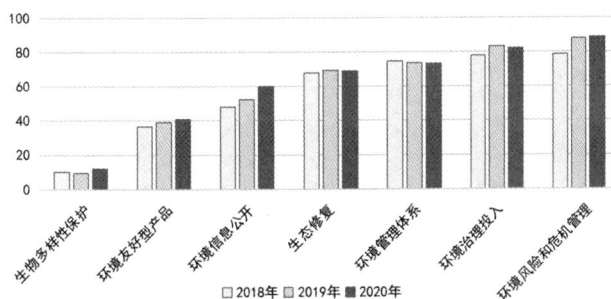

图40 环境指标下的部分三级指标年度变化

二级指标——资源：资源指标表现略有改善，得分较2018年提高0.9。具体来看，"资源管理体系""水资源产出率""能源产出率"等三级指标较2018年分别提高6.3、3.2、3.8，对资源指标的改善起到拉动作用。"终端回收体系""循环利用协同处理""资源利用信息公开"等三级指标表现趋弱，指标得分低位波动。

资源利用效率持续提升。企业在"能源产出率""水资源产出率"等指标表现趋好，越来越多的企业认识到能源、水等自然资源尤其是不可再生资源的合理利用对企业和社会长远发展的重要意义，同时也是企业向内挖潜，实现降本增效的可行方案。绝大多数企业积极实施了节能技改、设备升级、流程优化等一项或多项节能增效措施，实现资源利用效率的显著提升。

循环经济体系建立仍需长期努力。"循环利用协同处理""终端回收体系"等三级指标得分持续偏低，分别在30.0和15.0上下波动，无明显提升。循环经济体系建设需要全社会的共同参与和协作，需要相应的政策、技术和人才的多方面支持，不能一蹴而就。企业向循环经济模式转型尚待进一步深入研究和实践。企业需充分利用国家大力推进循环经济发展和开展循环经济示范区、试点企业建设的有利条件，坚持绿色发展，有力推动全社会向循环经济转型。

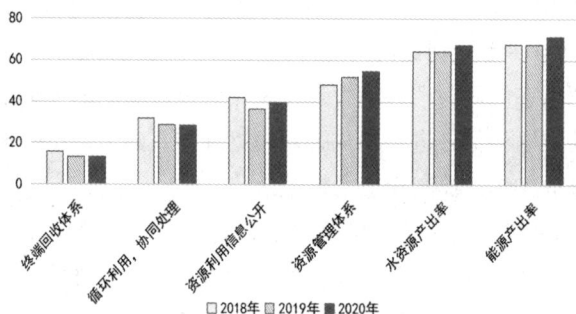

图41 资源指标下的部分三级指标年度变化

（四）社会维度

从年度比较看，社会维度企业可持续发展表现总体良好并有进一步的改善，得分较2019年提升1.3，较2018年提升1.5。其中又以政府二级指标提升更为显著，较2018年提升3.1。

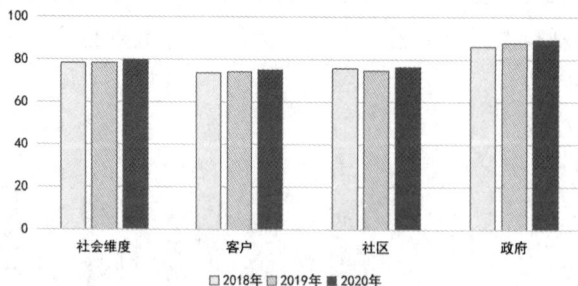

图42 社会维度及二级指标年度变化

二级指标——客户：客户指标表现略有改善，得分较2019年提高0.9，较2018年提升1.2。具体来看，"客户信息保护""投资者关系"等三级指标较2018年分别提高10.6、3.3。"客户关系管理""绿色消费倡导"等三级指标基本稳定。

客户关系管理与绿色消费倡导互为助力，相辅相成。良好的客户关系需要企业持续有效的沟通和维护，也是企业的产品和服务获得市场认可及客户信赖的重要保证。绿色消费倡导是当前可持续消费的重点内容，也是健康消费的必然趋势，通过客户沟通、消费者引导，形成广泛的绿色消费群体，将为企业绿色发展提供源动力。

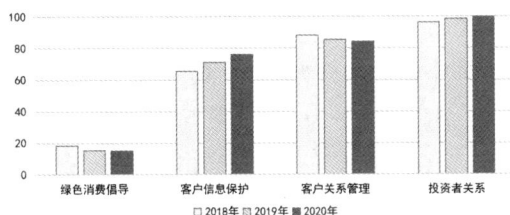

图43 客户指标下的部分三级指标年度变化

二级指标——社区：社区指标表现略有改善，得分较2018年提升0.6。具体来看，"教育培训支持""慈善捐赠""尊重社区文化"等三级指标较2018年分别提升6.2、2.4、2.8。

支持基础教育事业助力社会发展。越来越多企业通过支持基础教育的发展为落后地区经济、社会、环境改善提供源头活水，履行企业社会责任的同时，实现全社会可持续发展与进步。

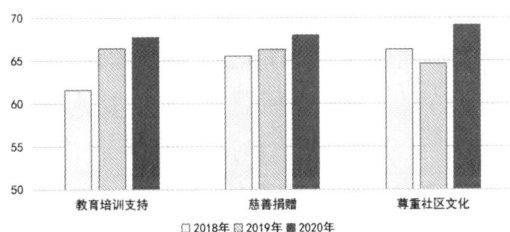

图44 社区指标下的部分三级指标年度变化

二级指标——政府：政府指标表现进一步改善，得分较2019年提高1.4，较2018年提升3.1。其中，"扶贫支出""政府沟通"等三级指标较2018年分别提升6.4、8.6。企业在扶贫和政府沟通、政企关系管理等方面持续改善。

积极参与扶贫工作助力全社会减贫。数据显示，更多企业积极参与到全球减贫工作中，为落实联合国可持续发展目标贡献力量。不仅是在国内，企业在海外经营地也积极参与地方建设，通过改善当地基础设施条件、提供教育资源、发展地方特色产业等多种形式，推动贫困地区实现持续的经济增长和社会发展。

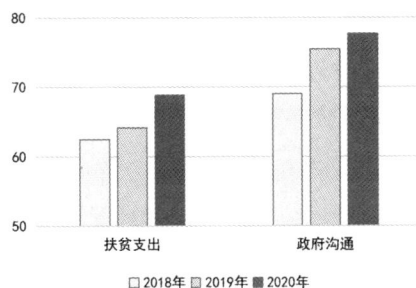

图45 政府指标下的部分三级指标年度变化

四、2020中国企业可持续发展100佳

依据对1042家企业的详细分析与综合评价，评选出"2020中国企业可持续发展100佳"[②]，该榜单已连续三年在中国企业500强高峰论坛发布。

（一）百佳企业指数表现

以企业总得分分布来看，百佳企业最高分为88.2，最低分为75.2，平均分为79.2，中位数为77.8，呈现一定程度的偏态分布。全样本企业最高分为88.2，最低分为20.0，平均分为63.2，中位数为63.2，基本呈正态分布。相较于全样本企业，百佳企业平均得分高出16.0分，优势显著。

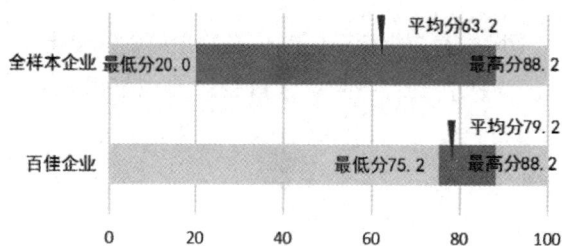

图46 百佳企业与全样本企业的整体表现对比

从不同行业来看，入选百佳榜单的企业以机械设备制造业数量最多，为15家，消费品工业、金融保险业、电力热力燃气水生产及供应业表现次之，均在10家以上。消费者服务业最少，为1家。从比例上看，以汽车业比例最高，28.1%的汽车企业入选百佳，其次是机械设备制造业的16.7%，比例最低的则为消费者服务业。

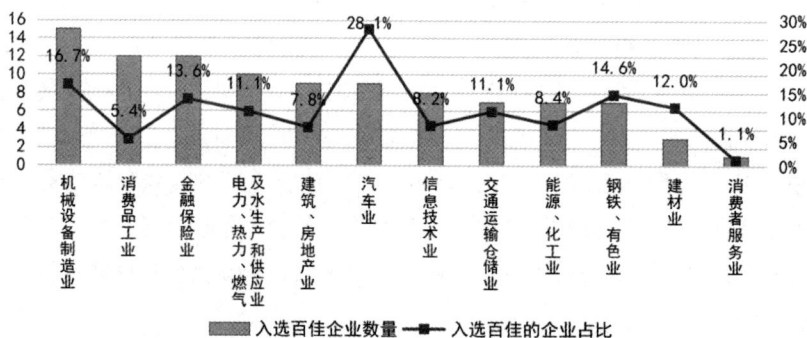

图47 各行业入选百佳榜单的企业占比情况

从3个维度来看，百佳企业在环境维度的优势更为突出，高于全样本企业12.8；其次是竞争力维度，高于全样本企业11.8；社会维度高于全样本企业10.4。领先企业在经济、环境、社会各领域起到全面的带动和引领发展的作用。

---

② 2020中国企业可持续发展100佳：https://mp.weixin.qq.com/s/sodkbVpNaKP0badkENJP6g.

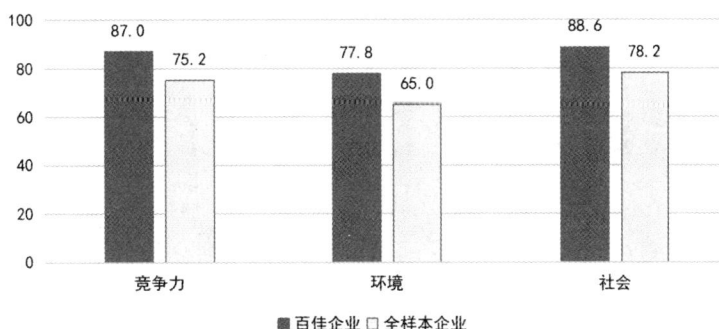

图48 百佳企业与全样本企业三个维度表现对比

从8个二级指标来看，百佳企业在产品、治理、资源、社区等二级指标优势显著，得分分别高于全样本企业16.7、13.2、23.3、16.8。在员工、环境、客户、政府等二级指标也有一定优势，体现了百佳企业的可持续发展综合实力。

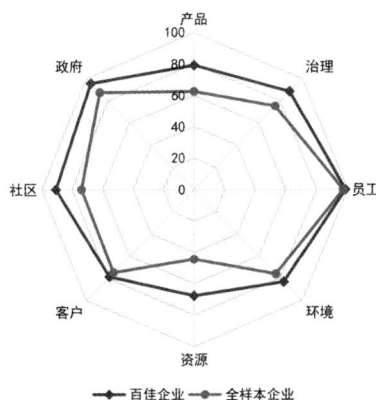

图49 百佳企业与全样本企业8个二级指标表现对比

进一步分析百佳企业的三级指标表现，与全样本企业相比，百佳企业在经营业绩、环境保护、社会贡献等领域展现出以下突出优势。

百佳企业在经营发展方面优势显著。百佳企业的"市场占有率"指标得分为75.7，高于全样本企业34.0，"创新成果"指标得分为64.6，高于全样本企业33.4，在市场竞争中展现出绝对的实力，同时高度重视创新发展，为社会进步贡献了优质的创新成果和解决方案。

百佳企业在自身环境管理和环境保护领域展现出较大优势。百佳企业在"环境信息公开""环境友好型产品""生物多样性保护"等三级指标表现突出，得分分别高于全样本企业13.5、28.0、12.3，领先企业在加强自身环境管理、降低环境负面影响的同时，积极为社会提供环境友好的产品和服务，努力提升对环境的正面影响，展现了优秀企业在环境领域的引领、带动作用。

百佳企业积极承担社会发展义务，展现出优秀企业的负责任风范。百佳企业在"慈善捐赠""教育培训支持""扶贫支出"等三级指标表现优秀，得分均达到90.0以上，且分别高于全样本企业27.0、27.6、28.1。百佳企业在公益慈善、扶贫等领域投入大量资金、智力、物力资源，并通过产学研合作、办学助学、实习和培训等多种方式培养社会需要的专业化、高素质人才，助力社会发展。

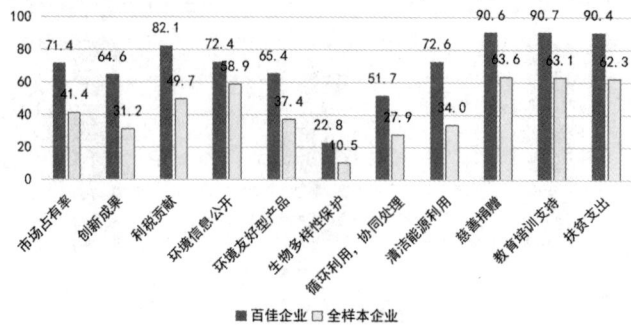

图50 百佳企业部分三级指标表现

此外，在"新产品创效""绿色采购""国际化发展""生物多样性保护""循环利用协同处理""终端回收体系""绿色消费倡导"等全样本企业普遍表现较差的指标，百佳企业得分显著高于全样本企业平均水平，但总体表现仍偏低，得分均低于60.0，且无显著的提升。百佳企业进一步发挥行业领头羊和大企业的优势，积极创新、挖掘潜力、加强产业链合作，推动行业整体实现突破。

（二）百佳企业指标年度对比

三年数据对比显示，百佳企业的可持续发展表现基本稳定，与2018年相比，最高分提高2.4分。优秀企业通过强化可持续发展管理和能力建设，进而获得更大的竞争优势。

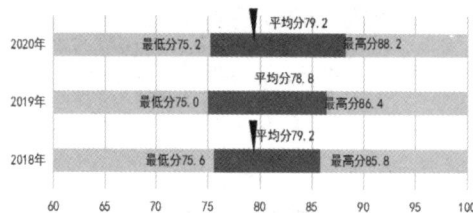

图51 百佳企业得分分布情况及年度变化

从三个维度的年度变化趋势看，环境维度呈现稳定的上升趋势。2020年百佳企业环境维度得分为77.8，较2019年提升0.6，较2018年提升5.2。企业对环境表现的高度重视和积极作为充分反映了企业对于环境保护的认识逐渐从被动的满足相关标准与要求，向积极推动环境改善，为企业自身和全社会营造良好的生态环境的重要转变。

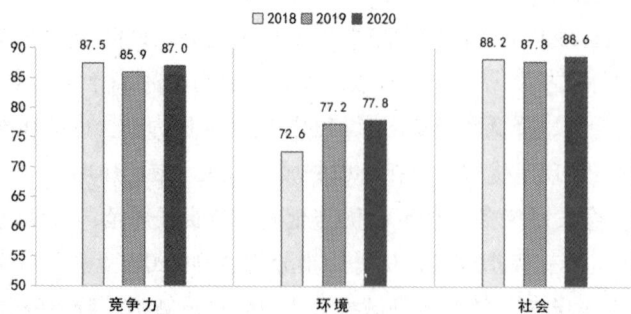

图52 百佳企业各维度表现年度趋势变化

从8个二级指标的年度变化趋势看，百佳企业在环境、资源等指标有较为显著的提升，得分较2018年分别提高6.0和3.9，2019年略有波动；在治理、员工、社区、政府等指标小幅上升，得分较2018年分别提高0.6、0.9、1.5、1.9；在产品、客户等指标小幅下降，得分较2018年分别下降1.9、2.4。百佳企业在产品、环境、资源、客户等领域仍有提升空间。

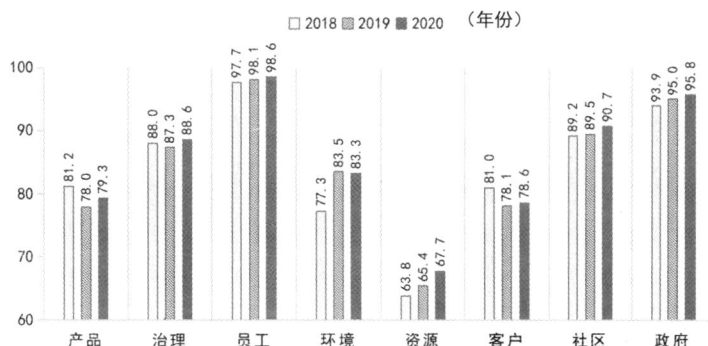

图53 百佳企业二级指标表现年度趋势变化

从三级指标的年度变化趋势看，增幅在第一梯队的指标有："环境风险和危机管理""资源管理体系""供应商管理体系""碳减排成效""生态修复""诚信管理体系建设""风险控制体系建设"等，年均增幅均超过5.0，各指标绩效提升显著。增幅在第二梯队的指标有："能源产出率""政府沟通""环境治理投入""资源利用信息公开""教育培训支持""水资源产出率""污染防治成效""客户信息保护"等，年均增幅超过3.0。"环境信息公开""可持续发展报告发布"等指标略有上升。

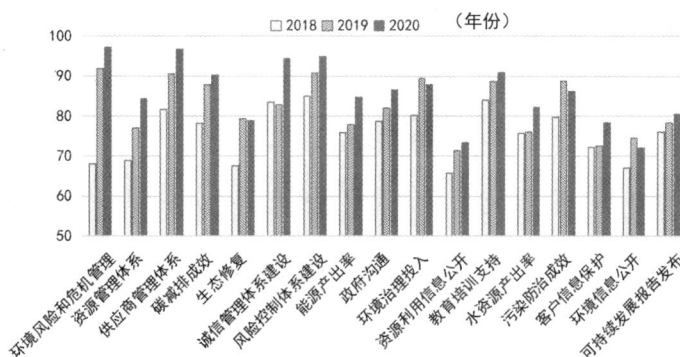

图54 百佳企业部分三级指标年度趋势变化

保持定力，持续推进创新发展。百佳企业积极推进创新发展，持续保持较高的研发投入，平均研发投入超过47.93亿元，研发投入指标得分为69.3，高于全样本企业26.5。同时高度重视创新型人才的培养、引进和吸收，为企业实现创新发展提供充足的智力和资金保障。

进一步加强内外部风险管控，适应数字化发展的趋势，积极提升信息安全管理水平。百佳企业高度重视企业风险管控，从市场、金融、政策、环境、供应链等多角度全面识别可能面临的经营风险，并能够关注到远期的潜在风险。积极参与数字化转型，在充分利用前沿信息技术和数字化技术的同时，及早着手信息安全管理，愈加重视隐私保护和网络安全风险防范。

积极应对气候变化，节能增效取得良好效果。百佳企业持续加大投入开展节能减排工作，通过积极开展碳核查、能源管理体系建设、水资源管理体系建设等加强资源管理，不断提高资源利用效率、降低生产经营过程和产品的碳足迹，实现了经济效益和环境效益的同步增长。对气候变化、节能减排的关注从履约合规到主动作为，绿色发展成为领先企业的第一选择。

五、发现和启示

本报告对企业近三年的可持续发展现状和水平进行了测算评价，结果显示我国企业可持续发展表现呈现逐年上升趋势，有相当数量的企业向可持续发展迈出实质性步伐，取得了积极成效。

（一）前瞻科学的可持续发展战略有助于创造商业价值

践行可持续发展，已成为全球共识，是我国推进全面深化改革与发展的重要战略。

经测算发现，制定了科学的可持续发展战略的企业，可持续发展指数高出全样本企业14.6分，综合表现更好。这些企业能够结合不同业务单元识别出不同可持续发展议题（如气候变化、能源使用、温室气体排放、水资源管理、产品及服务对环境的损害、网络安全、多元共融等），并为企业设定能源强度、碳排放量、耗水量等中长期量化目标，通过持续创新、提高效率和设立制度来推动价值创造和业务持续增长。

前瞻性的可持续发展战略有助于企业在纷繁复杂的国内外市场环境中，挖掘新的可持续商业价值，并全面提升可持续发展水平。然而，不少企业尚待建立科学的可持续发展战略。2020年中国企业可持续发展指数评价结果显示，得分低于60分企业中，制定了"可持续发展战略"的仅为40.8%。部分企业提出的发展战略中仍主要聚焦在经济发展层面，而非全面兼顾经济、环境和社会因素考量的可持续发展战略，尚未将可持续理念融入公司管理和决策，而定期开展可持续发展重点议题识别、设定明确量化的可持续发展中长期目标的企业则更少。

为了全面提升可持续发展管理水平，企业需要自上而下梳理可持续发展治理架构，建立管理层深度参与、专业部门横向协同、各层级纵向贯通的可持续发展组织体系，促使可持续发展纳入战略、进入管理、融入运营，推进可持续发展工作规范化和常态化。同时，企业还需定量化可持续发展分阶段目标，设定目标基准年、实现年及实现路径且持续跟踪，及时优化更新调整相关业务的问题和风险，并定期公开披露企业进展情况。

（二）企业数字化和智能化转型提速

近年来，我国企业数字化、智能化转型步伐加快。2020年中国企业可持续发展指数评价结果显示，"智能化"指标得分近三年呈现上升态势，分别较2018年和2019年提高了7.0和1.7。越来越多的企业加速智能化转型，以智能化发展战略为指导，推进产品、营销、渠道、运营、风控、决策等全面转型和线上线下一体化深度融合，形成了一批数字企业、智慧企业，使企业内部管理决策链、生产制造链、客户服务链反应更加敏捷高效精准。例如，中国铁通"智慧地铁"覆盖无人驾驶列车、智能调度、智能车场、智能车站、智能运维，实现了城轨交通全程、全范围的智能化控制。再如，顺丰通过智能蓝牙耳机"小丰"实现客户端持续优化与客户的便捷互动交互，完善收派端作业数据采集，推动企业数字化转型。

伴随以大数据、云计算、人工智能、移动互联网为代表的数字技术的快速创新和应用，数字经济正在加速与经济社会各领域深度渗透融合，"云办公""线上经营""智能化制造""无接触生产"

"互联网+"数字经济的新模式新业态快速发展。2019年我国数字经济增加值规模已达35.8万亿，占GDP比重为36.2%[数据引自《中国数字经济发展白皮书(2020年)》]。数字经济正在成为全球产业变革和经济增长的核心要素，数字化、智能化升级成为企业提升国际竞争新优势的战略方向，也是推动我国经济高质量发展的重要引擎。当前部分传统企业，特别是制造业企业，仍然面临着劳动力成本上升、资源环境约束加剧、产业附加值低等困境，智能化转型有助于解决上述问题，通过应用"云大物移智链"等数字化技术可帮助企业实现产品提质、生产增效、运营降本。

今年的新冠疫情在客观上倒逼数字化办公与智能化生产迅速推广应用，数字化、智能化极大地提升了企业的抗冲击能力和竞争力，极大地坚定了企业向数字化、智能化及其供应链完整可靠发展的决心，呈现加速发展的新浪潮。

（三）环境资源信息公开逐步改善

2020年中国企业可持续发展指数评价结果显示，环境资源类数据信息的披露正在逐渐改善。从三年趋势变化来看，"环境信息公开""资源利用信息公开"指标得分呈现上升态势，其中"环境信息公开"分别较2018年和2019年提高了11.9和7.5，而"资源信息公开"较2019年提高了3.1。越来越多企业建立了碳排放、固体废弃物、能耗、水耗的管理台账，不断加强相关信息披露，指标边界更加清晰、量化信息比例不断提高。

测算数据分析显示，政府对非财务信息披露的要求日趋严格。对于企业非财务信息的披露逐渐呈现强制化、标准化、定量化、综合化趋势，逐步从"鼓励自愿性披露"向"不遵守即解释"的半强制，甚至完全强制披露过渡。同时，公众的关注度和监督意识大幅度提升，督促企业加强环境资源信息公开披露。再加上资本市场驱动力度加大，进一步增强了企业自愿披露的动力。截至2020年8月，全球ESG投资规模首次超过万亿美元。很多企业也深刻认识到，企业环境和资源信息公开不仅可以展现出企业非财务风险管控能力，回应公众关切，更有助于吸引投资者对企业长期价值的挖掘。

坦率地说，我国企业的整体披露率与国际先进水平仍存在不小差距。对企业而言，有待进一步完善可持续发展信息管理系统，加强公司内部可持续发展信息特别是环境资源类信息日常收集和共享，实现环境和社会风险的及时监测，为可持续发展管理提供有效支持。同时，完善以网站为核心的日常信息披露和以可持续发展报告、社会责任报告、年报等为载体的定期披露，积极与国内外可持续发展评级标准开展对标。

（四）生物多样性保护力度不足

世界经济论坛《新自然经济报告》显示，全球总共约44万亿美元的经济高度依赖于大自然，这一数字约占全球国内生产总值(GDP)的一半。然而，全球生物多样性正在经受有史以来最为严重威胁，联合国数据显示过去10年中有30%的水下生态系统已经消失，而剩余部分的90%可能在2050年之前消失。

企业对生物多样性保护关注度不够，保护力度明显不足。2020年中国企业可持续发展指数评价结果显示，近三年来"生物多样性保护"指标得分一直处于较低水平，年均仅10.0左右。许多企业对生物多样性保护的重要性认识不足，认为与企业生产经营关系不大，部分企业虽已意识到生物多样性保护的重要性，但主动采取具体行动的少。一些与生态环境关联度低的企业缺乏主动对自己的生产经营活动生态潜在影响的识别与评估乃至行动；一些与生态环境关联度高的企业也只是按照政府要求履责而已，缺乏更广泛的积极行动。还有一些企业能够将生物多样性保护纳入重点发展议题，并广泛制定出具体措施方案，以减缓企业运营可能对生物多样性造成的负面影响。

此外，企业对生物多样性信息披露明显不足，缺少相应的监督和沟通机制。而披露了生物多样性保护相关信息的企业，大多集中在生产经营活动与生物多样性密切关联的采矿、建筑、电力等行业，或是以生物资源为原料的医药、食品、日化等行业。

保护生物多样性已经成为全社会的共识，每一个企业都会对生物多样性产生直接或间接的影响，都需做出积极的努力，以保护我们赖以生存的生态环境，主动采取措施加强生物多样性保护，这也是工商业界的责任和义务。

（五）循环回收利用加快发展布局

2020年中国企业可持续发展指数评价结果显示，"循环利用协同处理""终端回收体系"两项指标得分仅分别为30.0和15.0左右，整体仍处于较低水平，且近三年变化幅度不大，循环利用发展较为缓慢。多数企业的循环利用集中在企业内部循环，如中水回用、废余热余压回用等对水、热资源开展循环利用。而对于生产运营过程或产品生命周期结束后的废弃物，部分企业选择交由第三方机构回收利用，而回用至自身生产过程中的企业占比仍较少。许多企业尚未充分认识到循环经济的重要性，有待努力挖掘废弃物的回收再利用价值。

企业要以循环经济理念梳理再造内部管理与经营，统筹考虑各项生产要素的有效配置与闭环衔接，从中挖掘新的商业机会，在提升资源循环利用率的同时，形成新的经济增长点。以建材业为例，重新定位产品和工艺，围绕资源综合化利用主线，加强与建筑、环境企业的全方位融合和协同发展，实现生产过程绿色化、规模化、标准化。

还需要看到，我国废弃物回收再利用比例仍处于较低水平，特别是大宗产品的废旧回收利用潜力巨大。例如废钢回收量占粗钢产量的比例不足20%，废钢比远低于美国的75%和欧盟为55%~60%；我国废旧轮胎产量世界第一，每年产生约1.3~1.7亿条，重量约500万吨，且每年以8%~10%的速度增长，未加工利用废旧轮胎严重污染堆放场地周边环境，循环利用率不到发达国家的10%，差距很大。还有些新兴企业（特别是一些电商和互联网企业）虽然本身不会产生较大环境污染，但其商业模式带来的产业链上下游超量级废旧物资的影响不容忽视。

2020年9月1日起，新《固废法》正式实施。新固废法完善了工业固体废物污染环境防治制度，强化产生者责任，增加排污许可、管理台账、资源综合利用评价等制度，要求企业实现工业固体废物可追溯、可查询。这对工业固废的管理提出了更高要求，将倒逼企业加快循环经济转型。因此，除了自身运营边界内的循环利用之外，企业还需积极推动生产者责任延伸制度，推动产业链循环经济发展。例如，华为为推动循环经济实行了绿色包装"6R1D"策略，即以适度包装为核心的合理设计、预先减量化、可循环周转、重复使用、材料循环再生、能量回收利用和可降解处置；苏宁物流在末端全场景铺设包装废弃物回收箱，搭建了全链路的回收体系。

五、结束语

当今世界正在经历百年未有之大变局，今年初又遭遇百年未有之大疫——新冠肺炎（COVID-19），新冠肺炎疫情全球大流行加速了大局的变化，世界政治经济受到重创，企业经营环境急剧恶化，企业可持续发展面临着政治经济多重不确定不稳定的因素，出现了不同以往的情形与趋势。中国可持续发展工商理事会在今年发布的《2020中国企业可持续发展十大趋势》报告中，阐述了十大趋势和重点关注，我们认为：

（一）全球产业链加速重构，企业供应链管理安全风险凸显；

（二）黑天鹅事件频发，企业风险管控面临重大考验；

（三）利益相关方监督强化，企业诚信倍受关注；

（四）数字技术提升企业经营效率，智慧企业助力科学管理；

（五）可持续消费提上日程，环境友好产品将成为企业研发重点；

（六）全球变暖灾害加剧趋势未改，企业绿色生产压力倍增；

（七）循环和低碳经济模式更具韧性，企业应积极转型循环经济；

（八）生态系统完整性已然衰退，生物多样性保护仍面临挑战；

（九）污染防治效果显现，企业污染防治监管日趋严格；

（十）粮食安全问题凸显，科学精细管理加快全产业链建设。

2020年企业可持续发展必将呈现不同以往的重大冲击与独特表现，我们将把握大势，悉心研究，并与企业一道共同发现、发掘与分析，有力推动中国企业可持续发展稳健前行。

大型企业集团层面混合所有制改革理论与实务研究

中国建材集团有限公司

党的十八届三中全会首次把混合所有制经济提升到"我国基本经济制度的重要实现形式"的新高度。随后出台的"1+N"系列文件，都把混合所有制作为深化国有企业改革的主要措施和突破口。中央经济工作会议、《政府工作报告》多次提到"混合所有制改革"，十九大报告中也明确提出"发展混合所有制经济"。在中央层面开展了一系列试点，探索模式、总结经验，国资委2014年选择中国建材集团和国药集团作为发展混合所有制经济试点，国家发展改革委在重点领域开展了四批210户企业混合所有制改革试点，取得了良好效果。《国有企业改革三年行动方案（2020–2022年）》提出"积极稳妥深化混合所有制改革"，重申了"三因、三宜、三不"原则，即因地施策、因业施策、因企施策，宜独则独、宜控则控、宜参则参，不搞拉郎配、不搞全覆盖、不设时间表，进一步明确了十六个字混改目标，即完善治理、强化激励、突出主业、提高效率。目前，中央企业混合所有制企业户数占比超过70%，比2012年底提高近20个百分点，各省级国资委监管企业中混合所有制户数占比56.5%，混改成效显著。

但目前的混改试点主要在央企三级及以下或地方国企二级及以下企业，央企中除历史形成的上海贝尔、华录集团等个别企业外，尚未开展企业集团层面混合所有制改革。中央企业中的整体上市企业（如中国交建等）具备集团层面混改的部分特征，但由于保留了集团公司的法人主体，具备做实集团公司的条件，可能调整为集团层面国有独资、二级企业上市的传统模式，并且这类企业前十大股东一般均为财务投资者，未引入持股比例较高（超过5%）的战略投资者作为积极股东，参与公司治理，公司的治理机制和管控模式基本与国有独资或全资企业一致，因此不能视同为集团层面混改。

造成大型企业集团层面未开展混改的的原因，客观上主要是大型企业集团资产规模大、区域跨度大、业务多元、债务和人员等内部结构复杂，以及管控模式固化等，同时可供选择的具备投资条件、又能形成资源互补的民营投资机构有限。但同时应该看到，选择治理规范、市场化程度较高的央企开展企业集团层面混改，将对推动国有资产监管体制改革、真正实现"管资本"为主具有重要意义，而且可以发挥对民营经济的引领带动作用，社会影响力和示范效应巨大。

一、大型企业集团公司层面混改的概念与界定

（一）混合所有制经济定义

混合所有制经济主要是公有制成分与非公有成分在企业内部相互结合的所有制。在这个视角，混合所有制企业可能产生于多种途径，如国企的产权改造、非上市国企引入战略投资者、上市国企的增资扩股、国企对外兼并重组，以及民营企业引入国有资本或是兼并国企，等等。

混合所有制是新型的、独立的所有制形态。虽然混合所有制是以公有制和私有制存在为前提的，但混合所有制同样不能简单视为公有经济或控股经济的性质，在所有者主体多元化的混合所有制经济内

部是一个复杂的有机系统，是不同所有制、不同所有者之间相互制衡、调整的动态系统，主观上并不为某一单一的主导的所有制服务，但客观上各所有制个体都能随着混合经济的发展壮大和发展。因此，应该视为新型的所有制形态。正如厉以宁教授指出的，"在　定时间内，国有企业、混合所有制企业、民营企业将会三足鼎立，支撑着中国经济。"

（二）大型企业集团公司层面混改与子企业层面混改的优劣势比较

大型企业集团层面混改与子企业层面混改在推行上各有优劣势。

大型企业集团层面混改的优势：一是改革彻底，"毕其功于一役"，从整体上改变企业股权结构，便于开展全局性的改革举措；二是便于总体设计，可以统筹考虑，有计划、有步骤逐步推进；三是保持统一决策，维持统一的运营管理，不存在"双轨制""两类人"。

大型企业集团层面混改的劣势：一是"门槛"过高，企业资产规模大、区域跨度大、业务多元、债务和人员等内部结构复杂，可供选择的具备投资条件、又能形成资源互补的民营投资机构有限。二是管控模式调整难度大，民企入股后，难以发挥作用。三是历史遗留问题尚未有效解决，企业办社会职能、"三供一业"分离移交、退休人员社会化等问题复杂，企业无法轻装上阵。

子企业（主要指三级及以下）层面混改的优势：一是规模适中、主业突出，资产和人员结构较为清晰，便于找到适宜的民营资本；二是治理机制和管控模式易于调整，民营资本进入后，能够更好地发挥影响力，更具有话语权；三是易于体现协同效应，由于子企业涉及具体业务，便于和民企产生业务协同，协同效益易于考核评价；四是改革规模和进度更可控，容易把控进度，出现问题易于切割和止损。

子企业层面混改的劣势：一是改革影响有限，难以推动对大型企业集团层面治理体系完善和国资监管体系改革；二是大型企业集团内部出现"两类人"，容易产生不平衡现象。

表1 大型企业集团层面混改与子企业层面混改的优劣势比较

	大型企业集团层面混改	子企业层面混改
优势	1.改革彻底 2.总体设计推进 3.保持统一运营管理	1.合作对象更好找 2.治理机制和管控模式易于调整 3.易于体现协同效应 4.改革规模和进度更可控
劣势	1."门槛"过高 2.管控模式调整难度大 3.历史遗留问题难以解决	1.改革影响有限 2.集团内部容易产生不平衡现象

（三）企业集团层面混改与企业集团层面股权多元化的区别与关系

大型企业集团层面混改是企业集团层面股权多元化的一种特殊形式，是企业集团层面股权多元化时，引入股东的所有制性质是非公资本。大型企业集团层面股权多元化的关键是引入的股东类型（即股权由谁持有）和股权结构设计（即持股比例），不同的股东和持股比例对公司治理和企业发展的影响有较大差异。结合现有的混改实践，我们认为，可以分为四种模式：

第一种模式（国资委全资的国有股权多元化）：国资委绝对控股，引入国新、诚通等国资委授权的国有资本投资运营公司（或其控制的产业基金）。

第二种模式（非国资委全资的国有股权多元化）：国资委绝对控股或相对控股，引入非国资委监管企业的国有资本（如，政府直接授权投资运营公司作为战略投资者，以及中信、光大等国有金融机构或地方投资平台作为财务投资者，即广核模式）。

第三种模式（企业集团层面非实质性混改）：国资委相对控股，同步引入国有资本和非公资本，国有资本为非国资委监管企业的国有资本，非公资本比例低于30%，即联通模式。

第四种模式（企业集团层面实质性混改）：国资委相对控股，同步引入国有资本和非公资本，非公资本比例高于30%。

以上四种模式，都可以实现：提高资金实力、加快布局的好处。区别在于：第一种模式下，企业集团仍为国资委的全资企业（国新和诚通为国资委独资公司），优化公司治理的效果有限，延续现有的管理体制，几乎没有改革风险。第二种模式下，既可以保持国有全资企业，又可以优化公司治理，但需要适度调整现有国资监管体制，改革风险较小。第三种模式下，引入非公资本虽然比例较低，但可在一定程度上改善公司治理，需要适度改革国资监管体制，改革风险可控。第四种模式下，非公股东持股比例较高，对资本的增值、退出具有强烈的诉求，企业将完全市场化，需要改革现行的国资监管体制，有一定的改革风险但可承受。

综合来看，大型企业集团层面混改可以先从第二、第三种模式入手，实现股权多元化；第四种模式是改革的目标，即企业集团层面混改可以分步实施：第一步引入国有股东，公司性质从国有独资公司转变为国有全资公司，第二步引入较低股比的非公资本，转变为非实质性混改，第三步再适时提高非公股份股比或引入新的非公股东，成为实质性混改。

表2 企业集团股权多元化（企业集团层面混改）几种模式比较

企业类型	第一种模式（国资委全资的国有股权多元化）	第二种模式（非国资委全资的国有股权多元化）	第三种模式（企业集团层面非实质性混改）	第四种模式（企业集团层面实质性混改）
改革方式	国资委绝对控股，引入国新、诚通等国资委授权的国有资本投资运营公司或其控制的产业基金	国资委绝对控股或相对控股，引入非国资委监管企业的国有资本	国资委相对控股，引入非公资本比例低于30%	国资委相对控股，引入非公资本比例高于30%
改革力度	弱	较弱	较强	强
改革风险	几乎无	较小	改革风险可控	有一定风险但可承受

二、大型企业集团公司层面混改的政策背景与定位

（一）大型企业集团层面混改的政策背景

《国务院关于国有企业发展混合所有制经济的意见》（国发〔2015〕54号）作为国有企业混改的顶层设计文件，专门提出："探索在集团公司层面推进混合所有制改革。在国家有明确规定的特定领域，坚持国有资本控股，形成合理的治理结构和市场化经营机制；在其他领域，鼓励通过整体上市、并购重组、发行可转债等方式，逐步调整国有股权比例，积极引入各类投资者，形成股权结构多元、股东行为规范、内部约束有效、运行高效灵活的经营机制。"

国家发改委《关于深化混合所有制改革试点若干政策的意见》（发改经体〔2017〕2057号）进一步提出："积极探索中央企业集团公司层面开展混合所有制改革的可行路径，国务院国资委审核中央企

业申请改革试点的方案，按程序报国务院批准后开展试点，鼓励探索解决集团层面混合所有制改革后国有股由谁持有等现实问题的可行路径。"

广义的混合所有制改革，在股权层面上指的是公有资本和非公资本的混合，主要有四种方式：一是公有资本参与非公有制企业的改革，即"投出去"，如中国建材集团在水泥行业、国药集团在医药零售行业，开展的大规模联合重组，并保留部分民企股权，所形成的混合所有制企业。二是非公资本参与国有企业的改革，即"引进来"，如中国联通开展的混改。三是开展员工持股或以其他方式，内部员工（包括管理层）拥有了企业股权（十八届三中全会后只能在混合所有制企业或同步引入非公资本的情况下开展员工持股），比较可行的是在集团层面混改的同时，在已经混合的重点企业（如上市公司）开展股权激励。四是上市融资，即集团整体上市。

由于央企集团公司主要为国务院国资委履行出资人职责的国有独资企业，因此应主要采用非公资本参与到央企集团的混改中来，即采用"引进来"的方式，符合政策规定的可适时引入员工持股，待条件成熟再整体上市。

（二）新时代国资监管体系中企业集团层面混改企业的定位

按照《国务院关于推进国有资本投资、运营公司改革试点的实施意见》（国发〔2018〕23号）、国资委会同有关部委编订的《改革国有资本授权经营体制方案》（即将印发）精神，中央企业层面将改组组建一批国有资本投资运营公司（分为政府直接授权和国资委授权，下文均指国资委授权）。新时代国资监管体系中，在中央企业层面将同时存在投资运营公司和现有企业集团（即产业集团）[①]。23号文指出，国有资本投资、运营公司均为"国有独资公司"，两类公司必须坚持国有独资性质，我们理解，两类公司组建方式是以无偿划转或市场化方式重组整合相关国有资本；将现有企业整体股权（资产）或部分股权划入两类公司，独资公司企业无偿划转和资产注入最为便捷。按照我们的理解，现阶段，企业集团层面混合所有制改革与两类公司试点不会同时进行，企业集团层面混改只能在产业集团开展。与此相关的问题是，未来中央企业层面国资委监管架构如何设计，集团层面混合所有制企业将如何定位。

我们考虑，未来国资监管格局下，国资委监管企业将分为国有资本投资运营公司和产业集团，其中产业集团中的商业二类企业集团层面应为国有独资或全资公司，商业一类企业普遍可以改革为集团层面混合所有制企业。因此，国资委管理企业大致可以分为四类：运营公司、投资公司、集团层面混改产业集团（商业一类）、国有独资全资产业集团（商业二类）。其中，投资公司可细分为综合性投资公司（如华润、招商局等）和专业性投资公司（如中粮、宝武、中国建材、中广核等）。

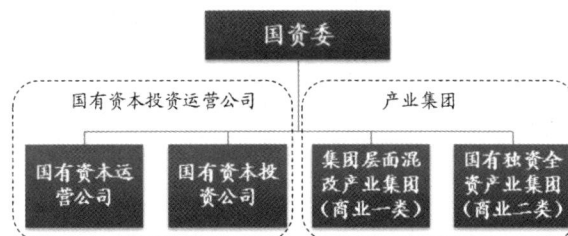

图1 未来国资监管格局示意图

[①] 财政部部长助理许宏才就日前印发的《国务院关于推进国有资本投资、运营公司改革试点的实施意见》回答记者问。

国资委管理的中央企业既具有差异，又有共性。无论是投资运营公司还是产业集团，都要按照"完善治理、强化激励、突出主业、提高效率"的要求扎实推进改革。但是也有所差异：一是在对企业的运营管控力度上，运营公司、投资公司、集团层面混改企业、独资产业集团，逐渐加强；二是在国有资本的流动能力上，逐渐减弱。三是从管控模式上看，运营公司以财务性持股为主，投资公司以战略性持股为主，集团层面混改企业将以战略管控和运营管控相结合，国有独资产业集团以运营管控为主。四是从业务领域上，运营公司对主业不做明确要求，投资公司有主业，但可以探索若干新业务（主要是关系国计民生的领域和战略性新兴产业），集团层面混改产业集团应以主业为主，可以发展产业链上下游业务，国有独资公司应以主业为主。五是从任务使命上，运营公司更着重股权运作下的价值管理，对所投资业务的涉入较少，给予的主要是资本支持，让所投资业务自主发展，以实现资本回报；投资公司更强调"育"的功能，要对业务布局结构发挥调整、优化的作用，要对国家战略落实发挥引领、示范作用；集团层面混改企业引领带动所在产业发展，国有独资公司重点发展关系国计民生的重点领域，完成国家战略任务。六是从对出资企业的持股比例上，运营公司应低于30%，以5%-10%为宜，"只参不控"，灵活进退；投资公司在30%左右，低于50%，多为相对控股、第一大股东，同时有部分正在培育中的参股企业，即"可参可控"；集团层面混改产业集团持股应在50%左右，绝对控股与相对控股相结合，具有实际控制力，即"可参可控，以相对控股为主"；国有独资产业集团"只控不参，以绝对控股为主"。

表3 未来国资监管体系下四类企业特点分析

企业类型	国有资本运营公司	国有资本投资公司	集团层面混改产业集团	国有独资全资产业集团
对企业运营的管控力度	弱	较弱	较强	强
国有资本流动能力	强	较强	较弱	弱
管控模式	财务投资为主	战略投资为主	战略管控与运营管理相结合	运营管控为主
业务领域	无主业	有主业，同时发展1-3个新业务（战略性新兴产业）	以主业为主，发展产业链相关业务	聚焦主业
任务使命	提升回报、盘活存量、带动社会资本	优化布局、产业培育、产业集聚	以创造价值为主，引领所在产业发展	重点完成国家战略任务
对出资企业的持股比例	低于30%"只参不控"	30%左右，应低于50%；多具有实际控制力；"可参可控"	50%左右，具有实际控制力；"可参可控，以相对控股为主"	大于50%"只控不参，以绝对控股为主"

三、大型企业集团公司层面混改的总体框架与方案设计

（一）总体目标

混合所有制改革的核心是市场化，即通过引入非公有制资本，完善治理机制和强化市场化运营管理。因此，大型企业集团层面混合所有制改革的总体目标是：强化企业市场主体地位，尊重市场经济规

律和企业发展规律，把引资本与转机制结合起来，把产权多元化与完善企业法人治理结构结合起来，实现大型企业集团的市场化运营，做强做优做大国有资本，培育具有全球竞争力的世界一流企业，切实增强国有经济的竞争力、创新力、控制力、影响力和抗风险能力。

（二）具体目标

1.融资角度：引入企业发展资金和资源

（1）补短板，做强做优主业。通过混改引入和央企主业相关的战略投资者，有助于实现产业协同或产业链配套，提升企业核心竞争力。如2017年中国联通混合所有制改革试点采用非公开发行和老股转让相结合的方式，引入腾讯、百度、京东、阿里巴巴、苏宁云商等战略投资者，将在共同领域开展深度战略合作，聚合新形势下国有企业混合所有制改革机制设计资源、整合优势、能力互补、互利共赢，推动重点业务和产业链融合发展，扩大中国联通在创新业务领域的中高端供给，培育壮大公司创新发展的新动能。

（2）去杠杆，降低负债率。混改将吸引社会资产参股，降低国企的资产负债率，达到去杠杆的目的，降低企业运营风险

（3）发展新兴产业，实现转型升级。通过引入增量资金，可以扩大国企的再投资能力，加快国有资本的布局调整，发展战略性新兴产业，做强做优国有资本。

2.管控角度：建立市场化经营机制

混合所有制企业中，既有国有资本，也有民营资本。央企有规范的管理、规模优势、技术实力，民企有灵活性、激励机制、企业家精神，二者相互融合，取长补短，形成了企业强大的竞争力。要以混改为契机，建立现代企业制度和公司治理结构，使企业的运行、决策、薪酬、激励、约束等充分市场化。

（1）完善治理结构，提高运行效率。通过混改建立健全协调运转、有效制衡的公司法人治理结构，完善市场化的激励约束机制，推动产业链、价值链关键业务重组整合，提质增效、转型升级，推动国有资本和非国有资本相互促进、共同发展。由于非公有制经济的产权界定清晰，因而通过混改参与进来的其他所有者也会更为关注公司的运营，致力于公司的长远发展，通过合理参与决策，可以有效制约决策者的短期行为倾向对企业未来发展的不利影响。通过深化国有企业混合所有制改革，推进国企实现与民企的优势互补和竞争发展，有利于通过资源再配置释放效率红利，提升全社会的资源配置效率，从而为我国经济在中高速区间平稳增长创造必要条件。

（2）强化激励机制，提高市场化水平。通过混改，全面推行职业经理人制度，健全相应的市场化激励和约束机制，基本实现岗位能上能下、收入能高能低、人员能进能出。同时在解决风险和收益问题、代理问题、风险识别和分散问题等方面表现出更大的灵活性和可操作性。

（三）基本原则

大型企业集团层面混改，应按照《国务院关于国有企业发展混合所有制经济的意见》（国发〔2015〕54号）提出的总体要求，坚持以下原则。

1.政府引导，市场运作。政府要积极鼓励，大力推动，同时要充分发挥市场机制作用，发挥央企集团的主观能动性，强化企业的市场主体地位。

2.依法依规，规范运作。坚持依法合规，遵循国有资本和非公资本的平等保护和共同发展原则，实现各类股东权益的最大化。结合市场监督机制与完善保护国有资产的相关制度流程，操作中做到公开、

公正、公平，要规范、透明、阳光运作，有效防范国有资产流失。

3.循序渐进，试点先行。避免一刀切与运动式推进。不能搞急于求成的推进时间表、指标任务书，而应先急后缓、先易后难、先简单后复杂，有计划分步骤逐步稳步推进。

4.分类管理，因企施策。坚持因地施策、因业施策、因企施策，宜独则独、宜控则控、宜参则参，不搞拉郎配，不搞全覆盖，不设时间表，一企一策，成熟一个推进一个，确保改革规范有序进行。

（四）方案设计

1.混改企业

按照《国务院关于国有企业发展混合所有制经济的意见》（国发〔2015〕54号）对国有企业分类推进混改提出原则性要求。对于集团层面混改来说，如前文所属，应该优先在充分竞争性领域实施混改，主要选择商业一类企业，并应具备以下条件。

首先是主业突出。从央企集团角度，一是主业多元化的国企集团，较难引入在业务上有较高契合度的外部股东；二是集团下属非完全竞争或非核心业务在混改前剥离给合适的承接主体存在一定难度；三是主业多元化企业往往被资本市场认为专业性不足，导致在估值上遭遇多元化折让。从投资者角度，集团多元化业务发展往往参差不齐，因此集团层面的投资回报率很可能低于下属某些专业化业务平台，且多元化控股集团的性质决定了集团分红能力相对弱。企业产业相对多元且相关性较低的企业，更适合做投资公司。其次是竞争充分（甚至过度），处于这类领域的企业改革意愿较强，改革的效果更易显现，同时在产业内也有实力强大的非公竞争对手可以产生协同效益。再次是治理规范、市场化机制较完善，应当是规范董事会试点企业，已经建立了外部董事占多数的董事会，且董事会运作良好，这样的企业比较容易和民企融合。最后是规模适度，国企集团往往资产规模庞大，对投资者资金量的要求高，不易找到合格投资者。

综上所述，集团层面混改应选择商业一类中主业突出、竞争充分、治理规范及市场化程度高、规模适度的央企集团。

2.合作对象

关于混改合作对象的选择，《国务院关于国有企业发展混合所有制经济的意见》（国发〔2015〕54号）提出，鼓励非公有资本参与国有企业混合所有制改革；支持集体资本参与国有企业混合所有制改革；有序吸收外资参与国有企业混合所有制改革。

从所有制分类角度，民营资本、集体企业和外资也可以参与到国有企业中来。从大型企业集团层面混改来看，集体企业体量规模较小，难于参与进来；外资企业虽然有一定优势，如资本实力强、技术先进、管理规范等，但由于外资企业和国有企业文化差异巨大，对党领导下现代企业制度难以融合，其作为积极股东参与的大型企业集团层面混改可行性有待进一步论证。在民营企业中，中小型民营企业不具备资本实力，不适宜作为合作对象，当经济下行压力较大时，中小型民营企业主往往资金链紧张，同时还有可能存在年龄因素、家庭纠纷、代持关系复杂等原因，要求退出。因此在大型企业集团层面选择的非公资本，应以大型民营金融机构或具有战略协同价值的大型民营企业为主。

从合作对象的类型角度，在集团层面选择的非公资本，主要包括战略投资者（产业资本、上下游或同业企业）、财务投资者（金融资本、银行通过债转股等方式）、社会公众、员工持股等。

（1）战略投资者。战略投资者一般是指专业的、拥有丰富的投资资源及整合经验的行业或财务方面的投资者，其特点是能够给企业在行业、市场、商业模式上提供参考帮助，或者在资金、渠道、管理人才、管理方法、资本市场等方面给企业提供资源，以协助被投资企业不断发展创造，并在资本市场上实现更大价值。这类投资者所从事的业务一般与企业生产经营有较密切的关系，也较关注投资企业的生产经营，投入后一般没有退出的打算。

选对战略投资者，不仅带来"资源"，帮助企业提升产业发展水平，还应该带来"智慧"，帮助企业扩展战略视野，带来"活力"，帮助企业走出传统的僵化体制。最好是产业链上下游的协同，从而提升竞争力，促进企业发展。

（2）财务投资者。主要是股权投资基金等财务型投资者，主要关注资本运作，通常企业上市后便逐步退出。或者是大型金融机构，通过产融结合的方式使实业与金融业有机地结合起来。这类投资者资本实力强大，能够满足资金需求，但不足也很明显，一是这类投资者主要目的是资产的保值增值，对企业的经营和治理没有太多经验，难以有效改善公司治理；二是难以在生产技术、业务发展层面产生协同；三是对资本回报的要求高、周期短，对具有长期发展潜力的战略性业务缺乏耐心，在一定时期内（一般为3-5年）有强烈的退出需求。

此外，债务重组过程中金融机构也会成为财务投资者。债务重组主要针对传统优势行业但是发展暂时遇到困难的企业，通过债务重组的方式，减轻企业债务负担，目前通常采用的是国有金融机构将企业债权转为股权。如果企业所处行业属于相对技术成熟、并且是强周期波动行业，例如煤炭、钢铁、船舶制造等，在经济下行周期企业杠杆率较高的情况下，通过债转股能够降低负债率，企业更容易轻装上阵。如央企集团混改的核心诉求是帮助降低庞大的负债体系，可联合部分主要的债权方银行，开展集团或上市公司下属企业的债转股交易，未来借助资本市场退出，有助于实现利益绑定，推动整体交易。

（3）社会公众。主要为公开上市企业二级市场上的投资人。社会公众的资本规模较大，能够满足投资需要，但不足：一是引入公众资本（上市融资）需要特殊条件，门槛较高；二是对公司治理的改善有限，企业上市可以引入资本市场的相关监管要求，但在国有股一股独大的情况，改善有限。

（4）员工持股。员工持股形式通常有企业高管持股、业务骨干（包括中层管理人员、技术骨干、营销骨干等）持股和全员持股。在员工持股和引进非公股东之间，我们考虑，员工持股要优先，一方面员工是天然所有者，另一方面又是公司的员工，有双重的积极性。但目前集团层面引入员工持股的难度较大，主要原因：一是按照《关于国有控股混合所有制企业开展员工持股试点的意见》（国资发改革〔2016〕133号）精神，集团层面引入员工持股不符合条件；二是集团资产规模庞大，员工资金有限，持股比例过低不利于参与公司治理、调动员工积极性，且难以满足企业融资需求；三是集团高管层受到干部管理的相关政策限制，目前暂不能参与持股；四是集团整体混改后的激励对象并非限于总部中层以上管理人员，激励对象和持股主体不完全匹配。五是易受市场波动影响，企业效益下滑可能产生内部不稳定因素。但考虑到员工持股激励作用显著，如果集团高管人员能够转换身份为职业经理人，且133号文件放宽适用条件，并不排除同步或混改后引入集团高管及中层管理者持股的可能性。

综上，我们考虑，大型企业集团层面混改应以大型金融机构或具有战略协同价值的大企业为主，同时在部分重点企业配套员工持股。总之，集团层面混改中，选择合适的投资者极为重要，要权衡外部投资者对企业的利弊，在引入何种类型的股东方面，要审慎甄别，仔细推敲，既要考虑其行业性质、行业领先地位、技术能力和品牌价值，同时更要考虑其企业的股权结构，发掘这些企业的股东背景，权衡引入这些战略投资者给企业带来的利与弊。

3.混合方式

从混合的方式来说，既可以通过增资扩股来引入新鲜血液，增加资金供给；也可以通过直接转让现有股权来优化股权结构，包括产权转让（存量）、增资扩股（增量）、两者兼有（增资+老股转让）。

（1）产权转让

通过原股东产权转让的路径实施混改，本质上属于"存量混改"，即在不改变混改企业注册资本或股本的基础上，通过原股东对外转让股权的方式实现混改的目的。

产权转让可以使得混改企业的国有股东实现变现，但却不能为混改企业带来增量资金，无法直接为混改企业的发展提供资金支持，没有实现国有企业资产证券化，可能不能完全达到混改的目的。因此，目前市场上国有企业较少采取产权转让路径实施混改。同时，根据《企业国有资产交易监督管理办法》（国务院国有资产监督管理委员会、财政部令第32号，以下简称"32号令"）第14条的规定，产权转让原则上不得对受让方设定资格条件，主要遵循"价高者得"这一根本原则，如此，便不利于混改企业通过设定各类资格条件，选择最符合自身发展需求的投资者，尤其是可以为国有企业带来战略协同效应的战略投资者。

（2）增资扩股

相较于产权转让而言，增资扩股具有多重优势，既能通过设定投资者资格条件并开展综合评议或竞争性谈判的方式遴选最切合自身发展需求的投资者，也能解决混改企业的资金需求问题，有效解决部分国有企业存在的资产负债率偏高问题。因此，增资扩股系目前国企混改的主流模式。实践中，员工持股常常与增资扩股相配套，即混合所有制改革与混合所有制企业员工持股可同时开展。目前，在增资扩股的混改路径下，业已形成"增资扩股+员工持股"的典型模式。

企业在进行混改之前，要对企业自身面临的经营环境进行评估，从外部经济环境、产业环境、经营情况和内部管理等多个维度进行评估分析，找出企业面临的核心问题，哪些可以通过混改得到解决，从而审慎选择混合所有制改革的方式。选择混改模式最基本的标准是要有战略意义，混改后能够提高企业的经营活力、效率和市场竞争力。

通常来说，以增资方式推进混改更容易被接受，而存量混改面临的压力与阻力要更大一些，先前的混改试点基本采用了增资扩股的方式。对于大型企业集团层面混改来说，要考虑增量为主、存量为辅。在集团层面以净资产评估值入资，采用增资的方式，同时推进员工持股。

4.股权架构

在股权比例上，本着"宜独则独，宜控则控，宜参则参"的原则，要考虑控制力与活力的平衡。参照《关于国有企业功能界定与分类的指导意见》，商业一类即充分竞争领域企业，国有经济的活力、控制力、影响力中，要把活力放在第一位，主要是国有相对控股、作为第一大股东和参股方式，尽可能扩大民营资本的持股比例，给予民营资本充分的话语权，充分发挥其反应快、决策灵活等优势。

表4 非公资本不同持股比例的特点

非公资本持股比例	低于10%	在10%-33%之间	在33%-50%之间	大于50%但国有资本为第一大股东有实际控制力	大于50%且国有资本不是第一大股东
国有资本持股类型	非实质性混改		实质性混改		
	国有资本"一股独大"	国有资本绝对控股且非公资本无否决权	国有资本绝对控股但非公资本有否决权	国有资本相对控股	国有资本参股但可通过金股等方式保障权益

改革力度	弱	较强	较强	强	很强
改革思路	控制力优先	兼顾活力与控制力		活力优先	

按照非公资本持股比例的多少，主要有以下几种情况：一是低于10%，国有资本保持绝对控股，并"一股独大"，非公资本缺乏话语权，为财务投资；二是在10%-33%之间，国有资本绝对控股，且非公资本对重大事项无否决权，基本为财务投资，但可作为深入混改的初步探索；三是在33%-50%之间，国有资本绝对控股但非公资本有否决权，这种情况下，非公资本可以参与公司治理，成为战略投资者；四是大于50%但国有资本为第一大股东有实际控制力，国有资本保持相对控股地位，能够较好的改善公司治理，民营股东具有一定的制衡能力；五是大于50%且国有资本不是第一大股东，国有资本参股但可通过金股等方式保障权益，这是"充分混合"的阶段。在情况一和二，民营资本对重大事项无否决权，可称为"非实质性混改"；民营资本持股比例大于三分之一，可称为"实质性混改"。

针对不同行业特点和企业战略需求，须经过综合权衡和充分论证，审慎评估让渡股权比例，确定民营资本持股的比例。具体来说，集团层面国有股股比既要保证股权适当充分的多元化，避免一股独大，市场机制引不进来；又要保证国有资本的控制能力与战略驾驭能力，避免股权过于分散，股东无法统一意见或无人真正关心公司的发展，公司的权力被经理层所操纵，形成"内部人控制"；同时还要保证民营资本能给企业带来正面效应，并积极引入员工持股，形成国有资本、社会资本、员工持股的"金三角"股权结构。我们认为，较合理的混合结构，即"适度混合"，是国有资本和两三家非公资本组合形成公司的战略投资人，其余由财务投资人或社会公众、员工持股持有，这样更有利于各种所有制资本取长补短、相互促进、共同发展。

在股权多元化的同时，国有股权的控制力相对削弱，理论上存在不同类型股东对公司战略方向的选择出现不同意见的情况，部分股东可能从自身利益出发，做出缺乏长远考虑的投机行为。《国务院关于国有企业发展混合所有制经济的意见》（国发〔2015〕54号）提出，探索完善优先股和国家特殊管理股方式。国有资本参股非国有企业或国有企业引入非国有资本时，允许将部分国有资本转化为优先股。在少数特定领域探索建立国家特殊管理股制度，依照相关法律法规和公司章程规定，行使特定事项否决权，保证国有资本在特定领域的控制力。目前在操作层面上尚无先例。

5.持股主体

集团层面混改后，混合所有制央企国有股的持股主体如何选择，是实践中需要关注的问题。

表5 集团层面混改企业国有股持股主体分析

国有股持股主体	国资委直接持股	委托投资运营公司代持	设置持股管理公司
优势	股权结构清晰	1.规避法律风险 2.股权结构较为清晰	1.规避法律风险 2.防止"二级化"
风险	1.可能面临"刺破公司面纱" 2.如整体上市，存在法律风险	可能被"二级化"	人为增加层级，股权结构较复杂

目前来看主要有三种持股方式：一是国资委作为国有股的持股主体直接持股。这种方式从目前法律法规来看并无障碍，但存在一些潜在风险：首先，可能面临"刺破公司面纱"，为公司治理和人事任免带来难以预料的影响。当企业在美国等西方国家面临产品质量责任诉讼时，法庭可能不顾公司法人的人格独立特性，责令特定的公司股东（国资委）直接承担公司的义务和责任，甚至存在查封股东（国

资委全资或独资企业）在当地资产的可能。其次，混改企业如整体上市，国资委直接持有上市公司股份存在同业竞争、关联交易等法律风险。目前整体上市的央企，如中铁建等，都保留了国有独资的母公司（壳公司）并由整体上市的股份公司管理，以防范法律风险。二是委托国有资本投资运营公司代持。这种方式可以较好的规避潜在的法律风险，但目前国资委向央企派出的专职董事都由国新管理，如果集团层面混改企业的外部董事（专职董事）由国新（国有资本投资公司）管理，股权也由国有资本投资运营公司（如诚通或国投）管理，在实际操作中，集团层面混改企业可能面临"二级化"，即逐步成为国有资本投资运营公司的出资企业。三是设置持股管理公司，类似目前整体上市且保留母公司的做法，设置一个壳公司作为国资委与集团层面混改企业的隔离，该公司可由集团层面混改企业代管。这种方式虽然既可以规避潜在的法律风险，又可以防止"二级化"，但人为增加了一层企业法人，使股权关系更加复杂。

6.可行路径

根据合作对象和混合方式的不同，集团层面混改可以分为几种方式：（1）股份制改造及整体上市；（2）通过增资扩股引入战略或财务投资者；（3）通过债务重组实现股权多元化；（4）引入员工持股。

实际操作中上述四种方式可能是并行的。如在引进战略投资投资者的同时引进员工持股；在引进战略投资者之后实现整体上市。实际操作中一般分为两种具体路径：

第一种：以引入战略投资者为第一步的引资路径

此路径以引入少数战略投资者为股权多元化的起点，借助于战略投资者刺激和推动企业法人治理结构的完善和体制机制的变革，形成以市场化为导向的董事会决策和管理层经营管理机制。在业绩实现提升后，通过上市等方式，进一步提升股权多元化的程度并引入公众监督机制。央企集团下属专业化业务平台的混改较多采用了此路径。

此路径更有利于引入一些愿意与企业形成利益绑定、通过行使董事职责和深入参与经营管理、提升企业法人治理结构和运营效率的战略投资者，有助于促进企业的可持续发展。同时，引入战略投资者后，通过挖掘企业潜力、提升业绩，随后上市，有助于进一步提升企业价值。但是，不同于上市公司，由于非上市公司私募引入战略投资者的过程，缺乏在证券市场的公开交易，如何合理定价是操作中的核心难点。在前一阶段的实践中，尚未探索出一条以混改为立足点、兼顾"价格优先"和"优质投资者优先"原则、广泛适用于不同国企的引资定价流程。

第二种：以引入公众股东为第一步的上市路径

股份制是国企改革的主要方式，主要是允许非公有资本参股，把国有独资企业改造为混合所有制企业。而在实践中，许多央企在近些年间实现了主营业务资产的整体上市，整体上市又成为主要的模式和方向。2015年国企改革《意见》更首次明确表态鼓励集团公司整体上市，也进一步确定了在未来一段时期内，整体上市仍是国有企业混合所有制改革实现的重要路径。当然，并不是所有企业都适用，因为不是所有企业都符合上市的条件，因此要根据企业的实际情况来决定是否上市以及在哪里上市。

采用此路径的主要优势，一方面是由于在此股权多元化过程中公众股东入股的价格在证券市场公开确定，定价程序公开透明，不容易受到"国有资产流失"的质疑；另一方面，上市公司受到上市规则的较严格标准要求，并接受公众监督，对提高治理水平和运营透明度有益。然而，此路径的操作难点在于：一是上市在短期内并不能改变国资股东"一股独大"的局面，对建立有效制衡的法人治理结构帮助有限。二是通过上市方式较难引入具有业务协同性的战略投资者。战略投资者往往需要通过持有一定比例的股权，形成与企业的利益绑定，并考虑到其所需投入资源和参与经营的程度，一般预期其入股价格应与证券市场上中小投资者的交易价格有所区别。三是如果是以上市子公司为平台吸收合并母公司实现整体上市，则将独立于上市公司的业务注入上市公司，增加上市公司业务的多元化，有违于资本市场对上市公司主业集中、专业化高的期望。

我们考虑，比较理想的方式是分步实施：第一步引入政府直接授权投资公司、国有保险公司等国有股东，公司性质从国有独资公司转变为国有全资公司；第二步引入较低股比的非公资本，最好是战略投资机构，也可以是财务投资者，转变为非实质性混改；第三步再适时提高非公股份股比或引入新的非公股东，同时推进整体上市，成为实质性混改。

同时，大型企业集团混改后，其直接投资企业应尽快改建为股权适度多元的上市公司，上市公司作为产业平台和利润中心，以实业经营为中心，发挥规模、创新、管理和机制优势，实现企业效益最大化和股东价值最大化。

需要说明的是，发展混合所有制切忌搞一刀切，要探索混合所有制的多种形式、多种模式。每个企业发展混合所有制的思路规划要慎重调研，上下统一思想，制订科学合理方案，反复征求广大干部职工意见，报监管机构审批后实施。

成果创造人：魏如山、牛振华、司艳杰、干志平、金　星、李秀兰、
　　　　　　　丁　泉、张小翠、邱艾平

国有资本服务科技创新的探索与思考

上海国有资本运营研究院有限公司

党的十八大以来，以习近平总书记为核心的党中央把科技创新放在国家发展全局的核心位置，形成了从指导思想到战略部署再到重大行动的完整体系，开启了建设世界科技强国的新征程。党的十九届四中全会首次提出将"增强国有经济的创新力"作为在市场化竞争中做强做优做大国有资本的重要引擎，并强调要充分发挥举国体制优势，通过政策引导、宏观调控、金融支持等多种手段，大力推进科技创新。

国有资本是实施创新驱动发展战略的中坚力量。特别是由国资背景企业发起设立的国资基金，已经在抢抓世界科技革命和产业变革机遇，增强原始创新、自主创新、协同创新等方面，取得了一系列突出成绩，尤其是在重点支持前瞻性战略新兴产业和中小微企业的创新创业中，更是发挥了不可替代的重要作用。

面向"十四五"，国资国企深化改革的主线，就是要实现国有资本的高质量发展，其重中之重，就是要通过加大对科技创新源头的投资和投入，在国家创新体系中进一步发挥出重要"压舱石"作用，着力构建创新生态圈，更好服务实体经济发展，推动国有资本实现资本形态升级、产业结构升级、功能作用升级和体制机制升级。

一、国资助力科创的时代背景

（一）我国科技创新面临重大机遇挑战

科技创新的突破，直接带来了全球范围内的创新版图重构、经济结构重塑以及国际竞争格局剧烈变动，并为后发国家实现"弯道超车"带来重要机遇。在当前国内外发展环境快速转变的新形势下，增强国际竞争力，根本要靠科技创新。当下我国科技创新迎来关键的发展时期，但挑战严峻、任务紧迫。

1.机遇分析

从经济社会发展的规律来看，科技创新已经成为时代发展的重要驱动因素。全球市值前十大公司，已经从传统的金融能源巨头转移至高科技企业。1990年全球市值前十大企业包括东京三菱银行、丰田汽车等，而到了2019年，全球市值前十大公司主要是微软、苹果、亚马逊、谷歌等。国内情况也呈现出相同的趋势，目前A股千亿市值的上市公司中，除了传统的金融巨头，科技类、消费类企业也几乎占据了半壁江山，其中科技创新类企业占比已经达到28%。一批企业通过技术创新和商业模式创新，在全球快速崛起的同时完成了逆袭。

全球新一轮科技革命和产业变革为我国科技发展水平战略性转变打开机遇窗口。一方面，世界新一轮科技革命和产业变革蓄势待发，信息技术、人工智能、新能源、新材料以及智能制造等领域呈现群体跃进态势，5G带来的爆炸性千亿量级信息连接等均使颠覆性创新不断涌现，催生出新经济、新产业、新业态，这将对世界及我国经济格局、产业发展产生深远影响。另一方面，经过多年积累和发展，我国科技创新水平显著提升，已成为具有重要影响力的科技大国，科学技术事业正处于历史上最好的发展时期，随着数字经济的崛起，中国有望赢得新一轮科技革命的先机。因此，我国应紧紧抓住这次难得的历史机遇，密集发力、重点突破，加快实现从追随到同行乃至领跑的角色转变，推动我国世界科技强国建设目标的实现。

创新全球化和网络化趋势日益凸显，为我国积极布局充分利用国际创新要素建设科技强国提供了重要契机。一方面，全球科技创新进入空前密集活跃的时期，人才、知识、技术、资本等创新资源全球流动的速度、范围和规模达到空前水平，国家间研发合作和科技交流日趋频繁，创新活动网络化、复杂化和互动化发展趋势越发凸出，为我国积极布局和充分利用国际创新资源建设科技强国提供了有利条件。另一方面，我国将坚持以全球视野谋划和推动科技创新，全方位加强国际科技创新交流合作，最大限度用好全球创新资源，全面提升我国在全球创新格局中的位势，提高我国在全球科技治理中的影响力和规则制定能力。

我国综合实力与国际影响力持续提升，为科技强国的建设提供了有力支撑。总体来看，面对全球贸易和投资持续乏力、世界经济增长疲软，我国经济仍保持中高速发展。从研发经费来看，研发经费投入持续快速增长，2019年达到2.17万亿元，较2006年增长6倍以上；研发经费投入强度（研发经费与GDP的比值）提升至2.19%，成为全球最具竞争力的新兴经济体之一。从科研人才数量来看，截至2018年底，按折合全时工作量计算，全国研发人员总量为419万人，已连续6年稳居世界第一位，成为全球第一科技人力资源大国，为国家科技事业发展提供了强有力的支撑。从国际影响力来看，我国提出的"一带一路"倡议等成效已经惠及世界，为解决当前世界和区域经济面临的问题贡献了中国方案，我国在全球范围内的影响力不断提升，国际话语权也将进一步增加，将有利于我国更好地融入全球科技创新网络，深入参与全球科技创新治理。

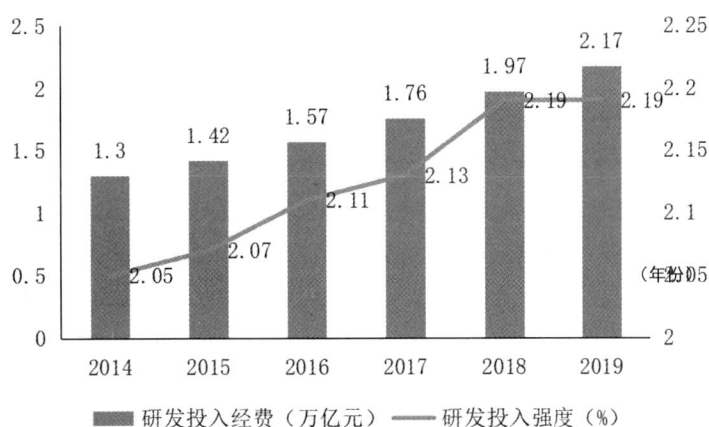

图1 2014年–2019年我国研发投入经费及强度情况

科创板的推出服务国家科技创新驱动战略，成为我国孵化科技创新的重要阵地并助力我国实现经济转型发展。中国证监会发布的《关于在上海证券交易所设立科创板并试点注册制的实施意见》中提出，重点支持新一代信息技术、高端装备、新材料、新能源、节能环保以及生物医药等高新技术产业和战略性新兴产业，推动互联网、大数据、云计算、人工智能和制造业深度融合，引领中高端消费，推动质量变革、效率变革、动力变革。此外，我国当前传统经济增长动能逐渐放缓，经济总量和结构遇到瓶颈，突破增长瓶颈、打破中等收入陷阱需要依靠科技创新和提升国内自主消费。科创板的推出有利于促进创新创业，将加快实现硬科技企业上市发展、支持科技创新型公司高速发展，适应我国科技创新驱动战略需求，真正践行科学技术是第一生产力，创新是引领发展的第一动力，引导社会资本参与科技创新进程，真正实现通过资本市场调节社会资源改变经济结构，支持高新技术发展，助推我国产业经济升级转型。

2.挑战分析

全球新一轮科技革命和产业变革加剧国际科技力量竞争，中国科技事业发展面临发达国家与新兴经济体的"上下夹击"。一方面，面对新一轮科技革命，欧美等发达国家积极抢占技术制高点，维持自身在全球创新格局中的主导地位，我国若不主动卡位发展，未来新兴产业的发展将面临更大的挑战。另一方面，其他新兴经济体特别是东亚地区实现了创新崛起，成为全球创新网络中的创新活跃地区，对我国形成了赶超之势。

一些西方国家发起贸易战阻碍我国科技进步与发展以巩固其科技地位。一方面，一些西方国家对我国核心产业重要技术源头造成了封锁，影响了关键领域的科技创新发展。另一方面，我国企业海外并购屡屡受挫、国际科研合作阻力重重、国际交流与人才流动等其他形式的抑制也频频发生，导致我国继续引进和利用国外先进技术的机会空间不断缩小，技术借鉴的难度逐步增大，因此我国必须依靠自身力量实现未来科技事业的跃升。

我国尚有诸多与全球科技发展形势不相适应的地方，与科技强国目标之间存在较大差距。一是从更长期的视角来看，国际竞争的核心在于科技领域的角力和竞赛，而中国目前在基础科学研究、关键核心技术方面与全球创新发达国家或地区之间存在较大差距。二是我国在投融资渠道、专业化服务中介等方面存在待突破的壁垒，使得吸引集聚全球创新资源以及参与或主导国际科技合作的能力较为有限。三是开放创新体制机制还有待完善，协同创新平台的功能作用还不够凸显，创新活力与动力有待进一步激发。

（二）国有资本有责任、有动力、有实力助力科创

从新时代国有资本的功能定位来看，国有资本肩负着服务科技创新体系建设的重要使命。党的十八届三中全会发布《中共中央关于全面深化改革若干重大问题的决定》指出，国有资本投资运营要服务于国家战略目标，更多投向关系国家安全、国民经济命脉的重要行业和关键领域，其中特别提及要重点支持科技进步。十九届四中全会《中共中央关于坚持和完善中国特色社会主义制度、推进国家治理体系和治理能力现代化若干重大问题的决定》首次提出，要增强国有经济的创新力，与竞争力、控制力、影响力、抗风险能力并列为"五力"，并提出要构建社会主义市场经济条件下关键核心技术攻关新型举国体制，建立以企业为主体、市场为导向、产学研深度融合技术创新体系。可以看出，国有资本在支持科技进步，在构建关键核心技术攻关新型举国体制中要发挥主力军作用，成为新时代国有资本应该承担的历史使命。

从国有资本的自身发展来看，服务科技创新是做强做优做大国有资本的重要内涵。推动产业从传统产业向战略新兴产业、现代服务业和先进制造业升级，重点要求国有资本要加快实现关键领域重大技术突破，不断提升科技创新能力和核心竞争力。各地国资委纷纷强化科技创新引领职能，设立科创集团和基金，推动建立以企业为主体、市场为导向、产学研深度融合的技术创新体系，加强国有企业与各类所有制企业、各类主体融通创新，加强知识产权保护，创新促进科技成果转化机制，不断提升产业基础能力和产业链现代化水平。

从国有资本的实力来看，国有资本庞大的休量规模可支持科技创新发展。截至2018年底，全国国有企业（不含金融企业）资产总额为210.4万亿元，国有资本权益总额58.7万亿元，其中，中央国有企业资产总额为80.8万亿元，国有资本权益总额16.7万亿元；地方国有企业资产总额129.6万亿元，国有资本权益总额42.0万亿元，全国国有金融企业资产总额264.3万亿元，形成国有资产17.2万亿元。庞大的国有资本可以转化为支持科技创新的长期资本、创新资本。

二、国资助力科创的发展现状

（一）国资助力科创成效初显

成果应用方面，一大批具有前瞻性、突破性的科技创新成果引领了产业转型和优化升级。如港珠澳大桥、"蓝鲸1号"深海钻井平台、北斗系统等运用了一大批重大创新成果，同时在页岩油气资源开发、可燃冰开采、天地一体化信息网络等方面的前瞻性开发布局，新一代核反应堆、新型运载火箭、大型运输机等成果，都有效带动了相关产业向产业链的高端的转移。

平台搭建方面，一大批"双创"平台促进创新创业发展。截至2018年底，中央企业已经搭建了各类"双创"平台500多个，比较突出的是工业互联网，包括航天云网、中航爱创客、欧冶云商、熠星大赛为代表的一大批成果，有效汇集了社会创新资源，带动了社会的创新，真正起到了大中小企业融通发展，总体带动了社会就业超过600万人，汇集社会创新资源、人才资源以及基金，共同为"双创"平台，为社会"双创"，中央企业起到了带动的作用。

科技储备方面，在科技研发人才、科技成果质量、重点攻关大国重器等方面，国有资本已经成为建设创新型国家中坚力量。2018年，中央企业研究与试验发展（R&D）经费支出近5000亿元，同比增长13.4%，超过全国研发经费的四分之一；拥有国家级研发平台669个，累计有效专利近66万项；获得国家科技奖励98项，占全部奖项的40.8%；拥有科技活动人员158万人，两院院士227名，其中中央企业拥有工程院院士183人，占全国的21.2%。

资本运作方面，国有资本借助运营平台作用推动科技创新闭环发展。在国有资本运作过程中，作为聚集国有资本、提高配置效率的平台，投资运营公司、产业集团、国资基金和国有控股上市公司已在科技创新领域，发挥各自的优势，把国有资本、社会资本、机构资本，并通过基金和上市公司放大，最终推动体制机制创新。一方面由投资运营公司和产业集团通过国资基金引导或带动大量社会资本参与到科技企业的投资孵化；另一方面，国有上市控股公司并购或助推科技型企业成功上市，实现国有资产证券化，最终形成国有资本助推科技创新的闭环发展。

（二）国资助力科创工具升级

国资助力科创已经形成了由投资引导基金、产业发展基金和企业创新基金三个层次组成的创新发展基金体系。

第一个层级是投资引导基金，是由国资委批复设立的母基金，主要投资参股产业发展基金，择优投资企业创新基金，包括国协投资引导基金、国同投资引导基金、国开投资引导基金、国创投资引导基金，分别由航天科技、中国国新、招商局、国家开发银行牵头设立。

第二个层级是产业发展基金，是在行业层面由国有企业共同设立，着重突破产业科技短板问题，促进协同创新。如航天科技联合中核工业、中船重工、中船工业、兵器工业、国机集团等军工央企，以及中国人保、兴业银行、广东粤财和中信证券等金融机构共同发起设立的国华军民融合产业发展基金，基金总规模1000亿元，首期规模352亿元。

第三个层次是企业创新基金，是由单个国企主导设立或参与设立，着重突破企业内部重大科技创新问题。来自国资委的数据显示，截止2018年年底，已有54家中央企业开展了股权投资基金相关工作，牵头发起和参与的基金数量达到206支，募集资金规模超过6000亿元。

表1 近年设立的国家级股权投资基金

基金名称	设立时间	目标规模（亿元）
国家集成电路产业投资基金	2014年	1387.2
国家科技成果转化引导基金	2014年	173
国家新兴产业创投投资引导基金	2015年	400
国家中小企业发展基金	2015年	600
中国保险投资基金	2015年	1000
国家先进制造产业投资基金	2016年	200
中国国有企业结构调整基金	2016年	3500
中国国有资本风险投资基金	2016年	2000
中央企业贫困地区产业投资基金	2016年	1000
国协、国同、国创、国新四只引导基金	2016年	5000
中国互联网投资基金	2017年	1000

截至2020年9月，科创板已发行的165家科创板企业中，国有创投机构、产业投资基金和政府引导基金出现在110家企业十大股东名单中，占比近七成。其中国资控股并作为科创板已发行企业第一大股东的有20多家，主要通过央企基金、国资母基金、国资系直投基金、券商系直投机构等。由此可见，国有资本在支持科技创新体系中发挥了重要的"压舱石"作用。

（三）国资助力科创瓶颈犹存

在科技投资方面，受到国有资产管理体制的影响，国资助力科创想要有所突破，仍然面对"缺人才、缺经验、缺效率、缺容错"等瓶颈。

一是国有企业在市场化人才选聘和薪酬激励方面较为薄弱，缺乏专业化科技投资人才。科技领域的投资对行业选择、投资阶段、投资规模、投资周期与投资收益分析的专业化要求很高，而国有企业受限于薪酬水平和激励模式，难以给高端市场化人才提供与市场对标的薪酬，缺乏能够胜任科技领域投资任务的专业人才。

二是国有企业对于科技行业的内在价值发掘与判断标准缺乏经验。与传统行业相比，科技创新行业逻辑、资本收益、发展阶段、无形资产重要性、估值逻辑分类等方面都有着独特的需求。国有资产管理大多采用收益法、成本法或市场法，对于"应用"的需求远远大于"研发"的激励，给国有资本遴选到有益的初创标的带来了难度。

三是现行国有资产管理制度的审批制度冗长，国有企业对科技行业创业投资缺乏效率。现行国有资产管理制度要求国有创投企业在进行决策后进行详细的财务审计、资产评估，并上报国资监管部门核准或备案，并且在办理工商登记后需要涉及国有产权登记等工商事宜。同时，国有资本在股权变动或投资退出时也需要落实审批，导致国有创投往往难以在第一时间捕获投资机会。

四是对科技企业的引导培育具有较长的投资周期和较高的投资风险，国有企业缺乏对应的容错机制。对于国有资本而言，绩效考核方式以国有资本保值增值为主要目标，但科技投资存在高风险、长周期的特征，现有考核方式与投资目标不匹配。同时由于市场化人才缺乏，国有资本在高科技领域的投资战略与风险把控方面，很难与市场化的私募股权投资机构相媲美，国有企业需要匹配相应的容错机制。

三、国资助力科创代表案例

（一）上海科创投集团：做好引导基金管理，激发科创活力

上海科技创业投资（集团）有限公司（以下简称"上海科创投集团"）是中国新兴产业引导功能平台最具代表性的主体之一。围绕三大战略发展，上海科创投集团在直投及基金管理方面有20年左右的经验，一是围绕上海科创中心建设战略，延伸科创基金、科创企业、科创人才，打造成为新兴产业的投融资平台；二是围绕上海打造"四大品牌"战略，培育更多的上海制造优秀企业；三是聚焦科创板战略，挖掘现有科创板企业，通过"母子基金"管理方式，大力扶持科创板基金。

1.以多种载体投资各阶段创新创业的投资培育体系

上海科创投集团的投资培育体系共包括直接投资、母基金投资（即创投基金）、并购基金投资、产业基金投资以及成果转化基金等五种。一是直接投资，主要投向初创期、早中期集成电路等创业企业。二是母基金投资，主要投向集成电路等专业创投基金。三是产业基金投资，主要投向规模较大的集成电路等重点企业。四是成果转化基金投资，主要投向集成电路等细分行业标志性企业。五是并购基金投资，主要通过国际、国内并购，帮助龙头企业做大做强。

表2 上海科创投集团的投资培育体系及投资案例

投资培育体系	代表案例
直接投资	中微公司（科创投为其第一大股东）
	上海微电子装备公司（科创投集团为其第二大股东）
	盛美半导体（15年来首个登陆纳斯达克的半导体装备企业）上海新傲科技（最早做外延片和SOI的企业，获得国家科技进步一等奖）
	展讯科技（国内领先的集成电路设计企业）
母基金投资	华登国际基金（投资了杭州矽力杰、兆易创新、大疆无人机等一大批著名企业）
	新鑫投资基金（投资了格科微，欧比特，南华虹等9家早期集成电路设计企业）
	橡子园基金（投资了普然通讯、Arrowping14家初创期集成电路设计企业）
	华芯基金（投资了晶晨半导体、敏芯、思瑞普14个早中期集成电路设计企业）
	华登国际二期基金（投资了云天厉飞、若琪、加特兰26家早中期的集成电路及智能硬件企业）
	武岳峰创投基金（投资兆易创新、敖捷科技、上海博通20个集成电路领域企业）

产业基金投资	华力一期（国内完全知识产权首条全自动12英寸集成电路Foundry生产线）
	华力二期（28-20-14纳米12英寸集成电路芯片生产线）
	和辉光电（新一代OLED显示屏生产线）
	中芯国际（国内唯一在建可量产14nm工艺芯）
	积塔半导体（特色工艺生产线）
成果转化基金	拓荆科技（国内唯一能自主研发并量产集成电路薄膜大型关键设备）
	金瑞泓（国内唯一具有硅片完整产业链的企业）
	长光华芯（少数几家研发和量产高功率半导体激光器芯片的公司）
	中科飞测（半导体封装检测设备、光学三维尺度量测模块及整体设备）
	集创北方（显示专用IC设计）
并购基金投资	参与美国上市公司芯成半导体（ISSI）100%股权的收购
	参与豪威半导体收购并入韦尔半导体
	参与闻泰收购NXP功率器件的收购（已过会）
	参与国内长园维安的收购

2.以多种方式支持创新企业研发升级的项目扶持体系

上海科创投集团的项目扶持体系主要包括上海市科教兴市专项资金、上海市研发与转化功能型平台项目、市级科技重大专项、战略性新兴产业项目等。

一方面，上海科创投集团投资管理30亿元上海市科教兴市政府重大战新专项，以资本金、贷款、课题研发等各种形式投资和扶持重点集成电路企业项目；另一方面，受托投资管理科创中心"四梁八柱"研发与转化功能型平台项目和市级重大科技专项，以多种方式支持平台型重点集成电路产业项目；投资可应用于集成电路领域的智能制造、工业控制、低碳技术等研发与转化功能型平台。

3.以多重渠道为创新企业提供增值服务

增值服务主要包括融资担保服务、知识产权服务、平台联动服务，其中融资担保服务是依托市财政融资担保资金、融资租赁公司等为集成电路企业提供融资服务；知识产权服务是依托上海知识产权交易中心，提供IC产业IP交易、IP产品数据库交易等知识产权服务；平台联动服务是依托科创集团集成电路多元投资体系、为基金与基金之间、项目之间，构建联动投资、产业链互动的良性机制。

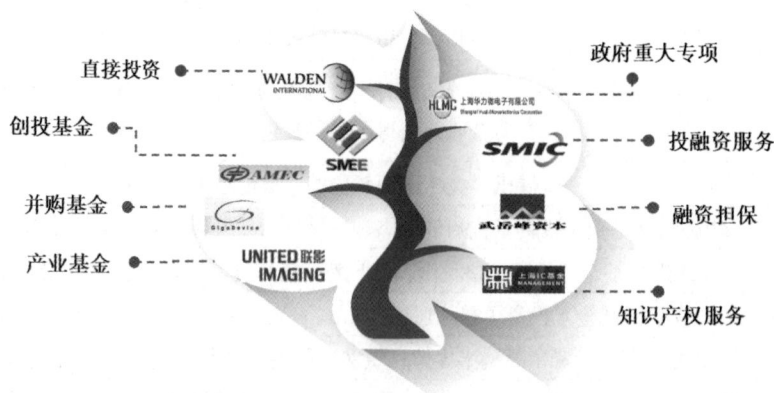

图2 上海科创投集团"投资培育+项目扶持+增值服务"的产业创新体系

（二）上海国际集团：发挥母子基金集群效应，市场化支持科创发展上海国际集团有限公司（以下简称"上海国际"）构建了独具特色的产业基金群生态圈与创新投资生态系统，积极发挥产业基金对科技创新投资的集群效应和放大带动效应，将国有资本、产业资本、金融资本等要素有效串联起来，带动社会资金近万亿，以市场化方式支持了科创中心建设和科创企业发展。

1.以创新投资生态系统为媒介，持续培育科创板上市新动能

作为金融投资为主业的国有资本运营公司，上海国际构建以产业基金群、母基金平台与股权投资三位一体的创新投资生态系统，持续培育供给科创板优质上市资源新动能。

在整体布局科创投资体系方面，基于产业基金群，上海国际集团创设"科创"和"国方"两大母基金平台。"科创"母基金通过资本、管理、数据等多维度赋能的方式，注入央地合作资源和跨区域政府合作资源，极大地扩大产业基金群生态容量，实现基金群运作能级的全面提升。"国方"母基金打造平台母基金、全市场母基金及份额交易母基金的"三合一"母基金平台，是上海国际联结产业基金的重要战略枢纽。特别是由国方母基金负责管理的长三角协同优势产业基金打造长三角资本一体化生态载体，着力构建以上海为源头、辐射长三角的创新投资生态系统，引领产业链融合和一体化高质量发展。

在股权投资方面，上海国际聚焦战略新兴产业和金融科技两条主线，不断提高主动投资能力。一是结合国资运营和产融结合优势，上海国际集团投资多项"独角兽"项目，加强对被投公司的投后管理，全方位赋能科创企业发展，积极引导其申报科创板上市。二是前瞻性布局金融科技，倡议发起设立上海首家金融科技产业联盟，利用联盟内深厚的技术储备和产业纵深，打通和融合领先技术所在产业链和创新链。三是参与投资建设金融科技国际产业园和发起设立创新联合实验室，为金融科技企业提供良好的办公环境和产、学、研、投一体化运作机制。

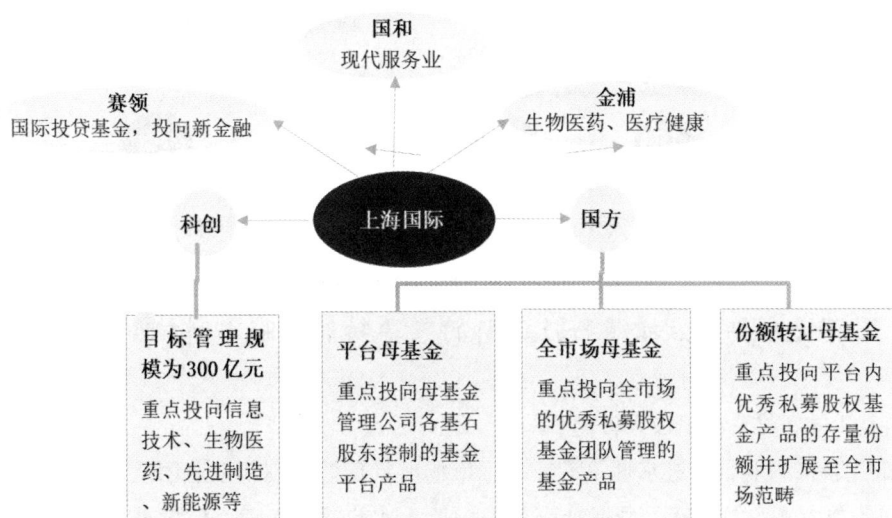

图3 上海国际母子基金集群

2.以母基金平台信息化为手段，实现全生命周期的系统管理

一方面，上海国际旗下金浦投资携手国方母基金，构建了覆盖基金全生命周期的数字化、可追溯、全过程合规管控的"类区块链模式"的投资管理系统，形成了"有智慧"的管控平台。在金融领域强监管背景下，通过系统上线强化了内部风控管理，充分发挥母基金产品在信息积聚、资源整合方等

面的优势，赋能优秀的基金管理人，通过对平台信息化建设的自我革新，落实投资全过程管控等有效实践，为公司建立扎实的长期竞争力，实现公司打造战略平台生态的愿景。

另一方面，上海国际围绕投资策略执行、底层项目跟踪、关键人士动态、投资协议落实、表决事项管理、定期报告分析、合规事项落实、重大事项监控等，着力加强常态化投后管理。同时进行管理双向赋能，即发挥母基金在科技创新领域的信息、资源等优势，在政策咨询、战略布局、资源对接、信息共享等方面加强对子基金及投资项目的增值服务，引导优秀科创企业与产业集团、央企国企等加强技术衔接和业务合作，双向赋能，既助推产业转型升级，又帮助前沿技术拓展应用场景、加快商业落地。

四、国资服务科创的四大策略建议

国有资本坚守功能定位，重点通过推动科研成果转化、加大对早中期项目的金融支持力度、加强对创新引擎企业的培育三大途径推进科创中心的建设，国有投资基金加快决策机制、考核评价、激励约束、容错纠错机制四大市场化改革。国有资本要面向社会开放资源，充分发挥自身优势，不断集聚人才、吸引资本，进一步打通创新链、应用链、价值链，更好地为上下游企业赋能，实现大中小企业联动，使国有资本成为支持科技创新的长期资本。

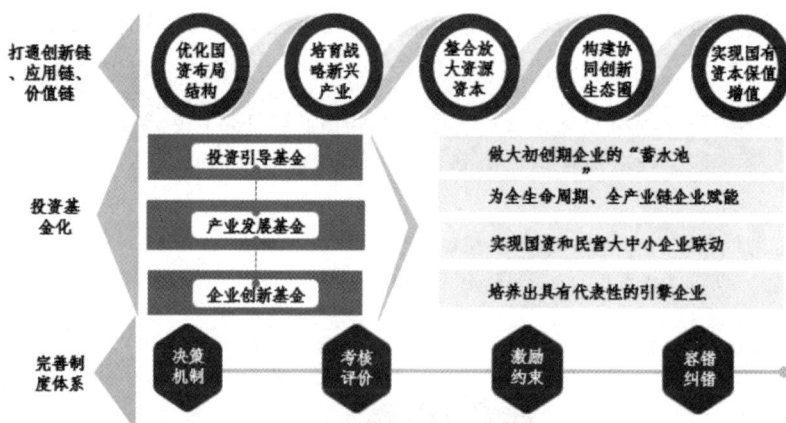

图4 国资服务科创体系再升级

（一）国有资本要重点增强科技创新的策源功能，瞄准科技创新的源头，建设科创中心

1.集聚科技人才，推动科研成果转化

围绕战略性新兴产业，引进掌握关键技术、市场前景良好的创新创业团队项目。做好政策的上下衔接，加强与各类人才政策衔接，争取获得更多科技人才的资源支持。建设重点实验室、技术研究中心、创新中心等研发机构，承载科技人才，搭建推动科研成果转化载体，加大对科技成果应用与产业化的扶持。整合创新资源，形成人才群、创新群，实现人才、设备、信息、政策、成果共享，充分发挥人才的创新主体作用，打造助推产业发展的创新引擎和驱动器，共同推动科技成果转移转化。

2.加大对早中期项目的金融支持力度

国有资本可以多种方式加大对种子期、初创期企业的金融支持力度，为"双创"项目提供股权、债权以及信用贷款等融资综合服务。开展金融机构以适当方式依法持有企业股权的试点，设立政府引导、市场化运作的产业（股权）投资基金，积极吸引社会资本参与，鼓励金融机构以及全国社会保障基金、保险资金等在依法合规、风险可控的前提下，经批准后通过认购基金份额等方式有效参与。

3.加强对创新引擎企业的培育

能不能培养出有代表性的引擎企业，是检验一个地区是否是科创中心的重要标志之一。国有资本要抓住科创板的有利时机，聚焦重点行业、优势产业和"四新（新技术、新产业、新业态、新模式）"领域，培育一批具有核心竞争力和较强国际经营能力的本土创新型跨国龙头企业，增强对全球创新活力和产业价值链的主导性、掌控力。以提升产业技术创新能力为主线，以工业化和信息化为支撑，以实体经济为导向，为创新引擎企业成长奠定坚实的产业基础。

（二）发挥国有资本兼具"功能"与"市场"的特色优势

1.推进功能性投资的战略布局

在政府合作框架下，国有资本应在基础科技领域有重大创新潜力、在关键核心技术方面有较强突破能力、在科技成果落地方面有重大转移转化活力等方面积极推进科创功能性投资的战略布局，发挥好主动投资和基石投资的作用。

2.加大市场化子基金的投资力度

与国家科技成果转化引导基金、中国科学院控股有限公司等加强战略合作，共同推进子基金设立，深耕战略性新兴产业，促进科技创新。依托市场化子基金投资，有力支持科技产业发展。依据国家关于重点产业的导向，在相关领域积极布局，深耕产业链，培育挖掘有潜力的科创企业。

3.重点发挥三大主体作用

在国有资本运作过程中，国有资本投资运营公司、国资基金和国有控股上市公司三大主体应发挥各自优势，借助市场化手段培育科技创新企业，形成科技创新闭环发展。国有资本投资运营公司通过优化资本进退、集聚国有资本的同时，提高资本的配置效率；国资基金通过吸引机构资本，引导社会资本，发挥国有资本孵化科创企业的放大效应；国有控股上市公司为国有资本提供了便捷的退出渠道，使得退出的国有资本再次作为创新资本进行运作，进而培育更多的创新企业。

（三）搭建创新协同发展平台，构建创新生态圈

1.搭建科技创新产业协同发展平台、前沿技术研发平台

吸引、整合、优化创新资源，完善多层次全方位的创新研发体系，构建完善的服务体系和合作资源，构建创新生态圈。集中力量、联合支持一些重大科学研究和技术开发项目，促进重大科研成果转化和新技术新产品的产业化，争取在较短的时间内有所突破，占据高新技术的前沿领域。

2.打造产业创新培育的资本赋能体系

以母基金平台为基础，组建直接投资、创投基金、并购基金、产业基金等各类投资基金，搭建以多种载体投资各阶段创新创业企业的投资培育体系，形成全产业链的投资组合，投资阶段实现早期、成长期、产业投资、并购等所有阶段的全覆盖，积极促进产业协同，推动产业发展。

3.以园区为摇篮建立多层次产业空间服务体系

探索新一代科技园区运营模式与标准，批量打造具备复合性功能和强大聚合力的"产业综合体"。依托园区建设及产业布局经验积累建立一整套完整的配套服务体系，注重各类功能要素、产业要素、生活要素的优化配置，为园区科技企业提供全方位、全生命链创新服务，重点围绕科技、人才、产业和金融方面，为企业提供双创服务、人才落户优惠政策、人才培训及招聘服务、综合信息交流服务、金融创

投服务、知识产权服务、平台联动服务等增值服务，实现对科技企业多层次的产业空间服务。

（四）改革国有资本发展，营造科技创新良好生态

1.建立与科技创新投资相匹配的考核体系

健全创新规划体系，强化国资创新主体作用，将研发投入视同利润，每年安排国资收益投向科技创新。设立创新综合管理部门，突出长期投资导向，统筹创新发展工作。改进投前、投中、投后及退出阶段的考核指标和权重，如考虑科创投资的特殊性，可适当延长国资基金退出期限。建立创新责任传递机制，纳入任期考核评价。

2.建立国有资本服务科技创新的激励约束机制

设立创新人才专项资金。探索科技企业工资总额实行单列管理，据实列支。针对取得的科技知识产权，探索成果共享机制，约定职务发明中知识产权权益归属，探索对完成、转化职务科技成果做出重要贡献的人员给予奖励和报酬支出。依托技术优势参股成立公司，集中组织对科研团队、成果进行创业辅导和项目路演，推动科研成果转化，探索部分技术股份比例作为科研成果转化激励，为企业发行上市或挂牌转让奠定基础。进一步完善以知识价值为导向的分配机制，制定适合激励科研成果转化的薪酬机制，使得科技人员通过科技成果转化实现名利双收。坚持激励和约束相结合的原则，通过推进员工持股和强制跟投等方式，充分激发人才和技术资本的价值能动性。

3.营造开放协同创新的发展氛围

充分利用国有企业丰富的应用场景和需求，加大开放创新协同力度，鼓励国有企业建设共性技术平台，建立面向社会的创新孵化平台，鼓励国有企业投入场地、资金、应用场景等创新资源参与科技创新，营造发展氛围，凝聚发展力量。

4.建立鼓励创新、担当作为的容错纠错机制

明确将因缺乏经验、先行先试出现的失误和错误，与明知故犯的违纪违法行为区分开来。明确投资履职程序与职责，进行公开化阳光化运作。对于探索性强、高风险的自主创新项目出现不能完成的情况，待依法履行决策程序后，探索有依据、有证明的予以免责，并且不纳入国有资产保值增值考核范围。

成果创造人：罗新宇、马　丽、周天翔、王廷煜

国有资本投资公司改革研究

南方电网能源发展研究院有限责任公司

一、研究背景及内容

以2013年十八届三中全会为起点，国资国企改革主要内容是提出完善国有资产管理体制，以管资本为主加强国有资产监管，改革国有资本授权经营机制，支持有条件的国有企业改组为国有资本投资公司。改组组建国有资本投资公司作为综合改革试点举措，既是推动国资监管从管资产到管资本转变的改革，也是国企自身功能定位和管控体制机制的改革，是涉及国资国企两个层面的综合性改革。为此，国务院国资委出台了系列配套支持政策。

课题组以国有资本投资公司改革为研究对象，采用文献研究、案例研究、面谈、问卷等研究方法，对国有资本投资公司改革的政策内涵，政策红利，试点成效和借鉴启示进行深入研究，并在对标分析基础上提出了充分利用国有资本投资公司改革政策促进公司改革转型的建议。研究路线图如图1。

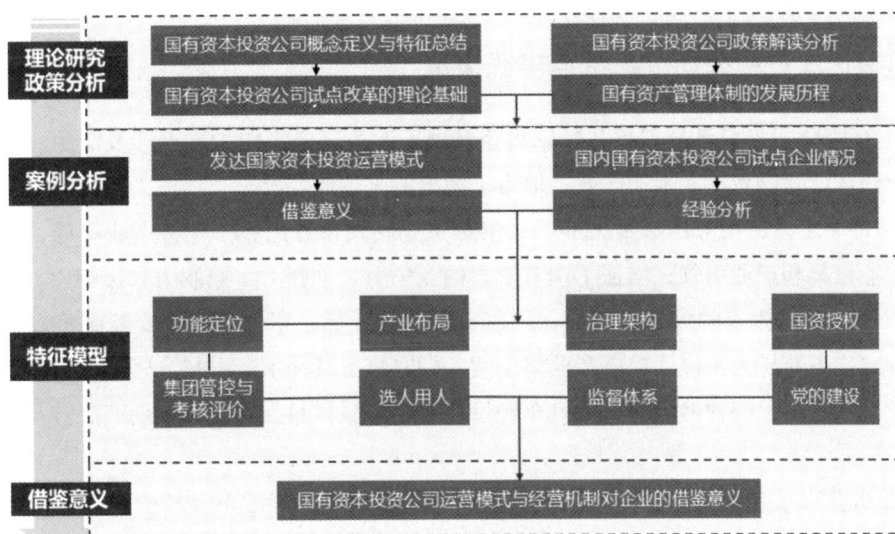

图1 研究路线图

二、国有资本投资公司改革试点相关政策内涵

十八届三中全会提出通过支持国有企业改组为国有资本投资公司，改革目标主要体现在如下两个方面：

一是按照国有资产监管机构授予出资人职责和政府直接授予出资人职责两种模式开展试点，形成"政府–国资委–国有资本投资公司"和"政府–国有资本投资公司"的两类管理链条。国资监管向管资本职能转变的重要改革，更加强调国资监管部门对国有资本的整体宏观调控作用，让企业回归市场，发挥国有经济主导作用，促进国民经济持续健康发展。

二是试点企业要致力于建立国有资本市场化专业平台，通过开展投资融资、产业培育和资本运作等，发挥投资引导和结构调整作用，推动国有资本向关系国家安全、国民经济命脉和国计民生的重要行业和关键领域、重点基础设施集中；企业独立市场主体地位进一步增强，企业发展质量与效益有效提升。

国务院国资委提出将国有资本投资公司试点作为改革的"综合试验区"。国有资本投资公司改革试点工作具备本轮国资国企改革最鲜明特征，将发挥本轮改革的聚合示范效应。

（一）国有资本投资公司改革试点的主要任务

国有资本投资公司改革试点工作要坚持党的领导、体制创新、优化布局、强化监督等原则。

授权机制上，对采用国有资产监管机构授予出资人职责模式的，国有资产监管机构按照"一企一策"原则，制定监管清单和责任清单，依法落实国有资本投资公司董事会职权；国有资产监管机构负责对国有资本投资公司进行考核和评价，向本级人民政府报告，重点说明所监管国有资本投资公司贯彻国家战略目标、国有资产保值增值等情况。对采用政府直接授予出资人职责模式的，国有资本投资公司根据政府授权自主开展国有资本运作，定期向政府报告；政府直接对国有资本投资公司进行考核和评价。

治理结构上，国有资本投资公司不设股东会，要按照中国特色现代国有企业制度的要求设立党组织、董事会、经理层，建立健全权责对等、运转协调、有效制衡的决策执行监督机制，发挥党组织的领导作用、董事会的决策作用、经理层的经营管理作用。

三、国有资本投资公司改革试点实践情况

国有资本投资公司目前已分三批共19家央企开展了改革试点工作，试点涉及能源、钢铁、矿产资源、基础工程建设、金融贸易、地产产业，取得了突出的改革成效。

一是加快企业转型，服务国家重大战略，聚焦主业放大自身优势，完善产业布局，推动产业链延伸，实现了产业聚集和产业引领，增强了国有资本的竞争力、创新力、控制力和影响力。如部分试点单位改革试点以来，新增投资的大部分布局在国家重要战略区域，积极参与雄安新区建设；宝武集团通过兼并重组等方式不断扩大规模，提高产业集中度，同时聚焦特种冶金材料、轻金属材料等三大新材料产业，以满足高端军工等特种冶金材料、汽车轻量化、轻金属材料、冶金焦炭副产品转化利用等发展需求。

二是企业运营水平和经营效益提升明显，市场化运作模式逐渐成熟，精简、高效、专业的管控模式更加有效，增强了国有经济的抗风险能力。截至2017年，前两批10家试点央企（含国有资本运营公司）实现利润总额3056亿元，占全部中央企业利润总额的22%，同比增长25%，连续2年保持明显高于中央企业利润平均增幅的发展势头。改革实践证明，国有资本投资公司的模式能够解放企业活力，推动企业自身发展。

三是随着改革试点深入，国务院国资委层面对试点企业的选择标准逐步清晰明确，更倾向于选择产业发展优势突出、基础管理较为优秀、改革主观意愿高的企业。清晰的选择标准为公司改革转型提供了方向指引。

四、国有资本投资公司试点特性分析

在政策指引下，三批试点企业根据自己所处行业和发展阶段，采取了不同的具体改革措施，但仍有共性可寻，从功能定位、产业布局、公司治理等方面形成了国有资本投资公司的改革特点，具体见图2。

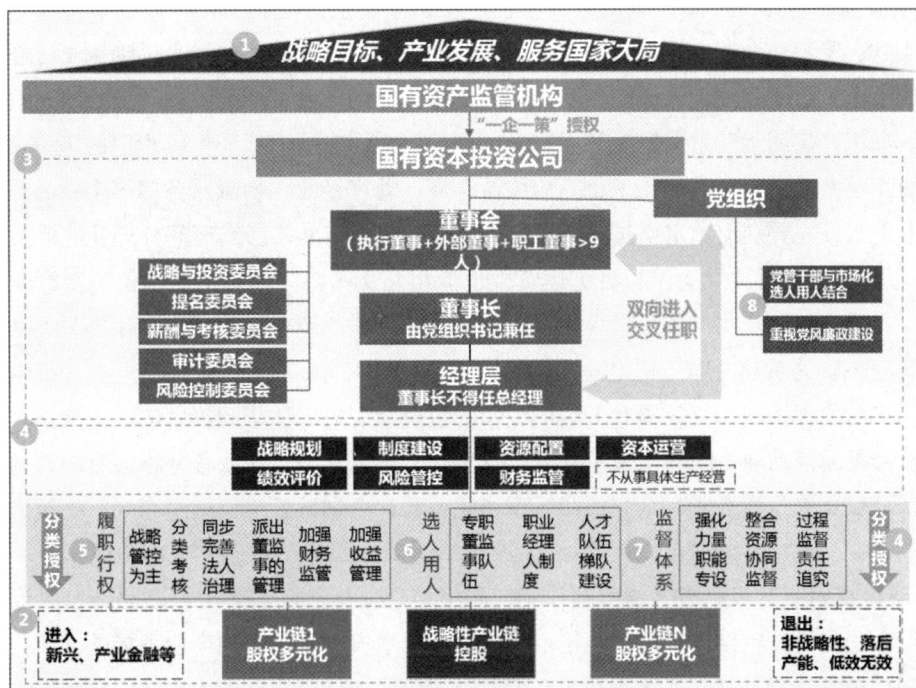

图2 国有资本投资公司特征模型

（一）以服务国家战略为使命，通过国有资本市场化运作，引领产业有序发展

一是以服务国家战略为使命，打造国有资本市场化运作专业平台。国有资本投资公司从战略层面加强顶层设计，服务国家确定的国有资本布局和结构优化要求，通过资本投资手段，将党中央对经济产业的决策部署通过国有资本投资公司进行传导。如中交集团提出"五商中交"，由过去的基础建设工程商向以服务国家"基础设施强国""中国装备制造2025""海洋强国""城镇化进程""一带一路"五大战略为目标的承包商、运营商、投资商转型；中国建材提出通过利用在竞争市场获得的利润反哺国家产业需要，打造"国家材料投资集团"。

二是更强调引领产业发展及各类主体引导功能，实现国有资本的放大效应。试点企业发挥自身作为市场主体的主观能动性，利用强大的产业影响力，推动产业整体向更高端、更先进发展，实现动能替代、技术升级，成为规范产业市场的定海神针。如国家电投通过在核电产业的投资，推动中国核电技术达到世界领先水平；如中国建材利用企业在水泥行业的领导能力，维持水泥定价的合理有序，避免了行业恶性竞争，引导水泥产业市场健康发展。

三是积极探索多种资本运作手段，加快产业聚集与升级。围绕自身发展战略和国家产业政策目标及资本投资公司定位，在投融资、产业培育、资本运作、国际化竞争等方面开展不同的探索，通过内部产业整合、央企之间与央地之间产业合作与整合，加快产业集聚与转型升级。如中交集团积极开展国际化竞争，在全球155个国家拓展了业务，目前为中央企业中国际化指数最高的一家；部分试点单位拟通过设立产业基金的资本运作方式进行融资，围绕产业目标开展精准投资，放大国有资本功能。

（二）聚焦核心主业，产业布局相对多元，体量发展均衡，强调科技引领和有序进退，既自主独立运作，也相互支撑协同

一是产业布局符合国家产业政策和公司功能定位，聚焦主责主业。国有资本投资公司打破一般产业集团单一主业发展的传统形态，围绕自身特色定位，聚焦主责主业，在产业分布形态上做了多种探索。一业为主的，围绕产业链上下游延伸；多元产业的，围绕国家战略，加大进退调整，在坚持聚焦主责主业的原则上适度多元，加大退出非核心、不具竞争优势的产业，围绕服务国家战略，推动产业聚集与转型升级。如南光集团承载着国家对其保障中国澳门民生，发展内地同中国澳门的经贸关系的发展诉求，已形成日用消费品贸易、石油化工、酒店旅游会展、地产经营、物流服务等多个核心产业；部分试点单位以产业能否领先并获取稳定增长的收益作为产业退出的标准，已实现部分产业的退出。

二是产业间既能相对独立运作和自主运营，也能相互支撑协同。各试点单位主要产业布局体量分布均衡合理，各类产业以自主市场运营为主，不通过业务关联或产业依赖的方式拓展某类产业业务及市场规模，产业间关联关系及内部交易比例较低。但同时，产业间多通过行业周期互补和技术迁移进行协同，推动各类产业均衡发展，有效提升了集团经营的抗风险能力。如华润集团的电力能源产业、食品饮料产业、地产开发运营产业之间均实现了独立运营生存，剥离其中一块业务并不会影响其他业务的存续经营发展；部分试点单位旗下所有企业都实行市场化运营；个别试点单位通过布局一些抗周期能力强、经济收益高的产业，支持传统主业，有效对抗因资源价格周期波动对收益带来的负面影响。

三是强调科技创新对产业拓展的引领作用，积极培育新兴产业。落实创新驱动发展战略，培育经济发展新动能，强化科技创新，掌握核心技术，是国有资本投资公司引领产业发展的重要内容。三批试点企业充分利用国家政策对其拓展新业务的支持，当前阶段均以产业进入为主，科技研发创新逐步成为企业进入培育新产业的重要引领导向，与市场导向为主的投资选择实现了有机结合。如国家电投和中国建材均建立了完善的科研成果转化体系，通过在科技创新方面的投资，实现产业的培育和升级。

四是积极布局产业金融业务，推进产融结合，促进产业发展。当前国家监管层面从严限制央企产业集团拓展金融职能，但对国有投资公司在产业金融方面则持支持鼓励态度。三批试点单位中有14家企业明确提出了要布局或加强产业金融业务，开展产融结合，为产业的发展提供金融支持，在监管趋严的背景下获得了难得的金融产业补强及发展机会。

（三）加快建立完善主体健全、权责清晰、运转顺畅、有效制衡的集团层面法人治理结构，充分发挥党组织前置把关功能

一是加快推动集团层面实现国有独资股权结构。贯彻落实国有资本投资公司不设股东会的政策要求，推动股权向国资委集中，基本实现了单一股东制，集团层面不再考虑进行股权多元化或者混改。若原集团层面为股权多元化结构，成为试点后通过股权回购的方式统一股东，转变为国有独资公司。

二是加强集团层面专业董事队伍的建设。建立外部董事的选聘、考核机制并多渠道积极引入高水平外部董事，降低经理层与董事会的重叠比例，通过做实董事会提高董事会决策职权。如部分试点引入退休的企业高管担任外部董事，利用其对公司和行业的深入理解，为董事会决策提供专业建议；部分试点单位建立了外部董事库，从退休领导和板块专家中选聘外部董事和派出董事，建立外部董事占多数的董事会结构。

三是理顺"三会一层"的权责关系，建立清晰的决策权责界面和决策机制。国有资本投资公司建

立了各专业委员会，充分利用各专业委员会的专业能力，通过制度化管理的方式，明确各决策主体的权责界面和决策流程，发挥党组织的领导作用、董事会的决策作用和经理层的经营管理作用。明确各决策主体的权责界面和决策流程，并及时对事项清单进行更新，确保对新经营事项的及时和有效管理。

四是把党组织内嵌到公司治理结构中，明确重大经营管理事项党组织前置研究讨论程序。三批试点企业基本上都建立了"三重一大"事项清单，并明确需由企业党组织前置研究讨论后方能提交经理层或董事会进行决策。

（四）建立兼顾产业发展和财务收益的集团管控模式，调整建设相适应的总部职能

国有资本投资公司从原有经营管控模式向战略管控、兼顾财务收益的管控模式转变。集团总部重塑职能，集团层面承担战略规划、制度建设、资源配置、资本运营、财务监管、风险管控、绩效评价等职能，着重提升风险管控能力、投后管理能力、人才体系、激励机制和企业文化建设能力、投资能力、资金管理能力、产业孵化能力和融资能力等核心能力。同时，集团将原有生产经营中生产、开发、运营、销售、维护等职能向子公司转移，做实产业子公司的经营职能和经营自主权，推动其向利润主体转变。集团总部逐步实现从"管经营"到"管绩效"，"管业务"到"管队伍"，"直接管理"到"间接管理"的转化。

在实际运作中，考虑子公司自身成熟程度，原产业集团定位下关注的产业经营重点等因素，部分试点企业集团层面仍保留有一定的经营管控职能，集团管控模式仍处在逐步完善过程中。

（五）根据子公司发展成熟程度开展灵活授权，建立相适应的考核指标，强化行权能力建设

一是以权力清单作为落实授权的主要手段。大部分国有资本投资公司试点企业在集团层面建立动态调整的权力清单，明确总部负责管理和授权下放的事项，加大对子公司的分类授权力度。

二是以完善子公司董事会为核心，强化子公司行权能力建设，并对子公司行权能力进行测评，科学合理一企一策授权。各试点企业积极推动下属子公司完善法人治理结构，通过子公司董事会有效行权，推动集团权力下放，有效履行资本投资公司的股东职能，推动集团战略落地，并通过对二级企业董事会能力及治理成熟度进行多维度评价，以"一企一策"的方式对子公司进行授权放权。

三是考核更侧重于子公司执行公司战略、完善资本布局、提升资本回报水平等方面，推动管控闭环。集团在对子公司实施分类考核的基础上，根据功能定位，补充加强了对其落实集团资本布局和结构优化等战略规划目标、提升资本运营效率和财务效益等方面的考核，并加强集团对所持股企业的利润分配决策权，加强对子公司的收益管理，及时合理收取分红，提高集团层面的资本配置和运作能力。

（六）市场化机制建立充分，在选强配优经营团队、灵活激励约束手段等方面实施力度较大

一是灵活实施职业经理人制度。结合国企特色，国有资本投资公司在推动经理人市场化选聘，个性化考核，制度化退出方面开展了积极探索。

二是实行差异化薪酬。在薪酬设置上，国有资本投资公司去行政化的改革力度明显，根据产业特性和企业自身经营状况，实施差异化薪酬，真正体现以市场手段决定劳动要素的价格。

三是建立中长期激励机制。国有资本投资公司多措并举激发各层级干部员工积极性，积极探索股权激励、股票期权激励、项目跟投、超额利润分享等中长期激励机制，推动实现员工利益与企业利益相

结合，既激发了企业活力，也实现了员工与企业共同发展。

四是有效利用市场化手段推动大幅度降本增效。试点企业从市场角度出发处置落后产能，通过压减手段推动其整体退出。同时落实减人不减资的工资分配机制，将工资空间分配给对企业贡献大的团队。

（七）以构建"大监督"体系为抓手加强国资监管，整合监督资源，强化监督力量，抓实体系运行

一是整合监督资源。实行计划统编，协同监督，按照事前规范制度、事中加强监控、事后强化问责的原则，提高监督效能。二是强化监督力量。加强对党组织、董事会、经理层的监督，强化领导人员廉洁从业、行使权力等的监督。三是明确运行机制和运行模式，推动大监督体系落实落地。区分整合监督和专项监督运行模式。如部分试点单位建立"大监督"协调小组，统筹公司战略、财务、企管、审计、监察和法律等部门的监督力量，由小组进行协调开展联合检查工作。

（八）在改革过程始终坚持党的领导，落实从严治党要求，积极探索混改、参控股企业的党组织发挥作用模式

一是积极探索控股企业、混改子公司党建工作制度体系和党组织功能定位的转变。在坚持党组织政治领导的基础上，强调企业党组织在促发展、重协调的功能定位，发挥党组织支持企业"三会一层"行权和协调各层关系的作用，专注于提升党组织对企业的支持和服务职能。二是坚持党管干部原则，探索党管干部与市场化选人用人有机结合的可行模式。坚持党对干部人事工作的领导权，按照新时代好干部标准，推进素质培养、知事识人、选拔任用、从严管理、正向激励"五个体系"建设。

五、国有资本投资公司运营模式与经营机制对企业的借鉴意义

国有资本投资公司试点企业为其他中央企业和地方国企不断深化国企改革提供了重要的参考样本，其运营模式与经营机制对其他企业而言非常具有借鉴意义。其他企业可充分吸收借鉴国有资本投资公司运营模式与经营机制的成功经验，从产业布局、资本运作、管控架构、选人用人、党的领导等多个方面的成功经验，结合实际不断推动自身高质量发展。

（一）产业布局方面

1.聚焦主责主业，产业布局适度多元，服务国家战略

国有资本投资公司的产业布局符合国家产业政策，聚焦主责主业，适度多元。国有资本投资公司试点一般选择主业发展优秀、业绩突出的国有企业，而这些企业在确立为试点之后，不断继续推动自身主业蓬勃发展。

2.强调科技创新，积极培育战略型新兴业务

国有资本投资公司在坚持聚焦主责主业的原则上，产业布局适度多元化，产业间协调均衡发展，并且高度重视科技创新，以科技创新引领企业布局新业务和新产业。借鉴国有资本投资公司的经验，企业可以围绕主业核心，紧扣产业价值链，充分利用自身多年积淀的资源组织能力、品牌美誉度以及良好的客户和社会关系等优势资源布局各类新兴业务。

（二）资本运作方面

一是采用多元化的融资方式，对符合产业布局且具有一定核心竞争力的企业加快开展并购重组业务；成立产业基金与其他央企、民营资本、外资合作开展投融资，发挥基金孵化器、探路者的作用，引

导带动社会资本，助力战略性新兴产业；深化产融结合，推动资产资本化、证券化，加快业务成熟板块的上市进程，通过资本市场扩充资本金，提升在资本市场的声誉，放大国有资本效应；在竞争性业务板块积极推进混合所有制改革，提升企业市场化经营水平。

二是加大对新技术、新模式的资本投入，向产业价值链上下游延伸，向产业高端迈进，为公司创造新业务和新的利润增长点；积极培育发展新动能，推进业务延伸和市场拓展，实现规模发展。

三是重组整合各类产业板块业务，减少集团内部的同业竞争。明确各类产业的实施主体，进行统一规划、有序竞争，避免重复建设、恶意竞争。

总之，要优化债务资本结构，探索开展股权投融资、产业培育、资本运作，开拓投资新领域，加强风险防控，服务公司整体业务发展。

（三）管控架构方面

在治理结构方面，应借鉴国有资本投资公司试点企业经验，建立健全法人治理结构，明确治理主体权责边界，理顺集团公司股权关系，完善集团公司董事会和监事会建设，明确各治理主体的功能定位和权责边界，完善议事决策执行监督规则和工作程序，修订完善党组、董事会、经理层议事规则，细化议事清单。建立健全权责对等、运转协调、有效制衡的决策执行监督机制，更好地发挥党组织的领导作用、董事会的决策作用、经理层的经营管理作用。

在围绕主责主业相对多元的产业布局情况下，总部需要以打造市场化、专业化国有资本运作平台为目标，同时以"授权"为权责传递主要方式，释放二级企业活力，管控思路具体见图3。

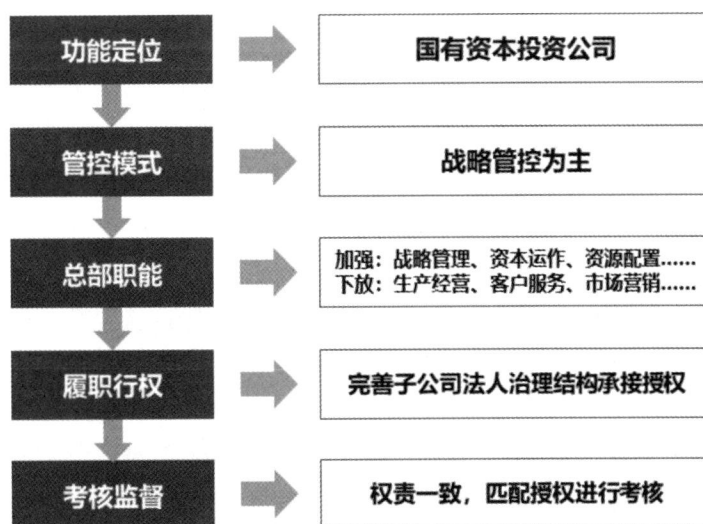

图3 国有资本投资公司管控架构设置逻辑

一是进一步执行总部"去机关化"，按照战略引领、精简高效、定位清晰的原则，优化总部职能。加强资本运作、资源配置、考核监督、合规风控等方面职能，将经营业务职能进行下放，将事务性、服务型性、支持性的职能向共享服务平台转移。

二是不同业务进行分类授权、分类考核。建立授权与建立有效制衡的法人治理结构、考核监督改革相结合的思路，优化总部对二级产业子公司的管控。促进竞争性业务板块企业向市场化管理、市场化运营、市场化考核转变，成为独立运作的市场化主体。

（四）选人用人和激励方面

公司的发展离不开人才。需要推进市场化的选人用人和探索开展中长期激励机制，拥有一支高素质、高水平、高技能的人才队伍。

一是拓宽用人渠道，积极推进职业经理人制度的落实，通过劳动合同、任期目标责任书等契约手段对经营班子进行管理。职业经理人可以从外部选聘，也允许内部身份转换，打通"能进能出"通道；加大内部选调通道，打通管制类业务与竞争性业务的人才通道，允许优秀的人才到其他业务板块进行尝试，通过"鲇鱼效应"激发活力。

二是强化任期考核，严格按照经营业绩任务契约执行，改革初期可适当建立"防护网"，采取转岗、调岗等替代方式处理，打通"能上能下"通道。

三是建立差异化薪酬体系，薪酬分配与绩效考核相挂钩，竞争性业务的薪酬水平交由市场决定，考核指标与市场拓展、经营效益等相关；非竞争类的薪酬相对固定，考核指标与安全生产、服务质量、同业对标等相关。

（五）党的领导方面

坚持党的领导是国有企业的"根"和"魂"。改革的过程中要始终坚持党的领导。

一是各级党组织要充分发挥领导作用，把好改革的"方向盘"。深入贯彻新时代党的建设总要求和新时代党的组织路线，全面落实"两个一以贯之"的要求，把加强党的领导和完善公司治理统一起来，完善由章程和党组（党委）、董事会、经理层运行规则构成的公司治理规则，探索加强党的领导和完善公司治理的高效融合模式。积极探索控股、参股及混合所有制企业的党建工作，保持党组织的政治核心站位。坚持用习近平新时代中国特色社会主义思想武装头脑、指导实践、推动工作，切实树牢"四个意识"、坚定"四个自信"、坚决做到"两个维护"。扎实开展"不忘初心、牢记使命"主题教育，把握"守初心、担使命，找差距、抓落实"的总要求，以一流党建引领和保障一流企业建设。

二是落实党管人才、党管干部的要求。严格选人用人程序和标准，重要岗位的人事任免需要经过党组织的研究讨论，包括通过市场化方式选聘的职业经理人。建设忠诚干净担当的高素质干部队伍，加强对干部的政治素质考察。大力实施人才工程，重视选拔、培养和引进高素质人才和急需人才，整合各种人才资源，建设重要业务领域人才库。打造知识型技能型创新型的职工队伍，通过建立学习机制、打造职业发展平台、开展内部培训、开展职工创新和技能竞赛等多种形式，加速职工成长成才，增强职工专业能力和竞争力，全面夯实人才队伍的技术力量。

三是全面从严治党，层层压实责任，加强作风建设，加强廉政建设。切实抓好"三基"建设，坚持把提高企业效益、增强企业竞争力、实现国有资产保值增值作为基层党组织工作的出发点和落脚点，大力推动改革发展重要任务落实落地，努力实现基层党建和业务工作相互促进。以全面从严治党推动全面从严治企，把全面从严治党和全面从严治企紧密结合起来，不断提升治企兴企能力。加强党风廉政建设和反腐败工作。坚持不懈整治"四风"，持之以恒落实中央八项规定及其实施细则精神。扎实构建不敢腐、不能腐、不想腐体制机制，强化全过程监督，始终保持风清气正的党内政治生态。

六、结语

改组国有资本投资公司是我国本轮国企改革完善国有资产管理体制、促进国资监管从"管资产"转变为"管资本"的一大重要举措。三批共19家央企国有资本投资公司试点积极推进改革工作，探索形成了具有各自特色的经营机制和运营模式，为提高国有资本配置和运营效率提供了具有重要参考意义的示范。

在新的历史方位下，国有资本投资公司的运营模式与经营机制对于其他国有企业而言也有非常重要的借鉴意义，有利于实现国有企业做强、做优、做大，助推国有企业实现战略目标高质量发展。国有资本投资公司不是一成不变的，每一批试点都在前一批的基础上进行优化完善，每一家试点单位也都在不断提升自身。各企业所在的行业和发展阶段都不同，只有不断的调整，才能找到适合企业自身的运营模式和经营机制"最优解"。

为了实现高质量发展，不断增强自身的核心竞争力，国有企业应在党组领导下，聚焦主责主业，适度多元，围绕产业链上下游，构建布局合理、优势互补、协同高效的产业体系；持续优化完善法人治理结构，建设放管结合、运转高效的内部体制机制；同时持续推进深化改革，加强党的建设。国有企业在不断优化自身运营模式和经营机制的过程中，提升生产经营效率，增强国有资本效益，从而提升国有经济竞争力、创新力、控制力、影响力、抗风险能力，促进经济社会持续健康发展。

七、课题效益

本成果研究了国有资本投资公司的产业布局、资本运作方式、运营模式与经营机制等问题，创新性地建立了国有资本投资公司特征模型，对于南方电网公司和其他国有企业具有重要借鉴意义。

研究过程中，课题组赴国资委调研，相关专家认为，该课题符合当前国企改革实际，进行的理论探索可以为南方电网公司和部委提供有价值的参考。本成果形成了成果专报并送南方电网公司领导审阅，为相关决策提供了参考依据。

本成果对推动南方电网公司深化改革和战略落地起到积极作用，对于其他国有企业具有广泛的参考价值。课题总结出国有资本投资公司特征和转型的思路，有利于国有企业提升自身经营效率，从而带来了行业效益和社会效益。

成果创造人：才　华、周志文、范晨鸣、王　威、林蔚颖、李海平、

吴鸿亮、陈　洋、王　玲、彭道鑫

【参考文献】

[1]陈挺,李新伟,张伯凝,吴清.大型层级式央企集团国有资本投资运营公司改革方案初探.财务与会计,2018(20):62-64.

[2]国务院.国务院关于推进国有资本投资、运营公司改革试点的实施意见(国发〔2018〕23号).

[3]国务院国资委.国务院国资委授权放权清单(2019年版).

[4]国务院国资委.关于印发深化中央企业国有资本投资公司改革试点工作意见的通知(国资发资本〔2019〕28号).

[5]国务院国资委.国企改革探索与实践——中央企业集团15例.中国经济出版社,2018.

[6]何小钢.国有资本投资、运营公司改革试点成效与启示.经济纵横,2017(11):45-52.

[7]李有华,马忠,张冰石.构建以管资本为导向的新型国有资本监督考核体系.财会月刊,2018(05):32-39.

[8]中共中央,国务院.关于深化国有企业改革的指导意见(中发〔2015〕22号).

[9]中共中央.关于全面深化改革若干重大问题的决定.

[10]中国社会科学院工业经济研究所课题组,黄群慧,黄速建.论新时期全面深化国有经济改革重大任务.中国工业经济,2014(09):5-24.

[11]周丽莎.国有资本投资公司模式研究.中国企业改革发展优秀成果(第二届)上卷.中国企业改革与发展研究会:中国企业改革与发展研究会,2018(12):60-71.

国有资本运营公司党建工作范式初探

中国诚通控股集团有限公司党委

在改组组建国有资本运营公司过程中，如何发挥党组织的领导作用，准确把握新时代国资国企改革方向，加快形成国有资本市场化运作的专业平台，提高国有资本运营的效率效益，增强为中央企业服务的能力水平，是国有资本运营公司党组织面临的一个现实而紧迫的时代课题。本文运用理论与实践相结合的研究方法，通过梳理中国诚通开展国有资本运营公司试点以来党建工作的实践做法，从国有资本运营公司党建工作面临的主要挑战、国有资本运营公司党建工作的目标任务、方法路径和实践探索等方面进行研究分析，旨在探索构建以资本为纽带、沿着干部管理链条、"管资本管党建"与"管人管党建"相统一的国有资本运营公司党建工作范式。

党的十八大以来，以习近平同志为核心的党中央弘扬改革创新精神，推动思想再解放、改革再深入、工作再抓实，全面深化改革的举措一茬接着一茬。改组组建国有资本投资、运营公司，就是以管资本为主改革国有资本授权经营体制的重要举措。在改组组建国有资本运营公司过程中，如何充分发挥党组织的领导作用，准确把握新时代国资国企改革方向，加快形成国有资本市场化运作专业平台，提高国有资本运营的效率效益，增强为中央企业服务的能力水平，是国有资本运营公司党组织面临的一个现实而紧迫的时代课题。

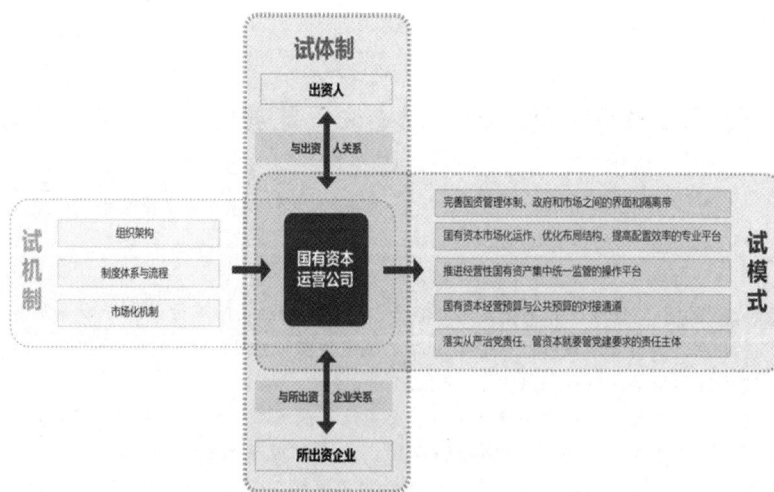

图1 国有资本运营公司概图

中国诚通控股集团有限公司（以下简称"中国诚通"或"集团"）作为国务院国资委确定的2家国有资本运营公司试点企业之一，2016年2月开展试点以来，紧紧围绕"国有资本市场化运作专业平台"的定位，坚定不移坚持和加强党的全面领导，大力发扬"勇挑千斤担、敢啃硬骨头"的诚通精神，不断试体制、试机制、试模式，着力探索落实"两个一以贯之"的方法路径，用高质量党建引领企业高质量发展，以企业改革发展成果检验党组织工作和战斗力。深入研究这一课题，对于推进国资国企改革、健全中国特色现代企业制度、做强做优做大国有资本，具有重大的实践价值和深远的指导意义。

本课题在深入调研的基础上，通过梳理中国诚通开展国有资本运营公司试点以来党建工作的实践做法，从国有资本运营公司党建工作面临的主要挑战、国有资本运营公司党建工作的目标任务、方法路径和实践探索等方面进行研究分析，旨在探索构建以资本为纽带、沿着干部管理链条、"管资本管党建"和"管人管党建"相统一的国有资本运营公司党建工作范式。

一、国有资本运营公司党建工作面临的主要挑战

从国有资本运营公司改革试点的实践来看，在我国经济由高速增长阶段转向高质量发展阶段的大背景下，改组组建国有资本运营公司，是深化国有企业改革的重要组成部分。党建工作既面临难得的发展机遇，又面对重大的考验挑战，特别是管控模式、股权结构、企业类型的调整变化，要求国有资本运营公司党组织积极适应新形势、拿出新对策、展现新作为。

（一）管控模式变化对企业党建工作带来新挑战

改组组建国有资本运营公司，是新一轮国企改革的重要举措，目的是构建市场化的国有资本运营机构，实现"以管资本为主"加强国有资本监管。国有资本运营公司从原来的"管人管事管资产"转变为"管资本"为主，从分类授权放权、改进监管手段等方面来确保市场化运营，完成"形成资本、管控资本、运作资本"三大任务。国有资本运营公司履行出资人职责，政府和监管机构对运营公司进行分项考核评价、不再直接管理企业；国有资本运营公司通过股东大会表决、委派董事和监事等方式行使股东权利，以资本为纽带，形成投资与被投资关系，以出资额为限承担有限责任等，公司法人治理结构的核心从职能管理向股东角色转变。这些调整变化，要求国有资本运营公司党组织依据资本管控模式相应调整组织设置，明确职责定位，发挥功能作用。

（二）股权结构变化对企业党建工作带来新挑战

国有资本运营公司是按照国家确定的战略目标任务和布局结构调整而组建的，目的是优化国有资本布局，促进国有资本合理流动。国有资本运营公司所出资企业最终都要实现证券化和进行混合所有制改革，产权结构逐步由过去的国有独资或绝对控股，转变为多元参股或股权高度分散。国有资本运营公司更多的是履行国有股东的职责，进行资本运作，对所出资企业较少出现100%控股的情况。国有资本和非国有资本相互融合的情况普遍存在，对党组织准确定位和发挥作用提出新的更高要求。国有资本运营公司党组织既不能取代其他治理主体的决策地位，也不能游离于企业决策体系之外，必须进一步加强党的全面领导，理顺党组织与其他治理主体的关系，切实发挥好把方向、管大局、保落实的作用。

（三）企业类型变化对企业党建工作带来新挑战

国有资本运营公司大多以新设的方式建立，并以重组、并购等方式迅速划入大量资产或企业股权。部分混合所有制企业职工来源广泛，市场化选聘的人员较多、党员人数较少、职工流动性大等客观问题现实存在，党建工作基础薄弱、制度建设滞后，与改革发展的最新要求不相匹配。加之一些企业党员领导干部对国有企业党建工作存有模糊认识，片面强调企业的经济属性而忽视其政治属性，片面追求经济效益而忘记应当肩负的政治责任、社会责任。个别基层企业距离"组织全覆盖、活动正常化"的标准存在较大差距。建好建强国有资本运营公司基层党组织的任务很重，必须下更大的功夫来解决，用更大的力气来推动，不断强化政治功能，提高组织力，着力构建适应产权关系和管理模式的组织体系。

二、国有资本运营公司党建工作的目标任务

党的十八大以来，习近平总书记高度重视国有企业党建工作，2016年10月10日，习近平总书记在全国国有企业党的建设工作会议上创造性地提出"两个一以贯之"重要论断，强调坚持党对国有企业的领导是重大政治原则，必须一以贯之；建立现代企业制度是国有企业改革的方向，也必须一以贯之。这为我们旗帜鲜明坚持和加强党对国有企业全面领导、发展壮大国有企业提供了强大的思想力量和方向指引。国有资本运营公司必须坚决贯彻"两个一以贯之"，探索建立党建工作"123"目标任务体系，即：确立一个总体目标、把握两条工作主线、发挥三个功能作用。

（一）确立一个总体目标

以习近平新时代中国特色社会主义思想为指引，坚决贯彻新时代党的建设总要求和新时代党的组织路线，坚定不移加强党对国有资本运营公司的全面领导，把党要管党、全面从严治党贯穿企业改革发展的全过程各领域，把提高企业效益、增强企业竞争力、实现国有资产保值增值作为党建工作的出发点和落脚点，充分发挥党委领导作用、党支部战斗堡垒作用、党员先锋模范作用，建立完善中国特色现代企业制度，着力增强国有经济竞争力、创新力、控制力、影响力、抗风险能力，做强做优做大国有资本，确保党和国家方针政策、重大决策部署的贯彻执行，确保国有资本牢牢掌握在党的手中，为建设具有全球竞争力的一流国有资本运营公司提供坚强政治和组织保证。

（二）把握两条工作主线

1.坚持以资本为纽带，实现"管资本管党建"

这是国有资本运营公司党建工作的总体方向。就是要紧紧围绕服务国家战略，着眼从管企业到管资本的转变，以打造"国有资本市场化运作专业平台"为目标，坚持和加强党的全面领导，强化党组织在决策、执行、监督各环节的权责和工作方式，把党组织的意图体现和落实到国有资本运营公司各项工作之中，使党组织发挥作用组织化、制度化、具体化，做到"国有资本运营到哪里，党的作用就发挥到哪里"，实现国有资本合理流动和保值增值，真正把国有资本牢牢掌握在党的手中。

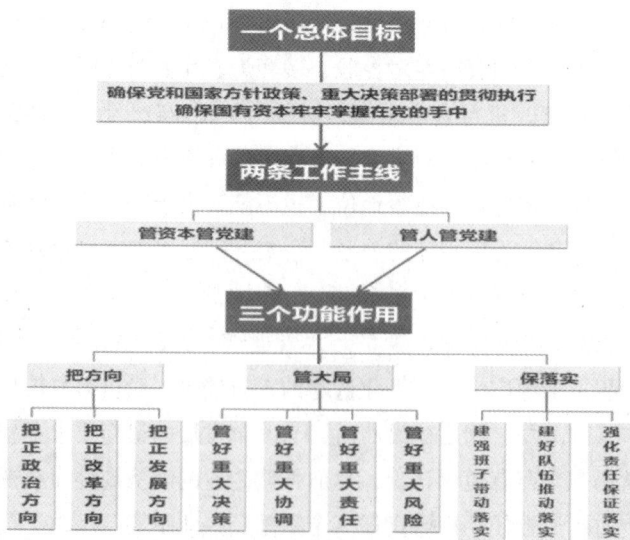

图2 国有资本运营公司党建工作

2.坚持以人员管理为链条，实现"管人管党建"

这是国有资本运营公司党建工作的基本路径。就是要坚持党管干部、党管人才原则，沿着国有企业领导人员管理链条，加强干部人才选拔培养和党员队伍教育管理，强化政治功能，提升政治能力，建立统一归口、责任明晰、有机衔接的党建工作领导体制。坚持把决策执行和落实情况作为对党员干部监督的重点，纳入政治巡视、纪检监察、专项督查等党内监督，针对发现的突出问题和共性问题，及时向董事会、经理层发送意见函，督促抓好整改落实，推动党中央的决策部署和上级的工作安排在企业落地见效。

（三）发挥三个功能作用

党的十九大党章第三十三条规定："国有企业党委（党组）发挥领导作用，把方向、管大局、保落实，依照规定讨论和决定企业重大事项。"这是党章对国有企业党委（党组）功能定位的新规范，不仅鲜明提出了国有企业党委（党组）发挥领导作用，而且清晰规定了发挥领导作用的内容、途径和方法。国有资本运营公司必须着眼这一功能定位，积极探索加强党的全面领导、发挥党委领导作用的方法途径，着重在"把方向、管大局、保落实"三个方面发挥功能、彰显价值。

1.把方向

（1）把正政治方向。"企业"与"国有"的双重属性，要求运营公司提升政治站位、提高政治能力，既要算好"经济账"，更要算好"政治账"。必须旗帜鲜明讲政治，毫不动摇坚持和加强党的全面领导，始终把政治建设摆在首位。通过党委理论中心组集中学习研讨、邀请专家进行专题讲座等举措，在学懂、弄通、做实上下功夫，学思用贯通、知信行统一，推动习近平新时代中国特色社会主义思想往深里走、往心里走、往实里走，进一步增强"四个意识"、坚定"四个自信"、做到"两个维护"，确保运营公司成为党和国家最可信赖的依靠力量。

（2）把正改革方向。改组国有资本运营公司，是改革和完善国有资产管理体制的重要举措，必须把"三个有利于"作为深化改革试点的目标指向和检验标准，紧紧围绕"国有资本市场化运作专业平台"的功能定位，加大改革力度、积累改革经验，形成改革范式、固化改革成果，尽快形成试点经验和改革成果，用高质量党建引领企业高质量发展，全力打造市场化运营、专业化管理的国有资本运营平台。

（3）把正发展方向。党的十九大提出"培育具有全球竞争力的世界一流企业"，这是新时代国有企业的新目标新追求。国有资本运营公司要带头把"做强做优做大"作为价值取向和文化自觉，以建立中国特色现代企业制度为牵引，以服务国有资本布局结构优化调整、服务实体经济振兴发展、服务中央企业提质增效"三服务"为使命，以提高国有资本配置和运营效率为导向，用新发展理念推动一流企业建设，努力建设具有全球竞争力的一流国有资本运营公司。

2.管大局

（1）管好重大决策。"按照规定讨论和决定企业重大事项"，这是党章赋予国有企业党组织的职权，也是党委"管大局"的具体体现和主要内容。中组部陈希部长、国资委郝鹏书记多次对此作过强调，要求严格落实重大问题决策前置程序，发挥党委对企业全局工作的把关定向作用。党委管好重大决策的具体抓手，主要是落实好前置程序。落实前置程序，首先要完善"三重一大"决策制度和前置事项清单，健全完善党委议事规则和决策流程，确保党委决策科学民主依法。

（2）管好重大协调。充分发挥党"总揽全局、协调各方"的作用，加强统筹协调，处理好党委与董事会、监事会、经理层等其他治理主体的关系，形成各司其职、各负其责、协调运转、有效制衡的公司治理机制。可采取党委向董事会、经理层发送意见函等形式，把党组织意见转化为公司意志或经营决策。同时，全方位协调班子成员之间、上下级之间、干群之间的关系，充分调动各方面的积极性主动性创造性，齐心协力推动公司高质量发展。

（3）管好重大责任。国有企业是党领导的经济组织，兼具经济、政治、社会三种属性，理所应当履行好经济责任、政治责任、社会责任"三大责任"，这也是国有资本运营公司应有的使命担当。履行经济责任，就要服从服务于国家经济发展战略，通过市场化专业平台，把国有资本推向重要行业和关键领域，努力建设世界一流企业，当好社会主义经济的"顶梁柱"。履行政治责任，就要坚持党的全面领导、加强党的建设，充分发挥党组织的领导作用，严明政治纪律和政治规矩，确保企业改革发展正确方向，确保国有资本牢牢掌握在党的手中。履行社会责任，就要坚持"以人民为中心"的发展思想，积极参加社会公益事业，全力打赢"三大攻坚战"，充分展示企业良好形象。

（4）管好重大风险。习近平总书记强调："防范化解重大风险，是各级党委、政府和领导干部的政治职责，要坚持守土有责、守土尽责，把防范化解重大风险工作做实做细做好。"国有资本运营公司要进一步强化风险管控意识，妥善化解在改革发展、生产经营、安全环保、廉洁从业、意识形态、信访维稳等方面影响大局的苗头和风险，采取有力有效措施，确保改革试点顺利推进，确保社会大局稳定。

3.保落实

（1）建强班子带动落实。党组织的一个重要职责就是抓班子带队伍。要按照对党忠诚、勇于创新、治企有方、兴企有为、清正廉洁"20字"标准，依据《中央企业领导人员管理规定》，选好配强各级领导班子，真正把忠诚干净担当的优秀干部选出来、用起来。大力弘扬企业家精神，加强各级领导干部的教育管理监督，引导他们争做"讲政治的企业家"和"管企业的政治家"，做到既政治过硬，又本领高强。在此基础上，通过党委带支部、领导带干部、党员带群众，充分发挥示范带动作用，确保党和国家的重大决策部署落到实处。

（2）建好队伍推动落实。推动落实，关键在人、在队伍。职工群众是企业的主体，必须牢固树立"全心全意依靠职工"的观念，充分发挥职工的主人翁作用，不断激发他们的工作干劲和创新活力。重点建好建强"三支队伍"：一是党员队伍。严格落实"三会一课"、谈心谈话、组织生活会等制度，加强党员教育管理，严密组织"两优一先"评选表彰，切实把党员先锋模范作用发挥出来，凝聚团结共事、争创一流的强大合力。二是干部队伍。端正用人导向，强化正向激励，加强人文关怀，为敢于担当、踏实做事、不谋私利的干部撑腰鼓劲，切实把干事创业的热情激发出来，营造"想干事、能干事、干成事"的良好氛围。三是职工队伍。坚持党建带群建，发挥工会和群团组织的桥梁纽带作用，加强思想教育和心理疏导，及时回应职工关切，维护职工合法权益，组织开展职工喜闻乐见的文化体育活动，想方设法把职工组织起来、凝聚起来，凝心聚力推动企业改革发展。

（3）强化责任保证落实。严格落实党委主体责任、党委书记第一责任和班子成员"一岗双责"，通过签订党建责任书、组织党建责任制考核、召开季度例会等形式，扎实推进党建与生产经营深度融合，把党组织的政治优势、组织优势内化为企业的竞争力、生产力。严格落实纪委监督责任，发挥政治巡视、纪检监察、专项审计的作用，加大监督、执纪、问责力度，以正风肃纪为突破口，以落实中央八项规定精神为着力点，持续推进党风廉政建设，营造风清气正的政治生态，严防干部职工发生问题，严防国有资本流失。

三、国有资本运营公司党建工作的方法路径

2019年12月30日，中共中央印发《中国共产党国有企业基层组织工作条例（试行）》，这是专门为国有企业"量身制作"的，对国有企业党组织工作作出整体设计和全面规范，回应了基层关注关心的重点难点问题，具有较强的指导性和操作性，是新时代加强国有企业党的建设的基本遵循。国有资本运营公司要以《条例》为主要依据，科学设置党的组织，明确职责定位，发挥功能作用。

（一）科学设置组织

1.国有资本运营公司总部

设党委1个，一般由5至9人组成，最多不超过11人，其中书记1人、副书记1至2人。党委委员一般应当有5年以上党龄。总部设机关党委1个、党支部若干，一般根据职能部门职责，按照职责相近、便于工作的原则划分党支部。公司党委领导班子成员按照职责分工划入相应党支部，过双重组织生活。

2.国有资本运营公司专业平台

凡是有正式党员3人以上的，应当成立党支部；正式党员7人以上的党支部，设立支部委员会。正式党员不足3人的，应当按照地域相邻、行业相近、规模适应、便于管理的原则，成立联合党支部。党员人数50人以上、100人以下，或者党员人数虽不足50人，确因工作需要的，经上级党组织批准，可以成立党总支。党员人数100人以上的，或者党员人数不足100人，确因工作需要的，经上级党组织批准，可以成立党委。

3.混合所有制企业

在推进混合所有制改革过程中，根据企业组织形式的变化，同步设置或者调整党的组织，理清党组织隶属关系，同步选配好党组织负责人，健全党的工作机构，配强党务工作队伍，保障党组织工作经费，有效开展党的工作。成立党委的，由5至9人组成，一般不超过11人，其中书记1人、副书记1至2人。成立总支部委员会、支部委员会的，由3至5人组成，一般不超过7人。正式党员不足7人的党支部不设委员会，设1名书记，必要时可以设1名副书记。

（二）明确职责定位

1.国有资本运营公司党委

国有独资、国有全资或国有控股及其他具有实际控制力的国有企业，无论是集团总部、二级还是三级以下的公司，无论治理结构中有无董事会、监事会、经理层等其他治理主体，凡是设立党委的就发挥领导作用，把方向、管大局、保落实，依照规定讨论和决定企业重大事项。

2.国有资本运营公司专业平台党组织

具有人财物重大事项决策权的独立法人企业，根据党员人数仅设党支部（党总支）的，一般由党员负责人担任书记和委员，由党支部（党总支）对企业重大事项进行集体研究把关。其他设党支部（党总支）的企业，可结合实际明确党组织对企业重大事项决策的有效途径和工作方法。

3.混合所有制企业党组织

国有资本绝对控股的混合所有制企业，党委发挥领导作用；国有资本相对控股并具有实际控制力的混合所有制企业，参照执行并结合实际落实。国有资本参股但不控股的混合所有制企业，比照非公有制企业开展党建工作。其中，国有资本参股比重较大的企业，国有资本出资企业党组织可以通过选派政治素质好、工作能力强的党组织书记，加强企业党建工作力量。

（三）党委在重大问题决策中的主要职权

党委作为国有资本运营公司的领导机构，主要行使"三项权利"：对保障落实党中央重大方针政策、内部重要人事任免行使决定权；对企业发展战略、经营方针调整、项目投资等重大经营管理事项行使把关权；对企业遵守国家法律法规、产业政策、保护职工合法权益具有监督权。重点做好"四个协调"：协调好与董事会、经理层和监督力量的关系，协调好党管干部和市场化选人用人关系，保证企业"做正确的事""选合适的人""正确地做事"。

1.决定权

对于贯彻落实党中央决策部署的重大举措，企业重要人事任免，基层党组织和党员队伍建设，党风廉政建设、意识形态工作、思想政治工作、精神文明建设、统一战线、群团组织工作等方面的重大事项，由党委直接研究决定。需要由董事会、经理层执行的，按规定提交董事会、经理层履行程序。

2.把关权

对于企业重大经营管理事项，由党委前置研究讨论后，董事会、经理层审议决定。党委行使把关权，重点做到"四个是否"：看决策事项是否符合党的路线方针政策，是否契合党和国家战略部署，是否有利于提高企业效益、增强企业竞争实力、实现国有资产保值增值，是否维护社会公众利益和职工群众合法权益。努力做到"四个把关"：从党和国家方针政策角度把好政治关、从公司发展战略角度把好方向关、从防止利益输送等党纪党规角度把好纪律关、从法规制度角度把好规则关。

3.监督权

党委支持、监督董事会、经理层依法经营，对涉及企业科学决策、依法治企、廉洁从业等事项进行监督。对于公司拟作出的重大决策不符合党和国家方针政策、法律法规、或可能损害国家、社会公众利益和企业、职工合法权益的情况，引发重大不良社会影响和稳定问题，党委要提出撤销或者缓议的意见。得不到纠正的，要及时向上级报告。

党委履行决定权、把关权、监督权，主要是按照党章和党内法规相关要求进行研究讨论，并以党委会议纪要、党委会议决定（会议决议）的形式出具党委意见，做到"会前充分沟通统一思想、会上研究讨论民主集中、会后严格执行和有效监督"，充分发挥党委领导作用，推动企业实现高质量发展。

（四）党委在重大问题决策中行使职权的程序

1.党委在重大问题决策中行使决定权的程序

表1 党委在重大问题决策中行使决定权的程序

序号	步骤	主要内容
（1）	议题确定	可以由党委书记提出，或由党委其他成员提议、党委书记综合考虑后确定；也可以由相关责任部门履行相关程序确定后，向党委办公室提出，报党委书记审定
（2）	会前酝酿	重大事项提交会议决策前应当认真调查研究，经过必要的研究论证程序，充分吸收各方面意见。决策事项应当提前告知所有参与决策人员，并为所有参与决策人员提供相关材料。必要时，可事先听取反馈意见
（3）	会议讨论	党委书记负责召集和主持党委会议，会议必须半数以上的党委成员出席方为有效；讨论决定干部任免事项的，必须有三分之二以上党委成员出席。与会人员要充分讨论并分别发表意见，表决实行会议主持人末位表态制。会议决定多个事项时，应逐项研究决定。若存在严重分歧，一般应当推迟作出决定

（4）	会议表决	党委对职责权限内的重大事项作出集体决策，不得以个别征求意见等方式作出决策。紧急情况下由个人或少数人临时决定的，应在事后及时向党委报告；临时决定人应当对决策情况负责，党委应当在事后按程序予以追认
（5）	会后执行	决策作出后，党委成员按分工负责落实，并明确落实部门和责任人；涉及董事会、经理层相关事项，按程序交董事会、经理层

2.党委在重大问题决策中行使把关权的程序

表2 党委在重大问题决策中行使把关权的程序

序号	步骤	主要内容
（1）	前置研究讨论	通过研究论证、意见征求，拟提交董事会、未设董事会的经理层决策的重大事项，应先经企业党委研究讨论，以党委会议形式，对重大事项提出前置研究意见，提交董事会、未设董事会的经理层作进一步决策
（2）	会前沟通	进入董事会、经理层的党委成员，在议案正式提交董事会或总经理办公会前，应与董事会、经理层其他成员进行充分沟通，提出党委意见和建议
（3）	会上表达意见	进入董事会、经理层的党委成员在董事会、经理层决策时，要充分表达党委意见和建议。对于拟作出的决策违反党的方针政策和国家法律法规、侵犯公众和职工合法权益时，要提出撤销或缓议该决策事项的意见
（4）	会后报告	进入董事会、经理层的党委成员在会议结束后，要向党委报告落实情况，党委要对未执行党组织决定的党委成员批评纠正、追责、问责

3.党委在重大问题决策中行使监督权的程序

表3 党委在重大问题决策中行使监督权的程序

序号	主要内容
（1）	对于公司拟作出的重大决策不符合党和国家方针政策、法律法规、或可能损害国家、社会公众利益和企业、职工合法权益的情况，引发重大不良社会影响和稳定问题，党委要提出撤销或者缓议的意见。得不到纠正的，及时向上级报告
（2）	领导本企业党内监督工作，组织实施各项监督制度，抓好督促检查；加强对同级纪委和所辖范围内纪律检查工作的领导，检查其监督执纪问责工作情况；对本级企业党委成员，同级纪委、党的工作部门和直接领导的党组织领导班子及其成员进行监督；对上级党委、纪委工作提出意见和建议，开展监督
（3）	把重大决策的执行情况，作为巡视巡察、党建责任制考核和企业领导人员综合考评、经济责任审计的重要内容，作为民主生活会（组织生活会）、企业领导人员述职述廉的重要内容，作为企务公开的重要内容。除按照党和国家法律法规、有关规定应当保密的事项外，在适当范围内公开

四、国有资本运营公司党建工作的实践探索

中国诚通2016年成为国有资本运营公司试点以来，集团党委紧紧围绕"国有资本市场化运作专业

平台"的定位，充分发挥党委把方向、管大局、保落实的领导作用，着力推动党的领导与公司治理有机融入、党建工作与生产经营深度融合、党务干部与业务干部交流融通，把党组织的独特优势转化为企业高质量发展的内生动力和治理效能，探索实施"三融一化"党建工程，有力助推了国有资本运营高质量发展。2019年"不忘初心、牢记使命"主题教育期间，中国诚通党委《发挥党组织独特优势，有效破解"处僵治困"难题》的做法，入选中组部《贯彻落实习近平新时代中国特色社会主义思想，在改革发展稳定中攻坚克难典型案例》，成为全党主题教育案例、全国党校教学案例和教学手册。

（一）推动党的领导与公司治理有机融入

坚决贯彻"两个一以贯之"，坚持和加强党的全面领导，把加强党的领导与完善公司治理统一起来，从制度、体制、机制上推动党的领导与公司治理有机融入，建立完善中国特色现代企业制度，构建形成各司其职、各负其责、协调运转、有效制衡的国有资本运营公司治理机制。

1.融入章程制度，巩固法定地位

一是严格落实"党建进章程"要求，对照国资委《公司章程指引》，指导所属企业进一步修订完善公司章程，把党组织的职责权限、机构设置、运行机制、基础保障等重要事项写入公司章程，将党组织嵌入公司法人治理结构，明确党组织在决策、执行、监督各环节的职责权限和工作方式，进一步落实和巩固党组织在公司治理结构中的法定地位。二是严格落实国资委修订的公司章程指引和章程审核、批准管理规定，按照"分层分类、因地制宜"原则，指导所出资企业结合股权结构、经营管理等实际，进一步完善章程内容，全面完成国有独资、全资和国有资本绝对控股企业党建工作要求写入公司章程的工作，积极稳妥推进国有资本相对控股企业的章程修订工作，为企业党组织发挥作用提供制度保证。

2.融入领导体制，理顺治理关系

一是集团总部坚持和完善"双向进入、交叉任职"领导体制，实现党委书记、董事长"一肩挑"，总裁兼任党委副书记，配备专职党委副书记，其他党委成员进入经理层，认真履行"一岗双责"。二是推动所出资企业全面落实"双向进入、交叉任职"，符合条件的党委班子成员通过法定程序进入董事会、经理层，董事会、经理层成员中符合条件的党员依照有关规定和程序进入党委；由集团领导兼任董事长的企业，单设党委书记，党员总经理兼任党委副书记；不设董事会只设执行董事的独立法人企业，党委书记和执行董事一般由一人担任。总经理单设且是党员的，一般应当担任党委副书记。三是海工资产、股权管理、债转股等平台类企业成立党支部，直接隶属集团党委，对企业重大事项进行集体研究把关；分设党支部书记、总经理，党支部书记兼任副总经理、党员总经理兼任党支部副书记。四是在推进混合所有制改革过程中，应当同步设置或者调整党的组织，理顺党组织隶属关系，同步选配好党组织负责人和党务工作人员，有效开展党的工作。五是按照国资委《关于进一步完善国有企业法人治理结构的指导意见》，修订完善公司法人治理结构意见，按照国有资本授权经营体制要求，进一步明确党委会、董事会、经理层的权责边界和工作程序，分类明确党委在公司重大决策中的决定权、把关权、监督权，充分发挥党委领导作用、董事会决策作用、经理层经营管理作用，促使党的领导融入公司治理更加制度化、规范化，保证党委意图在其他治理主体决策和执行中得到落实。

3.融入程序机制，提高决策质量

一是严格落实党委研究讨论是董事会或经理层决策重大问题的"前置程序"，重点围绕"四个是否"（是否符合党的路线方针政策，是否契合党和国家的战略部署，是否有利于提高企业效益、增强企业竞争实力、实现国有资产保值增值，是否有利于维护社会公众利益和职工群众合法权益）进行研究把关。二是按照"国有资本市场化运作专业平台"定位，规范实施"两类前置"：由董事会决策的重大问题，在总裁办公会研究通过后，由总裁提请党委会研究讨论，再履行董事会决策程序；由总裁办公会决策的重大问题，经专项会研究后，由总裁提请党委会研究讨论，再履行总裁办公会决策程序。对于董事会提出异议的事项，党委要加强分析研究，加强与董事会协调沟通，并及时调整完善；沟通协调达不成一致的，应当向上级党组织或者出资人报告。三是按照国资委《关于完善中央企业"三重一大"决策制度的指导意见》，修订完善集团党委议事规则和"三重一大"决策等制度，细化决策事项清单，厘清党委和董事会、经理层等其他治理主体的权责，进一步规范党委前置研究讨论的内容、方式和程序，提高科学、民主、依法决策质量。四是建好用好"三重一大"决策运行监管系统，及时更新完善相关数据，用信息手段对决策事项进行实时、有效监管，实现决策运行透明、行为过程可控、责任过失可查。

（二）推动党建工作与生产经营深度融合

坚持服务生产经营不偏离，牢固树立"抓发展必须抓党建、抓党建就是抓发展"理念，从思想、机制、责任上推动党建工作与生产经营深度融合，找准服务生产经营、凝聚职工群众、参与基层治理的着力点，推进基层党建理念创新、机制创新、手段创新，以高质量党建推动各项生产经营任务落实，以企业改革发展成果检验党组织工作成效。

1.从思想上推动融合，强化政治引领

一是加强党的政治建设，严格落实《中共中央关于加强党的政治建设的意见》和国资委党委《中央企业建立维护党中央权威和集中统一领导制度的指导意见》，抓好集团党委《关于加强党的政治建设、提升基层党建质量的实施意见》落实，引导各级党组织和广大党员干部增强"四个意识"、坚定"四个自信"、做到"两个维护"，坚决落实党中央决策部署和上级党委工作安排，聚焦主责主业，服务国家发展战略，全面履行经济责任、政治责任、社会责任。二是按照集团党委《贯彻落实习近平总书记视察央企发表重要讲话指示批示精神工作方案》，建立健全重大事项及时向上级党委请示报告机制，形成及时报送、定期报告、督导检查的工作闭环。三是强化党的创新理论武装，年初制定印发《党委理论学习中心组专题学习计划安排》，分专题开展学习研讨，举办学习贯彻十九届四中全会精神轮训，在学懂弄通做实上下功夫，持续推进习近平新时代中国特色社会主义思想大学习大普及大落实，推动党的理论创新成果进企业、进车间、进班组、进头脑，引导职工群众听党话、跟党走。四是充分发挥党委领导作用，通过理论中心组平台，牵头组织董事会、经理层聚焦国资国企改革重大问题共同开展务虚研讨和超前研究，吃透政策规定，抢抓改革机遇，校正发展方向，确保企业保持改革发展先发优势。五是紧紧抓住党内集中教育的重大契机，巩固深化"不忘初心、牢记使命"主题教育成果，建立"不忘初心、牢记使命"长效机制，引领广大党员干部锤炼忠诚干净担当的政治品德，为国有资本运营公司改革试点贡献智慧和力量。六是深化宣传思想工作，把统一思想、凝聚力量作为中心环节，加强思想政治工作与企业文化建设，统筹用好各类宣传媒介讲好诚通故事，把社会主义核心价值观融入企业先进理念培育，多做得人心、暖人心、稳人心的工作，构建和谐劳动关系；推进意识形态工作与舆情监控有机结合，健全重大舆情和突发事件处置引导工作机制，为企业改革发展营造良好舆论环境。

2.从机制上推动融合，强化同频共振

一是坚持党建工作规划与战略发展规划相衔接，建立与战略发展目标相一致、与经营管理方式相协调的党建工作机制，探索形成"管人管党建"与"管资本管党建"相统一的党的领导体制和党建工作范式。二是坚持党建工作与生产经营同谋划、同部署、同推进、同考核，年初党建工作与生产经营同步部署展开，每季度党委书记纪委书记例会和生产经营分析会同步推进落实，日常学习教育、文化工作与岗位练兵、技能比武等活动同步结合进行，不断提升党建工作与生产经营的融合度。三是坚持服务生产经营不偏离，紧密结合生产经营开展党组织活动，通过设立党员责任区、党员示范岗、党员突击队、党员服务队等形式，引导党员创先争优、攻坚克难，积极参与志愿服务，争当生产经营的能手、创新创业的模范、提高效益的标兵、服务群众的先锋。四是坚持党建带群建，充分发挥工会、群团组织的桥梁纽带作用，健全以职工代表大会为基本形式的民主管理制度，探索职工参与管理的有效方式，组织开展岗位技能竞赛和群众性文化体育活动，维护和发展职工合法权益，团结动员职工群众在生产经营中主动作为、在改革发展中建功立业。

3.从责任上推动融合，强化使命担当

一是坚决贯彻习近平总书记"抓党建必须抓责任制"重要指示，坚持层层明责、考责、问责，细化落实《全面从严治党主体责任清单》，签订党建工作和生产经营两个《责任书》，层层传导压力，推动工作落实，形成党建工作和生产经营"党政同责、一岗双责、交叉覆盖、齐抓共管"的大融合格局。二是建立完善领导班子成员党建联系点"包干"、年度党建工作报告、党组织书记抓基层党建述职评议考核等制度，企业党组织每年初向上级党组织报告上年度党建工作情况、领导班子成员每季度向本企业党组织报告抓党建工作情况，构建"述评考用"党建责任闭环，形成"抓党建、强党建"的强大合力。三是充分发挥党建责任制考评的"指挥棒"作用，修订完善考核评价办法，优化考核指标和评价机制，建立"1+3"党建考评体系，把党建工作考评与经营业绩综合考评、领导班子综合考评等结合起来，既看"党建账"，又看"经济账"，考评结果与企业领导人员任免、薪酬、奖惩挂钩，构建"用责任制管好责任人，用责任人带动一班人"的良性机制。四是坚持把管资本为主和对人监督结合起来，综合运用纪检监察、巡视巡察、经济责任审计等手段，紧盯基金投资、股权管理、资产经营、金融服务以及物资采购、招投标、工程建设等重点领域，加强对权力集中、资金密集、资源富集、资产聚集的重点部门和单位的监督，及时发现经营管理、改革发展中存在的风险和问题，采取向董事会、经理层发送意见函等形式推动问题整改，全面提高公司治理水平。五是持续保持正风肃纪高压态势，强化监督执纪问责，严格执行述责述廉、领导干部报告个人有关事项等党内监督制度，建立领导干部插手干预重大事项记录等制度，健全落实事前事中事后监管机制，推进权力运行公开透明、程序规范，努力建设风清气正的"阳光企业"。

（三）推动党务干部与业务干部交流融通

坚决贯彻新时代党的组织路线，坚持党管干部、党管人才原则，保证党对干部人事工作的领导权和对重要干部的管理权，按照对党忠诚、勇于创新、治企有方、兴企有为、清正廉洁"20字"要求，积极推进党务干部和业务干部交流融通，着力培养高素质专业化企业领导人员队伍和人才队伍，为国有资本运营公司改革发展提供人才支撑。

1.融通培训平台，提高综合能力

一是认真落实"两培养一输送"要求，把政治标准放在首位，重视在生产经营一线、青年职工和高知识群体中发展党员，注重向党员空白基层单位倾斜，力争每个班组都有党员，努力把生产经营骨干培养成党员，把党员培养成生产经营骨干，把党员骨干输送到重要岗位。二是积极开展大学习、大调研、大培训活动，组织党务干部、业务干部同步学习党的创新理论和国资国企改革相关政策规定，加强调查研究、实践锻炼和专题培训，引导干部向国际一流企业对标，拓宽国际视野，不断提升理论素养和专业能力。适时选派素质好、有潜力的干部到重大项目培养历练，提高复合能力。三是认真贯彻《党员教育管理工作条例》《2019—2023年全国党员教育培训工作规划》，制定完善党员教育管理和培训实施意见，每年举办党组织书记、党务干部和党员"三支队伍"集中轮训，增加生产经营、改革发展、金融知识等方面内容，着力培养既懂党务、又善经营的高素质专业化干部队伍。四是严格落实《党支部工作条例》，选优配强党支部书记，把懂党务、懂业务、懂管理，会解读政策、会疏导思想、会解决问题，政治过硬、作风过硬、廉洁过硬的优秀党员选拔到党支部书记岗位，把党支部书记岗位作为培养选拔企业领导人员的重要台阶。强化素质提升，党支部书记每年至少参加1次集中培训，新任党支部书记应当在半年内完成任职培训，解决有热情没招数、想干不会干等问题。

2.融通交流渠道，培养复合人才

一是严格执行《企业领导人员管理办法》，积极畅通党务干部职业发展通道，注重选拔政治素质好、熟悉经营管理、作风正派、在职工群众中有威信的党员骨干做企业党建工作，把党务工作岗位作为培养企业复合型人才的重要平台。二是加大干部交流和年轻干部选拔培养力度，健全干部在党务工作岗位与经营管理岗位交流任职制度，有计划、分批次安排党务干部和业务干部进行双向交流、轮岗锻炼，建立不同资产经营平台之间人力资源共享和流动机制。三是实施专业人才挂职培养，建立党务干部后备人才库，推进落实党务干部"上挂下派"制度，吸引更多业务人才充实到党务工作岗位。

3.融通激励机制，激发工作热情

一是健全规范基层党组织生活、党员队伍建设、教育管理、党内关怀帮扶等制度体系，完善基层示范党支部建设标准，聚焦党组织活动与改革发展、生产经营紧密结合，培育命名"基层示范党支部"，为基层党组织树立标杆。二是弘扬劳模精神、工匠精神，大力宣传表彰先进典型，发挥示范引领作用，深入开展"诚通之星""两优一先""优秀职工"等评选表彰活动，突出表彰在生产经营、改革发展、党的建设等方面涌现出来的先进典型，激发干部职工争先创优、建功立业的工作热情。三是制定所出资企业党建工作及党务机构、党务力量配备指导意见，按照"两个1%"要求，建强党务工作机构，配备专兼职党务干部，保障党组织工作经费，建好用好党员活动阵地，确保党组织有机构管事、有人干事、有经费办事。同时，保证党务干部与经营管理人员同职级、同待遇，不断提升党务干部的职业荣誉感和使命光荣感。

（四）着力把党组织的独特优势转化为企业高质量发展的内生动力和治理效能

坚持把提高企业效益、增强企业竞争力、实现国有资产保值增值作为党组织工作的出发点和落脚点，紧紧围绕国有资本运营公司改革发展需要谋划开展党建工作，用高质量党建引领企业高质量发展，把"无形"的党建工作成效转化为"有形"的企业发展优势和公司治理效能，切实形成"党建强、企业兴"的良好局面。

1.始终坚持党的领导，为企业改革发展提供政治保证

坚持和完善党对国有资本运营公司的全面领导，始终把党的政治建设摆在首位，不断提高政治站位，强化政治引领，增强政治能力，涵养政治生态，防范政治风险，坚决落实党中央决策部署和上级党委工作安排，推动企业聚焦主责主业，服务国家发展战略，全面履行好经济责任、政治责任和社会责任。坚持把深入学习习近平新时代中国特色社会主义思想和跟进学习习近平总书记关于国资国企工作的重要论述贯通起来、一体推进，在往心里走、往实里走、往深里走上下功夫、用气力，真正把习近平新时代中国特色社会主义思想作为治党兴企的"制胜法宝"，不断从中找方法、找钥匙、找答案，进一步

提振广大党员干部职工锐意进取、开拓创新的精气神，坚定推进企业改革发展的信心和决心，确保国有资本运营公司改革发展沿着正确方向推进。

2.始终坚持改革创新，为企业改革发展提供强劲动力

全面贯彻新发展理念，坚持市场化改革方向，紧紧围绕"国有资本市场化运作专业平台"的功能定位，不断试体制、试机制、试模式，坚持在创新中运营、在运营中创新，制定并落实党建规划、发展战略、投资后评价、风险管控、考核激励等一系列制度规定，加快推行职业经理人制度，大力推动所出资企业薪酬考核体系分类授权体制改革，构建适应国有资本运营公司需要的制度体系。充分发挥党委领导作用、董事会决策作用、经理层经营管理作用，有效调动广大干部职工的积极性主动性创造性，推进党的领导不断加强、组织架构不断健全、平台功能不断显现、运营能力不断提高，努力形成国有资本运营公司改革试点标志性成果，推动企业在更高起点上实现高质量发展。

3.始终坚持人才强企，为企业改革发展提供人才支撑

大力贯彻人才强企战略，坚持德才兼备、以德为先，坚持五湖四海、任人唯贤，坚持事业为上、公道正派，进一步端正选人用人导向，加大人才引进、培养力度，着力锻造高素质专业化人才，培养造就大批"有理想守信念、懂技术会创新、敢担当讲奉献"的新时代干部职工队伍。坚持严管和厚爱结合、激励和约束并重，建立完善干部考核评价机制、激励机制和容错纠错机制"三项机制"，旗帜鲜明为那些敢于担当、踏实做事、不谋私利的干部撑腰鼓劲。大力弘扬"勇挑千斤担、敢啃硬骨头"诚通精神，引领广大干部职工不断提升服务大局、开拓创新、勇挑重担、攻坚克难、真抓实干、合作共赢"六种能力"，为推进国有资本运营公司改革发展作出新的更大贡献。

以"管资本"为核心构建利益共同体

——对现阶段混合所有制改革中员工持股实践的若干思考

王悦　陈可　清华大学

伴随着企业发展中所有权和经营权的分离,股东和管理层及员工之间的委托代理问题和不完全契约问题成为大企业广泛面临的挑战。大家普遍认为,允许员工持有本企业的股份有利于将员工利益与企业前途紧紧地联系在一起,形成一种按劳分配和按资分配相结合的新型利益共享机制,从而应对上述挑战。事实上,员工持股计划(ESOP)在国际公司中非常普遍,世界500强中接近50%的西方企业都有实施。

过去30余年来,我国在经济体制改革和国有企业产权结构调整中也曾多次鼓励员工持股,员工持股在不同阶段的国企改革中发挥了重要推动作用。从二十世纪80年代初开始,以"多种形式放开搞活"为主要思路的国企改革中,员工持股成为筹资和搞活的重要手段。1993年党的十四届三中全会之后,国企改革在顶层设计上围绕着股份制和现代企业制度展开,在随后确立的"抓大放小"的战略思想下:针对国有中小企业的改革中,员工持股成为实现国有资本有序退出的重要手段;与此同期,针对国有大中型企业的改革中,员工持股成为实现股权多元化并上市的重要手段。然而,由于历史上国有股东的长期诉求在实施员工持股的过程中是不清晰的,出现国有资产流失、新的平均主义大锅饭等一系列问题,导致员工持股的探索难以持续。2005年"郎顾之争"之后,国家出台的一系列政策重在从严规范国企改制中的员工持股行为,虽然有少数企业取得成功,但员工持股的探索总体上陷入停滞。

2013年党的十八届三中全会提出"允许混合所有制经济实行企业员工持股,形成资本所有者和劳动者利益共同体",员工持股再次走到国企改革前沿。2016年《关于国有控股混合所有制企业开展员工持股试点的意见》作为国企改革1+N文件中第一个关系分配制度的文件出台,重新燃起广大企业对员工持股的热情。员工持股能否再次成为国企改革的重要推手?为此我们需要明确新时代改革中国有股东的诉求是什么。

一、如何理解新一轮国企改革中引入员工持股的政策目标?

不同于历史上相当长的时间国企改革"摸着石头过河",新时代国有股东的诉求更为清晰。党的十八届三中全会明确提出了"坚持公有制主体地位,发挥国有经济主导作用,不断增强国有经济活力、控制力、影响力"的总要求。由此可见,新时代的国企改革既不是"一卖了之",也不是"搭便车",混合所有制更不是走向"民营化"的过渡状态,相反国有股东会在包括竞争性行业的相当一部分企业中以具有一定控制力的比例长期存在,因而国有股东的诉求具有显著的长期性和主导性。在此基础上,党的十八届五中全会和十九大进一步明确了以"管资本"为主要手段下"国有资本做强做优做大"的国企改革总目标。以"做强"为核心理解国有股东的长期性诉求,应表现为聚焦所控股企业生产和运营效率的持续提升，从而提升企业持久竞争力和长期资本回报水平，而非以追求短期的资本溢价为主要诉求。这与混改引入的社会资本中一部分追求中短期退出的社会资本也是有重要差异的。

显然，要实现上述诉求，就需要把各方利益诉求统一到国有股东的诉求上来，形成一个具有长期性的利益共享机制。在此背景下理解员工持股，作为上述机制的重要组成部分，其目标就应是通过持股把核心员工绑上改革战车，推动企业的改革和发展，从而实现企业竞争力的持续提升，这是在混改中引入员工持股、构建"利益共同体"的应有之义。

二、现阶段实践中员工持股对国企改革的推动效果如何？

基于上述认识，五年来我们调研并持续跟踪了86家已经或拟实施员工持股的混合所有制企业，其中34家在2016年8月前实施了员工持股，32家参照133号文已经或正在实施员工持股，另有20家企业拟实施员工持股。根据所调研企业反馈的情况，我们有以下观察：

首先，员工持股提升了员工的监督意愿，有效抑制了国有资产流失。员工持股受到高度关注，入股全过程接受全体员工的监督，基于评估定价真金白银的出资入股，一系列严格的规范有效避免了历史改革中国有资产流失的情况。与此同时，持股后员工对企业的监督意愿增强，对国有资产保值有积极作用，大到关联交易利益输送，小到效率低下铺张浪费，"以前没人管的现在有人管了"。

同时，员工持股在当期激发了持股员工的积极性。一方面，持股员工对企业的关注度提升。一些企业反映"以前可说可不说的要说，以前可做可不做的要做"，还有一些企业反映，持股员工像"打了鸡血"，管理层"天天加班"，销售人员"常年在外面出差"。同时，骨干员工从以前只关心"发多少工资"到现在关心"公司业绩表现如何"，对企业的关注度显著提升。另一方面，持股暂时抑制了人才流失的趋势。尤其在一些人力资源为主的企业——例如科研院所中，骨干人才流失速度显著下降。

然而，据我们的观察，由于几乎所有的持股案例中分红都不足以覆盖员工的入股成本，使得资本溢价成为员工获益的唯一方式和迫切需求，导致追求短期上市成为持股员工的核心诉求。调研中，很多企业的持股员工反映"持股不如买理财"，更有企业一把手坦承"每个月工资还完入股贷款只剩1000多块"，持股长期"算不过账来"。不仅如此，在"市价入股、人走股退"的政策规定下，员工普遍认为持股是"用商品房的价格买了小产权房"，使得员工有更强烈的动机寻求短期获益出口，短期上市成为必然选择。"持股锚定短期上市"的心态引发员工行为的短期化，导致持股未能在广泛企业中产生"绑定员工推动改革"的效果，并突出表现在三个方面：一是为了追求上市而冲业绩、大干快上、涸泽而渔的现象愈发显著，而绑定员工希望推动的深层次改革反而进展缓慢。调研中，仅有15%的企业明确表示持股后"三能"机制改革有所推动，也正是因为"入股后什么都没有变"，多数员工在改革中没有获得感，由此导致企业整体活力难提升。二是"绑不住"大量存在。一些企业一旦上市则持股员工皆大欢喜，上市锁定期一过员工尽快变现退出，历史上的教训正在重演；而另一些企业锁定期渐近而尚无上市预期，员工普遍出现焦急情绪，甚至要求企业回购或股东兜底，希望尽快退股走人。三是"不想绑"同样显著。上市形成的资本溢价一次性大幅推高了持股价格，导致员工离职后继任者不愿被绑，难以基于企业需求对关键岗位进行持续绑定；与此同时，由于"能上市"成为监管机构、国有股东和企业决策员工持股的核心标准，导致短期难以上市的企业—例如企业现阶段亏损、控股股东为A股上市公司等情况—对员工持股毫无兴趣，员工不想被绑定。

综上，正如大部分的员工持股企业坦言：现阶段员工持股的实践于改革的作用难言积极。其中原因虽然是多方面的，但在我们看来，核心问题在于，国有股东固然想绑定员工以实现其长期诉求，但由于员工自己会算账，如果改革没能让员工算过来长期收益的大账，持股就必然被员工视为一次性福利，追求短期变现就难以避免，国有股东"构建利益共同体"的目标也就难以实现。调研中，有少数试点，在企业家强烈事业心和责任感的带领下、在国有股东和监管机构强有力的支持下，至今执行效果尚且积极。然而，随着时间的推移、试点范围的扩大，上述问题会逐步暴露，长期负面作用值得担忧。

三、为什么持股员工没能建立对长期回报的积极预期？

既然现阶段通过员工持股推动改革的效果并不理想，那么下一阶段改革中探索构建利益共同体的主要内容应聚焦在如何在改革中引导员工建立长期回报的积极预期，使员工更好的推动企业的改革和发展。不难理解，长期回报的积极预期应基于三个核心要素：明确的定位、合理的授权及正向的回报。然而，在混合所有制改革中，对这三个要素的呼应仍显不足，具体表现在：

一是国企管理者的定位仍旧不清晰。混合所有制企业的管理者到底是官员还是企业经营者，目前仍不清晰，有部分国企管理者认为自己是"官员"，长期持续经营和发展企业不是自己的主要职责。此外，目前对国企管理者仍是行政化管理居多，突出表现为随时可能被调动。由于管理者缺乏做企业的长期预期，基于长期的机制就难以发挥其应有的效果。例如，我们接触的员工持股案例中，持股的管理者——乃至一把手被调走的不在少数，导致企业的战略规划、改革措施难以从一而终地有效落实，改革成效不显著，示范效果不积极，追求短期收益反而成为"安全选择"。

二是企业依然缺乏自主权。基于我们的调研，国有股东不放权、企业董事会行权不充分是混合所有制改革落地的主要障碍之一。多数混合所有制企业中，看似所有决策都由董事会做出，实际上董事会仍然只是"橡皮图章"，董事会只是"走程序"，难以真正履行决策；与此同时，国有股东或主动或被动干涉企业日常经营事务，企业无论大事小事均需逐级向上请示汇报，管理层和员工对股东的决策方向和依据既无法判断也无法影响，同时股东的决策效率底下，有时无法满足企业经营和生产的实际需求。由于缺乏授权，员工就不愿为企业的长期发展担责，也就不关注长期回报。由此不难理解，一些管理者反映持股后股东的行政化管理仍然凌驾于市场化决策之上，自身努力没能带来企业的发展，反而对改革灰心，甚至萌生退意，因此也就不愿意把自己的未来和企业的发展紧密绑定。

三是薪酬和激励机制仍然难以市场化。调研中多数企业反映，混改后工资总额依然无法实现突破，国有股东仍然在工资总额分配中无法做到"能高能低"，仍然是"干多干少一个样"。员工的付出与当期回报尚未形成正向关联，更难以对长期收益产生积极预期。由此不难理解，员工将持股视为一次性福利，不愿长期持有，力求锁定期结束后尽快变现。与此同时，目前对于占大多数的非科技型混合所有制企业而言，除员工持股，并没有任何基于利润或股东经营回报的长期激励机制，这种机制的缺失，缺乏对员工长期回报预期的积极引导，使企业一窝蜂追求持股，并认为上市变现退出是理所应当。

四、如何构建各方股东、企业、员工的利益共同体？

上述管理层定位不清、企业授权不充分以及薪酬激励机制不市场化的问题，恰恰是过往以行政手段管理国企的集中体现。因而我们认为，破题的关键，应以"管资本"为核心系统地搭建政策体系，具体包含以下五个方面的建议：

一是进一步解放思想，充分认可混合所有制企业中管理层的作用。破除国企管理者是官员、人人都能将企业管好的思想，充分肯定国企管理层和员工的人力资本价值，才能让他们义无反顾的投入到企业的改革和发展中。由此我们建议：第一、混合所有制企业的管理层应由董事会聘任和解聘，且不能被集团随意调离。一方面，应改变形式上董事会任命，实质上集团委派的现状，集团股东应就候选人与其他股东进行充分沟通，从而确定管理层的合理人选。另一方面，集团在准备调动混合所有制企业人员的时候，应以企业持续经营和发展为前提，充分听取个人和其他股东的意见，这样有助于选拔想改革、敢担当的管理者来心无旁骛地经营好企业；第二、混合所有制企业管理层不再强制要求60岁到点退休。除了国有企业，国内外大型企业均不强制要求管理层到点退休。根据我们的统计，1 090家A股上市的"国有"企业中董事长的年龄中位数为55岁，总经理的年龄中位数为52岁。由此类比混改中的非上市企业，不难理解，若企业的管理层只有5-8年甚至更短的"在职"预期，其行为就容易短期化。因此，建议改变国企管理者"到点退休"的规定，退休与否只与董事会是否聘任为前提，这样有助于管理层建立稳定和长期的预期。

二是在集团层面开展综合性改革试点，自上而下落实董事会职权。建议选择市场化程度高、改革意愿强烈的2-3家央企集团，以"管资本"为目标，由中央直接授权，按照法无禁止皆可为的原则、以混改为牵引开展综合性改革试点。试点集团应以"管资本"为主线，一方面在明确集团战略方向、业务布局的前提下，以"混"为牵引，针对旗下业务实施资产重组和引入社会资本；另一方面，以"改"为牵引，针对混合所有制企业的董事会，依照《公司法》要求实施分类授权，并相应调整集团的职能和机构设置，从而探索建立有别于国有独资、全资公司的治理机制和管控模式。

三是改革工资总额的管理方式，满足一定条件的混合所有制企业工资总额由董事会自主决策。历史上，在"一股独大"和国有股东"缺位"的情况下，由于董事会缺乏对管理层的有效监督和制衡，出现了"管理层自己给自己发薪酬"的情况。现阶段，伴随着企业混改和国有股东"管资本"的改革，国有股东和社会资本股东已牢牢控制了企业的董事会，可以有效避免历史上出现的"薪酬失控"。此时继续对混合所有制企业进行工资总额管理，反而不利于改革的持续深入推进。我们建议，应从"董事会有效制衡，董事充分履职"出发，建立适应于混改企业的工资总额授权管理的新模式，允许满足一定条件的混合所有制企业的工资总额不纳入集团"总盘子"，充分授权给董事会进行决策，同时要求董事会的对其决策依据进行披露。具体来说，我们建议企业应满足以下三方面的条件：第一、从股权角度，单一社会资本股东要显著持有公司股份，有效避免"事不关己高高挂起"；第二、从治理角度，社会资本股东提名的董事在董事会当中需达到或超过1/3，发挥"点头不算摇头算"的作用；第三、从履职角度，董事会需建立薪酬委员会，对高管薪酬进行审阅，同时高管薪酬和工资总额要作为董事会投票表决事项。此外我们还建议企业参照上市公司的披露要求，探索混合所有制企业的披露机制，在一定范围内披露董事会对于高管薪酬和工资总额的决策依据，形成外部监督。

四是明确员工持股的功能定位，将其从激励手段回归为绑定手段。社会上普遍将员工持股视为激励手段，然而如前文所述，在"严防国有资产流失"作为改革红线的背景下，除非企业拥有较高的资产回报率及分红水平，否则以评估价格持股将较难产生长期持续回报。因此应简化员工持股的功能定位，充分发挥其风险约束功能，弱化其激励作用。我们建议，混合所有制企业实施员工持股只用于绑定，不承担激励作用，尤其是企业上市后员工所持股份不能在二级市场公开流转。具体而言：第一、可以要求以管理层为主的核心员工以一定倍数的年薪或基本薪酬（比如2-5倍）持有本企业的股份，类似于"风险抵押金"，作为获取市场化薪酬和参与市场化激励的前提条件；第二、核心员工按照评估价格入股，所持股份拥有和其他股东一样的投票权和分红权；第三、坚持"股随岗变"原则，核心员工持有的股份不允许对外流转，企业上市后也不可在二级市场流通，只可在在岗者和继任者之间流转。事实上，这与国际上很多大企业——例如微软、通用汽车、辉瑞——的通行做法一致，通过要求管理层持有一定价值的股份，来避免股东利益受损，同时配套市场化的激励机制，以鼓励管理层创造股东价值。

五是允许企业根据自身特点，探索基于利润的多种中长期激励制度。现阶段，政策层面，基于利润的中长期激励制度在企业中的探索受到了两方面的限制：一是并没有将利润分享等机制纳入中长期激励的政策范畴，并积极引导企业进行尝试，二是由于利润分享等机制通常以现金形式支付，会纳入工资总额进行统一管理，在工资总额不充分的情况下，导致企业没有空间进行尝试，对此我们建议：第一、改变以股权激励为主的中长期激励政策体系，在政策上明确鼓励混合所有制企业围绕利润设计现金型中长期激励机制，并引导企业通过递延支付等方式，帮助员工建立长期观念。可采用包括利润分享、EVA分享，或者基于股东的投资回报要求，采用超额利润分享机制，充分将企业发展阶段、股东的长期回报要求进行结合。第二、应打破工资总额对于基于利润的中长期激励政策的探索限制，对于工资总额并未完整授权给董事会的混合所有制企业，该部分长期激励不纳入工资总额的管理当中。

综上，国有股东要引导员工建立长期的积极预期，就要以"管资本"为核心，实施包括国企员工身份定位、分配制度等前置性改革以及员工持股和激励手段的配套改革，方能构建"资本所有者和劳动者利益共同体"。

企业抗击疫情系列谈（节选）

宋志平　中国企业改革与发展研究会会长

2020年年初，突如其来的新冠疫情给全球经济造成了前所未有的重创，企业经营发展遇到极大困难。抗击疫情期间，中国企业改革与发展研究会推出了宋志平会长署名的"企业抗击疫情系列谈"文章十余篇，提出了"不懈于内，共济于外，在人类命运共同体的抗疫合作中推进中国企业的新发展""弘扬伟大抗疫精神，在构建双循环新发展格局中创建世界一流企业"等具有鲜明特色的观点。本书节选了其中资料性较强的三篇文章，供读者参阅。

不懈于内，共济于外在人类命运共同体的抗"疫"合作中推进中国企业的新发展

当前，新冠肺炎疫情正在全球多个国家蔓延扩散。世界卫生组织总干事谭德塞2020年3月11日在日内瓦宣布，新冠肺炎疫情"从特征上可称为大流行"。世界卫生组织20日发布的最新数据显示，全球新冠肺炎确诊病例累计已超过24万。山雨欲来风满楼，在此次疫情中，全球GDP贡献率超过70%的东亚、北美以及欧盟三大经济圈的疫情形势最为严峻。如果这三大经济圈的疫情形势无法在短时间内得到有效控制，那么全球经济发展都会因此受到巨大威胁。人类是一个命运共同体，各国命运相连、休戚相关。当经济全球化与"疫情全球化"不期而遇，进行全球范围的抗疫合作，构建抗"疫"命运共同体成为国际社会的唯一正确选择。

中共中央政治局常务委员会2020年3月18日召开会议，分析国内外新冠肺炎疫情防控和经济形势，研究部署统筹抓好疫情防控和经济社会发展重点工作。习近平总书记指出，在全国上下和广大人民群众共同努力下，全国疫情防控形势持续向好、生产生活秩序加快恢复的态势不断巩固和拓展，统筹推进疫情防控和经济社会发展工作取得积极成效。我国的广大企业更应坚定信心、化危为机，在分区分级实施精准防控的基础上，有序推动全产业链加快复工复产，促进经济恢复平稳运行。同时进一步扩大对外开放，积极主动援助全球抗疫，在人类命运共同体的抗疫合作中推进中国企业的新发展。

一、不懈于内，以稳定经济增长作为承担大国责任的重要基础

此次新冠肺炎疫情，是新中国成立以来在我国发生的传播速度最快、感染范围最广、防控难度最大的一次重大突发公共卫生事件，严重威胁人民群众的生命安全和身体健康。在以习近平同志为核心的

党中央坚强领导下，全国一盘棋，各项防控措施快速、有力、有序实施。实践证明，这些部署是及时的、果断的，举措是有力的、有效的，形成了全面动员、全面部署、全面加强疫情防控的战略格局，彰显了我国集中力量办大事的制度优势。

中国拥有全球规模最大、门类最全、配套最完备的制造业体系，在全球产业链、供应链中占据着重要地位。随着疫情防控形势持续向好，各地区多措并举，有序推动全产业链加快复工复产。这既为企业化解燃眉之急，也为经济恢复平稳有序发展提供了有力保障，更维护了全球供应链安全。在疫情全球大流行的背景下，稳住经济是我国承担大国责任的重要前提和基础。据对24个省（区、市）流通领域9大类50种重要生产资料市场价格的监测显示，2020年3月上旬与2月下旬相比，11种产品价格上涨，36种下降，3种持平。由此可见，企业开工复产率明显提高，物流供应日益通畅，生产秩序和生产水平正在明显恢复。

（一）坚持多措并举复工复产，保障经济平稳有序发展

在统筹推进新冠肺炎疫情防控和经济社会发展工作部署会议上，习近平总书记指出，区域之间要加强上下游产销对接，推动产业链各环节协同复工复产。这为当前复工复产指明了方向。

如今，企业复工复产的脚步正在加快。工信部发布的数据显示，截至3月13日，全国除湖北外的规模以上工业企业平均开工率超过95%，中小企业开工率已达到60%左右。但是复工未达产的情况仍存在，特别是产业链上下游复工复产缺乏协同，产业链难以顺畅运转。从国内看，产业链环环相扣，一个环节阻滞，上下游企业可能都难以正常运转。从全球看，中国的产业链已深深嵌入全球供应链，任何环节的不畅都将影响我国企业在国际市场的地位。

针对产业链各环节协同复工复产，一方面要切实帮助企业纾困解难，精准帮扶，以重点行业、龙头企业带动产业链上下游全面恢复产能。提高产业链复工复产的系统性、协同性。另一方面，针对当前一些产业暴露出的供应链薄弱环节，抓住技术研发突破口，搭建数据联通平台，加强产业协同和技术合作攻关，增强产业链韧性，提升产业链水平，在开放合作中形成更强创新力、更高附加值的产业链。同时加大财政金融支持，适当降准降息，加强对民营企业的金融支持力度，提高对中小微出口企业的金融支持力度等。

复工复产关系到民生保障和社会稳定，关系到实现全年经济社会发展目标任务。数据显示，1至2月份，面对突如其来的新冠肺炎疫情，全国规模以上工业总产值仍然达到11.5万亿元，社会消费品零售总额超过5.2万亿元，完成固定资产投资超过3.3万亿元，国民经济经受住了疫情考验。下阶段，要统筹推进疫情防控和经济社会发展工作，加强宏观政策对冲力度，激发微观主体活力潜力，把疫情造成的损失降到最低，努力恢复正常经济社会秩序，推动经济平稳健康发展。

（二）把握潜在机遇，推动中国经济行稳致远

一石激起千层浪。在疫情对中国经济增长和社会治理带来短期冲击的情况下，广大企业不断强化科技创新，大力培育新动能，推动传统产业改造优化升级，加速了数字化转型进程，为深化企业改革发展埋下了伏笔，也为我国经济的结构调整与优化带来了机遇。智能制造、无人配送、远程办公等"宅经济"的兴起，推动生物医药、医疗设备、5G网络、工业互联网等加快发展，提升了我国在全球产业链、价值链中的地位。

2003年，以"淘宝"为代表的电商平台在非典期间诞生，加快了我国零售行业的数字化，促进了中国人的生活和消费方式革新，中国互联网经济也开始驶上发展的快车道。2020年，在新冠疫情的影响

下，巨大的刚需倒逼企业进行数字化升级，为企业转型提供了契机和驱动。从消费市场来看，广大居民对更高质量的医疗卫生健康相关产品和服务的需求不断增加，教育、购物等日常学习生活需求，在疫情期间也衍生出线上授课、无接触式配送等更高质量的服务需求；从制造领域来看，工业互联网接轨各大企业管理、生产、协同办公、数字化生产等，逐渐成为企业复工的标配。例如，依托阿里云，钉钉帮助1000万企业组织解决在线办公和技术保障协同问题。随着线下恢复运营迫在眉睫，支付宝健康码、钉钉企业复工平台相继推出，助力安全有序复工复产。疫情期间，数万个品牌通过全域营销获得新的增长动力。为缓解小微企业资金链紧张，网商银行和淘宝推出"0账期"并延长至6月30日，预计带来2000亿流动资金。

作为中国经济"顶梁柱"的中央企业也迅速行动、把握机遇，发挥产业链主力军优势，用投资驱动和硬核科技领跑"新基建"，以"新基建"升级"新消费"，形成增长新动力。在此次抗击疫情中，以5G、无人机、机器人、3D打印等为代表的央企 "黑科技"，已在助力疫情防控中大显身手，大国重器走上抗疫战场，赢得海内外广泛关注与好评。5G远程医疗系统让北京的专家跨越1200公里，与"战疫"前线的临床医生实现"面对面"高清救治指导；中国电科联合顺丰速运顺利完成首次无人化应急运输投送任务，无人机降落到武汉金银潭医院，将急需的医疗和防疫物资送到医护人员手中；中国电科研发的"一网畅行"疫情防控与复工复产大数据系统，2月6日起，对全国11个重点省和16个重点市未来十天的确诊病例进行预测，结果显示提前三天的平均预测误差仅为0.81%。央企大数据和信息化手段助力疫情防控，发挥了出乎意料的作用和效果，为其他国家疫情防控和公共医疗设施运用提供了有力借鉴，也为今后我国高科技应用于公共卫生设施、更好地救治病人，更好地服务于高质量工业化，服务于我国的经济高质量发展提供了科技范本。

疫情对于市场波动和场景消费的影响是明显的，广大企业特别是技术力量薄弱的中小企业，更应努力选择适合的数字化平台实现协同发展。对于数字化赋能平台的选择，主要应考虑三个方面。其一，平台是否具有全生命周期，包括企业发展过程中的生产、营销、招聘、管理、运营等各个环节；其二，平台的生态是否可以帮助企业更快、更多的链接市场资源，实现效益增长；其三,平台的理念是否切实突出以服务企业为主。

我国经济有巨大的韧性和潜力，我们要善于在危机中看到机遇，将短期危机转变为长期发展的机遇，推动中国经济行稳致远。

二、共济于外，以实际行动为世界各国防控疫情作出重要贡献

"相知无远近，万里尚为邻。"诉说的是千百年来中华民族投桃报李的传统美德，更是特殊时期守望相助同舟共济的大国风范。在我国战疫攻坚的危急时刻，全球多个国家和组织向中国捐赠了口罩、防护服等紧缺物资。如今，新冠肺炎已成为全球性的挑战，中国在做好防控疫情的同时，也在为国际社会贡献着大国智慧和力量。中国国药集团、万孚生物、小米集团等许多中国企业充分发挥全球化优势，积极承担社会责任，组织国际抗疫援助，助力世界各地的人们共同抗疫，共度时艰。

（一）驰援海外，中国企业在行动

中国国药集团、华大基因等多家上市公司纷纷出海驰援。国药集团中药控股旗下的天江药业通过浙江省中医药大学向意大利皮埃蒙特大区卫生厅-防疫应急中心捐赠30000剂抗疫药品；中国银行采购口罩、防护服、护目镜等急需的医疗物资，驰援意大利、德国等16个国家和地区；兵装集团湖北华强、湖

南云箭紧急调拨转产的1000套医用防护服、1000套医用护目镜，支援意大利疫情防控工作；华润三九医药股份有限公司向海外捐赠了板蓝根冲剂等药品。复星集团、蓝帆医疗等企业向日本、韩国、意大利等国家累计捐赠医疗防护物资40余万件。此外，包括华大基因、三诺生物、万孚生物等，均表示其病毒检测产品已获得欧盟市场准入资格，与此同时，奥佳华、迈瑞医疗、宝莱特、泰林生物等多家公司也表示已向疫情国家紧急捐赠防疫物资或已收到海外订单正安排生产。

小米、阿里等科技企业积极履责担当。小米联合其他武汉大学校友企业和个人向韩国捐赠了20万只医用口罩、10万只3M口罩、1万件防护服和1万个防护面罩，向意大利捐赠了数万只口罩；OPPO向意大利、西班牙、德国、法国和日本等国寄出30万只FFP3和N95口罩；马云公益基金会和阿里巴巴公益基金会为非洲每个国家捐赠10万只口罩、1000件防护服、1000个防护面罩和2万个检测试剂盒，向日本捐赠了100万只口罩，为美国筹集50万份检测试剂盒和100万只口罩，为韩国、伊朗、意大利和西班牙等国家筹集的物资也于3月中旬陆续运达。

中国企业援助海外抗疫不仅表现了企业的国际关怀，也展现了有海外业务企业的社会责任担当，有利于企业跨国发展构建良好的品牌形象。

（二）稳住外贸外资基本盘，维护全球供应链

疫情防控有序进行的同时，稳住外贸外资基本面也进入关键阶段。为帮助外贸外资企业渡过难关，商务部、财税、海关等部门推动出台了一系列超常规、阶段性的支持政策，协调解决物料、用工、水电、物流等问题，推动我国外贸外资企业加速复工复产，并促成一批重大外资项目接连落地，为全球产业链稳定护航。

政策进一步稳定了企业信心。据商务部统计，浙江、天津重点外贸企业已100%复工，广东、江苏、上海、山东、重庆复工率超70%，产能正在逐步恢复。外资企业方面，截至2月25日，上海840家重点外资企业复工率已经超过99%。浙江，湖州、舟山、台州的外资企业已全面复工。此外，一系列重大外资项目也接连落地。在上海浦东，总投资额超过17亿美元21个外资项目落停；在山东，预计总投资143.9亿美元的66个外资项目集中视频签约；在沈阳，宝马合资企业正在酝酿30亿欧元的新厂区建设和产品升级投资计划。这些项目的落地显示了外资企业对中国市场的信心，也为全球供应链稳定提供了有力保障和无限机遇。

疫情挡不住"一带一路"建设的坚实步伐。许多参与共建"一带一路"的中国企业克服疫情影响等不利因素，始终奋战在一线，保障项目平稳有序推进，赢得了各界肯定。例如，中国建材集团所属中材国际、中国建材工程、中材节能等企业科学规划、合理安排，在保障既有项目的基础上，新签3项海外水泥、石膏板、房屋等工程合同，新签2项海外设备供货合同，全力保障110多项海外水泥、玻璃、光伏、节能等工程的建设进度，其中多个项目成功点火或产品下线；三峡集团在做好防疫工作的同时，有序推进卡洛特水电站工程建设，896名中方建设者和4370名巴方建设者始终坚守在项目一线，力保在本年度实现防洪度汛、下闸蓄水的目标。

疫情对中国和世界经济的影响是暂时的，全球化进程下的中国企业，有责任维护全球产能、产业链的稳定，更有能力与世界范围内的合作伙伴携手共赢。

三、在全球范围的抗疫合作中，坚持改革开放，实现中国企业的新发展

习近平总书记多次强调，要坚持和平发展道路,推动构建人类命运共同体。这次疫情在全球范围内

的蔓延和扩散再次表明，人类是一个休戚与共的命运共同体，国际社会应进一步携起手来，守望相助、团结协作，共同应对各种风险挑战。我国的广大企业是经济社会发展的根基，更要在新的挑战面前危中求机，力求实现新的发展。

2019年，我国外部发展环境严峻复杂，风险挑战前所未有。但中国外贸外资经受住了重大风险考验，展示出强劲韧性和蓬勃活力。进入2020年，在疫情的严重冲击下，我国的出口压力继续增加。李克强总理3月10日在国务院常务会议上指出："各地区各部门下一步考虑工作时，都要进一步着力扩大改革开放，不断优化营商环境，持续激发市场活力。越是遇到困难，就越是要扩大改革开放。"我国广大企业在全球范围的抗疫合作中，应抓住可能的契机，在以下几方面做出努力：

加大改革开放力度，为国内经济发展注入新动力。中国经济在世界经济格局中具有举足轻重的作用，中国经济与世界经济相互依赖，形成了十分紧密的国际分工和全球价值链体系。扩大开放能够为中国企业赢得来自全球价值链的更多订单机会和更大市场空间，让企业在后疫情阶段有机会实现恢复性增长。通过进一步扩大开放释放更多的进口需求，让更多国外优质商品和服务进入中国市场，为国内企业带来新的业务增长机会和新的赢利点，激发企业创新的主动性。

加大改革开放力度，稳定国内与国际经济发展的信心。中国防控疫情所取得的阶段性成果说明，中国能够为全球治理提供新思路和新路径。对于国内市场而言，"六稳"工作的核心就是"稳预期"。只有稳住预期才能让投资行为、生产行为和贸易行为更具理性，只有强化了不同投资主体和企业主体的信心，才能让投资、生产、贸易保持在稳定的水平，才能增强经济运行的韧性和企业抵御疫情以及外需下降冲击的能力；对于国际经济发展而言，在全球经济受疫情严重冲击程度不断加深的背景下，中国更大力度的改革开放既能为实现自身稳外贸稳外资的经济发展目标提供新动能，也为世界经济稳定和维护全球供应链稳定做出重大贡献。

加大改革开放力度，广大企业要勇当经济恢复和发展的能动力量。2020年是全面建成小康社会和"十三五"规划收官之年。疫情对经济社会造成的较大冲击是短期的，总体上也是可控的。我们要化危为机、深化改革、锐意创新，把企业潜力充分释放出来。在疫情防控中，包括国有企业、上市公司、民营企业在内的我国广大企业充分彰显了砥柱中流的使命担当；疫情得到有效控制后，广大企业更要担当实现经济社会持续发展的能动力量，全力完成全年预定的生产经营目标，积极调整产业结构，加快企业创新，加大改革力度，进一步建立激励机制和弘扬企业家精神。同时，继续加强国际合作，发挥"一带一路"的开放引领作用。

一场席卷全球的疫情，让世界对人类命运共同体理念有了更真切的感知、更深刻的认识。人类是一个命运共同体，唯有团结协作、携手抗疫，才能战胜疫情。在抗疫行动中，中国企业不懈于内，共济于外，稳经济、稳外贸，贡献给各国的，不仅是宝贵的防疫窗口期和雪中送炭的物资援助，更有携手抗疫、共克时艰的合作精神。下一步要准确把握国内外疫情防控和经济形势的阶段性变化，因时因势调整工作着力点和应对举措，确保打赢疫情防控的人民战争、总体战、阻击战，确保实现决胜全面建成小康社会、决战脱贫攻坚目标任务！

科技赋能抗疫情 "数字" 引领新发展

我国疫情防控形势持续向好，越来越多的企业复工复产达产，复商复市提速扩面，经济活动的深度与广度都有了明显回升，产业循环、市场循环和经济社会循环逐步打通。但新冠肺炎病毒的蔓延肆虐对全球的影响巨大，虽然一些国家和地区疫情出现缓和的状况，但包括欧美很多国家在内的疫情形势依旧十分严峻。

习近平总书记指出"最终战胜疫情，关键要靠科技"，强调科学技术是打赢疫情防控阻击战的有力武器，是坚定必胜信心的力量之源，是公共卫生安全的重要保障。将科技利器融入到疫情防控，这是打赢疫情防控阻击战强大有效的战略武器。

疫情发生以来，包括中央企业、地方国有企业、上市公司及民营企业在内的我国广大企业发挥科技优势，运用大数据、人工智能、云计算、5G技术等助力抗疫取得的明显成效。事实证明，我国企业在实现疫情防控与复工复产两手抓的过程中，以科技赋能、数字引领加快转型升级，在新发展理念指导下实现新增长正在不断迈出新步伐。

一、"硬核科技"支持广大企业跨界协作、转型升级，在精准抗疫中发挥重要作用

面对危机需要迅速的应对，同样需要复盘，防控疫情期间，在党的集中统一领导下，全国一盘棋，集中力量办大事，集合各界精兵强将、特别是我国企业的优势力量，从常态组织迅速切换为"战时"组织，大力协同、集中攻关，各项硬核科技成果及时有效服务于各方面抗疫需求，展现了中国特色社会主义的制度优势及攻克尖端科技难关的伟大创造力量。

战"疫"期间，医疗设备、口罩、防护服等防疫物资是必要的技术和物质保障，面对全国医疗物资紧缺的局面，我国企业率先承担了保产保供、转产扩产的重任，以自动化车间、智能工厂等智能制造体系为支撑，快速实现了关键医疗物资及装备的产线搭建，积极纾困解难，在完成转换、原材料断供、产业链阻滞的过程中，实现了跨界紧急协作和救援。

航空工业集团应用制造歼-10、歼-20飞机的数字化技术，迅速研制出全自动口罩生产机，单台机器可24小时连续工作，每分钟可生产100只口罩。中国建材南京玻纤院膜材料公司火速提供大批量高效玻纤空气过滤纸，支援武汉雷神山医院、火神山医院等工程。该滤纸对0.3微米颗粒的过滤效率达99.97%，对新冠病毒1-5微米气溶胶颗粒的过滤效率更高。国机集团下属合肥通用院研制的"除菌毒空气净化机"，填补了公共场所有限空间除菌毒空气净化机国内外空白。

大数据作为新一代技术中提供科学分析的重要依据，在抗疫中发挥着至关重要的作用。中国电科研发并上线了"一网畅行"疫情防控与复工复产大数据系统，对全国11个重点省份和16个重点城市未来十天的确诊病例进行预测，结果显示提前三天的平均预测误差仅为0.81%，提前五天的平均预测误差仅为1.39%。全国"健康码"跑出"中国速度"。自2020年2月9日杭州余杭区率先推出"健康码"，再到2月16日，国务院办公厅电子政务办指导加速研发全国一体化政务服务平台疫情防控健康码系统，只用了7天时间，到4月初山东与27个省实现互认。两个月的时间内，健康通行码被应用到了全国数百座城市，

推广非常迅速。

智能安防、无人机、机器人、人工智能、大数据、5G、云计算等智慧产业的高科技，大范围地落地应用，我国科技企业推出的硬核产品和服务，在社会公共事件、突发危机中迅速发挥作用，真正助力实现科学防疫、精准防疫，充分展示出"硬核科技"在科学化决策、专业化监测、精准化管控、高效化执行中不可替代的作用，这些作用同样可以在更广泛的社会经济领域得到更多的出色发挥。

可以看到，在疫情的冲击之下，高科技企业体现出更加强健的发展韧性，据统计，科技型企业凭借着科技优势和核心竞争力，在4月初就已经实现平均复工复产率超90%，复工复产态势良好，起到了领头羊作用。

二、我国"硬核科技"驰援海外，为推进疫情防控国际合作贡献力量

新冠肺炎疫情发生后，我国政府始终本着公开、透明、负责任的态度向国际社会发布疫情信息、加强国际合作，在很短的时间内就确定了新冠病毒的全基因组序列并分离得到病毒毒株，及时向全球公布，彰显了大国的担当，在推进科技合作方面不断作出努力。为了帮助更多国家有效应对疫情，我国科技企业积极响应国家号召，在援驰海外抗疫过程中贡献了科技力量。

核酸检测试剂、无人机、无接触式测温、人工智能、信息共享平台……众多中国"硬核科技"在我国战"疫"过程中发挥重要支撑作用，而伴随海外疫情不断蔓延，这些科技产品在援驰全球阻击疫情过程同样作出突出贡献。

华大基因的新型冠状病毒检测试剂盒是率先获得中国国家药品监督管理局（NMPA）应急审批、欧盟自由销售证书（CE-IVD）、美国食品药品监督管理局（FDA）紧急使用授权、日本PMDA认证的病毒检测试剂盒产品，国际订单覆盖70个国家和地区。在提供核酸检测试剂的同时，具有高通量检测能力的"火眼"实验室成为解决很多国家迫切需求的疫情解决方案之一。华大特别组织专家团队海外支援疫情防控工作，2020年4月20日，欧洲首座由华大全方位承建的"火眼"实验室在塞尔维亚落成，检测能力达每天3000份样本，将该国检测能力提升一倍。

我国使用无人机进行科技抗疫的经验已经复制到美国、法国、意大利、西班牙等国家，中国无人机制造商大疆公司向美国22个州的43个执法机构提供了无人机，凭借其强大的技术优势和安全性能，成为巡逻喊话、疏导人群、运送医疗物品的智能工具，为抗击疫情提供了创新可行的方案。

大华、高德红外、大立科技等企业推出的红外测温热成像产品满足了无接触式测温的需要，随着疫情持续蔓延，红外热成像人体测温技术相关的产品海外订单数量出现持续增长，我国相关科技企业开足产能，在优先保障国内防疫需求的同时全力满足国际市场需求。

百度、阿里、腾讯等互联网公司也纷纷向海外捐赠物资、分享经验，开放AI、大数据、云计算等技术能力与解决方案，百度研究院向各基因检测机构、防疫中心及全世界科学研究中心免费开放线性时间算法 LinearFold 以及世界上现有最快的RNA 结构预测网站，以提升新型冠状病毒 RNA 空间结构预测速度，阿里巴巴紧急上线了全球新冠肺炎实战共享平台，方便全球的医护工作者在线交流协作；腾讯上线了"Together We Can"全球战"疫"信息平台，为全球用户提供从科普、自测到医疗建议服务，并面向国内外医生推出疫情公开课。在国际互联的网络平台中，"中国经验"悉数公开，与全球科技界共享科学数据、技术成果，为全球科技战"疫"贡献中国力量。

新冠肺炎疫情在全球蔓延，各国都面临抗击疫情的艰巨任务，病毒没有国界，疫情不分种族，救

治无问西东，唯有团结协作、携手应对，国际社会才能战胜疫情，维护人类共同家园，我国科技企业以实际行动践行国际战"疫"的中国立场，为推进疫情防控国际合作贡献出越来越大的力量。

三、科技赋能，"数字"引领，促进企业新发展

从全球范围来看，科技在抗疫过程中发挥的作用不容小觑，在中国科技企业纷纷投身战"疫"大军时，微软、苹果等企业也及时推出防控疫情应用产品。脸书、谷歌、亚马逊力推远程办公、会议、教育系统。戴森用了不到10天的时间，研究开发了一款名为CoVent的新款呼吸机，用于新冠肺炎治疗，特斯拉研发出采用Model 3配件的呼吸机等，科技企业及时、高效转型，成为各国遏制疫情的有力支持。

如同其它任何危机一样，疫情本身就是"危""机"并存，统计数据显示，我国2020年一季度国内生产总值(GDP)同比增长-6.8%，疫情已经对我国经济运营产生了较大影响，但中国经济长期向好的基本面不会因为疫情短期的冲击就发生变化。一季度中新产业、新业态和新模式实现了逆势增长：1-2月，以现代互联网信息技术为支撑的新兴服务业表现活跃，互联网和相关服务、软件和信息技术服务业营业收入分别比上年同期增长10.1%、0.7%；一季度，网上零售增速加快，全国实物商品网上零售额比上年同期增长5.9%，比同期社会消费品零售总额增速高24.9个百分点，占社会消费品零售总额比重为23.6%，比上年同期提高5.4个百分点；网上会议、线上交易、在线教育等促进信息传输、软件和信息技术服务业增加值同比增长13.2%，实现快速增长。疫情给我国经济发展带来新挑战的同时，也给我国加快科技发展、推动产业优化升级带来新机遇。

应对危机，观望不如行动，面对产业布局在急速调整的全球市场，广大企业应充分利用好我国与其他国家应对疫情的时间差，抓住三方面的机遇，寻求在国际产业链、供应链中地位的提升。

（一）以抗疫需求为切入点，加快"中国智造"国际化

疫情之下，世界经济发展按下了暂停键，不可避免的产生了航班急剧缩减、信用规模显著收缩、商贸大幅放缓、需求锐减等困境，国际市场有限的资金、运力等资源将向抗疫需求倾斜。目前，我国本土疫情已经基本得到控制，防控形势持续向好，复工复产、复商复市有序推进，我国在抗疫期间推出的科技产品、服务经过了疫情实战检验，匹配抗疫需求，产品更加成熟。我国拥有全球规模最大、门类最全、配套最完备的制造业体系，在供应链以及物流等方面都具有重要优势，我国企业，特别是迅速复苏的科技企业应积极把握时机，以"中国智造"的抗疫产品满足国际抗疫需求，进一步拓展全球市场。

（二）在全球科技共享的环境下，加快关键核心技术研发

科技强则国家强，科技创新在我国发展全局中居核心位置，企业是科技强国的重要主体，对于科技企业来说，此次疫情危机更是破局的重要战略机遇。近年来，我国不断取得世界级的科技突破，但整体的科技水平是在迈向中高端的攀登过程中，卡脖子的关键核心技术仍是攻坚方向。疫情全球蔓延危局中，世界各国以科技为纽带，共筑全球合作抗疫新格局，这加速了国际间的科技交流合作，无疑是加快实现科技进步的良好契机。我国科技企业应充分把握全球科技交流带来的机遇，进一步加强自主创新，加快关键核心技术研发，努力实现跨越式发展。

（三）抓住疫情带来窗口期，完善全球化业务布局

疫情的严重影响使全球经济持续低迷，大批企业步履维艰，股市震荡使得部分优质企业市值大幅下跌，对于部分资本充足、期望完善全球化布局的我国企业而言，是进行海外优质资产并购、延伸产业链的大好时机。企业在全球业务布局完善发展的需求下，可以更加自如的调配资源，发挥产业链协同

优势，积极应对风险。我国企业在推进全球化业务布局时，应围绕拓展国际市场、获取核心技术、寻求新的利润增长点、加深本土化等合理展开，围绕企业核心主业，在专业化基础上适度开展关联多元化发展，全面提升发展质量和经济效益，不断增强国际综合竞争力。

科技赋能是双向赋能，科技企业在实现快速发展的同时，引领了传统产业的数字化变革。各种数字化的工作形式、生活方式并不是刚刚产生的新事物，但在推广和应用中并非立竿见影，认知改变、学习成本和习惯依赖成为数字化推广的障碍。此次疫情按下了中国数字化转型的"快进键"，在原有途径无法满足市场需求的情况下，数字化的便捷性、高效性得到了突显，互联网、大数据、人工智能与实体经济的融合度越来越紧密，我国企业信息化、数字化变革与转型将成为必然。

春光明媚、万物复苏。我国在为全球抗疫提供坚实科技支撑，共享"中国智慧"与"中国方案"的同时，没有停下科技创新的脚步，新基建加快布局、新兴产业蓬勃发展，传统产业加快转型升级，新动能正在深刻改变生产生活方式，塑造我国发展新优势，经过新冠肺炎疫情磨砺，我国经济社会发展日益呈现出新的蓬勃生机与活力。在新发展理念的引领下，我国企业将依托数字转型、智能升级、融合创新等不断注入活力，推动高质量发展，为实现经济社会发展目标作出更大的贡献。

弘扬伟大抗疫精神　推进国企改革三年行动
在构建双循环新发展格局中创建世界一流企业

　　"生命至上、举国同心、舍生忘死、尊重科学、命运与共"，习近平总书记在全国抗击新冠肺炎疫情表彰大会上庄严阐述了伟大抗疫精神。过去8个多月时间里，以习近平同志为核心的党中央审时度势、沉着应对，以非常之举应对非常之事，全国人民风雨同舟、众志成城，我国成为疫情发生以来第一个恢复增长的主要经济体，在疫情防控和经济恢复上都走在世界前列。

　　2020年6月30日，中央全面深化改革委员会第十四次会议审议通过《国企改革三年行动方案（2020—2022年）》。9月27日，全国国有企业改革三年行动动员部署电视电话会议在京召开，会议要求，国有企业要成为有核心竞争力的市场主体、在创新引领方面发挥更大作用、在提升产业链供应链水平上发挥引领作用、在保障社会民生和应对重大挑战等方面发挥特殊保障作用、在维护国家经济安全方面发挥基础性作用。

　　当前疫情仍在全球扩散蔓延，世界经济陷入深度衰退，经济全球化遭遇逆流，全球产业链供应链因非经济因素而受到巨大冲击。我国经济社会发展已进入高质量发展新阶段，新机遇新挑战并生共存，新动能新优势孕育积蓄，老问题新问题交织叠加，在此背景下，党中央明确提出加快构建以国内大循环为主体、国内国际双循环相互促进的新发展格局。中共中央政治局9月28日召开会议进一步强调，推动"十四五"时期我国经济社会发展，必须构建新发展格局。抗击疫情的历程深刻地启示着我们，精神内核是引领干事创业斗争的最根本力量，加快构建新发展格局更加需要弘扬伟大抗疫精神，运用好抗疫斗争所激发的应变力、抗压力、复原力、免疫力、反弹力、创造力，珍惜发展好局面，巩固发展好势头，乘势而上开启新征程。

　　我国各类所有制企业是相辅相成、相互融合、相得益彰的利益共同体。国有企业落实国企改革三年行动是对中国特色社会主义市场经济体制的进一步完善，必将促进经济的进一步发展，带动其他所有制企业共同发展。因此，落实企改三年行动过程必将是推进双循环新发展格局的过程，同时也是创建世界一流企业的过程。

　　党的十九大报告提出"培育具有全球竞争力的世界一流企业"，明确了我国企业做强做优做大的目标。构建新发展格局为我国企业发展提出了新要求、提供了新机遇，进而更好更快推动创建世界一流企业。具有全球竞争力的世界一流企业在世界范围内具有一定影响力、竞争力、话语权，既有"全能选手"，也有"单打冠军"。经过几十年的长足发展，我国企业在部分领域和指标上取得了显著成绩，但整体与世界一流企业仍有差距，需要我国企业继续抢抓机遇、深化改革、转型升级、创新发展，矢志不渝朝着建设世界一流企业伟大征程再出发。

　　为推动落实企改三年行动，推进全面深化改革，加快形成新发展格局，9月25日，中国企业改革与发展研究会联合青岛市政府共同举办中国企业改革50人论坛暨创意青岛大会。围绕深化改革、新发展格局等议题，共谋企业改革发展新生态、新蓝图、新格局，为创建世界一流企业贡献智慧。

我国企业在双循环新发展格局中创建世界一流企业，应把握好以下几点：

一、巩固提升"硬"实力，为实现世界一流企业提供基础保障

企业"硬"实力既是衡量是否世界一流的关键性直接指标，也是企业创建世界一流的核心力量。我国企业初步具备了全球竞争力的硬"指标"，助力我国经济实力、科技实力、综合国力跃上新的大台阶，但仍需壮大规模、提质增效、创新发展。

（一）做强主业，壮大规模，增强一流影响力

企业规模反映企业总体竞争能力，是进入世界一流企业行列的前提和基础，包括营业收入总额、员工人数、资产总额等指标。2020年《财富》世界500强排行榜中，中国大陆（含中国香港）入围公司数量达到124家，历史上第一次超过了美国（121家），加上中国台湾地区企业，中国共有133家企业上榜。进入新世纪特别是党的十八大以来，我国世界500强企业入选数量、规模水平等方面实现了全面跃升，有力提升了我国经济在世界范围的影响力。但从行业结构来看，我国入选企业主要集中在能源、矿业、银行、工程等传统领域，在服务业及高新产业领域鲜有上榜，这与世界一流市场的地位极不匹配，也不符合经济发展规律的要求。

我国企业应持续巩固规模优势，充分发挥我国超大规模的市场和全球最完整产业链优势，加快缩小与美国在总收入、总利润、平均规模方面的差距。持续做强主业，在面临世界经济不确定性增大的形势下，有所为有所不为，不轻易大幅调整主业、开辟新战场，而要在擅长的领域精耕细作、久久为功；同时也要尊重产业发展规律，升级换代，使主业经营符合未来发展方向。加快解决结构性失衡问题，打造更可持续、更为健康的世界一流企业梯队，为进一步增强全球影响力奠定基础。

（二）转型升级，提升效益，增强一流竞争力

企业效益是企业发展之根本，近年来我国企业在经营效益上虽然有所提升，但和世界标杆企业仍存在差距，"大而不强"特征仍然存在，特别是盈利能力和利润率水平始终低位徘徊。面向高质量发展新目标，唯质量和效益提升才是增强一流竞争力的必由之路。

实现质量和效益型发展，核心要进行转型升级，推动质量变革、效率变革，并抓好"高端化、数字化、绿色化、服务化"工作。持续在产业中低端转型上发力，通过技术改造、创新发展、系统集成、差异化战略，打造高性价比、高附加值的产品，加快构建"我有你没有，你有我更优"的产品新格局。数字化已经成为企业升级的必选项，有研究指出，数字化变革将使制造业企业成本降低17.6%、营收增加22.6%。"熄灯工厂、无人车间"正如浪潮般迅猛到来，以制造业为代表的企业应加快数字化升级、智能化改造，深入推进"大数据、人工智能、工业互联网"的融合发展，进而有效应对要素成本上升的挑战，实现由"中国制造"向"中国创造""中国智造"的"华丽转身"。

（三）创新出强，科技突围，增强一流增长力

"创新决定命运"，创新是企业乃至社会发展的永恒话题，也是当前我国解决"卡脖子"技术的必然路径，更是创建世界一流企业的必然选择。9月11日习近平总书记主持召开科学家座谈会强调，"我国经济社会发展和民生改善比过去任何时候都更加需要科学技术解决方案，都更加需要增强创新这个第一动力"。毫无疑问，经过几代人的不懈努力奋斗，我国科技实力大幅提升，正处于关键跃升期，在这次抗击新冠疫情中，科技力量也做出了重大贡献。但目前我国仍然存在大而不强、多而不优的情况，关键核心技术上仍受制于人，仍需在创新引领发展方面做好功课。

要深刻认识到关键技术要不来、买不来、求不来，核心自主知识产权必须"端"在自己手里。聚焦关键领域和核心环节，既要立足当下，抓紧推进当前"卡脖子"的技术攻关；更要以"四个面向"为指导，加强基础性研究，提出新理论、开辟新领域、探索新路径，积极参与国际标准制定，引领标准、专利建设，实现独创独有技术突破，解决未来可能"卡脖子"的问题。要加大资源和经费投入强度和人才培养使用力度，实现要素高效配置；要弘扬科学家精神和工匠精神，营造甘于坐冷板凳、勇于奉献、崇尚创新的氛围。要切实做到自主创新和集成创新相结合、持续创新和颠覆创新相结合、高科技和中科技、低科技、零科技创新相结合、科技创新和商业模式创新相结合，增强一流增长力。

二、夯实补强"软"实力，为实现世界一流企业增添内生动力

建设世界一流企业，不仅有壮硕的"外形"，更加需要雄厚"软实力"的强大力量，内外兼修，互为支撑，相得益彰。

（一）持续深化改革，发挥机制原动力

近年来，在党的十八届三中全会审议通过《中共中央关于全面深化改革若干重大问题的决定》的基础上，党中央密集出台了《关于新时代加快完善社会主义市场经济体制的意见》等一揽子改革文件，大力激发微观主体活力，开启了全面深化改革的新征程。我国企业应充分认识改革是解决一切问题的金钥匙，愈是"水深"愈要改革，愈是发展愈要改革，要充分用足用好深化改革关键一招，用改革之手触及根子上的问题，破除约束生产力发展的篱笆牢笼。

各类企业当前都面临改革的紧迫性，国企需要迈向高水平市场化，民营企业也需要规范化改革。"市场化、法治化、国际化"是各类市场主体改革的重要方向，改革的关键还是引入机制，特别是通过混合所有制改革，国民民企相互配合，推进兼并重组和战略性组合，健全市场化经营机制。没有一流的机制，成为世界一流企业就没有源源不断的原动力。何为机制，就是企业效益和经营者、骨干员工利益之间的正相关关系，有关系就有机制，没关系就没有机制，让人力资本充分参与利益和成果分配。

（二）提升管理水平，发挥基础支撑力

加强管理是企业生存发展、实现基业长青的关键支撑，世界一流企业在面临不利的外部环境时总能站稳脚跟、逆势发展，关键在于其有强大的内部管理能力。创建世界一流企业不光要做正确的事，还要正确的做事，不光要经营好，还要管理好，向管理要质量、要效益、要发展。

近年来，我国企业重视向世界一流企业学习，管理基础不断夯实，企业管理工作取得了积极成效。但对比世界一流企业，我国企业的管理创新力度还不够，不注重运用先进的管理工具与方法。"三精管理"是我在中国建材提倡的，指的是组织精健化、管理精细化、经营精益化，关键要突出一个"精"字，要不停地"剪枝"来确保企业的经济效益和稳健成长。具体来看，要通过对标优化，突出战略牵引、强化组织建设、精简管理层级，定制度建流程，注重应用先进的管理工法。最重要还是要扑下身子做好管理，实践出真知，在实践中提升管理水平。

（三）塑造企业文化，发挥文化引领力

一个企业想从大到伟大，屹立于世界一流企业之列，一定要有好的企业文化，一定要发挥文化引领力、感召力，凝聚人心、鼓舞人心。一流企业都有特色鲜明、成熟有力的文化体系，核心是把人的幸福作为根本追求，让员工与企业共同成长。

塑造一流的企业文化应重点做好四方面工作。一是充分汲取中国传统文化的力量，传承仁爱、责

任、包容、和谐等优秀品质，也要坚持"引进来"，善于借鉴外国公司先进的企业文化，扬长避短，集中西之所长。二是结合实际，以适用实用为鲜明导向，打造党建文化、廉洁文化、员工文化、安全环保文化、绩效文化等多元化的文化体系。三是要运用和保护企业文化，要充分发挥文化的高效协同作用，维护和弘扬企业文化，抛弃坏文化，发展好文化，让文化成为企业的品牌形象。四是要成为优秀文化的积极传播者，坚定企业文化自信，运用好媒体传播效能，积极宣传文化，让企业文化成为大家的自觉追求和行动共识。

（四）以人才为中心，弘扬企业家精神

企业是人、企业靠人、企业为人、企业爱人，人是企业的核心，人才是企业发展的第一资源。越处于世界一流的竞争环境下，越需要发挥人才对企业发展的决定性作用。坚持市场化选人、个性化育人、全面化用人、自主化留人，不断完善放权激励、合理约束制度，分类实施管理层股权激励、员工持股计划、超额利润分红、科技转化分红等激励措施，充分激发人才的活力和创造力。

"市场活力来自于企业，特别是来自于企业家，来自于企业家精神"，建设世界一流企业更需要发挥企业家"领头雁"作用，弘扬企业家精神。2020年7月21日，习近平总书记在企业家座谈会上强调，"企业家要在爱国、创新、诚信、社会责任和国际视野等方面不断提升自己"，企业家精神是民族精神与时代精神相统一的中国精神的代表。弘扬企业家精神就是坚持以习近平新时代中国特色社会主义思想为指导，以"忧国之所忧、'四个面向'创新、增进社会诚信、更好满足人民对幸福生活的追求、促进世界繁荣发展"为目标，持续提升"五"方面境界，以独到眼光和果敢魄力战胜不确定性，带领企业冲向世界一流。

三、强化要素资源全球配置实力，"世界一流"行稳致远

世界一流企业的显著特征就是具有要素资源全球化配置实力，在构建双循环新发展格局中创建世界一流企业的背景下，我国企业更要坚持国际化、全球化，不断提升全球领先的要素配置实力、市场号召力、可持续发展力。

（一）国际化全球化，提升配置整合力

全球化是"你中有我、我中有你、有进有出、进出平衡"的格局，是人类发展的必然结果，也为国际分工和降低要素成本提供了良好舞台，世界各国发展均有所受益，跨国企业更是从中获益成长为世界一流企业。只有在国际市场与跨国公司竞争，遵循全球运营规则和标准，才有可能成为具有全球竞争力世界一流企业。我国企业必须隔离逆全球化的杂音，坚定不移走国际化、全球化路线，在全球竞争格局中提升要素配置整合能力。

走好国际化、全球化，关键要做好四方面工作。一是完善国际布局，顺应产业发展规律，部分制造业可以有序转向成本低、市场大的区域。二是积极促进自由贸易，加快改变"两头在外"的贸易格局，优化投资结构，实现产品走出去到企业走出去的转变，更好地满足高端化市场需要，利用国内高水平对外开放的契机，吸引更多跨国公司参与国内市场。三是要遵守国际通行规则标准和地区政策制度，强化国际化人才队伍和组织建设，坚持合作共赢，不吃"独食"。四是搭好"一带一路""区域一体化""自贸区自贸港"的"便车"，适应全球化结构调整和产业链重构的变化，不断打造国际合作和竞争新优势。

（二）打造世界品牌，提升市场号召力

品牌代表着一个企业整体竞争力，世界一流企业都拥有世界级的品牌和影响力，从而获得垄断的高端市场和超额的产品溢价，全球品牌也有助于进一步推进国际化经营。但我国目前在品牌方面与国际一流企业存在极大的差距。《2018世界品牌500强》显示，中国企业品牌上榜总数仅是美国的1/6，落后于英国、法国和日本，全球最佳品牌品牌100强中只有华为一家，我国企业品牌建设任重道远。

几十年的贸易实践提醒着我们，品牌的缺失使我们始终处于世界价值链的低端、处于高付出低回报的被动局面。打造全球品牌关键要树立信心、坚定决心，坚持走品牌民族化、高端化、全球化的战略。不断增强知识产权自主意识，保护和发展自主知识产权，构建独特的文化内涵。通过技术升级、科技创新，不断提升制造和服务水平，提供质量过得硬、口碑全球好的产品和服务，彻底扭转全球品牌形象，为建设世界一流企业插上高飞的翅膀。

（三）筑牢风控体系，提升发展持续力

创建世界一流企业之路充满了荆棘和挑战，政治、环境、政策、战争、汇率、制度、道德、疾病……等风险时常发生，制约了企业的发展。风险是客观存在的，无法彻底消除，只有加强预判，尽最大努力加以防范。

世界一流企业往往在风险防范上有独到之处，很多方面值得借鉴学习。一是坚持属地化运作，推动当地居民、政府、企业、跨国公司、第三方机构等合作与沟通，实现相关方利益均衡化发展。二是充分了解和尊重当地政策、制度、文化等，积极融入当地环境，成为当地的好朋友、好伙伴。三是站在道德高地上做企业，积极履行社会责任，力所能及为当地就业、人才培养、发展水平、民生等做出应有贡献。四是创新投资和市场开发模式，可以将利润转化为当地固定资产投资，助力当地经济社会发展，同时联合跨国公司共同开发新市场，形成风险共担、利益共享的共同体。五是充分预判风险，做好风险防范预案，应对风险要快速反应、高效决策，发挥祖国的保护机制和作用。

"物有甘苦，尝之者识；道有夷险，履之者知"，我国企业已在改革开放中经过了40余年的探索、实践、磨砺、成长，有信心、有能力、有条件创建世界一流企业。"不忘初心、牢记使命、砥砺奋进"依旧是实现世界一流企业的主旋律，在实现中华民族伟大复兴的功劳簿中也必将会有中国企业的功勋篇章。

关于新冠肺炎疫情对企业经营发展影响的
跟踪调查分析报告（第四期）

2020年10月19日发布的我国国民经济运行第三季度报告显示，在全球经济面临深度衰退危机的背景下，面对肆虐全球的新冠疫情冲击，我国经济呈现逐季转好、强劲复苏态势。这是党中央、国务院审时度势科学决策、精准施策，各级政府部门根据当地实际有力贯彻实施，广大企业克服重重困难奋力自救的结果。

在万众一心、同心协力夺取抗疫全面胜利的同时，党中央、国务院一系列面向长远的重大部署也在紧锣密鼓推进中。2020年6月30日，中央全面深化改革委员会第十四次会议审议通过《国企改革三年行动方案》，提出坚持和加强党对国有企业的全面领导，坚持和完善基本经济制度，坚持社会主义市场经济改革方向，抓重点、补短板、强弱项，推进国有经济布局优化和结构调整，增强国有经济竞争力、创新力、控制力、影响力、抗风险能力。2020年10月26日至29日，中共十九届五中全会在北京举行，全会明确提出了到二〇三五年基本实现社会主义现代化远景目标，并就加快发展现代产业体系、推动经济体系优化升级，形成强大国内市场、构建新发展格局，全面深化改革、构建高水平社会主义市场经济体制做了全面部署。这些重大部署，必将大大增强我国国广大继续攻坚克难，战胜疫情影响，争取可持续发展的信心。

与我国由中国企业改革与发展研究会主办、云图元睿科技有限公司提供技术支持的"关于新冠肺炎疫情对企业经营发展影响的跟踪调查"自2020年2月启动以来，至今已经是第四期。调查方法是互联网在线问卷调查，主要调查对象是企业的现职员工，目的在于持续跟踪新冠疫情冲击下广大企业复工复产达产情况以及中央、地方官各种惠企纾困政策的实施效果，准确把握企业经营发展中的实际困难、预期及政策需求，为政府部门和企业提供决策参考。

跟踪调查的前三期报告已经分别于3月份、5月份、8月份通过新华网(18.250, 0.23, 1.28%)、人民网(16.510, −0.21, −1.26%)、央视网、中国经济网、新浪财经、网易财经等主流媒体发布，并报送相关政府部门。

本报告是基于跟踪调查的第四期数据撰写的。由于网易定位参与协办，回收问卷数量比往期又有大幅增加。自8月25日问卷发布至10月20日问卷回收截止，总共回收有效问卷10,747份，涵盖中央企业（占6.1%）、地方国有企业（占12.3%）、大型民营企业（占13.4%）、中小民营企业（占43.4%）、外商投资企业（占4.4%）、个体工商户（占19.6%），及其他类型企业（如集体企业，占0.8%）。调研聚焦疫情对企业经营发展的总体影响、具体影响因素、应对措施、政府政策支持到位情况、未来预期五个维度40个问题，样本来自我国内地全部31个省、市、自治区各行各业的市场主体以及少量大陆企业驻港澳台分支机构，具有广泛的代表性。

鉴于在疫情常态化防控形势下，企业生产恢复状况已趋于稳定，本期报告的关注重点将转向对一些重点问题的深入分析。

需要说明的是，在做分析时，为保证期与期之间数据的可比性，我们针对企业类型做了加权处理。同时为保证数据的时效性，我们对数据按问卷回收时间"远轻近重"原则做了权重调整。

本次调查数据表明，企业经营状况与上期相比，进一步向好的方向发展。疫情对企业的冲击面已经缩窄到50%，企业生产经营活动已经平均恢复到正常水平的91%，企业对2020年全年经营结果的预期较上期也有微幅上升。

与此同时，政府纾困惠企政策的受惠面已扩大到95%以上，相应地企业对政策的了解程度及对政策的获得感也进一步显著提高。

另一方面，数据也表明，需求下降仍然是企业面临的最大挑战，而企业受生产要素价格上涨、产业链上下游压力传导、违约风险升高、法律纠纷增多等因素的影响有所升高，应引起重视。

值得指出的是，精简人员仍是企业应对疫情影响的最普遍举措，企业对到2020年底员工数下降幅度的预期又略有扩大，在服务业表现尤为明显。这对于就业形势无疑是潜在压力，决策部门应密切关注并及时采取措施应对。

在对数据进行分析解读基础上，在本报告的最后，我们也结合国内外最新情况，提出几点政策建议，供政府有关部门参考。

一、疫情对企业的冲击面已基本稳定，外资企业受冲击面大幅下降，服务业受冲击面仍处高位

面对疫情，本期有5.6%的企业表示"影响极大，使企业面临倒闭危险"，13.3%表示"影响非常大，导致企业经营难以为继"，31.1%的企业表示"影响比较大，造成企业经营困难"，三个数字都与上期大体持平。沿用往期做法，将以上三种情形的总比例定义为受冲击面，则本期企业总体受冲击面为50.0%，与上期的51.6%相比，也大体持平。这表明，在举国上下常态化防控深入开展背景下，新冠疫情对我国企业的冲击已经稳定在一个水平上，但通过生产经营恢复和增长抵消疫情造成的影响，还需要时间。

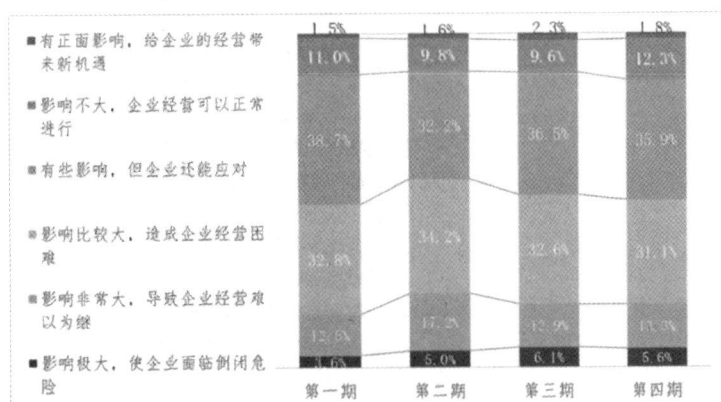

图1 疫情对企业经营总体影响程度的变化（%）

受冲击面最大的还是个体工商户，本期观测到的受冲击面为60.6%，高出总体10.6个百分点，较上期的56.7%上升了3.9个百分点。中小民企的受冲击面继续回落，本期为52.0%，已接近总体平均水平。地方国企的受冲击面为45.6%，较上期的47.8%也有回落。中央企业和大型民企受冲击面较上期略有扩

大，但仍显著低于总体平均水平。受冲击面下降为明显的是外资企业，本期受冲击面已经回落到37.6%，较上期的47.3%低了近10个百分点，一方面显示了各地针对性"稳外资"政策的效果，另一方面也证明了我国作为新冠疫情肆虐全球背景下唯一实现正增长的主要经济体，正给外资带来信心和机遇。

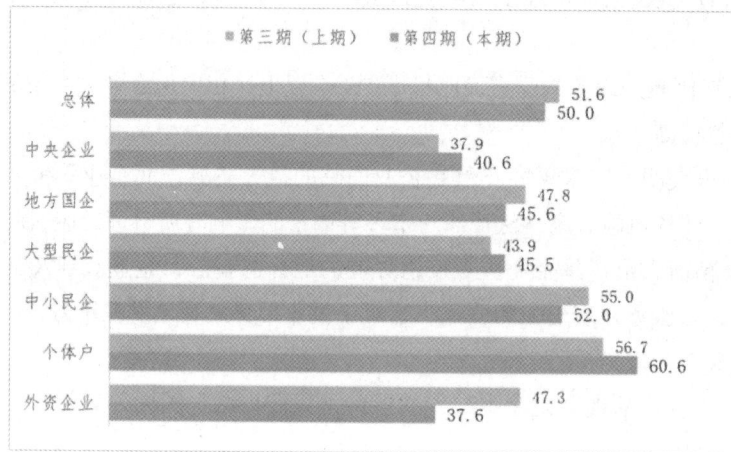

图2 疫情对不同类型企业冲击面的变化（%）

分行业看，受冲击面最广的仍是服务业，其中住宿和餐饮业、租赁和商务服务业（包括旅游服务、法律、广告等）、文化体育和娱乐业，相应受冲击面分别为63.7%、61.7%和60.7%，均较总体高出10个百分点以上。卫生和社会工作、农林牧渔业、批发和零售业受冲击面也显著高于总体平均水平。受冲击面最小的是金融业，受冲击面仅为33.1%。建筑业、采矿业和制造业受冲击面也较小。

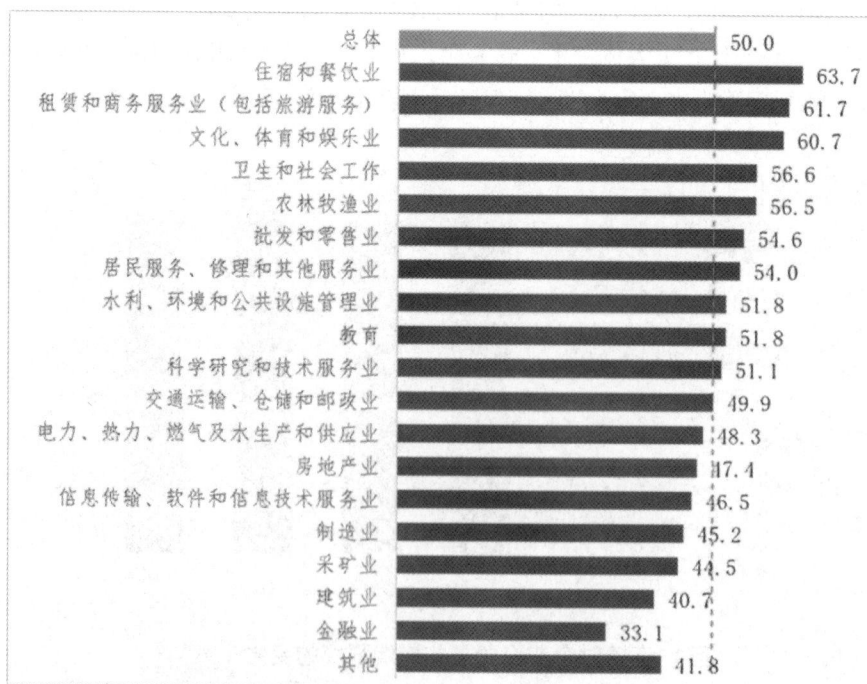

图3 本期疫情对不同行业的冲击面（%）

二、生产经营活动继续稳步恢复，呈现持续向好趋势

数据显示，本期企业生产经营活动已平均恢复到正常水平的90.9%，较上期的88.5%又上升了2.3个百分点，持续向好，而且不同所有制和规模的企业间呈现比较均衡的良好势头。

相对而言，大型企业生产经营活动恢复程度最高，中央企业、外资企业、地方国有企业的生产经营活动已分别恢复至正常水平的94.5%、93.2%和92.6%；大型民营企业次之，也达到91.8%；中小民企生产经营活动恢复到正常水平的90.3%；个体工商户的生产经营活动恢复程度最低，为正常水平的87.2%。

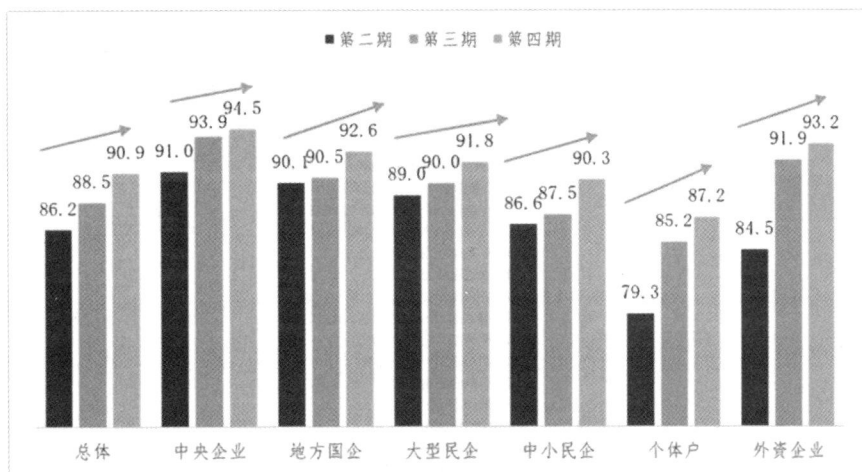

图4 各类型企业的生产经营活动恢复率变化（%）

各行业间，生产经营活动的恢复率延续了上期比较均衡的态势，平均恢复率最高的采矿业（93.6%）与平均恢复率最低的住宿和餐饮业（87.0%）间差距仅为6.6个百分点。

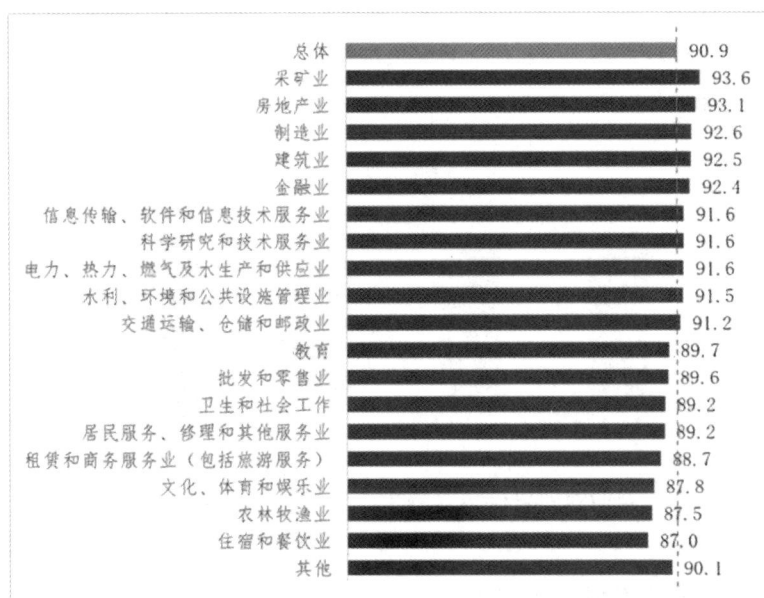

图5 本期分行业生产经营平均恢复率（%）

换个角度，从生产经营完全恢复的企业比例看，各行业间还存在很大差异。总体有47.8%的企业表示生产经营活动已完全恢复正常水平，该比例在状况最好的采矿业达68.0%，在房地产业、建筑业、金融业达到55%以上，在水电燃热生产供应业、制造业、科学研究和技术服务业、信息传输软件和信息技术服务业也达到50%以上。在另一个极端，特别是服务业，生产经营完全恢复的比例则要低得多。住宿和餐饮业生产经营完全恢复的比例仅有32.0%，尚不足三分之一；文化体育和旅游业相应数字也仅有35.6%；租赁和商务服务业（包括旅游服务、法律、广告等）的相应数字为43.2%。其他完全恢复比例较低的还有农林牧渔业，教育行业，水利、环境和公共设施管理业，居民服务、修理和其他服务业，批发零食业，交通运输、仓储和邮政业。

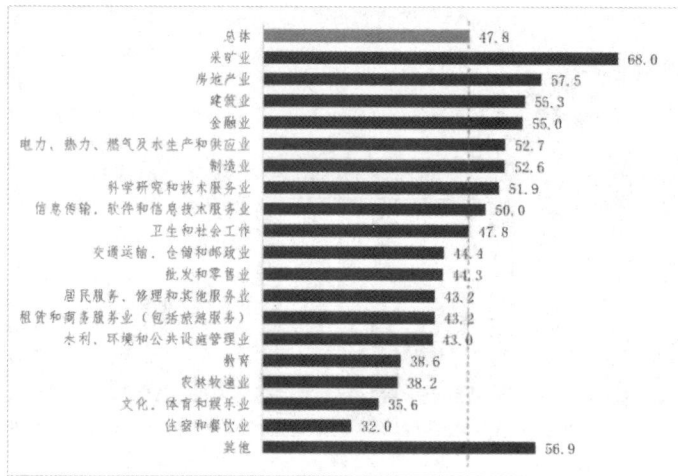

图6 分行业生产经营完全恢复率（%）

三、企业对政府支持政策了解程度继续显著上升

企业对中央地方各项保护和支持企业政策的了解程度与上期相比，又有明显上升。本期对这些政策表示"非常了解"和"比较了解"的比例合计为55.8%，比上期的51.3%提高了4.5个百分点，较2-3月的基期（第一期）已累计上升12.9个百分点。

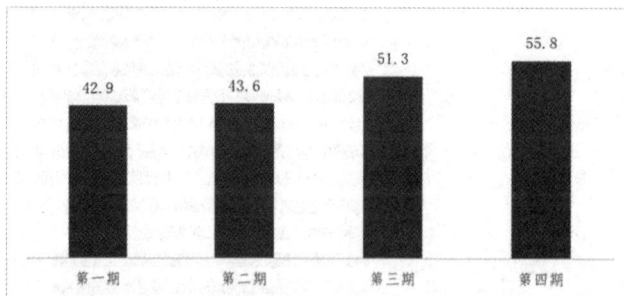

图7 企业对政府保护支持政策了解程度的变化（%）

相对而言，对中央和地方保护支持政策表示了解程度最高的依然是地方国企和大型民企，其次是中央企业和外资企业，表示了解程度最低的是个体工商户和中小民企。与上期相比，除中央企业外，各种类型企业对政府保护支持政策的了解程度都有上升。中央企业中，表示对支持政策"非常了解"

和"比较了解"的比例较上期下降了4.3个百分点,这可能与新出台的保护支持政策较少面向中央企业有关。

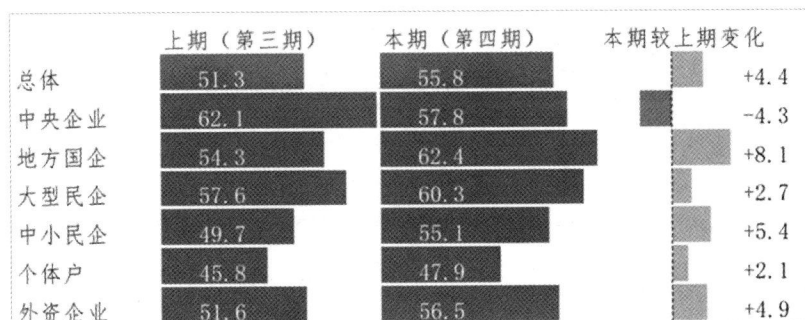

	上期（第三期）	本期（第四期）	本期较上期变化
总体	51.3	55.8	+4.4
中央企业	62.1	57.8	-4.3
地方国企	54.3	62.4	+8.1
大型民企	57.6	60.3	+2.7
中小民企	49.7	55.1	+5.4
个体户	45.8	47.9	+2.1
外资企业	51.6	56.5	+4.9

图8 不同类型企业对政府保护支持政策的了解程度比较（%）

（非常了解+比较了解的比例）

鉴于大多数惠企纾困政策需要通过企业的所有者和管理层进行申请和传导,我们本期专门关注了企业所有者（包括其代表）及中高层管理人员对政府支持政策的了解程度。结果表明,该群体对政府支持政策表示"非常了解"和"比较了解"的比例为65.1%,较总体高9.3个百分点。不同所有制和规模企业的该群体间显示出很大差异。具体来说,地方国企所有者代表及中高层管理者对这些政策表示"非常了解"和"比较了解"的比例高达78.9%,其次是外资企业、大型民企、中央企业,相应比例分别为71.4%、71.3%和69.7%。个体工商户该比例最低,仅为53.1%,较地方国企差距有25.8个百分点之多。中小民企相应比例为64.1%,较地方国企的差距也有14.8个百分点。上述情况表明,个体工商户及中小企业的企业主和中高级管理人员应作为未来惠企纾困政策宣传指导的重点关注对象。

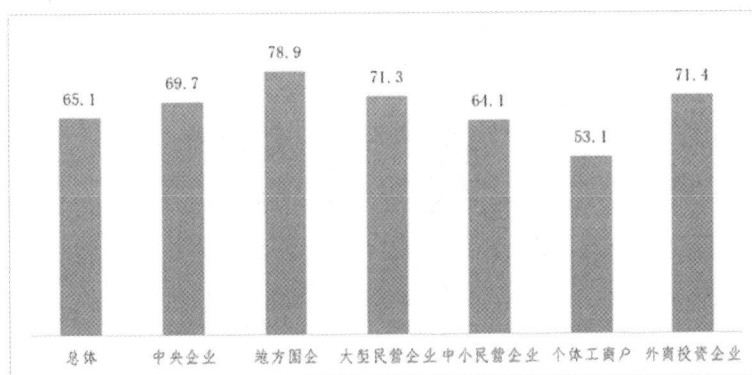

图9 本期不同类型企业所有者及管理层对政府支持政策的了解程度比较（%）

（非常了解+比较了解的比例）

分行业看,对政府保护支持政策了解程度最高的是水利、环境和公共设施管理业,科学研究和技术服务业,卫生和社会工作行业,房地产业等,大部分是传统的公共事业单位。受疫情影响较重的教育、批发和零售业、租赁和商务服务业（包括旅游服务、法律、广告等）等服务业对政府保护支持政策了解度最低的现象没有改变,值得重视。

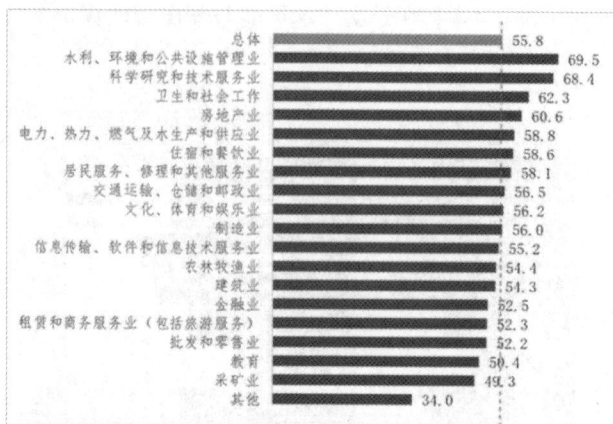

图10 本期不同行业企业对政府支持政策的了解程度（%）

（非常了解+比较了解的比例）

四、惠企纾困政策受惠面和每户企业平均受惠项数趋于均衡

本期数据显示，政府为抗击疫情影响保护和支持市场主体政策的总受惠面又略有上升，为95.3%，比上期的93.9%上升1.4个百分点。在调查中列出的16项惠企纾困政策中，平均每户企业享受到3.9项，比上期的3.7项上升了0.2项。

分企业类型看，惠企纾困政策对各种类型企业都基本达到普惠，即使受惠面最小的个体工商户，受惠面也到91%。平均每户企业享受的保护支持政策项数方面，大型民企、地方国企、中小民企、外资企业间大体均衡，平均享受项数均在4.0-4.1项。中央企业和个体工商户平均享受的项数较少，分别为3.3项和3.4项，前者主要与国家政策导向有关，后者主要是与个体工商户经营规模小有关。

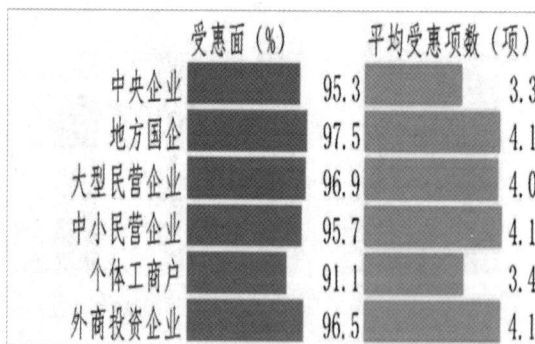

图11 不同类型企业政策受惠面及平均享受政策项数的比较（%）

分行业看，各行业的政策受惠面大体均衡，都在90%以上。平均每户企业享受政策项数最多的是制造业，为4.3项；其次是水电燃热生产供应业、交通运输仓储和邮政业、批发和零售业，平均享受到的项数依次为4.2项、4.1项和4.0项。服务业中的教育、文化体育和娱乐业、居民服务修理和其他服务业平均享受到的政策项数显著低于平均水平。

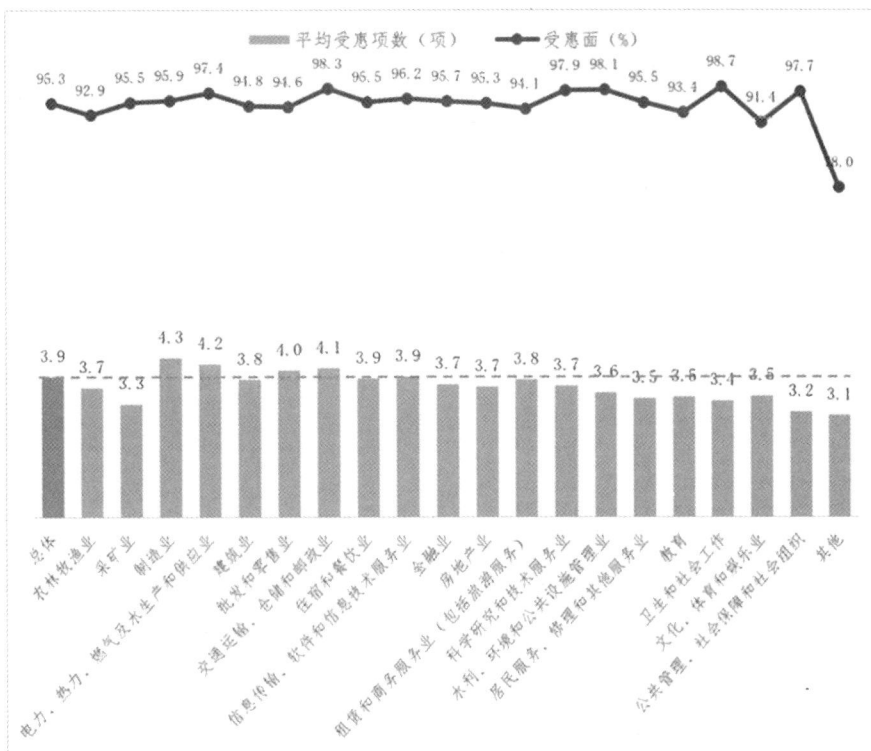

图12 本期不同行业的政策受惠面和平均享受政策数

五、各项具体惠企纾困政策的受惠面、渴求度继续略有上升并企稳，实施精准性有所提高

随着各项惠企纾困政策的实施落地，其受惠面和渴求度较上期普遍有小幅上升并趋于稳定。个别政策的微小幅度向下波动可以解释为由随机抽样误差所致。

图13 具体惠企纾困政策的受惠面和渴求度

值得指出的是，随着时间推移，具体政策受惠面与渴求度间的一致性呈逐渐提高趋势。若将这种一致性以相关系数表示，则本期的相关性为0.743，上期（第三期）为0.730，再上期（第二期）为0.669。这表政策的实施正在向着精准化演进，政策浪费正在减少。

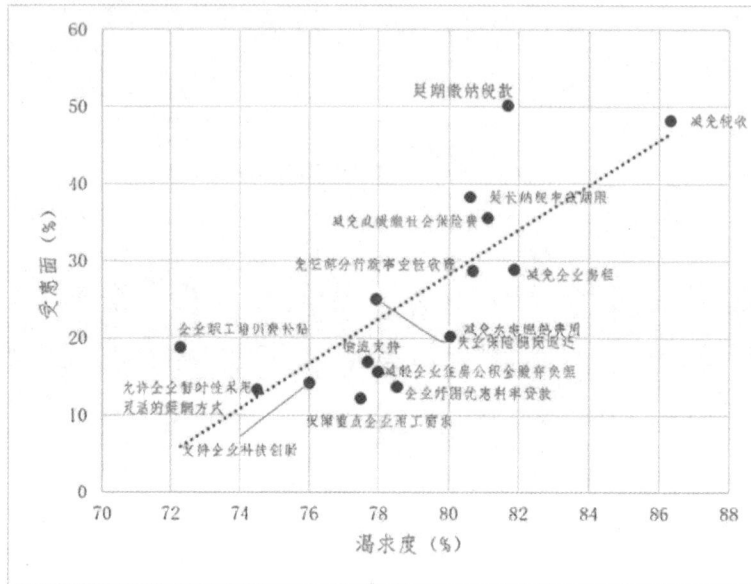

图14 本期具体惠企纾困政策受惠面与渴求度间的相关性（相关系数＝0.743）

六、企业对政府支持政策的获得感又有新提升

数据显示，企业对惠企纾困政策的获得感（满意度）在上期大幅提升的基础上，本期又略有提升。以1-10分打分，本期企业对政府支持政策的平均满意度为8.2分，较上期又提高0.1分。进一步分析发现，本期的满意度提升主要是由地方国企和外资企业贡献的，二者的平均满意度打分分别提高了0.5分和0.3分。中央企业的平均打分也提高了0.2分。

相比之下，在占企业数量大多数、同时相对政策满意度偏低的个体工商户和中小民企群体，本期的政策满意度提升很少或没有提升。

	第一期 （基期）	第二期 （上期）	第三期 （本期）	本期比上期 提升	本期比上期 提升
全部企业	7.6	7.7	8.1	8.2	+0.1
中央企业	7.8	7.4	8.1	8.3	+0.2
地方国企	7.8	7.7	8.0	8.5	+0.5
大型民企	7.6	8.1	8.4	8.5	+0.1
中小民企	7.5	7.6	8.1	8.2	+0.1
个体户	7.4	7.6	8.0	8.0	-0.0
外资企业	7.9	7.5	8.1	8.4	+0.3

图15 不同类型企业对支持政策满意度评分的变化（10分为满分）

分行业看，水利环境和公共设施管理业、交通运输仓储和邮政业、水电燃热生产供应业等传统公用事业行业的政策满意度最高，而农林牧渔业、教育行业、金融业、采矿业政策满意度较低。

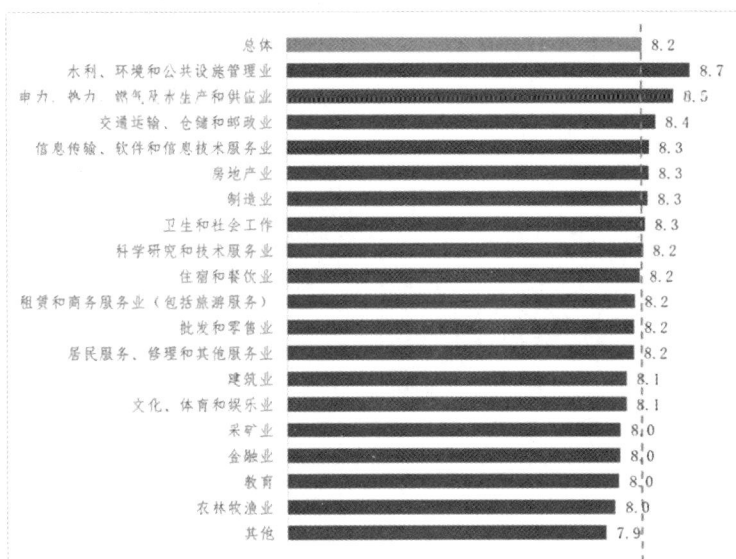

图16 本期不同行业对支持政策满意度评分（10分为满分）

七、灵活低成本的信贷等政策最有利于提高企业获得感

针对企业所有者或其代表、中高层管理者的专题分析表明，对提升企业国家支持政策获得感作用最显著的是灵活低成本的信贷、保障重点企业用工需求，享受到相应政策分别可以提升企业对纾困惠企政策满意度0.74分和0.70分；其次是物流支持、减免企业房租、企业职工培训补贴，享受到相应政策分别可以提升满意度0.65分、0.59分和0.58分。相对而言，对提升企业获得感效果最不明显的是减免或缓缴社会保险费、延长纳税申报期限，二者的对满意度的提升幅度分别为0.14分和0.25分。其他支持政策的对总体满意度的提升幅度均介于0.41分和0.54分之间。

图17 本期不同支持政策对企业获得感的提升效果（10分为满分）

综合考虑受惠面和获得感提升效果，可以形成一个指数，用以反映政府出台实施的每项惠企纾困政策的总体效应，这里称之为"惠企纾困政策效应指数"。容易看出，效应最突出的政策主要是灵活低成本的信贷、减免税收、延期缴纳税款，其次是减免企业房租、失业保险稳岗返还，以及免征行政事业性收费。相对效应最不显著的是力度较弱的减免或缓缴社会保险费、可操作性较差的允许企业暂时采用灵活的薪酬方式，以及适用范围较窄的企业纾困优惠利率贷款和支持企业科技创新。

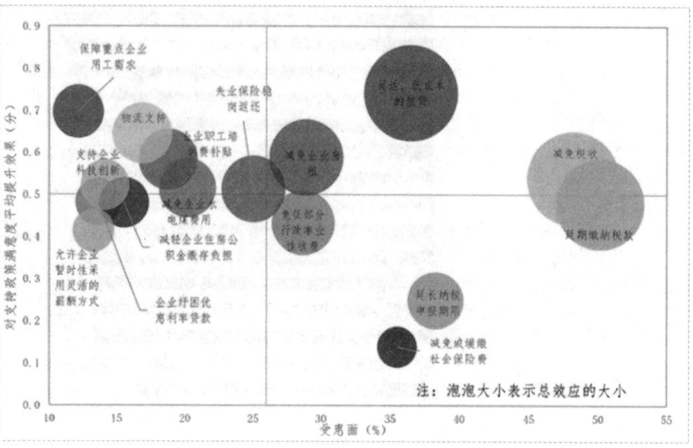

图18 本期政策受惠面与获得感的提升效果的综合分析

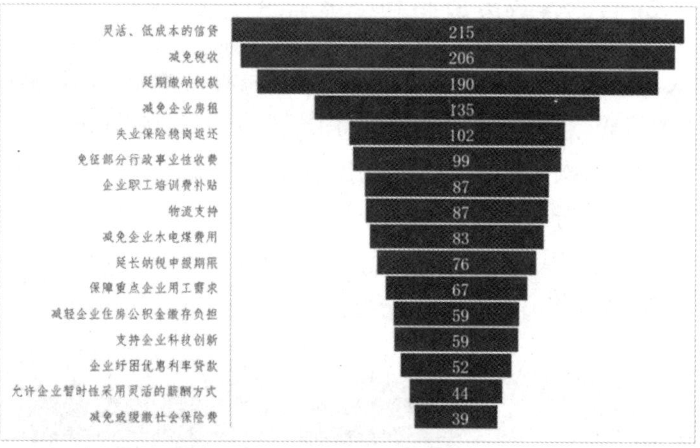

灵活、低成本的信贷 215
减免税收 206
延期缴纳税款 190
减免企业房租 135
失业保险稳岗返还 102
免征部分行政事业性收费 99
企业职工培训费补贴 87
物流支持 87
减免企业水电煤费用 83
延长纳税申报期限 76
保障重点企业用工需求 67
减轻企业住房公积金缴存负担 59
支持企业科技创新 59
企业纾困优惠利率贷款 52
允许企业暂时性采用灵活的薪酬方式 44
减免或缓缴社会保险费 39

图19 本期企业支持政策效应指数（平均为100）

八、需求不足的影响继续缓解，但仍是企业面临的最大挑战

自新冠疫情爆发以来，市场需求下降和资金链紧张一直是企业面临的两项最大挑战。本期数据显示，尽管随着多种扩大内需举措的落实，需求不足的影响又有进一步下降，但总的情况依然没有根本改变。

具体来说，本期需求下降的影响的影响面为50.4%，较上期（第三期）的53.5%又下降3.1个百分点，较第二期的58.8%已累计下降8.4个百分点。这表明，扩大内需的效果已逐渐显现。资金链紧张的影响面为30.4%，较上期基本持平。生产要素价格上涨、受产业链上下游影响订单及合同履行困难的影响面分别为30.0%和29.7%，均较上期有所上升。违约风险升高、法律纠纷增多的影响面也有上升，尽管还不是关键因素，但值得引起重视。

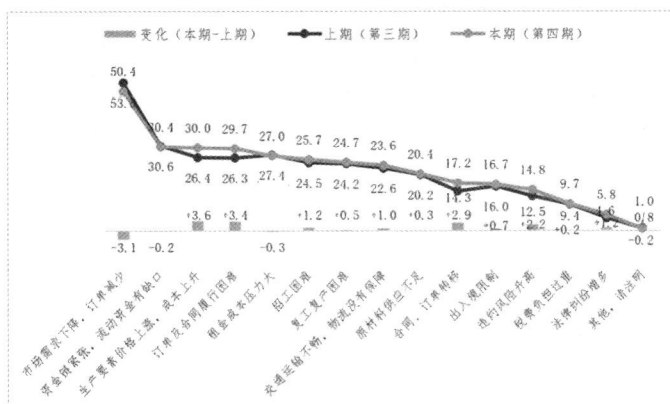

图20 影响企业生产经营具体因素的变化（%）

不同类型企业相比较，受疫情冲击的表现仍然各有不同：

中央企业：总体抗冲击能力强，受市场需求不足、资金链紧张、租金压力、招工困难的影响大幅低于总体。受法律纠纷增多影响高于总体。

地方国企：与中央企业类似，受市场需求不足、资金链紧张、租金压力影响显著低于总体。

大型民企：受市场需求不足影响显著低于总体平均，受出入境限制、法律纠纷增多影响高于总体。

中小民企：因其在总体中占据了近一半比重，受疫情影响的表现与总体相近。相对来说，它们是受资金链紧张影响最严重的，受市场需求下降和租金压力影响也高于总体。

个体户：相对而言，它们受租金压力影响最大，受需求下降、复工复产困难影响也高于总体。

外资企业：由于比依赖国际市场，供应链与国际关联紧密，人员和物资国际流动频繁，它们是受市场需求下降、出入境限制、产业链上下游导致的订单及合同履行困难、合同及订单转移影响最严重的。另一方面，他们受资金链紧张、招工困难、复工复产困难的影响显著低于总体。

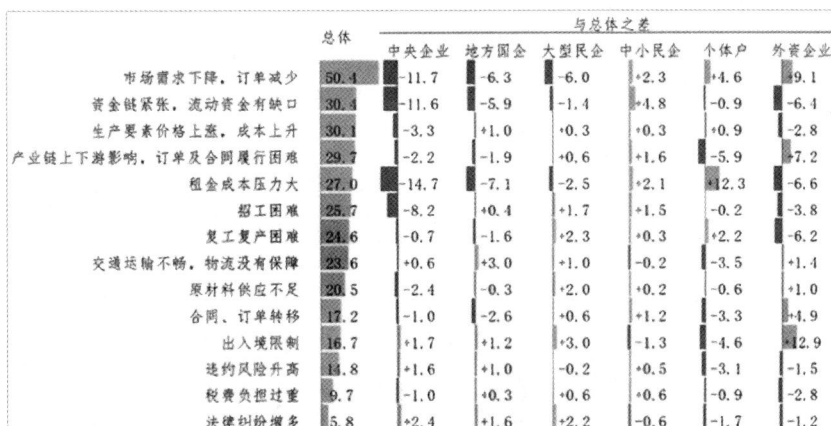

	总体	与总体之差					
		中央企业	地方国企	大型民企	中小民企	个体户	外资企业
市场需求下降，订单减少	50.4	-11.7	-6.3	-6.0	+2.3	+4.6	+9.1
资金链紧张，流动资金有缺口	30.4	-11.6	-5.9	-1.4	+4.8	-0.9	-6.4
生产要素价格上涨，成本上升	30.1	-3.3	+1.0	+0.3	+0.3	+0.9	-2.8
产业链上下游影响，订单及合同履行困难	29.7	-2.2	-1.9	+0.6	+1.6	-5.9	+7.2
租金成本压力大	27.0	-14.7	-7.1	-2.5	+2.1	+12.3	-6.6
招工困难	25.7	-8.2	+0.4	+1.7	+1.5	-0.2	-3.8
复工复产困难	24.6	-0.7	-1.6	+2.3	+0.3	+2.2	-6.2
交通运输不畅，物流没有保障	23.6	+0.6	+3.0	+1.0	-0.2	-3.5	+1.4
原材料供应不足	20.5	-2.4	-0.3	+2.0	+0.2	-0.6	+1.0
合同、订单转移	17.2	-1.0	-2.6	+0.6	+1.2	-3.3	+4.9
出入境限制	16.7	+1.7	+1.2	+3.0	-1.3	-4.6	+12.9
违约风险升高	14.8	+1.6	+1.0	-0.2	+0.5	-3.1	-1.5
税费负担过重	9.7	-1.0	+0.3	+0.6	+0.6	-0.9	-2.8
法律纠纷增多	5.8	+2.4	+1.6	+2.2	-0.6	-1.7	-1.2

图21 各种类型企业受疫情影响表现的比较（%）

九、企业自救措施延续上期格局，精简人员措施仍占首位，就业形势压力依旧

企业自救措施的状况与上期相比保持稳定态势。精简人员自上期升级为最普遍举措后，本期继续保持，但绝对比例从上期的37.3%小幅下降为本期的35.8%。其他典型自救措施包括千方百计扩大销售、申请政府补贴等。与上期比较，采取向银行借贷、申请政府补贴、业务外包等举措的比例有一定上升。

采用精简人员举措的企业比例高企，势必意味着对就业形势的压力。多种渠道、多种方式"保就业"，依然任务繁重。下面再进行一些细化分析。

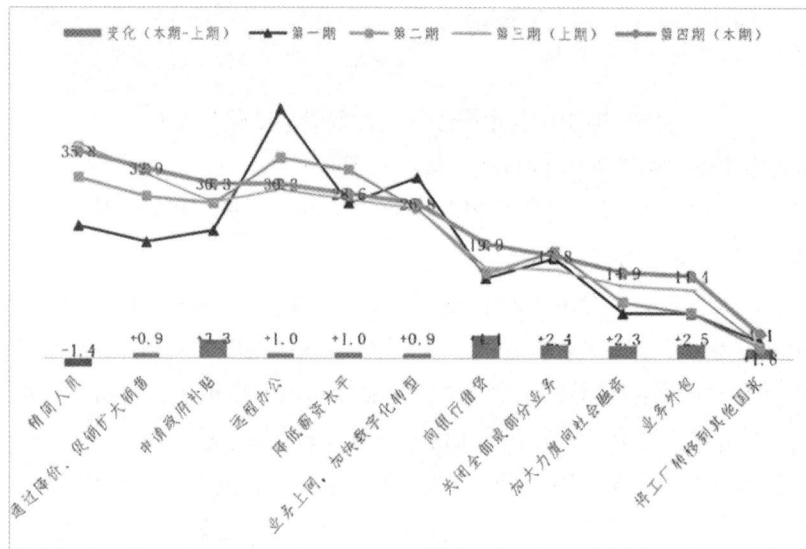

图22 疫情影响下企业自救措施的变化（%）

分企业类型看，本期外资企业成为采取精简人员举措比例最高的，比例为39.4%，其次是中小民营企业，比例为38.8%，再其次是个体工商户（35.7%）和大型民营企业（34.1%）。中央企业依然是采取精简人员措施比例最低的（27.3%），地方国企也较低（30.0%）。

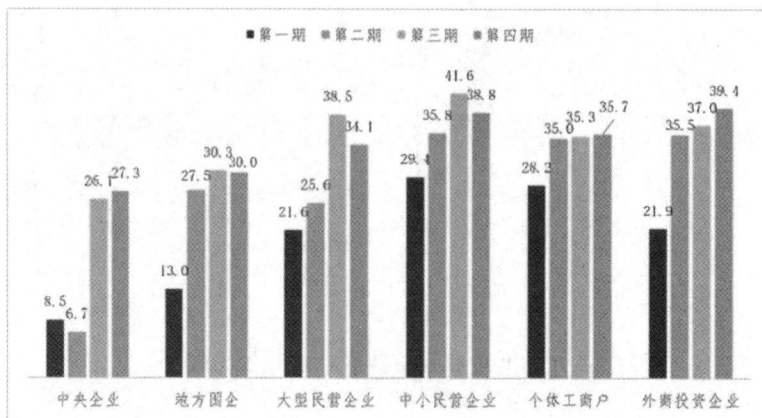

图23 不同类型企业采取精简人员措施比例的变化（%）

分行业来看，采取精简人员举措比例最高的行业集中在服务业，特别是住宿和餐饮业（42.3%）、教育行业（42.1%）、批发和零售业（38.9%）、卫生和社会工作行业（38.6%），其中教育行业本期数据还上升了7.2个百分点。上期采取精简人员措施比例最高的卫生和社会工作行业，本期尽管数字仍高，但较上期下降了10.6个百分点，是明确的积极的信号。经过国庆中秋的黄金周假期，文化体育和娱乐业、租赁和商务服务业（包括旅游服务）采取精简人员措施的比例均有明显下降。其他采取精简人员措施比例显著下降的行业还有制造业、科学研究和技术服务业、房地产业、交通运输仓储和邮政业。

除上文提及的教育行业外，本期采取精简人员措施比例显著提高的还有采矿业、农林牧渔业、信息传输软件和信息技术服务业，以及金融业。特别值得关注的是信息传输软件和信息技术服务业。这个行业集中了"大众创业，万众创新"背景下最多的科技创业企业，是吸纳大学毕业生就业的主力之一，从事的事业又符合国家大力鼓励的产业方向，同时由于创业时间短，缺乏历史积累，面临的困难复杂多元，值得有专门政策予以支持。

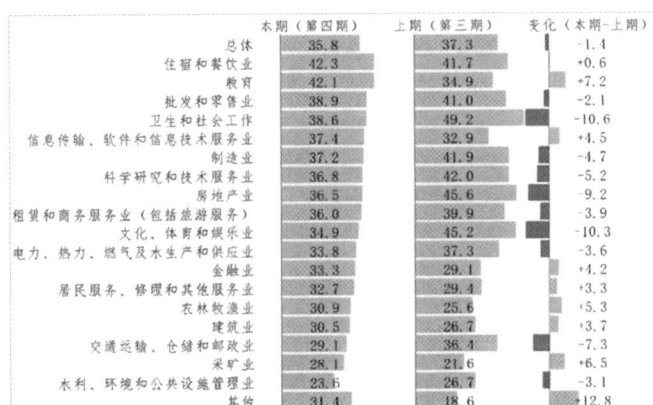

图24 本期不同行业企业采取精简人员措施的比例（%）

十、企业对年底员工人数的预期与上期相比保持基本稳定，个体工商户预期相对悲观

企业对今年年底员工数的平均预期是较年初减少11.5%，幅度与上期的10.4%相比，稳中略有扩大。分企业类型看，也基本稳定，值得指出的是，对员工人数预期最悲观的个体工商户群体，本期预期降幅又扩大3.4个百分点，达到17.6%。

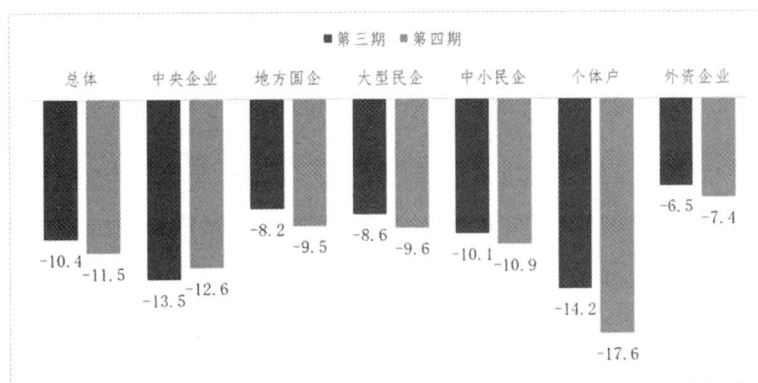

图25 不同类型企业预期员工数相对2020年初的变化（%）

分行业看，预期员工人数降幅最大的是文化体育和娱乐业，预期降幅高达19.4%，其次是住宿和餐饮业，预期降幅为18.0%，再其次是卫生和社会工作、农林牧渔业、房地产业、租赁和商务服务业（包括旅游服务），预期降幅分别为15.4%、15.3%、14.6%和14.2%。预期员工人数降幅最小的是金融业、建筑业和采矿业，相应预期降幅分别为5.8%、7.1%和7.6%。

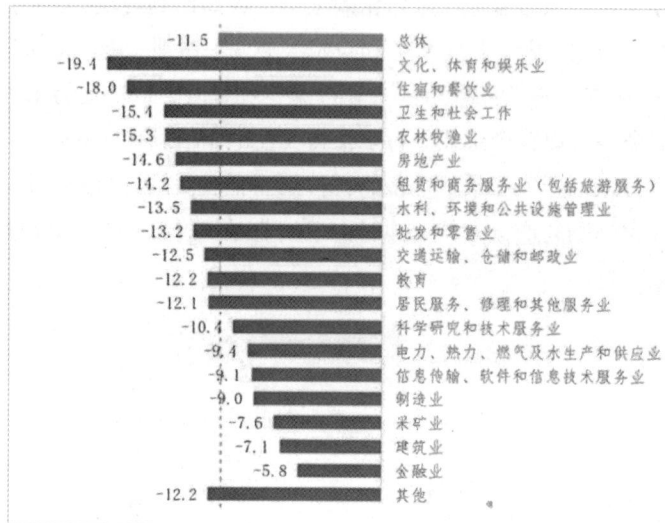

图26 不同行业预期员工数相对2020年初的变化（%）

十一、企业对2020年全年的经营收入预期已经企稳

数据表明，企业对2020年经营收入的预期已经企稳并有微幅提升。受上半年经营状况的累积影响，企业平均预期2020年的销售收入仍较2019年下降26.3%，较上期的预期降27.1%微有好转。

分企业类型看，除地方国企的预期有小幅下降外，其他群体的预期都呈上升之势，上升较为明显的是外资企业和中央企业，预期分别较上期上升2.5和2.1个百分点。

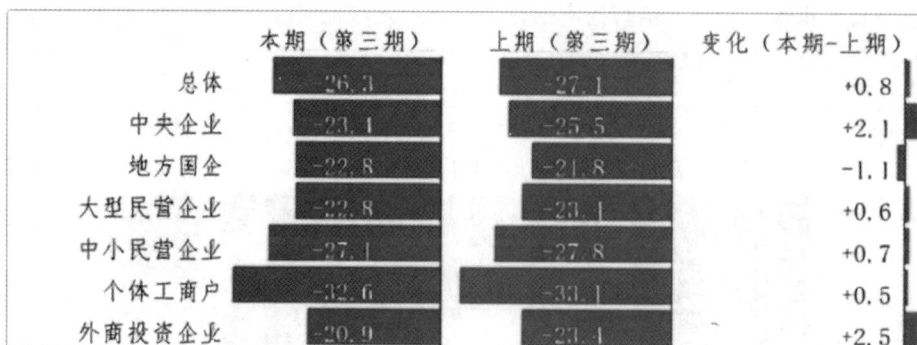

图27 不同类型企业对2020年经营收入与2019年同比的预期（%）

分行业看，预期最悲观的行业除房地产业之外都是服务业，首先是文化体育和娱乐业，平均预期较2019年下降34.8%；其次是住宿和餐饮业、租赁和商务服务业（包括旅游服务），预期降幅分别为32.0%和31.3%；再其次是批发和零售业、房地产业、教育行业，居民服务修理和其他服务业，预期降

幅均约为30%。

需要说明的是，心理预期不等于经营数据，也不等于经营预测，它主要反映信心，因而往往会先于经营数据而变化，且由于易受情绪影响，变化幅度通常会远大于经营数据变化。管理好企业在疫情冲击下对经营业绩的预期，提升和稳定他们的信心，本来就是"稳预期"的关键内容。从这个意义上说，"稳预期"工作仍然复杂而艰巨。

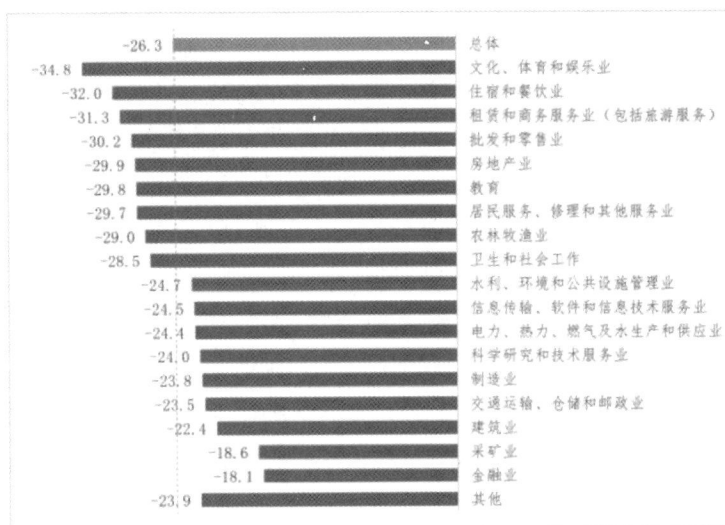

图28 不同行业对2020年经营收入与2019年同比的预期（%）

综上分析，随着我国常态化疫情防控结果的巩固，在政府持续出台实施纾困惠企政策、企业克服困难奋力自救的共同作用下，新冠疫情对我国企业造成的冲击在继续走向缓和，企业经营发展又出现了一些积极向好的信号。例如：

疫情对企业的冲击面降为0%，较上期又下降1.6个百分点。其中外资企业受冲击面大幅下降。

随着扩大内需、促进"双循环"战略的推进，需求不足对企业的影响有所缓解，影响面从上期的5%下降到本期的50.4%，较第二期（代表6-8月数据）累计下降了8.4个百分点。

企业生产经营活动平均恢复到了正常水平的9%，较上期的88.5%，又提升2.3个百分点。而且，不同类型企业、不同行业企业的生产经营活动恢复率逐渐趋于均衡。

企业对2020年营业收入的预期企稳，并普遍小幅回升，其中外资企业和中央企业预期回升比较显著。

在继续向好迹象的背后，企业的政府纾困惠企政策受惠面达到95.3%，比上期又提高1.4个百分点，即便是受惠面相对较小的个体工商户，受惠面也达到91.0%。在列出的16类政策措施中，平均每户企业享受到3.9项，比上期上升了0.2项。

在政策逐步达到普惠的同时，政策的实施效果也呈现向好势头，主要表现在：

企业对政府保护支持政策的了解程度显著提高，表示"非常了解""比较了解"的比例达到8%，较上期的提升4.4个百分点，较本跟踪调查开始的第一期（代表2-3月的情况）累计提升了12.9个百分点。

各项惠企纾困政策的受惠面和渴求度呈现较高的一致性，并逐期上升，表明政策实施的精准度有所提高。

企业对政府惠企纾困政策的获得感进一步提高。总体政策满意度用1-10分打分，本期平均分为2分较上期又提升0.1分。

具体支持政策方面，效果最突出的是灵活低成本的信贷、减免税收、延期缴纳税款，其次是减免企业房租、失业保险稳岗返还，以及免征行政事业性收费。相对效应不够理想的政策包括力度较弱的减免或缓缴社会保险费、可操作性较差的允许企业暂时采用灵活的薪酬方式，以及适用范围较窄的企业纾困优惠利率贷款和支持企业科技创新。

在看到向好一面的同时，我们也看到，在全球疫情尚未得到有效控制、第二波疫情又已在多国爆发的背景下，在短期内消除疫情对我国企业的影响是不现实的，再加上全球经济衰退、中美贸易战等因素的叠加影响，企业在心理预期和经营实绩上都还面临较多的挑战。以下几方面的情况值得引起重视：

服务业的经营困难还比较严重。住宿和餐饮业生产经营完全恢复正常的比例还不足三分之一，只有0%，文化体育和娱乐业的相应比例也仅有35.6%，教育行业、租赁和商务服务业（包括旅游服务、法律、广告等）、居民服务修理和其他服务业的相应比例也在45%以下。同时，服务业企业对政府支持政策的了解程度偏低，平均享受到的支持政策项数也偏小。

个体工商户的生产经营恢复情况不够理想。虽有持续改善，但其生产经营活动恢复率还较明显低于平均水平，其对2020年经营收入的预期还比较悲观（平均预期比2019年下降6%）。

需求不足、资金链紧张给企业带来的压力尽管持续有缓解，但绝对水平仍处高位。

企业对2020年全年营业收入的预期仍不容乐观。尽管主观预期不等于经营数据，但较2019年下降的平均较大幅度下降预期所反映出的焦虑和不确定性不容忽视。

违约风险升高、法律纠纷增多开始困扰较多的企业。

此外，疫情冲击下企业经营压力导致的就业压力也值得特别重视。精简人员仍是企业为自救最普遍采用的举措，信息传输软件和信息技术服务业、教育行业、采矿业、农林牧渔业、金融业采取精简人员措施缓解经压力的企业比例较上期显著提高。企业对2020年底员工数与年初相比的预期仍达-11.5%，其中个体工商户的预期达-17.6%。这对于"保就业"造成的挑战不言而喻。

基于前述情况，我们提出如下几点建议，供政府有关部门和相关机构决策参考：

在惠企纾困政策已经实现普惠、政策实施精准度提高、企业对政策的了解程度和获得感同时上升背景下，进一步提高政策实施的精准性，针对不同所有制、不同规模、不同行业的企业，在因企施策上下工夫，实现政策效果最大化。对于经营困难仍较突出的文化、体育、娱乐、餐饮、住宿、教育等服务行业，以及个体工商业，各地应结合当地的"保实体""保就业"目标，在已经出台政策基础上，制定、实施细化的专项政策，为其提供条件解决具体问题，助其争取生产经营状况的根本好转，恢复活力，焕发生机。

对信息传输、软件和信息技术服务业企业采取精简人员手段以缓解经营压力比例显著升高的现象给予重视。信息传输软件和信息技术服务业即专业术语通常说的ICT（信息与通信技术）产业，这里集中了"大众创业，万众创新"背景下最多科技创业企业，一方面是吸纳大学毕业生就业的生力军，另一方面符合国家大力鼓励的产业发展方向。由于大多数科创企业创业时间短，规模小，缺乏历史积累，在多重因素影响下，生存发展面临较多挑战是普遍的。在政策支持细化和精准化过程中，把它们作为一个群体予以专门关注，非常必要。

及时估测、汇总优惠政策集中到期对企业可能造成的影响，做好预案，避免对企业造成过大冲击。年底将至，不少春节后陆续出台的惠企纾困政策将到期。鉴于疫情依然在全球肆虐，第二波疫情又在世界多国爆发，国内疫情也面临境外输入和偶然局部集中爆发的双重挑战，企业经营发展的外部环境还比较恶劣，优惠政策到期引起的集中补缴税收、社保等可能造成对企业的额外冲击。各地应及时了解、统计、预估政策到期对企业的影响范围和强度，准备预案，主动管理，做好政策的延续、衔接工作，防患于未然。

以落实《国企改革三年行动方案》为契机，在继续外防输入、内防反弹，坚持疫情常态化防控，在夺取抗击疫情的最后胜利过程中，充分发挥国有企业特别是中央企业的支柱和引领作用，加快创新发展，提高我国经济的国际竞争力和应对各种挑战的能力；同时，在产业链、供应链上促进国有企业与民营企业、中小企业深化合作，融合发展，发挥民营企业、中小企业机制灵活、市场化充分等方面的优势，增强我国经济整体的应急能力和抗风险能力。

从多角度入手，提振消费信心，促进消费，促进消费特别是服务消费回归正常增长轨道。在疫情突如其来、全球经济衰退、中美贸易战、P2P泡沫破裂、金融市场频繁爆雷等多方面不利因素并存背景下，我国出现了消费信心不足、服务消费在消费结构中占比大幅下降、预防性储蓄大幅上升的现象，这正是企业特别是中小民营企业和个体工商户遭遇市场需求下降挑战的直接成因。政府应多措并举，千方百计增加居民可支配收入，同时通过有效的市场监管，遏制金融市场不良企业恶意炒作"割韭菜"现象多发势头，打击网络平台企业利用垄断地位随意改变规则压榨入驻的中小商家及快递员等群体的行为，加强对中低收入劳动群体的权益保护，提高社会流动性，避免社会财富过度向极少数人集中，努力形成稳定、规模不断扩大的中产阶层，提高人们的安全感，改善对未来的心理预期，释放消费活力。

以抗击疫情、保市场主体为契机，进一步清除银行对中小企业直接贷款的体制机制性障碍，建设完善基于大数据、区块链等技术的企业信用体系，扩大企业纾困优惠利率贷款的发放范围，增加对民营企业、小微企业的资金支持，提高直贷比例，保证相关政策直达企业，落实到位。

基于我国经济是典型外向型经济的现实，对于产业链国际化程度高、人员国际流动频繁的企业，特别是外资企业和国际化的民营企业，采取针对性措施，创造有利条件，减少物资跨境运输、人员跨境流动障碍对企业生产经营的影响，降低因产业链上下游影响导致的风险。

对于可操作性较差、实施效果不理想的部分纾困惠企政策，特别是有关劳动关系和薪酬的政策，加强对相关政策法律的说明指导，使企业申请和实施有依据、有边界，真正发挥政策的作用。

在惠企纾困政策的制定和宣传指导方面，特别关注个体工商户、中小企业企业主和中高层管理人员的需求，提高他们对政策的了解程度，增强他们的获得感。

针对疫情冲击下企业违约风险提高、法律纠纷增多的实际情况，组织专业力量协助企业高效处理相关事件，减少相关事件对企业造成的不必要损失，避免相关事件牵涉企业过多的人力、物力、财力。

企业案例

III

一体化的IT系统建设促进并购型企业集团财务业务的管控整合

南方水泥有限公司

一、南方水泥企业简况

南方水泥有限公司（简称南方水泥）是世界五百强央企中国建材集团有限公司水泥业务板块的核心企业之一，2007年在上海浦东注册成立，目前注册资本为110亿元，母公司中国建材股份有限公司占84.83%的股权。

南方水泥成立之时，习近平同志发来贺信，祝愿南方水泥"早日实现战略整合的既定目标，为国有企业的改革发展不断探索新路，为促进区域合作、联动发展作出更大贡献"。13年来，公司始终牢记嘱托，坚持"联合重组、管理整合、改革创新、优化升级"的发展方针，从零起步，大规模联合重组东南和中南经济区300余家水泥、商混企业，积极推动组织和业务的战略整合、市场化改革和优化升级，企业规模迅速壮大，综合实力不断提升。

截至2019年底，公司拥有总资产858亿元，水泥企业113家，商混企业114家，水泥产能1.6亿吨，商混产能2亿方，市场范围覆盖浙江、上海、江苏、安徽、湖南、江西、福建、广西等省（市），累计实现营业收入4431亿元、利润总额434亿元、社会贡献总额1287亿元，业务规模、综合实力和效益水平位居全国前列。同时，公司积极试行央企市场化运营模式，成功探索产能过剩行业的结构调整、转型升级新路，推动东南经济区乃至全国水泥行业实现健康发展。

放眼未来，南方水泥将继续秉承中国建材"善用资源、服务建设"的企业使命和"创新、绩效、和谐、责任"的核心价值观，努力创建"创新绩效型、资源节约型、环境友好型、社会责任型"企业，着力把公司发展成为党建先进、综合竞争力一流的专业化水泥公司。

二、规模化的并购加大了集团管控的信息化建设难度

南方水泥是为重组而设立，通过重组壮大，联合企业成分复杂，实行央企市营与职业经理人制度。

南方水泥是中国建材在整合华东和东南经济区水泥行业时，联合所在区域行业龙头企业共同设立的工业化水泥公司。旨在通过联合重组提高区域水泥产能的集中度，扭转水泥行业恶性竞争和水泥产能过剩严重的局面，引领行业自律协同，促使水泥行业健康发展和水泥行业价格的理性回归。

南方水泥从成立至2019年的12年时间里先后联合重组了近400多家水泥和商混企业，水泥产能达16084万吨，商混产能20212万方，资产总额近千亿元，年营业收入达669亿元。这400多家重组企业成分复杂，有股份制企业，有上市公司子公司，有中外合资企业，有民营企业，管理水平参差不齐，且重组前多为在同一市场的同业竞争者，这些重组企业重组前的管理团队转化为重组后集团企业的职业经理

人，继续管理原来的企业。如此复杂的组织结构，给集团信息化建设架构设计和功能设计全面覆盖提出极高要求，同时试点、验收、推广等项目实施的方法论也必须创新，所以集成创新成为将来较长一段时间信息化建设的主导思路。

三、并购后管理的整合与信息化建设的初始架构

关于并购的"七七定律"，指70%的并购没有实现期望的商业价值，其中70%的并购的失败，要归因于文化整合的失败，文化差异越大，失败的可能性越大。

南方水泥在2009年联合重组的过程中就开始着手重组后的管理整合。

（一）组织整合

重组的400多家企业分布六省一市，管理幅度跨度相当大，为了提升管理效率和管控力度，南方水泥根据核心利润区进行组织整合，一方面成立了由南方水泥100%持股的省级区域公司，形成总部区域成员企业三级管理架构，另一方面，在区域公司层面推动吸收合并和管理整合，减少多余层级和法人机构。

（二）业务整合

重组的400多家企业均为水泥和商混制造销售企业，且围绕核心利润区布局，南方水泥对业务采用五集中管理的整合思路，实行采购集中、销售集中、财务资金集中、生产技术集中和人力资源集中的五集中管理办法。

（三）财务整合

企业管理的重心是财务管理，后并购时期的管理整合重点难点也是财务整合，南方水泥结合组织整合和业务整合的具体思路和重组企业的财务管理现状，提出了"统一、规范、集中"的财务整合阶段性目标。按照"七统一、五规范、五集中"的方案积极有序推进财务整合。会计核算集中管理是财务五集中内容之一。

（四）信息化初始架构

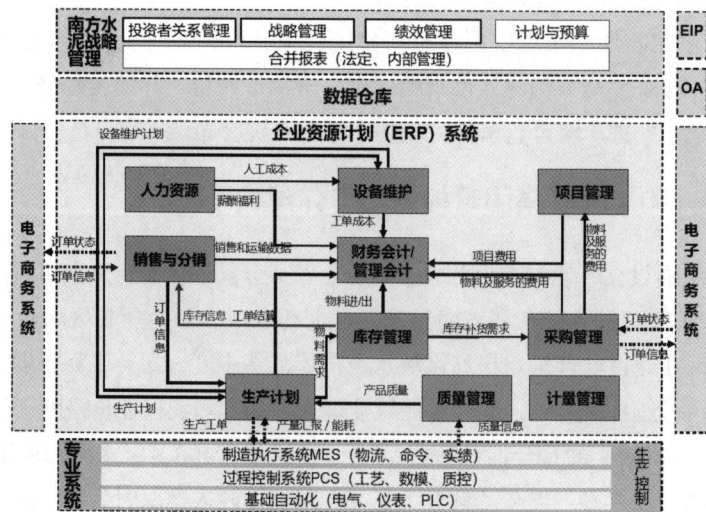

图1 南方水泥信息化架构（初版）

整合、集成、集中、管控成为公司并购初期信息化建设的指导方向，在此前提下，集团性供应链一体化系统成为首选，后台采用应用和数据大集中系统平台作为支撑，初步构建大集中模式的IT系统，具体架构如图1所示。

四、集团管控型信息化建设背景、内容与途径

（一）总部、区域以及成员企业三级管理组织架构成为管理整合的结果

南方水泥并购后，按公司制定的三级管控经营策略，如图2所示。南方水泥总部主导企业战略、愿景，治理企业风险及企业内控管理和人力资源管理及财务资金管理；区域公司本部统筹本区域及下属企业财务与成本、资金区域集中、统一销售管理、采购管理、生产与供应链管理；企业负责生产执行、设备维护、质量管理与物流执行，企业成为单一性质的成本中心和生产执行中心。

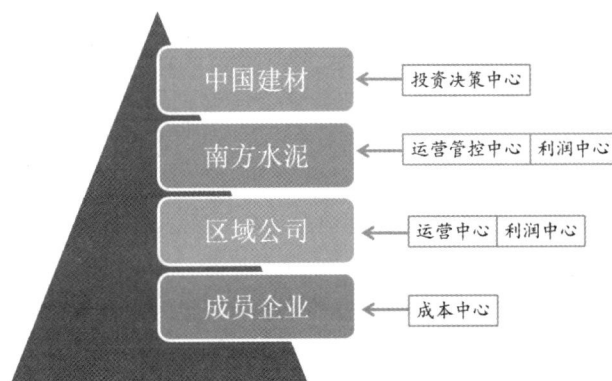

图2 南方水泥管理组织架构

（二）被并购企业信息化管理成为信息孤岛

由于南方水泥是联合重组后组建的大型水泥制造企业，各企业信息化系统不一致，信息不畅通，缺乏统一管理，财务系统和业务系统的应用大多集中于财务岗位，缺乏业务流程的整体解决方案；信息异构和数据集成度不够，使得信息难以有效共享、交流和传递。信息孤岛现象非常严重。传统管理方式难以驾驭和实施，迫切需要更高程度的信息化管理平台。

（三）信息化建设思路、内容与途径

1.信息化管理组织的总体规划

紧紧扣住中建材集团以及南方水泥的中长期发展战略，分解与明晰主要战略举措与实施策略，确定实现战略的关键业务领域，并借助信息化手段优化和固化核心业务流程，统筹规划支持和覆盖所有关键业务领域的应用架构、功能架构、数据架构、基础设施架构以及应用集成架构，建立"决策层→管理控制层→业务操作层"三层信息管理架构、"五集中"管理核心的纵向贯穿协同、"三五"经营管理模式的横向协同的数字神经系统，并结合必要的管理变革、组织调整、机制建设和制度保障解决集团存在的核心问题，提高企业管理水平、决策能力、市场响应速度和经济效益，支撑南方水泥登上行业的顶峰。

图3为南方水泥的信息化总体规划思路的九个步骤：

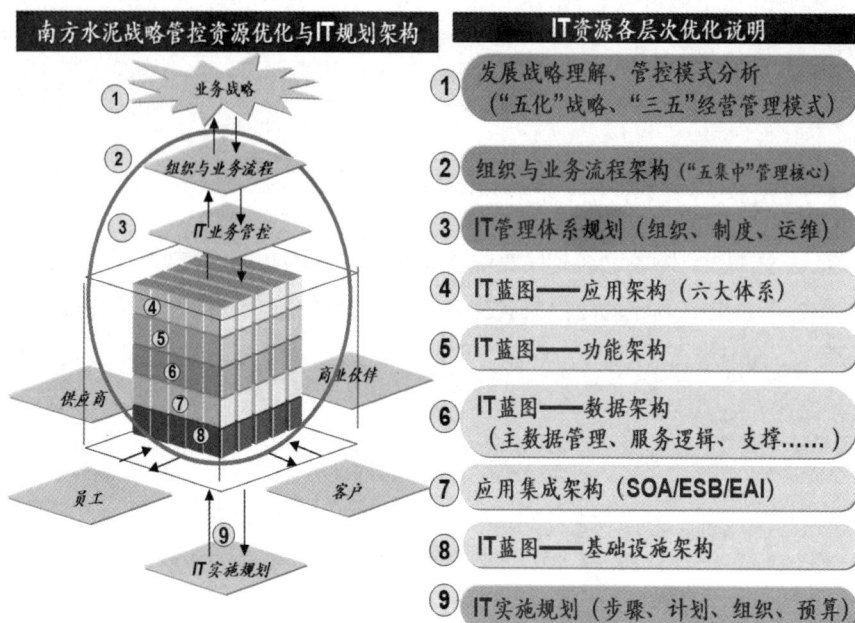

图3 南方水泥信息化总体规划思路

2.信息化系统性的规划原则

南方水泥作为集团化管理模式的企业,信息化战略应用框架必须围绕集团总部与区域公司本部和下属成员企业的整体应用来展开。今后的信息化建设既不能产生信息孤岛,也不能局限在当前管理组织架构和已经滞后的信息技术路线领域,既要满足于集团本部资源和风险管控职能要求,也要求满足各区域及各板块的协同经营。南方水泥管理信息化的总体构架设计原则必须遵从以下原则:

战略一致性原则;

集中管理与分散控制的原则;

统筹规划与分步实施的原则;

成熟性与先进性的原则。

3.信息化建设的总体目标

以中国建材集团的"三五"经营管理模式为指导,建立先进实用的综合信息化管理平台,借助信息化技术规范和优化所有关键业务流程,快速、准确的采集和利用生产、市场、客户信息。建立"南方水泥本部—区域公司—成员企业"三层级经营管控模式的管理体系,纵向透明、各职能领域横向协同、区域化布局的信息化网络,强化南方总部服务功能,加强区域公司的信息管理集中度,凝集区域公司管控力度,实现总部各部门与区域公司、各成员企业的战略协同,利用商业智能和决策支持系统提高企业管理水平、决策能力和抗风险能力。

具体包括:

建立集团级管理系统,推行集团规范化的制度和流程,实现南方水泥战略管理、资金管理、财务管理、人力资源、知识管理、固定资产管理、内外部门户、协同办公、商业智能等管理支持系统的建设与完善,支持关键管理领域的持续改进;

建立支持南方水泥生产管理、工厂物料管理、质量管理、设备资产管理、采购管理、仓储管理、销售管理等业务运营系统，提高运作效率、降低成本、提高客户服务水平；

建立南方水泥从"决策层→管理控制层→业务操作层"纵向透明的数据信息网络，保证信息的真实性、及时性、准确性和完整性，为经营决策提供科学依据；

建立南方水泥横向关联业务协同平台，对公司人、财、物、信息资源进行全面整合，促进集团总部→区域公司→成员子公司更好地协调与控制，满足集团战略管控的需求，使集团的整体运作能力及整体对外回应能力获得提高，强化战略执行能力；

建立南方水泥统一的风险监控平台，加强异常和重大事项的监控与回馈机制，帮助公司更有效地对下属生产经营单位及项目部进行监控，降低公司整体运营风险；

建立全集团统一的信息标准化规范、IT政策、管理制度、运营维护组织体系和流程，提高IT服务水平，运用信息流及时、准确、完整地反映南方水泥的资金流、物流与人员流动，满足决策、管理和运营的需要。

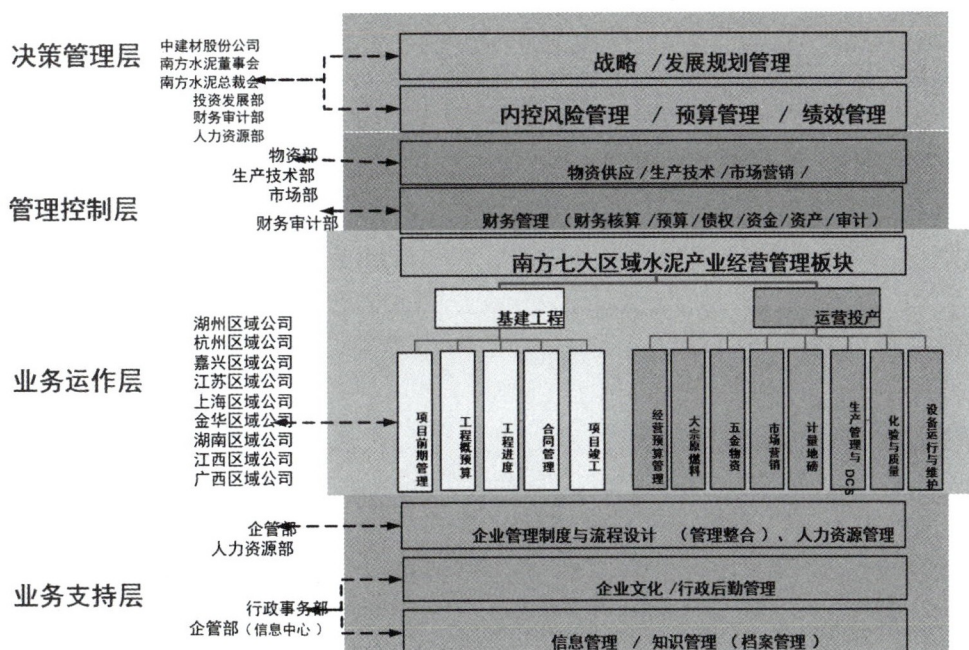

图4　南方水泥管理职能模型

4.搭建信息化管理组织体系

从南方水泥管理职能模型总图可以看出，在决策管理、管理控制、业务运作、业务支持四个层次上，可以对应分析出南方水泥在计划管理层、管理控制层、业务运作层和业务支持层四个方面的信息系统，对整个集团管理业务的支撑。

结合上述IT需求分析和企业管理职能模型总图，对南方水泥战略定位、产业链发展模式、集团管控以及总体IT需求架构的理解，结合国内外行业的发展趋势和管理经验，新一时期的总体应用架构设计如图5所示。

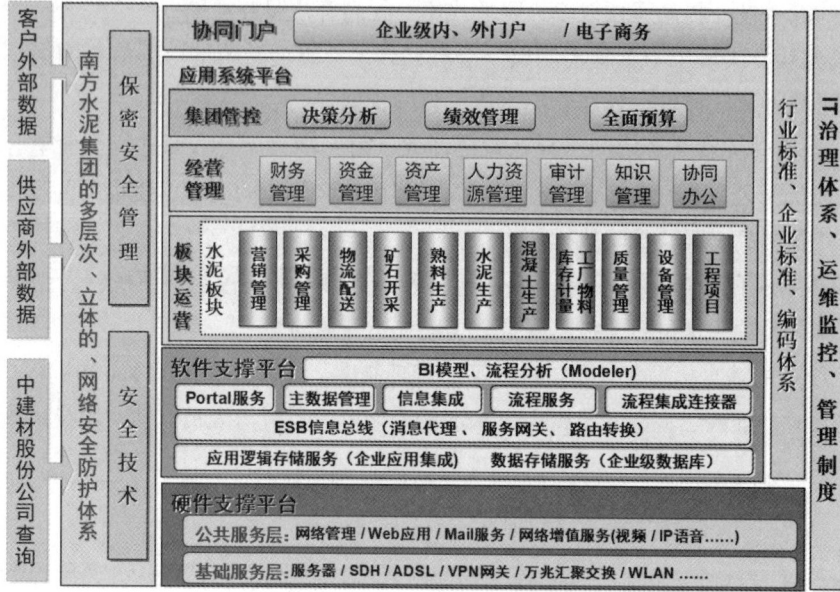

图5 总体应用架构设计图（新）

根据南方水泥目前的管理现状和信息化状况结合其信息化战略发展目标，对于南方水泥管理信息化总体应用架构我们归纳总结为：一个平台，两个系统，三流合一，四控一体。

一个平台是指公司财务、业务、行政（HR）平台统一至财务业务一体化（ERP）平台，建立南方水泥具有全局性、可扩展的办公和业务协同架构，涵盖决策分析与企业门户。两个系统是指财务业务一体化包含财务系统、业务系统，三流合一是指信息化平台融资金流、信息流、业务流为一体，四控一体是指用流程对业务、资金、财务、风险实施有效管控。

5.信息化组织架构与配置

南方水泥在信息管控上采取集权与分权相结合的管理模式，具体体现为：信息规划由集团信息中心统一组织规划；信息制度、考核方式、服务体系由集团信息中心统一制定；大宗软硬件设备系统等实行集中采购，采取按采购品类集中采购或采取设定金额审批权限，超过一定金额的需要报集团审批或由集团代行采购；各单位信息岗位及编制由集团统一认定，各子公司IT负责人由集团信息中心提名，分管领导审议确定人选，子公司信息部门人员由集团信息中心制定招聘标准，子公司自行招聘；各单位的信息部人员受训工作由集团统一组织，特殊情况的需经集团审批；各单位信息部人员对本单位的信息工作提供服务，并接收本单位及集团信息中心的双重监督考核。

（1）梳理信息化组织职能

根据下属企业及信息化能力的分类，各下属企业的信息化能力分布如图6所示：

图6 下属企业信息化能力分布图

信息中心：负责集团整体战略与规划的制定，并对下属企业的执行情况进行监督；同时负责集团统一应用的建设及运营，以提升整个集团的信息化水平。

区域管理：信息化主管负责IT需求的收集，并负责集团信息化战略与规划的贯彻与执行；同时，根据区域的实际情况，指导下属企业的信息化建设，并负责本区域的信息化系统建设等工作。

成员企业：有兼职的信息化人员负责IT需求收集，并负责本企业的信息系统维护等工作。

（2）建立运行维护体系规划

随着信息化建设的不断深入，集团信息化运维组织架构被分为业务支撑和技术支撑两条主线。技术运维管理主要由集团信息中心和各区域公司和成员子公司的主要信息化管理人员完成。业务运维管理主要由集团本部各职能部门和各成员子公司相关业务人员完成。

南方水泥运维管理架构具体如图7所示：

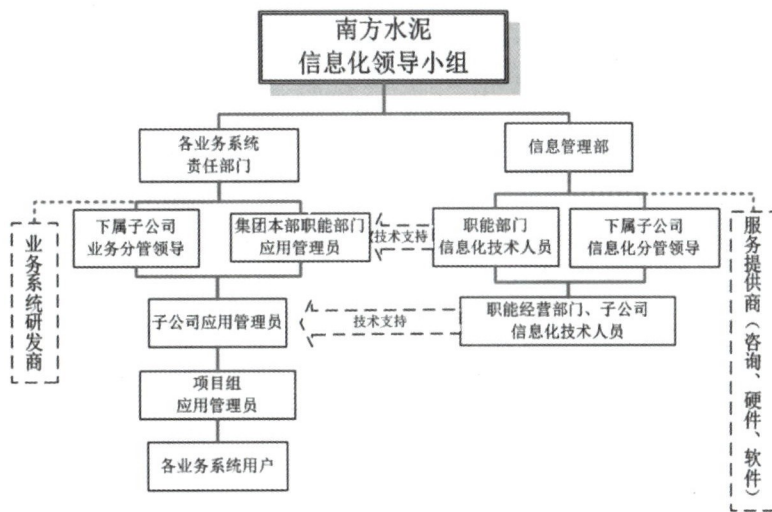

图7 南方水泥运维管理架构

6.财务业务一体化主要应用系统建设

南方水泥的核心管控应用系统主要包括：财务业务一体化管理系统、资金集中管理系统、财务影像管理系统、管理报表系统、人力资源管理系统、生产信息化管理系统、物资招标采购平台、企业物流一卡通系统以及行政协同办公管理系统、移动办公移动审批等。应用系统主要是满足南方水泥在集团化管控业务的战略需要。

（1）财务业务一体化管理系统：根据南方水泥现有三级财务组织结构，开展总账凭证、固定资产、会计报表及合并报表、应收应付、库存管理、质量管理、销售管理、采购管理、成本管理等财务与业务模块的信息化建设，同时以此为基础，进一步加强业务审批处理流程、关键节点控制及成本核算等业务管理。

（2）资金集中管理系统：结合南方水泥资金区域化管理、企业预收款多、部分区域银行票据量较多等业务特点，通过资金集中管理系统实现南方水泥总部+二级区域公司的资金业务信息化建设，具体包括资金计划审批执行管理、资金账户管理、银企直连、信贷管理、资金结算业务，最终实现区域现金池管理。

（3）财务影像管理系统：结合财务会计集中核算，实现财务原始单据影像的采集、上传、审批、归档、查阅，并且该系统采用了标准化的接口方案衔接财务业务一体化财务与会计、资金、销售、采购等各个业务模块之间的流程，与公司现有财务业务一体化系统产品进行交互、高度融合，快速实现业务系统的接口开发及系统对接，实现NC系统间的集成与信息关联，做到多业务层面集成。

（4）管理报表系统：结合南方水泥现有的财务业务一体化系统、e-HR人力资源系统以及手工报进行数据源整合，形成一套相对独立、指标统一的符合南方水泥管理需求的管理报表系统，自动生产各层级的业务报表，系统按权限自动推送给各级用户，同时也具备各指标托拉拽的自动化、个性化报表。

（5）人力资源管理系统：为加强南方水泥的HR集中管理，完善新并购企业的三定工作，辅助以HR系统，初期开展职员信息管理、劳动合同管理、薪酬管理，在此基础上将延伸到日常员工招聘、考勤管理、假期管理、培训管理等，同时通过成熟的绩效考核模型建立南方水泥新型绩效管理体系。

（6）生产信息化管理系统：利用实时、动态、真实、可靠的企业成本分析数据，结合专业化知识，利用计算机及其设备的监控技术、网络技术、数据库管理技术、软件开发技术、系统集成技术，为企业构建一个数据资源共享、部门之间有效协作的规范管理、开放的经营业务平台。

（7）物资招标采购平台：建设南方水泥物资采购系统的供应商门户，实现招标采购信息、中标公告信息、企业公告信息等招采信息，支持新供应商申请成为南方水泥供应商，支持有账号供应商通过南方水泥招采系统登录供应商工作台，通过招采系统工作台实现生产物资招标，物流招标，询比价，竞价（竞买竞卖），实现南方水泥物资采购公平公正、阳光透明化。

（8）成员企业物流一卡通系统：在现有财务业务一体化系统、企业计量系统等基础上，结合现有物联网先进信息化技术、智能化管理来提升企业智能管理、减少人员对业务流程的影响，实现计量无人值守，真正实现传统制造型企业高度智能化。

（9）行政协同办公管理系统：将南方水泥日常行政事务性事项，如会议、通知、公司新闻动态、行业信息、公文发布、日常事务审批等纳入统一的行政协同办公平台，实现办公自动化。

（10）移动办公、微信服务：将OA行政办公管理系统协同、业务系统审批流集成到移动微信端，极大的提高办公审批效率；同时将客户物流、资金等信息推送到南方水泥微信服务号等。

7.构建"大运维"作为的一体化基础运维体系

南方水泥信息化运维服务在整体设计方面采用"大运维"的建设方向，其"大运维"即以南方水泥自有主导、规划与管理，选择软、硬件与咨询行业中技术能力与资源协调能力较强的服务团队进行实施，并依靠与借助各合作伙伴在行业中的技术与人力资源优势撬动与之相关的技术力量，形成"大运维"技术圈，共同为南方水泥信息化服务。

在以上总体建设方向指引下，从2014年开始南方水泥信息化运维服务先后引入了专业的数据库优化与运维服务商、专业的IT基础设备运维商、专业的IT设备提供商与机房建设承包商、专业的软件开发服务商，组成了以软件开发、后台运维、基础环境建设与IT基础设备提供的综合性运维技术服务团队，并在此基础上充分发挥与利用各团队的相关资源，带动了更大一批外委技术咨询服务同时为南方水泥信息化服务，以基本形成"大运维"服务的框架。为更好的服务于南方水泥总体信息化建设，经过多年的建设与摸索，后台运维做下众多的尝试。

（1）重新构建核心机房及其安全基础

在2015年下半年，为更好优化现有核心机房硬件条件及系统架构，根据公司未来发展规划及信息化建设加速发展的前提下，以及公司总体搬迁至上海的趋势下，在公司信息领导小组大力支持下，将原本部署在杭州的一主一备两个机房搬迁至上海。在整体搬迁的同时，对现有硬件架构进行重新的构建与优化，以"安全、稳定、高效"为建设基本条件，建立了以南方水泥为主的专业化机房搬迁项目组，项目组人员专业涉及数据库优化、机房架构建设与硬件搬迁、后台运维等众多技术人员，并在机房搬迁过程中，调整核心业务系统的基础架构，使业务系统架构更适应未来发展需要。同时在上海新大楼数据机房建设成搬迁后的核心机房的灾备机房及异地选址建设异地灾备机房，最终完成两地三中心的机房基础架构建设。

实施后最终拓扑图如图8所示：

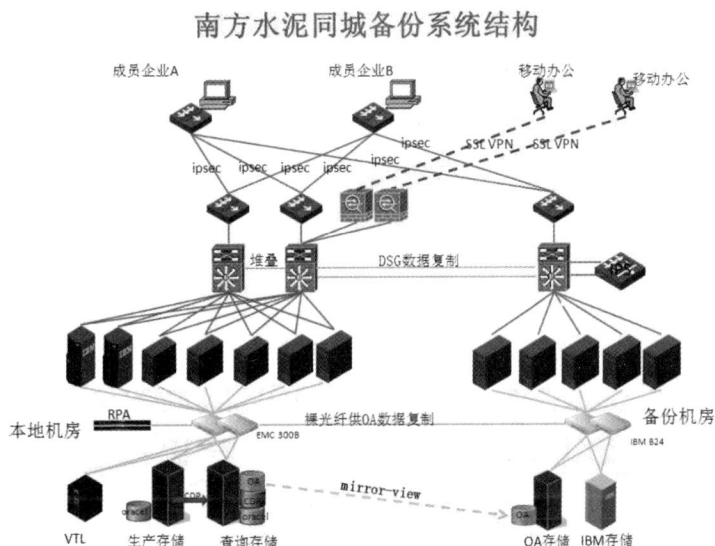

图8 南方水泥同城备份系统结构

建设完成后，不光对数据资源进行同步提供灾备条件，还将建设完善的切换策略，为各级企业提供可靠的持续性业务访问，如图9所示。

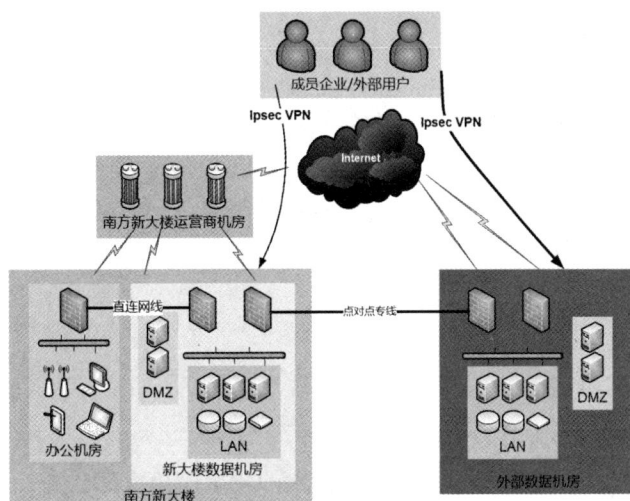

图9 持续性业务访问

（2）核心IT设备租赁模式，为企业迈向私有云打基础

南方水泥在同行业中率先引入了"以租代购"的机房核心IT设备租赁新模式，租赁模式通过公开招标形式进行统一招标，在选择供应商方面选择技术能力强、硬件品牌涉及广、服务范围涉及面大，故障响应时间快的综合性设备集成商进行服务，新的设备租赁模式具有以下特点：

① 轻资产、降成本，没有一次性购机投入，无需承担固定资产折旧

② 可选用任意最适用机器设备

在租赁期间，租赁设备以性能、效率、总体配置为前提条件进行设备选型，以满足当前所需部署应用三至五年的运行环境为优先条件，在租赁期间如设备出现性能瓶颈，可进行更换。

③ 有利于技术改造

因率先使用先进设备，而不用担负由于技术进步使设备落伍淘汰的风险。

④ 响应时间快，免费提供维保，并提供备机服务

（3）企业级虚拟化平台建设

基于vmware的虚拟化平台具有良好的资源整合特性，并且具有高扩展性、高可靠性及易部署易维护等特点。

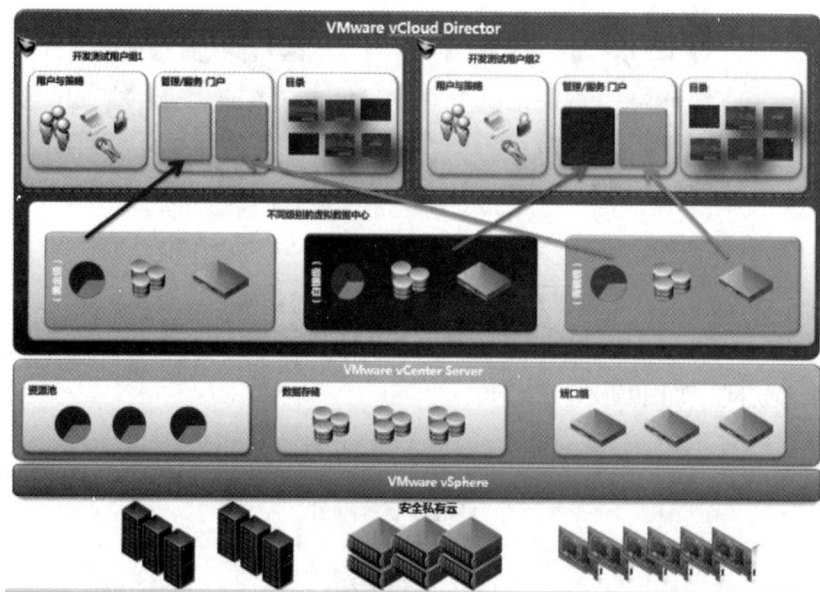

图10 系统架构逻辑图

目前相当一部分核心生产环境的服务器55台，测试环境33台服务器已使用虚拟化平台的虚拟机代替，且稳定运行。

（4）管理员运维监控平台建设

监控运维平台主要有两大功能：

①收集各种系统资源的使用情况。

②提供24小时不间断的系统监控，根据预先设置的告警阀值实时告警，通知运维人员及时进行处理。

（5）定期机房停机维护

为了兼顾机房设备及系统的维护需求及企业业务访问连续性的要求，信息化领导小组在每月15日设置了固定的3小时停机窗口，用于对设备及系统进行集中维护。

制度执行1年多以来，取得了良好的效果，除停机窗口以外的时间，业务可用性大大提高。

（6）其它运维事项

在整体运维主要事项之外，在核心应用补丁部署、核心机房资源申请、设备维修与购置、运维人员差旅等事项中，所有流程统一采用标准化流程审批，以“流程管人、制度管人”理念深入在整个后台运维日常工作之中。图11–13为运维主要OA流程表单截图：

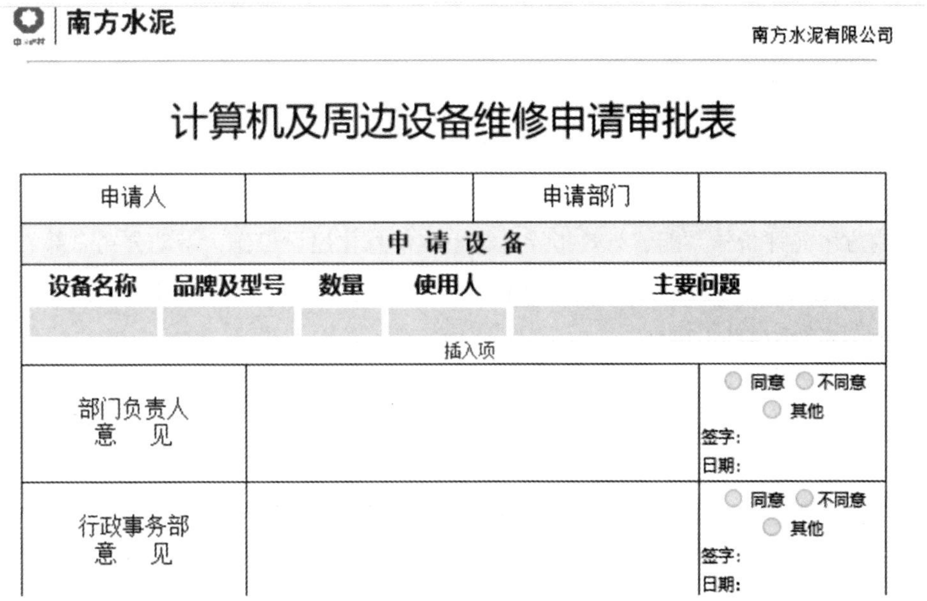

南方水泥　　南方水泥有限公司

计算机及周边设备维修申请审批表

申请人		申请部门		
申 请 设 备				
设备名称	品牌及型号	数量	使用人	主要问题
插入项				
部门负责人意　见				○同意 ○不同意 ○其他 签字: 日期:
行政事务部意　见				○同意 ○不同意 ○其他 签字: 日期:

图11　OA流程表单（1）

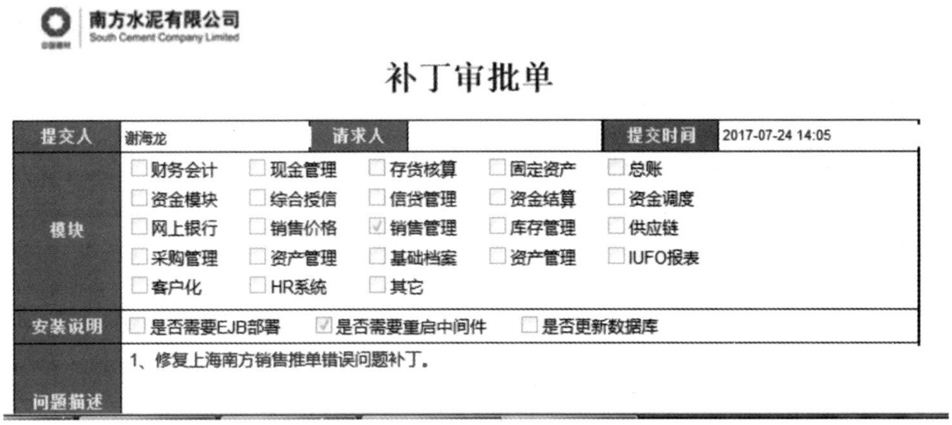

南方水泥有限公司 South Cement Company Limited

补丁审批单

提交人	谢海龙	请求人		提交时间	2017-07-24 14:05
模块	□财务会计 □现金管理 □存货核算 □固定资产 □总账 □资金模块 □综合授信 □信贷管理 □资金结算 □资金调度 □网上银行 □销售价格 ☑销售管理 □库存管理 □供应链 □采购管理 □资产管理 □基础档案 □资产管理 □IUFO报表 □客户化 □HR系统 □其它				
安装说明	□是否需要EJB部署 ☑是否需要重启中间件 □是否更新数据库				
问题描述	1、修复上海南方销售推单错误问题补丁。				

图12　OA流程表单（2）

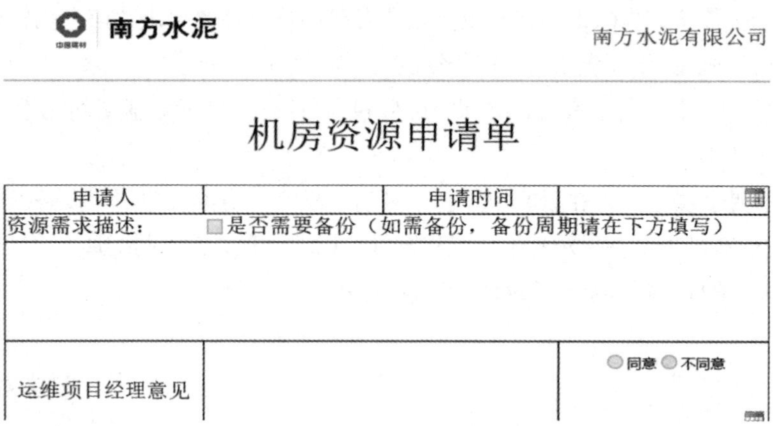

南方水泥　　　　　　　　　　　　　南方水泥有限公司

机房资源申请单

申请人		申请时间	
资源需求描述：	□是否需要备份（如需备份，备份周期请在下方填写）		
运维项目经理意见			○同意 ○不同意

图13 OA流程表单（3）

8.建立信息化运行KPI指标体系

为确保南方水泥评价体系能够有效指导公司整体信息化建设工作，带动公司总部、区域及企业三级管理机构的信息化水平整体提升，以"标准先行、财务先行、试点先行、业务主导"的方针下，建立以下原则开展指标体系设计工作：

业务驱动：关注跨业务部门流程整合，实现管理工作"集中""协同""精细"；

前瞻性：参考国内、国外先进水泥行业的业务及信息建设情况，根据国内外最佳实践及前瞻性的业务需求对评价指标进行设定；

引导性：关注于评价体系引导今后信息化应用合于布局、建设；

巩固成果：结合同行业各信息化建设实际水平，寻找制约信息化发展重要因素，巩固已建信息化成果，关注信息化建设的实用化考量，并加以提炼、理整。

信息化指标体系由以下四项指标构成：

信息化治理指标；

平台与基础设施指标；

业务协同优化指标；

决策支持指标。

四、南方水泥信息化建设实施成果

（一）企业管理成果

1.服务三五管理模式，落地RCM经营策略

基于中国建材的"三五"管理模式和南方水泥的"RCM"经营策略，结合现有三层管理组织架构特点组织进行信息化建设，建立支持南方水泥的"集团—大区—子公司"三层管理体系，纵向责权明晰、横向高效协同，及时、准确、全面地反映西南水泥的经营信息，实现事前预警、事中控制、事后分析评价，由结果控制转变为过程监控。建立适合南方水泥战略发展需要的完整的、统一的信息化管理平台，全面提升南方水泥的核心竞争力。

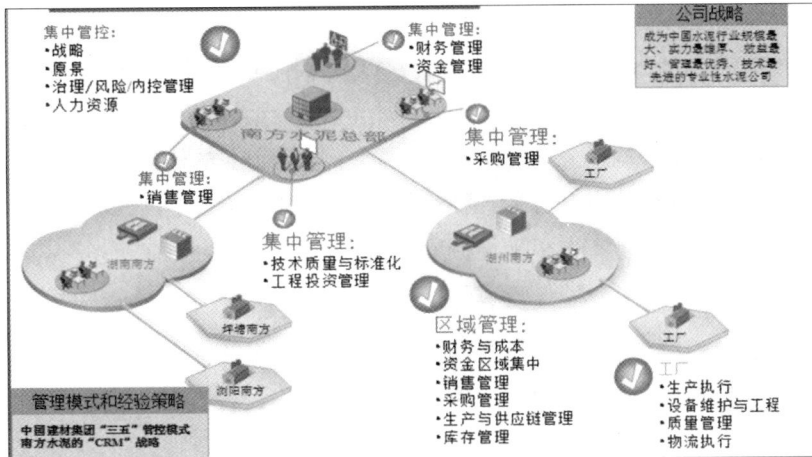

图14 南方水泥"集团—大区—子公司"三层管理体系

2.组织架构规划及跨公司的财务业务一体化

一个平台：南方水泥ERP就是提供以集成、优化、计划、控制为基础的，面向网络化管理的企业经营管理平台。集成了企业供应链管理、财务管理、分销管理、决策等多个层次的管理内容，以预测为先导、计划为主线，业务执行的组织和控制为重点，财务支持和监督为依托，经营分析和财务分析为基础，经济指标和财务指标评价为依据，支持企业可持续发展。以优化企业资源为目标，提供计划和控制为手段，构建企业经营平台。支持从部门应用、到单个企业应用、到集团企业应用、到供应链企业应用的全面信息化管理。基于此，构建南方水泥统一的信息化支撑平台，统一平台整体架构。

两层应用：针对南方水泥集中管理需求，统一平台不仅重点满足集团管控和战略管理的需要，同时也要兼顾下属企业内部核算和管理的需要。从集团层面，主要满足集团制度贯彻、数据集约、资源调控、信息对称、查询控制、分析评价等管理需要；从企业层面，主要满足企业内部管理、符合业务、简单易用、报送及时等管理需要。

三条通道：一是集团制度的下发通道，集团将统一的制度、政策下发到下属公司，体现集团战略控制和集中管理的思想。二是数据收集通道，下属公司将各项财务、业务数据上传到集团总部，通过信息的集成，实现信息的对称和集权，满足集团对下属企业的分析、考核和评价。三是横向的业务协同通道，通过协同商务机制，实现集团内部往来业务的及时、准确、高效，内部业务处理完全自动化。

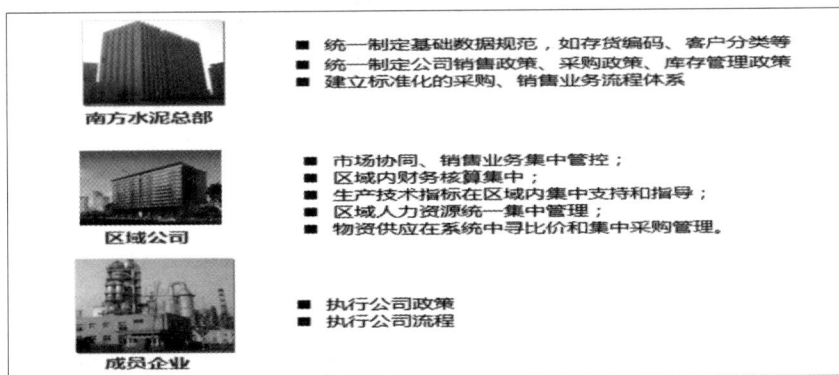

图15 南方水泥"三条通道"体系

3.建立完善的内控制度，强化集中管控，实现标准化、规范化

通过系统严格的权限管理及系统控制参数设置，界定操作员及下属单位的操作权限和范围，加强企业内部监控；制定审批流程，界定审批权限，明确岗位、人员的权责；预警机制便于企业及时进行相关业务处理；通过信息化系统，构建全新的企业管理体系，实现财务的核算型、业务的手工操作向管理型、决策型转变。上述改变均会使南方水泥全系统的人员的工作职能发生巨大转变，从原来重复的繁杂日常工作中解放出来，从事更为重要的管理、分析和监督工作。

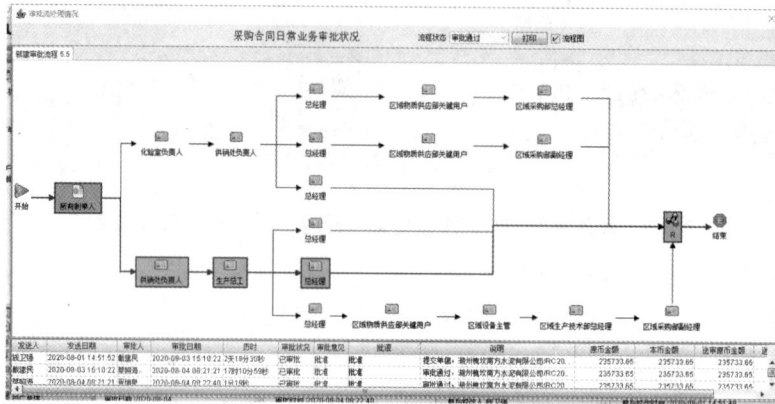

图16 业务信息化审批流

（二）信息化技术应用成果

1.补短板、突瓶颈、扩应用

通过本项目建设，将财务业务一体化与招采系统、OA及移动审批应用集成，建立适用于南方水泥总部，区域公司，成员企业三级机构高效招投标流程，如图17所示。

图17 南方水泥招采平台系统

全面的质量、计量管理，实现ERP与计量系统、DCS系统集成。南方水泥的质量管理覆盖采购、库存、生产全过程，质量检验部门对物料的检验和重量的计量，包括原燃料质量管理，各生产工序的半产品、产成品、辅助产品质量，产成品的质量管理，特别是要实现质量管理的标准化和差异分析，不仅保

证生产质量的高效稳定，更要保证不同客户对生产质量的不同要求，实现产品质量异议处理的追溯，将产品问题落实到相关的生产单位、责任部门和责任人，以不断改进产品的质量和客户满意度。根据"管控一体化"的行业需求，整体规划南方水泥的管理信息系统与制造执行系统和现场数据系统；支持实现生产过程数据与管理系统数据"不落地"，实现数据自动集成。

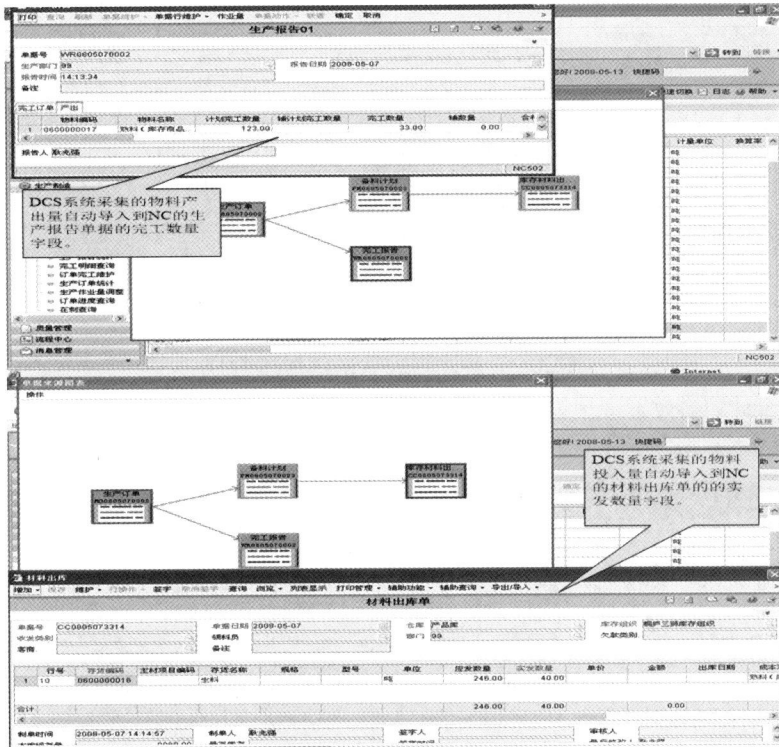

图18 多系统集成

2.信息系统作为固化制度与规则的平台，确保集团战略贯彻执行

按南方水泥管理层级及管理策略，将管理思想"注入"到信息化系统中，借助信息系统手段来保证管理思想得以落地、执行。

（1）集中销售管理

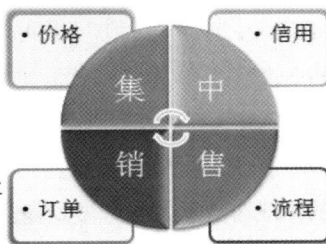

图19 集中销售管理

（2）集中资金计划有效控制采购付款

图20 资金计划控制采购付款流程

（3）集中资金计划有效管理销售回款

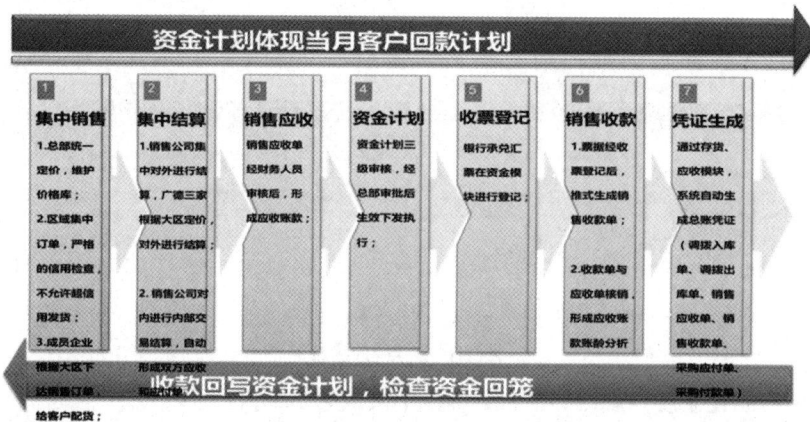

图21 资金计划有效管理销售回款

（4）启用财务票据影像系统，集中解决单据传递问题

南方水泥企业众多，且分散在浙江、上海、江苏、安徽、湖南、江西、广西六省一市，交通不便。为保证会计集中核算成员企业原始会计单据安全、及时、有效传递至各会计核算中心，引入财务票据影像系统，并于2015年9月在上海南方安徽地区等6家试点成员企业成功上线。

该系统实现财务原始单据影像的采集、上传、审批、归档、查阅，并且该系统采用了标准化的接口方案衔接财务业务一体化（ERP）财务与会计、资金、销售、采购等各个业务模块之间的流程，与公司现有财务业务一体化（ERP）系统产品进行交互、高度融合，快速实现业务系统的接口开发及系统对接，实现NC系统间的集成与信息关联，做到多业务层面集成。

3.通过报表系统细化管理指标，提升各层级的数据分析能力

南方水泥报表系统含概了企业经营的五大业务线（财务、行政人事、采购、销售、生产），通过报表系统建设，整理出83张分析报表，共653项指标，为南方水泥中层、高层管理者对信息数据分析和

统计查询的需要。

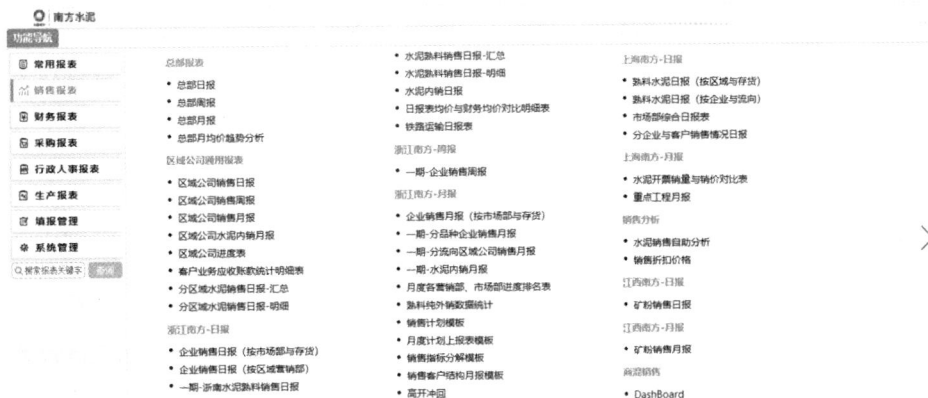

图22 南方水泥报表系统

4.通过财务业务一体化系统规范审批、审核流程

（1）规范会计集中核算业务流程

会计核算中心会计核算流程的设计紧密结合财务业务一体化（ERP）而制定，对成员企业核心业务，如：资金计划、资金收支、销售收入、材料采购、材料出库、制造费用分配、成本计算、固定资产增减变动等，由南方水泥统一设定标准化业务操作流程，会计集中核算数据完全来源于业务数据，实现了会计数据与业务数据的无缝连接，保证了会计集中核算财务数据及时、准确。

（2）统一成本平台支持"星级管理"

利用财务业务一体化系统应用于企业价值链管理的全过程，所有的成本管理相关数据都在一个系统内进行流转，为南方水泥的成本管理系统构筑基础平台。有效进行实际成本、标准成本管理，强化成本分析。提供成本中心内部利润分析、成本趋势分析、生产订单成本分析、成本差异分析、成本构成分析、量本利分析、成本中心耗量分析，以及自定义查询报表，为更好的降低生产成本提供有利的分析数据。

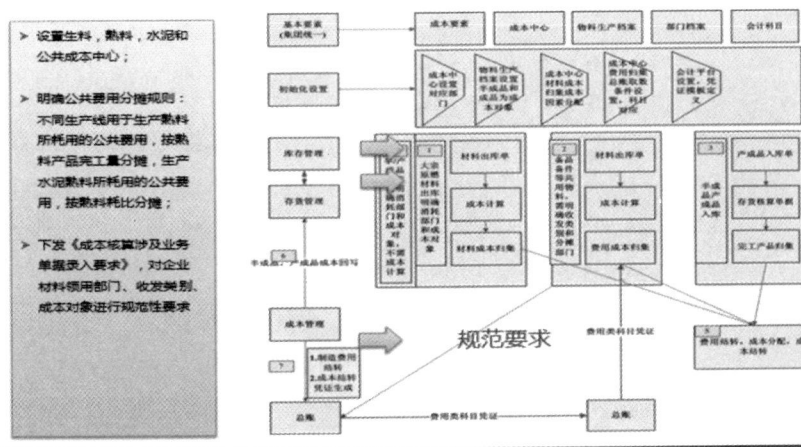

图23 统一成本平台

（3）集中审核风险管控流程

统一会计核算业务风险管控。根据《企业内部控制规范》、南方水泥规章制度、财务业务一体化流程操作手册，南方水泥制定了"销售业务、采购业务、资金、成本费用、资产及工程项目、税务"等主要核心业务财务风险控制程序表，纵向以主要业务活动为起点，横向从业务风险点、业务内部控制方法、业务财务风险控制三个方面画出核心业务风险控制矩阵表，指导各区域公司会计核算中心在实务中具体运用。

五、南方水泥的信息化建设思考与建议

（一）三精管理做指导

三精管理是中国建材集团在以南方水泥管理经验为基础，结合集团整体管理经验形成的一套企业经营管理实操方案，内容为组织精简、管理精细、经营精益。我们把信息化管理和三精管理的精髓结合起来，形成以总部信息化领导小组和常设机构信息中心为精益组织，以下属区域公司信息化主管和企业系统管理员为旁支体系的，所谓"警察加民兵"的组织方式，贯彻三级信息化组织管理体系。

（二）效益与效率准则

信息化管理也要充分阐释经营精益的管理方法，南方水泥所有信息化项目，从立项到完成审批，到项目启动直至验收完成推广，遵循企业经营以效益和效率为导向的项目管理策略。

（三）业务主导+信息化辅助

南方水泥的信息化管理充分贯彻业务需求为主导，管理精细不是为了建设项目而建设，也不是为了敢追技术潮流，而是充分利用信息技术的优势，达到业务需求的满足，从而进一步达到信息化项目是需求实现的载体的目的，完全支撑企业业务发展，信息技术为业务发展保驾护航。

成果创造人：肖家祥、赵旭飞、刘　鹏

国有控股上市公司提升企业创新力的改革实践

凯盛科技股份有限公司

一、凯盛科技股份提升企业创新力的背景

（一）落实国家重大战略布局，增强国有经济创新力的需要

党的十九届四中全会确定了"增强国有经济竞争力、创新力、控制力、影响力、抗风险能力，做强做优做大国有资本"[①]的目标任务。2020年9月，在科学家座谈会上，习近平总书记用"四层需要"，即"推动高质量发展的需要、实现人民高品质生活的需要、构建新发展格局的需要、顺利开启全面建设社会主义现代化国家新征程的需要"[②]，着重强调创新尤其是科技创新的重要作用。中央已经将科技创新提升到保障国家经济安全、国防安全和其他安全，建设现代化经济体系，决胜全面建成小康社会的高度，并作出了"增强国有经济创新力"的重大战略布局。

国有企业作为中国特色社会主义的重要物质基础和政治基础，是深化改革和推进自主创新的主力军，国有控股上市公司更应当发挥引领作用，突出创新能力建设，系统提升创新能力，带头落实增强国有经济创新力的重要部署；同时，理应强化企业创新的主体地位，切实构建以企业为主体、市场为导向、产学研深度融合的技术创新体系，使自身成为创新要素集成、科技成果转化的生力军。因此，落实国家重大战略布局，增强国有经济创新力就成为了凯盛科技股份"提升企业创新力"的改革实践的题中应有之义。

（二）落实国资委工作部署，引领和推动高质量发展的需要

国务院国资委认真学习贯彻习近平新时代中国特色社会主义思想和党的十九大精神，对国企改革重点作出了重要部署，即"国企应坚持稳中求进工作总基调，深入贯彻落实'创新、协调、绿色、开放、共享'新发展理念，以供给侧结构性改革为主线，以做强做优做大国有资本、培育具有全球竞争力的世界一流企业为目标，坚定不移的推进高质量发展。"[③]而创新是引领发展的第一动力。因此，国企引领和推进高质量发展，必须坚持创新引领。

凯盛科技股份积极落实国资委的部署要求，充分发挥创新引领作用，以全方位的创新促改革、以

---

① 《中共中央关于坚持和完善中国特色社会主义制度、推进国家治理体系和治理能力现代化若干重大问题的决定》辅导读本[M].北京：人民出版社,2019：30.

② 习近平：在科学家座谈会上的讲话[EB/OL]. http://www.gov.cn/xinwen/2020-09/11/content_5542862.htm,2020-09-11

③ 国资委研究中心.中央企业高质量发展报告：中央企业高质量发展迈出坚实步伐[EB/OL].http://www.sasac.gov.cn/n2588020/n2877938/n2879597/n2879599/c12468278/content.html,2019-11-02.

系统性的创新谋发展，实现由要素、投资驱动向创新驱动的根本性转变，积极把握发展机遇，全面提升创新能力；勇担创新重任，以创新力的提升带动竞争力、控制力、影响力和抗风险能力的增强，从而引领和推动企业实现高质量发展。因此，落实国资委工作部署，引领和推动高质量发展就成为凯盛科技股份"提升企业创新力"的改革实践的内在要求。

（三）突破发展瓶颈，持续提升创新能力的需要

近年来，通过持续不断地深化改革，凯盛科技股份规模实力增强，创新能力得到一定程度的提高。但公司创新实践还面临着一些瓶颈，例如，关键核心技术受制于人未根本性改变，聚焦产业发展瓶颈与市场需求还不够，推动科技成果加速转化能力仍待提高，科技人员积极性、主动性和创造性发挥不充分，人力资本的积累明显减速等。

破解上述难题，需要公司坚持问题导向和需要导向，以需求带动创新，以需求检验创新，统筹兼顾战略性、前瞻性、现实性，不断筑牢创新力持续提升的基础；需要公司充分发挥自身的资金、规模优势，秉承合作共赢的理念，通过政企合作、产业联盟、产学研融合等方式，吸引更多社会资本和各类市场主体参与创新能力的建设和创新价值的创造，带动产业链、供应链、价值链共同发展；更需要公司围绕自身创新短板，聚焦具有决定性、枢纽性、前瞻性的重大关键技术进行研发，突破核心关键技术"卡脖子"问题，从而持续提升自身的创新力。因此，突破发展瓶颈，持续提升自身创新能力成为凯盛科技股份开展"提升企业创新力"的改革实践的核心要义。

二、凯盛科技股份提升企业创新力的内涵和主要做法

凯盛科技股份提升企业创新力的实践，即充分发挥国有控股上市公司的优势，将企业创新力构建为以技术创新为基础，以模式创新、管理创新、机制创新、创新文化等要素为支撑的创新力成长体系。采取科研开发、产品升级、市场开拓三大显性措施，聚焦资本运作、市场竞合、重组优化等模式创新做强做大产业链，聚焦大数据、信息化、智能化等管理创新完善优化创新链，聚焦股权激励、中长期奖励计划、创新激励机制等机制创新全面激活价值链，聚焦技术创新氛围、团队精神、容错纠错机制等创新文化搭建创新力支撑体系，通过体系的循环成长，整合优化相关技术能力和市场能力，实现企业创新能力的循环整体提升，从而不断增强控制力、影响力和抗风险能力，从根本上提升企业的竞争力。

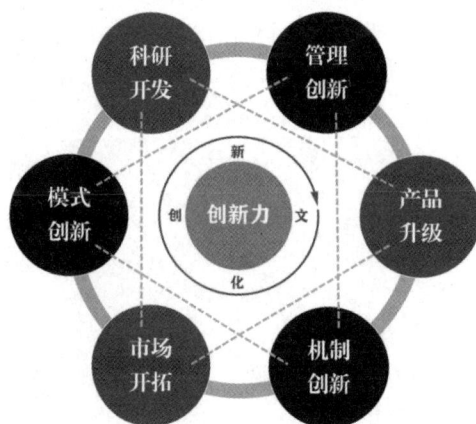

图1 创新力成长体系示意图

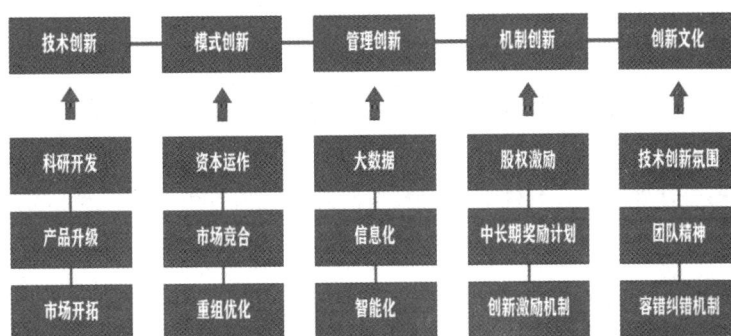

图2　创新力支撑体系示意图

（一）围绕企业战略全面部署科研开发

凯盛科技股份在发展过程中逐步形成了以新材料和新型显示为双主业的发展格局，科研开发即围绕这两大主业展开。

1.符合主业的研发布局

在新材料产业，由于先进陶瓷材料已经成为新材料体系的重要组成部分，其特定的精细结构和高强、高硬、耐磨、耐腐蚀、耐高温、绝缘等一系列优良性能，被广泛应用于国防、化工、电子、航空、航天、生物医学等国民经济的各个领域。凯盛科技股份凭借在电熔氧化锆行业的优势地位，将新材料领域的研发原则定位为"重点突破、多点开发"，研发产品定位于锆基、钛基、硅基新材料等相关多元领域。

在新型显示产业，为了避免信号屏蔽、实现无线充电和更好的贴合效果，先进玻璃基材料已经成为显示行业面板和模组制造不可或缺的原材料，凯盛科技股份凭借在国内较早开展ITO导电膜玻璃产品研发制造业务的优势，将新型显示领域的研发原则确定为"重点培育、两端延伸"，研发产品定位于光电材料、光电显示等与显示器件相关的多元领域。

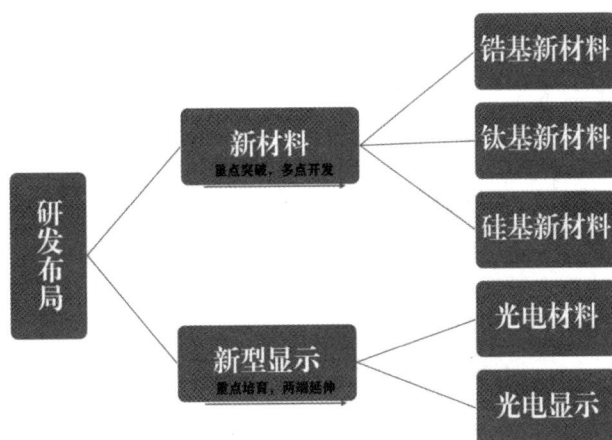

图3　新材料和新型显示两大主业的研发布局

2.有效决策的研发组织

公司成立企业技术中心，在决策管理层面设置专家委员会、技术委员会和管理委员会，聘请行业领域专家和学者，与公司营销和技术人员一起，参与研究方向建议、研发风险研判、技术项目可行性评估、科技成果鉴定等工作，保证科研开发项目具有基础性、战略性、前瞻性。在业务层面设置三个分中心，即光电显示技术分中心、光电材料技术分中心、新材料技术分中心。科技项目采用项目负责人制，由项目负责人管理项目团队、项目工作计划、进度等。在研发机构层面设置博士后工作站，依托公司科技管理委员会和技术中心开展工作，具体课题研发根据技术领域不同，分配至公司技术中心所属三个分中心开展。

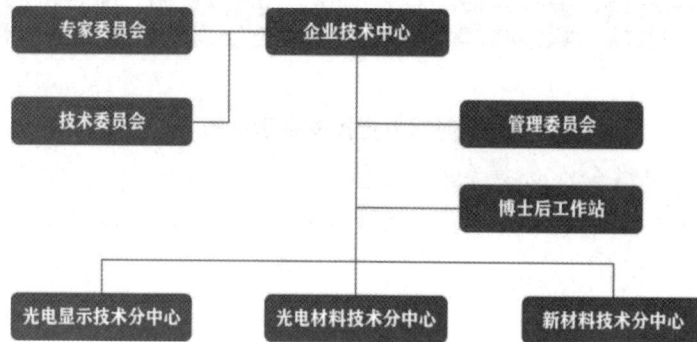

图4 技术中心组织结构

3.双螺旋循环的研发体系

研发体系的前端开展基础技术研究，技术中心作为产品创新的主要参与者，开展原料开发和技术供应；研发体系的中端开展应用技术研究，技术中心（包括中试线的参与者）作为工艺创新参与主体，进行设备设计、系统开发以及生产线装备的生产与制造等技术开发；研发体系的后端开展产业化技术研究，项目公司是市场创新参与主体，除此之外，部分技术研发部门参与其中，进行成果转化、个性化的产业链设计和市场开发。

研发体系形成了两种循环模式：一是在某个研发体系的各环节内部形成独立的循环。如技术中心通过基础研究和应用研究开展产业链中上游的产品、工艺等技术开发。反过来，技术的进步和市场的需求，促进产品和工艺的技术提升，在创新链内部形成一个闭环，以产业化需求开展产品创新和工艺创新。二是一个完整的研发体系完成之后，进入下一个研发体系，通过多个研发体系的循环，形成个性化的产业链设计。

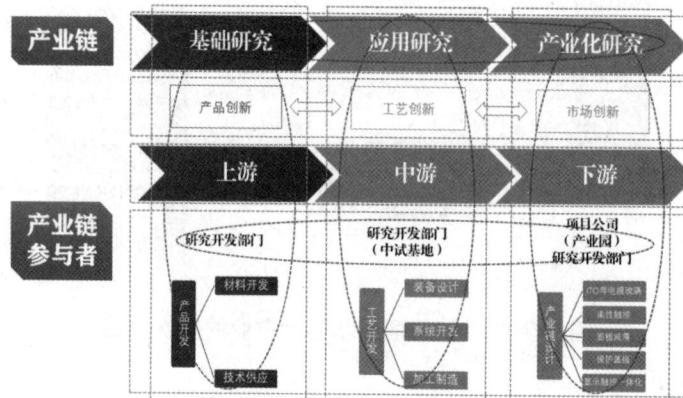

图5 双螺旋循环的研发体系

4.持续不断的研发投入

公司综合运用多种方式筹措科技经费，建立多方位、多渠道的科技投入体系。一是合理利用资本市场募集的资金，提高新产品、新材料、新工艺和新技术研发经费在企业销售收入中的比重，在研发仪器设备采购、研发项目预算、实验室场所配备、中试生产线建设、人才培养晋级、学术交流合作、科技人员待遇等方面给予预算倾斜。二是将企业科技投入纳入全面预算管理体系，梳理、规范科技投入统计指标体系，建立和完善科研经费管理制度，提高科研经费使用的规范性、安全性和有效性。三是加强与国家部委、地方和行业的沟通，力争多承担国家、行业科研项目，确保财政资金支持。四是加强与高校、科研院所、行业内外相关企业的科技合作，扩大科技投入来源。

图6 多方面的科技投入体系

（二）围绕市场需求全面推进产品升级

在产品升级方面，凯盛科技股份采取"集成型"创新战略，围绕产业链部署创新链，将创新与市场与生产紧密结合，打通了科技创新的"最后一公里"。

1.产品系列化，产业链变"宽"

新材料产品方面，借鉴别的企业已经研发出来，但却没有充分认识其意义或者没有完全开拓市场的创新项目，充分发挥在先进陶瓷材料产品方面研发制造的优势，在其基础上加以创新改进，迅速占领市场，立足锆系产品，扩大产品系列，如电熔氧化锆、稳定锆、活性锆、超细硅酸锆等，增强企业抗风险能力。

2.产品多样化，产业链变"长"

新型显示产品方面，充分发挥企业紧贴市场的优势，通过市场反馈与技术中心的紧密配合，根据用户需求不断改进工艺，完善产品，从液晶显示屏用ITO导电膜玻璃拓展到AR抗反射膜玻璃等，同时引进先进的柔性镀膜材料产品技术，自主开发和掌握中小尺寸电容式触摸屏和TFT-LCD显示玻璃减薄的工艺技术，增强公司在显示材料相关领域的竞争力。

（三）围绕技术方向全面布局新兴市场

在市场开拓方面，凯盛科技股份采取"领先型"创新战略，围绕创新链布局产业链，打造一个全新的技术发展空间。

1.在新型显示产业方面，瞄准5G、人工智能、柔性触控发展趋势

超薄柔性玻璃（Ultra Thin Glass，UTG）具备超薄、耐磨、强度高、可弯折、回弹性好等特性，可

以使信息显示终端更加便携和功能多样化。凯盛科技股份历经数年时间提前布局，进行充分市场调研、工艺方案比选，在企业技术中心的决策支持下，利用自身在柔性触控玻璃的科研攻关和产业化能力，整合母公司内部相关企业优势，选调相关人员、采购加工设备、完善相关制度，在光电材料技术分中心成立了柔性玻璃实验室，自主研发出高强度柔性玻璃配方以及减薄、强化、切割和成型加工新技术，生产出30-70微米厚度的主流规格超薄柔性玻璃，实现产品连续20万次弯折不破损，弯折半径小于1.5毫米，主要性能指标和参数均处于行业领先水平，形成了国内唯一覆盖"高强玻璃—极薄薄化—高精度后加工"的全国产化超薄柔性玻璃（UTG，Ultra Thin Glass）产业链。

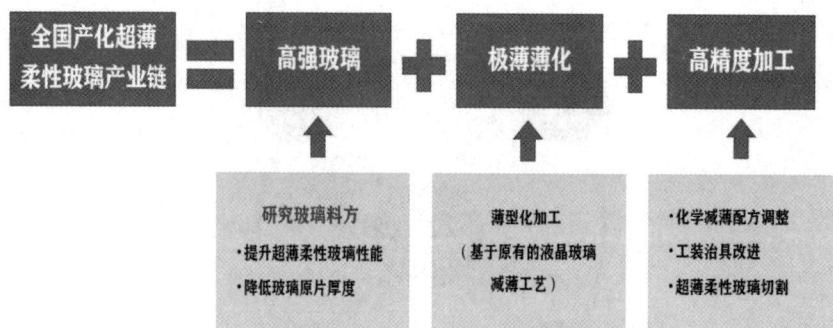

图7 全国产化超薄柔性玻璃产业链

此外，在新型显示方面，开发出笔记本防窥模组、应用于13.3寸笔记本的Mini-LED、平板In-Cell、滤蓝光、异形切割+水滴屏/圆孔屏、高一致反射率真空镀膜技术、车载触控等产品。

2.在新材料产业方面，瞄准多功能多用途发展趋势

氧化锆（ZrO_2）具有高熔点、高强度、高韧性、耐腐蚀、耐磨损和优异的高温氧离子导电性等优良性能。随着粉末粒径的减小，尤其是小到纳米级别，尺寸效应越突出，材料的许多工艺性能和使用性能更优越。凯盛科技股份依托多年来从事氧化锆系列产品的研发成果，经过整合内部研发资源，强化新产品开发能力，不断研究水热法制备新材料技术，研发生产纳米复合氧化锆，产品可以应用于消费电子（手机陶瓷背板）、齿科材料（氧化锆烤瓷牙）、人工关节、特种刀具、新能源材料等众多领域，市场需求广阔。

（四）以模式创新做强做大产业链

为了提升企业创新力，凯盛科技股份聚焦资本运作和业务整合，推动企业生产规模的扩大，进而快速做大做强产业链。

1.通过资本运作，打造产业快速发展新模式

凯盛科技股份为进一步发展提升新型显示业务，2015年，通过增发股份，充分发挥国有资本在资本市场中的主导引领作用，收购深圳市国显科技有限公司（简称"深圳国显"）75.58%的股权，成为控股股东。此次并购完成后，深圳国显成为央企旗下的控股子公司，央企的实力+民企的活力形成了新型显示业务板块的新的竞争力。通过此次并购，凯盛科技股份构筑了较为完善的新型显示产业链布局，引入了优秀企业的管理团队和先进经验，增强了对接国际大客户的业务能力，提高上市公司盈利能力和提升抗风险能力。

2.通过市场竞合和重组优化，推动产品业务转型升级

面对复杂多变的市场环境、激烈的市场竞争，凯盛科技股份秉承"既良性竞争，又友好合作"的市场竞合理念，聚焦主业发展，积极开展内外部市场竞合，积极推动转型升级。

在新型显示板块方面，通过资本运作和重组整合，收购了一家在深圳做触控屏的企业，将原先的竞争对手变为了合作对象，将显示产业链在上市公司内部化，积极研发手机触控显示一体化模组、高清高亮显示模组、柔性触控模组等新产品，目前已拥有光电材料（ITO导电膜玻璃、AR玻璃、柔性镀膜材料、电容式触摸屏、调光膜、保护玻璃盖板）、光电显示（TP模块、车载模组、手机模组、数码显示模组、智能穿戴模组、TFT显示玻璃减薄）等两大系列10余种新型显示产品。

在新材料板块方面，通过内部的重组优化，中恒公司吸收合并了华洋公司和硅基材料研究院，将同一原料不同品种的新材料产品化归一个公司管理，减少了同质产品在市场上的竞争，打通了原料供应、研发生产、市场销售等各环节，提升了规模效应，在此基础上，新材料产品从原来的陶瓷、耐火材料市场领域转型升级到芯片、集成电路封装等电子应用材料市场领域，技术含量更高，利润率更高，市场前景更好。目前已拥有锆系新材料（高纯超细电熔氧化锆、纳米复合锆、稳定锆、硅酸锆）、钛系新材料（纳米钛酸钡、二氧化钛）、硅基新材料（球形二氧化硅微粉、硅原料提纯）等三大系列10余种产品。

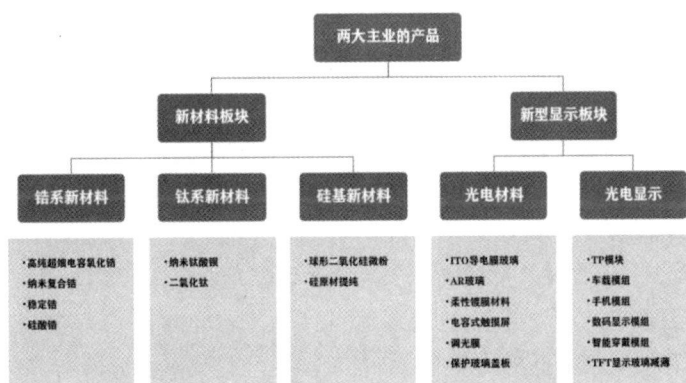

图8 新材料和新型显示两大主业目前拥有的产品

（五）以管理创新不断优化创新链

为了提升企业创新力，凯盛科技股份在管理上聚焦大数据、信息化、智能化，落实提质增效，不断优化创新链。

1.通过搭建工业大数据平台，优化创新链

"万物互联，以数据制胜"，凯盛科技股份搭建的工业大数据平台利用电子标识技术、物联网技术以及移动联网技术，深入挖掘分析用户动态数据，帮助用户参与到产品的需求分析和产品设计等创新活动中；利用大数据技术，分析设备、用电量、质量事故，对工业产品的生产过程建立虚拟模型，仿真与优化生产流程；利用大数据质量管理分析平台，从同样的大数据集中得到很多崭新的分析结果，对产品的总体质量性能进行全面认识和总结，推进产品质量提升；通过整合和运用产品供应链的大数据，带来仓储、配送、销售的大幅提升与成本的大幅下降，不断提升服务价值，为促进实体经济提质增效增添了新动力；通过分析生产过程中能耗、物料投入等历史数据，建立算法模型，找到设备运行的最优状态，帮助企业更好地降低能耗物耗，实现降本增效。

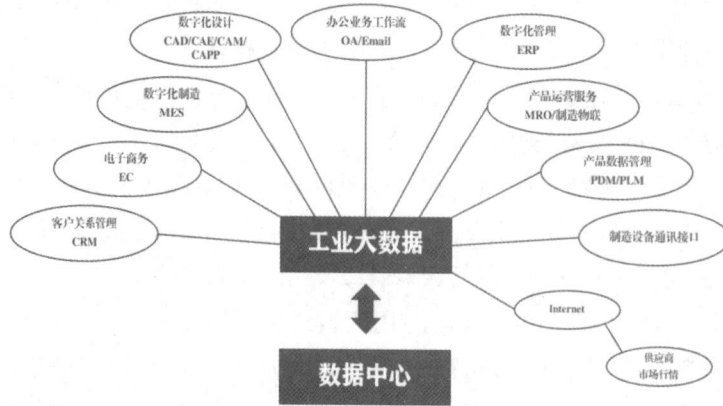

图9 工业大数据平台的实施流程

2.以"创新工坊"推进创新信息化

凯盛科技股份的"创新工坊"不同于一般的组织机构,主要业务不是产品方面的创新,而是适应公司内部流程变革趋势而提出的新的组织概念。由各部门流程合伙人以专案的方式成立流程梳理和优化的项目组,创新工坊提供流程管理专业指导以及信息技术工具的支持,并获取创新赞助人(各部门中高层管理人员)的支持。公司以创新工坊为基础组织,充分分析、利用大数据,开展流程优化,通过智能化控制,持续推进公司的数字化升级,推进创新的信息化,提升运营效率,降低人工成本占比,提高产品品质稳定性和生产良率,提高公司交付能力,增强企业市场竞争力。

3.以"增节降"推动创新智能化

凯盛科技股份认真落实中建材"增节降"手段,措施精细、以点带面,通过生产改进,推动创新智能化。新材料事业部通过提升产线自动化程度,解决了人工操作的难题,同时改造高速研磨等关键设备,大幅提升产品产量和质量,降低单位产值综合能耗。光电材料事业部根据需要适时启动了生产线自动化技术的改造工程,同时改造设备基片架,缩小基片架中的距离和缩短传动节拍。经过工艺设备调整以及自动化程度的提高,降低了能耗,降低了用工成本,提高了产能,促进生产效率的提升,保证产品质量和性能一致性,实现生产效益的最大化,巩固公司的市场竞争力,推动创新智能化。

(六)以机制创新全面激活价值链

在机制创新方面,凯盛科技股份聚焦股权激励、中长期奖励计划、创新激励机制,让管理者、科技人才、普通员工等与企业结成荣辱与共的命运共同体,提升了企业活力和持续发展动力,全面激活了价值链。

1.以股权激励加快科技成果转化

在存量资产方面,凯盛科技股份推进上市公司市值管理,2019年,公司董监高级核心骨干以自有资金在二级市场完成增持公司股份500万股,增强了投资者对凯盛科技股份未来持续稳定发展的坚定信心和长期投资价值的认可,提升投资者信心,维护中小投资者利益。

在增量投资方面,凯盛科技股份推进科技人员持股,公司将"纳米钛酸钡材料研发项目"和"柔性透明导电膜材料研发项目"的成果,以技术开发团队持股方式与公司合资形式,成立了安徽中创电子信息材料有限公司(简称"安徽中创")与安徽方兴光电新材料科技有限公司(简称"方兴光电")两家混合所有制公司。通过科技人员持股,调动了人才团队的积极性,两家公司将人才团队的技术创新

"工作"升华为技术创新"事业",推动纳米钛酸钡和柔性薄膜材料科技成果顺利实现产业化,并取得优秀的经营业绩。

2.开展中长期奖励计划(Time-unit Plan,TUP),提升企业活力和持续发展动力

为吸纳和留住优秀人才,2018年凯盛科技股份开展了TUP中长期奖金计划。它是一种岗位分红激励方式,每份TUP代表一份中长期奖金分配权,以五年为一个周期,每年年初,根据员工岗位、贡献、业绩绩效等情况,对核心和优秀员工无偿授予不同份数TUP,公司业绩越好,每份TUP分配到的奖金越高。它是一种动态管理机制,通过设定有效期,设定各个岗位的饱和TUP上限,易岗易数,激励持续奋斗。通过TUP,员工可以直观感受到通过自己的奋斗创造价值和收益的过程结果,奋斗动力和事业心高涨,主观能动性增强。

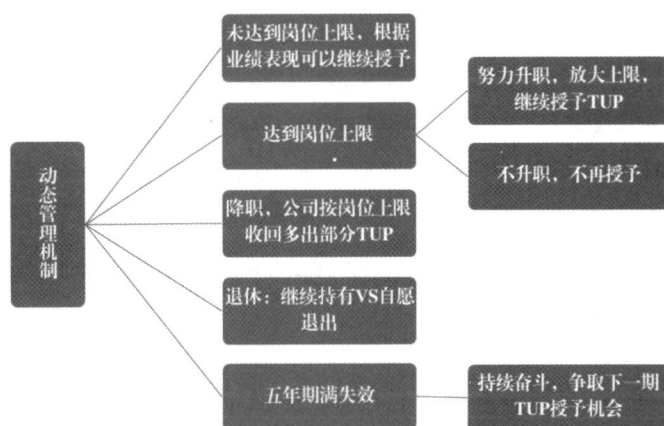

图10 TUP的动态管理机制

3.制定全方位措施奖励技术创新完善激励机制

为完善技术创新激励机制,凯盛科技股份制定了多种奖励措施。注重对申请知识产权、开发新产品、新技术、新工艺、生产一线的改进改善建议、自主发明创造、优秀经验积累等生产型创新进行奖励,设置了包括月度优秀改善建议奖、年度最佳改善建议奖、优秀科技奖、特殊贡献奖等奖项,奖励方式包括奖金、补贴、奖品、分红权等多种方式,调动了技术人员、生产人员的创新积极性,全面激活了价值链。

(七)以创新文化搭建创新力支撑体系

凯盛科技股份的创新文化立足企业精神,聚焦培育技术创新氛围、塑造团队精神、健全容错纠错机制,搭建创新力支撑体系。

1.构建学习型企业组织,培育技术创新的氛围

在技术创新活动中,不管是科研开发、产品升级,还是市场开拓都必须以先进的理论作指导。而这些理论只能从不断的学习中得来,并需不断地创新。也正因为此,凯盛科技股份在企业文化建设上,以互联网技术为依托,加强内部沟通协作,构建学习型企业组织,通过多次组织参加培训和学术交流活动,参加创新创业大赛并设置奖项,组织开展与国内外知名研究院所、高校的学术交流和技术研讨会,开展导师带徒、技能比武等活动,在全公司范围内营造勇于技术创新、乐于技术创新的良好氛围。

2.塑造团队精神,保障技术创新的成功

技术创新活动包括科研开发、产品升级、市场开拓等，这几个过程的顺利完成，都是以一个团队为实施主体、以团队精神为保障。团队精神的核心要义是确立共同的目标，使团队成员为共同的目标努力，工作中有的放矢。基于此，凯盛科技股份秉承中国建材集团的文化理念，在"创新、绩效、和谐、责任"的核心价值观指引下，将企业目标定位于打造具有全球竞争力的世界一流光电显示科技企业，同时配以员工的激励机制，如公司每年评选业绩突出、创新成果丰富的员工，授予最佳改善建议奖、优秀科技奖、劳动模范、先进工作者和特殊贡献奖等奖项，并作为企业标杆进行宣传和表彰，塑造团队精神，保障技术创新的成功。

3.健全容错纠错机制，营造激励探索、宽容失败的良好环境

创新本质上是个破旧立新的过程，这就意味着充满未知和不确定性，甚至是失败。那是否意味着要放弃创新，答案是否定的，因为"不创新不行，创新慢了也不行。如果不识变、不应变、不求变，就可能陷入战略被动，错失发展机遇，甚至错过整整一个时代"④，鉴于此，凯盛科技股份在中国建材集团和凯盛科技集团的正确领导下，健全容错纠错机制，切实落实"三个区分开来"，打造"待人宽厚、处事宽容、环境宽松"的人文环境，以极强的包容心、宽容度和承受力，承担创新带来的巨大风险和压力，给予失败者正能量、正激励以及热情的安慰和关怀，让创新者越挫越勇，最终营造激励探索、鼓励超越、宽容失败、追求卓越的良好环境。

三、国有控股上市公司提升企业创新力的实施成效

（一）科技创新实力显著增强

凯盛科技股份是蚌埠市硅基新材料产业集聚发展基地的骨干企业，2018年公司被认定为国家技术创新示范企业，2019年被认定为国家企业技术中心。公司建设了国家企业技术中心、省工程技术研究中心、省博士后科研工作站等国家和省部级创新平台10个，承担了国家火炬计划项目、省火炬计划项目、省科技重大专项、省科技攻关项目等省级以上重点项目13项，获得了国家科技进步奖、省科学技术奖、行业科技奖等省级以上重大科技奖项10项，获得了国家技术创新示范企业、国家和省火炬计划项目单位、省创新型示范企业、产学研联合示范单位等多项荣誉称号。公司累计授权专利231件，其中美国发明专利1件，软件著作权3项。建设了一支梯队年龄与知识结构合理、学历层次高、专业覆盖面广、技术力量雄厚的科研队伍，其中包括国家和省火炬计划项目团队、安徽省高层次科技人才团队、省3221和115产业创新团队等国家及省部级创新人才团队180余人。

2020年以来，公司承担的安徽省科技重大专项"高阻隔水汽薄膜与AMOLED封装技术开发"顺利通过验收；"5G高频覆铜板用超细球形石英粉研发技术团队"获批蚌埠市第十批3221创新团队；安徽中创通过蚌埠市"专精特新"企业认证，"一种制备氢氧化钛溶胶的装置"获得安徽省优秀专利奖。

（二）转型升级成效显著

新材料方面，形成了锆基、钛基、硅基新材料产业链，产品覆盖氧化锆系列材料、纳米钛酸钡、球形石英粉和稀土抛光粉等产品，从传统建材行业拓展到集成电路、电子、芯片、高端光学、生物医疗

---

④ 为建设世界科技强国而奋斗—在全国科技创新大会、两院院士大会、中国科协第九次全国代表大会上的讲话[N].人民日报,2016-05-30(10).

等高端技术行业。其中，氧化锆系列产品成为新材料板块的旗舰产品，尤其是电熔氧化锆产品已连续多年保持全球行业龙头地位，2019年被认定为国家制造业单项冠军产品，在全球市场占有率达到30%，拥有西班牙陶丽西、日本昭和、法国圣戈班、中国洛阳大洋等众多国内外知名客户，公司也成为全球最大的电熔氧化锆新材料生产基地。

新型显示方面，形成了全国新型显示板块除液晶面板之外的全产业链布局，拥有ITO玻璃、保护盖板、柔性镀膜、玻璃减薄、显示模组、显示触控一体化模组等一系列产品，广泛应用于智能手机、平板电脑、笔记本电脑、智慧物联、智能家居、智能穿戴、医疗仪器设备、远程教育等电子产品上，为亚马逊、三星、联想、腾讯、阿里等众多国际知名品牌提供直接或间接服务，同时紧跟VR、AR、全息成像、万物互联等市场需求，推进柔性可折叠玻璃盖板、大屏幕商显模组、智能家居显示模组等系列产品开发和应用。尤其是在2020年新冠肺炎疫情期间，公司利用强大的创新能力改进ITO玻璃、柔性膜、TFT-LCD减薄等产品，广泛应用于医疗设备、检测设备、红外测温仪显示屏等，为多家医疗重点企业稳定供货，本部及多家子公司被认定为重点疫情防控物资保障单位。

（三）经济效益显著提升

通过开展以技术创新为基础，管理创新、机制创新、模式创新、创新文化等要素为支撑的"提升企业创新力"的改革实践，凯盛科技股份克服了经济下行的压力和新冠肺炎疫情的影响，实现了快速发展。2017年-2019年公司研发投入占销售投入的比重实现稳步增长，2019年占比为4.89%，研发投入总量为2.2亿元。同年，公司实现营业收入同比增长48.23%；营业利润同比增长150.76%，2020年上半年实现营业收入同比增长11.42%；营业利润同比增长7.93%，实现了总量、增量、质量"三量齐升"，创造了显著的经济效益。

四、国有控股上市公司提升企业创新力的思考和建议

结合企业自身发展实际，关于国有控股上市公司提升企业创新力，有以下思考和建议：

（一）坚持建设具有企业特色的创新体系不止步

创新体系无定式，没有统一的、一成不变的模式，构建什么样的创新体系必须结合企业实际，并根据企业发展变化不断做出调整。任何企业都有自身特点，企业性质不一样，规模不一样，人员素质不一样，企业必须聚焦自身发展定位，构建具有自身特色的创新体系，不能照本宣科、生搬硬套，只有适合自身的创新体系才能推动企业在高质量发展的道路上不断前进。

（二）坚持优化和改善科技创新生态不动摇

优化和改善科技创新生态是持续提升科技创新力的关键，因此，企业吸引创新要素的多少与企业创新生态的好坏是一对矛盾统一体。只有牢牢把握管理创新、机制创新、模式创新、文化创新等创新方式之间的内在联系，发挥好各种手段对科研开发的引导、促进、激励作用，不断提升科技、人才、资金等各类创新要素在企业内部流动的效率和质量，才能不断优化和改善企业的科技创新生态，也才能引导更多更好的外部创新要素不断向企业集聚，从而加快完善以企业为主体、市场为导向、产学研深度融合的技术创新体系。

（三）坚持市场化创新人才培养与引进不懈怠

竞争的实质是人才的竞争，企业要吸纳人才、用好人才，关键要建立起适应市场化要求的创新人才培养与引进机制。通过机制创新，充分发挥各类人才在企业创新要素利用、创新过程管控以及创新的

各个阶段和环节的作用，利用社会上所有的人才，包括以世界眼光吸引世界人才来为企业创新服务，不求所有，但求所用，最终实现提升企业创新力的目的。

　　　　　　成果创造人：夏　宁、魏如山、周　鸣、倪植森、王　伟、张少波、王永和、

　　　　　　　　　　　　欧木兰、那　嘉、孙　蕾、杨金发、马　迎、牛静雅、

　　　　　　　　　　　　罗　丹、唐怡辛、年丽凤

大型汽车集团行业云平台创新与实践

北汽蓝谷信息技术有限公司

北京汽车集团有限公司（简称"北汽集团"）是中国汽车行业的骨干企业，成立于1958年，总部位于北京。目前已建立了涵盖整车及零部件研发、制造，汽车服务贸易，综合出行服务，金融与投资等业务的完整产业链，实现了向通用航空等产业的战略延伸，成为国内汽车产业产品品种最全、产业链最完善、新能源汽车市场领先的国有大型汽车企业集团，位列2019年《财富》世界500强第129位。近年来，北汽集团坚持"电动化、智能化、网联化、共享化"的创新发展理念，大力推动资源优化整合和核心能力再造，超前谋划布局新能源汽车产业，积极开展智能网联、大数据等前瞻技术研究和产业化探索，打造自主品牌核心竞争力，深耕汽车后市场，加快"走出去"步伐，深入推进从传统制造型企业向制造服务型和创新型企业的战略转型。

北汽蓝谷信息技术有限公司（简称"北汽蓝谷"）于2018年11月正式成立。由北汽集团、北汽新能源、北汽股份、北汽鹏龙、华夏出行五家公司共同出资建设，项目一期（截止2020年）总投资额为3.3亿元人民币。公司总部设在北京，将依托北汽集团，通过对现有能力转化、知识资产转移等方式，快速形成体系能力。初期以服务内部为主，为内部各单位提供资源共享、能力集中、合理管控的IT运营支撑服务，协助各单位打造机制体验、高效运营、良性增长的数字化服务能力。两年内，将全面开展对政府用户、企业用户及公众用户的信息技术服务业务，依托集中化IT系统和自主研发经验积累，积极探索IT资源和能力优势的对外输出，面向制造行业和其他行业提供工业云、大数据等IT解决方案和服务，努力拓展对外服务收入份额，力争五年内成为国内一流的产业信息化服务商。

一、构建大型汽车集团行业云平台的背景

（一）我国鼓励重大科技创新和对高新技术安全可控的需要

科技不仅是现代社会的第一生产力，也是国家安全的重要保证。科技安全是国家安全的技术支撑。培养高新技术自主创新能力是保障国家科技安全的基础，没有科技创新就没有国家发展。科技创新被摆在国家发展全局的核心地位。科技要在世界范围赢得主动就必须走自主创新道路。改革开放以来我国实现了科技水平的整体提升，已成为具有影响力的科技大国。科技创新对经济社会发展的引领作用日益增强。当前新一轮科技革命和产业变革正在升起，抓住时代机遇和挑战，实施科技创新发展战略，全面增强高新技术安全可控能力才能掌握新一轮全球科技竞争的战略主动。也才能摆脱核心技术受制于人的局面。

（二）汽车产业经济结构调整与行业转型升级的需要

随着宏观经济进入"新常态"，汽车市场增速持续放缓，2018年首次出现负增长，行业竞争愈发激烈。原有的增长模式以及相应的产品体系已不能满足汽车企业生存发展的需要。制造型企业能否快速

建立强有力的核心竞争力，向创新型、服务型企业转型是获得可持续发展的关键所在。而这一过程中，通过产业经济结构调整推进行业转型升级，才能不断开拓新的价值和盈利增长点。随着国际原油供求矛盾逐步加深，全球气候变暖日益明显等影响，以节能减排为重要目标的新能源汽车具有巨大市场潜力，呈现快速发展的态势。汽车企业的转型升级将对行业深化供给侧结构性改革、实施创新驱动发展战略产生积极推动作用，加速汽车产业的高质量健康发展。近些年，伴随着汽车供给侧的技术升级，汽车市场端的消费升级也愈加明显。从普通燃油汽车转向新能源汽车，加速了消费替代效应。随着城镇化水平不断提高，新兴消费群体快速增长，汽车发展新动能不断涌现，汽车产业市场端的消费升级也进一步反作用于供给端的技术升级。汽车产业转型升级，不仅对我国产业结构调整和升级影响重大，更重要的是对国家竞争优势的培育有着深远影响。

（三）北汽集团"双轮驱动"实现高质量发展的需要

站在高质量发展的新起点，北汽集团加速全面新能源化和智能网联化双轮驱动，当前在汽车"电动化、智能化、网联化、共享化"新四化主导的产业创新跃阶式发展的大背景下，技术创新和商业模式创新成为引领整个产业实现转型升级的"双驱动力"，中国汽车产业正迎来百年一遇的伟大变革。中国汽车工业要在此机遇下实现转型升级，从而应对国际挑战，最终要依靠产业技术创新作为基石。全球汽车产业正在经历深刻变革，也为中国品牌高端突破创造了新的机遇。北汽集团未来将持续推广高端制造模式，通过加大高附加值高技术产品产能布局，实现产能向高端化倾斜。从2014年开始，北汽集团先后提出一系列转型发展战略，彰显了通过高质量发展打造"百年北汽"金字招牌的决心。不断激发企业创新活力，从而加快推进创新驱动，打造高精尖产业结构，实现北汽集团高质量发展目标。

（四）北汽蓝谷信息助推集团数字化发展的需要

在信息科技爆发式发展的今天，北汽蓝谷信息技术有限公司（简称：北汽蓝谷）有着明确的企业方向，它的成立在于助推集团数字化发展，力争五年内成为国内一流的产业信息化服务商。为北汽集团化2.0战略落地和全面新能源化和智能网联化"双轮驱动"提供技术力量支持，随着云计算、大数据、物联网、AI、5G和区块链等技术的成熟，汽车产业壁垒将被打破，汽车行业云计算技术将重塑产业价值链，整车生产制造和出行服务及与之链接的方方面面，都将因云计算与大数据的应用产生巨大价值空间。北汽蓝谷负责将大数据、云平台的创新应用落实在产品服务上。数字化转型已成为汽车行业实现蜕变的核心动力，北汽蓝谷肩负起集团信息化的"核心筒"，引领行业"智慧"发展。

二、构建大型汽车集团行业云平台的内涵和主要做法

（一）构建大型汽车集团行业云的内涵

1.实现北京汽车集团有限公司整体云战略

设立行业云平台加快企业数字化转型和建设，为集团发展打造核心科技竞争力是北汽集团整体云战略的目标。体现了北汽集团对产业升级的统一性和执行力。将原本分散的部门资源进行集中整合，更有利于为供应商、客户提供个性化、实时化、智能化和安全化的互通互联服务。推陈出新的业务需求和日新月异的技术不断推动产业结构优化升级，CT（通信技术）、IT（信息技术）和DT（大数据技术）的数据融合、云网融合是当今产业互联网领域发展的大趋势。云战略将使企业从上到下更高效的解构业务应用场景的不断迭代和市场需求的不断提升，不论是对内管理还是对外业务都将驱动信息技术加速云化。云战略反应了企业顺应行业趋势、推动战略转型的决心，有利于集团统一管理、统一制定云计划策

略。云数融合是企业未来的发展方向。

2.实现北京汽车集团有限公司数据资产集中安全管理

数据资产（Data Asset）是指由企业拥有或者控制的，能够为企业带来未来经济利益的，以物理或电子的方式记录的数据资源，如文件资料、电子数据等。在企业中，并非所有的数据都构成数据资产，数据资产是能够为企业产生价值的数据资源。

众所周知，数据是资源，伴随着大数据时代支撑数据交换共享和数据服务应用的技术发展，不断积淀的数据开始逐渐发挥它的价值，因此，业界提出可以将数据作为一项资产，"盘活"数据以充分释放其附加价值。数据资产管理在大数据体系中的定位如下图所示，它位于应用和底层平台之间，处于承上启下的重要地位。对上支持以价值创造为导向的数据应用开发，对下依托大数据平台实现数据全生命周期的管理。

图1 数据资产管理在大数据体系中的定位

北汽集团数据资产管理包括两个重要方面，一是数据资产管理的核心集中管理职能，二是确保这些管理职能落地实施的安全措施，包括战略规划、组织架构、技术手段等。汽车行业云平台正是北汽集团实现数据资产高效管理的重要抓手。

3.加速北京汽车集团有限公司企业数字化转型

如今我们生活在一个数据驱动发展的新时代，不能顺应时代发展进步的企业就会落后和被淘汰，数字化转型是企业顺应时代发展的必然要求。特别是近两年，数字化转型话题的热度居高不下，不同行业的企业管理者和CIO对"数字化转型"也有了更多的关注，都在积极拥抱数字化。北汽集团的数字化转型并不是对企业以往的信息化推倒重来，而是需要整合优化以往的企业信息化系统，在整合优化的基础上，提升管理和运营水平，用新的技术手段提升企业新的技术能力，以支撑企业适应数字化转型变化带来的新要求。北汽集团加速企业数字化转型的主要方法之一就是充分利用汽车行业云平台技术特点和优势，它与前期企业信息化发展的主要差异如下：

表1 信息化和数据化的区别

	信息化	数字化
应用范围	单个系统或业务，局部优化	全域系统或流程，整体优化
联接	缺少联接和打通，效率低响应慢	全联接和全打通，效率高响应快
数据	数据孤立分散，没有发挥真正价值	数据整合集中，深入挖掘数据资产价值

思维	管理思维	客户导向思维
战略	竞争战略	共赢战略

4.提升北京汽车集团有限公司IT管理效率，降低管理成本

汽车行业云平台完全借助于服务器虚拟化架构来部署和实现。首先多操作系统共用硬件共享资源，提高服务器整体利用率，降低服务器长期投入；其次由于存储的共享性提高，对存储设备的投资也大大节省；再加上服务器和存储减少、网络设备简化、机柜空间、电力消耗、制冷费用等等，整体投入大大降低。另外，数据中心的管理从原来的纵向分割式的多线管理变成了横向统一集中管理，硬件人员专注于总体计算负载能力，软件人员专注于业务逻辑服务器，服务器的使用和分配更加方便，大大提高了企业数据中心的响应能力。

（二）构建大型汽车集团行业云平台的主要做法

在过去100多年的汽车生产制造发展过程中，从生产方式变革的角度来看，汽车行业的发展可以分为四个阶段，分别以机械化、自动化、信息化和数字智能化技术为代表。该部分将重点介绍如何为数字智能化技术提供基础技术支撑的汽车行业云平台构架的主要做法。

1.梳理汽车产业对行业云平台的业务需求

（1）云平台超高可用性，大规模部署的需求

高可用性HA（High Availability）是指通过尽量缩短因日常维护操作（计划）和突发的系统崩溃（非计划）所导致的停机时间，以提高系统和应用的可用性。HA是目前企业防止核心计算机系统因故障停机的最有效手段。云计算的高可用性能已成为云计算相对于传统应用服务体现的众多优势之一，所以如何实现高可用性是设计云平台时需要重点考虑的要素之一。为实现运行于云平台上业务系统的高可用特性，在构建云平台时需要从硬件、软件、策略及管理等多个方面、多维度进行分析及设计，使构建的云平台能为运行于其上的业务系统提供不间断服务保障。

目前，电信、交通、能源、金融等行业的云计算规模正不断提升，对大规模和超大规模行业云部署的需求更加迫切，诸如金融产品上线、城市轨道交通系统等具备强周期性的业务系统，对云平台的高性能、高可用特别是高并发有着更高的要求。汽车行业云的发展相对较晚，但优势是可以不走或者少走弯路。在众多汽车行业云业务场景的驱动下，汽车行业用户对单一集群规模提出了更高的需求，希望通过部署更多的虚拟机、容器等资源以支撑更多工作负载，进一步提升IT资源利用率并降低运维管理复杂度。以汽车研发云为例，作为汽车研发领域的重要信息化和数字化载体，需要大量的计算以及渲染节点，并且需要与5G网络相融合，云平台在大规模基础上，满足云网合一、随需定制、安全稳定等要求。单一集群规模提升带来的好处显而易见，能够实现更高、更灵活的工作负载，提升云平台的伸缩性并显著降低管理复杂度。

（2）大型汽车集团研、产、供、销、服五大业务环节数字化产业转型升级的需求

汽车行业数字化转型将围绕着企业获取更高的效益作为核心出发点，需要重新整合人、流程与技术，实现卓越运营的框架与机制，必须扫描工业物联网、大数据、区块链等相关领先技术，从而实现云、网、数据的融合。

北汽集团下属二级单位在进行数字化转型时都在思考如何做好数字化转型的工作。许多单位错失的是以系统的方法来管理组织各个层级和职能的数字化转型。在这个过程中，考虑将工业物联网等技术作为数字化转型的核心组成部分，实现颠覆转变产品、价值链、业务流程以及连接服务交付，已经成为一种趋势。

在整个的数字化转型工作中，企业的最高管理层包括董事长、总经理都需要花费大量的精力，通过对业务流程以及服务交付／实施来指定数字转型的战略目标。所有的业务部门的领军人物、业务核心主管应该把人、流程与技术进行重新整合，实现卓越运营的框架与机制。在运营架构的设计环节，相关负责人就需要扫描所有领先的技术，特别是工业物联网与大数据等相关技术，从而得以实现IT-OT的融合。

数字化转型是汽车企业短期内的工作目标，它同时也是参与未来竞争的基础，汽车企业应该坚定不移地推进数字化转型。对于汽车行业的企业，其主战场毫无疑问是研、产、供、销、服五大业务环节，在推进全业务流程改造的同时，应该把生产现场的数字化转型和改造作为重点，通过数字化工厂或智能制造改造，加强生产现场的运行和管理能力，为企业的经营提供更大的空间，更好满足消费者的个性化需求。

在具体落实生产现场的数字化改造过程中，首要任务应该是对装备系统进行数字化改造，特别是应该建立一套集中化管理平台，通过集中化管理平台，对所有相关IT系统进行标准化集成，企业应统一数据平台，这有利于企业经营者掌握生产信息，做出更高质量的决策。

在满足统一数据平台的基础上，利用大数据、人工智能、数字孪生体等先进技术，把企业现有的数据利用起来，集中在提高生产效率、加强质量管控和满足柔性生产等核心指标实现上。

（3）大型汽车集团各个业务系统间互联互通的需求

在网络建设基本完成，应用系统和数据库初具规模的条件下，以信息共享互联互通平台建设为基础，对不同数据库和应用系统进行集成与整合，形成基于共享的新的应用体系，提高数据资源共享和业务协同的能力及水平。同时，充分利用已有的信息资源，最大限度地保护企业信息化建设的原有投入，缩短信息化建设周期，避免重复建设和资源浪费，加速企业数字化转型。互联互通平台由流程管理系统、应用集成系统、应用适配器系统、管理和监控系统、安全支撑系统五个基本系统组成。其中，流程管理系统、应用集成系统、应用适配器系统是平台的核心。对于汽车企业来讲，云平台建设的中期目标应该把促进产业链互联互通作为推进重点，这包括了供应链的信息共享和销售渠道的信息透明等工作。这些工作可以通过更便宜和更方便的云计算平台来实现。

由于制造企业拥有大量的内部数据，泄露后将对企业生产和经营带来较大的损失，北汽集团必须建立私有云平台，通过自主可控的上云上平台来实现管控。按照产业链主导型原则，汽车产业链上通常由具有品牌和控制力的整车厂为核心，设定行业数据标准，要求供应链企业提供必要的数据，可以为产业链价值优化奠定基础。北汽集团恰逢其时，刚好具备这样的基础条件。在推进上云上平台的过程中，北汽集团将把标准制定、市场选择等列为首要原则。类似苹果公司对供应链的信息化支持，苹果公司通过早期试点信息集成供应商，确定后推荐给供应链上的其他企业，并通过补贴的方式引导供应链企业使用。北汽集团也可以采用类似的方法，分阶段推进互联互通相关工作。

（4）集团下属各个分子公司数据安全且共享协同发展的需求

数据安全与数据共享是汽车行业云平台建设的重点，在集团企业内部、分子公司之间、集团企业与用户之间、集团与集团之间、数据的安全共享是当前汽车行业云建设发展的大趋势。目前，汽车行业数字化转型进入了一个快速发展的时期。这里有四个因素：一是计算机信息技术的快速发展为汽车产业建设提供了技术支撑；二是为了适应企业规范化、现代化管理的需求，我们的各级领导部门都需要通过云计算平台来获取企业方方面面的数据资料，为我们管理决策提供可靠的依据；三是经过十几年的软件开发、摸索与实践，各类信息化业务系统与产业高度成熟和完善；四是为了满足广大人民群众日益增长的对出行服务保障质量的提高。这些因素促使我们要加快数据安全和共享的步伐。

（5）高品质出行服务如：无人驾驶和车联网等行业趋势推动产业发展的需求

最近几年时间，汽车行业出现了不少新概念和新应用，其中，由于无人驾驶和车联网具有带来新发展机遇的潜力，成为了各方力量追逐的热门领域。除了大型互联网企业投入巨资入局（例如Google的Waymo），传统的汽车企业也不甘落后，纷纷通过收购或投资等方式参与无人驾驶竞赛，还有一些新设立的创业企业，它们纷纷投身到无人驾驶和车联网领域，期盼分得未来汽车一杯羹。

然而无人驾驶技术和车联网技术的发展和成熟必将经历一个反复磨炼不断突破的前进过程。如果要达到真正实用级别的应用，无人驾驶必然要跟智能交通系统（ITS，Intelligent Transportation System）建立联系，通过数据交换等方式提高驾驶的安全性。毫无疑问，有一个低廉和稳定的无线网络和平台是必须的，5G提供了这种可能。同时，由于无人驾驶需要的计算量非常大，目前主要通过汽车自身携带的计算系统来完成，这大大增加了汽车的成本，如果可以通过高速网络把一些实时性要求不强的数据上传到云端完成，可以大幅降低无人驾驶整车的成本，从而使得无人驾驶更具有经济性，普及的可能性也会更高。

不仅如此，基于云平台和5G应用，车联网的价值也会被激发出来，大量的创新应用将通过车联网云平台进行分发，从而发挥规模经济的效果，这对于建设车联网技术的推广和应用非常有价值。目前还没有主导型的车联网平台，随着5G和云平台的发展，主导型车联网平台将在未来5年–10年出现。北汽集团需要把握好这个机遇，依靠汽车行业云平台迅速成长为车联网服务领域的头部企业。

2.落实汽车产业对行业云平台的管理要求

（1）重大科技创新成果实现自力更生、安全可控的管理要求

国家主席习近平近期在北京大学考察时提出，创新是引领发展的第一动力，是国家综合国力和核心竞争力的最关键因素。重大科技创新成果是国之重器、国之利器，必须牢牢掌握在自己手上，必须依靠自力更生、自主创新。北汽集团作为国企必须率先垂范。当前企业数字化转型发展处置关键时期，汽车行业云则是承载北汽集团科技发展进步的重中之重。企业在社会责任和经济发展双重需求推动下，北汽集团责无旁贷。

（2）面向未来市场竞争的管理要求

目前大部分人的出行是围绕一辆车来进行的，不仅是商务和工作使用一辆车，而且在购物和休闲的时候，使用的仍然是同一辆车，很少有人会使用多辆车来出行。

不过，这样的情况在未来将发生改变，随着无人驾驶和车联网等方式的普及，围绕出行服务平台获得服务，从而使用不同的车辆出行将成为主流。用户将在商务活动和工作中使用不同的轿车，而在购物、旅游和休闲等场景使用更方便的车辆，当然，这些车辆很可能都是出行服务平台的，不归属使用者所有。甚至在未来无人驾驶逐渐普及之后，在特定区域的交通将由完全自动化的方式来实现，普通人根本不用开车。如果各种交通工具接驳实现智能化，用户可以很快通过各种便利的交通工具达到所需要的场所。

百度的阿波罗计划、Google的Waymo等，宝马公司DriveNow、戴姆勒的Car2Go、丰田投资Uber和Grab等等。这些科技和汽车企业的决策者都将重心发展投在了未来。

北汽集团汽车行业云立足"数字化助手"的角色定位，未来北汽汽车行业云的智慧出行解决方案将覆盖自主出行、共享出行、公共出行三大场景，帮助企业建立自己的车联网云平台和超级大脑，提供

全方位智能服务。

（3）以创新商业模式为长期战略发展的管理要求

从长期的战略角度来看，汽车企业推进产业互联网目标的时候，应该考虑产业的结构性调整，通过长期战略的实施，推动商业模式的创新和改变，为企业自身发展建设一个有利的产业环境。

以生产车间和工厂的业务应用为传统车企的云战略核心，为企业更加快速响应市场需求提供了基础；无人驾驶和车联网等创新应用，本质上改变了消费者对车的需求，具有实力的车企应该对此进行深入研究，利用资本等手段，建立一个有利于自己的行业格局，例如软银和丰田利用MONET公司，确定了日本汽车出行服务行业的格局。

随着大数据、人工智能、数字孪生体、产业互联网等技术的深入应用，汽车行业还会有不少变化，在推进汽车行业云的时候，应该与时共进，随时了解全球行业最新进展，结合到企业实际情况和本地市场需求，及早进行战略预判和部署，方可在第四次产业革命时期立于不败之地。

（4）整合集团技术优势协同各个分子公司共同发展提升核心竞争力的管理要求

汽车行业要想应对来自全球的挑战，必须依靠整车集团的产业技术创新作为基石，让产业链的各个分子公司从单兵突破做到有的放矢。北汽集团是中国汽车行业的骨干企业，创新"小手"需要抓住北汽的"大手"。高回报伴随高风险，创新对资金和时间投入要求高，通过整合集团的技术优势为各个分子公司提供技术支持，以北汽集团作为共享加速器，根据双方需求协同发展，协助对接资源匹配，助力各个分子公司的产业化落地。通过集团先进技术及管理优势共同提高核心竞争力。

3.设计遵循的理念

（1）先进性

汽车行业云应该采用先进的产品和技术，这样才能够为用户提供高性能、高速度、高容量、高可靠性、具有广泛连接能力的智能化系统平台。

当今科学技术迅速发展，生产企业对智能化技术的需求迅速增长。如果没有技术前瞻性，采用过时的技术建立起来的智能化系统结构很可能随着技术的发展迅速过时，不能满足用户的需要。因此，为保证汽车行业云平台能够适应未来若干年的智能化发展潮流，系统中的硬件、软件、网络设备和信息系统都应采用与国际标准兼容的开放协议。

（2）高性价比

由于信息技术的迅速发展，新技术不断产生。为保证对新技术的支持，设备的投资和资源也在不断的增加。但是如果采取过于超前的技术，容易造成资金和资源的浪费。因此，在选择方案时，应该在照顾技术先进性的前提下考虑方案的经济性。使智能化系统具有较高的性能价格比即最佳的适用性，不仅能够满足用户当前和未来一段时间内的需要，提供对现有设备的连接能力，避免设备投资的过度膨胀。同时能够适应智能化技术及规模的发展。

（3）稳定可靠性

要求具有较高的容错性能。重要的核心设备及系统应具备冗余模块，以避免由于某个模块或电源的单点故障而造成整个智能化平台的瘫痪。

（4）可扩展性

汽车行业云设计不仅要求能够满足目前业务使用的要求，提供对目前多种流行技术的支持，而且还应适应未来若干年以后的发展需要。

因此该平台应具备对多平台多协议的支持能力，并具有良好的扩展性和灵活性。在智能化系统规模扩大以及用户对性能的要求更高时，可以非常容易的以现有平台为基础进行对系统规模进行扩充，以避免原有系统的投资的浪费。同时在新的智能化技术成熟，得到广泛应用时，可以容易的将现有技术升级到更新的技术标准，并保持对以前技术的兼容性。

（5）可维护性

汽车行业云的可维护性对平台的正常运行非常重要。因此在选择方案时应考虑采用多种技术手段保证整个平台的可维护性。其中的技术包括：在重要的设备中所有的核心模块都可以实现热插拔，在不影响整体运行的情况下对设备进行维护；采取智能的集中式管理等。

（6）安全性

由于汽车行业云是一个非常重要业务平台。因此系统的安全性是应该进行全面的考虑。首先应是一个安全系统，并具备各种安全保卫手段和措施。采用逻辑和物理隔离相互融合的方式来对整个系统安全的进行保障。

4.汽车行业云平台的全面部署

汽车行业云的全面部署可以从两个维度展开说明。

（1）网络部署

汽车行业平台的规划采用两地三中心的地理分布格局，北京IDC1/IDC2互为热备中心，直接通过专线互联，实现同城灾备；异地IDC数据中心作为灾备中心实现异地灾备。IDC在核心交换机下面有同样的网络服务区/计算资源池/存储资源池/管理与运维资源区/托管区等，依托云管理平台可以直接实现服务自动化、资源可视化、业务价值化。无论是业务单位还是维护人员都可以通过资源访问门户–云管平台直接使用和运营，具体部署形体如下图：

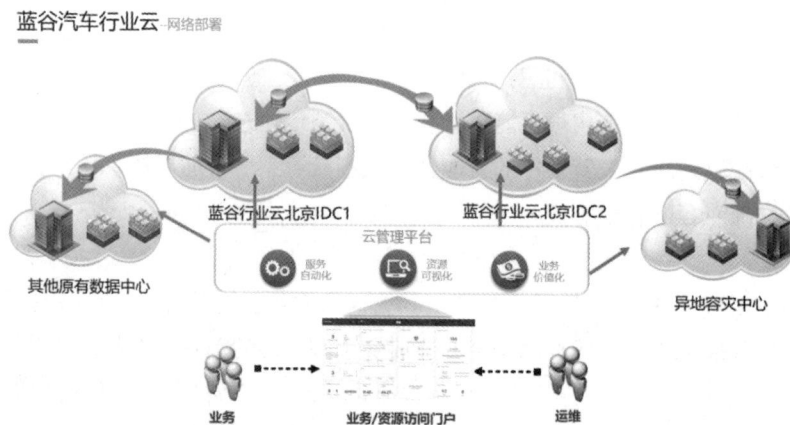

图2 部署形体

（2）安全体系架构

在安全方面，面对大流量攻击，抗DDoS防护迅速扩展安全防护能力，轻松解决用户面临大流量攻击本地防护能力不足问题，结合可扩展的Web应用防火墙模块，多维度保护业务安全。

图3 北汽安全防护系统

在数据安全方面，通过蓝谷信息云对象存储产品，支持超大规模存储量，同时存储数据三副本备份，能够提供99.999999999%（11个9）的数据可靠性和99.9%的服务可用性。用户可以在任何应用、任何时间、任何地点存储和访问任意类型的数据。

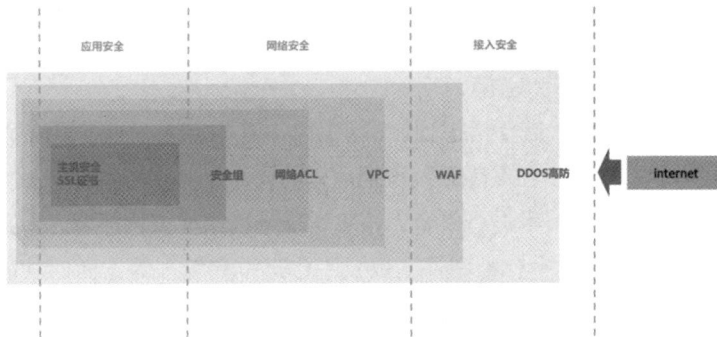

图4 云对象存储产品

5.汽车行业云平台的功能设计及实现

（1）设计及实现内核是安全、稳定、弹性和智能

北汽云构架的内核就是围绕安全、稳定、弹性、智能四个方面展开，这样的建设思路和构建原则从平台创立之初就注入了北汽云发展的灵魂，后续云平台建设仍将紧紧围绕该发展方向持续推进。

①安全

坚实的云安全实现能力，是网络空间繁荣稳定、保障有力的前提和基础。当前,安全问题已经成为制约云计算发展领域最为突出的问题。因此,如何解决云计算中的安全,已经成为当前云计算研究领域最为迫切的问题。北汽云平台集合了云安全架构的先进技术将云安全运行管理放到了平台运营的首位。

②稳定

Performance（性能）的真实定义包含了Performance（性能）+ Stability（稳定性）两个含义：

性能=性能（第1天的成绩）+稳定性（后面364天的成绩）

性能=裸机性能vs实际性能

云平台的稳定性直接影响了用户的上云感受和后续业务投入。北汽云平台从硬件、软件、运维管理三方面着手，全力打造提升平台的稳定性。

③弹性

随着业务需求的增长，可靠的计算扩展能力增加了满足业务需求的云平台管理难度，北汽云平台确保了计算能力的稳定性，并在业务需求增长或下降时提供了灵活的扩展、收缩和自动修复能力。

④智能

智能化是行业云的发展趋势，云计算平台会积累大量的数据，基于数据去做数据挖掘、智能应用是非常自然的延伸。

目前公有云和私有云的边界越来越模糊化，无论是公有云也好，还是私有云都要给企业解决真正的问题才能赢得用户的青睐。从这个角度可以看出，云计算本身也在不断发展和变化，越来越偏向智能化，行业云计算在以灵活的方式向前发展。智能化、自动化、全云的服务能力是目前北汽行业云的发展方向，未来云应用会和更多的业务相互结合，搭建一个综合的智能化云平台。我们不难发现，如何更好将云计算与行业智能应用等新技术融合是新方向所在。

（2）汽车行业云整体功能设计

汽车行业云整体功能设计包括Iaas层设计、Paas层设计、Saas层设计，同时基于云平台的管理系统Bpstack的设计以及提升云平台整体工作效率和安全性的数据库设计和中台设计结合行业云的业务应用场景，形成有机的结合统一。需要说明的是汽车行业云的形成不是一蹴而就的事情，它必将随着C端、B端用户的需求进行相应的调整和完善。

在Iaas、Paas层的设计过程中，需要考虑到北汽集团下属各二级子公司原因机房资源的纳管，逐步完成所有适合应用向资源池的迁移。在保障系统稳定运营的同时，对现有系统分批完成服务器的应用向服务器资源池的迁移，采用虚拟化技术进行整合，逐步实现分区或虚拟化部署，实现池化管理。

结合基础资源、网络、安全、平台中间件、以及平台运维和管理等方面的功能需求，北汽行业云平台基础构架如下图：

图5 北汽汽车云平台基础架构

（3）北汽行业云数据处理的核心引擎"超级中台"和"归藏数据库"

北汽集团作为传统整车制造企业，生产制造过程中沉淀和积累了大量的原始数据，这些原始数据通过业务系统有效的管理和分析，将成为助推企业发展进步的核心生产力，如何有效利用和处理好这些数据使之升级为数据资产，也是北汽集团构建汽车行业云平台最基础最根本的初衷。北汽蓝谷信息倾力研发的数据处理引擎"数据中台"和"归藏数据库"就是在这样的背景下应运而生的。

中台具备的三大基本能力是：

第一是数据模型能力

在业务层面，业务抽象能够解决80%的共性问题，开放的系统架构来解决20%的个性问题，但同时又要把平台上的业务逻辑分开，因为不同的业务逻辑之间可能有冲突。这在数据中台就表现为数据的中心化，也就是数据的高内聚、低耦合，需要对共性问题抽象出业务的规则，建立数据模型，一个好的内聚模块能够解决一个事情，同时又要降低模块和模块之间的耦合度，让模块具有良好的可读性和可维护性。这里的前提是要有真正懂业务能沉淀经验的人，以及要在企业层面开展数据治理，让数据能够准确、适度共享、安全地被使用。

第二是AI算法模型能力

要实现数据业务化，前提是做到数据的资产化。要能够从数据原油里面，去提炼出可以使用的汽油。比如说数据的标签化，背后就有投入产出比的考量：通过标签，集团可以非常方便快捷地去建立自己的产销对象，实现精准定位，相关的投入也是可见的、量化的，集团自身也可以自己去评估数据资产的使用情况。

第三是行业的应用能力

也就是我们通常说的数据业务化能力。和数据中心化类似，数据业务化也需要很强的行业经验来指导，建立合适的业务场景，在场景里面去使用数据，从而体现数据的价值，来大大扩展数据在行业中的应用能力。

中台构架如下图：

图6 中台构架图

归藏数据库是面向OLTAP的应用的高可伸缩性数据库管理系统，它是具备领域化、定制化特征的多样性数据处理系统和平台，并且具有自主知识产权的国产化的分布式数据库，实现软件的真正自主可控和安全可靠，它具备如下特征：

①业务正确性

记账业务特别是核心业务数据正确性必须保证、同时要求任何情况下不能丢失数据；

②业务连续性（高可用、高可靠）

数据特别是核心业务数据正确性必须保证、同时要求任何情况下不能丢失数据；

③复杂的业务结构

较长的历史，大量系统设计基于传统数据库架构，导致业务形态复杂、高负载的数据库调用随处可见；

④复杂的业务流程

业务子系统间深度耦合，复杂性高，导致高负载的复杂长事务较多；

⑤应用多样性的快速增长

移动互联网时代，大数据、AI、区块链等技术在汽车领域快速发展，对数据库的扩展能力、高并发能力要求急剧提升。

数据库系统构架图如下：

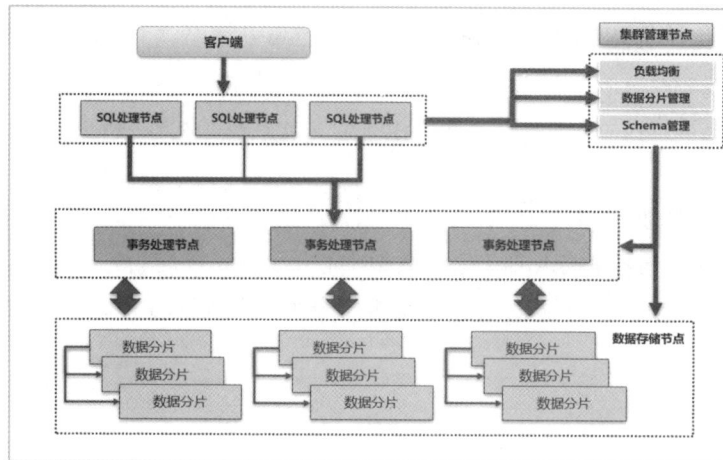

图7 数据库系统构架图

（4）云管平台BP-Stack功能设计

BP-Stack是面大型汽车行业用户的全栈专有云管平台，提供包括计算、网络、存储、数据库、中间件、安全、大数据、平台管理、操作审计、计量计费、OpenAPI等云计算产品和服务能力，满足各类中大型云平台建设场景需求，为集团下属二级企业提供一个安全、稳定、可信赖的专有云管平台。

①北汽行业云BP-Stack特性

超大部署规模

传统私有云通常使用Openstack架构，难以应对大型私有云平台场景，在传统企业的信息化平台中，通常都运行了多个Openstack集群，运维成本过高。北汽云BP-Stack专有云支持超大规模集群，超多用户量以及超大规模请求量。BP-Stack单机群最多部署一万台物理服务器，平台性能支持万级租户使用，同时提供了统一的运维管理平台和监控平台，降低用户日常运维成本。

该平台已交付使用，功能实现参考下图：

图8 功能实现图

②架构灵活

BP-Stack平台提供丰富的产品类型，多款云产品可供用户根据业务场景自由选择，灵活交付。平台默认可以交付最小配置，降低企业客户使用门槛，客户可以根据实际需求场景自由选择云产品，BP-Stack帮助不同规模、不同使用场景的用户均能够轻松搭建专有云平台。同时根据典型客户的需求场景，提供了不同产品版本；提供了包含所有云产品的全量云平台；面向有数据计算与分析场景的客户，BP-Stack提供了包含离线计算、实时计算、数字大屏等产品的大数据专有云平台；面向轻量级开发场景，BP-Stack提供容器平台、Devops等产品，帮助客户运行小规模云平台。

③安全稳定、自主可控

BP-Stack专有云的架构和产品源于公有云，云产品均是北汽云协同京东云团队合作研发，在产品稳定性、平台易用性、安全性等方面，具备同京东云公有云级别的成熟度。在网络安全方面，面对大流量攻击，抗DDoS防护迅速扩展安全防护能力，轻松解决用户面临大流量攻击本地防护能力不足问题，结合可扩展的Web应用防火墙模块，多维度保护业务安全。在数据安全方面，通过自研对象存储产品，支持超大规模存储量，同时存储数据三副本备份，能够提供99.999999999%（11个9）的数据可靠性和99.9%的服务可用性。用户可以在任何应用、任何时间、任何地点存储和访问任意类型的数据。

安全管理界面参考下图：

图9 安全管理界面

高效交付

管控规模：最多可以管理10000台物理机；

网络支持：VxLAN SDN；

虚拟化：支持KVM；

部署架构：采用高可用架构，避免单点故障物理机配置标准化，提升资源利用率；

部署效率：JD Cloud Stack的全流程自动化安装、扩容，包括OS安装、分区设置挂载、部署自动化。

云资源使用监控情况如下图：

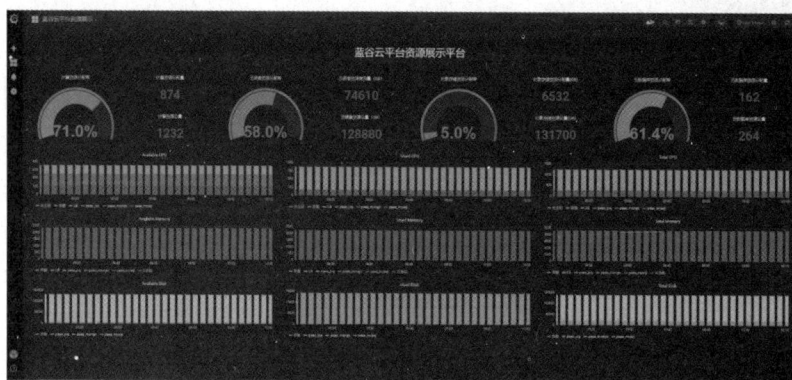

图10 云资源使用监控情况

（5）Iaas层功能设计

①IaaS私有云数据中心整体系统结构

从架构上来看IaaS层主要由7个部分组成：计算虚拟化资源；共享存储资源；融合网络资源；安全防护资源；应用优化资源；统一管理平台；使用交付平台。计算虚拟化资源与共享存储资源提供了云计算中最为基础的计算与存储系统，安全防护资源与应用优化资源提供了安全优化的附加增值服务，统一管理平台和使用交付平台为外部的用户与管理员提供了云计算资源管理使用的入口，融合网络资源通过连接整合将上述6个部分紧密结合在一起，使云计算资源能够作为一个真正的整体对外提供IaaS服务。

②计算虚拟化系统设计

为了使大量的服务器资源能够集成在一起，统一对外提供计算服务，必需部署软件的虚拟化系统来整合成云。因此在IaaS私有云数据中心内，服务器虚拟化软件平台是该系统最为核心的组成内容。

虚拟化软件平台通常分为虚拟化业务平台和管理平台两个部分，业务平台部署在大量的物理服务器计算资源上，实现计算资源统一虚拟化满足业务需求；而管理平台则通常会部署在统一管理平台组件内部，对业务平台所在物理服务器计算资源进行统一调度部署。

③存储系统设计

A.共享存储系统设计

在IaaS数据中心内部，除了使用虚拟化平台对物理服务器计算资源进行整合以外，还需要对存储资源进行集中处理，以达到数据级别的资源整合。存储系统实现上有很多技术分类，根据服务规模要求，在IaaS私有云数据中心内主要使用IP SAN或FC SAN作为共享存储系统提供数据存储服务。IP SAN通常针对数据规模较小，IOPS（每秒I/O吞吐）要求较低的场景使用，投资成本相对降低。FC SAN则针对大型数据规模或高IOPS要求的场景使用，系统搭建消耗较高。近些年随着FCoE技术的发展，这种兼具了IP网络带宽优势与FC存储高IOPS特点的融合型存储系统开始受到关注，但由于厂商产品还不够成熟，大规模部署实现还需要一定的时间。

存储系统整合后，可以通过专业的软件平台为服务器集群提供数据共享服务。共享存储平台产品分为两大类，其中绝大部分是由存储设备厂商根据自身产品特性设计提供，主要在自己的产品上使用，如EMC、IBM、NetApp和Hitachi等。另外一部分是由专业的软件厂商设计，通过增加一层数据管理平台架构，可以在绝大部分存储产品上使用，如Symantec的Veritas等。具体选择取决于决策者更加看重数据中心存储管理的运维简化还是兼容异构。

B.分布式存储系统设计

值得一提的是，在近几年，随着服务器计算能力和网络传输带宽的极大提升，整个业务系统的性能瓶颈开始向存储设备上转移，如上介绍的传统集中式存储受到带宽和I/O吞吐等硬件条件限制，发展已现颓势。新兴的分布式存储技术正在逐步走进大众的视野，该技术将原有单一磁盘阵列中的存储资源分散到大量低成本的服务器中，通过软件方式进行数据读写调度，并提供数据冗余。代表技术如Google的GFS和Hadoop的HDFS等，都已经拥有一定的使用规模。一些专业厂商也已经推出了适用于小型应用业务的产品，但由于相对于传统集中式存储技术成熟度较低，还需要时间成长。

分布式存储的目标是利用多台服务器的存储资源来满足单台服务器所不能满足的存储需求。分布式存储要求存储资源能够被抽象表示和统一管理，并且能够保证数据读写操作的安全性、可靠性、性能等各方面要求。

④融合网络系统设计

如果将IaaS私有云数据中心比作为人体，计算资源就好像心脏，网络系统则是遍布全身的血管。再强健有力的心脏，如果没有繁茂通畅的血管，也无法将能量发挥出来，整个人也谈不上健康精神了。在IaaS数据中心内，网络系统将其他组件联通在一起，使所有系统密切结合为一个整体。

⑤安全防护系统设计

安全在云计算环境中更加重要。IaaS私有云数据中心系统设计时，要分四个方面来考虑安全防护系统设计。接入防护、网络防护、虚拟化防护、应用防护。

⑥应用优化系统设计

IaaS私有云数据中心内部，为了提供更好的业务应用系统访问能力，往往需要应用优化系统，典型的应用优化系统有应用负载均衡、链路负载均衡、全局负载均衡和应用加速等。这些系统可以是各自独立的物理设备，也能够以软件授权的形式部署在同一套物理设备上。它包括 应用负载均衡系统、链路负载均衡系统、全局负载均衡系统和应用加速系统。

⑦统一管理系统设计

在传统数据中心中，统一管理大多指的是将计算、存储和网络等资源管理平台，集中放置到管理区域统一进行业务处理，但实质上各个管理平台仍然是各自为政的。当管理员完成一个业务部署时，需要面对多套平台系统进行任务下发，往往需要很高的业务技术能力要求，多方配合才能完成。

⑧使用交付系统设计

使用交付系统是IaaS私有云有别于传统数据中心的专有系统组件。IaaS私有云定义提供给用户完整的虚拟服务器资源进行使用。用户需要能够对资源配给进行申请，当获得虚拟资源后，在虚拟机上能够自行安装业务系统，并对其进行启动关闭等常规服务器处理动作。因此必须有一个使用交付平台为用户提供上述业务接口，并通过统一管理平台，将这些用户行为转换成对应的指令下发给资源设备执行。

（6）Paas层功能设计

汽车行业云PaaS层，需要建设统一管理、统一服务的平台。为集团及二级企业构建健壮、灵活的基础信息架构，帮助其做到"集中部署，各取所需、灵活应变，简化维护"。集团及二级企业作为云平台服务的使用者，在不需要购买数据库和开发软件的情况下，直接使用Paas平台的服务，能够快速地建立自己的信息系统。集团及二级企业在PaaS平台上，根据权限分配和数据逻辑隔离形成的一个虚拟系统，极大地降低了系统建设成本。集团及二级企业除了可以直接在Paas平台上搭建外，还可以根据各单位具体需求，调用PaaS平台的应用接口，因地制宜地进行二次开发和集成，构建自己信息系统实体，满足各个地区不同的业务需求。

Paas服务目录：

①数据库服务

根据前期调研集团及二级企业数据库使用情况，云平台主要提供的数据库服务为：Mysql分布式数据库服务，SQL Server数据库服务，Oracle 数据库服务，PostgreSQL分布式关系数据库服务、Redis 数据库服务以及Mongodb 数据库服务， 在数据库层面上实现统一建设、统一管理，统一服务，满足集团及二级企业关系型数据库、非关系型数据库以及分布式数据库使用需求。各单位可以提供不同的数据库应用场景选择合适的数据库，云平台提供关系型数据库、非关系型数据库以及分布式数据库关系型数据库三种数据库。

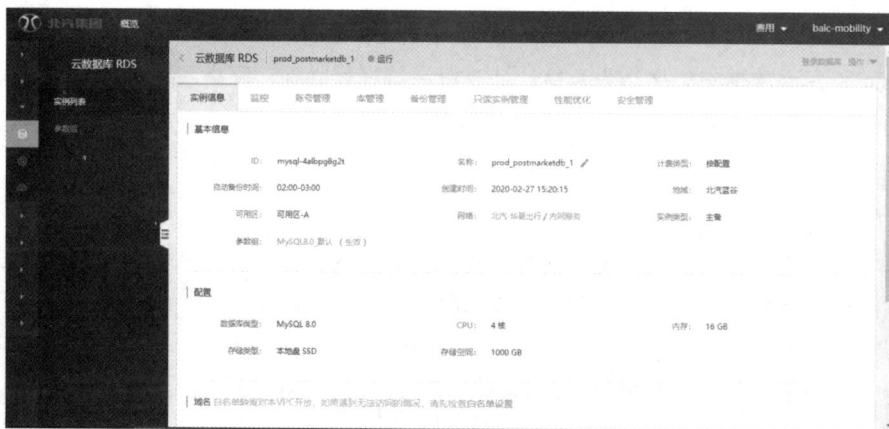

图11 云数据库

②中间件服务

中间件是基础软件的一大类，属于可复用的软件范畴。中间件在操作系统软件，网络和数据库之上，应用软件之下，总的作用是为处于自己上层的应用软件提供运行于开发的环境，帮助用户灵活、高效的开发和成复杂的应用软件。根据前期调研各单位中间件的使用情况，云平台主要提供的中间件服务为：消息中间件服务，分布式服务框架以及API网关。服务提供由云资源管理平台集成中间件自动交付功能，通过可视化界面选择对应的中间件类型，环境配置等，实现中间件环境的自动交付构建。

③容器服务

容器服务是基于基础设施提供的Docker容器引擎服务平台，覆盖了软件开发过程中的开发、测试、演练、上线等生命周期管理，保持应用系统快速搭建和各环境的一致性。容器技术可以处理不同平台之间的差异性，提供一个标准化的交付方式，统一配置，统一环境，保证效率，能有效的实现资源限制。此外，容器能够做到快速迁移，秒级高可用。容器服务能够对应用进行按需配置，秒级弹性伸缩，大大减少开发，测试及运维人员的环境搭建和应用创建的服务时间，提高工作效率，提高基础设施资源利用率，降低硬件和软件及人力成本。北汽行业云采用私有云模式，实现用户私有集群的容器化管理和资源智能化分配，提供全流程标准化的主机管理、应用持续集成、镜像构建、部署管理、容器运维和多层级监控服务。

④大数据基础服务平台

支持不同的存储方案和计算方案，灵活满足用户的各类场景支持HDFS、Hbase、Kudu等从GB到PB级别的存储方案，支持Hive和MapReduce等批量计算、Spark内存计算、Kylin多维分析、Impala和流式计算（开源Spark Streaming和自研Sloth）等计算方案，灵活满足客户的各类场景。支持全量离线接入和关系型数据库和日志的增量实时/准实时接入全量离线接入：将业务数据从各类数据源（MySQL、Oracle、PostgreSQL、MongoDB等）离线导入数据仓库以及其他相关大数据环境，适用于对数据导入实时性要求不高以及静态数据源的场景，例如将某业务上个月的所有数据导入数据仓库用于数据分析。关系型数据库和日志的增量实时/准实时接入：分别使用了自研的NDC系统和DataStream，将业务库中增量数据和APP日志实时导入到大数据环境，延迟可控制在秒级，适用于对数据导入实时性要求高，且业务快速增长的场景。

提供SQL开发、依赖配置与调度管理、交互式查询等，提高开发效率传统软件的开发过程中，有大量丰富的软件保证开发、调试、发布等步骤井然有序地进行。从业人员的高素质和这些管理过程的工具保证了线上应用的高质量。但目前大数据商用软件领域，很少有足够好用的IDE来帮助企业构建数据应用。北汽行业云平台提供了SQL开发、依赖配置与调度管理、交互式查询等，协助管理开发过程，提高开发效率。

提供元数据管理，标准化企业内部的元数据定义元数据管理的主要目标是标准化企业内部的元数据定义。而随着数据依存度逐年增加，追踪数据流动，了解数据含义和血缘关系越发困难。北汽行业云平台通过数据地图、数据字典、数据血缘三个方面保证企业的元数据标准。同时对主题、维度、指标进行一致性定义和管理解决了数据生产过程中的质量问题。

通过认证、授权、审计三个方面来保证数据安全平台采用Kerberos做用户级别的认证。基于加密方法建立用户（和系统）识别自己的方法，对个人通信以安全的手段进行身份认证，用户和服务器都能验证对方的身份。针对角色授权数据访问。对HDFS、Hive等实现了统一的，细粒度的数据权限控制。从数据角度，可以查看当前何种角色有何种权限。从角色角度，可以查看对哪些数据有何种权限。审计提供较直观事件跟踪，包括实时监测对系统敏感信息的访问和操作行为，根据规则设定报警并及时阻断违规操作，收集并记录用户行为。

支持实时的数据接入，SQL开发流式计算任务，降低开发门槛使用SQL开发流式计算任务，兼容离线SQL，可实时分析用户的访问数据，展示流量变化和用户分布情况。具备高可用(分布式)，高吞吐(1000w/s)，低延迟(毫秒级)，精准计算（Exactly-once）等特点，用户可在北汽行业云平台上调试和提交流SQL任务，为用户节省技术方面(开发、运维)的投入，帮助用户专注于解决产品本身的流计算需求。

（7）Saas层功能设计

汽车行业云平台通过产业互联网、大数据、云计算、物联网技术在企业内的应用，实现企业研发设计、生产、设备、仓储、物流、市场等环节的自动化控制和管理，降低企业的销售成本、仓储成本、制造成本、管理成本等，保障产品质量，提高企业上市周期，增加制造的灵活性。帮助企业实现业务的协同化、精益化、敏捷化和智能化、提升企业竞争力，助力企业成功。

汽车行业云平台利用先进的信息技术改造落后传统技术，实现设计、生产过程的电子自动化、智能化和信息化；汽车行业云平台利用信息技术促进管理决策水平的提高，实现管理决策的科学化、网络化、智能化和信息化。

汽车行业云平台主要业务模块：

研发：虚拟空间与物理空间快速转换，设计资源按需取费，客户定制研发需求，减低企业研发成本。

供应链：企业供应商建立信息化通道，使需求信息及时发送，供应及时到达，使企业的信息流、物料流、资金流及时统一，形成企业内外部供应链系统

整车营销：平台化的营销减少营销环节、实现精准投放、降低企业成本，提升营销效率。彻底颠覆目前的以4S店营销模式为代表的整车销售

数字化制造：通过信息化技术和制造产业链的打造提升企业生产能力和制造灵活性

物流配送：物流配送及时、精准、充分利用物流配送资源，降低企业物流成本

汽车行业云平台主要功能说明：

云营销：解决行业上下游供应链信息流、物流、资金流的打通，实现C2M客户定制，实现零库存和柔性制造、协同制造，减少行业浪费。

云制造：实现区域内加工制造资源的高效共享与优化配置，促进区域制造业发展。建立制造服务化支持平台，支持制造企业从单一的产品供应商向整体解决方案提供商及系统集成商转变，提供在线监测，远程诊断，维护和大修等服务，促进制造企业走向价值链高端，实现智能化和柔性化的制造系统（MES系统）。

云设计：解决企业设计研发问题，基于云计算技术把制造业设计技术和计划过程云整合到资源池，实现按需分配进行云评测，优化资源实现协同设计。同时提供创客设计和产品研发设计平台，解决企业研发资源技术不足的问题。

云物流：打造高效的信息化行业物流体系，以满足现代化企业生产运营的物流需求，实现物流的精准配送（WMS系统），从而产生社会化、节约化、标准化、享受规模效应。

云企宣：通过对企业未来组织形态，产品及服务形态的精准定位，根据企业的现状，运用互联网+技术对企业提供变革的解决方案；通过大数据技术对客户需求的深度挖掘，实现对企业产品的精准投放，从而实现企业的品牌化营销；同时通过大数据建立企业的人才匹配体系和企业生命周期管理体系，从而为企业提供精准的人才服务和适合企业生命周期的管理模式及体系，亦可为企业提供人才定制、企业管理托管。

云服务：为企业提供定制式服务支持，平台融合行业资源，集产品、专家、企业、政策、政府资源于一体，根据不同群体需求为其制定专属服务模式。打造创客服务平台，助推全员创新、万众创业。

云金融：汇集所有金融资源，创新互联网金融体系（包含平台金融、供应链金融），打造产业链生态金融（物联网金融）；通过行业金融，解决企业资金困难、融资扩产、转型升级等困难；

云基地：通过平台功能规划，协同政府布局产业园，通过政府的支持及商业模式的设计，将企业有序汇入产业聚集区，形成产业智慧生态园区，从而改变现有政府的招商模式，实现产业线下基地的再

聚再造。

（8）案例介绍

①鹏龙汽车业务系统通过北汽云实现备份与双活案例

项目概述：鹏龙汽车现有IDC面临多个严重问题，影响业务可靠性，A.数据中心电力问题，每年2次或者更多的停电，每次需要人工服务器停机，开机，业务影响时间长；B.资源池使用率高，负荷超载，急需升级项目扩容解决。C.数据安全性问题，目前DMZ区与IDC区访问存储区，存储区是共享存储，逻辑隔离，未作物理隔离。D.网络架构问题。缺少核心交换机，防火墙作为鹏龙数据中心的建设中心。E.骨干网带宽问题。总计40个4S店业务带宽，以及备份业务带宽都较大，防火墙背板是千兆带宽，导致整体网络带宽下降到千兆。通过升级扩容项目，实现备份与双活。

解决方案：鹏龙汽车利用北汽云建设新的主业务中心，原有的IDC中心做为容灾备份中心，通过同城双活，保证了业务的高可靠性。鹏龙业务系统迁移到北汽云计算平台，蓝谷云计算专有云解决方案功能分为"虚拟化层""基础支撑平台层""数据支撑平台层"和"业务应用层"四个部分。A.虚拟化层由可以根据鹏龙的业务增长持续扩容。B.基础支撑平台层包括蓝谷提供的弹性计算、网络、存储与云安全产品。C.数据支撑平台层提供分布式中间件服务。D.业务应用层包括前后中台业务、其他业务系统对接服务等。将鹏龙原有IDC环境通过专线与北汽云网络内网互通，使鹏龙业务系统全部通过蓝谷入口访问。

实施效果：利用北汽云建设新的主业务中心，提供全方位的安全措施，保障了鹏龙业务安全性，满足了云上部署的要求，同时原有的IDC中心做为容灾备份中心，通过同城两地双活，保证了业务的高可靠性。

鹏龙业务系统迁移上云，蓝谷计算构架系统的灵活部署及云计算的优势，可以随时应对突如其来的业务流量变化，具备了挖掘新一代业务的无限可能。

鹏龙业务系统迁移上云，使得鹏龙的新业务系统创新能力大大提高，成为快速迭代的创新型云业务，为数字化转型的传统业务推向市场提供了强有力的技术保障。

②新能源车辆监控系统车载包更新系统通过北汽CDN加速案例

项目概述：新能源FOTA车载包比较大，会定期更新，同时不同车型包还不一样，当某一车型发布新的更新包时，车主下载体验变差，当车型对应的车主较多时，体验尤其不好。一般情况下：某一车型其市场保有量数100000，升级包刷新周期，3月一次；升级包大小：300M。

解决方案：北汽云计算提供的CDN加速服务，通过CDN加速大文件下载服务。CDN文件分发服务通过蓝汛全球内容分发平台，将源站的内容高效地分发部署在全球的边缘节点，解决因地域分布、带宽、服务器性能带来的下载体验差、运营成本高的问题；服务覆盖国内大部分地区及全球各主要国家，提供多种防劫持、防盗链、抗DDoS、WAF等安全保障和丰富的自助化API，支持HTTPS/HTTP2.0/IPv6传输，具有可靠、安全、高性能、高可用、可视化等特点。

实施效果：北汽云计算CDN服务，优化了网络底层TCP协议，帮助新能源Fota车载系统更新有效提升了更新包的下载体验，下载加速效果进一步提升20%。

6.北汽汽车行业云平台的完善和发展

（1）上云上平台的核心价值提升

汽车企业推进数字化转型有好几年时间了，但客观的讲，由于初期的方式主要是集成的思路，也就是通过建设一个统一门户，要求各个IT系统集成到该平台来。这样的思路是有效的，但它的强制执行给企业的生产灵活性带来了困难。如果要求所有的IT系统都整合到某个平台上来，通常会要求这些系统满足一定的编码标准和数据格式，仅仅是这个基本要求，已经给企业的信息系统改造带来了巨大困难。在这样的情况下，行业内提出了物联网、云计算平台、容器化和微服务（Microservice）等技术，希望通过较为松散的耦合方式，解决传统意义上难以解决的数据整合问题，通常国内把这种方法称为上云上平台。最近几年时间，云计算领域的技术发展非常迅速，特别是容器技术的应用，很好解决了IT系统分布式部署的问题，这也把传统意义上的数据互联互通问题转化为容器化IT系统。当然，要达到更好的效果，还需要进行微服务化，便于在不影响传统系统功能的基础上，满足平台化部署的需要。通过对IT系统进行分层，形成了基础设施即服务（IaaS, Infrastructure as a Service）、平台即服务（PaaS, Platform as a Service）和软件即服务（SaaS, Software as a Service）等多个层面的技术，加上产业互联网平台体系的发展，有效地聚集了各方利益相关者，它们分别开发了更为方便的系统，汽车企业通过组合各种系统，就可以为企业建设一个私有产业云平台，从而实现自己的云战略。因此，汽车企业在生产系统中采用云战略，实现上云上平台，一方面可以解决过去难以解决的各个系统互联互通问题，另外一方面，可以通过推进产业互联网平台，为各地域的工厂（不一定是同一家公司）之间共享信息提供了基础条件。

（2）行业案例：北汽集团与京东集团

以人工智能、大数据、云计算、5G为代表的技术革命的爆发，促使以汽车产业为代表的出行行业向智能化、网联化、电动化和共享化快速进化升级，而智能网联汽车作为跨界融合的创新载体，需要互联网科技公司与传统汽车企业联手，跨界协作"开门造车"。根据当前汽车云平台的底层技术来源不同，可以将汽车企业上云上平台模式分为两种类型，一种是以汽车企业为主导，借助互联网科技公司的力量搭建车企的私有云，以北汽集团的汽车行业云战略为代表。另一种是汽车企业与互联网科技公司展开合作，车企接入互联网公司搭建的公有云或混合云，以京东云为代表。京东云平台从接入平台、车联应用及车联安全三个方向上切入汽车云市场。京东云是一个为车企实现互联网和智能化转型的赋能平台，其将通过底层的数据打通，为汽车提供诸多场景化能力。

（3）点燃汽车革命的导火索

正如早期3G没有应用之前，大部分企业认为手机的主要功能是打电话，而不是上网，甚至于当时的手机领先企业诺基亚也这样认为，并且坚持把手机做得足够耐摔，而不是足够智能化，从而错过了智能手机快速发展的机会，最终落得破产的命运。然而，苹果充分意识到网络速度是改变产品功能的驱动力，如果移动网络速度可以让浏览网页足够方便，下载音乐视频的成本足够低，人们自然会蜂拥而至购买这样的手机——那就是iPhone。同样的故事将再次上演，只不过这次革命的主角是汽车。大部分人认为汽车主要功能就是把人或货物从一个地方移动到另外一个地方，汽车上的通信也是通过智能手机来实现的。虽然目前一些汽车提供了数字服务功能，但由于软件系统不方便使用，内容生态也没有发展起来，汽车互联网还没有发展起来。随着5G网络的建设，传统的移动互联网市场已经饱和，一部分企业开始瞄准5G带来的汽车互联网机遇，探索5G所驱动的汽车革命；同时，汽车企业在过去几年时间提升了认识，逐步开始实践数字化转型，部分企业已经初见成效。

（4）未来发展

未来汽车行业云筹划建设成为国家级工业资源汇聚平台、国家级工业大数据中心、工业云O2O集成服务中心。通过建设线上的平台与服务，与线下的联盟运营体系、线下产品营销和服务体系相融合，提升客户的参与感和体验感，从而提高销售效率。工业O2O平台把线上的产品精准定位，通过线下的部落运营、联盟运营及社群运营，最大化实现信息和实物之间、线上和线下之间、实体店与网店之间的紧密衔接，让产品的销售更加快捷化、精准化和体验感，从而创造一个全新的商业模式。北汽云平台聚合的线下O2O体系在全国300个地级市进行部落布局，部落通过行业细分和地域细分形成二维的网格格局，让产品的落地和推广更加的精准、快速、高效。

三、构建大型汽车集团行业云平台的实施效果

（一）管理效益

促进企业向"高精尖"发展必须依靠数字化推进，汽车行业云将整车生产制造和出行服务两大领域业务应用场景实现数字化的管理落地，同时针对行业原始数据进行深度梳理和集中管控，云平台为企业、合作伙伴、供应商、用户以及整个行业生态链提供了便捷、高效、安全的技术和服务平台。它为企业在市场竞争中抓住商机提供了先人一步的优势保障。企业通过多元的业务应用场景在研发、生产、供应链、分销零售、售后服务等环节实现实时协作，极大提高了企业的管理效益。

（二）经济效益

信息化是企业运营及办公的核心工具，以前数据中心林立，数据运行缓慢且易出错，从传统数据中心到终端设备，从大型数据库到中间件，从业务应用软件到各类操作系统，都需要北汽集团各个二级企业不断花费支出成本进行维护迭代升级，在此过程造成了资源的极度浪费如：时间、人力、物力、资本等等，无形中增加企业运营成本导致相关投资额增加。今天利用云计算强大的虚拟技术和共享服务降低了上提到的众多管理成本和支出，汽车行业云平台将输出强大的计算能力、数据处理能力、业务统筹分发能力以及精准便捷的出行服务能力。不论是2B还是2C都可以用极低的成本投入获得极高的云能力共享，不用投资购买昂贵的硬件设备，不用负担频繁的保养与升级，不用租赁机房就能让企业的数据和存储更方便安全。北汽行业云平台大幅降低了旗下各个二级企业运行成本，为企业快速发展提供所需，灵活可扩展的基础架构和业务应用能力。

（三）社会效益

北汽行业云平台的构架和发展不仅仅服务于北汽内部企业，它同时影响了整个汽车行业的上下游产业链。从汽车零部件的供应商到遍布全球各地的整车经销商和4S店，从ICT领域提供软硬件研发和生产制造的供应商到提供5G通讯服务的三大运营商，从整车制造到出行服务，从B到C，北汽汽车行业云服务能力渗透到了以"汽车"和"出行"为原点构造起来的四维空间的方方面面，更重要的是将这些原本支离的分散的各个单元和元素进行了充分高效的联接。所有的关联因素都将受益，同时也反哺了云平台的建设和发展。

全球企业都应承担起应对资源环境压力，寻求可持续发展新模式的社会责任，加大节能减排和低碳技术的研发，加快节能环保和装备的推广应用，推动技术和制度创新，发展低碳能源技术，推行能源高效利用、清洁能源开发、建立低碳经济发展模式和低碳社会生活消费模式。云平台服务将成为企业日常经营和运转的标配，它带来生活、生产方式的创新开发和商业模式的根本性改革，这种按需取用、可动态调整的云服务方式实现了计算资源复用的最大化。有了行业云平台计算能力不再封装而是以共享的服务方式呈现并助力企业，免去了各种社会资源的重复浪费。

综上所述，解决汽车整体产业链的柔性需求，一直是汽车行业过去几十年追求的目标。数字技术和智能化将推动汽车产业进入一个崭新的发展阶段，之所以产生这样的颠覆性变化，就是因为云计算、5G、AI、大数据、物联网、区块链等等新型技术的应用，带来了新的商业模式，改变了消费者使

用汽车的习惯。随着汽车产业互联网的逐步成熟，汽车行业云平台必将扮演更加关键的角色，这也是目前各个力量力图打造自己的云战略及互联网平台的根本原因。北汽集团已经把握住汽车行业云平台建设发展的先机，我们有理由相信我们现在所做的一切都是北汽梦开始的原点，我们的未来可期。

　　　　　　成果创造人：陈　　江、李晓龙、姜建辉、崔立锋、高　　凡、张　　铎、曾　　伟

从"管资产"向"管资本"转变高质量高标准打造一流国有资产投资平台

广东省广新控股集团有限公司

一、企业发展背景

在2016年10月10日至11日举行的全国国有企业党的建设工作会议上，习近平总书记强调，国有企业是中国特色社会主义的重要物质基础和政治基础，是我们党执政兴国的重要支柱和依靠力量。党的十九大报告明确要求，继续深化国有企业改革，发展混合所有制经济，培育具有全球竞争力的世界一流企业。国务院国资委、省国资委部署开展关于开展对标世界一流管理提升行动。总书记的重要指示和国家、省的一系列决策部署，为企业深入推进改革发展指明了方向、明确了要求、提供了遵循。

2000年9月，广东省外贸集团有限公司组建成立，既没有大型实业支撑，也没有专业的科研队伍，更没有关键核心技术。2005年，集团奋力转型发展，开启了"二次创业、再造广新"，确立了"集团化管理、专业化经营、产业链协同"的发展战略。2010年，集团以更开阔的视野和思路，把"产业发展高端化"和"企业经营国际化"作为企业升级的主线,明确了集团"投资控股、战略管理、创新引领、共创价值"的战略定位。2011年更名为广东省广新控股集团有限公司。2019年7月，广新集团被广东省政府确定为新兴产业国有资本投资公司改革试点企业；2019年12月，广东省政府批复同意广东省广新控股集团、广东省丝绸纺织集团重组合并，广新控股集团作为重组合并后的新主体，定位为以战略性新兴产业为主要方向的国有资本投资公司。这是广东省委、省政府深化国企改革的重要决策部署，标志着广新集团抓住了加快实现高质量、跨越式发展的重大机遇，改革发展事业进入了新阶段。

广新集团坚持深入贯彻习近平总书记关于国资国企改革的重要论述精神，党的十九大关于做强做优做大国有资本、培育具有全球竞争力的世界一流企业，国家、省关于开展对标世界一流管理提升行动的要求，以及省委、省政府和省国资委的部署安排，艰苦奋斗、苦干实干、攻坚克难，经过20年经营改革发展，实现了从传统外贸企业成功转型为实业投资、资本运营和产业服务协同发展的创新型投资控股集团，具备了较强的产业基础和发展优势。

二、企业发展成果及成效

二十载披荆斩棘，二十载砥砺前行。经过20年艰苦奋斗、追求卓越、开拓进取，广新集团坚持实施创新引领、战略投资、资本运营"三轮驱动"，加快从"管资产"向"管资本"转变，经营规模、盈利能力、市场竞争力大幅增强，资产规模和资产质量大幅提升，产业结构不断优化，综合实力、核心竞争力实现大飞跃，从纵、横多个维度来看，广新集团已成为落实广东发展战略的中流砥柱和骨干力量。

——经营发展成效显著。截止2019年底，广新集团资产总额达到632.13亿元，比成立之初增长了

6.69倍，年均增长11.34%；净资产达到238.94亿元，比成立之初增长了14.19倍，年均增长15.4%；实现营业收入671.82亿元，比成立之初增长了3.87倍，年均增长8.69%；实现利润总额26.44亿元，比成立之初增长了9.88倍、年均增长13.38%。主体信用获"AAA"最高等级。一组组亮眼的数据充分显示出广新集团强大、稳健的可持续发展能力。

——综合实力不断增强。2019年，广新集团多项经营指标稳居广东省省属国企前列：反映经营规模的指标营业收入排名第1，反映盈利能力的指标净资产收益率和总资产报酬率排名第3；反映资产质量的指标总资产周转率和流动资产周转率排名第2；反映发展速度的指标营业利润增长率、利润增长率、国有资本保值增值率排名第3。广新集团在规模、体量上已成为广东省属国企的排头企业，在发展质量上也保持优质、高效发展，成为了落实广东省发展战略的中流砥柱、骨干力量，实现了大转型、大跨越。

——可持续发展能力强。2019年7月，集团被广东省政府确定为新兴产业国有资本投资公司改革试点企业，重点发展新材料，生物医药与食品，数字创意与融合服务三大板块，控股和参股了境内外16家上市公司（含新三板公司），拥有29家高新技术企业、11家国家级和41家省级研发机构、专利及软件著作权等1000余项，开展研发项目超250个，旗下高新技术企业数量、高新技术产业产值、国家级和省级研发中心数量均居省属企业前列。

——实体产业基础扎实。广新集团所属的广青科技是国内最大的高端不锈钢和镍合金生产头部企业之一；兴发铝业在建筑铝型材行业市场占有率排名第一；佛塑科技的电容膜、卫生材料、偏光片、透气膜等产品在国内市场占有率排名第一；星湖科技的呈味核苷酸二纳（I+G）产能国内排名第三；生益科技在覆铜板生产制造领域国内排名第一。

三、企业改革发展主要措施

近年来，广新集团强化政治立企，始终坚持以习近平新时代中国特色社会主义思想为指导，围绕广东高质量加快构建"一核一带一区"区域发展格局，聚焦广东"双十"产业集群，坚持"跟着干、想着干、帮着干"，制定实施了集团深化改革"1+N"三年行动方案，积极参与"双区"建设、"双城"联动，优化产业功能布局，主要经营指标屡创历史新高。在加强党建上，坚持强根铸魂，加强党的领导和党的建设，持续推动党建工作与经营管理深度融合，充分彰显国企政治优势；在完善机制上，围绕新兴产业国有资本投资公司的发展方向，着力推进公司治理现代化，持续提升企业核心竞争力；在发展模式上，坚持"创新引领、战略投资、资本运营"三轮驱动，坚定不移走好高质量发展道路。

2019年12月，广新集团启动新一轮重组合并以来，坚决贯彻落实中央和广东省委、省政府的决策部署，努力克服突如其来的新冠肺炎疫情冲击影响、严峻的市场形势考验、繁重的改革重组任务等困难，坚持改革重组、改革试点、疫情防控、生产经营、巡视整改"五项重点"一体推进，理念导向上"跟着干、想着干、帮着干"，结果导向上"见行动、见制度、见效果"，聚焦国有资本投资公司功能定位，积极投身粤港澳大湾区建设，主动参与广东省"双十"产业集群建设，实施创新驱动发展战略，优化国有资本布局，通过创新管控模式、调整组织架构、优化产业布局、推进企业重组等措施，紧而又紧、实而又实加快国有资本投资公司改革建设进程，通过带动引领力强的战略性新兴产业重大项目支撑地方经济发展，企业迈进了持续健康快速发展的新阶段。

（一）聚焦改革重组，提高政治站位，圆满完成改革重组阶段性目标。

广新集团始终坚持服务广东省发展战略大局，牢牢把握新时代国有企业的战略定位和历史使命，坚持抓党建工作凝聚改革共识，抓战略统筹促进改革转型，抓业务整合推进改革落地，抓人员安置保证改革平稳，高效顺利完成了重组合并阶段性目标。

1.统一思想认识，推动从"人心波动"到"众志成城"的转变

面对重组初期员工不适应的心理状态，广新集团新任领导班子坚持党建引领、思想先行，通过开展"理论学习、思想教育、示范引领"为主要内容的活动，努力把干部员工的思想和行动统一到省委、省政府和省国资委的决策部署上来。一是强化理论学习，提高政治站位。通过专题学习等形式，深入学习《广东省人民政府关于同意广新控股集团、丝纺集团改革重组方案的批复》和《广东省人民政府关于同意广新控股集团实施国有资本投资公司改革试点的批复》精神，统一思想，提高认识，理清思路，制定了《广新控股集团、丝纺集团改革重组工作安排》及改革重组"百日行动"计划方案。二是强化思想教育，凝聚改革共识。召开原广新集团、丝纺集团中层干部座谈会和员工座谈会，听取意见、宣讲改革、畅谈前景；深入开展"新广新、日日新"系列活动，促使全体员工尽快了解新团队、融入新集体。通过系列教育活动，消除了全体员工思想疑虑，凝聚起了合力推动改革的思想共识。三是强化示范引领，发挥组织功能。集团党委迅速成立10个临时党支部，通过组织召开专题组织生活会，广泛深入开展"学党章活动"和"党员承诺践诺活动"等形式，强化党员干部的示范引领作用，形成了推动改革重组工作的强大合力。

2.科学定编定岗，推动从"大总部"到"强总部"的转变

按照"小总部、大产业"总体思路，坚持专业化、协同化、垂直化原则，形成了《关于广新控股集团总部机构设置及定编定责的方案》。一是明确集团总部定位：围绕建设战略管理、投资管理、资本运营管理、财务管理、风险管理"五个中心"，把集团总部打造成为产业培育的牵引、创新驱动的引擎、风险管理的枢纽、公司治理的典范。二是明确职能部门设置，进一步细化和完善部门管理职责，整合后新集团总部设立13个部室，并分了三类：业务类、职能类和监管类，进一步聚焦专业化、协同化和垂直化管理，强化了总部功能定位。三是稳妥推进人员安置，耐心做好谈话交流工作，创新用好党员承诺书、个人意向表、满意度调查表"三张表"，动员每一名员工参与改革，善待每一名参与改革的员工。四是精简压缩总部人员，总部人员编制在原广新集团和丝纺集团总部182人的基础上压缩为106人，全部人员得到了妥善合理安排，员工满意度达到98%，实现了总部瘦身健体、提质增效。

3.推进清产核资，推动从"账上有数"到"心中有底"的转变

按照改革重组要求，组织专业力量，有序推进对原丝纺集团的清产核资，摸清家底，结合集团发展战略安排，推动丝纺集团聚焦主业加快发展。一是顺利完成对原丝纺集团清产核资工作，摸清了房屋土地等资产情况，以及对合并报表、银行授信等影响。二是推动原丝纺所属企业专项审计调查和监事检查，及时排查风险隐患，并推进整改落实，理顺所属企业治理结构，产权关系；加强会计核算规范性的监督和检查。三是加强资产管理、盘活及推进劣势企业出清，着手解决历史资产权属问题，防止国有资产流失，确保实现国有资产保值增值。

（二）聚焦战略引领，推动创新升级，释放集团高质量发展新动能。

集团持续发挥投资引导和结构调整作用，推动产业集聚，培育核心竞争力和创新能力，到2022年末，力争实现"1158"战略目标：即集团资产总额达到1000亿元、全年营业收入达到1000亿元、利润总额达到50亿元、净资产收益率不低于8%的目标，建设成为科技创新实力较强、产业竞争优势明显，体

制机制更具活力、经济社会贡献更显著的一流的新兴产业国有资本投资公司。

1.围绕主责主业，优化企业顶层设计

（1）强化战略布局。构建"12345"战略体系，一是确定资本投资1个主业定位，二是构建投资、服务2类平台，三是聚焦新材料、生物医药与食品、数字创意与融合服务3大主业板块，四是推进市场化、专业化、国际化、法治化4化建设，五是打造战略管理、投资管理、资本运营管理、财务管理、风险管理5大中心，为集团后续发展奠定了基础。制定实施了集团深化改革"1+N"三年行动方案，"1"即集团深化改革三年行动方案，"N"包括混合所有制改革、资本运营、企业退出、投资管理、科技创新、财务管理、人力资源、品牌视觉建设以及数字广新三年行动方案等多个具体三年行动方案，坚持市场化、专业化、国际化、法治化导向，全方位探索推进国有资本投资公司改革发展，努力成为引领区域经济发展的重要力量。加快启动了集团"十四五"战略规划编制工作，进一步梳理明确集团战略目标和管控战略，结合国家经济发展态势和产业政策导向，围绕广东"双十"产业集群，分析企业未来发展方向，构筑近期、中期实施规划与远景展望，制定科学、合理、经济可行的发展战略实施保障方案，提升集团战略执行效果及风险管控能力，助力集团高质量发展。

（2）优化管控模式。围绕集团功能定位和战略布局，坚持资本投资职能提升、产业经营职能下沉，按照三级管理组织架构的整体思路，明确了集团总部实行以"管资本、管战略"为主的管控模式，核心职能在战略引领、资本运作、风控合规、审计监督，定位是"管资本、管战略"；二级企业作为专业利润中心，是专业化的业务经营管理实施主体，核心在产业运作和产业经营，定位是"管资产、管经营"；三级企业是为二级企业产业链配套提供产品或服务的产业协同单位，定位是"管业务、管协同"。

（3）聚焦主业发展。坚持"资本投资"主业，聚焦"服务全省、带动产业、注重效益"目标，重点发展"新材料（合金材料及型材、功能薄膜与复合材料、电子基材板、动力电池材料），生物医药（化学药、生物药等）与食品（调味品、添加剂等），数字创意与融合服务"三大主业板块。注重服务广东省区域发展战略和重大产业政策，通过符合主业投资方向、带动引领力强的战略性新兴产业重大项目支撑全省经济社会发展；推动布局优化调整，围绕提升国有资本配置效率，谋划推动国有资本投向应急能力等重要领域。

2.围绕发展战略，推进二级企业深化改革

（1）构建"6+6+6"二级企业体系。围绕改革重组、改革试点方案要求，全力推动集团内部资产重组、压缩管理层级、混合所有制改革和劣势企业出清，深入推进二级企业改革重组，形成了集团全资平台型企业6户、上市公司（含新三板挂牌公司）6户、混合所有制企业6户的二级企业格局。

（2）打造四大全资平台型企业。以广新盛特为主体，重点打造集团集产业研究、战略投资及投后管理等为一体的集团境内新型合金材料投资平台；以香港广控为依托，助力粤港澳大湾区建设和"一带一路"建设，专注金融及投资业务，建设成为集团境外综合性投融资平台；以粤新资产公司为主体，重点打造成为集团资产处置、债权追收、企业退出等集团资产处置退出平台；以广新置业为依托，聚焦集团系统"存量"资产的盘活增效、战略性新兴产业园区项目开发及工业地产和物流园项目投资建设，重在做大"增量"，打造成为集团资产经营管理平台。

（3）深入推动二级企业改革重组。将丝纺集团、纺织股份纳入集团二级企业管理，将丝源集团、丝丽集团、羊城大健康集团、广翰投资集团、资产公司、投资公司共6家企业调整为三级企业，纳入丝纺集团管理；推进丝纺集团二次重组发展，重新规划了丝纺集团的职能任务和总部机构编制，明确了丝纺集团以茧丝绸、大健康、新型外贸等为主业。将机械五矿作为集团三级企业由粤新资产托管，将其优质贸易业务整合，打造外贸新业态。

3.围绕提质增效，推动企业高质量发展

（1）全面深化企业混合所有制改革。集团除6家全资平台类二级企业外，力争在2022年底前对5家二级企业以及所有三级全资企业全部完成混改，并积极探索建立有别于国有全资公司的治理机制和更加灵活高效的监管制度。鼓励上市公司实施股权奖励，科技型企业探索股权和分红激励等中长期激励机制。注重以"混"促"改"，抓好"混资本""改机制"，确保混改的质量和效果，促进混改企业治理结构完善，激发混合所有制企业的活力动力，推动提升国企改革成效。

（2）加快推进重点项目建设。坚持以重点投资项目为牵引，推动广青科技打造阳江千亿合金材料产业基地，推动兴发铝业打造世界级智能制造样版工程，推动佛塑科技与相关科研院所共同开展专用滤材、石墨烯纳米复合材料、可重复使用口罩材料等研发，推动星湖科技从初级低附加值的原料药中间体产品向高级高附加值的特色原料药、制剂产业链的转型升级，推动生益科技进一步加强5G信息技术领域高频高速覆铜板核心技术的研发，推动省食品所属宝金畜牧按年产出100万头商品猪目标积极扩张生猪养殖业务，推动珠江桥巩固提升酱油出口全国前三地位，推动省广集团打造大数据协同创新平台、广东省大数据与智能营销工程技术研究中心，推动国义招标打造全产业链招标及咨询服务平台，推动丝纺集团下属丝丽集团外贸综合服务平台建设，推进广东省公共卫生应急物资产业园区项目规划可研论证。

（3）充分发挥上市公司平台带动作用。做"有价值、负责任、受尊重"的大股东，构建具有广新特色的资本结构体系，围绕集团主业，通过"上市公司做强做大+增量并购+后备企业培育"三个重要实施路径，推动兴发铝业、星湖科技、佛塑科技、省广集团做强做大，实现较大幅度的增长；努力开拓增量并购，推动产业和资本形成有机互动、协同发展，提升资产证券化水平；培育国义招标、宝金畜牧等公司申报上市，启动珠江桥、离子束、省纺股份等公司上市辅导或资产重组。

（4）狠抓落实劣势企业出清。广新集团制定了退出企业三年行动方案，对符合年净利润低于100万元、年净资产收益率低于5%等标准的160户企业，按第一年40%、第二年40%、第三年20%的比例在三年内全面完成退出任务。下一步，重点对重组后管理层级大于四级的情况，进一步压缩管理链条，合理区分各级企业职能。

（三）聚焦考核管理，充分激发活力，为企业高质量发展提供强大战斗力支撑

围绕功能定位和战略布局，广新集团分解设置各企业年度与任期经营目标，建立了年度考核与任期考核相结合的激励约束机制，促使企业短期经营目标与中长期经营目标相结合，引导企业进一步清晰功能定位，全面落实企业改革发展方案，持续做强做优做大主业，努力打造成为有较强竞争力的市场经营主体，推动集团战略落地。

1.坚持组织选人与市场化选人用人相结合。落实聘任制、任期制、契约化管理，健全与市场化相适应的国企经理人制度和职业经理人制度，实现能者上、平者让、庸者下、劣者汰。按照"市场化选聘、契约化管理、差异化薪酬、市场化退出"原则，推动企业高管引进与管理方式创新，积极推进稳步推进所属企业管理层和集团总部有关岗位市场化选聘职业经理人工作。通过职业规划指导、导师制培养、交流轮岗等措施办法，大力实施铸魂赋能，积极构建人人能够成才、人人得到发展的现代人才培养开发机制。

2.坚持目标导向与分类分业相结合。以集团战略目标作为经营业绩考核的导向，通过分解作为各企业年度和任期经营目标，推动集团战略落地。推行任期目标年度考核只评分，任期结束后根据指标最终数据计算分值并清算奖励。根据企业功能定位、改革目标和发展战略，突出不同考核重点及指标权重，将企业分为市场竞争类、平台类、特殊阶段企业进行分类考核。市场竞争类企业以增强国有资本控制力、影响力、抗风险能力，提高国有资本收益率、保值增值率为核心，考核内容主要是营业规模、盈利能力、发展速度。平台类企业以服务集团战略落地、培育新产业新动能、盘活资产以及清退劣势企业及业务为核心，考核内容主要是履行功能职责、落实重大战略和重大专项任务情况等。

3.坚持效益优先与对标市场相结合。强化对企业效益增长和资本回报的要求，特别是主业利润增长的要求，将经济效益指标简化为主营业务收入、净利润、净资产收益率等三个指标；将核心工作指标设置为以集团深化改革"1+N"三年行动方案的要求为基础，聚焦做强主业、科技创新、战略投资、改革改制、盘活资产等重点工作和重大专项任务。结合省政府促进外贸稳定增长以及国资委科技创新和减少法人单位户数等工作要求，考核指标设置"科技创新""稳外贸促增长"和"劣势企业出清"等三个加分项。建立业绩和薪酬与市场双对标机制，突出行业对标，引导企业树立市场意识，检视差距，持续改进，不断提升市场竞争力。强化正向激励，业绩升、薪酬升，业绩降、薪酬降，增强动力并传递压力。企业绩效奖金与净利润、考核分数挂钩；增量奖励计提比例采用超额累进比例，上市公司奖金取消封顶，激励企业增创效益。对企业年度重点工作方面取得突破性进展或作出重大贡献给予特殊贡献奖。

4.坚持激励与约束相结合。广新集团根据新兴产业国有资本投资公司新定位，对标市场化薪酬管理和市场薪酬水平，进一步调整完善总部员工薪酬管理体系，扎实推进精准考核、精准激励工作。坚持市场化改革方向，按照激励与约束并重、严管与厚爱结合原则，以制度机制创新为突破口，对外放开，对内搞活，不断激发干部员工内生动力。积极扩大"激励、约束、容错"综合改革试点范围，推动省食品、金沃租赁公司开展综合改革试点工作。

（四）聚焦风险管控，整合资源力量，构建特色"大监督"综合监督体系

广新集团认真贯彻落实党的十九届四中全会提出的"以党内监督为主导，推动各类监督有机贯通、相互协调"工作部署和广东省纪委监委推进纪检监察体制改革及省国资委加强综合监督的工作要求，整合监督资源，形成监督合力，提升监督效能，努力为建设一流的新兴产业国有资本投资公司提供监督保障。

1.统筹监督机构改革。广新集团根据改革实际，推动党内监督和法人治理监督同步向系统企业延伸。综合监督工作以纪检监察室、审计与监事管理部、法务与风险管理部、财务资金部、派出企业监事会主席为主体力量，并以集团派出监事组为主体组建集团日常综合监督组，以此作为日常监督的抓手对集团所属二级企业实施综合监督全覆盖；在集团全资和绝对控股二级企业纪委书记（纪检机构负责）不再兼任监事会主席，由集团综合监督组组长以"一兼N"的方式兼任多家企业监事会主席，强化自上而下的监督，集团综合监督组侧重履行监事会职责；探索在集团所属其他类型的混合所有制二级企业由监事会主席兼任纪委书记（纪检机构负责人），突出法人治理监督，集团综合监督组根据集团综合监督委员会授权代表集团依法行使股东知情权并对外派干部行使监督权。

2.统筹监督任务协同。集团综合监督委员会牵头，组织审计与监事管理部、法务与风险管理部、财务资金部、纪检监察室等集团监督主体部门（简称集团监督主体部门）共同研究制定年度综合监督计划，结合集团经营发展需要，对同一监督对象类似监督事项进行合并，实现监督任务统一部署、监督内容合并同类、监督工作一体化推进，避免重复监督和多头监督，减少重复检查的次数，减轻企业负担。

3.统筹监督信息共享。建立季度会议、半年会议、专题会议监督信息共享机制，其中涉及党风廉政

建设和反腐败工作内容的，与党风廉政建设和反腐败工作大监督联席会议合并召开。季度会议由集团综合监督委员会召集，对所属各企业决策事项、经营情况、发展状况、工作成效、监督成果等各类信息进行沟通共享，对监督中发现的各类问题进行整理归纳与分析提炼，提出应对措施并上报审批。半年会议听取集团综合监督委员会办公室汇总的半年（全年）工作情况汇报，研究、协调、解决监督工作中出现的重大事项和问题，组织协调各监督部门的监督工作，防控各类风险。专题会议对涉及具体的重大监督检查、重大问题风险和其他特殊情况进行讨论研究，必要时邀请集团相关分管领导出席。

4.统筹监督资源调度。对于涉及面较广、较复杂的专项、具体问题，及时加强沟通联系，整合调度集团系统内监督资源，发挥集团监督主体部门的专业特长，组成联合检查组，实施监督任务联查，避免因政策理解、专业能力、认识角度等方面的差异所带来的对事物判断上的偏差，通过职能互补，互相借力，形成监督合力；加强对所属企业监督工作的领导，综合监督委员会主任、副主任根据工作需要听取集团监督主体部门负责人、集团综合监督组组长、所属企业纪委书记（分管纪检监察工作领导）、监事会主席、财务总监工作汇报，督促指导各监督主体部门和所属企业有效开展监督工作。

5.统筹监督成果运用。各监督主体部门自觉加强监督成果的分析研究，分类处理问题线索。对监督过程中发现的普遍性、系统性问题，深入剖析，提出整改建议并加强督办；对集团管理的干部涉嫌违规的，根据问题的性质和情节，交由集团相关职能部门处理，涉嫌违纪违法和职务犯罪的，移送集团纪检监察室处置；对经相关监督主体部门督办后仍整改不力的，由纪检监察室对直接负责人发函督促整改直至追责问责；各监督主体部门及时进行总结推广好的做法和先进经验。

6.统筹监督队伍建设。建立"平战结合"的监督人员培养机制。"平时"——承担监督责任的监督主体部门加强监督人员的日常培训和专题培训，不断提升履职人员专业素养和监督水平；"战时"——根据集团纪委办案和核查工作的需要，临时抽调监督主体部门人员参与查办案件和专项检查，通过以"案"代训、以"查"代训，强化专业历练，锤炼提升党性，在履行"政治体检"和"经济体检"职责中培养一支专业化、有担当的监督队伍。

（五）聚焦党建工作，强化使命担当，以高质量党建为改革发展强"根"铸"魂"

广新集团党委坚持党建引领、思想先行，紧紧围绕经营改革发展工作，强化党的领导，加强理论武装，突出思想引领，努力把干部员工的思想统一到中央和省委、省政府的各项决策部署上来，把行动和力量凝聚到建设一流新兴产业国有资本投资公司上来。

1.扎实推进"双链驱动"党建新模式，为集团改革发展提供坚强的领导力支撑

广新集团党委坚持以习近平新时代中国特色社会主义思想为指导，深入学习贯彻习近平总书记在全国国有企业党建工作会议上的重要讲话精神，贯彻新时代党的建设总要求和党的组织路线，结合落实基层党建三年行动计划和建设"五强五化"示范党组织，加强对集团党建工作的高位统筹、高点谋划和高效落实，筑牢"三个一流"党建价值链，锻造"五项服务"党建生态链，组成"双链驱动"党建新模式。筑牢"三个一流"党建价值链，就是聚力一流党建，引领一流发展，成就一流企业；锻造"五项服务"党建生态链，包括立足基层党组织全面进步全面过硬，抓好党建服务经营管理提升、服务改革创新突破、服务重大工作攻坚、服务人才队伍建设、服务企业文化构建，实现党建与业务深度融合。以"双链驱动"党建新模式聚力党建工作创新理念、探索方法、开拓路径，精心打造党建特色品牌，推动党建工作创新思路、丰富内涵、强化抓手，不断增强党建工作政治引领、服务发展功能，切实把党建的引领作用提升起来、发挥出来，全力打好基层党建三年行动计划收官战，推动基层党组织建设全面进步、全

面过硬，促进党建工作"扩面、加速、提质、增效"，形成集团党建工作"一盘棋"格局，为企业经营改革发展提供了坚强的政治保障。

2.扎实推进"四个同步、四个对接"，为集团改革发展提供严密的组织力支撑

（1）充分发挥临时党支部战斗堡垒作用和党员先锋模范作用。在原广新集团、原丝纺集团总部部室集合后，第一时间成立10个临时党支部，肩负总部改革重组期间的各项工作任务，各临时党支部用党建熔铸国企的"根"和"魂"，充分发挥临时党支部战斗堡垒作用和党员先锋模范作用，助推改革重组思想融合、工作融合和归属融合。

（2）深入推进"四个同步、四个对接"。充分发挥党委"把方向、管大局、保落实"的领导作用，严格落实改革重组重大决策事项党组织前置研究讨论，层层压紧压实党建主体责任，严格落实企业董事长与党组织书记"一肩挑"要求，完善"双向进入、交叉任职"领导体制，形成上下贯通、执行有力的严密组织体系。

（3）大力开展"一企一品"党建品牌创建活动。积极推进政治建设专项督导、共建优秀党组织、创建项目党小组、创建安全生产党员示范岗（责任区）、建设优秀人才团队和开展劳动竞赛等党建"六个抓手"，不断优化基层党组织设置、理顺隶属关系、按期换届选举，整顿软弱涣散基层党组织，以党建带群团建设，激发基层组织活力，推动党建工作与经营发展深度融合，加快实现"五强五化"创建目标，凝心聚力共推改革发展。

3.扎实推进以"奋进共生"为核心的现代企业文化体系构建，为集团改革发展提供强大的战斗力支撑

广新集团高度重视党建引领的企业文化品牌建设，致力于打造真正被员工接受、被客户肯定、被合作伙伴认可的企业文化，不断增强广新文化的感召力、凝聚力、影响力。构建以"五型一体"为抓手、以"奋进共生"为核心的现代企业文化体系。五型一体，具体包括奋进型团队文化、速动型执行文化、领先型绩效文化、共生型合作文化、人本型发展文化。奋进共生，就是对内追求员工奋力拼搏、开拓进取，对外追求与合作伙伴包容协同、共拼共赢，树牢企业兴于奋进、盛于共生的价值导向。重视宣传导向作用，倾心打造"精益宣传"格局，着眼于"三个紧跟"，即紧跟形势任务要求、紧跟党委中心工作、紧跟基层一线实践，着力于"五精五好"，即精准识别、力求意识好，精心准备、力求时效好，精细梳理、力求内容好，精致呈现、力求形式好，精确传递、力求效果好，以更低成本、更高效率、更好效果，实现宣传工作服务"党建+业务"，跟着说、想着说、帮着说，把党建宣传做成员工"家常菜"，传递组织"好声音"，集聚发展"正能量"。

成果创造人：白　涛、白明韶

【参考文献】

[1]宋志平.企业迷思.北京：机械工业出版社，2020.

[2]宋志平.问道改革.北京：中国财富出版社.2018.

[3]宋志平.经营方略.北京：中信出版社.2016.

国有企业境外投资 "六维" 管理实践研究

中国电建集团海外投资有限公司

近年来，"逆全球化"潮流和"一带一路"沿线国家投资政策的调整，对国有企业海外投资兴业带来了一系列新的挑战。全面升级企业管理，建立与之相适应的国际化经营管理模式，成为高质量"走出去"的重要保障。

中国电建集团海外投资有限公司（以下简称公司或电建海投公司）是世界500强中国电力建设集团有限公司（以下简称中国电建）专业从事海外投资业务的法人主体，在中国电建全球化发展中承载着重要的引擎、载体和平台作用。公司现在亚洲、澳洲、非洲等14个国家和地区有12个在建及投产电力项目，总装机 439.45万千瓦，资产总额515亿元。公司先后荣获"首都文明单位、中央企业先进基层党组织、中国企业文化建设标杆单位、全国模范职工之家、中国建设工程鲁班奖、国家优质投资项目奖、中国境外可持续基础设施项目奖、中国走进东盟十大成功企业、海外履责典范企业奖、老挝政府特殊贡献奖、巴基斯坦政府杰出成就奖、中国驻巴大使馆公共外交奖"等100余项荣誉奖项。

电建海投公司在"走出去"发展过程中，结合国别情况和业务特点，从发展普惠化、治理规范化、经营属地化、投资绿色化、责任本土化、交流常态化"六个维度"创新国际投资经营管理，形成国有企业境外投资"六维"管理新模式，推动中国技术、标准、设备、文化更好融入国际商业生态圈，为国有企业"走出去、融进去、扎下根、可持续"提供了可供参考借鉴的案例范本。

一、国有企业境外投资 "六维" 管理的实施背景

电建海投业务涵盖电力、矿业、建材等多个领域，涉及特许经营、直接投资等多种形式，具有点多面广、特许经营时限长、风险管控要求高、本土经营与文化融合任务重、采用"投建运一体化"发展模式等特点。电建海投结合上述业务特点和国别情况，深刻吸收其他中资企业海外投资经营经验教训，创新实践提出境外投资"六维"管理，适应了国际竞争新形势，推进了公司海外稳健经营，加快构建了合作共赢的利益共同体。

（一）实施境外投资 "六维" 管理是适应国际竞争形势的客观要求

一段时间以来，"百年未有之大变局"加速演进。"走出去"战略和"一带一路"倡议既为国有企业国际化发展带来了全新的机遇，也提出了许多新的挑战。特别是近年来经济全球化呈现出许多新的变化，世界经济复苏进程中风险积聚，保护主义、单边主义明显抬头，国有企业参与国际经济竞争面临新的竞争环境和发展条件。要实现高质量"走出去"，需要依据不断变化的国际竞争形势，调整企业经营策略和重心，加强国别市场研判和投资项目甄选。境外投资"六维"管理，根植于电建海投公司多年海外投资业务实践，着眼于普惠发展、互利共赢的理念，是公司积极适应国际竞争条件新变化，贯彻高质量发展新理念的管理创新成果。以境外投资"六维"管理为指引，助力项目所在国提高电力能源开发水平，打造推动当地经济发展的强大引擎，加快了沿线国家工业化、现代化进程，帮助企业有效适应了

国际竞争形势新变化，提升了国际化经营水平。

（二）实施境外投资"六维"管理是扎根海外稳健经营的有效手段

海外投资经营跨越了国界、民族，跨越了文化，涉及企业组织、经营战略、文化宗教、价值理念等多方面的差异性。新时代背景下，中央企业要成为真正意义上的国际化公司，就不能简单"走出去"，而要真正走进去、融进去、扎下根、可持续，按照高质量发展要求，全方位升级企业管理，积极在战略、组织、体系、文化等方面加强与当地法律政策、交易习惯和文化传统对接，增强企业对国别市场法律政策环境、社区文化环境的适应性。国有企业境外投资"六维"管理通过本土化战略、合规化治理、属地化经营、市场化运作、常态化交流，不断提升企业自身在国外市场配置资源、技术、人才的能力，实现从外来"投资者"向东道国经济社会发展"参与者"的转变，筑牢引领中外员工共同奋斗的共同价值体系，推动企业长久扎根海外，稳健经营。

（三）实施境外投资"六维"管理是严控风险提升管理的重要途径

中资企业"走出去"很简单，但要真正"走得稳、走得好、走得远"就一点也不简单。进入新世纪以来，中资企业开展海外投资经营不断升温，取得了重要成就，也经历了一些惨痛教训。概括起来主要有这样一些共性问题和值得关注的焦点。一是不能兼顾普惠发展。比如，2004年，某中企收购韩国某汽车公司时，没有有效解决劳资问题，造成利益冲突，引发大罢工，最终造成投资失败[1]。二是合规管理仍需加强。2018年，美国以"违规"为名重罚中兴通讯。尽管所谓"违规"更多表现为美国的"出师之名"，但也反映出企业在全球化发展中合规经营的重要性[2]。三是绿色发展尚有不足。2015年初，墨西哥政府以破坏红树林为由，叫停了有中企参与的1.8亿美元"坎昆龙城"项目[3]。四是对外交流的策略方法还需提升。本世纪初，中资企业参与蒙古某铜矿项目竞标时，很多国内媒体为了突出报道主题而措辞欠妥，让蒙古国觉得该项目背后有强烈的政治色彩，引起反感，最终该项目被其他国际矿业巨头揽获[4]。正所谓"别人吃堑，我们长智"，国有企业境外投资"六维"管理广泛借鉴同行经验，深刻汲取此类教训，构建起了行之有效的管理模式。

二、国有企业境外投资"六维"管理的实施情况

国有企业境外投资"六维"管理根植于普惠共赢的投资理念，着眼于长远、稳健的国际化经营，聚焦于项目全生命周期价值创造，以坚持普惠发展、规范治理、属地经营、绿色投资、本土履责、常态交流为内核，较好地适应了外部投资环境新变化，增强了与项目所在国和当地社区的互利互惠互信，提升了国际竞争软实力和内生增长动力。

（一）发展普惠化，打造利益共同体

在"一带一路"倡议影响下，共商共建共享的丝路原则已经成为当今全球经济合作的主旋律，共建人类命运共同体、利益共同体已经成为普遍共识。国有企业境外投资"六维"管理秉持"共商共建共享"的丝路原则，坚持市场化运作，遵循市场规律和国际通行规则开展投资，与所在国携手打造利益共同体，打消了项目当地各种各样的顾虑，以互利共赢的实际效果，有力回击了某些西方国家有意无意的一些扭曲和误解。正如学者李双双所言："'一带一路'倡议的实践成就恰是'一带一路'与'新殖民主义'根本不同的最好明证。"[5]

对接东道国发展战略。战略赢是大赢，战略输则是大输。能否真正融入东道国发展，需要企业在发展战略层面作出安排，从投资理念、商业模式、管理方式等方面深化与东道国发展规划、政策依据等

的对接。如果缺乏对当地政策、发展规划的有效研究，必然导致投资行为与当地实际脱节，从而为项目长远发展带来隐患。在参与"一带一路"建设过程中，电建海投公司精心制订《中长期发展战略规划（2015-2025）》，融入"六廊六路多国多港"多边机制，使公司发展战略与"一带一路"倡议在战略方向、主营业务、覆盖区域三方面高度契合，推进政策沟通，促进产能合作，深化利益融合，实现从外来"投资者"向东道国经济社会发展"参与者"转变，携手项目东道国构建起了利益共同体、命运共同体。例如，公司对接老挝政府建设"中南半岛蓄电池"战略，帮助老挝政府对当地水电资源开发进行统筹规划、科学设计，投资开发了8个水电站，为老挝提供了重要清洁能源。通过与东道国战略的良好对接，筑牢了企业高质量"走出去"发展的政策基础。

与外方股东合作开发。要真正实现普惠发展，打造"利益共同体"，就不能是投资方的"独舞"，而需要携手当地"共舞"。一个可行办法，是在项目当地设立合资公司，与当地政府部门或私人股东开展合作，在治理结构上，股东会、董事会、监事会及项目公司经理层都有当地股东参与。电建海投公司坚持与外方股东合作开发，不仅优化了项目投资架构和股权架构，也在合作过程中传递了中国新理念、新思路、新担当。电建海投公司还积极与有关国家企业共同在第三方市场开展投资合作。例如，公司与卡塔尔AMC公司合作，在第三方市场巴基斯坦投资开发了卡西姆港燃煤电站。该项目也是"中巴经济走廊"首批落地能源项目，受到中巴两国政府高度重视，被巴政府称为巴基斯坦"1号工程"。作为开放包容的国际合作模式，第三方市场合作实现了优势互补，实现了1+1+1>3的效果。该合作模式入选国家发改委《第三方市场合作指南和案例》。2017年11月29日，巴基斯坦时任总理在参加卡西姆电站首台机组发电仪式时说，卡西姆电站的成功建成是中巴友谊的又一里程碑，并授予卡西姆发电公司"杰出贡献奖"。

为当地发展注入动能。普惠发展，需要落实在看得见的利益上、看得见的变化上，互利共赢的发展成果是海外投资可持续经营最坚实、最重要的政心、民心基础。电建海投公司投资开发的电站为所在国创造了源源不断的清洁能源，有力支撑了当地经济社会发展，赢得了所在国政府和社会各界的广泛支持在老挝。投产的南欧江一期3个电站仅2018年就为老挝贡献了15%的绿色动能；在尼泊尔，上马相迪A水电站全年为尼贡献了9%的清洁电能，使其首都完全摆脱用电紧缺状态，从此万家灯火；在印尼，因为有了明古鲁电站的电力支持，明古鲁省政府出台了工业发展五年规划，计划建设工业园区，开展农产品深加工，推动当地工业起步和发展。

（二）治理规范化，厚筑风险防火墙

高质量的海外投资经营需要依法合规作保障。随着经济全球化的深入发展，依法经营、合规开发已经成为很多国家政府对外商投资经营的"第一要求"，即使在经济欠发达的第三国家市场，政府对投资行为的监管越来越规范化、法制化、透明化。开展海外投资经营需要在不同形态的政治环境、政策环境、文化环境中，因地制宜地设计出切实可行的组织结构和管理机制，使公司行为、员工行为满足东道国法律法规要求。国有企业境外投资"六维"管理注重在运行机制、管理规则、行为准则、人事制度等方面充分考虑当地特殊的法律法规、风俗习惯和宗教文化等因素，使各项管理流程、制度标准做到"入乡随俗"，规避各类法律、政策风险和文化冲突，构建和谐的跨文化管理环境。

认真遵守当地法律法规。在国际化经营中，公司严格遵守中国及项目所在国法律法规、社会公德、商业道德、行业规则，聘请世界知名税所和律所开展财务、法律尽职调查，确保合法依规经营。比如坚持依法合规用工，各海外项目公司与所有外籍员工均签订正式劳动合同，并且专门制定《当地雇员管理办法》，避免简单套用中方员工管理制度可能引发的矛盾；与项目所在地劳工（动）局、外事局保持良好关系，及时了解所在国最新劳工政策，保证项目公司人事管理合法合规；及时向项目当地机构报备和审批劳务用工及劳资情况，为进场中方员工及时办理合法合规的工作证件。

严格落实各项合作协议。在紧密结合项目所在国经济特点、法律法规、社会需求、宗教习俗等国别特征基础上，参考国际惯例、指引与规范，在环评报告、特许经营协议、投资协议等文件中，明确了公司开展投资经营、履行社会责任的有关原则性规定，比如移民安置及补偿、环境保护与生态恢复等，为项目后续建设运营提供指导和依据，甚至成为项目所在国投资政策的一部分内容。例如，柬埔寨政府将与公司签署的甘再水电站项目《实施协议》《土地租赁协议》和《购电协议》作为后续柬埔寨其他水电投资项目的合同范本，并专门颁布了试行的《投资法》，为推动柬埔寨完善投资政策、改善发展环境发挥了积极作用。

自觉遵守当地社会习俗。公司各海外项目在当地均属体量较大的标志性项目，具有较大社会影响力，能否融入当地社会、尊重文化差异成为长久经营的关键要素之一。公司始终以开放包容的态度看待、理解、尊重属地文化差异，在生活方式、风俗文化等方面给予支持。例如在印尼，印尼多个政府部门对项目宣传标识中中文的大小、位置、比例等都有严格要求，项目公司严格落实相关规定，确保满足当地对文化管理的各项要求。

（三）经营属地化，共享发展新成果

属地化经营是每个跨国企业必然要选择的经营管理模式，也逐渐成为很多东道国政府的一项明确要求。比如，马来西亚法律明确规定，外资企业需雇佣80%的当地劳动者，其中有不少于10%的人必须是马来西亚当地的土著居民[6]。从提升经营质量角度考虑，投资方也有深化属地经营的现实需要，因为：一是国内人力成本越来越高，大规模使用国内人员不利于降低经营成本；二是属地人才具有熟悉当地政策、人脉广泛等特殊优势；三是开展属地经营不仅能在国际市场上更加有效地配置资源，降低经营成本和风险，还能让当地政府、社区、居民从投资开发中得到实实在在的利益，提升当地获得感。电建海投公司以共建共享为指引，每一个项目的实施都切实回应了利益相关方的关切，共创增值，共享价值。

积极聘用当地员工。公司充分发挥当地员工熟悉当地经济、政治、文化和具有信息、人脉关系的优势，积极聘用当地员工，提升公司属地化经营水平。目前，老挝南欧江流域梯级电站聘用老挝籍、越南籍员工已达上万人，员工属地化比例超过60%，全面参与到项目建设中，担任移民征地、环境外联、会计、翻译、司机、基建、安保等工作；2017年，公司在巴基斯坦招聘100名巴籍大学生，吸引了16000余名学生竞聘。部分具有较高知识水平和管理经验的属地人员，已经走上副经理等高级管理岗位，有力提升了项目建设运营管理水平，使项目在当地站稳脚跟。

大力分享先进技术。公司项目大多位于经济欠发达国家，这些国家普遍缺乏专业工程技术和管理人员。公司通过投资开发，把中国先进的标准、技术、装备及管理经验带到当地，为当地培养锻炼了大批专业技术人才，实现"授人以渔"。一是采用"师带徒"方式，以实践为主培养了一大批电焊、驾驶、建筑等技术工人，形成了一支满足电站建设技术要求的专业施工队伍。二是采用国内培训的方式，把当地员工送到中国标准化电厂接受专业培训，为项目当地培养高级技术人才。三是以资助留学的方式，资助当地大学生到中国留学深造，为东道国培养高层次人才，目前，公司仅在老挝就资助了18名留学生到武汉大学深造。

充分利用本土资源。公司在投资开发过程中积极与本土企业开展合作，将移民工程、库区清理、

环境监测、律师咨询、安保后勤等工作交于当地企业组织实施，带动其成长和发展；且通过投资业务开展，带动当地资金流、人员流、贸易流、信息流，进一步促进了当地投资环境改善。老挝南欧江项目与当地企业签订合同超过3000多万美元，印尼明古鲁项目公司在印尼境内仅施工机械、水泥沙石等采购金额就达4000万美元，巴基斯坦卡西姆项目已累计向巴基斯坦政府缴纳各类税款超过1亿美元，为当地政府税收做出巨大贡献。

（四）投资绿色化，传递中国新理念

投资绿色化是国际投资的方向和主流，脱离了绿色发展，就脱离了全球经济发展的主流。习近平主席在第二届"一带一路"高峰论坛演讲中指出，要"把绿色作为底色"，共建绿色丝绸之路。这也是贯彻新发展理念，推动实现高质量"走出去"的重要内容。公司注重将低碳和可持续的发展理念融入到投资开发中，实现投资开发与环境保护之间的平衡，使投资开发既满足东道国当前发展需求，又不损害当地未来的发展潜力，"从而在经济、社会和环境三方面以平衡和综合的方式实现可持续发展"[7]。

设计绿色方案。国有企业开展海外投资，需要积极与项目所在国分享中国生态文明建设的理念与实践，在资源节约、生态保护上坚持算是长远账、综合帐、整体帐，注重项目全生命周期的环保管理，谋求可持续发展。在老挝南欧江流域梯级电站开发中，电建海投公司创造性地提出了"一库七级、两期开发"的方案。该方案以其科学的设计理念、最优的水能资源利用、最少的土石方开挖、最小的社会环境影响，以及最大的综合效益赢得了老挝政府以及当地社会各界的一致认可。而在此之前，美国、俄罗斯、挪威等多国专业公司，早已针对南欧江流域的开发提出过各式各样的设计方案，但均未得到老挝政府的认可。在国际舞台上，电建海投公司一展"中国方案"的魅力与精彩。施工过程中，公司还主动更改设计方案，为当地村民保留了100亩优质稻田，这100亩稻田因此被当地村民亲切称为"电建稻田"。

推行绿色工艺。海外投资需要注重把中国先进的环保工艺技术传递到东道国，在推动当地发展的同时，保护当地的绿水青山。巴基斯坦卡西姆电站采用国内最先进的超临界燃煤机组，采取海水二次循环冷却和海水淡化补水，采用先进脱硫技术，烟气排放远低于巴基斯坦国家标准，成为全巴最先进的环境友好型电站，被巴政府授予环境保护优秀大奖。老挝水泥厂作为目前老挝最大的水泥生产企业，采用了国际最先进的水泥生产工艺和装备，优选低硫高热值煤炭，严格节能减排，投产至今未发生一起环境污染事故，也未收到过任何环保方面投诉，获老挝政府"优秀中小企业发展奖"和"特别贡献奖"。

坚持绿色建设。公司强化项目施工管理，不断提升现场环保水平。一是加强技术创新。南欧江项目在施工过程中创新研发出"辉绿岩人工骨料生产的粉尘回收系统"，采用PPDC系列气箱脉冲袋式除尘器，并对砂石加工系统的破碎、筛分设备、成品砂仓采用全密封环保设计；强化环境监测和水情监测，废水三级沉淀循环利用，切实做到施工废水零排放、空气无扬尘、施工垃圾无污染，减少对周边社区影响，保持了项目周边绿水青山。二是开展生态恢复。根据CA协议和政府要求，强化环境专项治理及施工占地环境恢复，定期在河水流域补放鱼苗、植树造林。例如，老挝南俄5发电公司长期与当地政府联合展开"保护森林资源、建设绿色家园"项目，获得了老挝政府颁发的"社会环境特别贡献奖"。

（五）责任本土化，彰显企业好形象

在著名的卡罗尔企业社会责任金字塔模型中，企业的慈善责任处于金字塔最顶端，属于最高层级的社会责任。[8]它直接体现了跨国公司国际化经营的动机和价值取向，也是海外投资中最易于被东道国民众直观感受的公益行动。积极参与当地慈善公益事业，不断实施产业扶贫、修路架桥、捐资助学、扶危解困等举措，能有效改善当地民生，增强当地政府、民众对公司的认可和信赖，提升中资企业国际品

牌影响力和市场竞争力。

关注民生建设幸福家园。电建海投公司持续以投资带动当地民生改善，回馈当地。老挝南欧江全流域总移民2300余户，安置人口12600多人，共规划建设28个移民新村，帮助村民直接从刀耕火种茅草棚年代，跨入"水、电、路、网"四通的新时代，实现百年跨越；项目公司多次组织走进移民村开展金秋助学、赞助当地传统节日、公益捐赠、资助留学等慈善活动；致力于帮助当地改善交通等基础设施，为当地新建、改扩建道路500余公里，修建大中桥梁20多余座；为老挝建设了码头、学校、市场、医院及寺庙，极大地改善了当地基础设施条件，提升了当地教育、交通、医疗等公共服务水平。2017年4月，老挝国家副总理宋赛·西潘敦视察南欧江项目时说，"南欧江的开发给当地带来了翻天覆地的变化！"，盛赞南欧江梯级电站是"一带一路"上一串耀眼的明珠，是中老两国友谊的一座丰碑。

抗震救灾筑牢友谊桥梁。面对自然灾害，公司积极伸出援手，赢得赞誉。2015年4月25日，尼泊尔遭遇81年来最强地震，震级达到8.1级。尼泊尔上马相迪项目公司第一时间组织员工捐款，共募集善款102055卢比，并积极协助当地政府开展抗震救灾，提供救灾车辆及价值70万卢比的救灾物资，尼泊尔国会议员贾明德拉先生代表尼泊尔国会对公司的义举表示感谢，赞赏电建海投公司是负责任、勇担当的企业，在地震危难中筑牢了两国友谊之桥。2018年7月，老挝阿速坡省溃坝事故发生后第二天，老挝片区公司就率先组织捐款6.27亿基普，并积极协调人力、机械、设备、物资、资金等多种资源，全方位配合、参与救灾行动，获得老挝政府称赞。

人文关怀凝聚发展力量。关心关注外籍员工成长、生活，是凝聚当地力量的重要方式，需要做到既"厚爱"，又"严管"。一是给予外籍员工特殊关怀。在穆斯林信徒较多的国家，电建海投公司专门在生活营地设立了祈祷室，每到开斋节等重大宗教节日时，为穆斯林信徒开展庆祝活动，甚至让他们提前下班做礼拜。二是关心外籍员工成长。专门针对外籍员工开展发电知识培训，提升其职业技能；把优秀外籍员工纳入"海投之星"评选范畴，提升外籍员工自豪感归属感。公司已连续两届共表彰了14名优秀外籍员工。三是强化职业健康保护。为外籍员工配齐安全劳保用品，严格现场管理，改变了很多外籍员工不穿工作服、不戴安全帽、赤脚上班的习惯。四是慰问生活困难外籍员工。在外籍员工中开展"送温暖"活动，结合外籍员工需求，参与到当地员工"婚丧嫁娶"事宜中，赢得信任。

（六）交流常态化，架起中外友谊桥

习近平总书记在亚洲文明对话大会开幕式主旨演讲中指出："文明因多样而交流，因交流而互鉴，因互鉴而发展。"并强调："人是文明交流互鉴最好的载体"。[9]高质量的海外投资经营，需要加强以人为主体的跨文化管理，在不同文化之间展开常态化的交流。电建海投公司坚持做"中外多元文化融合的积极推动者"，以"海纳百川，投创未来"的企业精神，以开放包容的姿态，在各类文化主体、文明主体之间开展平等的互鉴、交流，避免了文化本位主义，用包容的企业文化、统一的价值观和共同的企业目标凝聚起分散在世界各地的，具有不同民族、语言、文化背景的职工队伍，架起了中外友谊的桥梁。

培育特色文化促融合。公司结合所有投资项目均在海外、员工来自五湖四海的实际，强化文化建设顶层设计，精心培育以"海文化"为核心的企业文化，倡导以大海之胸怀、视野、包容经营企业、经营项目，增强了企业国际化经营的文化软实力；各海外项目公司积极延伸拓展"海文化"，持续构建具有项目属地特色的企业文化，推动了中外员工共同价值观的形成。一是创新开展"唱响主旋律、共圆海投梦""文化建设年""逐梦海投"等多样化的文化主题活动,得到中外员工的积极响应。二是加强载体建设,制作项目宣传片、宣传画册、内刊简报等,推动文化落地生根。三是执行统一的文化元素和要求,统一对外名称、形象标识及工装,实现商务礼仪标准化,推动规范化的形象建设。

开展广泛交流聚合力。公司着眼于扎根当地的客观要求,坚持以项目为平台,主动拜访当地政府、组织机构、社区民众、党派团体及中资机构,建立常态化的沟通机制,倾听他们的意见和建议,真诚做好沟通交流,获得了热情响应,融洽了各界关系,使公司成为当地的好邻居、好伙伴、好朋友。尤其注重以中外传统节日为契机,通过共庆新年、联办活动等加深中外员工的文化体验,增进互动沟通。例如,在尼泊尔,上马相迪项目公司每年都在德赛节、灯节等尼泊尔传统节日期间为当地员工举办文体活动;在老挝,项目公司每年都与老挝籍员工一起庆祝泼水节,共庆老挝新年。

讲好中国故事树品牌。紧抓公司海外项目"三个吻合"即项目实施与欠发达国家绿色发展主流、与"一带一路"倡议、与国家商业模式创新要求相吻合的特征,积极对接国内外媒体资源,全方位讲好海外投资故事。公司投资的柬埔寨甘再水电站通过《高棉日报》《柬华日报》等报道后,作为执政党的重要业绩印到大选选票上,成为其参加大选的重要筹码;卡西姆电站作为"中巴经济走廊"标杆项目,亮相巴基斯坦纪录片《铁哥们》,受到巴基斯坦驻华大使推介。公司还尝试国外网络新媒体传播,在尼泊尔、老挝、巴基斯坦注册推特、脸书等账号,推送精心制作的项目纪录片,画面唯美、故事感人,受到当地民众广泛点赞。第二届"一带一路"峰会期间,央视先后6次报道公司项目,并在央视新闻客户端、今日头条、学习强国、快手、抖音等网络新媒体展播,赢得数百万网友关注,展现了中国电建不一样的视野、理念、愿景、目标、责任和能力。

三、国有企业境外投资"六维"管理的实施效果

一是推动了企业发展战略落地。国有企业境外投资"六维"管理的实施,使公司在战略定位、组织体系、项目管理、队伍建设、风险管控、企业文化等多方面适应了国际竞争新形势,增强了公司国际竞争软实力,为公司海外投资兴业注入了内生动力,推动了公司海外投资战略落地,拓展了国际市场版图。目前,公司以电力能源为核心的海外电力投资体系逐步建立起来,业务布局和投资结构持续优化升级。公司发展基础持续巩固,发展动力不断增强,主要经济指标连续七年实现两位数增长,到2019年底,公司提前完成了"十三五"规划中收入和利润目标。

二是加速了企业管理模式升级。国有企业境外投资"六维"管理涵盖了公司战略落地、本土经营、HSE管理、社区关系、生态建设、企业文化等全方位内容,是系统的而非分散的,是全面的而非孤立的。这在客观上推动了公司在商业模式、管理模式、运行机制等方面的创新、变革和升级。一是建立了完善的投资风险管控体系,有效规避投资风险。二是更加注重诚信经营、依法治企,确保公司在项目当地的依法经营。三是内部管理提档升级,在中外跨文化管理、标准化管理、履约管理和能力支撑体系建设等方面不断提升,推动实现公司发展稳健经营、行稳致远。

三是促进了中外多元文化融合。国有企业境外投资"六维"管理推动了公司"海文化"在海外项目落地生根,以项目为平台深化了公司与项目所在国的务实合作,实现了同呼吸、共命运、齐发展,推动了中外多元文化的交流互鉴。特色企业文化的建立,构筑起"走出去"发展的共同价值体系,凝聚起中外员工力量向着同一个目标发力。境外投资"六维"管理适应了公司项目布局海外、员工来自五湖四

海的企业特点，建立起一支专业化、国际化、复合型的海外投资人才团队，为公司海外投资兴业提供了有力的人才保障。

四是擦亮了中国企业国际品牌。中国企业"走出去"发展，是中国整体发展的重要内容，"走出去"的企业一定程度上就是中国在国际上的形象代言人。公司通过一系列普惠的发展、共赢的合作、合规的治理，在国际舞台上展现了一个真实、立体、全面的海外投资形象，阐释了中国新时代的新观点、新主张、新方案，体现了中国理念、中国智慧、中国担当，越来越得到更多的认同和广泛响应，擦亮了中国企业国际品牌，提高了国家文化软实力。

四、国有企业境外投资"六维"管理的四点启示

（一）服从服务国家战略大局。国有企业"走出去"发展必须坚持国家站位，服从服务于国家经济、政治、外交战略大局，遵循市场规律和国际通行规则，在实现海外资产保值增值的同时，还需积极展示中国担当，认真履行海外社会责任，赢得更大发展机遇。尤其是面对当下逆全球化的新挑战，要更加积极地践行共商共建共享的丝路原则，让中国倡议成为全球经济治理的新方案。

（二）探索遵循海外投资规律。开展海外投资必须不断总结规律并依规律行事。境外投资"六维"管理是在公司七年海外投资实践中产生的，吸收并借鉴了前人的经验教训，把海外投资经营的策略选择拓展到了企业的战略、理念、组织、文化等多个方面，形成"六维体系"，在海外投资管理的深度、广度和方法上进行了丰富和创新，使公司开展国际化经营的理念、方法、策略都更加系统、科学，各项管理工作也更加有章可循、有据可依，推动了公司商业模式创新、技术创新和管理创新，实现了公司在国际化经营中"从科学管理到文化管理的第二次飞跃"[10]。

（三）着力聚焦行业痛点难点。任何管理创新都必须坚持问题导向、价值导向。国有企业境外投资"六维"管理的目标、规则、内涵及效果评价，既基于公司海外投资经营的客观需要，也着力聚焦于行业多年来在"走出去"发展中遭遇的痛点、难点。开展海外投资，需要重点剖析行业在全球化发展过程中，在管理升级、项目管控、文化融合等方面遇到的难题，同时总结梳理行业经验，探索建立符合自身实际的管理机制和办法，如此才能形成助推企业持久深入走向全球的文化软实力和内生动力。

（四）深入拓展属地本土经营。要实现海外投资行稳致远，必然要在属地化、本土化经营上下功夫，讲好国有企业海外投资故事特别是"一带一路"故事，既是重要的时代命题和时代使命，也是企业扎根当地、推动发展的重要保障。国有企业境外投资"六维"管理高度重视当地利益，高度注重与当地民众、非政府组织、媒体等充分沟通交流；积极与当地高校、社团组织开展各类交流合作，深化人文关怀，履行社会责任，提高与项目所在国、当地社区的沟通能力，赢得了理解和支持。

成果创造人：盛玉明、杜春国、赵新华、李胜会、谭 毅、杜 菲、张一凡

【参考文献】

[1]敦忆岚.新时期中国企业对外投资问题及对策研究.中国社会科学院研究生院,2014(5)：53-54

[2]王辉耀,苗绿.中国企业全球化发展现状与趋势.中国会议,2018(11)：22-23.

[3]赵小侠.墨西哥叫停1.8亿美元"坎昆龙城"称其破坏生态.环球网https：//finance.huanqiu.com/article/9CaKrnJHcP4. 2020.7.7

[4]李文友.跨国并购5个失败案例分析.http：//caiec.mofcom.gov.cn/article/jingmaotongji/201704/20170402556781.shtml. 2020.7.7.

[5]李双双.一带一路实践证伪"新殖民主义"论,中国社会科学报,2018年08月16日.

[6]王淑慧. "一带一路"倡议下中国企业海外投资障碍分析. 法制与社会,2018(2)：69-70)

[7]第二届"一带一路"国际合作高峰论坛圆桌峰会联合公报

[8]陈英.《企业社会责任理论与实践》,经济管理出版社,2009.

[9]习近平.《深化文明交流互鉴 共建亚洲命运共同体——在亚洲文明对话大会开幕式上的主旨演讲》.

[10]张德.从科学管理到文化管理——企业管理的软化趋势,清华大学学报,1993年第01期.

基于分合有度思想的厂办大集体改革实践

成都飞机工业（集团）有限公司

一、基于分合有度思想的厂办大集体改革实践的创建背景

成飞主办的厂办大集体成都飞机工业集团大雁企业公司（以下简称"成飞大雁"）成立于1979年12月1日，主营业务包括航空零部件制造、出版印刷、服装鞋帽生产、装卸服务和商铺租赁，主要围绕成飞开展配套协作服务；下设集体所有制企业4家、子公司1家、参股企业1家；在册职工628人，退休职工578人。

2019年，成飞按照国务院办公厅《关于在全国范围内开展厂办大集体改革工作的指导意见》（国办发〔2011〕18号，以下简称"18号文"）和中国航空工业集团有限公司（以下简称"航空工业集团"）《关于下达2019年厂办大集体改革任务目标的通知》（资本字〔2019〕21号，以下简称"21号文"）等文件要求，结合成飞和成飞大雁实际，决定对成飞大雁实施改革。

（一）响应国家号召政治担当的需要

2011年，国务院办公厅18号文提出厂办大集体改革的总体目标，从2011年开始用3—5年的时间，通过制度创新、体制创新和机制创新，使厂办大集体与主办国有企业彻底分离，成为产权清晰、面向市场、自负盈亏的独立法人实体和市场主体；职工得到妥善安置，职工合法权益得到切实维护。2016年，国务院国有资产监督管理委员会、中华人民共和国财政部、人力资源社会保障部又联合发文《关于加快推进厂办大集体改革工作的指导意见》（国资发分配〔2016〕249号），要求各地和中央企业要加快推进厂办大集体改革，实现厂办大集体与主办国有企业的彻底分离，促进国有企业轻装上阵、公平参与竞争。2019年，航空工业集团21号文进一步明确，2020年底前全面完成厂办大集体改革。实施厂办大集体改革是国家赋予的政治任务和政治责任，成飞作为国有军工企业必须不折不扣、认真贯彻执行。

（二）成飞大雁职工生活改善的需要

随着社会主义市场经济的发展和国有企业改革的不断深化，厂办大集体产权不清、机制不活、人员富余、市场竞争力弱等问题日益突出。成飞大雁成立以来，为解决成飞职工子女、家属和回城知识青年就业，维护地方社会稳定，助推成飞发展做出了重要贡献，但其主营业务和成飞其他协作单位对比，在产品质量、准时交付、成本控制等方面竞争力偏弱，导致企业营收收入水平低下，职工薪酬水平相对偏低，使职工对企业发展缺乏信心，工作积极性不足，企业发展徘徊不前。实施厂办大集体改革是成飞大雁职工多年来的企盼，通过改革可以激发自身的创造活力，获得更好的发展。

（三）成飞轻装上阵公平竞争的需要

成飞自创建以来，在军机方面先后研制生产了歼5、歼7、枭龙、歼10等系列飞机数千架，国外军机用户达十多个国家；在民机方面与承担了大型客机C919、新支线客机ARJ21、大型水陆两栖飞机

AG600等军民用飞机机头的专业化研制生产任务，是国际一流的民机大部件供应商；具备了无人机研发制造和军机维修保障等核心竞争能力。为了支持成飞大雁的发展，成飞一直派出包括党政工在内的各级领导干部管理成飞大雁，至2019年末成飞派驻成飞大雁工作的各级领导干部共计13人，工资由成飞发放，并倾注了很多心血扶持成飞大雁的经营发展。当前，面对党和国家赋予的航空强国历史使命，面对更加繁重航空武器装备研制生产任务，成飞迫切需要通过改革激发企业发展活力，更加聚焦主业主责加快转型升级，公平参与市场竞争。

二、基于分合有度思想的厂办大集体改革实践的内涵和主要做法

成飞以统一思想，坚定信心，保持定力，坚决完成厂办大集体改革为目标，采取守规矩，讲政策，谈感情，抠细节，宏观微观并重，否定之否定的工作策略，以规范操作和积极稳妥推进厂办大集体改革为行动纲领，精心谋划，周密组织，组建专项工作组，深入研究领会国家政策，细致摸底，既"分"又"合"，把改革推进的"速度"、具体措施的"力度"和职工可承受的"限度"有机统一起来。"分"的核心是分析改制价值，确定自行清算关闭的改革方式，业务分拆转移；"合"的核心是形成合力，业务有序转移融合；始终把职工安置放在第一要务，以人为本，结合业务的分拆转移融合，多渠道安置职工，通过对改革"度"的把握，确保职工得到妥善安置，职工合法权益得到切实维护，缓解由改革而造成的利益冲突，保障改革目标的按期实现。经过艰苦卓绝的努力，成飞大雁改革方案和职工安置方案高票通过成飞大雁职工代表大会审议，通过航空工业集团审批，完成全部在册职工安置和下属3家集体所有制企业、1家子公司注销，探索出一套厂办大集体改革的成功经验。主要做法如下。

（一）精心策划，制订工作策略

2019年，成飞按照航空工业集团要求，启动厂办大集体改革，公司主要领导多次与成飞大雁领导班子就改革涉及的业务转移、人员安置、资产处置和潜在投资人等进行充分交流，成立多部门参与的联合工作组，有计划、有步骤、有节奏地推进成飞大雁改革。2019年1–8月，为改革准备阶段，重点开展政策研究与宣传，尽职调查，为确保改革方案的科学性和可行性，工作组多次组织听取职工的意见和建议，广泛征求航空工业集团和地方政府的意见与建议。2019年8–12月，为改革方案制订与审批阶段，通过调查问卷方式了解职工对改革方式、去向选择的意向，分阶段、分批分层，按照领导班子、板块负责人、一级职工代表的顺序，听取职工对改革方案的意见；结合职工意见，积极获取航空工业集团和地方政府的工作指导。在不断完善改革方案的同时，以开放的心态，和广大职工坦诚交流，耐心倾听职工的心声，认真做好沟通解释，最终实现了改革方案高票通过职工代表大会审议。2019年12月至今，为改革方案实施阶段，依法成立清算组，规范实施企业清算。

1.指导思想

厂办大集体改革既有很强的政策性，又涉及广大职工的切身利益。成飞坚持贯彻落实国家、地方和航空工业集团的有关政策，确立了既实现成飞大雁与成飞彻底分离，成为产权清晰、面向市场、自负盈亏的市场主体，又确保职工得到妥善安置，职工合法权益得到切实维护的工作指导思想，坚决按照国家和航空工业集团的统一部署和进度要求，结合实际，规范操作，积极稳妥推进各项改革工作。

2.基本原则

一是规范操作原则。严格执行国家、地方和航空工业集团的有关政策，规范处置资产、债务，处理好劳动关系和社会保险关系，维护职工的合法权益。二是积极稳妥原则。按照国家和航空工业集团的

部署，积极稳妥推进厂办大集体改革，妥善解决历史遗留问题；充分考虑企业、职工和社会的承受能力，切实维护企业和社会稳定。在项目准备、方案制订和实施过程中，成飞始终坚持上述原则，为顺利推进成飞大雁改革奠定了行动基础。

3.工作措施

（1）领会改革精神，统一思想认识

思想是行动的先导。成飞党委高度重视思想统一工作，深入学习改革文件和航空工业集团改革要求，领悟改革精神，深刻把握政策实质。通过学习，成飞党委深刻认识到，实施厂办大集体改革改革对解决历史遗留问题，促进国有企业聚焦主业，提高核心竞争力，实现高质量发展具有重要意义。为此，成飞党委要求工作组要自觉把四个意识落实到改革中，从讲政治、顾大局的高度，坚决贯彻执行航空工业集团党组决定，密切关注职工思想动态，稳妥有序推进改革工作。

（2）完善组织机构，加强组织领导

强化改革工作组织领导，一是在公司层面成立以党委书记、董事长和总经理担任组长的成飞大雁改革领导小组，负责改革的决策、支持、指导和协调。领导小组下设改革方案、职工安置、资产处置、财务审计和维稳五个专项工作组，分类牵头处理相关事务。二是在成飞大雁成立党政工牵头，各业务部门负责人和职工代表参加的改革领导小组和工作组，及时掌握职工动态，宣贯改革政策，畅通职工诉求表达渠道，全面了解职工关注的重点、热点和难点问题，及时理顺职工情绪，具体实施和推进改革工作。围绕实现改革目标，两级工作组分工负责，通力协作，有力保障了改革工作的顺利推进。

（3）深入研究政策，坚守政策底线

坚持规范操作原则，在认真学习领会国家、地方和航空工业集团的有关政策的基础上，编制印发《厂办大集体改革政策文件汇编》，确保每位职工全面准确了解改革政策，引导职工依法合规维护自身权益，切实做到政策清、底线明，为后续改革过程中规范处置企业资产、债务，处理好职工与企业的劳动关系及社会保险关系，维护职工合法权益创造了公平、公开、公正的良好改革环境。

（4）充分理解职工，耐心坦诚沟通

职工妥善安置是确保改革工作顺利推进的基础。工作组在深入做好政策宣讲的同时，通过问卷调查、现场答疑、建立微信群等多种方式、多种途径、多次听取职工群众意见，充分尊重和理解职工对改革的诉求，结合企业的现状、改革的必要性和改革后的路径，不厌其烦地、耐心细致地与职工进行面对面沟通交流，引导职工树立合理的改革预期，积极取得职工对改革的理解、认可和支持，使职工充分认识到，唯有改革，个人的发展道路才会越来越开阔，公司的发展前景才会越来越光明，只有企业发展好，个人的利益才能从根本上维护好，从而为改革顺利推进奠定了坚实的群众基础。

（5）深入细致摸底，保障正确决策

只有真实、全面、完整掌握信息，才能做出正确决策。为此，工作组会同成飞大雁板块负责人，深入了解业务现状、未来发展趋势，以及潜在投资人情况；全面掌握职工信息；全面清理资产和负债情况；听取地方政府和航空工业集团的意见与建议。

（二）开展改制价值分析，确定自行清算关闭的改革方式

1.政策分析

按照国务院办公厅18号文的规定，对能够重组改制的厂办大集体，可按照公司法和原国家经贸委等八部委《关于国有大中型企业主辅分离辅业改制分流安置富余人员的实施办法》（国经贸企改〔2002

859号）等有关法律法规和政策规定，通过合资、合作、出售等多种方式，改制为产权清晰、面向市场、自负盈亏的独立法人实体；对不具备重组改制条件或亏损严重、资不抵债、不能清偿到期债务的厂办大集体，可实施关闭或依法破产。

2.改制价值分析

一是盈利能力方面。成飞大雁改革前年均利润总额约150万元。如果改制，通过提升管理等手段，预计将提升企业盈利能力。

二是资质方面。成飞大雁取得了武器装备承制单位资格、三级保密资格单位证书、国家秘密载体印制资质证书。对投资者有较大的吸引力。

三是后续投资方面。成飞大雁资产总额1亿元，净资产5000万元；设备较为落后。实施改制，后续需追加投资，以增强企业竞争力。要求投资者具备一定的资金实力。

3.改制可行性分析

一是投资人方面。在改制价值分析的基础上，积极对接骨干职工，分析研究职工以自谋职业经济补偿金等筹资渠道合资整体购买成飞大雁，分版块购买成飞大雁部分资产的可行性；因成飞大雁体量较大，职工不具备投资可行性。

积极对接潜在投资者，国有投资人在聚焦主业的背景下，不具备投资可行性；职工不接受民营投资人。

二是综合影响方面。梳理改制和关闭可以采取什么途径安置职工，对成飞的影响，对成飞大雁职工的影响，对成飞大雁的影响，以及经济性。

通过分析研判，成飞大雁具备改制价值，无可行的投资人，结合成飞大雁职工选择和资产情况，最终采取自行清算关闭的改革方式。

（三）有分有合，优化业务转移办法

成飞大雁作为成飞军品业务协作配套企业，在实施改革过程中，必须确保各项科研生产任务不受影响。为此，成飞聚焦航空主业，结合成飞大雁原有业务对资质的要求，以及未来市场竞争和业务量，实施相关业务分类转移，既确保改革不冲击军品生产交付主线，又符合改革政策要求。

1.分类转移业务

一是按照业务相近原则，结合成飞子公司功能业务发展定位，由成飞相关子公司进行承接。

二是按照业务相关原则，结合航空工业集团在蓉企业功能业务发展定位，由相关企业进行承接。

三是对市场竞争相对比较激烈，业务量相对较少的业务，由成飞重新寻找供应商。

2.顺利融合业务

一是强化大局意识，多方协同联动。在实施业务转移过程中，成飞大雁、业务承接单位和成飞相关业务部门、专业厂紧密协作，制订业务转移专项方案，指定牵头负责单位，建立工作例会制度，切实推动各项业务顺利转移和融合。

二是强化担当意识，多方协调沟通。由于成飞大雁相关业务转移后，原有的业务资质需重新办理。为解决业务承接单位的后顾之忧，工作组积极对接相关业务资质颁发单位，通过反复的沟通协调和扎实细致的工作，在最短时间内取得了业务转移后所需的所有资质，为成飞大雁相关业务的顺利转移和融合创造了有利条件。

（四）有度有序，完成全部职工安置

职工安置涉及职工切身利益。在制订职工安置方案时，首先，全面梳理职工基本情况，测算安置成本，研判每一名职工的可能选择和岗位匹配情况，关注职工代表的可能选择和岗位匹配情况。其次，重点关注月收入在2000元以下的低收入群体，在依法合规的基础上，综合考虑职工诉求和企业承受力，确定"依法合规、民主公开"的安置原则。最后，在实施职工安置工作时，通过周密组织，从尊重职工意愿和维护社会稳定的大局出发，最大限度地保障职工利益，以获取职工的理解和支持，于2019年12月平稳有序顺利完成全部在册职工安置。

1.注重职工利益，合理选择政策

一是按照国务院办公厅18号文的规定，在册职工可以选择：

（1）自谋职业。经本人申请，选择自谋职业的职工，成飞大雁按照人力资源和社会保障部办公厅《关于进一步贯彻落实国务院开展厂办大集体改革工作指导意见的通知》（人社厅发〔2013〕35号）、《中华人民共和国劳动合同法》第四十七条、《中华人民共和国劳动合同法实施条例》第二十条的规定支付经济补偿。

（2）内部退养。距法定退休年龄不足5年（含5年）或工龄已满30年的在岗职工，可以选择内部退养；已经内部退养的职工，继续内部退养。内部退养职工劳动关系不转移，成飞大雁与内部退养职工签订《内部退养协议》，委托成飞子公司成飞产业管理并发放职工基本生活费和继续缴纳社会保险费、住房公积金。职工达到退休年龄时正式办理退休手续。内部退养基本生活费、社会保险、公积金根据国务院国有资产监督管理委员会、劳动和社会保障部、国土资源部《关于进一步规范国有大中型企业主辅分离辅业改制的通知》（国资发分配〔2005〕250号）规定执行。

二是未按照国务院办公厅18号文的规定，给出对于再就业有困难且接近内部退养年龄的职工协议缴纳社会保险的安置途径。出发点是该条安置途径的缴费标准、缴费方式、缴费年限和具体人员范围政策依据不足，容易产生纠纷诉讼事件。

三是结合业务转移，在册职工还可以根据业务承接单位成飞子公司成飞产业和成飞民机的用工需求，参加其组织的专项招聘。达到用人单位要求、竞聘上岗的，与用人单位签订劳动合同。同时，从符合内退条件职工选择和公平及顺利推进改革等角度考虑，并在对政策分析的基础上，采用《中华人民共和国劳动合同法实施条例》第十条的规定，职工在成飞大雁的工作年限合并计算为新用人单位的工作年限，成飞大雁不支付经济补偿金。

四是与成飞签订劳动合同、在成飞大雁工作的职工，可以选择回成飞，由成飞妥善安置，不支付经济补偿金；也可以选择上述三种方式中的任一种方式。

五是退休职工，结合退休职工社会化工作，根据中共中央办公厅、国务院办公厅《关于国有企业退休人员社会化管理的指导意见》（厅字〔2019〕19号）的相关规定，按照成飞大雁现行补助标准预留费用，委托成飞子公司成飞产业管理，今后按照国家和地方的有关政策移交社区管理。

2.留住骨干职工，实现分类安置

一是引导年龄偏大，知识技能等竞争力相对偏弱，且符合内部退养的职工选择自谋职业和内部退养。最终选择自谋职业的职工74人，选择内部退养的职工147人。

二是结合成飞产业和成飞民机因承接了成飞大雁业务，需要用人的实际，引导骨干职工从长远发展的角度出发，积极参加上述两家单位的竞聘，最终407人通过竞聘方式进入成飞产业和成飞民机。

三是为实现全员安置，结合成飞大雁职工的专业特点，成飞积极协调组织成飞供应商针对成飞大雁职工，开展专项招聘。

3.注重细节，保障职工利益

一是为确保退休职工预留补贴、内退职工预留工资及社保、自谋职业职工经济补偿金数据真实、准确、客观、公正，聘请专业精算机构予以精算。

二是在关注职工安置的同时，也不放松党工团组织关系、社会保险关系接续和档案移交等工作。

（五）全力解决职工关注的问题，扫清改革障碍

成飞大雁为解决职工住房，于1991-2001年期间共通过集资建房的形式修建职工住房三栋，共计178户，已分配给职工，一栋已办理产权但未分户，两栋由于报建等种种原因未完善产权手续。

对于已入住上述三栋住房的职工，未取得产权证是他们最关注的问题，处理不好，可能影响改革的成败。为此，工作组急职工之所急，想职工之所想，迎难而上，主动作为，收集整理分析资料，对接成都市规划和自然资源局、住建局、人防办、规划地籍事务中心等地方政府，报告改革工作和房屋情况，争取地方政府的理解和支持，最终，于2019年10月，取得地方政府部门9项通知单，成飞大雁三栋职工住房产权事项纳入地方政府遗留问题处理。同时，为解除职工后顾之忧，确定由成飞产业接续办理成飞大雁职工住房，成飞相关部门需密切配合，共同推进职工住房产权办理工作。

（六）实事求是，分类处置资产

成飞大雁资产包括固定资产、股权投资、存货等，为了合法合规地完成资产处置工作，根据《中华人民共和国城镇集体所有制企业条例》（国务院令第666号）、《中华人民共和国公司法》（中华人民共和国主席令第15号，以下简称"《公司法》"）和《关于成都飞机工业（集团）有限责任公司厂办大集体改革方案的批复》（航空资本〔2019〕1042号）要求，成立清算组，开展资产清理，结合业务承接情况、军品特点和实际情况，分类处置各项资产。

1.资产和债权债务清理

摸清家底，清产核资，编制财产清册。同时外聘财务审计和资产评估机构，为处置资产提供价值依据。

2.分类处置资产

一是业务承接对应的原材料、产成品和在制品，随业务合同，按照不低于评估价的原则，处置给业务承接单位。

二是股权投资严格按照《公司法》和所投资企业《章程》的规定履行征求其他股东意向等程序，按照不低于评估价的原则对外处置。

三是结合成飞大雁为保密单位的特点，涉密的电子类资产在成飞保密办的指导下，予以报废，交成都市保密办统一处理。

四是其他资产，按照不低于评估价的原则，采取竞价竞买的方式对外处置。

（七）积极申请中央财政补贴，缓解资金压力

根据财政部《关于中央企业厂办大集体改革中央财政专项补助资金管理问题的通知》（财企〔2011〕231号）第二条规定，厂办大集体净资产不足以支付解除在职集体职工劳动关系经济补偿金的，差额部分所需资金按30%比例申请中央财政专项补助。

为此，成飞按照《关于加快推进厂办大集体改革工作的指导意见》（国资发分配〔2016〕249号）文件精神，申请预拨中央财政补助资金，并于2019年11月11日收到中央财政预拨的补助资金482.82万元，在一定程度上缓解了成飞大雁资金压力。

（八）依法合规，法律全程保驾护航

厂办大集体改革工作难度大，处理不好，既不能完成改革任务，同时将面临人员及社会稳定和资产处置风险。为此，在工作中不仅做到讲感情，即理解职工的诉求和不安全感；还要做到讲政策，即依法合规推进改革。因此，聘请法律顾问对成飞大雁改革全程进行法律风险把控，提示法律风险，提供法律风险防控建议，让成飞大雁改革工作经得起检查和回顾。

在项目准备阶段，共收集、整理10个方面的政策文件，包括综合性指导政策文件、关于资产和债权债务处置政策文件、关于国有土地处置政策文件、关于产权界定政策文件、关于职工安置和劳动关系处置政策文件、关于改制成本与财税管理政策文件、关于改制企业管理层持股政策文件、其他相关政策文件、地方性政策文件以及航空工业集团文件，共计68篇。在研究的基础上，选择其中的19篇纳入《厂办大集体改革政策文件汇编》，由工作组统一宣讲政策，答复职工意见。

在方案制订阶段，由公司法律部门对方案提出审核修订意见，出具法律建议书。

在方案实施阶段，对具体的职工安置办法、企业清算办法、资产处置办法等提出审核修订意见。根据需要起草有关股权转让协议、资产买卖合同等。

三、基于分合有度思想的厂办大集体改革实践实施效果

（一）有序推进改革，取得了良好的社会效益

成飞按照整体规划，分步实施的工作方针，积极稳妥推进厂办大集体改革。由于工作细致，充分研判，共计召开各级各类会议92次，成飞大雁现场调研14次，兄弟单位取经1次，各种方式收集职工意见13次，和职工面对面交流9次。改革工作取得了职工的理解、支持和积极参与。2019年底完成全部职工安置，职工住房问题也纳入成都市相关政府部门遗留事项解决，业务转移和资产处置工作平稳有序推进，改革所涉企业和职工稳定，未出现投诉和上访等不稳定因素。

（二）实现轻装上阵，取得了一定的经济效益

成飞大雁改革前，成飞委派包括党政工在内的各级领导干部管理成飞大雁，并承担委派干部的工资；为了支持成飞大雁的发展，维持成飞大雁的稳定，保障职工的基本生活需求，在业务指导与支持等方面也倾注了很多心血。经过一年多的努力，成飞实现轻装上阵。同时，在职工安置和资产处置方面，取得了一定的经济效益。74名职工选择自谋职业，每年节约薪酬成本约252万元；147名职工选择内部退养，每年节约薪酬成本约373万元；成飞籍职工分流到相关业务承接单位，每年节约薪酬成本约79万元；有序处置资产，产生经济效益264万元。

（三）暖心依法改革，收获了成功的改革经验

在改革中，始终坚持以人为本，坚守政策底线原则。认真对待职工的各类问题，针对改革，职工先后多次提出关于改革方式、职工安置等各类问题7类74项。换位思考，注重沟通策略；周密组织，建立例会制度，计划明细到天；精心策划，把握政策、方案出台的时机，避免小道消息满天飞；评估风险，避免群体事件、避免新的历史遗留问题。由于工作扎实细致，取得了职工的理解与支持，探索出一条成功的厂办大集体改革之路。

成果创造人：杨　萍、张静宏、李红军、程　忠、刘可为、刘敏全、岳　屹、
尚　峥、朱婧婧、郭彦东、杨科程、边　政

中国建材总院科技人才培养
"四个精准"模式的探索创新与实践

中国建筑材料科学研究总院

一、综述

本案例为中国建筑材料科学研究总院（以下简称"总院"）以科技人才"四个精准"培养模式，打造建材行业高素质科技人才的开发和培养平台过程中的探索创新与实践。"四个精准"培养模式，紧紧围绕科技创新和团队建设的人才建设思路，落实党委把方向，加强战略引领，核心内容包括打造和谐总院特色文化体系核心内容特色全链条人才培养机制，实现精准设计；完善人才机制，强化问题导向，实现精准管理；聚焦人才要求，搭建成长平台，实现精准培养；促进党建文化融合，铸魂凝心聚力，实现精准服务。科技人才培养"四个精准"模式，已经成为和谐总院特色文化体系的核心内容。在新时代背景下，科技人才培养"四个精准"模式围绕党管人才的核心要求进行了创新发展，助推总院高质量发展。

创新之道，唯在得人，得人之要，必广其途以储之。中国建材总院始终重视加强青年人才培养，把青年人才作为事业之基，长远之策。总院总结的科技人才"四个精准"培养模式，对接人才辈出的培养机制，构建才尽其用的使用机制，催生竞相成长的竞争机制，把握规律性，富有创新性，是一个完整体系链条，对于我们加强人才队伍建设具有借鉴意义。

二、背景

科技是国家强盛之基，创新是民族进步之魂。党的十九届五中全会提出"坚持创新在我国现代化建设全局中的核心地位，把科技自立自强作为国家发展的战略支撑"，并将其摆在各项规划任务的首位进行专章部署。这是以习近平同志为核心的党中央站在历史新高度、从战略全局出发作出的重大战略决策，具有重大而深远的意义。

实现科技自立自强，重点是抓好科技创新主体。既要有效提升国有企业技术创新能力、推动创新要素向企业集聚、促进产学研深度融合，又需加强创新人才教育培养、尊重人才成长规律和科研活动自身规律，力争培养一批具有国际水平的战略科技人才、科技领军人才和创新团队。近年来，党中央、国务院聚焦完善科研管理、提升科研绩效、推进成果转化、优化分配机制等方面，先后制定出台了一系列政策文件，国家层面对于科技人才的重视达到了前所未有的程度。科技人才的培养也是国企改革三年行动方案的重点工作之一。

总院作为国家级综合性研发机构，作为中国建材与无机非金属领域规模最大、实力最强的科研开发中心，70年来始终将科技人才的培养为己任，以时不我待的紧迫感，坚持党管人才，将科技人才培养"四个精准"模式融入到总院的发展中。总院前身可追溯至1950年10月成立的原重工业部华北窑业公司研究所,2004年底与中国建材集团实施战略重组,2006年集团整合包括中国建材院在内的十二家科研设计院所组建成立中国建筑材料科学研究总院。2017年9月改制为中国建筑材料科学研究总院有限公司。总院拥有包括中国工程院院士、中组部"千人计划"等专家学者在内的一流科技队伍,形成了涵盖水泥、混凝土与新型建筑材料、玻璃与特种玻璃、陶瓷、耐火材料与新材料的综合研究实力,经营业务贯穿基础理论研究、技术开发与服务、标准制定与检验认证、实验仪器与生产装备制造、工程设计与总承包全过程,构建了科研开发、科技产业、检验认证、工程设计与总承包的四大业务板块。XX期间总院共完成国家和行业科研项目3200项,获省部级以上奖项1100余项,其中国家级奖励150余项,主持制定、修订国家和行业标准1300余项,取得系列重大成果,有力地促进了行业技术进步和产业结构升级,为建材工业的发展、国民经济建设以及国防建设做出了突出贡献,被誉为"新中国建材科技的摇篮和发源地",也可以说是中国建材科技人才的摇篮。

党的十九届五中全会,明确提出坚持创新驱动发展,全面塑造发展新优势,为我们从全局和战略的高度准确把握和有力推动构建新发展格局提供了重要遵循。实施创新驱动发展战略,是我们应对发展环境变化、把握发展自主权、提高核心竞争力的必然选择,是贯彻新发展理念、构建新发展格局、推动中国经济高质量发展的必然选择。总院在发展战略中坚持抓住了创新,就抓住了总院发展全局的"牛鼻子",抓创新就是抓发展,谋创新就是谋未来的思路,把发展基点放在创新上,通过创新培育发展新动力、塑造更多发挥先发优势的引领型发展。在实践中逐步探索出科技人才"四个精准"培养模式,为总院把牢科技制高点,打造国际一流新型建筑材料研发平台做出了重要贡献,为行业科技发展提供了源源不断的动力。

总院积极落实国家五大发展理念,遵循"创新、绩效、和谐、责任"核心价值观,以"科技领先,服务建设"为核心理念,着力实施创新驱动发展战略,形成了以创新为核心的理念体系,以和谐总院为核心的特色文化体系。"四个精准"培养模式,已经成为和谐总院特色文化体系的核心内容,助推总院高质量发展。

三、总院科技人才培养"四个精准"模式的探索实践及效果

(一)坚持党管人才原则,加强战略引领,实现精准设计

在战略规划层面,结合总院"六大平台"之"建材行业高素质科技人才的开发和培养平台"的战略定位,总院党委把好方向,管好大局,明确了"用好现有人才,稳定关键人才,引进急需人才,培养未来人才"的人才发展理念,科学制订了总院中长期科技创新人才队伍建设的发展目标、重点任务、管理策略和保障机制。在制度体系层面,坚持党管人才工作融入法人治理结构,尤其在经营考核办法中突出科技人才培养工作,进一步完善了人才培养工作体系。在保障落实方面,总院党委统筹各职能部门成立青年科技人才培养工作小组,在明晰的规划指导下稳步推进工作,注重与经营相结合、与重大项目重大工程相结合、与创新平台建设相结合,坚持核心、聚焦重点、围绕主线,实现青年科技人才培养的精准设计。

(二)完善人才机制,强化问题导向,实现精准管理

总院以"改革发展大讨论、走访基层、基层组织学习、三会一课"等多种形式为抓手,着力解决总院在科技创新、人才选拔、队伍结构、激励分配与评价考核等方面存在的问题和不足,不断完善人才

选拔、培养、使用、考核、激励等党管人才机制，以营造有利于人才辈出、人尽其才、才尽其用的体制机制环境，实现精准管理。

1.创新选拔用人机制

总院贯彻"四有"人才标准，启动干部年轻化改革，通过分类别、分层次、分板块相结合的方式，推动各类别、各层次人才的选拔、引进和培养，全面优化人才结构，重点推进科技研发创新人才、中高级经营管理人才、高技能人才和国际化人才队伍建设。

总院统筹直属研究院学科领域和业务方向，布局与建设创新团队，撤室建研究所，不搞论资排辈与平衡照顾，公开选拔德才兼备的青年科技骨干担任负责人，敢于让优秀的青年同志走上重要经营管理岗位、承担重要科研任务。依托科技创新平台，加大了"千人计划"和学术带头人等高层次人才和青年科技骨干的引进培养力度。推行学术带头人、首席科学家负责制，采取客座研究、博士后研究、短期聘用技术攻关、项目咨询等方式引进优秀、短缺人才开展合作研究。建立了开放、灵活、充满活力的人才流动机制，促进了梯队建设，为吸纳各方优秀人才和青年人才脱颖而出创造了良好的环境，实现了重点科技领域的快速突破和可持续发展。

2.创新分配评价机制

总院深化激励分配与考核评价制度改革，将人才培养作为重要指标列入院属各单位任期目标考核体系中，使人才工作有了充分的组织保障。建立了"青年科技人才库"，探索建立科学合理的青年科技人才考核评价指标体系，把动态考察评价的思路贯穿于人才培养的始终，制定了青年科技人才年度科研业绩追踪制度，定期分析入库人员科研业绩走势，既关注业绩数量，也强调个人品德、能力与贡献力，动态调整培养重点，实现了青年科技人才评价工作定量与定性的有机结合。同时各类政策激励分配向优秀青年科技骨干倾斜，如优先推荐"职称破格、出国深造、申报项目、荣誉激励"等，提高了人才政策激励的精准度。

（三）聚焦人才要求，搭建成长平台，实现精准培养

总院切实落实党管人才提出的新要求，紧扣国民经济建设和国防建设的战略需求，大力实施科技创新平台建设。围绕"项目—团队—平台"主线，着力构建由点到线，集线成面的多层次、多维度的青年科技人才成长平台，加大了创新型、复合型、经营型、国际化人才的引进与培养力度。通过引育并举，以用为本，使青年科技人才在创新实践中锻炼成长，实现精准培养，为总院服务建设，确保科技领先提供坚实的人才保障和智力支持。

1.依托科研项目，强化人才培养和团队建设

总院构建了国家、集团、总院三层级的纵向项目申报渠道，不断拓展与企业的横向科技合作与服务模式。针对青年科技人员，设立了青年基金和前沿探索基金项目，为青年员工开启科研实践、培养团队协作能力、提升科研素质、开展跨领域前沿探索研究的提供了创新实践机会。

总院结合绿色建材国家重点实验室团队建设的成功经验，针对22个科技创新团队开展了30余次的结构分析，充分了解团队和青年科技人员的思想动态、个人性格、价值取向、科研开发业绩等，为制订科技发展规划和人力资源规划提供科学数据和准确预判，使得青年科技人才培养工作有的放矢，实现精准培养。

为进一步加强总院国防科技创新团队建设，实施总院国防科技青年人才成长培养计划，分别在石英玻璃、功能玻璃、隔热材料、耐火材料等领域支持和培育4个科技创新团队的建设，遴选出几十位青年科技人员成为国防科技领域青年拔尖人才的后备力量进行重点培养，促使一批国防科技领域相关工作的青年拔尖人才健康成长，团队实力和影响力显著增强。

近年来，总院持续举办青年科技骨干学术报告会、院所长座谈会、青年科技管理人才思想汇，近百人登台展示、交流心得、碰撞思想，10余次有关"科研业务素质、科研管理能力、国家科技体制改革解读、双创大赛"等活动，拓宽了青年们的眼界，提升了素质与格局。180多人参加"国家科技项目负责人培训"，50多人取得合格证书，为承担国家科技项目奠定了基础。

2.依托创新基地，拓展人才成长平台

总院作为建材行业科技创新、国际科技合作交流、集团高层次科技人才培养基地、集团海外高层次人才创新创业基地和集团技术中心的重要依托单位，为青年科技人才提供了广阔舞台。至2020年，总院系统建设了企业国家重点实验室、国家工程（技术）研究中心、国际科技合作基地、院士专家工作站、博士后科研流动站、生产力促进中心及总院无机非金属材料国防重点实验室等多层次科技创新与成果转化平台，吸引了2位"千人计划"专家、十几位学术带头人、几十位国际顶级专家开展学科前沿研究和交流讲学，不仅取得了丰硕的科研成果，同时又为总院培养和孕育了大批富有创造力的学术带头人和优秀的青年科技骨干，成为总院高层次科技人才培养基地，成为建材行业国内外学术交流、人才培养、成果产出的典范。

（四）促进党建文化融合，铸魂凝心聚力，实现精准服务

又红又专、德才兼备、全面发展是党对科技人才的根本要求，也是中共几代领导人科技人才思想的核心内容。因此，总院着力发挥党组织的思想政治优势，始终把弘扬先进精神、推进文化一体化建设作为培育和践行社会主义核心价值观的切入点，作为提升科技人才队伍建设、助推企业发展的重要抓手，把"红色基因"融入创新精神血脉；把"两用八字"（把时间用在学习上，把心思用在工作上；敬畏、感恩、谦恭、得体）价值理念转化为爱岗敬业、奉献总院的自觉行动，以系统化的党建品牌活动引导营造创新文化，凝心聚力，使党建品牌活动转化为科技创新的"红色引擎"，实现精准服务。

1.树立榜样典范，弘扬正能量

总院设立吴中伟青年科技奖，以传承吴中伟院士爱国、奉献、科学、严谨、谦虚的科学精神，至今已举办6届，共有9位青年科技工作者获此殊荣；总院组织道德大讲堂，弘扬总院全国劳动模范包亦望教授敬业奉献的工匠精神，邀请教授和学生多角度宣讲，为青年人树立了身边的榜样。

2.强化责任担当，提升凝聚力

总院结合历次专题教育，组织开展了以"传承、责任与担当"为主题的系列教育实践活动。邀请集团公司宋志平董事长为总院干部员工做《主动担当，建功立业》和《坚持学习，爱岗敬业》的专题讲座，贯彻集团核心价值体系；党群协同以青年喜闻乐见的形式开展爱国主义教育、读书活动和青春诗会等，将"两用八字"融入青年员工道德培养的范畴。多名年轻的一线科研人员以基层支部书记身份讲党课，号召全院青年同志把业务工作与广阔的政治视野结合起来，以高度的政治站位为总院发展建功立业。

3.营造创新土壤，提升吸引力

党管人才就是用心服务"留才"。总院各级领导都非常重视青年人的成长，在加强科技创新能力、优化完善人才工作机制的同时，大力营造尊重人才、见贤思齐的价值导向，鼓励创新、宽容失败的工作环境，待遇适当、无后顾之忧的生活环境，公开平等、竞争择优的制度环境。逐步改善优秀青年科技人才的科研工作条件和待遇，在职称评定、承担项目、科技奖励、落户住房等方面开辟"绿色通道"，提高人才服务的精准度，实现"总院成就员工价值、员工推动总院发展"的共赢模式。

习近平强调，坚持创新驱动实质是人才驱动，要牢固确立人才引领发展的战略地位，要创新人才评价机制，要完善科技奖励制度，要营造良好创新环境，形成天下英才聚神州、万类霜天竞自由的创新局面。

"功以才成，业由才广"，人才是创新的第一资源。总院切实贯彻落实习近平总书记关于科技人才、知识分子工作重要指示精神，落实"企业是人，企业为人，企业靠人，企业爱人"的企业人才观，坚持和谐总院特色文化体系建设，通过实施科技人才"四个精准"培养模式，不断创新人才培养与激励机制，加强青年科技人才的精准培养，坚持推行"把党员培养成骨干、把骨干培养成党员"的党建理念，科技创新和人才建设工程取得了显著成效，一批又红又专、德才兼备、全面发展的青年科技人才崭露头角，他们的才华与成就在科技创新、成果转化、科技奖励等方面得到了充分展示，多名科技骨干，表现突出，光荣加入中国共产党，多名青年党员成为岗位能手和科技新星，有力支撑了总院科技创新发展。

近年来，总院涌现出一批"全国先进科技工作者""万人计划""第一批科技创新领军人才"、全国建材行业优秀科技工作者、全国"讲理想、比贡献"活动科技标兵、"中央企业青年岗位能手"等一批杰出的中青年科技工作者，多个创新团队获得"全国青年文明号""建材行业先进科技创新集体"和"中央企业青年文明号"荣誉称号，提升了总院知名度和行业影响力。

"十三五"以来，总院在国家重大研发计划项目申报工作上捷报频传，共获批国家重点研发计划项目7项（课题32项），获批国拨经费3.59亿元，省部级以上在研项目达207项，进一步夯实了总院作为国家建材科技主力军的地位。

特别是在"十三五"国家重大研发计划项目申报立项

工作中，总院青年科技人才脱颖而出，发挥了重要作用，成为总院科技创新的中坚力量。在获批课题中，45岁以下课题负责人占比34%，其中包括5位"80后"青年成为课题负责人。

四、在新时代背景下总院"四个精准"模式的创新发展与思考

党的十九届五中全会强调要坚持创新驱动发展，提升企业技术创新能力。强化企业创新主体地位，推进产学研深度融合，促进各类创新要素向企业集聚。充分激发人才创新活力，全方位培养、引进、用好人才，造就更多国际一流的创新人才和创新团队，培养具有国际竞争力的青年科技人才后备军，为加快建设科技强国，全面建设社会主义现代化国家，实现中华民族伟大复兴的中国梦而不懈奋斗。中央宣讲团成员，国务院国资委党委书记、主任郝鹏紧扣国资国企系统实际，在宣贯十九届五中全会精神中强调，要牢牢把握构建新发展格局的战略构想和重要着力点，加快科技自立自强，强化企业创新主体地位，国有企业当好技术创新主力军、排头兵，把解决"卡脖子"技术、关键核心技术攻关工作放在更加重要位置，把培养科技创新人才摆在重要位置，作为国企改革三年行动方案的重要内容。

中国建材总院在新时代背景下，要持续落实科技人才"四个精准"培养模式，加强党管人才的顶层设计，继续深化体制机制改革创新、优化科技人才结构和人才激励机制。

（一）新时代背景下总院体制机制改革创新

现如今，我国在很多领域与科技发达国家之间的竞争也在逐渐从隐性化走向显性化，以美国为代

表的科技发达国家对中国崛起的技术封锁和产业限制。从长远看，国际竞争的基础是人才之间的竞争。加快人才培养模式的改革创新，强化党管人才的重要作用，创新型科技人才培养模式，保持总院在行业共性技术研发和服务的优势地位，是总院积极应对日趋激烈的国际竞争以及渐趋复杂的国内发展挑战的使命和担当。

作为央企二级的国有科技型企业，在新时代背景下，总院紧密围绕着企业转型发展的战略构想，加快推进体制机制改革创新：围绕着"建设具有国际竞争力的世界一流科技型企业"战略目标，坚持"上市公司：资本市场+联合重组""试点企业：改革试点+内生动力""院所公司：科技成果转化+观念转变"三类战略路径，进一步转变观念、推进科技成果转化，推进以科技为支撑，以新材料、先进制造与设备、高技术服务为主要业务方向的"1+3"发展模式，构建"四梁八柱"总院大厦，力争"两步走、翻两番"，实现世界一流的目标。

总院坚决贯彻落实习近平总书记关于加强国有企业自主创新能力的重要指示精神，深化市场化改革，提升自主创新能力，积极迎接激烈的国际竞争与挑战。

（二）新时代背景下总院科技人才结构优化

十九届四中全会阐述了国家科技创新体系的三大架构，第一架构是由国家重点实验室为主体的国家战略科技力量，利用新型举国体制重点进行关键核心技术攻关；第二架构是由中科院和大学为主体的基础研究、原始创新体制；第三架构是以企业为主体，以市场为导向、产学研深度融合的技术创新体系。前面两大架构的任务主要是由国家拨款的科研院所和高等院校等事业单位承担，第三架构的任务是由企业完成，总院的科研工作也是在第三架构的层面上完成。

根据总院提出的建设具有国际竞争力的世界一流科技型企业的战略发展目标的定位，总院科技工作可以分为三类：新材料、先进制造与装备、高技术服务。其中新材料板块具备基础研究和定向基础研究的特征；而先进制造与装备与高技术服务具备应用研究的特征。

总院在新材料领域，人才优势显著，但从利润和竞争角度，要达到期望的科技水平，难度较大；在高技术服务领域，无论是期望达到的科技水平，还是现有的人才优势，都有潜在的发展优势；在先进制造与装备领域，人才优势还是现有的科技水平均与国际一流相比有较大提升空间。要实现建设具有国际竞争力的世界一流科技型企业，创新性科技人才队伍的建设尤为重要。

（三）新时代背景下总院科技人才激励机制优化

深化国有科技型企业体制机制改革，提升改革创新成效。通过完善体制机制，鼓舞科技人才投入科研创新工作，促进创新资源优化配置，激发各类人才活力动力。健全科技型企业创新和成果转化机制，围绕"建设具有国际竞争力的世界一流科技型企业"战略目标，坚持科技创新和体制机制创新"双轮驱动"，强化市场化激励约束机制，积极通过市场化改革促进经营机制转换，充分推进科研力量、资金投入的整合，形成科技型企业资源整合推进科技创新的协同奋进氛围和整体合力。坚持"量体裁衣"，完善以薪酬为核心的激励约束机制闭环体系。加强对科研人员的政策激励，在绩效工资范围内探索实行年薪制、协议工资、项目工资等多种分配方式，探索通过年薪制等方式加大对承担重大科研任务领衔人员的薪酬激励，合理适度突破绩效工资总额限制。鼓励促进科研核心骨干人才心无旁骛搞科研、促创新，优渥待遇培养科研"明星"，切实树立科研院所"科技是第一生产力"的指向标。

大力推进特色"科技型"激励机制建设。推进"三项制度改革"，探索科技型企业特色的中长期激励机制，实现现代科技型企业人才的"市场化选聘、契约化管理、差异化薪酬、市场化退出"，建立适合经营管理人员、科技人员、技术工人等差异化的职业晋升体系，明确细分职业发展通道，为有效激发微观主体活力。结合科技型企业特点，在大力推进薪酬体系建设完善的同时，用准、用好、用活现行的国有科技型企业激励政策，大力推进科技成果转化激励、科学技术研究激励，持续强化正向激励，综合运用多种激励机制，推进科技成果转化分红激励，加大科研项目绩效激励力度，建立总院特色的激励机制。探索实践激励机制的同时，做好生动实践和成熟经验的总结，形成可参考可操作性可复制的成功案例进行推广，形成具有科技型企业特色的激励机制体系。同时，充分利用好各类国家政策红利，深入探索实践国有科技型企业股权激励，注重发挥好非物质激励的积极性作用，系统提升正向激励的综合效果，充分调动核心骨干人才创新创业的积极性。

加快构建多元化的科技人才绩效考核体系。结合绩效考核评价体系，考虑到绩效与激励之间未实现紧密联动的突出问题，一方面加快构建科学合理的绩效考核评价体系，包括树立明确的绩效考核目标，将考核目标与企业战略目标紧密结合，充分考虑科技人才具体岗位情况，进行绩效考核指标的细化和分解，给予科技人才清晰的考核要求和目标，实现考核指标的具体细分、量化可评估，并富有一定的挑战性；另一方面，结合绩效考核具体情况，遵循公平公正公开的原则，配比相应的绩效奖励，提升科技人才对绩效公平性的认可程度；同时充分体现科技型企业特点，将科技人才考核与科研项目管理紧密挂钩，促进科研项目管理从中重数量、重过程向重质量、重结果转变。明确设定科研项目绩效目标，实行科研项目绩效分类评价，突出科研成果转化的情况，使得绩效考核充分发挥绩效考核指挥棒的作用。

（四）新时代背景下总院科技人才培养"四个精准"模式的创新发展

习近平总书记强调，择天下英才而用之，关键是要坚持党管人才原则。新时代背景下，需要深入贯彻落实党管人才原则，以需求为导向，实现总院科技人才培养"四个精准"模式的创新发展。

首先科技人才培养"四个精准"模式要创新党管人才的方式方法，在具体工作中贵在做好"四要"：一是党委要"统"得起、"放"得下。"统"得起就是党委高度重视人才工作，一把手亲自抓"第一资源"，把工作重点放在人才工作战略思想的研究、总体规划的制定、重要政策的统筹和创新工程的策划等方面；"放"得下就是只管宏观、政策、协调和服务，不越位、不包办，充分尊重用人主体自主权。二是组织部门要"牵"得住、"抓"得准。就是要在当好参谋、创新实践、整合资源、示范引领上下功夫，坚持牵头不包办，抓总不包揽，统筹不代替，积极支持和协调相关部门在职责范围内开展工作。三是职能部门"分"得清、"合"得来。"分"得清就是相关职能部门要积极主动地抓好各自领域、系统的人才工作，不推诿；"合"得来就是要克服部门之间人才政策相互脱节、相互掣肘的现象，在党委和组织部门的领导下，密切配合和协作形成整体合力。四是社会力量要"参"得进、"担"得起。就是要在强化用人单位的主体地位、主体作用的同时，还要充分发挥民主党派、社会团体和人才中介机构等社会力量在联系、团结和服务人才方面的独特优势，通过多种途径发挥出其桥梁纽带作用。

科技人才培养"四个精准"模式还要做好五个结合。一是把党管人才同依法管理人才相结合。重要的是通过营造人才辈出的良好法治环境、推进人才法律法规体系建设、加强人才工作执法和监督力度，努力把人才工作纳入制度化、规范化、法制化轨道，为人才的健康成长和发挥作用提供更有力的制度支持和法律保障。二是把党管人才同党的群众路线相结合。重要的是在人才管理的指导思想上，树立从群众中来到群众中去的思想，实行领导和群众相结合的人才管理方法，把群众对人才的知情权和参与权落到实处，把民主推荐、民意测验的结果作为重要依据。三是把党管人才同发扬民主相结合。党管人才，是体现党在人才工作中的核心领导地位、决策地位，以及党委在人才工作中的主导地位、党组织在人才选拔任用工作中的领导和把关作用；发扬民主，则是发挥民意的基础性作用，以拓宽识人选人用人的渠道，更好地考察识别人才。四是把党管人才同市场配置人才相结合。做好新时代的人才工作，要在加强党对人才工作宏观管理的同时，充分发挥市场在人才资源配置中的基础性作用，通过市场调节把人才资源配置到最能发挥作用的岗位上。五是把党管人才同尊重人才成长规律相结合。坚持和贯彻好党管人才的原则，把各类人才的积极性、创造性引导好、保护好、发挥好，既需要建立科学合理的人才评价体系，并制定相应的评估指标和评估办法，又需要破除不合时宜、束缚人才成长和发挥作用的观念、体制和做法，推动人才工作的体制机制不断创新。

成果创造人：王益民、姚桂艳、李燕琦、葛兴泽、宋晓琪、田　红、李桂金、

高　楠、郭　鑫、韩　琳、张力宏、王力波

【参考文献】

[1]李丛笑.国有科研院所企业化转制问题研究[M].经济科学出版社,北京,2012年,第一版.

[2]陈恒,初国刚,侯建.国内外产学研合作培养创新型人才模式比较分析[J].中国科技论坛,2018,1:164-172.

[3]刘书庆,段春莉,扈广法.开发类科研院所转制战略定位及其实证研究[J].中国软科学,2005,(7):60-68.

[4]李丛笑.转制科研院所"十二五"期间的重新定位与发展模式探析[J].科学管理研究,2011,29(1):53-57.

[5]何德权.我国转制科研院所技术功能定位及对策研究[J].科技进步与对策,2013,30(16):7-10.

[6]王涛,邹驰研,王彦婷,等.中国科研院所转制上市公司成长性研究[J].科学管理研究,2017,35(1):35-38.

[7]叶家全.转制科研院所科技人员有效激励模式研究[D].四川师范大学硕士论文,2013.

[8]转制科研院所人力资本激励研究[D].重庆大学硕士论文,2001.

[9]杨永清.试议大学创造型人才的培养[J].现代教育管理,1985,(6):54-62.

[10]孔德议,张向前.我国"十三五"期间适应创新驱动的科技人才激励机制研究[J].科技管理研究,2015,35(11):45-49,56.

[11]张晓泉,赵闯,沈孛,等.科研人才激励与评价机制研究:以农业科研院所为例[J].中国农机化学报,2018(12):114-118.

数据统计与分析

IV

数据统计与分析

一、国民经济相关指标

（一）国内生产总值

表1　2015年–2020年上半年国内生产总值及其增长速度　　　　（亿元、%）

统计科目	2015年	2016年	2017年	2018年	2019年	2020上半年
国内生产总值	688858	746395	832036	919281	990865	456614
增长速度	7.0	6.8	6.9	6.7	6.1	–1.6

（国家统计局公报，部分数据有修订）

表2　2015年–2020年上半年三次产业发展情况　　　　（亿元、%）

年　度	第一产业		第二产业		第三产业	
	增加值	增长率	增加值	增长率	增加值	增长率
2015年	60863	3.9	274278	6.0	341567	8.3
2016年	63673	3.3	296236	6.1	384221	7.8
2017年	65468	3.9	334623	6.1	427032	8.0
2018年	64734	3.5	366001	5.8	469575	7.6
2019年	70467	3.1	386165	5.7	534233	6.9
2020上半年	26053	0.9	172759	–1.9	257802	–1.6
2季度	15867	3.3	99121	4.9	135122	1.9

（国家统计局公报，部分数据有修订）

表3　GDP季度同比增长速度　　　　（%）

年度	1季度	2季度	3季度	4季度
2015年	7.1	7.1	7.0	6.9
2016年	6.9	6.8	6.8	6.9
2017年	7.0	7.0	6.9	6.8
2018年	6.9	6.9	6.7	6.5
2019年	6.4	6.2	6.0	6.0
2020年	–6.8	3.2	4.9	

（同比增长速度为与上年同期对比的增长速度）

2019年我国实现国内生产总值990865亿元，比上年增长6.1%。人均国内生产总值70892元，比上年增长5.7%，世界排名第66位，比2018年前移了12位，进入中等高收入国家行列。

今年以来，突如其来的新冠肺炎疫情所带来的冲击前所未有，世界经济陷入自第二次世界大战以来最为严重的衰退。面对严峻风险挑战，全国上下统筹推进疫情防控和经济社会发展工作，在国家和各级政府一系列政策驱动和引导下，二季度国内生产总值同比增长3.2%，由一季度下降6.8%转负为正，中国经济运行先降后升，率先稳步复苏。今年前三季度国内生产总值已由负转正，同比增长0.7%，环比增长达到2.7%。

（二）产业、区域对国民生产总值的贡献

表4 2015年-2020年上半年三次产业增加值占国内生产总值比重　　　　　　　（%）

年度	全年比	第一产业	第二产业	第三产业
2015年	100	8.4	40.8	50.8
2016年	100	8.1	39.6	52.4
2017年	100	7.5	39.9	52.7
2018年	100	7.0	39.7	53.3
2019年	100	7.1	39.0	53.9
2020上半年	100	5.7	37.8	56.5

表5 2019年区域生产总值及其增长率　　　　　　　（亿元、%）

年度	东部地区		中部地区		西部地区		东北地区	
	生产总值	增长	生产总值	增长	生产总值	增长	生产总值	增长
2019年	511161	6.3	218738	7.3	205185	6.7	50249	4.5

（国家统计局公报）

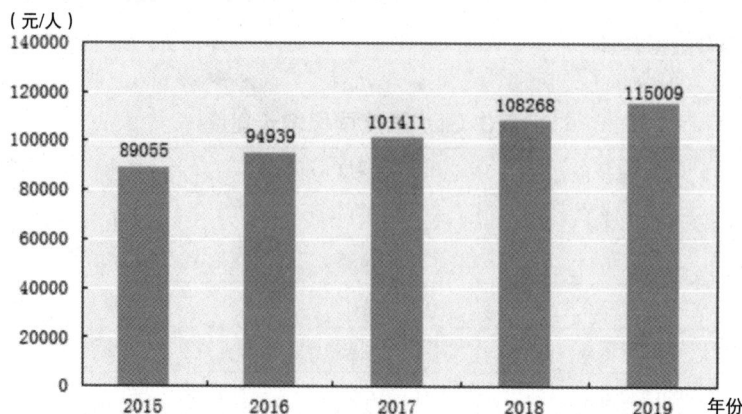

图1 2015年-2019年年全员劳动生产率

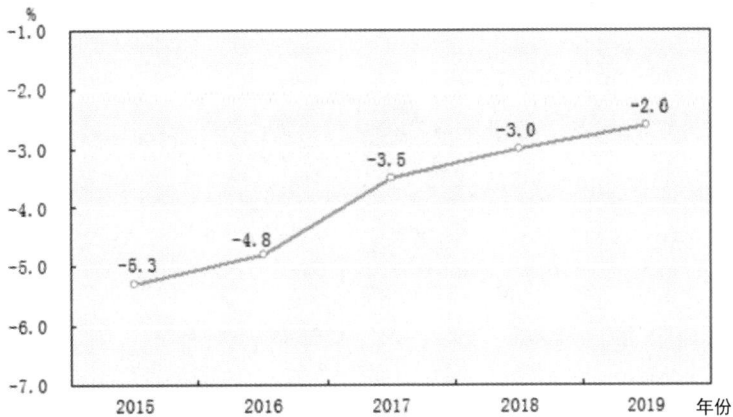

图2　2015年-2019年万元国内生产总值能耗降低率

从贡献率看，第一产业增加值占国内生产总值比重为7.1%，第二产业增加值比重为39.0%，第三产业增加值比重为53.9%，第三产业对国内生产总值的贡献不断加大。从区域发展看，2019年东部地区生产总值511161亿元，比上年增长6.2%；中部地区生产总值218738亿元，增长7.3%；西部地区生产总值205185亿元，增长6.7%；东北地区生产总值50249亿元，增长4.5%。2019年京津冀地区生产总值84580亿元，比上年增长6.1%；长江经济带地区生产总值457805亿元，增长6.9%；长江三角洲地区生产总值237253亿元，增长6.4%。

2019年全员劳动生产率为115009元/人，比上年提高6.2%；全国万元国内生产总值能耗比上年下降2.6%。

（三）居民消费对国民生产总值的贡献

表6　2015年-2019年居民消费水平数据统计　　　　　　　　（元）

统计科目	2015年	2016年	2017年	2018年	2019年	2020上半年
全国居民人均可支配收入	21966	23821	25974	28228	30733	15666
全国居民人均可支配支出	15712	17111	18322	19853	21559	9718
城镇居民人均可支配收入	31195	33616	36396	39251	42359	21655
城镇居民人均可支配支出	21392	23079	24445	26112	28063	12485
农村居民人均可支配收入	11422	12363	13432	14617	16021	8069
农村居民人均可支配指出	9223	10130	10955	12124	13328	6209

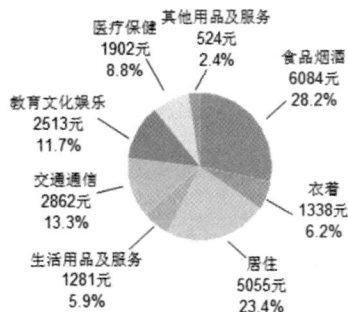

图3　2019年全国居民人均消费支出及其构成

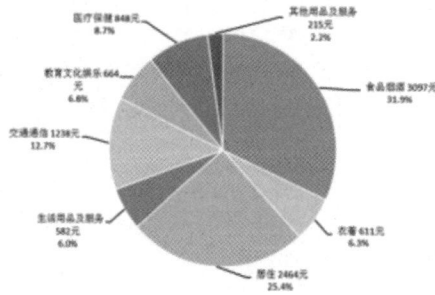

图4 2020年上半年居民人均消费支出及构成

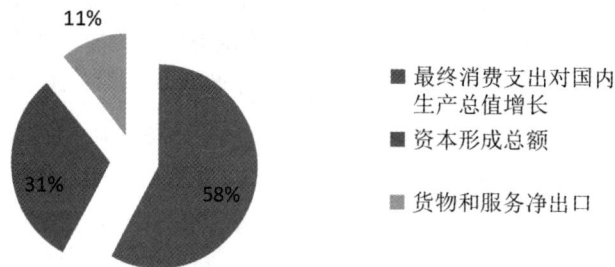

- 最终消费支出对国内生产总值增长
- 资本形成总额
- 货物和服务净出口

图5 2019年最终消费支出贡献

2019年全国居民人均可支配收入30733元，比上年增长8.9%，扣除价格因素，实际增长5.8%。2019年全国居民人均消费支出21559元，比上年增长8.6%，扣除价格因素，实际增长5.5%。

2020年上半年社会消费品零售总额比上年同期下降11.4%，但二季度社会消费品零售总额降幅比一季度收窄15.1个百分点；从月度看，社会消费品零售总额连续四个月降幅收窄；上半年，居民消费价格同比上涨3.8%，涨幅比一季度回落1.1个百分点；核心CPI同比上涨1.2%，基本保持稳定。6月份，居民消费价格上涨2.5%，处于温和上涨区间。

2020年上半年，全国居民人均消费支出9718元，比上年同期名义下降5.9%，扣除价格因素，实际下降9.3%。其中，城镇居民人均消费支出12485元，下降8.0%，扣除价格因素，实际下降11.2%；农村居民人均消费支出6209元，下降1.6%，扣除价格因素，实际下降6.0%。

（四）就业相关指标

表7 2015年–2019年就业基本情况

统计科目	2015年	2016年	2017年	2018年	2019年
劳动力人口（万人）	80091	80694	80686	80567	/
就业人员（万人）	77451	77603	77640	77586	77471
第一产业	21919	21496	20944	20258	/
第二产业	22693	22350	21824	21390	/

第三产业	32839	33757	34872	35938	/
按城乡分（万人）					/
城镇就业人员	40410	41428	42462	43419	44247
农村就业人员	37041	36175	35178	34167	33174
按企业登记注册类型分（万人）					/
国有单位	6208	6170	6064	5740	
城镇集体单位	481	453	406	347	
股份合作单位	92	86	77	66	
联营单位	20	18	13	12	
有限责任公司	6389	6381	6367	6555	
股份有限公司	1798	1824	1846	1875	
港澳台商投资单位	1344	1305	1290	1153	
外商投资单位	1446	1361	1291	1212	
工商登记注册私营就业人员					/
城镇私营企业	11180	12083	13327	13952	
城镇个体	7800	8627	9348	10440	
乡村私营企业	5215	5914	6554	7424	
乡村个体	3882	4235	4878	5597	
城镇登记失业人数（万人）	996	982	972	974	/
城镇登记失业率（%）	4.05	4.02	3.9	3.8	3.6
全国总人口					140005
城镇					84843
乡村					55162
0-15岁（含不满16周岁）					24977
16-59岁（含不满60周岁）					89640
60周岁及以上					25388
出生					1465
死亡					998

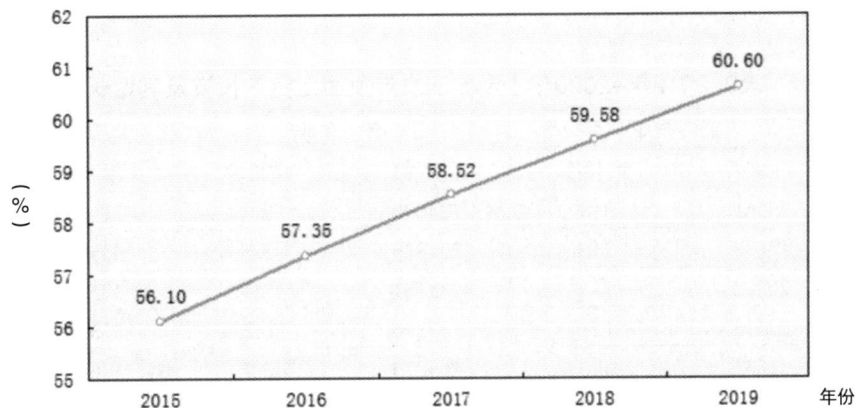

图6 2015年-2019年常住人口城镇化率

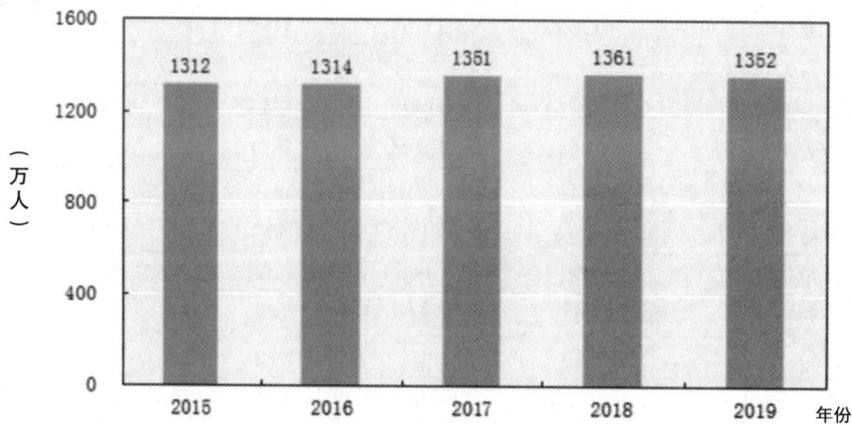

图7 2016年-2019年城镇新增就业人数

2019年末，全国大陆总人口140005万人，比上年末增加467万人，自然增长率为3.34‰；城镇化率60.60%，比上年末提高1.02个百分点；年末全国就业人员77471万人，其中城镇就业人员44247万人，占全国就业人员比重为57.1%，比上年末上升1.1个百分点；2019年城镇新增就业1352万人，比上年少增9万人，全国城镇调查失业率为5.2%，城镇登记失业率为3.6%；全国农民工总量29077万人，比上年增长0.8%。

2020年6月份全国城镇调查失业率为5.7%，连续两个月小幅下降，其中25-59岁群体人口调查失业率为5.2%，比全国城镇调查失业率低0.5个百分点。6月份，全国企业就业人员周平均工作时间为46.8小时，比上个月上升0.7小时。

（五）固定资产投资数据

表8 2015年-2020年上半年全社会固定资产投资及其增长速度 （亿元、%）

统计科目	2015年	2016年	2017年	2018年	2019年	2020上半年
投资额	562000	606466	631684	645675	560874	281603
增长率	9.8	7.9	7.2	5.9	5.1	−3.1

（根据第四次全国经济普查、统计执法检查和统计调查制度规定，对2018年固定资产投资数据进行修订，2019年增速按可比口径计算。）

表9 2015年-2020年上半年三次产业固定资产投资及其增长 （亿元、%）

年度	第一产业		第二产业		第三产业	
	投资额	增长率	投资额	增长率	投资额	增长率
2015年	15561	31.8	224090	8.0	311939	10.6
2016年	18838	21.1	231826	3.5	345837	10.9
2017年	20892	11.8	235751	3.2	375040	9.5
2018年	22413	12.9	237896	6.2	375324	5.5
2019年	12633	0.6	163070	3.2	375775	6.5
2020上半年	8296	3.8	85011	−8.3	188296	−1.0

（国家统计局公报，部分数据有修订）

表10 2015年-2020年上半年区域固定资产投资增长率 （%）

年 度	东部地区	中部地区	西部地区	东北地区
2015年	12.4	15.2	8.7	−11.1
2016年	9.1	12.0	12.2	−23.5
2017年	8.3	6.9	8.5	2.8
2018年	5.7	10.0	4.7	1.0
2019年	4.1	9.5	5.6	−3.0
2020上半年	−0.7	−11.9	1.1	0.4

（国家统计局年鉴和公报，部分数据有修订）

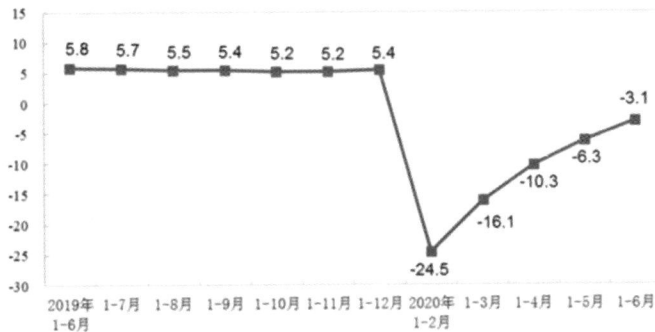

图8 固定资产投资（不含农户）同比增速（%）

表11 2020年1—6月份固定资产投资（不含农户）主要数据

统计科目	2020年1—6月份 同比增长（%）
固定资产投资（不含农户）	−3.1
其中：国有控股	2.1
其中：民间投资	−7.3
按构成分	
建筑安装工程	−3.8
设备工器具购置	−13.9
其他费用	7.3
分产业	
第一产业	3.8
第二产业	−8.3
第三产业	−1.0
分行业	
农林牧渔业	5.5
采矿业	−3.9
制造业	−11.7

续表

其中：农副食品加工业	−16.8
食品制造业	−12.6
纺织业	−22.4
化学原料和化学制品制造业	−14.2
医药制造业	13.6
有色金属冶炼和压延加工业	−9.6
金属制品业	−16.5
通用设备制造业	−18.0
专用设备制造业	−12.7
汽车制造业	−20.9
铁路、船舶、航空航天和其他运输设备制造业	−16.3
电气机械和器材制造业	−17.1
计算机、通信和其他电子设备制造业	9.4
电力、热力、燃气及水生产和供应业	18.2
交通运输、仓储和邮政业	−1.2
其中：铁路运输业	2.6
道路运输业	0.8
水利、环境和公共设施管理业	−4.9
其中：水利管理业	0.4
公共设施管理业	−6.2
教育	10.8
卫生和社会工作	14.0
文化、体育和娱乐业	−6.9
分注册类型	
其中：内资企业	−3.4
港澳台商投资企业	0.6
外商投资企业	3.9

（此表中速度均为未扣除价格因素的名义增速）

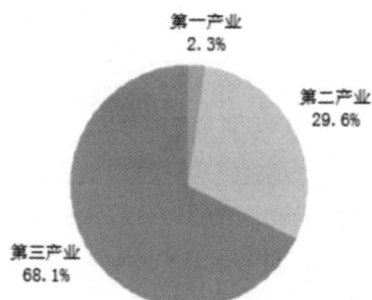

图9 2019年三次产业投资占固定资产投资（不含农户）比重

2019年全社会固定资产投资560874亿元，比上年增长5.1%。其中，固定资产投资（不含农户）551478亿元，增长5.4%。民间固定资产投资311159亿元，增长4.7%。基础设施投资增长3.8%。六大高耗能行业投资增长4.7%。生态保护和环境治理业固定资产投资（不含农户）比上年增长37.2%。

2020年上半年固定资产投资降幅比一季度收窄13.0个百分点。1—6月份，全国固定资产投资（不含农户）281603亿元，同比下降3.1%，降幅比1—5月份收窄3.2个百分点。其中，民间固定资产投资157867亿元，下降7.3%，降幅收窄2.3个百分点。从环比速度看，6月份固定资产投资（不含农户）增长5.91%。

（六）能源指标

表12 2015年–2019年上半年能源消费标准煤　　　　　　　　（亿吨、%）

年度	总量		煤炭		石油		天然气		电力	
	消费总量	消费增长	消费占比	消费增长	消费占比	消费增长	消费占比	消费增长	消费总量	消费增长
2015年	43.0	0.9	63.7	−3.7	18.3	5.6	5.9	3.3	12.1	0.5
2016年	43.6	1.4	62.0	−4.7	18.5	5.5	6.2	8.0	13.3	5.0
2017年	44.8	2.9	60.4	0.4	18.8	5.2	7.0	14.8	13.8	6.6
2018年	46.4	3.3	59.0	1.0	18.9	6.5	7.8	17.7	14.3	8.5
2019年	48.6	3.3	57.7	1.0	/	6.8	/	8.6	/	4.5

（国家统计局年鉴和公报，部分数据有修订）

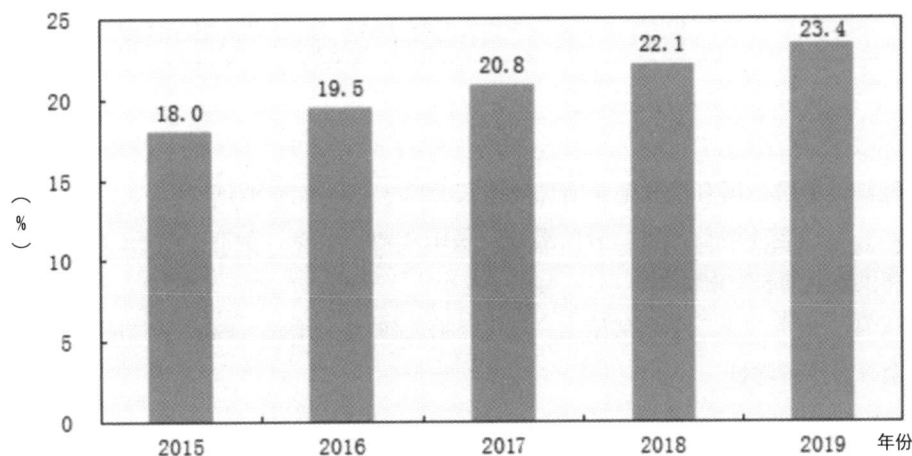

图10 2015年–2019年清洁能源消费量占能源消费总量的比重

2019年能源消费总量48.6亿吨标准煤，比上年增长3.3%。煤炭消费量占能源消费总量的57.7%，比上年下降1.5个百分点；天然气、水电、核电、风电等清洁能源消费量占能源消费总量的23.4%，上升1.3个百分点。重点耗能工业企业单位电石综合能耗下降2.1%，单位合成氨综合能耗下降2.4%，吨钢综合能耗下降1.3%，单位电解铝综合能耗下降2.2%，每千瓦时火力发电标准煤耗下降0.3%。全国万元国内生产总值二氧化碳排放下降4.1%。

表13 2015年-2019年发电装机容量数据表　　　　　　（万千瓦）

统计科目	2015年	2016年	2017年	2018年	2019年
发电装机容量	152527	165051	177708	189967	201066
火电	100554	106094	110495	114367	119055
水电	31954	33207	34359	35226	35640
核电	2717	3364	3582	4466	4874
风电	13705	14747	16325	18426	21005
太阳能发电	4218	7631	12942	17463	20468

2019年末全国发电装机容量201066万千瓦，比上年末增长5.8%。其中，火电装机容量增长4.1%；水电装机容量增长1.1%；核电装机容量增长9.1%；并网风电装机容量增长14.0%；并网太阳能发电装机容量增长17.4%。

2020年二季度，电力、热力、燃气及水生产和供应业产能利用率为70.6%，比上年同期下降0.2个百分点，比一季度上升2.8个百分点。

二、规模以上工业主要指标

（一）总体数据

表14 2015年-2020年上半年全部工业增加值及其增长速度　　　　（亿元、%）

统计科目	2015年	2016年	2017年	2018年	2019年	2020上半年
增加值	234969	245406	275119	301089	317103	/
增长速度	5.7	5.7	6.2	6.1	5.7	4.4

（国家统计局公报，2020年上半年数据为规模以上工业增加值）

2019年全部工业增加值317109亿元，比上年增长5.7%。规模以上工业增加值增长5.7%。在规模以上工业中，分经济类型看，国有控股企业增加值增长4.8%；股份制企业增长6.8%，外商及港澳台商投资企业增长2.0%；私营企业增长7.7%。分门类看，采矿业增长5.0%，制造业增长6.0%，电力、热力、燃气及水生产和供应业增长7.0%。

2020年上半年，规模以上工业增加值由一季度下降8.4%转为增长4.4%；从月度看，规模以上工业增加值连续三个月保持正增长。

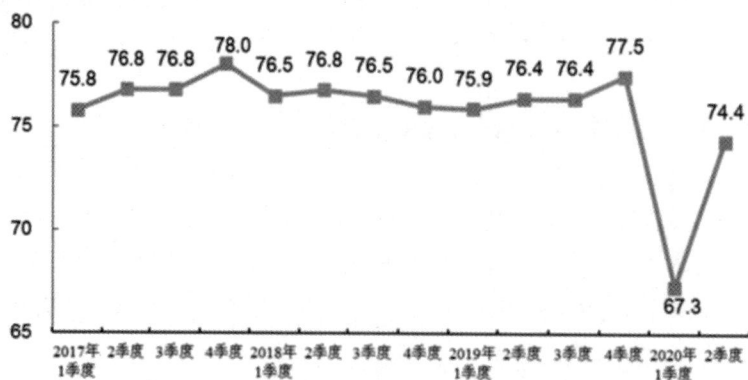

图11 分季度工业产能利用率（%）

表15 2020年二季度制造业产能利用率 （％）

统计科目	产能利用率
制造业	74.8
其中：煤炭开采和洗选业	69.6
食品制造业	70.4
纺织业	72.7
化学原料和化学制品制造业	74.2
非金属矿物制品业为％，	68.2
黑色金属冶炼和压延加工业	78.4
有色金属冶炼和压延加工业	79.2
通用设备制造业	77.3
专用设备制造业	77.6
汽车制造业	74.6
电气机械和器材制造业	78.1
计算机、通信和其他电子设备制造业	78.4

2019年全国工业产能利用率为76.6%，比上年提高0.1个百分点。年末规模以上工业企业资产负债率为56.6%，比上年末下降0.2个百分点。2019年制造业产品质量合格率为93.86%。

2020年二季度，全国工业产能利用率为74.4%，比上年同期下降2.0个百分点，比一季度上升7.1个百分点。上半年累计，全国工业产能利用率为71.1%，比上年同期下降5.1个百分点。二季度，制造业产能利用率为74.8%，比上年同期下降2.1个百分点，比一季度上升7.6个百分点。

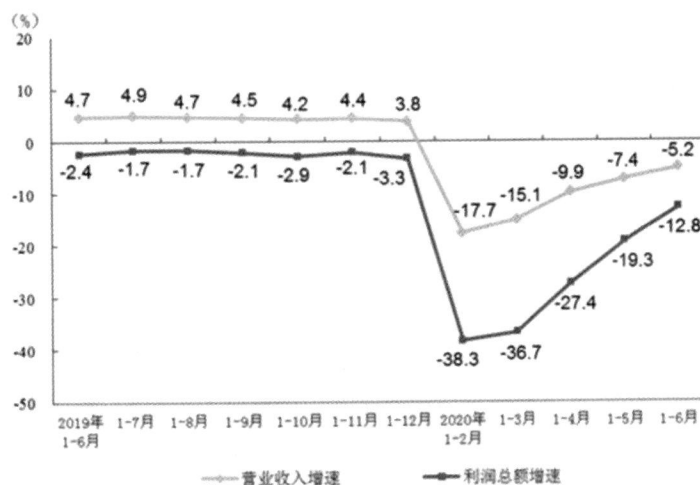

图12 各月累计营业收入与利润总额同比增速

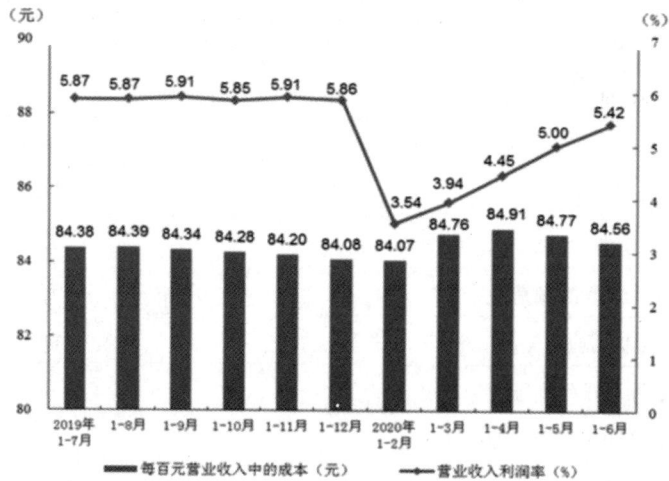

图13 各月累计利润率与每百元营业收入中的成本

2019年规模以上工业企业利润61996亿元，比上年下降3.3%。2019年规模以上工业企业每百元营业收入中的成本为84.08元，比上年增加0.18元；营业收入利润率为5.86%，下降0.43个百分点。

2020年上半年，全国规模以上工业企业实现利润总额25114.9亿元，同比下降12.8%（按可比口径计算），降幅比1—5月份收窄6.5个百分点。在41个工业大类行业中，9个行业利润总额同比增加，1个行业持平，31个行业减少。二季度，装备制造业利润同比增长31.8%，一季度为下降46.7%，为回升幅度最大的行业板块。其中，环保标准切换、基建项目加快推进带动汽车、专用设备行业明显回升，二季度汽车、专用设备行业利润分别增长26.0%、63.5%，而一季度分别下降80.2%、34.7%。二季度高技术制造业利润增长34.6%，为增速最高的行业板块，而一季度为下降17.1%。其中，受订单转移到国内以及内需增加影响，电子行业二季度利润增长47.6%，而一季度为下降12.0%。6月份，规模以上工业企业实现利润总额6665.5亿元，同比增长11.5%，增速比5月份加快5.5个百分点。

2020年上半年，规模以上工业企业中，国有控股企业实现利润总额6614.1亿元，同比下降28.5%；股份制企业实现利润总额18247.1亿元，下降13.7%；外商及港澳台商投资企业实现利润总额6486.4亿元，下降8.8%；私营企业实现利润总额7119.8亿元，下降8.4%。

2020年上半年，规模以上工业企业实现营业收入46.31万亿元，同比下降5.2%；发生营业成本39.16万亿元，下降4.7%；营业收入利润率为5.42%，同比降低0.48个百分点。6月末，规模以上工业企业资产总计120.14万亿元，同比增长6.5%；负债合计68.41万亿元，增长6.4%；所有者权益合计51.73万亿元，增长6.5%；资产负债率为56.9%，同比降低0.1个百分点。规模以上工业企业应收账款15.34万亿元，同比增长12.7%；产成品存货4.44万亿元，增长8.3%。

2020年上半年，规模以上工业企业每百元营业收入中的成本为84.56元，同比增加0.42元；每百元营业收入中的费用为9.05元，同比增加0.23元。6月末，规模以上工业企业每百元资产实现的营业收入为78.8元，同比减少9.6元；人均营业收入为129.6万元，同比减少1.5万元；产成品存货周转天数为20.0天，同比增加2.5天；应收账款平均回收期为56.6天，同比增加8.8天。

（二）国有企业数据

表16　2015年–2020年上半年国有企业利润及增长情况　　　　（亿元、%）

年度	营业收入		利润总额	
	收入	增长	利润	增长
2015年	454704.1	−5.4	23027.5	−6.7
2016年	458978.0	2.6	23157.8	1.7
2017年	522014.9	13.6	28985.9	23.5
2018年	587500.7	10.0	33877.7	12.9
2019年	625520.5	6.9	35961.0	4.7
2020年上半年	279537.3	−4.9	11225.3	−38.8

表17　中央企业、地方国企营收、利润及增长　　　　（亿元、%）

统计科目	2019年				2020年上半年			
	实现营收	增长	实现利润	增长	实现营收	增长	实现利润	增长
国有企业	625520.5	6.9	35961.0	4.7	279537.3	−4.9	11225.3	−38.8
其中：中央企业	358993.8	6.0	22652.7	8.7	158965.9	−6.8	7820.6	−35.6
地方国企	266526.7	8.2	13308.3	−1.5	120571.4	−2.4	3404.7	−44.9

　　2019年，国有企业税后净利润26318.4亿元，同比增长5.2%，归属于母公司所有者的净利润为15496.0亿元。其中，中央企业16539.9亿元，同比增长10.4%，归属于母公司所有者的净利润9644.2亿元；地方国有企业9778.5亿元，同比下降2.7%，归属于母公司所有者的净利润5851.9亿元。

　　2019年，国有企业资产负债率63.9%，下降0.2个百分点。其中，中央企业67.0%，下降0.4个百分点；地方国有企业61.6%，增长0.1个百分点。营业总成本609066.1亿元，同比增长7.1%。其中，中央企业344900.0亿元，同比增长5.9%；地方国有企业264166.1亿元，同比增长8.6%。

　　2019年，国有企业应交税费46096.3亿元，同比下降0.7%。其中，中央企业32317.1亿元，同比下降0.7%；地方国有企业13779.2亿元，同比下降0.6%。

　　2020年上半年受疫情影响，国有企业各项指标均有所下降，但趋势在收窄，预计疫情过后会有报复性增长。

三、对外经贸数据

表18　2015年–2020年上半年货物进出口总额　　　　（亿元）

年度	进出口总额	进口	出口
2015年	245503	141167	104336
2016年	243386	138419	104967
2017年	278099	153309	124790
2018年	305008	164127	140881
2019年	315504	172342	143162
2020年上半年	142379	77134	65245

表19 2019年货物进出口总额及其增长速度

统计科目	金额（亿元）	比上年增长（%）
货物进出口总额	315505	3.4
货物出口额	172342	5.0
其中：一般贸易	99546	7.8
加工贸易	50729	−3.7
其中：机电产品	100631	4.4
高新技术产品	50427	2.1
货物进口额	143162	1.6
其中：一般贸易	86599	3.1
加工贸易	28778	−7.4
其中：机电产品	62596	−1.8
高新技术产品	43978	−0.8
货物进出口顺差	29180	—

2019年货物进出口总额315505亿元，比上年增长3.4%，货物进出口顺差29180亿元，比上年增加5932亿元。对"一带一路"沿线国家进出口总额92690亿元，比上年增长10.8%。其中，出口52585亿元，增长13.2%；进口40105亿元，增长7.9%。2020年，从月度看，出口额连续三个月正增长。

2019年服务进出口总额54153亿元，比上年增长2.8%。其中，服务出口19564亿元，增长8.9%；服务进口34589亿元，下降0.4%。服务进出口逆差15025亿元。对外承包工程完成营业额11928亿元，比上年增长6.6%，折1729亿美元，增长2.3%。其中，对"一带一路"沿线国家完成营业额980亿美元，增长9.7%，占对外承包工程完成营业额比重为56.7%。对外劳务合作派出各类劳务人员49万人。

2020年上半年，受疫情影响，特别是国际疫情的疯狂肆虐，国际订单出现诸多不确定性，配套产业链、供应链受到严重威胁。中国由于疫情防控和复工复产措施得当，成为率先走出疫情困扰的主要经济增长体，进出口各项指标良性恢复，正在对世界战胜疫情提供有效的帮助。

四、科技创新数据

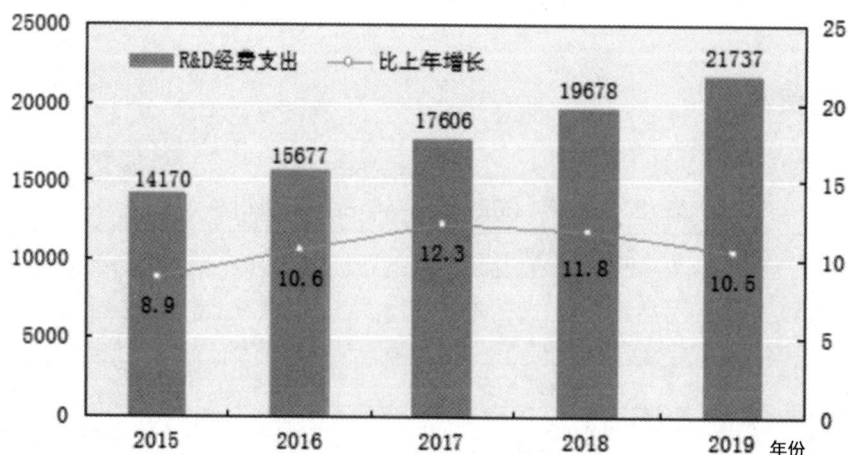

图14 2015年–2019年研究与试验发展（R&D）经费支出及其增长速度（亿元）

表20　2019年专利申请、授权和有效专利情况

统计科目	专利数（万件）	比上年增长（%）
专利申请数	438.0	1.3
其中：境内专利申请	417.2	1.2
其中：发明专利申请	140.1	−9.2
其中：境内发明专利	123.1	−10.8
专利授权数	259.2	5.9
其中：境内专利授权	245.8	6.0
其中：发明专利授权	45.3	4.8
其中：境内发明专利	35.4	4.3
年末有效专利数	972.2	16.0
其中：境内有效专利	869.2	17.5
其中：有效发明专利	267.1	12.9
其中：境内有效发明专利	186.2	16.3

2019年高技术产业投资比上年增长17.3%，工业技术改造投资增长9.8%。2019年研究与试验发展（R&D）经费支出21737亿元，比上年增长10.5%，与国内生产总值之比为2.19%。

2019年规模以上工业中，战略性新兴产业增加值比上年增长8.4%。高技术制造业增加值增长8.8%，占规模以上工业增加值的比重为14.4%。装备制造业增加值增长6.7%，占规模以上工业增加值的比重为32.5%。

2019年规模以上服务业中，战略性新兴服务业企业营业收入比上年增长12.7%。全年服务机器人产量346万套，比上年增长38.9%；网上零售额106324亿元，按可比口径计算，比上年增长16.5%。

2019年商标申请783.7万件，比上年增长6.3%；商标注册640.6万件，增长27.9%。2019年共签订技术合同48.4万项，技术合同成交金额22398亿元，比上年增长26.6%。截至年底，正在运行的国家企业技术中心1540家。

2020年上半年，高技术制造业增加值同比增长4.5%，占规模以上工业增加值的比重为14.7%，比上年同期提高0.9个百分点。高技术领域投入持续加大，上半年高技术制造业投资同比增长5.8%，高技术服务业投资同比增长7.2%，其中医药行业投资增长10%以上，电子商务服务业投资增长30%以上。新基建等相关产品增长比较快，上半年城市轨道车辆增长13%，充电桩产量增长11.9%。上半年实物商品网上零售额同比增长14.3%，占社会消费品零售总额的比重为25.2%，比上年同期提高5.6个百分点。

疫情期间，云计算、大数据、人工智能为代表的新技术快速发展，远程办公、在线教育、智能施工、无人配送等新模式有效地化解了现实生活中的一些堵点、难点，数字经济、智能制造、生命健康等新产业形成了更多增长极，将为经济下一阶段增长提供更多支撑。6月份中国制造业采购经理指数为50.9%，连续四个月位于临界点以上，非制造业商务活动指数是54.4%，连续四个月回升。

五、500强企业趋势数据

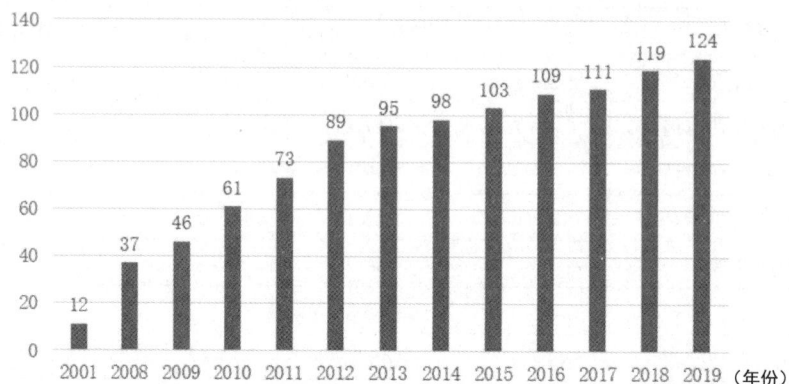

图15 《财富》世界500强的中国大陆（包括中国香港）企业数量
（资料来源：王志乐——中国大陆《财富》世界500强数量首次超过美国，但盈利水平与美国差距巨大）

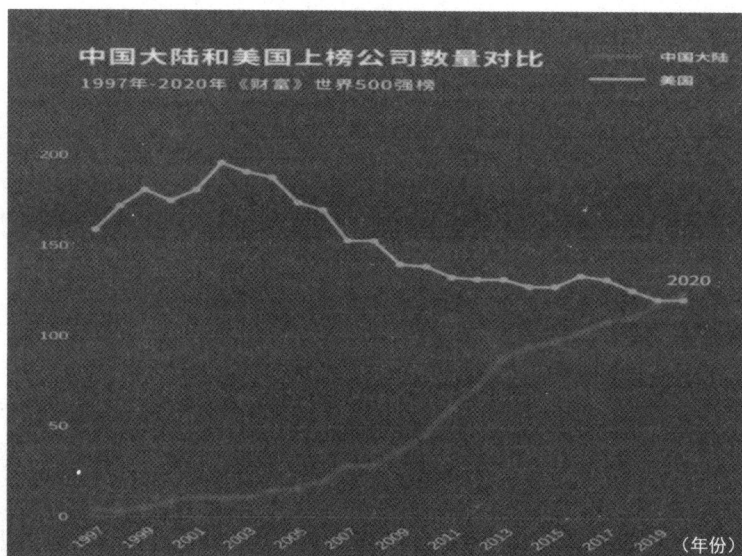

图16 中美各年度《财富》世界500强入围企业数量对比
（来源：《国资报告》）

2020年8月10日发布的《财富》世界500强排行榜中，中国大陆（含香港）公司上榜数量达到124家，历史上第一次超过美国（121家），《财富》官方称之为"历史性跨越"。今年进入世界500强的门槛为254亿美元，500强营业收入总和达到33万亿美元。进入500强的大陆企业平均销售收入669亿美元，平均利润35.6亿美元，销售收益率5.3%，净资产收益率9.8%。同去年相比，2020年上榜中国企业的经营状况与上年持平并且还略有改善。虽然，中国企业的经营状况达到了全球企业的平均水平，如世界500强平均销售收入666亿美元，中国上榜企业平均销售收入669亿美元；世界500强净资产平均364亿美元，中国上榜企业净资产平均364.4亿美元。但是，上榜中国企业盈利水平仍然较低。上榜中国大陆企业124家平均利润不到36亿美元，约为美国企业（70亿美元）的一半，也低于全球500家大公司平均利润41亿美元。

上榜的中国内地企业121家，比去年增加5家，按所有制划分，国有企业93家，民营企业28家。在国有企业中，由国务院国资委履行出资人职责的央企为48家，地方国资委出资企业32家。今年上榜企业排名提升幅度较大，恒力集团和泰康保险排名均上升了74位，中国保利集团则跃升了51位，阿里巴巴上升了50位，国家电投的名次上升了46位，中国宝武提升了38位。值得注意的是，排名提升幅度较大的中国宝武、中国五矿、国家电投等企业，重组均在几年前，而在重组之后几年，继续实现排名的大幅提升，说明重组取得了"1+1>2"的效果。

表21 2020年《财富》世界500强中国内地企业有关数据　　　（家、亿美元、%）

统计科目	数量	营收总额	利润总额	营收利润率
上榜企业	121	81686.05	4271.69	5.23
其中：国企	93	65697.64	3117.65	4.75
民企	28	15988.41	1154.03	7.22
剔除银行后	111	70913.64	2134.49	3.00
其中：国企	85	57253.32	1274.63	2.23
民企	26	13660.32	859.86	6.29

上榜的10家银行利润占全部上榜企业利润总额的50%；上榜企业的营收利润率为5.23%，除银行外企业仅为3%。

表22 2020年中国企业联合会发布国内500强企业数据

统计科目	入围门槛		实现营收		实现利润	
	入围营收（亿元）	提高（亿元）	营业收入（万亿元）	增长（%）	利润总额（万亿元）	增长（%）
中国企业500强	359.61	36.3	86.02	8.75	3.89	10.20
中国制造业500强	100.72	12.1	37.42	7.16	0.98	−0.16
中国服务业500强	54.81	5.2	41.33	9.82	3.00	11.71

2020中国企业500强规模继续保持增长态势，营业收入总额达到86.02万亿元，资产总额为312.35万亿元，入围门槛连续18年提高，营业收入超过1000亿元的企业数量增至217家，净增23家；效率效益持续改善，共实现利润总额55705.76亿元，实现归属母公司的净利润38924.14亿元；入围的482家非银企业的收入利润率、净资产利润率分别为3.10%、8.74%，与2019年500强相比，分别提升了0.24个百分点、0.40个百分点。

入围2020中国企业500强的企业中，制造业238家，服务业181家，其他行业81家，其中先进制造业新增6家，现代服务业新增8家，入围企业产业结构不断优化；营业收入超过1000亿元的企业数量增至217家，净增了23家。今年入围企业总体研发投入保持持续增加态势，投入研发总费用达到10754.06亿元，比上年增加了10.12%，平均研发强度增长至1.61%，达到历史最高值水平，其中研发投入超过10%

的企业有百度、华为、网易、中兴和航天科工五家企业。

另外，2020中国战略性新兴产业领军企业100强的入围门槛为168.7亿元；实现战新业务收入6.71万亿元、战新业务利润3901.7亿元，分别较上年提高9.5%和9.4%；以新一代信息技术、新材料、高端装备与新能源产业作为主要新战业务，占据了入围企业的半数以上，分别有28家、23家和13家；研发费用总计达到5483.7亿元，同比增长25.1%，平均研发强度2.7%。2020中国跨国公司100大海外资产总额为104526亿元、海外营业收入为73307亿元，分别比上年提高9.87%和15.49%；平均跨国指数为16.10%，较上年提高0.14个百分点；海外资产、海外营收和海外员工占比分别是18.8%、21.27%和10.23%。

大事记

V

2020年中国企业改革发展大事记

1月

1月1日　央行决定于1月6日下调金融机构存款准备金率0.5个百分点（不含财务公司、金融租赁公司和汽车金融公司）为支持实体经济发展，降低社会融资实际成本。此次降准是全面降准，体现了逆周期调节，释放长期资金约8000多亿元。

1月3日　国务院总理李克强主持召开国务院常务会议，确定促进制造业稳增长的措施，稳定经济发展的基本盘；部署加快服务外包转型升级，推动服务业优结构上水平。

1月4日　国际货币基金组织公布的数据显示，截至2019年第三季度，全球各经济体央行持有的外汇储备中，人民币资产占比升至2.01%，创IMF自2016年10月报告人民币储备资产以来最高水平。

1月5日　我国研制的发射重量最重、技术含量最高的高轨卫星——实践二十号卫星成功定点。

1月6日　全国税务工作会议召开。2019年，全国税务系统把确保减税降费政策措施落地生根作为重大的政治任务，坚决打赢打好减税降费这场攻坚战，全年累计新增减税降费超过2万亿元，占GDP比重超过2%，拉动全年GDP增长约0.8个百分点。

1月6日　国家主席习近平在人民大会堂同基里巴斯总统马茂会谈。会谈后，两国元首共同见证了两国政府共同推进"一带一路"建设等多项双边合作文件的签署。习近平强调，此次两国签署了共建"一带一路"谅解备忘录等文件，要将共建"一带一路"倡议同"基里巴斯20年发展规划"相对接，拓展务实合作。

1月7日　国家外汇管理局公布，截至2019年12月末，我国外汇储备规模为31079亿美元，较11月上升123亿美元，升幅0.4%；较年初上升352亿美元，升幅1.1%。

1月8日　国务院总理李克强主持召开国务院常务会议，部署进一步做好清理政府部门和国有企业拖欠民营企业中小企业账款工作，要求坚决有力一抓到底；部署春节期间市场保供稳价和基本民生保障工作。

1月9日　胡润研究院发布《2019胡润中国500强民营企业》。榜单显示，前十名民企分别为阿里巴巴（3.8万亿）、腾讯控股（2.9万亿）、中国平安保险（1.5万亿）、华为投资控股（1.2万亿）、蚂蚁金服（1万亿）、美团点评（5500亿）、字节跳动（5300亿）、恒瑞医药（3800亿）、美的集团（3770亿）和滴滴出行（3600亿），前十名门槛从十年前的540亿元上涨六倍至3600亿元。前十名中，总部广东的企业最多，有4家；其次是北京，有3家；排名第三的是浙江，有2家。此外，前十名中有8家企业来自新兴产业，分布在电子商务、传媒与娱乐、大健康领域。

1月11日　国务院国资委在北京举行的"地方国资委负责人会议"，全国国资监管系统将加快构建上下贯通、协调联动的国资监管大格局，以更高站位、更强合力推进国企改革、发展和党的建设。我国国有企业改革已步入关键的历史阶段。

1月12日　中国企业改革与发展研究会、中国合作贸易企业协会主办的"2020中国企业信用发展论坛暨第十一届诚信公益盛典"在京隆重召开。会议紧密结合党的十九届四中全会精神，按照中央经济工作会议部署，旨在搭建企业之间相互交流的平台，聚焦国内外经济形势新动向、新趋势和新政策，推进企业诚信建设，为构筑诚实守信的经济社会环境作出了积极贡献。

1月13日　国家主席习近平在中国共产党第十九届中央纪律检查委员会第四次全体会议上发表重要讲话。他强调，要以新时代中国特色社会主义思想为指导，全面贯彻党的十九大和十九届二中、三中、四中全会精神，一以贯之、坚定不移全面从严治党，坚持和完善党和国家监督体系，强化对权力运行的制约和监督，确保党的路线方针政策贯彻落实，为决胜全面建成小康社会、决战脱贫攻坚提供坚强保障。

1月13日　哈电集团哈尔滨电机厂有限责任公司承担的海洋可再生能源资金项目"600kW海底式潮流发电机整机制造"通过专家组验收，标志着我国最大的、单机容量600kW的潮流能发电机组制造成功，我国潮流能机组研制水平迈上新台阶。

1月13日　世界卫生组织正式将病毒命名为"2019新冠状病毒"。

1月14日　海关总署发布，2019年我国货物贸易进出口总值31.54万亿元，比2018年增长3.4%。其中，出口17.23万亿元，增长5%；进口14.31万亿元，增长1.6%；贸易顺差2.92万亿元，扩大25.4%。据海关统计，2019年民营企业进出口13.48万亿元，增长11.4%，占我国外贸总值的42.7%，比2018年提升3.1个百分点。同期，外商投资企业进出口12.57万亿元，占我国外贸总值的39.9%。民营企业首次超过外商投资企业，成为我国第一大外贸主体。

1月15日　国务院国资委出台两项监管细则《国资监管提示函工作规则》和《国资监管通报工作规则》，进一步强化对中央企业已发典型问题的监督问责，突出事前事中监管，对央企苗头性风险进行提示，以维护国资安全、规范资本运作。

1月15日　国务院新闻办公室举行新闻发布会，表示2019年中央企业经济运行情况，2019年央企总体运营态势保持了稳中有进的态势，实现营业收入30.8万亿元，同比增长5.6%。实现净利润1.3万亿元，同比增长10.8%。

1月16日　国家主席习近平主持会议中央政治局会议，审议《中央政治局常委会听取和研究全国人大常委会、国务院、全国政协、最高人民法院、最高人民检察院党组工作汇报和中央书记处工作报告的综合情况报告》、《关于十九届中央第四轮巡视情况的综合报告》和《关于2019年中央巡视工作领导小组重点工作情况的报告》。

1月17日　国务院办公厅印发《关于支持国家级新区深化改革创新加快推动高质量发展的指导意见》并指出，国家级新区是承担国家重大发展和改革开放战略任务的综合功能平台，要坚持稳中求进工作总基调，加快推动高质量发展。

1月17日　国家统计局发布数据，初步核算，2019年我国国内生产总值990865亿元，按可比价格计算，比上年增长6.1%，符合6%至6.5%的预期目标。分季度看，一季度同比增长6.4%，二季度增长6.2%，三季度增长6.0%，四季度增长6.0%。

1月19日　国务院批复《河北雄安新区起步区控制性规划》和《河北雄安新区启动区控制性详细规划》，这两个规划获批，标志雄安新区规划建设进入新阶段。

1月20日　联合国贸易和发展会议（贸发会议）发布的报告显示，2019年，中国吸收外资达1400亿美元，继续成为全球第二大外资流入国。

1月20日　国内最长的过海地铁隧道青岛地铁8号线过海隧道宣布贯通。这也是国内最长的泥水盾构过海隧道。仅用2年零7个月即顺利完成5.4公里过海段掘进，泥水盾构实现220米/月掘进速度，创造了地铁建设新纪录。

1月20日　浙江印发《关于深化制造业企业资源要素优化配置改革的若干意见》，公布的资源要素优化配置新政策包括完善制造业企业差别化城镇土地使用税机制、差别化用地机制、差别化用能机制等内容。推出深化"亩均论英雄"改革新举措。

1月21日　国务院办公厅印发《国家政务信息化项目建设管理办法》，对国家政务信息系统的规划、审批、建设、共享和监管作出规定。《办法》指出，要规范国家政务信息化建设管理，推动政务信息系统跨部门跨层级互联互通、信息共享和业务协同，强化系统应用绩效考核。

1月22日　按照党中央、国务院决策部署，财政部与医保局联合印发了《关于做好新型冠状病毒感染的肺炎疫情医疗保障的紧急通知》。《通知》要求，各地医保及财政部门要确保确诊新型冠状病毒感染肺炎患者不因费用问题影响就医，确保收治医院不因支付政策影响救治。

1月22日　财政部发布2019年1—12月全国国有及国有控股企业主要经济指标。数据显示，国有企业营业收入、利润总额等继续保持增长态势，应交税费继续下降。

1月22日　据工信部消息：2019年，我国互联网和相关服务业保持平稳较快增长态势，业务收入和利润保持较快增长，规模以上互联网和相关服务企业完成业务收入12061亿元，同比增长21.4%，全行业实现营业利润1024亿元，同比增长16.9%，增速比上年提高13.1个百分点。

1月23日　按照国务院部署，财政部紧急下拨湖北省新型冠状病毒感染的肺炎疫情防控补助资金10亿元，为打好疫情防控攻坚战，支持湖北省开展疫情防控相关工作。

1月23日　按照疫情防控指挥部通告，武汉进行封城。武汉全市城市公交、地铁、轮渡、长途客运暂停运营，机场、火车站离汉通道暂时关闭。

1月21—24日　以"凝聚全球力量，实现可持续发展"为主题的世界经济论坛2020年年会在瑞士达沃斯举行。在经济全球化遭遇逆风、保护主义持续蔓延的大背景下，与会代表纷纷赞赏中国长期以来积极维护多边主义和自由贸易的立场和举措，期待中国方案为全球可持续发展提供新路径。

1月25日　中共中央政治局常务委员会召开会议，专门听取新型冠状病毒感染的肺炎疫情防控工作汇报，对疫情防控特别是患者治疗工作进行再研究、再部署、再动员。国家主席习近平主持会议并发表重要讲话，强调要深刻认识做好新型冠状病毒感染的肺炎疫情防控的重要性和紧迫性，要把人民群众生命安全和身体健康放在第一位，把疫情防控工作作为当前最重要的工作来抓，要确保人民群众度过一个安定祥和的新春佳节。

1月26日　湖北召开新型冠状病毒感染的肺炎疫情防控工作新闻发布会。湖北省省长王晓东介绍，面对严峻的疫情，湖北从四个方面全力以赴打好疫情阻击战：一是全面升级防控措施。二是全方位切断疫情传播途径。三是全力以赴救治患者。四是全民动员、全社会行动。

1月27日　受国家主席习近平总书记委托，国务院总理李克强赴武汉考察指导疫情防控工作，代表党中央、国务院慰问疫情防控一线的医务人员。

1月27日　比尔及梅琳达·盖茨基金会宣布向中国提供500万美元紧急赠款，并提供相应的技术和专家支持，用于帮助中国相关合作伙伴加速在新型冠状病毒感染的流行病学、应急干预实施和医药产品研发等方面的工作。

1月28日　国家公务员局今天发布《关于推迟中央机关及其直属机构2020年度公务员考试录用、公开遴选和公开选调面试时间的公告》。公告称，经研究，中央机关及其直属机构2020年度公务员考试录用、公开遴选和公开选调面试时间推迟，具体安排另行通知，请考生耐心等待。

1月30日　国务院办公厅印发《关于组织做好疫情防控重点物资生产企业复工复产和调度安排工作的紧急通知》。《通知》指出，各省（区、市）人民政府要切实履行主体责任，迅速组织本地区生产应对疫情使用的医用防护服、N95口罩、医用护目镜、负压救护车、相关药品等企业复工复产；国务院应对新型冠状病毒感染肺炎疫情联防联控机制物资保障组负责对上述重点医疗应急防控物资实施统一管理、统一调拨，地方各级人民政府不得以任何名义截留、调用；要建立有关工作衔接机制，确保24小时联络畅通，做好重点医疗应急防控物资的及时生产、调拨、运输和配用等方面协调工作。

1月31日　武汉市新型冠状病毒感染的肺炎疫情防控指挥部表示：武汉市1100家大型商超正常开门营业，135家商超的门店开展"一元菜"销售，中石油、中石化等410座加油站正常供应，全市4084家药店开门营业，但仍存在口罩、酒精、消毒液等供给相对不足的情况。

2月

2月1日　国务院总理李克强赴疫情防控国家重点医疗物资保障调度平台考察，强调要全力保障重点医疗防控物资生产供应，优化调度，优先保障重点地区需要，同时保障好生活必需品供应，为打赢疫情防控阻击战提供必要条件。

2月1日　财政部、海关总署、税务总局联合发布公告，自2020年1月1日至3月31日，对用于疫情防控的进口物资，实行更优惠的进口税收政策。适度扩大《慈善捐赠物资免征进口税收暂行办法》规定的免税进口范围，对捐赠用于疫情防控的进口物资，免征进口关税和进口环节增值税、消费税。

2月2日　国务院关税税则委员会发布，对按照防控新型冠状病毒感染的肺炎疫情进口物资免税政策进口且原产于美国的物资，不实施对美加征关税措施。

2月2日　武汉首座用于集中收治新型冠状病毒感染肺炎患者的专科医院——火神山医院，正式交付解放军支援湖北医疗队。

2月3日　国家统计局公布，2019年全国规模以上工业企业实现利润总额61995.5亿元，比上年下降3.3%。在41个工业大类行业中，28个行业利润总额比上年增加，13个行业减少。

2月3日　中国人民银行发布公告表示，中国人民银行将开展1.2万亿元公开市场逆回购操作投放资金，确保流动性充足供应，确保流动性充足供应，银行体系整体流动性比去年同期多9000亿元。

2月4日　据中国银行业协会统计，截至当日中午12时，银行业发放的防疫及支持相关企业生产贷款已超过1600亿元。多家银行对湖北省内的普惠型小微企业贷款利率，在现有利率基础上下调了0.35到0.5个百分点。

2月4日　人民银行公开市场操作逆回购投放资金5000亿元，2月3日、2月4日投放流动性累计达1.7万亿元。超预期流动性投放推动货币市场和债券市场利率下行，并将进一步推动贷款市场利率下行。

2月5日　国务院常务会议确定再推出四项财税政策，一是对防控重点物资生产企业扩大产能购置设备允许税前一次性扣除，全额退还这期间增值税增量留抵税额，二是对运输防控重点物资和提供公共交通、生活服务、邮政快递收入免征增值税，三是对相关防疫药品和医疗器械免收注册费，加大对药品和疫苗研发的支持，四是免征民航企业缴纳的民航发展基金。

2月6日　国务院关税税则委员会发布公告，决定调整对原产于美国约750亿美元进口商品的加征关税措施。自2020年2月14日13时01分起，2019年9月1日起已加征10%关税的商品，加征税率调整为5%；

已加征5%关税的商品，加征税率调整为2.5%。

2月9日 财政部、发展改革委、工业和信息化部、人民银行、审计署联合召开全国电视电话会议，部署强化疫情防控重点保障企业资金支持工作。疫情发生以来，财政部加大疫情防控资金保障力度。截至当日，各级财政共安排疫情防控资金718.5亿元，实际支出315.5亿元。以"县级为主、省级兜底"为原则，切实落实"三保"要求，不得出现"三保"无法保障的情况。

2月10日 财政部、国家税务总局发布公告，明确境外所得有关个人所得税政策。根据公告，居民个人来源于中国境外的综合所得，应当与境内综合所得合并计算应纳税额；居民个人来源于中国境外的经营所得，应当与境内经营所得合并计算应纳税额；居民个人来源于中国境外的利息、股息、红利所得，财产租赁所得，财产转让所得和偶然所得，不与境内所得合并，应当分别单独计算应纳税额。

2月11日 国务院办公厅转发国家卫生健康委、人力资源社会保障部、财政部《关于改善一线医务人员工作条件切实关心医务人员身心健康若干措施》的通知。通知就改善一线医务人员工作条件，切实关心医务人员身心健康提出七方面措施。

2月12日 国务院联防联控机制举行新闻发布会，介绍加强疫情科学防控，有序做好企业复工复产工作情况。要求严格制止以审批等简单粗暴方式限制企业复工复产的做法，对30人以下的参保企业裁员率不超过参保职工总数20%的，可以申请失业保险稳岗返还政策。

2月12日 中共中央政治局常务委员会召开会议，听取中央应对新型冠状病毒感染肺炎疫情工作领导小组汇报，分析当前新冠肺炎疫情形势，研究加强疫情防控工作。国家主席习近平主持会议并讲话，要求要始终坚持把人民群众生命安全和身体健康放在第一位，按照坚定信心、同舟共济、科学防治、精准施策的总要求，全面开展疫情防控工作。

2月13日 国务院联防联控机制召开新闻发布会。截至2月11日，全国口罩产能利用率已达94%，特别是一线防控急需的医用N95口罩，产能利用率已达到128%，医用非N95口罩的产能利用率达到106%。

2月13日 国家市场监管总局表示：疫情防控期间该局将重点把七项工作举措，包括：一是坚决取缔和严厉打击野生动物交易。二是严厉打击哄抬物价、囤积居奇、趁火打劫等违法犯罪行为。三是靠前服务，进一步加快药品、医疗器械等应急审批，确保产品安全、有效、质量可靠。四是强化监管，确保食品安全。五是加大监管执法力度，严厉打击制售假冒伪劣口罩、防护服等违法行动。六是发挥"保价格、保质量、保供应"平台作用，切实保障各类防疫用品和居民生活必需品价格稳定、质量安全、供应充足。七是问需企业、早期介入，利用好计量、标准、检验检测、认证、专利、商标等服务平台，为企业复工复产提供便捷技术服务。

2月14日 国家主席习近平主持召开中央全面深化改革委员会第十二次会议并发表重要讲话。他强调，既要立足当前，科学精准打赢疫情防控阻击战，更要放眼长远，总结经验、吸取教训，针对这次疫情暴露出来的短板和不足，抓紧补短板、堵漏洞、强弱项，该坚持的坚持，该完善的完善，该建立的建立，该落实的落实，完善重大疫情防控体制机制，健全国家公共卫生应急管理体系。

2月14日 国务院应对新型冠状病毒感染肺炎疫情联防联控机制就加大疫情防控财税支持力度情况、加大对受疫情影响企业特别是小微企业金融支持力度情况召开新闻发布会。银保监会将采取5项政策措施，降低小微企业融资成本。

2月15日 经国务院批准，财政部预拨2020年第二批新型冠状病毒肺炎疫情防控补助资金80亿元，支持各地开展疫情防控相关工作，其中对湖北省预拨35亿元。截至当日，各级财政已安排疫情防控补助资金901.5亿元，其中中央财政安排252.9亿元。

2月16日　中欧班列（郑州）春节后第一趟出口中亚班列发车，标志着中欧班列（郑州）开始恢复常态化开行。该趟班列装载41组集装箱，运输的货物包括机电设备、金属制品、精密元器件、生活日用品等，总重600多吨。

2月17日　国务院联防联控机制印发《关于科学防治精准施策分区分级做好新冠肺炎疫情防控工作的指导意见》，要求各地要制定差异化的县域防控和恢复经济社会秩序的措施。科学划分疫情风险等级，明确分级分类的防控策略。

2月17日　中国银保监会发布，2019年四季度末，我国商业银行不良贷款余额2.41万亿元，较上季末增加463亿元；商业银行不良贷款率1.86%，与上季末持平。2019年四季度末，我国银行业金融机构本外币资产290万亿元，同比增长8.1%；保险公司总资产20.6万亿元，较年初增加2.2万亿，增长12.2%。

2月18日　在国务院联防联控机制新闻发布会上，国资委表示，中央企业所属2万余户生产型子企业开工率已超80%，石油石化、通信、电网、交通运输等行业已超95%，有的已达100%。

2月19日　中国人民银行发布2019年第四季度中国货币政策执行报告指出，下一阶段，将科学稳健把握货币政策逆周期调节力度，加大对新冠肺炎疫情防控的货币信贷支持力度。健全基准利率和市场化利率体系，完善LPR传导机制，坚决打破贷款利率隐性下限。

2月20日　商务部有关负责人在商务部召开的网上新闻发布会上表示，2月10日起，除湖北省以外，各地具备条件的外贸生产企业也开始逐步复工复产。目前，外贸生产企业复工复产情况主要呈现3个特点。一是外贸生产正在快速恢复；二是分区分级推进；三是复工进度不平衡问题正在好转。

2月21日　中央政治局召开会议，研究新冠肺炎疫情防控工作，部署统筹做好疫情防控和经济社会发展工作，国家主席习近平主持会议。

2月21日　央行召开2020年金融市场工作电视电话会议，会议指出2020年六大工作要点。分别是金融市场、房地产、互联网金融、小微民营企业、贫困地区、制造业和科技创新。

2月22日　国务院联防联控机制召开新闻发布会介绍，全国商贸流通业连锁超市开业率达95%以上，大型品牌连锁快餐店开业率达90%左右，连锁便利店开业率达80%左右，全国80%大型农产品批发市场已经营业，农贸市场、社区菜店、蔬菜市场等也在陆续恢复。

2月22日　中国石油化工集团公司由全民所有制企业改制为国有独资公司，名称变更为中国石油化工集团有限公司。

2月22日　国务院联防联控机制召开新闻发布会，介绍疫情期间采取降低企业用电成本。降低企业用气成本，下调国内成品油价格"两降低一下调"举措，保证煤电油气供应，保障居民用能需求情况。

2月23日　上交所将为近期上市的企业举办"网络上市仪式"。这是上交所为进一步做好疫情防控工作、优化企业服务方式新设的服务举措，也是上交所历史上首次以网络取代交易大厅现场形式举行上市仪式。

2月23日　国务院联防联控机制召开新闻发布会，介绍疫情期间煤电油气供应，保障居民用能需求情况。疫情期间，为降低企业成本负担，国家发改委采取"两降低一下调"举措。一是降低企业用电成本，二是降低企业用气成本，三是下调国内成品油价格。

2月24日　十三届全国人大常委会第十六次会议表决通过了《关于全面禁止非法野生动物交易、革除滥食野生动物陋习、切实保障人民群众生命健康安全》的决定。决定自公布之日起施行。

2月24日　中国世界卫生组织新冠肺炎联合专家考察组结束对中国为期9天的考察，在京举行新闻发布会，介绍考察情况以及对中国及全球疫情防控的建议。

2月25日　国务院总理李克强主持召开国务院常务会议，推出鼓励吸纳高校毕业生和农民工就业的措施；确定鼓励金融机构对中小微企业贷款给予临时性延期还本付息安排，并新增优惠利率贷款；部署对个体工商户加大扶持，帮助缓解疫情影响纾困解难。

2月26日　中共中央政治局常务委员会召开会议，分析当前疫情形势，研究部署近期防控重点工作。国家主席习近平主持会议并发表重要讲话。会议强调，要继续集中力量和资源，全面加强湖北省和武汉市疫情防控；要强化特殊场所和重点人群防护措施；要精准稳妥推进复工复产。

2月27日　中国企业改革与发展研究会推出企业抗击疫情系列谈之一——有力有序抓好疫情防控精准施策促进企业发展。文章提出，企业复工复产要做好防控疫情工作，落实以保证职工健康为前提的精准施策。做好风险防范预案，建立科学的应对机制。注重创新发展，用创新赢得未来。同时需要紧密与政府、社会有关部门的沟通，解决遇到的困难和问题，在逆袭中快速发展。

2月28日　《中华人民共和国2019年国民经济和社会发展统计公报》发布，2019年我国GDP为990865亿元，比上年增长6.1%。其中，第一产业增加值70467亿元，增长3.1%；第二产业增加值386165亿元，增长5.7%；第三产业增加值534233亿元，增长6.9%。

2月28日　国家统计局发布《中华人民共和国2019年国民经济和社会发展统计公报》，报告显示，2019年我国国内生产总值稳居世界第二位；人均国内生产总值按年平均汇率折算达到10276美元，首次突破1万美元，与高收入国家差距进一步缩小。

2月29日　国务院办公厅发布《关于贯彻实施修订后的证券法有关工作的通知》，要求稳布推进证券公开发行注册制。

2月29日　国家统计局服务业调查中心和中国物流与采购联合会发布了中国采购经理指数(PMI)。2020年2月份，受新冠肺炎疫情冲击，中国采购经理指数明显回落，比上月下降14.3个百分点。

3月

3月1日　《求是》杂志第5期发表国家主席习近平的重要文章《全面提高依法防控依法治理能力，健全国家公共卫生应急管理体系》。

3月1日　我国"互联网盲道"首个国家标准《信息技术互联网内容无障碍可访问性技术要求与测试方法》正式实施，1700多万视障者的上网烦恼或将迎刃而解。

3月2日　国务院总理李克强主持召开领导小组会议做好分区分级精准防控，采取务实措施统筹疫情防控和春耕生产。

3月2日　中国企业改革与发展研究会推出企业抗击疫情系列谈之二——在抗击疫情的大战大考中强化风险防范加快转型升级，为完成全年目标任务做出积极贡献。文章提出各大企业应变压力为动力、善于化危为机，应对新冠疫情的各项政策调节，挖掘转型升级的巨大潜力，释放改革动能，为实现全年经济社会发展目标任务、全面建成小康社会、实现经济平稳运行和社会健康发展做出积极贡献。

3月3日　国务院总理李克强主持召开国务院常务会议，部署完善"六稳"工作协调机制，有效应对疫情影响促进经济社会平稳运行；确定支持交通运输、快递等物流业纾解困难加快恢复发展的措施；决定加大对地方财政支持，提高保基本民生保工资保运转能力。

3月3日　国务院办公厅印发《关于进一步精简审批优化服务精准稳妥推进企业复工复产的通知》，《通知》指出，深化"放管服"改革，取消不合理审批，提供便利服务，精准稳妥推进企业复工复产。

3月3日　人力资源社会保障部印发《关于进一步做好民营企业职称工作的通知》，要求打破户籍、身份、档案、所有制等制约，进一步拓宽民营企业的职称申报渠道。

3月4日　中共中央政治局常务委员会召开会议，国家主席习近平主持会议并发表重要讲话，当前已初步呈现疫情防控形势持续向好、生产生活秩序加快恢复的态势，必须深入贯彻落实统筹推进疫情防控和经济社会发展工作部署会议精神，力争全国经济社会发展早日全面步入正常轨道，为实现决胜全面建成小康社会、决战脱贫攻坚目标任务创造条件。

3月4日　财政部发布通知，阶段性提高地方财政资金留用比例。2020年3月1日至6月底，在已核定的各地当年留用比例基础上统一提高5个百分点。

3月5日　发布《中共中央国务院关于深化医疗保障制度改革的意见》，深入贯彻了党的十九大关于全面建立中国特色医疗保障制度的决策部署，着力解决医疗保障发展不平衡不充分的问题。

3月5日　银保监会印发《关于加快推进意外险改革的意见》，强调用两年时间扭转意外险市场乱象丛生的局面。

3月6日　决战决胜脱贫攻坚座谈会召开。这是党的十八大以来脱贫攻坚方面最大规模的会议，国家主席习近平出席并发表重要讲话。他强调到2020年现行标准下的农村贫困人口全部脱贫，是党中央向全国人民作出的郑重承诺，必须如期实现。

3月6日　国家发改委宣布："十三五"规划的易地扶贫搬迁建设任务已基本完成。

3月7日　证监会就《关于全国中小企业股份转让系统挂牌公司转板上市的指导意见》公开征求意见。

3月8日　人社部会同财政部、税务总局印发《关于阶段性减免企业社会保险费的通知》，对企业缴纳养老、失业、工伤三项社会保险费明确了"免、减、缓"三项措施。

3月9日　国务院办公厅公布《国有金融资本出资人责任暂行规定》，把国有金融资本都纳入统一管理范围。抓紧健全国有金融资本管理的"四梁八柱"，优化资本布局，合理调整国有金融资本在银行、证券、保险等行业的比重，推动国有金融资本向重要行业和关键领域、重要基础设施和重点金融机构集中，提高资本配置效率。

3月10日　国家主席习近平专门赴湖北省武汉市考察疫情防控工作，他强调，经过艰苦努力，湖北和武汉疫情防控形势发生积极向好变化，取得阶段性重要成果，但疫情防控任务依然艰巨繁重。要毫不放松抓紧抓实抓细各项防控工作，坚决打赢湖北保卫战、武汉保卫战。

3月10日　北京航天飞行控制中心圆满完成我国首次火星探测任务无线联试。

3月11日　国家税务总局发布新版《应对新冠肺炎疫情税费优惠政策指引》，从支持防护救治、支持物资供应、鼓励公益捐赠、支持复工复产四个方面对17项政策逐一进行解读，更好帮助纳税人、缴费人准确掌握和及时享用各项新出台的税费优惠政策。

3月11日　中国企业改革与发展研究会发布企业抗击疫情系列谈之三——紧盯疫情防控新形势 下好产业调整先手棋。文章强调，在疫情这种特殊、复杂且不确定的形势下，我国广大企业应保持定力，沉着应对，既要抓紧复工复产，快速扭转局面，在化解危机中提振经济发展，同时又应立足长远，置身全球加快产业结构调整，为寻求在国际产业链的竞争力提升，提前谋篇布局。

3月12日　中共中央办公厅、国务院办公厅印发《关于组织开展复工复产情况调研的通知》，定于3月中旬组织29个调研工作组，对部分省（区、市）和新疆生产建设兵团复工复产情况开展调研。

3月13日　财政部会同国务院扶贫办联合印发《关于做好2020年财政专项扶贫资金管理、贫困县涉农资金整合试点及资产收益扶贫等工作的通知》，严格落实"摘帽不摘责任、摘帽不摘政策、摘帽不摘帮扶、摘帽不摘监管"的要求，进一步强化资金管理和优化政策举措。

3月14日　国务院联防联控机制印发《因新冠肺炎疫情影响造成监护缺失儿童救助保护工作方案》，要求各地要分类施策，落实监护照料措施。对没有监护人的儿童，由村（居）民委员会临时照料，确有困难的，由县级民政部门承担临时监护责任。

3月15日　欧洲专利局发布的2019年专利指数报告显示，中国向欧洲专利局申请的专利数量达12247项，较2018年增长29.2%，增幅居十大专利申请国首位，再创历史新高。

3月16日　财政部、交通运输部发布公告，自2020年3月1日0点起至2020年6月30日24点止，免征出口国外和国外进口货物的港口建设费；减半征收船舶油污损害赔偿基金。

3月16日　央行决定实施普惠金融定向降准，对达到考核标准的银行定向降准0.5至1个百分点。对符合条件的股份制商业银行再额外定向降准1个百分点，支持发放普惠金融领域贷款。

3月16日　全世界第一针疫苗在武汉注射，第一份全世界公布的人体数据，也是武汉的数据。

3月17日　经国务院批准，发改委对《中央定价目录》进行了修订，修订后的定价项目缩减近30%，并自2020年5月1日起施行。

3月17日　人民银行召开电视电话会议，要求人民银行各分支机构要进一步管好用好再贷款再贴现政策，重点支持现阶段亟需解决、受疫情影响较大的"难点"和"痛点"问题。

3月18日　中央政治局常委会会议分析国内外新冠肺炎疫情防控和经济形势，研究部署统筹抓好疫情防控和经济社会发展重点工作。当前我国经济下行压力持续加大要加快建立同疫情防控相适应的经济社会运行秩序，积极有序推进企事业单位复工复产，努力把疫情造成的损失降到最低限度。

3月18日　中国新冠疫情的核心城市武汉第一次报告没有出现新的感染者。

3月19日　中央脱贫攻坚专项巡视"回头看"完成反馈。这次"回头看"是习近平总书记亲自部署的重大政治任务，也是党的十九大后中央巡视的首次"回头看"。

3月20日　国务院总理李克强考察疫情防控与生活物资保障服务平台、国务院复工复产推进工作机制和宏观政策协调机制时强调，在精准防控疫情的同时积极有序推进复工复产，稳住和支持市场主体增强经济回升动力。要想尽一切办法让中小微企业和个体户生存下来。

3月20日　证监会发布《发行监管问答--关于上市公司非公开发行股票引入战略投资者有关事项的监管要求》。

3月20日　中国企业改革与发展研究会推出企业抗击疫情系列谈之四——不懈于内，共济于外在人类命运共同体的抗"疫"合作中推进中国企业的新发展。文章明确，我国的广大企业更应坚定信心、化危为机，在分区分级实施精准防控的基础上，有序推动全产业链加快复工复产，促进经济恢复平稳运行。同时进一步扩大对外开放，积极主动援助全球抗疫，在人类命运共同体的抗疫合作中推进中国企业的新发展。

3月21日　科技部发布《关于科技创新支撑复工复产和经济平稳运行的若干措施》。

3月21日　WTI原油期货本周暴跌29%，创1991年以来的最大单周跌幅。本周原油价格大崩溃的原因是全球各地的封锁隔离行动导致需求骤然下跌。

3月22日　国务院联防联控机制举行新闻发布会，介绍保障春耕生产农资供应情况。据了解，当前农资供应形势明显好转，农资重点企业的复工率已达88%。为做好农资运输保障工作，交通运输部门将春季农业生产物资和农机具转运纳入应急运输绿色通道政策，由运输企业打印全国统一的"疫情防控应急物资及人员运输车辆通行证"，确保运输车辆不停车、不检查、不收费，优先通行。

3月23日　国务院新闻办在武汉举行的第九场发布会上，中央指导组成员余艳红等介绍，中医药全面介入、深度参与新冠肺炎救治工作是这次抗击疫情中的一大亮点，超九成患者使用中医药治疗。

3月24日　国务院总理李克强主持召开国务院常务会议，确定推动制造业和流通业在做好疫情防控同时积极有序复工复产的措施；部署进一步提升我国国际航空货运能力，努力稳定供应链。

3月24日　中华全国总工会下发《关于拨付2020年中央财政专项帮扶资金保障疫情期间困难职工基本生活有关事项的通知》，下拨2.5亿元中央财政专项帮扶资金，用于保障疫情期间困难职工生活。

3月26日　国家主席习近平在北京出席二十国集团领导人应对新冠肺炎特别峰会并发表题为《携手抗疫，共克时艰》的重要讲话。习近平就会议议题提出以下倡议：坚决打好新冠肺炎疫情防控全球阻击战，有效开展国际联防联控，加强国际宏观经济政策协调。这是G20历史上首次举行领导人视频峰会。

3月27日　中共中央政治局召开会议，分析国内外新冠肺炎疫情防控和经济运行形势，研究部署进一步统筹推进疫情防控和经济社会发展工作。会议强调，要外防输入、内防反弹。稳健的货币政策要更加灵活适度，适当提高财政赤字率，发行特别国债，增加地方政府专项债券规模，引导贷款市场利率下行。

3月27日　国家统计局发布，今年以来，突发新冠肺炎疫情对工业企业生产经营形成严重冲击，工业企业利润明显下降。1—2月份全国规模以上工业企业利润同比下降38.3%。

3月29日　联合国教科文组织发布公告称，为应对新冠肺炎疫情造成的教育中断问题，联合国教科文组织发起成立了一个全球教育联盟，以支持各国推广应用最佳远程学习方案。

3月31日　国务院总理李克强主持召开国务院常务会议，部署经济刺激措施确定再提前下达一批地方政府专项债额度，带动扩大有效投资；部署强化对中小微企业的金融支持，对低收入群体特别是困难群体加大相关补助政策力度。

3月31日　华为发布2019年年度报告，报告显示，华为实现全球销售收入8 588亿元人民币，同比增长19.1%，净利润627亿元人民币，经营活动现金流914亿元，同比增长22.4%。2019年华为持续投入技术创新与研究，研发费用达1 317亿元人民币，占全年销售收入15.3%，近十年投入研发费用总计超过6 000亿元人民币。

3月31日　国务院联防联控机制举行的新闻发布会上介绍，我国已有三个疫苗获批进入临床试验，其中腺病毒载体疫苗首个获批进入临床研究，已于3月底完成了一期临床试验受试者的接种工作。

4月

4月1日　国家主席习近平在浙江考察，强调要全面贯彻党中央各项决策部署，做好统筹推进新冠肺炎疫情防控和经济社会发展工作，精准落实疫情防控和复工复产各项举措，奋力实现今年经济社会发展目标任务，努力成为新时代全面展示中国特色社会主义制度优越性的重要窗口。

4月1日　中国企业改革与发展研究会推出了企业抗击疫情系列谈之五——积极跻身新基建 转型升级抗疫情。系列谈之五提出我国企业从复工复产到达产，还存在太多不确定性。在当前新冠肺炎疫情全球肆虐的情况下，达产难度更大，并且必须面对产业链重组的重大考验和挑战。因此，企业要做打好下半场的准备，在全力驰援国际抗疫的同时，积极跻身新基建，危中求机促发展，转型升级抗疫情。

4月1日　华为2019年营收与利润双双稳健增长，利润升高5.6%，营业收入增长近五分之一，其全球业务增幅明显放缓，重点转向中国国内市场。

4月2日　国家邮政局、工业和信息化部印发《关于促进快递业与制造业深度融合发展的意见》，提出到2025年，快递业服务制造业范围持续拓展，深度融入汽车、消费品、电子信息、生物医药等制造领域，培育出100个深度融合典型项目和20个深度融合发展先行区。

4月2日　国家发展改革委印发《关于2020年光伏发电上网电价政策有关事项的通知》，2020年光伏上网指导价及补贴标准终于落地。

4月3日　为表达全国各族人民对抗击新冠肺炎疫情斗争牺牲烈士和逝世同胞的深切哀悼，国务院今天发布公告，决定2020年4月4日举行全国性哀悼活动。

4月4日　瑞幸咖啡自曝财务造假22亿，当天瑞幸咖啡收盘重挫75.57%。

4月5日　中国人民银行发布数据显示，一季度，我国债券市场共发行债券12万亿元，同比增长14%；余额为103万亿元，较上年末增长4%。我国债券市场继续稳步发展，为疫情防控和经济社会发展提供了有力支持。

4月6日　胡润研究院发布《疫情两个月后全球企业家财富变化特别报告》，报告显示，过去两个月，全球百强企业家的财富减少12.6%，即2.6万亿人民币，几乎是这些企业家过去两年半创造财富的总和，相当于每人每天损失4亿多人民币。

4月7日　国务院总理李克强主持召开国务院常务会议，会议指出，推出增设跨境电子商务综合试验区、支持加工贸易、广交会网上举办等系列举措，积极应对疫情影响努力稳住外贸外资基本盘；决定延续实施普惠金融和小额贷款公司部分税收支持政策。以新业态助力外贸克难前行。

4月7日　央行超额存款准备金利率从0.72%下调至0.35%，为2008年来首次。

4月8日　中共中央政治局常务委员会召开会议，国家主席习近平主持会议，会议分析国内外新冠肺炎疫情防控和经济运行形势，研究部署落实常态化疫情防控举措全面推进复工复产工作。要坚持底线思维，做好较长时间应对外部环境变化的思想准备和工作准备。坚持在常态化疫情防控中加快推进生产生活秩序全面恢复。

4月8日　中国电信、中国移动、中国联通三大运营商联合宣布将推出5G消息服务，将实现文字、图片、音视频、表情等信息融合，并支持在线支付和群发、群聊等功能。

4月9日　《中共中央国务院关于构建更加完善的要素市场化配置体制机制的意见》公布，五个方面：推进土地要素市场化配置、引导劳动力要素合理畅通有序流动、推进资本要素市场化配置、加快发展技术要素市场、加快培育数据要素市场。特别要关注土地要素的市场化。这是党中央、国务院第一次对推进要素市场化配置改革进行总体部署。

4月9日　中国企业改革与发展研究会举办中国企业大讲堂首场远程讲座，贯彻了国家主席习近平总书记在统筹推进新冠肺炎疫情防控和经济社会发展工作部署会议上的重要讲话精神和党中央、国务院系列部署要求，帮助广大企业精准把握国内外疫情防控和经济形势的阶段性变化，积极有序推动企业复工复产。

4月9日　我国已有三个疫苗获批进入临床试验，日前开始招募二期临床试验志愿者，这是全球首个启动二期临床研究的新冠疫苗品种。

4月11日　为国家邮政局印发《快递进村三年行动方案（2020年—2022年）》，进一步推进"快递进村"工程。方案明确，到2022年底，我国农村快递服务深度显著增强，县、乡、村快递物流体系逐步建立，城乡之间流通渠道基本畅通，农村综合物流服务供给力度明显加大，符合条件的建制村基本实现"村村通快递"。

4月12日　国家主席习近平主持召开中共中央政治局常委会会议，指出要因地制宜、因时制宜优化完善疫情防控举措，千方百计创造有利于复工复产的条件，不失时机畅通产业循环、市场循环、经济社会循环。

4月14日　国家开发银行，发行1年期110亿元脱贫攻坚专题债券，所募资金将主要用于国开行向深度贫困地区发放重大基础设施、农村基础设施和产业扶贫等领域的扶贫贷款。

4月15日　国务院金融稳定发展委员会召开第二十六次会议，会议明确，资本市场发展必须坚持市场化、法治化原则，加强资本市场投资者保护，对造假等行为重处。

4月15日　央行宣布开展1年期中期借贷便利（MLF）操作1000亿元，中标利率为2.95%，较上期下降20个基点。定向增加流动性。同日，对农村金融机构和仅在省级行政区域内经营的城市商业银行定向下调存款准备金率1个百分点，分两次实施到位，每次下调0.5个百分点。

4月17日　国家统计局发布，一季度国内生产总值按可比价格同比下降6.8%。分产业看，第一产业增加值下降3.2%；第二产业增加值下降9.6%；第三产业增加值下降5.2%。3月份，随着经济社会秩序加快恢复，主要经济指标降幅明显收窄，工业产出规模接近去年同期水平。

4月18日　中共中央政治局召开会议国家主席习近平主持会议并指出，要坚持稳中求进工作总基调。稳是大局，必须确保疫情不反弹，稳住经济基本盘，兜住民生底线。

4月20日　国家发改委在线召开例行新闻发布会，明确"新基建"范围，主要包括3个方面内容：一是信息基础设施；二是融合基础设施；三是创新基础设施。

4月21日　财政部发布数据，一季度全国国有及国有控股企业主要效益指标同比下降明显，国有企业利润总额同比下降59.7%。中央企业同比下降49.1%。地方国有企业同比下降86.3%。但3月当月主要经济指标显著回升，环比增长4.2倍，经济运行呈现恢复性增长。

4月22日　国家主席习近平主持召开中央政治局会议，强调要坚持以改革开放为动力推动高质量发展，明确指出要不失时机推动改革，善于用改革的办法解决发展中的问题，完善要素市场化配置体制机制，坚定扩大对外开放，推动共建"一带一路"高质量发展。

4月23日　国家主席习近平在陕西考察时对国有企业改革发展和党的建设作出重要指示。一是肯定了国有企业的地位和作用，二是高质量发展要迈出更大步伐，三是服务驻陕央企，深化央陕融合发展，四是认真贯彻新发展理念，精心谋划"十四五"发展，五是抓效益促增长，坚决当好主力军。

4月25日　国务院联防联控机制召开新闻发布会介绍到，疫情期间，电子商务发挥了独特而重要的作用，目前快递业所支撑的实物商品网络零售额已经占到社会消费品零售总额的1/5，每天快递量已超过2亿件，基本恢复到正常水平。

4月26日　中国企业改革与发展研究会推出企业抗击疫情系列谈之六——科技赋能抗疫情 "数字"引领新发展。文章提出经过新冠肺炎疫情磨砺，我国经济社会发展日益呈现出新的蓬勃生机与活力。在新发展理念的引领下，我国企业将依托数字转型、智能升级、融合创新等不断注入活力，推动高质量发展，为实现经济社会发展目标作出更大的贡献。

4月28日　国务院总理李克强主持召开国务院常务会议，要求加快信息网络等新型基础设施建设，以"一业带百业"，助力产业和消费升级、培育新动能，又带动创业就业，利当前惠长远。

4月28日　中国证监会已经派驻调查组进驻瑞幸咖啡多日，这是《证券法》修改之后证监会首次实施长臂管辖权的案件，意味着我国证券执法进入了新的历史阶段，开启了证券监管新时代。

4月29日　十三届全国人大常委会第十七次会议审议通过了修订后的固体废物污染环境防治法，自

2020年9月1日起施行。

4月29日　第十三届全国人民代表大会常务委员会第十七次会议决定：授权国务院在中国（海南）自由贸易试验区暂时调整适用《中华人民共和国土地管理法》《中华人民共和国种子法》《中华人民共和国海商法》的有关规定，暂时调整适用的期限至2024年12月31日。支持海南全面深化改革开放，推动中国（海南）自由贸易试验区试点政策落地。

4月30日　中国证监会与国家发展改革委联合发布了《关于推进基础设施领域不动产投资信托基金(REITs)试点相关工作的通知》，标志着境内基础设施领域公募REITs试点正式起步。

5月

5月1日　《保障农民工工资支付条例》正式施行。条例规定用人单位实行农民工劳动用工实名制管理，农民工工资应以货币形式按时足额支付。

5月1日　发改委、卫健委、生态环境部近日研究制定并印发了《医疗废物集中处置设施能力建设实施方案》，争取通过1-2年努力，实现县级以上医疗废物全收集、全处理，并逐步覆盖到建制镇。

5月2日　商务部发布的数据显示，一季度，我国服务进出口总额，同比下降10.8％。其中，出口4442.8亿元，下降4.1％；进口7080.2亿元，下降14.5％。

5月4日　国务院金融稳定发展委员会召开第二十八次会议。会议强调必须坚决维护投资者利益，要完善信息披露制度，坚决打击财务造假、内幕交易、操纵市场等违法违规行为，对资本市场造假行为"零容忍"。

5月5日　长征五号B运载火箭首飞成功，实现空间站阶段飞行任务首战告捷，拉开了我国载人航天工程"第三步"任务序幕。

5月6日　国务院总理李克强主持召开国务院常务会议，听取支持复工复产和助企纾困政策措施落实情况汇报，推出和进一步完善相关政策，加大稳企业保就业力度。

5月7日　中国人民银行、国家外汇管理局发布《境外机构投资者境内证券期货投资资金管理规定》，取消合格境外机构投资者和人民币合格境外机构投资者境内证券投资额度管理要求，对合格投资者跨境资金汇出入和兑换实行登记管理。

5月7日　中国企业改革与发展研究会发表企业抗击疫情系列谈之七——复商复市同频复工复产，抗疫转场促进升级发展。文章提出在当前国际形势和外贸压力下，我国企业必须挖潜多方市场，以复商复市同频复工复产为着力点，畅通产业循环、市场循环和经济社会循环。

5月8日　博鳌亚洲论坛发布旗舰报告，研讨会与会代表认为"一体化仍然是亚洲经济长期发展趋势"。

5月10日　国务院总理李克强对云上2020年中国品牌日活动作出重要批示，强调要坚持质量第一效益优先，打造更多名优品牌，更好满足群众消费升级和国家发展的需要。

5月11日　我国首个大型页岩气田——中国石化江汉油田涪陵页岩气田累计生产页岩气突破300亿立方米。

5月11日　中共中央、国务院发布《关于新时代加快完善社会主义市场经济体制的意见》。目的为贯彻落实党的十九大和十九届四中全会关于坚持和完善社会主义基本经济制度的战略部署，在更高起点、更高层次、更高目标上推进经济体制改革及其他各方面体制改革，构建更加系统完备、更加成熟定型的高水平社会主义市场经济体制。

5月11日　财政部数据显示，4月，地方政府债券发行2868亿元，其中新增债券1202亿元，再融资债券1666亿元。新增债券中，一般债券、专项债券分别发行509亿元、693亿元。截至4月底，今年发行地方政府债券近1.9万亿元。

5月12日　中国科学技术大学利用"墨子号"量子科学实验卫星，在国际上首次实现量子安全时间传递的原理性实验验证，为未来构建安全的卫星导航系统奠定了基础。

5月13日　国家发展改革委联合有关部门、国家数字经济创新发展试验区、媒体单位，以及互联网平台、行业龙头企业、金融机构、科研院所、行业协会等145家单位，通过线上方式共同启动"数字化转型伙伴行动"，旨在形成多方合力，推行普惠性"上云用数赋智"服务，培育数字经济新业态。

5月14日　中共中央政治局常务委员会召开会议，国家主席习近平主持会议并发表重要讲话。针对提升产业链供应链稳定性和竞争力，会议首次提出"要加快推动各类商场、市场和生活服务业恢复到正常水平"。

5月15日　人力资源社会保障部、财政部印发《关于实施企业稳岗扩岗专项支持计划的通知》，支持企业面向新吸纳劳动者开展以工代训，扩岗位、扩就业。

5月16日　十九届中央第五轮巡视15个巡视组已完成对35个中央和国家机关单位党组织的进驻工作，十九届中央第五轮巡视全面展开。中央巡视组将在各被巡视单位工作2个月左右。重点是关于违反政治纪律、组织纪律、廉洁纪律、群众纪律、工作纪律和生活纪律等方面的举报和反映。

5月17日　中国芯片制造龙头中芯国际发布公告，政府支持的国家大基金二期向附属公司中芯南方注资15亿美元，上海集成电路基金二期也向该附属公司注资7.5亿美元，以支持先进芯片的生产。

5月18日　中共中央、国务院印发《关于新时代加快完善社会主义市场经济体制的意见》。为贯彻落实党的十九大和十九届四中全会关于坚持和完善社会主义基本经济制度的战略部署，在更高起点、更高层次、更高目标上推进经济体制改革及其他各方面体制改革，构建更加系统完备、更加成熟定型的高水平社会主义市场经济体制。

5月19日　我国首台半导体激光隐形晶圆切割机研制成功，此举填补了国内空白，在关键性能参数上处于国际领先水平。

5月19日　中国企业改革与发展研究会推出企业抗击疫情系列谈之八——坚持运用科学思维　打赢企业抗疫之战。文章指出，在疫情防控进入常态化之时，企业家只有坚持运用科学思维，客观的、发展的、辩证的看问题，方可带领企业逆袭突围，夺取企业抗疫之战的全面胜利。

5月20日　美国参议院以全数通过了一项名为《外国公司问责法》的法案，法案要求，如果在美国上市的外国公司连续三年未能遵守美国上市公司会计监督委员会的审计，这些公司将被禁止在美上市。

5月21日　国家发改委、国家卫健委、国家中医药局印发《公共卫生防控救治能力建设方案》，提出要全面改善疾控机构设施设备条件，实现每省至少有一个达到生物安全三级（P3）水平的实验室，每个地级市至少有一个达到生物安全二级（P2）水平的实验室，具备传染病病原体、健康危害因素和国家卫生标准实施所需的检验检测能力。

5月23日　国家主席习近平参加全国政协十三届三次会议的经济界委员联组会，强调加快构建完整的内需体系。大力推进战略性新兴产业，形成更多新的增长点、增长极；逐步形成以国内大循环为主体的新发展格局，同时提出了"乘风破浪、行稳致远"的八字期许。

5月25日　银保监会、工信部、发改委、财政部、央行以及市场监管总局等六部门联合发布《关于进一步规范信贷融资收费降低企业融资综合成本的通知》（以下简称《通知》）要求，信贷环节取消部分收费项目和不合理条件。

5月26日　由人力资源和社会保障部、国务院扶贫办主办的"数字平台经济促就业助脱贫行动"正式启动实施。

5月27日　中国人民银行以利率招标方式开展了1200亿元逆回购操作，本次操作主要是为"对冲政府债券发行等因素的影响，维护银行体系流动性合理充裕"。

5月27日　国家统计局发布，2020年1至4月份，全国规模以上工业企业实现利润总额同比下降27.4%，降幅比1至3月份收窄9.3个百分点。

5月28日　十三届全国人大三次会议表决通过了《中华人民共和国民法典》，自2021年1月1日起施行。这是新中国第一部以法典命名的法律，开启了我国法典编纂立法的先河。

5月29日　中共中央政治局就"切实实施民法典"举行第二十次集体学习。国家主席习近平在主持学习时强调，民法典在中国特色社会主义法律体系中具有重要地位，对推进全面依法治国、加快建设社会主义法治国家、推动我国人权事业发展、推进国家治理体系和治理能力现代化，都具有重大意义。

5月30日　国务院国资委印发《中央企业控股上市公司实施股权激励工作指引》，系统梳理股权激励计划制定的政策要点，明确提出股权激励业绩考核的导向要求，为央企上市公司实施股权激励提供系统全面的政策辅导和实践指南。

5月31日　中国物流与采购联合会、国家统计局服务业调查中发布5月份中国制造业采购经理指数（PMI）为50.6%，较上月小幅下降0.2个百分点，保持在50%以上，经济保持恢复性增长势头。

6月

6月1日　国务院总理李克强主持召开新增财政资金直接惠企利民工作视频座谈会强调，要建立资金精准直达、有效使用、严格监管机制，充分发挥纾困和激发市场活力规模性政策效应。

6月1日　中国银保监会等六部委联合下发《关于进一步规范信贷融资收费降低企业融资综合成本的通知》，进一步规范信贷融资各环节收费与管理，维护企业知情权、自主选择权和公平交易权，降低企业融资综合成本，更好地服务实体经济高质量发展。

6月1日　中国央行推出了两个新的货币政策工具。央行表示：创设两个直达实体经济的货币政策工具，一个是普惠小微企业贷款延期支持工具，另一个是普惠小微企业信用贷款支持计划，进一步完善结构性货币政策工具体系，持续增强服务中小微企业政策的针对性和含金量。

6月2日　中国连锁经营协会发布2019年中国连锁百强榜单。2019年连锁百强企业销售规模近2.6万亿元，同比增长5.2%，占社会消费品零售总额的6.3%。连锁百强门店总数14.4万个，同比增长5.9%。连锁百强企业提供就业岗位160余万个。其中，苏宁易购以3787.4亿元的销售规模居百强榜首。

6月4日　商务部发布了《关于支持中国（湖北）自由贸易试验区加快发展若干措施的通知》，从提升贸易发展质量、优化营商环境、完善市场运行机制、深化国际经贸合作和加强组织保障5方面入手，为湖北自贸试验区在疫情过后加快发展保驾护航。

6月5日　中国企业改革与发展研究会推出企业抗击疫情系列谈之九——在危机中育新机，于变局中开新局。文章提出各企业应深入学习两会精神，增强开创新局信心，坚持全面辩证客观，充分认识困难挑战。同时，尊重规律守正创新、培育新机开创新局。

6月6日　国家卫生健康委发布的《2019年我国卫生健康事业发展统计公报》显示，我国居民人均预期寿命由2018年的77.0岁提高到2019年的77.3岁，全国医疗卫生机构总数超100万个。

6月7日　中国国务院新闻办公室发布《抗击新冠肺炎疫情的中国行动》白皮书，分"中国抗击疫情的艰辛历程""防控和救治两个战场协同作战""凝聚抗击疫情的强大力量""共同构建人类卫生健康共同体"四个部分。

6月8日　全国财政厅局长座谈会上表示，财政部门要坚决落实《政府工作报告》提出的"积极的财政政策要更加积极有为"要求，全力支持做好"六稳""六保"相关工作。要建立资金直达基层直达民生机制，推动财税政策措施尽快落地见效。

6月9日　国务院总理李克强主持召开国务院常务会议，确定新增财政资金直接惠企利民的特殊转移支付机制；部署支持适销对路出口商品开拓国内市场，帮扶外贸企业渡难关。

6月9日　央行公布2020年第一季度支付体系运行总体情况，统计数据显示，受新冠肺炎疫情影响，银行账户数量增速放缓，非现金支付业务量小幅下降，支付清算系统业务量相对稳定，全国支付体系运行总体平稳。

6月10日　央行公布的数据显示，5月人民币贷款增加1.48万亿元，同比多增2984亿元。初步统计，5月社会融资规模增量为3.19万亿元，比上年同期多1.48万亿元。5月末，广义货币（M2）余额210.02万亿元，同比增长11.1%，增速与上月末持平，比上年同期高2.6个百分点。金融数据基本符合市场预期，体现了金融对实体经济的支持力度增强。

6月12日　国务院总理李克强向2020中国—东盟数字经济合作年开幕式致贺信，希望中国和东盟以数字经济合作年为契机，抓住新一轮科技革命和产业变革机遇，发挥互补优势，聚焦合作共赢，在智慧城市、人工智能、大数据等产业领域培育更多新的合作增长点，为双方经济社会发展打造更加强大的新动能，为本地区实现持久稳定与繁荣注入新活力。

6月12日　国务院办公厅印发《生态环境领域中央与地方财政事权和支出责任划分改革方案》，方案指出，健全充分发挥中央和地方两个积极性体制机制，适当加强中央在跨区域生态环境保护等方面事权，优化政府间事权和财权划分，建立权责清晰、财力协调、区域均衡的中央和地方财政关系，形成稳定的各级政府事权、支出责任和财力相适应的制度。

6月14日　国务院副总理孙春兰召开国务院联防联控机制会议，研究部署北京市近期聚集性疫情防控工作，会议强调，此次聚集性疫情与新发地农产品批发市场高度关联，市场人员密集、流动性大，疫情扩散的风险很高，要采取坚决果断措施，切实防止疫情扩散蔓延。

6月15日　国务院联防联控机制联络组检查指导湖北农贸市场常态化防控时强调，常态化疫情防控就是要落实好三条要求：建立标准、明确责任、精准落实。

6月15日　国家统计局公布多项5月份宏观经济数据，数据显示，随着统筹推进疫情防控和经济社会发展成效继续显现，复工复产复商复市全面推进，生产需求继续改善，就业物价总体平稳，积极因素逐步增多，5月份经济继续呈现恢复态势，总体上符合预期。

6月16日　中国社会科学院中国廉政研究中心、社会科学文献出版社共同发布《反腐倡廉蓝皮书：中国反腐倡廉建设报告No.9》，其中，惩治职务违法犯罪呈现六大新特点。一是信访举报量、立案数和处分数开始下降；二是主动投案数大幅增多；三是不起诉率、退查率均下降；四是惩治职务违法犯罪力度丝毫不减；五是扫黑除恶"打伞破网"力度大；六是追逃追赃成效越发明显，国际合作不断深化。

6月16日　"墨子号"量子科学实验卫星在国际上首次实现千公里级基于纠缠的量子密钥分发。该成果于北京时间6月15日在线发表于国际学术期刊《自然》杂志。基于该研究成果发展起来的高效星地链路收集技术,可实现接收系统的小型化、可搬运,从而为卫星量子通信的规模化、商业化应用奠定基础。

6月17日 国务院总理李克强主持召开国务院常务会议,部署引导金融机构进一步向企业合理让利,助力稳住经济基本盘;要求加快降费政策落地见效,为市场主体减负。

6月18日 "一带一路"国际合作高级别视频会议在北京成功举行,国家主席习近平向会议发表书面致辞。习近平指出,各国命运紧密相连,人类是同舟共济的命运共同体。无论是应对疫情,还是恢复经济,都要走团结合作之路,都应坚持多边主义。促进互联互通、坚持开放包容,是应对全球性危机和实现长远发展的必由之路,共建"一带一路"国际合作可以发挥重要作用。

6月18日 证监会等5部门下发了《外国投资者对上市公司战略投资管理办法》(修订草案公开征求意见稿),取消了商务主管部门对外国投资者实施战略投资的事前审批和备案,交由中介机构自律管理。外国投资者可以通过要约收购方式战略投资A股上市公司。

6月18日 商务部:1-5月中国境内投资者共对全球157个国家和地区的3570家境外企业进行了非金融类直接投资,累计投资2962.7亿元,同比下降1.6%。对外承包工程新签合同额6018.8亿元,同比增长14.4%;完成营业额3484.3亿元,同比下降7.1%。

6月18日 财政部发行了500亿元5年期抗疫特别国债,票面利率为2.41%;发行了500亿元7年期特别国债,票面利率为2.71%。

6月21日 人社部、财政部、国务院扶贫办印发《关于进一步做好就业扶贫工作的通知》,明确要求围绕贫困劳动力出得去、稳得住、留得下,帮助有劳动能力和就业意愿的贫困劳动力外出务工,帮助已外出贫困劳动力稳定务工,力争今年外出务工规模不降低、有提高。

6月22日 国务院办公厅印发《关于支持出口产品转内销的实施意见》,意见提出三方面举措:一是支持出口产品进入国内市场。二是多渠道支持转内销。三是加强信贷保险和资金支持。

6月22日 交通运输部例行新闻发布会表示,截至6月22日,交通行业在建重点项目复工率达到99.84%,公路水路运输企业复工率达到98.7%,其中客运和货运企业复工率分别达到98%、99.6%,交通行业主要领域均已复工复产。

6月22日 国家能源局印发的《2020年能源工作指导意见》提出,2020年全国能源消费总量不超过50亿吨标准煤,煤炭消费比重下降到57.5%左右。此外,非化石能源发电装机达到9亿千瓦左右,新增电能替代电量1500亿千瓦时左右,电能占终端能源消费比重达到27%左右。

6月23日 中国企业改革与发展研究会、总裁读书会、北京大学国家发展研究院BiMBA商学院主办,中国企业改革50人论坛、网易财经协办的"'第四届中国企业领袖读享盛典'暨'中国企业大讲堂'第四期""云"上会圆满举行。

6月24日 国常会部署进一步压缩企业开办时间、清理规范行业协会商会收费,为市场主体减负松绑、增添活力。

6月24日 人社部、财政部、税务总局印发《关于延长阶段性减免企业社会保险费政策实施期限等问题的通知》,明确各省份免征中小微企业三项社会保险单位缴费部分的政策,延长执行到2020年12月底。

6月28日 国务院总理李克强主持召开稳外贸工作座谈会时强调,稳住外贸外资基本盘,对稳定经济运行和就业大局至关重要,要坚定不移推出更多扩大开放的举措,推动多领域多层次国际合作,在不断深化制造业开放的同时,扩大服务业特别是高端服务业开放,进一步打造市场化、法治化、国际化营商环境，完善鼓励和吸引外商投资的政策，让中国成为更多外商投资兴业的热土。

6月28日　国家统计局数据显示，5月全国规模以上工业企业实现利润总额5823.4亿元，由4月同比下降4.3%转为增长6.0%。

6月29日　财政部6月29日发布统计数据显示，2020年5月，全国国有及国有控股企业利润环比增长，已基本恢复到去年同期水平。1–5月主要经济效益指标同比降幅收窄，经济运行显著回升。

6月30日　国家主席习近平主持召开中央全面深化改革委员会第十四次会议并强调，要依靠改革应对变局开拓新局，扭住关键鼓励探索突出实效。会议审议通过了《国企改革三年行动方案（2020年—2022年）》。

6月30日　国家统计局服务业调查中心和中国物流与采购联合会发布了中国制造业采购经理指数（PMI）。6月份，制造业PMI为50.9%，比上月上升0.3个百分点，连续4个月位于荣枯线上方；非制造业PMI为54.4%，比上个月扩大0.8个百分点。

6月30日　1–6月信用债（包含企业债、公司债、中期票据、短期融资券、定向工具）发行量达6.34万亿元，创历史新高；上半年信用债净融资超3万亿元，也创新高。

7月

7月1日　国务院总理李克强主持召开国务院常务会议。决定着眼增强金融服务中小微企业能力，允许地方政府专项债合理支持中小银行补充资本金；通过《保障中小企业款项支付条例（草案）》，维护其合法权益；部署进一步促进国家高新技术产业开发区深化改革扩大开放，推动高质量发展。

7月1日　银保监会发布《商业银行小微企业金融服务监管评价办法（试行）》。该文件将有助于监管机构更加有效地运用监管政策手段，引导和督促商业银行提升小微企业金融服务能力和水平。

7月2日　国务院联防联控机制综合组公开发布的《关于进一步加快提高医疗机构新冠病毒核酸检测能力的通知》提到，要提高核酸检测的规范性和时效性，对于"愿检尽检"人群的核酸检测，一般在24小时内报告结果。

7月3日　国务院办公厅印发《2020年政务公开工作要点》，部署全国政务公开年度重点工作。提出要围绕优化营商环境加强政务信息公开，不断提高市场监管规则和标准公开质量，向市场主体全面公开市场监管规则和标准，以监管规则和标准的确定性保障市场监管的公正性。

7月5日　财政部、海关总署、税务总局发布公告，自2020年7月1日起，调整海南离岛旅客免税购物政策，对注册在海南自由贸易港并实质性运营的鼓励类产业企业，减按15%的税率征收企业所得税。

7月6日　银保监会、财政部、人民银行、国务院扶贫办四部门联合发布《关于进一步完善扶贫小额信贷有关政策的通知》，表示要进一步扩大扶贫小额信贷支持对象，将返贫监测对象中具备产业发展条件和有劳动能力的边缘人口纳入扶贫小额信贷支持范围。

7月7日　国家统计局发布数据，经核算，2019年我国"三新"经济增加值为161927亿元，相当于国内生产总值的比重为16.3%，比上年提高0.2个百分点；按现价计算的增速为9.3%，比同期GDP现价增速高1.5个百分点。

7月8日　国常会部署进一步做好防汛救灾工作、推进重大水利工程建设，确定持续优化营商环境激发市场主体活力的措施，部署中央预算执行和其他财政收支审计查出问题整改工作。

7月8日　COMEX黄金期货大幅上扬，升至1809.90美元/盎司，创2011年9月份以来收盘新高。截至7

月8日16时19分，COMEX黄金回调至1808美元/盎司。

7月9日　2020世界人工智能大会表示，截至2019年底，我国人工智能核心产业的规模超过510亿元，人工智能企业超过2600家。与此同时，新一批世界级应用场景正在上海全力打造。不少人工智能企业正紧抓"AI+新型基建"的契机展开卡位赛。

7月9日　亚太6D通信卫星在西昌卫星发射中心由长征三号乙运载火箭成功发射，将面向亚太区域用户提供优质、高效、经济的全地域、全天候的卫星宽带通信服务。这是我国首个Ku频段全球高通量宽带卫星通信系统的首发星，同时也是我国目前通信容量最大、波束最多、输出功率最大、设计程度最复杂的民商用通信卫星。

7月11日　国务院金融稳定发展委员会召开第三十六次会议，研究全面落实对资本市场违法犯罪行为"零容忍"工作要求。

7月13日　国务院总理李克强主持召开经济形势专家和企业家座谈会强调，要增强政策实施时效，加大改革开放力度，激发市场主体活力，稳住经济基本盘。

7月13日　国家统计局发布2019年我国经济发展新动能指数。2019年，我国经济发展新动能指数为332，比上年增长23.4%。各项分类指数与上年相比均有提升，其中网络经济指数涨幅最高，对总指数增长的贡献最大。

7月14日　国务院总理李克强签署国务院令，公布《保障中小企业款项支付条例》，自2020年9月1日起施行。《条例》共29条，主要包括三个方面内容，一是规范合同订立及资金保障，加强账款支付源头治理；二是规范支付行为，防范账款拖欠；三是加强信用监督和服务保障。

7月14日　银保监会向系统内各级派出机构和银行保险机构印发《关于近年影子银行和交叉金融业务监管检查发现主要问题的通报》，通报的问题主要集中在"资管新规""理财新规"执行不到位、业务风险隔离不审慎、非标投资业务管控不力等方面。

7月15日　国务院总理李克强主持召开国务院常务会议，通过《中华人民共和国预算法实施条例（修订草案）》，要求一般性转移支付公开细化到地区，专项转移支付公开细化到地区和项目。

7月15日　国家发改委等13部门联合印发了《关于支持新业态新模式健康发展激活消费市场带动扩大就业的意见》，明确支持15种新业态新模式健康发展。把支持线上线下融合的新业态新模式作为经济转型和促进改革创新的重要突破口，打破传统惯性思维，并提出通过19项创新支持政策，加快15种新业态新模式健康发展。

7月16日　国家统计局对外公布，上半年国内生产总值456614亿元，按可比价格计算，同比下降1.6%。分季度看，一季度同比下降6.8%，二季度增长3.2%，二季度比一季度增速提高了10个百分点。二季度经济增长由负转正，下半年经济有望持续回升。

7月16日　二季度GDP较2019年同期增长3.2%，扭转一季度的下降势头，好于市场预期。6月中国出口恢复至0.5%增速，主要是因为中国复工复产较早，同时国外疫情期对医疗物资、电脑、手机等需求大。其次是基建投资持续恢复。此外，房地产市场快速改善也促进经济回暖。

7月16日　上半年中央企业累计实现营业收入13.4万亿元，同比下降7.8%，降幅较一季度收窄4个百分点，累计实现净利润4385.5亿元，同比下降37.7%，降幅较一季度收窄21.1个百分点，6月当月实现净利润1664.8亿元，为2020年以来首次实现月度净利润正增长。

7月17日　国务院印发《关于促进国家高新技术产业开发区高质量发展的若干意见》，指出国家高新区经过30多年发展，已经成为我国实施创新驱动发展战略的重要载体，在转变发展方式、优化产业结构、增强国际竞争力等方面发挥了重要作用，走出了一条具有中国特色的高新技术产业化道路。

7月18日　全国人大常委会副委员长在慈善法执法检查组第一次全体会议上强调，要坚持以国家主席习近平新时代中国特色社会主义思想为指导，紧密结合疫情防控和慈善法的特点组织好执法检查，促进法律全面有效实施，为发展慈善事业、完善社会保障体系、推动全面建成小康社会作出贡献。

7月19日　中国医学科学院举行《中国医改发展报告（2020）》发布会，报告指出，新医改实施10年来，健康服务的可及性、公平性逐步改善，居民就医负担有效减轻，个人卫生支出占卫生总费用的比例由2009年的37.5%降至2019年的28.4%。报告指出，分级诊疗是新医改以来推行的一项重大制度，推进医联体建设、开展家庭医生签约服务和远程医疗是推进分级诊疗的三个主要抓手；公立医院改革是医改的重中之重、难中之难。

7月20日　中共中央印发了《中国共产党基层组织选举工作条例》，《条例》的制定和实施，对于发扬党内民主、尊重和保障党员民主权利、规范基层党组织选举，增强基层党组织政治功能和组织力，把基层党组织建设成为宣传党的主张、贯彻党的决定、领导基层治理、团结动员群众、推动改革发展的坚强战斗堡垒，巩固党长期执政的组织基础，具有重要意义。

7月21日　国家主席习近平在京主持召开企业家座谈会并强调，市场主体是经济的力量载体，保市场主体就是保社会生产力。要千方百计把市场主体保护好，激发市场主体活力，弘扬企业家精神，推动企业发挥更大作用实现更大发展，为经济发展积蓄基本力量。

7月21日　国务院办公厅印发《关于进一步优化营商环境更好服务市场主体的实施意见》，提出了六个方面政策措施。一是持续提升投资建设便利度；二是进一步简化企业生产经营审批和条件；三是优化外贸外资企业经营环境；四是进一步降低就业创业门槛；五是提升涉企服务质量和效率；六是完善优化营商环境长效机制。

7月22日　国务院总理李克强主持召开国务院常务会议。会议指出，推进以人为核心的新型城镇化，是党中央、国务院的决策部署，是内需最大潜力所在和"两新一重"建设的重要内容，要加强新型城镇化建设，补短板扩内需提升群众生活品质。

7月22日　海关总署表示，在中国整体的货物贸易额同比下降了3.2%的情况下，上半年中国跨境电商贸易实现进出口增长26.2%，其中出口增长28.7%，进口增长24.4%。

7月23日　工信部表示，2020年上半年，全国规模以上工业增加值同比下降1.3%，降幅比一季度收窄7.1个百分点，其中二季度增长4.4%，产销形势好转。

7月23日　由中国国新联合31家中央企业共同出资发起设立的央企信用保障基金成立仪式在京举行。该基金总规模1000亿元，首期规模100亿元，以市场化方式进行募集。

7月23日　1月-6月全国国有及国有控股企业经济运行情况。6月份，国有企业营业总收入较2019年同期增长7.1%。1月-6月，营业总收入279537.3亿元，同比下降4.9%，较1月-5月降幅收窄2.8个百分点。虽然国有企业营业收入上半年逐步恢复，但利润水平却仍有大幅度的下降。6月份，国有企业税后净利润较2019年同期增长7.5%。1月-6月，税后净利润7546.6亿元，同比下降44.6%。6月末，国有企业资产负债率64.6%，提高0.3个百分点。

7月23日　我国在中国文昌航天发射场，用长征五号遥四运载火箭成功发射首次火星探测任务"天问一号"探测器，火箭飞行2000多秒后，成功将探测器送入预定轨道，迈出了我国自主开展行星探测第一步。

7月24日　国务院办公厅印发《应急救援领域中央与地方财政事权和支出责任划分改革方案》。要求健全充分发挥中央和地方两个积极性体制机制，优化政府间事权和财权划分，建立权责清晰、财力协调、区域均衡的中央和地方财政关系。指出各地区各有关部门要践行安全发展理念，筑牢安全生产防线，根据改革确定的中央与地方财政事权和支出责任划分，合理安排预算，及时下达资金，切实落实支出责任。

7月24日　国家医保局印发了《关于建立医药价格和招采信用评价制度的指导意见》，要求各地于2020年底前建立并实施医药价格和招采信用评价制度。

7月25日　国务院副总理韩正主持召开房地产工作座谈会，会议充分肯定了近年来房地产调控政策取得的积极效果，并对各地房地产调控给予了明确的政策指导，传递出"房住不炒"政策不放松，长效机制建设加快步伐的政策信号。

7月26日　国家能源局表示：二季度，我国能源消费量明显回升，电力和天然气消费量持续增长，已经超过去年同期水平，成品油消费逐步回暖。

7月27日　国家统计局布数据显示，1月–6月份，全国规模以上工业企业实现利润总额25114.9亿元，同比下降12.8%，降幅比1月–5月份收窄6.5个百分点。其中，国有控股企业实现利润总额6614.1亿元，同比下降28.5%；股份制企业实现利润总额18247.1亿元，下降13.7%；外商及港澳台商投资企业实现利润总额6486.4亿元，下降8.8%；私营企业实现利润总额7119.8亿元，下降8.4%。

7月27日　财富中文网发布2020年《财富》中国500强排行榜。

7月28日　国家主席习近平在亚洲基础设施投资银行第五届理事会年会视频会议开幕式上致辞，强调亚投行应该成为促进成员共同发展、推动构建人类命运共同体的新平台。各成员要聚焦共同发展、勇于开拓创新、创造最佳实践、坚持开放包容，把亚投行打造成推动全球共同发展的新型多边开发银行、与时俱进的新型发展实践平台、高标准的新型国际合作机构和国际多边合作新典范。

7月28日　国家发展改革委、工信部、财政部、央行四部门联合发布《关于做好2020年降成本重点工作的通知》，提出要降低企业用工成本方面，免征中小微企业基本养老、失业、工伤"三项"社会保险单位缴费部分至年底。

7月28日　国际热核聚变实验堆（ITER）计划重大工程安装启动仪式在法国该组织总部举行。国家主席习近平致贺信指出，科学无国界，创新无止境。国际科技合作对于应对人类面临的全球性挑战具有重要意义。国际热核聚变实验堆计划是当今世界规模最大、影响最深远的国际大科学工程我国于2006年正式签约加入该计划。

7月29日　国务院总理李克强主持召开国务院常务会议，部署进一步扩大开放稳外贸稳外资，决定深化服务贸易创新发展试点；推出支持农民工就业创业新举措，助力保就业保民生；为保障统筹防疫和发展，安排进一步加强核酸检测能力建设。

7月30日　国务院办公厅印发《关于提升大众创业万众创新示范基地带动作用，进一步促改革稳就业强动能的实施意见》，指出要努力把双创示范基地打造成为创业就业的重要载体、融通创新的引领标杆、精益创业的集聚平台、全球化创业的重点节点、全面创新改革的示范样本，推动我国创新创业高质量发展。

8月

8月1日　第15期《求是》杂志将发表国家主席习近平的重要文章《贯彻落实新时代党的组织路线，不断把党建设得更加坚强有力》。文章强调，组织建设是党的建设的重要基础。党的组织路线是为党的政治路线服务的。加强党的组织建设，根本目的是坚持和加强党的全面领导，为推进中国特色社会主义事业提供坚强保证。

8月1日　字节跳动同意剥离TikTok美国业务。根据新的交易提议，字节跳动将完全退出，而微软将接管TikTok在美业务。

8月2日　中国物流与采购联合会、国家统计局服务业调查中心日前发布，截至7月份，制造业PMI连续5个月运行在50%以上，经济得到全面恢复回升。

8月3日　中国人民银行召开2020年下半年工作电视会议要求，下半年，人民银行系统要坚持稳中求进工作总基调，坚持新发展理念，以供给侧结构性改革为主线，扎实做好"六稳"工作、全面落实"六保"任务，坚持总量适度、合理增长，着力稳企业保就业，防范化解重大金融风险，加快深化金融改革开放，促进经济金融健康发展。

8月3日　7月财新中国制造业采购经理人指数（PMI）录得52.8，较6月提高1.6个百分点，跃升至2011年2月以来最高。这一趋势与官方制造业PMI基本一致。

8月4日　国务院印发《新时期促进集成电路产业和软件产业高质量发展的若干政策》。强调集成电路产业和软件产业是信息产业的核心，是引领新一轮科技革命和产业变革的关键力量。我国集成电路产业和软件产业快速发展以来，有力支撑了国家信息化建设，促进了国民经济和社会持续健康发展。

8月5日　银保监会等七部门印发《关于做好政府性融资担保机构监管工作的通知》。根据《通知》，政府性融资担保机构是指依法设立，由政府及其授权机构出资并实际控股，以服务小微企业和"三农"主体为主要经营目标的融资担保、再担保机构。

8月6日　国家主席习近平对"十四五"规划编制工作作出重要指示强调，把加强顶层设计和坚持问计于民统一起来，鼓励广大人民群众和社会各界以各种方式为"十四五"规划建言献策，切实把社会期盼、群众智慧、专家意见、基层经验充分吸收到"十四五"规划编制中来，齐心协力把"十四五"规划编制好。

8月7日　国家外汇管理局发布：上半年，我国经常账户顺差859亿美元，其中，货物贸易顺差1844亿美元，服务贸易逆差765亿美元，初次收入逆差246亿美元，二次收入顺差25亿美元。资本和金融账户中，直接投资顺差187亿美元，储备资产减少59亿美元。

8月7日　据海关统计，7月份，我国货物贸易进出口同比增长6.5%，其中，出口增长10.4%，进口增长1.6%。民营企业进出口增长、比重提升。前7个月，民营企业进出口7.83万亿元，增长7.2%，占我外贸总值的45.6%，比去年同期提升3.8个百分点。

8月8日　国家统计局数据显示，二季度高技术制造业用电量增加值同比增长9.8%，为增速最高行业板块；装备制造业用电量增加值同比增长9.5%，为回升幅度最大行业板块。

8月9日　中国国家铁路集团有限公司表示：7月份，全国铁路固定资产投资完成671亿元，同比增长3.6%，其中基建大中型项目投资完成499亿元，同比增长11.3%。截至2020年7月底，中国铁路营业里程达到14.14万公里，位居世界第二；高铁3.6万公里，稳居世界第一。

8月12日　国务院办公厅印发《关于进一步做好稳外贸稳外资工作的意见》，提出要进一步加强稳外贸稳外资工作，稳住外贸主体，稳住产业链供应链。具体政策措施提出要加大财税金融支持、发展贸易新业态新模式、提升通关和人员往来便利化水平、支持重点产业和重点企业。

8月12日　中国科协日前发布的《中国科技人力资源发展研究报告（2018）—科技人力资源的总量、结构与科研人员流动》显示，我国科技人力资源总量继续保持世界第一；近两年新增科技人力资源中，研究生层次的女性占比超过一半，女性科技人力资源比例将进一步提升。

8月13日　国新办举行政策例行吹风会，会上介绍，今年以来，我国吸收外资增幅实现了由"负"转"正"，总体好于预期。7月当月，全国实际使用外资634.7亿元，同比增长15.8%，连续4个月实现单月吸收外资正增长。吸收外资主要有3个特点：服务业发挥了支撑作用，主要投资来源地保持稳定，外资大项目持续落地。

8月14日　商务部官网发布《关于印发全面深化服务贸易创新发展试点总体方案的通知》，其中公布了数字人民币试点地区。在全面深化服务贸易创新发展试点任务、具体举措及责任分工中，明确在京津冀、长三角、粤港澳大湾区及中西部具备条件的试点地区开展数字人民币试点。

8月19日　国家卫健委办公厅、国家中医药管理局办公室印发《新型冠状病毒肺炎诊疗方案（试行第八版）》。该版诊疗方案，对传染源和传播途径进一步完善，　增加"在潜伏期即有传染性，发病后5天内传染性较强""接触病毒污染的物品也可造成感染"。

8月20日　国务院总理李克强签署国务院令，公布修订后的《中华人民共和国预算法实施条例》，自2020年10月1日起施行。《条例》规定一般性转移支付向社会公开应当细化到地区，专项转移支付应当细化到地区和项目。

8月21日　经过近4个月的努力，创业板改革并试点注册制各项工作准备就绪。8月24日，创注册制首批首发企业将上市交易。改革后的创业板主要服务成长型创新创业企业，支持传统产业与新技术、新产业、新业态、新模式深度融合。

8月23日　国务院总理李克强在重庆考察时强调，要做好防汛救灾和恢复重建工作，在改革开放中持续努力巩固经济恢复性增长势头。

8月24日　国家主席习近平在中南海主持召开经济社会领域专家座谈会，发表重要讲话，他强调，我们要着眼长远、把握大势，开门问策、集思广益，研究新情况、作出新规划；要以辩证思维看待新发展阶段的新机遇新挑战；要以畅通国民经济循环为主构建新发展格局；要以科技创新催生新发展动能；要以深化改革激发新发展活力；要以高水平对外开放打造国际合作和竞争新优势；要以共建共治共享拓展社会发展新局面。

8月24日　中国企业改革与发展研究会推出"企业抗击疫情系列谈之十"，主题为弘扬新时代企业家精神　构建双循环新发展格局。文章提出"在全球市场萎缩的外部环境下，我们必须集中力量办好自己的事，发挥国内超大规模市场优势，加快形成以国内大循环为主体、国内国际双循环相互促进的新发展格局"。

8月28日　国新办召开新闻发布会，会上介绍消费扶贫行动有关情况，将从行业部门、销售渠道、扶贫系统，三重把关全程管控保障消费扶贫产品质量。

8月29日　中央第七次西藏工作座谈会在北京召开。国家主席习近平出席会议并发表重要讲话强调，全面贯彻新时代党的治藏方略，建设团结富裕文明和谐美丽的社会主义现代化新西藏；西藏工作必须坚持以维护祖国统一、加强民族团结为着眼点和着力点；中央支持西藏、全国支援西藏，是党中央的一贯政策，必须长期坚持，认真总结经验，开创援藏工作新局面。

8月29日　国家统计局科学技术部和财政部联合发布的《2019年全国科技经费投入统计公报》显示，2019年，全国共投入研究与试验发展经费22143.6亿元，比上年增长12.5%，连续4年实现两位数增长。

8月30日　国务委员兼外长王毅在法国国际关系研究院发表题为《团结合作，开放包容，共同维护人类和平发展的进步潮流》的演讲。强调要坚决维护和平发展，共同反对分裂世界；要坚定捍卫多边主义，共同反对单边霸凌；要继续拓展互利合作，共同反对隔绝脱钩；要携手应对全球挑战，共同反对以邻为壑。

8月30日　财政部表示：2019年全国政府采购规模为33067.0亿元，较上年减少2794.4亿元，下降7.8%，占全国财政支出和GDP的比重分别为10.0%和3.3%；公开招标采购仍占主导地位，政府采购在支持节能环保、扶持小微、压缩政府行政成本等方面的政策性功能持续显现。

8月30日　《中华人民共和国资源税法》将于2020年9月1日起施行，资源税法规定按月或按季申报缴纳，并将申报期限由1日、3日、5日、10日、15日或者1个月内统一改为15日内，与其他税种保持一致，降低了纳税人的申报频次，切实减轻办税负担。

8月30日　经济合作与发展组织称，经初步评估，受新冠肺炎疫情影响，该组织成员国第二季度国内生产总值创下有记录以来的最大降幅。

9月

9月1日　国家主席习近平总书记主持召开中央全面深化改革委员会第十五次会议并发表重要讲话。他强调，加快形成以国内大循环为主体、国内国际双循环相互促进的新发展格局，是根据我国发展阶段、环境、条件变化作出的战略决策，是事关全局的系统性深层次变革。

9月1日　商务部服贸司负责人介绍了2020年1月–7月中国服务贸易总体情况。具体来看，前7个月服务贸易主要呈现出7月服务出口增速由负转正、服务贸易逆差大幅减少、知识密集型服务贸易占比提高、旅行服务进出口下降的特点。

9月2日　国务院总理李克强主持召开国务院常务会议。会议指出，今年以来围绕做好"六稳"工作、落实"六保"任务，实施一系列精准适度的金融政策，对保市场主体、促进经济恢复性增长发挥了重要作用。下一步要坚持稳健的货币政策灵活适度，保持政策力度和可持续性，不搞大水漫灌，引导资金更多流向实体经济，以促进经济金融平稳运行。

9月3日　中共中央、国务院、中央军委在人民大会堂举行座谈会，纪念中国人民抗日战争暨世界反法西斯战争胜利75周年。国家主席习近平发表重要讲话强调，中国人民在抗日战争的壮阔进程中孕育出伟大抗战精神，向世界展示了天下兴亡、匹夫有责的爱国情怀，视死如归、宁死不屈的民族气节，不畏强暴、血战到底的英雄气概，百折不挠、坚忍不拔的必胜信念。

9月3日　世界知识产权组织等发布《2020年全球创新指数报告》，对131个经济体创新能力进行排名。其中，中国排名第14位，与2019年持平，连续两年位居世界前15行列在多个领域表现出领先优势，是跻身综合排名前30位的唯一中等收入经济体。

9月5日　2020年中国国际服务贸易交易会"工业互联网高峰论坛"上发布成立了中国首个工业互联网推进委员会。该委员会旨在加速推进工业互联网发展顶层设计与生态建设，引导形成跨界协作、开放共享、安全可控的创新体系，为我国工业互联网持续、健康发展奠定坚实基础。

9月5日　中共中央政治局委员王晨9月4日至5日在天津开展贯彻新发展理念、推动高质量发展立法调研。他强调，要以习近平新时代中国特色社会主义思想为指导，深入贯彻创新、协调绿色、开放、共享发展理念，奋力推动高质量发展，构建新发展格局，注重法律法规建设，为全面建成小康社会、开启全面建设社会主义现代化国家新征程作出新贡献。

9月7日　据海关统计，今年前8个月，我国货物贸易进出口总值20.05万亿元人民币，比去年同期下降0.6%，降幅较前7个月收窄1.1个百分点。对东盟、欧盟和日本进出口增长，对美国进出口微降。前8个月，东盟为我第一大贸易伙伴，欧盟为我第二大贸易伙伴，美国为我第三大贸易伙伴。

9月8日　全国抗击新冠肺炎疫情表彰大会在北京人民大会堂隆重举行，国家主席习近平向国家勋章和国家荣誉称号获得者颁授勋章奖章并发表重要讲话时强调，抗击新冠肺炎疫情斗争取得重大战略成果，充分展现了中国共产党领导和我国社会主义制度的显著优势，充分展现了中国人民和中华民族的伟大力量，充分展现了中华文明的深厚底蕴，充分展现了中国负责任大国的自觉担当，极大增强了全党全国各族人民的自信心和自豪感、凝聚力和向心力，必将激励我们在新时代新征程上披荆斩棘、奋勇前进。

9月8日　国务委员兼外交部长王毅在"抓住数字机遇，共谋合作发展"国际研讨会高级别会议上发表题为《坚守多边主义，倡导公平正义，携手合作共赢》主旨讲话，提出《全球数据安全倡议》。王毅表示，全球数字治理应遵循秉持多边主义、兼顾安全发展、坚守公平正义三原则。

9月8日　欧盟统计局发布最新修正数据显示，受新冠疫情影响，今年二季度欧元区国内生产总值（GDP）环比下降11.8%，欧盟GDP环比下滑11.4%。这是自1995年欧盟有相关统计以来的最大经济降幅。

9月9日　国家主席习近平主持召开中央财经委员会第八次会议时强调，流通体系在国民经济中发挥着基础性作用，构建新发展格局，必须把建设现代流通体系作为一项重要战略任务来抓。要贯彻新发展理念，推动高质量发展，深化供给侧结构性改革，充分发挥市场在资源配置中的决定性作用，更好发挥政府作用，统筹推进现代流通体系硬件和软件建设，发展流通新技术新业态新模式，完善流通领域制度规范和标准，培育壮大具有国际竞争力的现代物流企业，为构建以国内大循环为主体、国内国际双循环相互促进的新发展格局提供有力支撑。

9月9日　在2020年中国国际服务贸易交易会上，中国电子学会表示，中国机器人产业整体规模持续增长，尤其是服务机器人需求潜力巨大。中国服务机器人市场已占全球市场1/4以上，2020年我国服务机器人市场规模有望突破40亿美元，为服务业注入新活力。

9月9日　国常会确定支持新业态新模式加快发展带动新型消费的措施，促进经济恢复性增长；部署加快医学教育创新发展，为维护人民健康提供人才保障。

9月10日　国务院办公厅印发《关于深化商事制度改革进一步为企业松绑减负激发企业活力的通知》。提出四方面改革举措，一是推进企业开办全程网上办理；二是推进注册登记制度改革取得新突破；三是简化相关涉企生产经营和审批条件；四是加强事中事后监管。

9月10日　由全国工商联主办的2020中国民营企业500强峰会在北京举办。峰会发布了关于中国民营企业500强的调研分析报告。分析报告显示，此次中国民营企业500强入围门槛达202.04亿元。我国民营经济发展呈现出产业结构持续优化、发展新动能不断增强等亮点。其中，制造业依然是民营企业500强的主导产业，但第三产业入围企业数量从2015年的137家增至2019年的164家，占500强比例为32.80%。

9月11日　国家主席习近平在京主持召开科学家座谈会并发表重要讲话，他强调，我国经济社会发展和民生改善比过去任何时候都更加需要科学技术解决方案，都更加需要增强创新这个第一动力。希望广大科学家和科技工作者肩负起历史责任，坚持四个面向，不断向科学技术广度和深度进军。

9月12日　二十国集团农业和水利部长会议在线上召开。会上中方提出三点倡议：一是共同提升全球粮食生产能力；二是共同加强全球农业投资贸易合作；三是共同推动减少粮食损失浪费。

9月13日　国务院印发《关于实施金融控股公司准入管理的决定》。对金融控股公司实施准入管理是补齐监管短板、深化金融改革的重要举措，有利于规范市场秩序，防范化解风险，增强金融服务实体经济能力。提出坚持金融业总体分业经营为主的原则，从制度上隔离实业板块与金融板块。

9月14日　国家主席习近平在北京同欧盟轮值主席国德国总理默克尔、欧洲理事会主席米歇尔、欧盟委员会主席冯德莱恩共同举行会晤，会晤以视频方式举行，中欧双方宣布签署《中欧地理标志协定》，确认加快中欧投资协定谈判，实现年内完成谈判的目标。会上习近平强调，中欧要做到"4个坚持"，坚持和平共处、坚持开放合作、坚持多边主义、坚持对话协商。

9月15日　中共中央办公厅印发《关于加强新时代民营经济统战工作的意见》。首次把"信任"纳入民营经济统战工作方针并摆在首位，形成了"信任、团结、服务、引导、教育"的十字方针。首次作出"两个始终是"的新论断，即民营经济始终是坚持和发展中国特色社会主义的重要经济基础，民营经济人士始终是我们党长期执政必须团结和依靠的重要力量，进一步明确了民营经济和民营经济人士在我们党治国理政和社会主义事业中的重要地位作用。

9月15日　国务院总理李克强在人民大会堂出席世界经济论坛全球企业家特别对话会，强调当前国际环境正在发生深刻复杂变化，世界经济的不稳定性上升，但是和平与发展仍然是时代主题，交流与合作仍然是世界趋势。

9月16日　在我国新办发布会表示，中科院全面完成了"率先行动"计划第一阶段的目标任务，解决了涉及国家科技和经济社会发展的一大批重大战略性问题，产出一大批重大成果，为2030年全面实现"四个率先"的目标打下了坚实的基础。中科院在第一阶段"率先行动"计划中，率先在国际上实现了千公里级的量子纠缠星地密钥分发；做了量子力学的非定域性检验研究；在固体中首次发现了外尔费米子；首次在铁基超导体中发现马约拉纳束缚态。

9月16日　经济合作与发展组织发布了《经济展望中期报告》，将全球2020年GDP变动预期从下滑6%上调至萎缩4.5%，2021年经济增长预期同步上调至5%。此外，报告指出，按照目前的经济和疫情态势，中国将是2020年二十国集团中唯一实现正增长的国家。

9月16日　中国企业改革与发展研究会人力资源管理专业委员会和中国人民大学劳动人事学院联合主办，中国中铁股份公司承办的中国企业人才管理创新季度研讨会在中国中铁股份成功召开。

9月17日　世界贸易组织秘书处发布的报告显示，今年上半年全球医疗用品贸易增长37.8%。新冠肺炎疫情期间，以远程医疗为代表的新型医疗服务贸易打破了传统医疗产业的地域限制，获得较快发展。

9月21日　国家主席习近平在联合国成立75周年纪念峰会上发表重要讲话强调后疫情时代联合国应主持公道、厉行法治、促进合作、聚焦行动，重申中国将始终做多边主义的践行者，积极参与全球治理体系改革和建设，推动构建人类命运共同体。

9月21日　国务院办公厅印发《关于以新业态新模式引领新型消费加快发展的意见》，提出，经过3-5年努力，促进新型消费发展的体制机制和政策体系更加完善，到2025年，培育形成一批新型消费示范城市和领先企业，实物商品网上零售额占社会消费品零售总额比重显著提高，"互联网+服务"等消费新业态新模式得到普及并趋于成熟。

9月23日　中国人民银行等八部门联合发布了《关于规范发展供应链金融支持供应链产业链稳定循

环和优化升级的意见》，将坚持金融服务实体经济宗旨，明确供应链金融定位为支持供应链产业链稳定升级和国家战略布局；强调发挥市场主体专业优势，加强协同配合。

9月23日 国家发改委等四部委印发《关于扩大战略性新兴产业投资培育壮大新增长点增长极的指导意见》，统筹做好疫情防控和经济社会发展工作，坚定不移贯彻新发展理念，围绕重点产业链、龙头企业、重大投资项目，加强要素保障，促进上下游、产供销、大中小企业协同，加快推动战略性新兴产业高质量发展，培育壮大经济发展新动能。

9月24日 国家主席习近平特别代表、国务委员兼外长王毅在北京出席联合国安理会视频首脑会议并发表题为《改革完善全球治理体系，携手构建人类命运共同体》。提出意见：践行共商共建共享原则、共同应对非传统安全威胁、加强大国协调合作、维护国际法则秩序、加强联合国作用。

9月25日 国务院办公厅转发国家发展改革委《关于促进特色小镇规范健康发展的意见》，指出要坚持稳中求进工作总基调，坚持新发展理念，以准确把握特色小镇发展定位为前提，以培育发展主导产业为重点，健全激励约束机制和规范管理机制，有力有序有效推进特色小镇高质量发展。

9月25日 中国企业改革50人论坛暨创意青岛大会在青岛国际会议中心隆重召开。大会由中国企业改革与发展研究会、青岛市人民政府主办，主题为"以深化改革释放新动力构建双循环发展新格局"，旨在充分发挥自身优势，促进跨区域、跨行业、跨专业的跨界交流，活动在围绕当下热点难点问题探索解决途径的同时，为锐意创新改革的典型城市——青岛搭建起创意交流平台和经济合作平台，以智慧赋能，助力青岛全面融入双循环发展新格局。

9月26日 中共中央办公厅、国务院办公厅印发了《关于加快推进媒体深度融合发展的意见》，提出坚持正能量是总要求、管得住是硬道理、用得好是真本事。要建立以内容建设为根本、先进技术为支撑、创新管理为保障的全媒体传播体系。

9月27日 国务院国有企业改革领导小组第四次会议及全国国有企业改革三年行动动员部署电视电话会议在北京召开。会议提出，国有企业要成为有核心竞争力的市场主体。国有企业首先必须发挥经济功能，创造市场价值，更好为党和人民服务。要加强党的领导，落实董事会职权，健全市场化经营机制，积极稳妥深化混合所有制改革。中共中央政治局委员、国务院副总理、国务院国有企业改革领导小组组长刘鹤出席会议并讲话。

9月28日 中共中央政治局召开会议，研究制定国民经济和社会发展第十四个五年规划和二〇三五年远景目标重大问题。会议指出，推动"十四五"时期我国经济社会发展必须坚持系统观念，着力固根基、扬优势、补短板、强弱项，注重防范化解重大风险挑战。要健全规划制定和落实机制，确保党中央关于"十四五"发展的决策部署落到实处。

9月29日 国产高原无人直升机AR-500C在四川稻城亚丁机场创造了海拔4411米的国产无人直升机起降高度新纪录，基本具备全疆域飞行能力。

9月29日 中央企业改革三年行动工作部署视频会议举行。此次会议对央企实施国企改革三年行动进行了全面部署。会议明确，一是要突出抓好中国特色现代企业制度建设，在更加成熟定型上见实效；二是突出抓好国有经济布局优化和结构调整，在增强整体功能上。

9月29日 中国企业改革与发展研究会推出企业抗疫系列谈之十一——弘扬伟大抗疫精神 推进企改三年行动 在构建双循环新发展格局中 创建世界一流企业。文章提出国有企业落实国企改革三年行动必将促进经济的进一步发展，带动其他所有制企业共同发展。因此，落实企改三年行动过程必将是推进双循环新发展格局的过程，同时也是创建世界一流企业的过程。

9月30日　国家税务总局表示2020年1月至8月，全国新增减税降费累计达18773亿元，直达市场主体，减轻企业负担。

10月

10月2日　欧盟特别峰会结束了两天的既定议程，峰会第二日的关注点由国际议题转为欧盟单一市场运作及数字转型问题，同时与会领导人还就加强协同抗疫达成共识。欧洲理事会特别强调，要确保在欧盟境内快速部署5G网络，各成员国须在2020年年底之前向欧委会提交5G网络普及方案。

10月4日　农业农村部表示，目前秋粮丰收已成定局，全年粮食产量有望连续6年稳定在1.3万亿斤水平。

10月5日　国务院提出关于进一步提高上市公司质量的意见，涵盖总体要求、提高上市公司治理水平、推动上市公司做优做强、健全上市公司退出机制、解决上市公司突出问题、提高上市公司及相关主体违法违规成本、形成提高上市公司质量的工作合力。

10月7日　"十三五"期间，我国户籍制度改革进展顺利、成效显著。公安部数据显示，1亿人落户任务提前完成，1亿多农业转移人口自愿有序实现了市民化，户籍人口城镇化率由2013年的35.93%提高到2019年的44.38%。

10月9日　国务院印发《关于进一步提高上市公司质量的意见》指出坚持市场化、法治化方向，按照深化金融供给侧结构性改革要求，加强资本市场基础制度建设，坚持存量与增量并重、治标与治本结合，发挥各方合力，强化持续监管，优化上市公司结构和发展环境，使上市公司运作规范性明显提升，信息披露质量不断改善，突出问题得到有效解决，可持续发展能力和整体质量显著提高。

10月9日　在我国首次火星探测任务飞行控制团队努力下，"天问一号"探测器顺利完成深空机动。至此，探测器的飞行轨道变为能够准确被火星捕获的、与火星精确相交的轨道。

10月10日　央行决定自2020年10月12日起，将远期售汇业务的外汇风险准备金率从20%下调为0。

10月10日　在国家主席习近平总书记全国国有企业党的建设工作会议重要讲话发表四周年之际，国务院资产管理委员会党委召开学习研讨会，组织中央企业重温总书记重要讲话精神，持续巩固深化中央企业党的建设工作成果，持续深入学习贯彻习近平总书记关于国有企业改革发展和党的建设的重要论述，坚持党对国有企业的全面领导，加强国有企业党的建设，为做强做优做大国有资本和国有企业、培育具有全球竞争力的世界一流企业提供坚强保证。

10月11日　中共中央办公厅、国务院办公厅印发了《深圳建设中国特色社会主义先行示范区综合改革试点实施方案（2020-2025年）》。提出到2020年，在要素市场化配置、营商环境优化、城市空间统筹利用等重要领域推出一批重大改革措施，制定实施首批综合授权事项清单，推动试点开好局、起好步。2022年，各方面制度建设取得重要进展，形成一批可复制可推广的重大制度成果，试点取得阶段性成效。2025年，重要领域和关键环节改革取得标志性成果，基本完成试点改革任务，为全国制度建设作出重要示范。

10月12日　中共中央办公厅、国务院办公厅印发《深圳建设中国特色社会主义先行示范区综合改革试点实施方案（2020—2025年）》。

10月13日　国务院国资委表示十八大以来，中央企业通过投资入股、合资新设、并购重组、增资扩股等方式，累计实施混改4000多项，引入社会资本超过1.5万亿元。

10月13日　世界银行宣布，世行执行董事会已批准向发展中国家提供120亿美元资金，用于资助其购买和分发新冠肺炎疫苗、进行新冠病毒检测和治疗等。

10月13日　海关总署发布数据，前三季度我国货物贸易进出口总值23.12万亿元，同比增长0.7%。我国今年外贸进出口累计增速迎来首次转正。

10月14日　深圳经济特区建立40周年庆祝大会在广东省深圳市隆重举行，国家主席习近平在会上发表重要讲话强调，要高举中国特色社会主义伟大旗帜，统筹推进"五位一体"总体布局，协调推进"四个全面"战略布局，以一往无前的奋斗姿态、风雨无阻的精神状态，改革不停顿，开放不止步，在更高起点上推进改革开放，推动经济特区工作开创新局面，为全面建设社会主义现代化国家、实现第二个百年奋斗目标作出新的更大的贡献。

10月14日　海关统计，前三季度，我国货物贸易进出口总值23.12万亿元人民币，比去年同期增长0.7%；其中，出口12.71万亿元，增长1.8%；进口10.41万亿元，下降0.6%。海关总署指出，目前稳外贸政策效应持续显现，进出口明显好于预期。外贸进出口逐季回稳，累计增速转负为正。

10月15日　李克强出席全国大众创业万众创新活动周启动仪式强调，要推动大众创业万众创新向纵深发展，持续增强经济发展韧性和内生动力。

10月15日　央行表示前三季度社会融资规模增量累计为29.62万亿元，比上年同期多9.01万亿元；9月末，广义货币M2余额216.41万亿元，同比增长10.9%，增速分别比上月末和上年同期高0.5个和2.5个百分点。

10月16日　第20期《求是》杂志将发表国家主席习近平的重要文章《在全国抗击新冠肺炎疫情表彰大会上的讲话》。文章指出，在这场同严重疫情的殊死较量中，中国人民和中华民族以敢于斗争、敢于胜利的大无畏气概，铸就了生命至上、举国同心、舍生忘死、尊重科学、命运与共的伟大抗疫精神。

10月17日　世界卫生组织最新发布的新冠疫情数据显示，截至欧洲中部时间17日19时43分，全球新冠确诊病例数较前一日增加392471例，创疫情暴发以来单日最大增幅。全球单日新增确诊病例数连续2天创新高。

10月17日　商务部表示1月–9月我国对外非金融类直接投资5515.1亿元人民币，同比下降0.6%。

10月17日　中国企业改革与发展研究会与四川省政府国有资产监督管理委员会战略合作协议签署暨西部创新实践基地揭牌仪式在成都举行。双方签署战略合作协议、设立西部创新实践基地，借助四川省国资委的大平台、四川国资国企的综合实力，共同落实国资国企改革三年行动方案、谋篇布局"十四五"规划。

10月18日　国新办举行新闻发布会，介绍扎实推动深圳综合改革试点落地见效有关情况，会上《深圳建设中国特色社会主义先行示范区综合改革试点首批授权事项清单》正式发布，此次综合改革试点，首次采取"实施方案+授权清单"滚动推进的全新方式授权改革。

10月18日　在2020年全国大众创业万众创新活动周上，科技部火炬中心发布的《2020年中国创业孵化发展报告》显示，截至2019年底，全国创业孵化载体达13206家，在孵企业和创业团队人数达449.9万人，创业带动就业能力持续增强。

10月19日　我国自主设计建造的多用途滚装船"渤海恒达"轮在中集来福士山东龙口厂区下水，这是目前亚洲最大的多用途滚装船。

10月19日　国家统计局发布数据，初步核算，前三季度国内生产总值722786亿元，按可比价格计算，同比增长0.7%。疫情大考下今年中国经济已实现正增长，成绩来之不易。分季度看，在一季度同比下降6.8%、二季度同比增长3.2%的基础上，三季度增速加快至4.9%，呈现稳定恢复增长态势。

10月21日　科技部部长王志刚在国新办举行的发布会上表示，"十三五"期间全国科技界落实新发展理念，深入实施创新驱动发展战略，坚持加强基础研究、应用基础研究和关键核心技术攻关，科技创新实现量质齐升，创新型国家建设取得重大进展。全球创新指数排名从2015年的第二十九位跃升至2020年的第十四位。

10月21日　国务院总理李克强主持召开国务院常务会议，指出深化"放管服"改革，在前期试点基础上，在各地区、各部门全面推行证明事项和涉企经营许可事项告知承诺制，既能利企便民、更大激发市场活力和社会创造力，又能促进诚信社会建设，是破立并举、有利长远的重要改革举措。

10月21日　财政部发布数据显示，今年第三季度全国财政收入同比增长4.7%，季度增速实现由负转正。

10月21日　我国自主三代核电"华龙一号"全球首堆——中核集团福清核电5号机组首次达到临界状态，标志着机组正式进入带功率运行状态，向建成投产迈出了重要一步。

10月22日　中共中央政治局常务委员会召开会议，听取"十三五"规划实施总结评估汇报，国家主席习近平主持会议指出，"十三五"以来，党中央团结带领全党全军全国各族人民，统筹推进"五位一体"总体布局、协调推进"四个全面"战略布局，坚持稳中求进工作总基调，坚定不移贯彻新发展理念，坚持以供给侧结构性改革为主线，推动高质量发展，有力有序化解发展不平衡不充分的矛盾问题。

10月23日　中国南水北调集团有限公司成立大会在京举行。胡春华强调，中国南水北调集团有限公司作为中央直接管理的唯一跨流域、超大型供水企业，要全面加强自身建设，切实履行好职责使命。要坚持和加强党的全面领导，聚焦主责主业，加快建立现代企业制度，提高经营管理水平，为提高国家水安全保障能力和水平作出更大贡献。

10月23日　联合国发布报告显示，今年第三季度，全球贸易额同比下滑5%，而中国的进出口贸易规模逆势增长，出口额同比上涨10%。

10月23日　国家开发银行日前发布数据显示，前三季度新增人民币贷款9000亿元，通过降息减费向实体经济直接让利260亿元。

10月23日　我国渤海湾首个千亿方大气田——渤中19-6气田试验区开发项目投产，2020年底将实现高峰日产天然气100万立方米。全面投产后，每年可生产天然气30亿立方米，原油300万吨。

10月24日　第二届外滩金融峰会在上海开幕，国家副主席王岐山在开幕式上发表视频致辞指出，人类已经进入互联互通的新时代，各国利益紧密相连、命运休戚与共，经济全球化仍是历史潮流，团结抗疫、共克时艰、合作共赢，是全世界唯一正确选择。

10月24日　银保监会表示：到9月末，我国金融机构普惠型小微企业贷款余额为14.8万亿元，相比去年同期增长30.5%；今年前三季度新发放的普惠型小微企业贷款利率相比去年全年下降0.82个百分点。

10月25日　山西大学激光光谱研究所贾锁堂教授和肖连团教授带领团队在国际上首次实现里德堡原子微波超外差接收机样机，极大提升了微波电场场强的探测灵敏度，微波测量灵敏度达55nV/（cm.Hz1/2），优于之前国际最好水平1000倍，最小可探测微波场强约400pV/cm，优于之前国际最好水平10000倍。

10月25日　世贸组织发布数据显示，今年第二季度全球服务贸易额同比下滑30%，创2008年至2009年国际金融危机以来最大跌幅。

10月25日　为支持金融业稳健发展，央行日前公布了《中华人民共和国中国人民银行法（修订草案征求意见稿）》，向社会公开征求意见。

10月26日 2020年10月26日至29日，党的十九届五中全会在京召开。会议将审议中共中央关于制定国民经济和社会发展第十四个五年规划和二〇三五年远景目标的建议，为未来5年乃至15年中国发展擘画蓝图。

10月26日 根据全国中小企业股份转让系统（新三板）披露数据，截至本周，今年以来有512家挂牌公司在新三板完成股票发行融资，累计发行股票金额超过251亿元。

10月27日 欧盟统计局发布数据显示，今年前7个月，欧盟27个成员国与中国进出口总额为3287亿欧元，同比增长约2.6%。中国首次成为欧盟第一大贸易伙伴。

10月27日 中国共产党第十九届中央委员会第五次全体会在京召开。习近平代表中央政治局向全会作工作报告，并就《中共中央关于制定国民经济和社会发展第十四个五年规划和二〇三五年远景目标的建议（讨论稿）》向全会作了说明。

10月27日 据中国信通院发布的报告显示，截至2020年9月30日，中国境内外上市的互联网企业总市值为16.8万亿元，环比上涨12%。

10月27日 国家发展改革委、科技部、工信部等六部门联合发布《关于支持民营企业加快改革发展与转型升级的实施意见》，包括继续推进减税降费、进一步降低用能用网成本等38条举措。

10月28日 国新办举行新闻发布会，介绍"十三五"以来，我国全力推进健康中国建设，推动以治病为中心向以健康为中心转变，卫生健康事业改革发展取得显著进展，城乡居民健康水平持续提高；个人卫生支出占卫生总费用比重从2015年的29.3%降至2019年的28.4%，为新世纪以来最低水平，人均预期寿命从2015年的76.3岁提高到2019年的77.3岁。

10月29日 中共十九届五中全会在京举行，全会提出了到二〇三五年基本实现社会主义现代化远景目标，同时提出了"十四五"时期经济社会发展主要目标。全会强调，实现"十四五"规划和二〇三五年远景目标，必须坚持党的全面领导，充分调动积极因素，形成推动发展的强大合力，要高举和平、发展、合作、共丽的旗帜，积极营造良好外部环境，推动构建新型国际关系和人类命运共同体。

10月29日 十九届五中全会公报发布，指出，"十三五"时期经济实力、科技实力、综合国力跃上新的大台阶，经济运行总体平稳，经济结构持续优化，预计二〇二〇年国内生产总值突破一百万亿元。

10月30日 国家主席习近平向论坛作视频致辞强调，中国高度重视科技创新工作，坚持把创新作为引领发展的第一动力。中国将实施更加开放包容、互惠共享的国际科技合作战略，愿同全球顶尖科学家、国际科技组织一道，加强重大科学问题研究，加大共性科学技术破解，加深重点战略科学项目协作，共同推进世界科学事业。

10月30日 国务院总理李克强主持召开国务院"十四五"规划《纲要草案》编制工作领导小组会议并作重要讲话。指出我国仍然是世界最大发展中国家，规划编制要立足国情、实事求是，坚持发展第一要务，着力办好自己的事。规划纲要要确保全面建设社会主义现代化国家开好局起好步。

10月31日 工信部提供数据显示，前三季度，我国软件和信息技术服务业持续恢复，完成软件业务收入58387亿元，同比增长11.3%。

领导讲话及指导性文件 VI

习近平：在企业家座谈会上的讲话

今天，我们召开一个企业家座谈会，一是同大家谈谈心，二是给大家鼓鼓劲，三是听听大家对当前经济形势、"十四五"时期企业改革发展的意见和建议。

出席今天座谈会的，有国有企业负责人，有民营企业家，有外资企业和港澳台资企业管理人员，有个体工商户代表。大家身处不同行业、不同地区，都有长期经营管理的经历，对企业发展有自己的观察和思考。

刚才，7位代表做了很好的发言。大家谈形势实事求是，提建议针对性强，很有参考价值，我听了很受启发。有关部门要认真研究企业家们提出的意见和建议，及时制定相关政策措施。

下面，结合大家的发言，我讲几点意见。

一、保护和激发市场主体活力

改革开放以来，我国逐步建立和不断完善社会主义市场经济体制，市场体系不断发展，各类市场主体蓬勃成长。到2019年底，我国已有市场主体1.23亿户，其中企业3858万户，个体工商户8261万户。这些市场主体是我国经济活动的主要参与者、就业机会的主要提供者、技术进步的主要推动者，在国家发展中发挥着十分重要的作用。新冠肺炎疫情发生以来，在各级党委和政府领导下，各类市场主体积极参与应对疫情的人民战争，团结协作、攻坚克难、奋力自救，同时为疫情防控提供了有力物质支撑。借此机会，我向广大国有企业、民营企业、外资企业、港澳台资企业、个体工商户为疫情防控和经济社会发展作出的贡献，表示衷心的感谢！

经过全国上下共同努力，目前我国疫情防控取得重大战略成果，经济发展呈现稳定转好态势，在疫情防控和经济恢复上都走在世界前列。我国经济一季度大幅下滑，二季度企稳回升、由负转正，增长3.2%，上半年国内生产总值下降1.6%，情况比预料的要好。我们要增强信心、迎难而上，努力把疫情造成的损失补回来，争取全年经济发展好成绩。

新冠肺炎疫情对我国经济和世界经济产生巨大冲击，我国很多市场主体面临前所未有的压力。市场主体是经济的力量载体，保市场主体就是保社会生产力。留得青山在，不怕没柴烧。要千方百计把市场主体保护好，为经济发展积蓄基本力量。

党中央明确提出要扎实做好"六稳"工作、落实"六保"任务，各地区各部门出台了一系列保护支持市场主体的政策措施。下一步，要加大政策支持力度，激发市场主体活力，使广大市场主体不仅能够正常生存，而且能够实现更大发展。

第一，落实好纾困惠企政策。要实施好更加积极有为的财政政策、更加稳健灵活的货币政策，增强宏观政策的针对性和时效性。要继续减税降费、减租降息，确保各项纾困措施直达基层、直接惠及市场主体。要强化对市场主体的金融支持，发展普惠金融，有效缓解企业特别是中小微企业融资难融资贵问题。要支持适销对路出口商品开拓国内市场。国有企业特别是中央企业要发挥龙头带动作用，带动上下游各类企业共渡难关。要加强国际合作，保护好产业链供应链。

第二，打造市场化、法治化、国际化营商环境。要实施好民法典和相关法律法规，依法平等保护国有、民营、外资等各种所有制企业产权和自主经营权，完善各类市场主体公平竞争的法治环境。要依法保护企业家合法权益，加强产权和知识产权保护，形成长期稳定发展预期，鼓励创新、宽容失败，营造激励企业家干事创业的浓厚氛围。要推进简政放权，全面实施市场准入负面清单制度，支持企业更好参与市场合作和竞争。要实施好外商投资法，放宽市场准入，推动贸易和投资便利化。对在中国注册的企业要一视同仁，完善公平竞争环境。

第三，构建亲清政商关系。各级领导干部要光明磊落同企业交往，了解企业家所思所想、所困所惑，涉企政策制定要多听企业家意见和建议，同时要坚决防止权钱交易、商业贿赂等问题损害政商关系和营商环境。要充分发挥市场在资源配置中的决定性作用，更好发挥政府作用。政府是市场规则的制定者，也是市场公平的维护者，要更多提供优质公共服务。要支持企业家心无旁骛、长远打算，以恒心办恒业，扎根中国市场，深耕中国市场。

第四，高度重视支持个体工商户发展。我国有8200多万个体工商户，带动就业人口超过2亿，是数量最多的市场主体，是群众生活最直接的服务者，当前面临的实际困难也最多。要积极帮助个体工商户解决租金、税费、社保、融资等方面难题，提供更直接更有效的政策帮扶。

二、弘扬企业家精神

改革开放以来，一大批有胆识、勇创新的企业家茁壮成长，形成了具有鲜明时代特征、民族特色、世界水准的中国企业家队伍。企业家要带领企业战胜当前的困难，走向更辉煌的未来，就要在爱国、创新、诚信、社会责任和国际视野等方面不断提升自己，努力成为新时代构建新发展格局、建设现代化经济体系、推动高质量发展的生力军。这里，我提几点希望。

第一，希望大家增强爱国情怀。企业营销无国界，企业家有祖国。优秀企业家必须对国家、对民族怀有崇高使命感和强烈责任感，把企业发展同国家繁荣、民族兴盛、人民幸福紧密结合在一起，主动为国担当、为国分忧，正所谓"利于国者爱之，害于国者恶之"。爱国是近代以来我国优秀企业家的光荣传统。从清末民初的张謇，到抗战时期的卢作孚、陈嘉庚，再到新中国成立后的荣毅仁、王光英等等，都是爱国企业家的典范。改革开放以来，我国也涌现出一大批爱国企业家。企业家爱国有多种实现形式，但首先是办好一流企业，带领企业奋力拼搏、力争一流，实现质量更好、效益更高、竞争力更强、影响力更大的发展。

第二，希望大家勇于创新。创新是引领发展的第一动力。"富有之谓大业，日新之谓盛德。"企业家创新活动是推动企业创新发展的关键。美国的爱迪生、福特，德国的西门子，日本的松下幸之助等著名企业家都既是管理大师，又是创新大师。改革开放以来，我国经济发展取得举世瞩目的成就，同广大企业家大力弘扬创新精神是分不开的。创新就要敢于承担风险。敢为天下先是战胜风险挑战、实现高质量发展特别需要弘扬的品质。大疫当前，百业艰难，但危中有机，唯创新者胜。企业家要做创新发展的探索者、组织者、引领者，勇于推动生产组织创新、技术创新、市场创新，重视技术研发和人力资本投入，有效调动员工创造力，努力把企业打造成为强大的创新主体，在困境中实现凤凰涅槃、浴火重生。

第三，希望大家诚信守法。"诚者，天之道也；思诚者，人之道也。"人无信不立，企业和企业家更是如此。社会主义市场经济是信用经济、法治经济。企业家要同方方面面打交道，调动人、财、物等等种资源，没有诚信寸步难行。由于种种原因，一些企业在经营活动中还存在不少不讲诚信甚至违规违法的现象。法治意识、契约精神、守约观念是现代经济活动的重要意识规范，也是信用经济、法治经济的重要要求。企业家要做诚信守法的表率，带动全社会道德素质和文明程度提升。

第四，希望大家承担社会责任。我说过，企业既有经济责任、法律责任，也有社会责任、道德责任。任何企业存在于社会之中，都是社会的企业。社会是企业家施展才华的舞台。只有真诚回报社会、切实履行社会责任的企业家，才能真正得到社会认可，才是符合时代要求的企业家。这些年来，越来越多企业家投身各类公益事业。在防控新冠肺炎疫情斗争中，广大企业家积极捐款捐物，提供志愿服务，作出了重要贡献，值得充分肯定。当前，就业压力加大，部分劳动者面临失业风险。关爱员工是企业家履行社会责任的一个重要方面，要努力稳定就业岗位，关心员工健康，同员工携手渡过难关。

第五，希望大家拓展国际视野。有多大的视野，就有多大的胸怀。改革开放以来，我国企业家在国际市场上锻炼成长，利用国际国内两个市场、两种资源的能力不断提升。过去10年，我国企业走出去步伐明显加快，更广更深参与国际市场开拓，产生出越来越多世界级企业。近几年，经济全球化遭遇逆流，经贸摩擦加剧。一些企业基于要素成本和贸易环境等方面的考虑，调整了产业布局和全球资源配置。这是正常的生产经营调整。同时，我们应该看到，中国是全球最有潜力的大市场，具有最完备的产业配套条件。企业家要立足中国，放眼世界，提高把握国际市场动向和需求特点的能力，提高把握国际规则能力，提高国际市场开拓能力，提高防范国际市场风险能力，带动企业在更高水平的对外开放中实现更好发展，促进国内国际双循环。

三、集中力量办好自己的事

我在今年全国"两会"上讲过，面向未来，我们要逐步形成以国内大循环为主体、国内国际双循环相互促进的新发展格局。主要考虑是：当今世界正经历百年未有之大变局，新一轮科技革命和产业变革蓬勃兴起。以前，在经济全球化深入发展的外部环境下，市场和资源"两头在外"对我国快速发展发挥了重要作用。在当前保护主义上升、世界经济低迷、全球市场萎缩的外部环境下，我们必须充分发挥国内超大规模市场优势，通过繁荣国内经济、畅通国内大循环为我国经济发展增添动力，带动世界经济复苏。要提升产业链供应链现代化水平，大力推动科技创新，加快关键核心技术攻关，打造未来发展新优势。

我多次强调，中国开放的大门不会关闭，只会越开越大。以国内大循环为主体，绝不是关起门来封闭运行，而是通过发挥内需潜力，使国内市场和国际市场更好联通，更好利用国际国内两个市场、两种资源，实现更加强劲可持续的发展。从长远看，经济全球化仍是历史潮流，各国分工合作、互利共赢是长期趋势。我们要站在历史正确的一边，坚持深化改革、扩大开放，加强科技领域开放合作，推动建设开放型世界经济，推动构建人类命运共同体。

从明年开始，我国将进入"十四五"时期，这是在全面建成小康社会基础上开启全面建设社会主义现代化国家新征程的第一个五年，意义十分重大。党中央对制定"十四五"规划十分重视，相关准备工作正在进行。今天，大家对制定"十四五"规划提出了很多有价值的意见和建议，请有关方面认真研究吸收。相信通过共同努力，广大企业和个体工商户一定能在我国社会主义现代化进程中发挥更大作用、实现更大发展。

（新华社北京7月21日）

习近平：在经济社会领域专家座谈会上的讲话

今天，我们召开经济社会领域专家座谈会，听听大家对"十四五"规划编制的意见和建议。出席今天座谈会的，既有经济学家，也有社会学家。刚才，专家学者们做了很好的发言。大家从各自专业领域出发，对"十四五"时期发展环境、思路、任务、举措提出了很有价值的意见和建议，听了很受启发，参会的其他专家提交了书面发言，请有关方面研究吸收。下面，我就正确认识和把握中长期经济社会发展重大问题讲点意见。

用中长期规划指导经济社会发展，是我们党治国理政的一种重要方式。从1953年开始，我国已经编制实施了13个五年规划(计划)，其中改革开放以来编制实施8个，有力推动了经济社会发展、综合国力提升、人民生活改善，创造了世所罕见的经济快速发展奇迹和社会长期稳定奇迹。实践证明，中长期发展规划既能充分发挥市场在资源配置中的决定性作用，又能更好发挥政府作用。

"十四五"时期是我国全面建成小康社会、实现第一个百年奋斗目标之后，乘势而上开启全面建设社会主义现代化国家新征程、向第二个百年奋斗目标进军的第一个五年，我国将进入新发展阶段。凡事预则立，不预则废。我们要着眼长远、把握大势，开门问策、集思广益，研究新情况、作出新规划。

第一，以辩证思维看待新发展阶段的新机遇新挑战。党的十九大以来，我多次讲，当今世界正经历百年未有之大变局。当前，新冠肺炎疫情全球大流行使这个大变局加速变化，保护主义、单边主义上升，世界经济低迷，全球产业链供应链因非经济因素而面临冲击，国际经济、科技、文化、安全、政治等格局都在发生深刻调整，世界进入动荡变革期。今后一个时期，我们将面对更多逆风逆水的外部环境，必须做好应对一系列新的风险挑战的准备。

国内发展环境也经历着深刻变化。我国已进入高质量发展阶段，社会主要矛盾已经转化为人民日益增长的美好生活需要和不平衡不充分的发展之间的矛盾，人均国内生产总值达到1万美元，城镇化率超过60%，中等收入群体超过4亿人，人民对美好生活的要求不断提高。我国制度优势显著，治理效能提升，经济长期向好，物质基础雄厚，人力资源丰厚，市场空间广阔，发展韧性强大，社会大局稳定，继续发展具有多方面优势和条件。同时，我国发展不平衡不充分问题仍然突出，创新能力不适应高质量发展要求，农业基础还不稳固，城乡区域发展和收入分配差距较大，生态环保任重道远，民生保障存在短板，社会治理还有弱项。

总之，进入新发展阶段，国内外环境的深刻变化既带来一系列新机遇，也带来一系列新挑战，是危机并存、危中有机、危可转机。我们要辩证认识和把握国内外大势，统筹中华民族伟大复兴战略全局和世界百年未有之大变局，深刻认识我国社会主要矛盾发展变化带来的新特征新要求，深刻认识错综复杂的国际环境带来的新矛盾新挑战，增强机遇意识和风险意识，准确识变、科学应变、主动求变，勇于开顶风船，善于转危为机，努力实现更高质量、更有效率、更加公平、更可持续、更为安全的发展。

第二，以畅通国民经济循环为主构建新发展格局。今年以来，我多次讲，要推动形成以国内大循环为主体、国内国际双循环相互促进的新发展格局。这个新发展格局是根据我国发展阶段、环境、条件变化提出来的，是重塑我国国际合作和竞争新优势的战略抉择。近年来，随着外部环境和我国发展所具有的要素禀赋的变化，市场和资源两头在外的国际大循环动能明显减弱，而我国内需潜力不断释放，国内大循环活力日益强劲，客观上有着此消彼长的态势。对这个客观现象，理论界进行了很多讨论，可以继续深化研究，并提出真知灼见。

自2008年国际金融危机以来，我国经济已经在向以国内大循环为主体转变，经常项目顺差同国内生产总值的比率由2007年的9.9%降至现在的不到1%，国内需求对经济增长的贡献率有7个年份超过100%。未来一个时期，国内市场主导国民经济循环特征会更加明显，经济增长的内需潜力会不断释放。我们要坚持供给侧结构性改革这个战略方向，扭住扩大内需这个战略基点，使生产、分配、流通、消费更多依托国内市场，提升供给体系对国内需求的适配性，形成需求牵引供给、供给创造需求的更高水平动态平衡。

当然，新发展格局决不是封闭的国内循环，而是开放的国内国际双循环。我国在世界经济中的地位将持续上升，同世界经济的联系会更加紧密，为其他国家提供的市场机会将更加广阔，成为吸引国际商品和要素资源的巨大引力场。

第三，以科技创新催生新发展动能。实现高质量发展，必须实现依靠创新驱动的内涵型增长。我们更要大力提升自主创新能力，尽快突破关键核心技术。这是关系我国发展全局的重大问题，也是形成以国内大循环为主体的关键。

我们要充分发挥我国社会主义制度能够集中力量办大事的显著优势，打好关键核心技术攻坚战。要依托我国超大规模市场和完备产业体系，创造有利于新技术快速大规模应用和迭代升级的独特优势，加速科技成果向现实生产力转化，提升产业链水平，维护产业链安全。要发挥企业在技术创新中的主体作用，使企业成为创新要素集成、科技成果转化的生力军，打造科技、教育、产业、金融紧密融合的创新体系。基础研究是创新的源头活水，我们要加大投入，鼓励长期坚持和大胆探索，为建设科技强国夯实基础。要大力培养和引进国际一流人才和科研团队，加大科研单位改革力度，最大限度调动科研人员的积极性，提高科技产出效率。要坚持开放创新，加强国际科技交流合作。

第四，以深化改革激发新发展活力。改革是解放和发展社会生产力的关键，是推动国家发展的根本动力。我国改革已进行40多年，取得举世公认的伟大成就。社会是不断发展的，调节社会关系和社会活动的体制机制随之不断完善，才能不断适应解放和发展社会生产力的要求。

随着我国迈入新发展阶段，改革也面临新的任务，必须拿出更大的勇气、更多的举措破除深层次体制机制障碍，坚持和完善中国特色社会主义制度，推进国家治理体系和治理能力现代化。我们要守正创新、开拓创新，大胆探索自己未来发展之路。要坚持和完善社会主义基本经济制度，使市场在资源配置中起决定性作用，更好发挥政府作用，营造长期稳定可预期的制度环境。要加强产权和知识产权保护，建设高标准市场体系，完善公平竞争制度，激发市场主体发展活力，使一切有利于社会生产力发展的力量源泉充分涌流。

第五，以高水平对外开放打造国际合作和竞争新优势。当前，国际社会对经济全球化前景有不少担忧。我们认为，国际经济联通和交往仍是世界经济发展的客观要求。我国经济持续快速发展的一个重要动力就是对外开放。对外开放是基本国策，我们要全面提高对外开放水平，建设更高水平开放型经济新体制，形成国际合作和竞争新优势。要积极参与全球经济治理体系改革，推动完善更加公平合理的国际经济治理体系。

当前，在推进对外开放中要注意两点：一是凡是愿意同我们合作的国家、地区和企业，包括美国的州、地方和企业，我们都要积极开展合作，形成全方位、多层次、多元化的开放合作格局。二是越开放越要重视安全，越要统筹好发展和安全，着力增强自身竞争能力、开放监管能力、风险防控能力，炼就金刚不坏之身。

第六，以共建共治共享拓展社会发展新局面。事实证明，发展起来以后的问题不比不发展时少。我国社会结构正在发生深刻变化，互联网深刻改变人类交往方式，社会观念、社会心理、社会行为发生深刻变化。"十四五"时期如何适应社会结构、社会关系、社会行为方式、社会心理等深刻变化，实现更加充分、更高质量的就业，健全全覆盖、可持续的社保体系，强化公共卫生和疾控体系，促进人口长期均衡发展，加强社会治理，化解社会矛盾，维护社会稳定，都需要认真研究并作出工作部署。

一个现代化的社会，应该既充满活力又拥有良好秩序，呈现出活力和秩序有机统一。要完善共建共治共享的社会治理制度，实现政府治理同社会调节、居民自治良性互动，建设人人有责、人人尽责、人人享有的社会治理共同体。要加强和创新基层社会治理，使每个社会细胞都健康活跃，将矛盾纠纷化解在基层，将和谐稳定创建在基层。要更加注重维护社会公平正义，促进人的全面发展和社会全面进步。

以上我重点讲了几个问题，以及中长期经济社会发展涉及的其他问题，希望大家深入思考，取得进一步的研究成果。

2015年11月23日，我在主持十八届中央政治局第二十八次集体学习时专门就马克思主义政治经济学研究作了讲话，最近《求是》杂志发表了这篇讲话。恩格斯说，无产阶级政党的"全部理论来自对政治经济学的研究"。列宁把政治经济学视为马克思主义理论"最深刻、最全面、最详尽的证明和运用"。我们要运用马克思主义政治经济学的方法论，深化对我国经济发展规律的认识，提高领导我国经济发展能力和水平。

理论源于实践，又用来指导实践。改革开放以来，我们及时总结新的生动实践，不断推进理论创新，在发展理念、所有制、分配体制、政府职能、市场机制、宏观调控、产业结构、企业治理结构、民生保障、社会治理等重大问题上提出了许多重要论断。比如，关于社会主义本质的理论，关于社会主义初级阶段基本经济制度的理论，关于创新、协调、绿色、开放、共享发展的理论，关于发展社会主义市场经济、使市场在资源配置中起决定性作用和更好发挥政府作用的理论，关于我国经济发展进入新常态、深化供给侧结构性改革、推动经济高质量发展的理论，关于推动新型工业化、信息化、城镇化、农业现代化同步发展和区域协调发展的理论，关于农民承包的土地具有所有权、承包权、经营权属性的理论，关于用好国际国内两个市场、两种资源的理论，关于加快形成以国内大循环为主体、国内国际双循环相互促进的新发展格局的理论，关于促进社会公平正义、逐步实现全体人民共同富裕的理论，关于统筹发展和安全的理论，等等。这些理论成果，不仅有力指导了我国经济发展实践，而且开拓了马克思主义政治经济学新境界。

时代课题是理论创新的驱动力。马克思、恩格斯、列宁等都是通过思考和回答时代课题来推进理论创新的。现在，在波涛汹涌的世界经济大潮中，能不能驾驭好我国经济这艘大船，是对我们党的重大考验。面对错综复杂的国内外经济形势，面对形形色色的经济现象，学习领会马克思主义政治经济学基本原理和方法论，有利于我们掌握科学的经济分析方法，认识经济运动过程，把握经济发展规律，提高驾驭社会主义市场经济能力，准确回答我国经济发展的理论和实践问题。新时代改革开放和社会主义现代化建设的丰富实践是理论和政策研究的"富矿"，我国经济社会领域理论工作者大有可为。这里，我给大家提几点希望。一是从国情出发，从中国实践中来、到中国实践中去，把论文写在祖国大地上，使理论和政策创新符合中国实际、具有中国特色，不断发展中国特色社会主义政治经济学、社会学。二是深入调研，察实情、出实招，充分反映实际情况，使理论和政策创新有根有据、合情合理。三是把握规律，坚持马克思主义立场、观点、方法，透过现象看本质，从短期波动中探究长期趋势，使理论和政策创新充分体现先进性和科学性。四是树立国际视野，从中国和世界的联系互动中探讨人类面临的共同课题，为构建人类命运共同体贡献中国智慧、中国方案。

习近平：在全国抗击新冠肺炎疫情表彰大会上的讲话

同志们，朋友们：

在过去8个多月时间里，我们党团结带领全国各族人民，进行了一场惊心动魄的抗疫大战，经受了一场艰苦卓绝的历史大考，付出巨大努力，取得抗击新冠肺炎疫情斗争重大战略成果，创造了人类同疾病斗争史上又一个英勇壮举！

今天，我们隆重召开全国抗击新冠肺炎疫情表彰大会，向作出杰出贡献的功勋模范人物颁授共和国勋章和国家荣誉称号奖章，表彰抗疫先进个人和先进集体，弘扬伟大抗疫精神，为决胜全面建成小康社会、夺取新时代中国特色社会主义伟大胜利而不懈奋斗！

在这里，我代表党中央、国务院和中央军委，向受到表彰的先进个人和先进集体，向为这次抗疫斗争作出重大贡献的广大医务工作者、疾控工作人员、人民解放军指战员、武警部队官兵、科技工作者、社区工作者、公安民警、应急救援人员、新闻工作者、企事业单位职工、工程建设者、下沉干部、志愿者以及广大人民群众，向各级党政机关和企事业单位广大党员、干部，致以崇高的敬意！向积极参与抗疫斗争的各民主党派、工商联和无党派人士、各人民团体以及社会各界，向踊跃提供援助的香港同胞、澳门同胞、台湾同胞以及海外华侨华人，表示衷心的感谢！

在中国人民抗疫期间，许多国家的领导人、政府、政党、社会团体和驻华使馆，联合国有关组织、有关地区组织和国际机构、外资企业以及国际友好人士，以各种方式向中国人民表达真诚问候、提供宝贵支持。我代表中国政府和中国人民，向他们致以诚挚的谢意！

当前，新冠肺炎疫情仍在全球肆虐，中国人民对疫情给各国人民带来的苦难感同身受，对被病魔夺去生命的人们深感痛惜，向正在争分夺秒抗击疫情、抢救生命的人们深表敬意，向不幸感染病毒、正在接受治疗的人们表示诚挚的祝福！

此时此刻，我们特别要向为抗击疫情而英勇献身的烈士们，向在疫情中不幸罹难的同胞们，表达深切的思念和沉痛的哀悼！

同志们、朋友们！

新冠肺炎疫情是百年来全球发生的最严重的传染病大流行，是新中国成立以来我国遭遇的传播速度最快、感染范围最广、防控难度最大的重大突发公共卫生事件。

病毒突袭而至，疫情来势汹汹，人民生命安全和身体健康面临严重威胁。我们坚持人民至上、生命至上，以坚定果敢的勇气和坚忍不拔的决心，同时间赛跑、与病魔较量，迅速打响疫情防控的人民战争、总体战、阻击战，用1个多月的时间初步遏制疫情蔓延势头，用2个月左右的时间将本土每日新增病例控制在个位数以内，用3个月左右的时间取得武汉保卫战、湖北保卫战的决定性成果，进而又接连打了几场局部地区聚集性疫情歼灭战，夺取了全国抗疫斗争重大战略成果。在此基础上，我们统筹推进疫情防控和经济社会发展工作，抓紧恢复生产生活秩序，取得显著成效。中国的抗疫斗争，充分展现了中国精神、中国力量、中国担当。

——面对突如其来的严重疫情，党中央统揽全局、果断决策，以非常之举应对非常之事。党中央坚持把人民生命安全和身体健康放在第一位，第一时间实施集中统一领导，中央政治局常委会、中央政治局召开21次会议研究决策，领导组织党政军民学、东西南北中大会战，提出坚定信心、同舟共济、科学防治、精准施策的总要求，明确坚决遏制疫情蔓延势头、坚决打赢疫情防控阻击战的总目标，周密部署武汉保卫战、湖北保卫战，因时因势制定重大战略策略。我们成立中央应对疫情工作领导小组，派出中央指导组，建立国务院联防联控机制。我们提出早发现、早报告、早隔离、早治疗的防控要求，确定集中患者、集中专家、集中资源、集中救治的救治要求，把提高收治率和治愈率、降低感染率和病亡率作为突出任务来抓。我们全力以赴救治患者，不遗漏一个感染者，不放弃每一位病患者，坚持中西医结合，费用全部由国家承担，最大程度提高了治愈率、降低了病亡率。我们注重科研攻关和临床救治、防控实践相协同，第一时间研发出核酸检测试剂盒，加快有效药物筛选和疫苗研发，充分发挥科技对疫情防控的支撑作用。我们迅速建立全国疫情信息发布机制，实事求是、公开透明发布疫情信息。我们时刻挂念海外中国公民的安危，千方百计保障我国公民健康安全和工作生活，向留学生等群体发放"健康包"，协助确有困难的中国公民有序回国。我们及时将全国总体防控策略调整为"外防输入、内防反弹"，推动防控工作由应急性超常规防控向常态化防控转变，健全及时发现、快速处置、精准管控、有效救治的常态化防控机制。各级党委和政府、各部门各单位各方面闻令而动，全国农村、社区、企业、医疗卫生机构、科研机构、学校、军营各就各位。在党中央的坚强领导下，全国迅速形成统一指挥、全面部署、立体防控的战略布局，有效遏制了疫情大面积蔓延，有力改变了病毒传播的危险进程，最大限度保护了人民生命安全和身体健康！

——面对突如其来的严重疫情，中国人民风雨同舟、众志成城，构筑起疫情防控的坚固防线。武汉和湖北是疫情防控阻击战的主战场，武汉胜则湖北胜、湖北胜则全国胜。一方有难，八方支援。我们举全国之力实施规模空前的生命大救援，用10多天时间先后建成火神山医院和雷神山医院、大规模改建16座方舱医院、迅速开辟600多个集中隔离点，19个省区市对口帮扶除武汉以外的16个市州，最优秀的人员、最急需的资源、最先进的设备千里驰援，在最短时间内实现了医疗资源和物资供应从紧缺向动态平衡的跨越式提升。各行各业扛起责任，国有企业、公立医院勇挑重担，460多万个基层党组织冲锋陷阵，400多万名社区工作者在全国65万个城乡社区日夜值守，各类民营企业、民办医院、慈善机构、养老院、福利院等积极出力，广大党员、干部带头拼搏，人民解放军指战员、武警部队官兵、公安民警奋勇当先，广大科研人员奋力攻关，数百万快递员冒疫奔忙，180万名环卫工人起早贪黑，新闻工作者深入一线，千千万万志愿者和普通人默默奉献……全国人民都"为热干面加油"！大家都说："全中国等你痊愈，我们相约春天赏樱花。"武汉的患病者也毫不气馁，说"谢谢你们，没有放弃我们，病好了我要去献血"。"武汉必胜、湖北必胜、中国必胜"的强音响彻中华大地。武汉人民、湖北人民识大体、顾大局，不畏艰险、顽强不屈，自觉服从疫情防控大局需要，主动投身疫情防控斗争，为阻断疫情蔓延、为全国抗疫争取了战略主动，作出了巨大牺牲和重大贡献！

——面对突如其来的严重疫情，广大医务人员白衣为甲、逆行出征，舍生忘死挽救生命。全国数百万名医务人员奋战在抗疫一线，给病毒肆虐的漫漫黑夜带来了光明，生死救援情景感天动地！54万名湖北省和武汉市医务人员同病毒短兵相接，率先打响了疫情防控遭遇战。346支国家医疗队、4万多名医务人员毅然奔赴前线，很多人在万家团圆的除夕之夜踏上征程。人民军队医务人员牢记我军宗旨，视疫情为命令，召之即来，来之能战，战之能胜。广大医务人员以对人民的赤诚和对生命的敬佑，争分夺秒，连续作战，承受着身体和心理的极限压力，很多人脸颊被口罩勒出血痕甚至溃烂，很多人双手因汗水长时间浸泡发白，有的同志甚至以身殉职。广大医务人员用血肉之躯筑起阻击病毒的钢铁长城，挽救了一个又一个垂危生命，诠释了医者仁心和大爱无疆！我国广大医务人员是有高度责任感的人，身患渐冻症的张定宇同志说："我必须跑得更快，才能从病毒手里抢回更多病人。"同时，他们又是十分谦逊的人，钟南山同志说："其实，我不过就是一个看病的大夫。"人民群众说："有你们在，就安心！"广大医务人员是最美的天使，是新时代最可爱的人！他们的名字和功绩，国家不会忘记，人民不会忘记，历史不会忘记，将永远铭刻在共和国的丰碑上！

——面对突如其来的严重疫情，我们统筹兼顾、协调推进，经济发展稳定转好，生产生活秩序稳步恢复。我们准确把握疫情形势变化，立足全局、着眼大局，及时作出统筹疫情防控和经济社会发展的重大决策，坚持依法防控、科学防控，推动落实分区分级精准复工复产，最大限度保障人民生产生活。我们加大宏观政策应对力度，扎实做好"六稳"工作，全面落实"六保"任务，制定一系列纾困惠企政策，出台多项强化就业优先、促进投资消费、稳定外贸外资、稳定产业链供应链等措施，促进新业态发展，推动交通运输、餐饮商超、文化旅游等各行各业有序恢复，实施支持湖北发展一揽子政策，分批分次复学复课。我们以更大的决心、更强的力度推进脱贫攻坚，支持扶贫产业恢复生产，优先支持贫困劳动力务工就业，防止因疫致贫或返贫。我国成为疫情发生以来第一个恢复增长的主要经济体，在疫情防控和经济恢复上都走在世界前列，显示了中国的强大修复能力和旺盛生机活力！

——面对突如其来的严重疫情，中国同世界各国携手合作、共克时艰，为全球抗疫贡献了智慧和力量。我们本着公开、透明、负责任的态度，积极履行国际义务，第一时间向世界卫生组织、有关国家和地区组织主动通报疫情信息，第一时间发布新冠病毒基因序列等信息，第一时间公布诊疗方案和防控方案，同许多国家、国际和地区组织开展疫情防控交流活动70多次，开设疫情防控网上知识中心并向所有国家开放，毫无保留同各方分享防控和救治经验。我们在自身疫情防控面临巨大压力的情况下，尽己所能为国际社会提供援助，宣布向世界卫生组织提供两批共5000万美元现汇援助，向32个国家派出34支医疗专家组，向150个国家和4个国际组织提供283批抗疫援助，向200多个国家和地区提供和出口防疫物资。从2020年3月15日至2020年9月6日，我国总计出口口罩1515亿只、防护服14亿件、护目镜2.3亿个、呼吸机20.9万台、检测试剂盒4.7亿人份、红外测温仪8014万件，有力支持了全球疫情防控。我们倡导共同构建人类卫生健康共同体，在国际援助、疫苗使用等方面提出一系列主张。中国以实际行动帮助挽救了全球成千上万人的生命，以实际行动彰显了中国推动构建人类命运共同体的真诚愿望！

同志们、朋友们！

青年是国家和民族的希望。在这次抗疫斗争中，青年一代的突出表现令人欣慰、令人感动。参加抗疫的医务人员中有近一半是"90后""00后"，他们有一句话感动了中国：2003年非典的时候你们保护了我们，今天轮到我们来保护你们了。长辈们说："哪里有什么白衣天使，不过是一群孩子换了一身衣服。"世上没有从天而降的英雄，只有挺身而出的凡人。青年一代不怕苦、不畏难、不惧牺牲，用臂膀扛起如山的责任，展现出青春激昂的风采，展现出中华民族的希望！让我们一起为他们点赞！

同志们、朋友们！

抗击新冠肺炎疫情斗争取得重大战略成果，充分展现了中国共产党领导和我国社会主义制度的显著优势，充分展现了中国人民和中华民族的伟大力量，充分展现了中华文明的深厚底蕴，充分展现了中国负责任大国的自觉担当，极大增强了全党全国各族人民的自信心和自豪感、凝聚力和向心力，必将激励我们在新时代新征程上披荆斩棘、奋勇前进。

同志们、朋友们！

在这场同严重疫情的殊死较量中，中国人民和中华民族以敢于斗争、敢于胜利的大无畏气概，铸就了生命至上、举国同心、舍生忘死、尊重科学、命运与共的伟大抗疫精神。

——生命至上，集中体现了中国人民深厚的仁爱传统和中国共产党人以人民为中心的价值追求。"爱人利物之谓仁。"疫情无情人有情。人的生命是最宝贵的，生命只有一次，失去不会再来。在保护人民生命安全面前，我们必须不惜一切代价，我们也能够做到不惜一切代价，因为中国共产党的根本宗旨是全心全意为人民服务，我们的国家是人民当家作主的社会主义国家。我们果断关闭离汉离鄂通道，实施史无前例的严格管控。作出这一决策，需要巨大的政治勇气，需要果敢的历史担当。为了保护人民生命安全，我们什么都可以豁得出来！从出生仅30多个小时的婴儿到100多岁的老人，从在华外国留学生到来华外国人员，每一个生命都得到全力护佑，人的生命、人的价值、人的尊严得到悉心呵护。这是中国共产党执政为民理念的最好诠释！这是中华文明人命关天的道德观念的最好体现！这也是中国人民敬仰生命的人文精神的最好印证！

——举国同心，集中体现了中国人民万众一心、同甘共苦的团结伟力。面对生死考验，面对长时间隔离带来的巨大身心压力，广大人民群众生死较量不畏惧、千难万险不退缩，或向险而行，或默默坚守，以各种方式为疫情防控操心出力。长城内外、大江南北，全国人民心往一处想、劲往一处使，把个人冷暖、集体荣辱、国家安危融为一体，"天使白""橄榄绿""守护蓝""志愿红"迅速集结，"我是党员我先上""疫情不退我不退"，誓言铿锵，丹心闪耀。14亿中国人民同呼吸、共命运，肩并肩、心连心，绘就了团结就是力量的时代画卷！

——舍生忘死，集中体现了中国人民敢于压倒一切困难而不被任何困难所压倒的顽强意志。危急时刻，又见遍地英雄。各条战线的抗疫勇士临危不惧、视死如归，困难面前豁得出、关键时刻冲得上，以生命赴使命，用大爱护众生。他们中间，有把生的希望留给他人而自己错过救治的医院院长，有永远无法向妻子兑现婚礼承诺的丈夫，也有牺牲在救治岗位留下幼小孩子的妈妈……面对疫情，中国人民没有被吓倒，而是用明知山有虎、偏向虎山行的壮举，书写下可歌可泣、荡气回肠的壮丽篇章！中华民族能够经历无数灾厄仍不断发展壮大，从来都不是因为有救世主，而是因为在大灾大难前有千千万万个普通人挺身而出、慷慨前行！

——尊重科学，集中体现了中国人民求真务实、开拓创新的实践品格。面对前所未知的新型传染性疾病，我们秉持科学精神、科学态度，把遵循科学规律贯穿到决策指挥、病患治疗、技术攻关、社会治理各方面全过程。在没有特效药的情况下，实行中西医结合，先后推出八版全国新冠肺炎诊疗方案，筛选出"三药三方"等临床有效的中药西药和治疗办法，被多个国家借鉴和使用。无论是抢建方舱医院，还是多条技术路线研发疫苗；无论是开展大规模核酸检测、大数据追踪溯源和健康码识别，还是分区分级差异化防控、有序推进复工复产，都是对科学精神的尊崇和弘扬，都为战胜疫情提供了强大科技支撑！

——命运与共，集中体现了中国人民和衷共济、爱好和平的道义担当。大道不孤，大爱无疆。我们秉承"天下一家"的理念，不仅对中国人民生命安全和身体健康负责，也对全球公共卫生事业尽责。我们发起了新中国成立以来援助时间最集中、涉及范围最广的紧急人道主义行动，为全球疫情防控注入源源不断的动力，充分展示了讲信义、重情义、扬正义、守道义的大国形象，生动诠释了为世界谋大同、推动构建人类命运共同体的大国担当！

人无精神则不立，国无精神则不强。唯有精神上站得住、站得稳，一个民族才能在历史洪流中屹立不倒、挺立潮头。同困难作斗争，是物质的角力，也是精神的对垒。伟大抗疫精神，同中华民族长期形成的特质禀赋和文化基因一脉相承，是爱国主义、集体主义、社会主义精神的传承和发展，是中国精神的生动诠释，丰富了民族精神和时代精神的内涵。我们要在全社会大力弘扬伟大抗疫精神，使之转化为全面建设社会主义现代化国家、实现中华民族伟大复兴的强大力量。

同志们、朋友们！

"物有甘苦，尝之者识；道有夷险，履之者知。"在这场波澜壮阔的抗疫斗争中，我们积累了重要经验，收获了深刻启示。

——抗疫斗争伟大实践再次证明，中国共产党所具有的无比坚强的领导力，是风雨来袭时中国人民最可靠的主心骨。中国共产党来自人民、植根人民，始终坚持一切为了人民、一切依靠人民，得到了最广大人民衷心拥护和坚定支持，这是中国共产党领导力和执政力的广大而深厚的基础。这次抗疫斗争伊始，党中央就号召全党，让党旗在防控疫情斗争第一线高高飘扬，充分体现了中国共产党人的担当和风骨！在抗疫斗争中，广大共产党员不忘初心、牢记使命，充分发挥先锋模范作用，25000多名优秀分子在火线上宣誓入党。正是因为有中国共产党领导、有全国各族人民对中国共产党的拥护和支持，中国才能创造出世所罕见的经济快速发展奇迹和社会长期稳定奇迹，我们才能成功战洪水、防非典、抗地震、化危机、应变局，才能打赢这次抗疫斗争。历史和现实都告诉我们，只要毫不动摇坚持和加强党的全面领导，不断增强党的政治领导力、思想引领力、群众组织力、社会号召力，永远保持党同人民群众的血肉联系，我们就一定能够形成强大合力，从容应对各种复杂局面和风险挑战。

——抗疫斗争伟大实践再次证明，中国人民所具有的不屈不挠的意志力，是战胜前进道路上一切艰难险阻的力量源泉。苦难考验了中国人民，也锻炼了中国人民。正是因为中国人民经千难而前仆后继，历万险而锲而不舍，我们才能在列强侵略时顽强抗争，在山河破碎时浴血奋战，在一穷二白时发愤图强，在时代发展时与时俱进，中华民族才能始终屹立于世界民族之林。千百年来，中国人民就以生命力的顽强、凝聚力的深厚、忍耐力的坚韧、创造力的巨大而闻名于世，我们都为自己是中国人感到骄傲和自豪！历史和现实都告诉我们，只要紧紧依靠人民、一切为了人民，充分激发广大人民顽强不屈的意志和坚忍不拔的毅力，我们就一定能够使最广大人民紧密团结在一起，不断创造中华民族新的历史辉煌。

——抗疫斗争伟大实践再次证明，中国特色社会主义制度所具有的显著优势，是抵御风险挑战、提高国家治理效能的根本保证。衡量一个国家的制度是否成功、是否优越，一个重要方面就是看其在重大风险挑战面前，能不能号令四面、组织八方共同应对。我国社会主义制度具有非凡的组织动员能力、统筹协调能力、贯彻执行能力，能够充分发挥集中力量办大事、办难事、办急事的独特优势，这次抗疫斗争有力彰显了我国国家制度和国家治理体系的优越性。历史和现实都告诉我们，只要坚持和完善中国特色社会主义制度、推进国家治理体系和治理能力现代化，善于运用制度力量应对风险挑战冲击，我们就一定能够经受住一次次压力测试，不断化危为机、浴火重生。

——抗疫斗争伟大实践再次证明，新中国成立以来所积累的坚实国力，是从容应对惊涛骇浪的深厚底气。我们长期积累的雄厚物质基础、建立的完整产业体系、形成的强大科技实力、储备的丰富医疗资源为疫情防控提供了坚强支撑。我们在疫情发生后迅速开展全方位的人力组织战、物资保障战、科技突击战、资源运动战。在抗疫形势最严峻的时候，经济社会发展不少方面一度按下"暂停键"，但群众生活没有受到太大影响，社会秩序总体正常，这从根本上得益于新中国成立以来特别是改革开放以来长期积累的综合国力，得益于危急时刻能够最大限度运用我们的综合国力。历史和现实都告诉我们，只要不断解放和发展社会生产力，不断增强经济实力、科技实力、综合国力，不断让广大人民的获得感、幸福感、安全感日益充实起来，不断让坚持和发展中国特色社会主义、实现中华民族伟大复兴的物质基础日益坚实起来，我们就一定能够使中国特色社会主义航船乘风破浪、行稳致远。

——抗疫斗争伟大实践再次证明，社会主义核心价值观、中华优秀传统文化所具有的强大精神动力，是凝聚人心、汇聚民力的强大力量。文化自信是一个国家、一个民族发展中最基本、最深沉、最持久的力量。向上向善的文化是一个国家、一个民族休戚与共、血脉相连的重要纽带。中国人历来抱有家国情怀，崇尚天下为公、克己奉公，信奉天下兴亡、匹夫有责，强调和衷共济、风雨同舟，倡导守望相助、尊老爱幼，讲求自由和自律统一、权利和责任统一。在这次抗疫斗争中，14亿中国人民显示出高度的责任意识、自律观念、奉献精神、友爱情怀，铸就起团结一心、众志成城的强大精神防线。历史和现实都告诉我们，只要不断培育和践行社会主义核心价值观，始终继承和弘扬中华优秀传统文化，我们就一定能够建设好全国各族人民的精神家园，筑牢中华儿女团结奋进、一往无前的思想基础。

——抗疫斗争伟大实践再次证明，构建人类命运共同体所具有的广泛感召力，是应对人类共同挑战、建设更加繁荣美好世界的人间正道。新冠肺炎疫情以一种特殊形式告诫世人，人类是荣辱与共的命运共同体，重大危机面前没有任何一个国家可以独善其身，团结合作才是人间正道。任何自私自利、嫁祸他人、颠倒是非、混淆黑白的做法，不仅会对本国和本国人民造成伤害，而且会给世界各国人民带来伤害。历史和现实都告诉我们，只要国际社会秉持人类命运共同体理念，坚持多边主义、走团结合作之路，世界各国人民就一定能够携手应对各种全球性问题，共建美好地球家园。

同志们、朋友们！

当前，世界百年未有之大变局加速演进，国内改革发展稳定任务艰巨繁重。站在"两个一百年"奋斗目标的历史交汇点上，我们必须全面贯彻党的基本理论、基本路线、基本方略，坚持稳中求进工作总基调，坚定不移贯彻新发展理念，着力构建新发展格局，统筹国内国际两个大局，办好发展安全两件大事，推进国家治理体系和治理能力现代化，不断开创党和国家事业发展新局面。

——我们要毫不放松抓好常态化疫情防控，奋力夺取抗疫斗争全面胜利。当前，疫情仍在全球蔓延，国内零星散发病例和局部暴发疫情的风险仍然存在，夺取抗疫斗争全面胜利还需要付出持续努力。要慎终如始、再接再厉，全面做好外防输入、内防反弹工作，坚持常态化精准防控和局部应急处置有机结合，决不能让来之不易的疫情防控成果前功尽弃。要加大药品和疫苗科研攻关力度，深入开展爱国卫生运动，加强公共卫生设施建设，提升全社会文明程度，用千千万万个文明健康的小环境筑牢常态化疫情防控的社会大防线。

——我们要扎实做好"六稳"工作、全面落实"六保"任务，确保完成决胜全面建成小康社会、决战脱贫攻坚目标任务。要增强信心、鼓足干劲，奋力把失去的时间抢回来、把疫情造成的损失补回来。要积极构建疫情防控和经济社会发展工作中长期协调机制。要坚持以供给侧结构性改革为主线，坚持深化改革开放，牢牢把握扩大内需这个战略基点，保护和激发市场主体活力，确保宏观政策落地见效，提高产业链供应链稳定性和竞争力。要瞄准脱贫攻坚突出问题和薄弱环节，一鼓作气、尽锐出战。要始终把人民安危冷暖放在心上，帮助群众解决就业、收入、就学、社保、医保、住房等方面的实际困难，扎扎实实做好保障和改善民生各项工作。

——我们要加快补齐治理体系的短板弱项，为保障人民生命安全和身体健康夯实制度保障。这场抗疫斗争是对国家治理体系和治理能力的一次集中检验。要抓紧补短板、堵漏洞、强弱项，加快完善各方面体制机制，着力提高应对重大突发公共卫生事件的能力和水平。要构筑强大的公共卫生体系，完善疾病预防控制体系，建设平战结合的重大疫情防控救治体系，强化公共卫生法治保障和科技支撑，提升应急物资储备和保障能力，夯实联防联控、群防群控的基层基础。要完善城市治理体系和城乡基层治理体系，树立全周期的城市健康管理理念，增强社会治理总体效能。要重视生物安全风险，提升国家生物安全防御能力。

——我们要秉持人类命运共同体理念，同国际社会携手应对日益严峻的全球性挑战。中国将继续推进疫情防控国际合作，支持世界卫生组织发挥全球抗疫领导作用，同各国分享防控和救治经验，继续向应对疫情能力薄弱的国家和地区提供帮助，发挥全球抗疫物资最大供应国作用，推动构建人类卫生健康共同体。我们将拓展同世界各国的互利互惠合作，继续推进经济全球化，坚定维护多边贸易体制，维护全球产业链供应链安全畅通运转，共同推动世界经济早日重现繁荣。我们愿同各国一道推动形成更加包容的全球治理、更加有效的多边机制、更加积极的区域合作，共同应对地区争端和恐怖主义、气候变化、网络安全、生物安全等全球性问题，共同创造人类更加美好的未来。

——我们要坚持底线思维、增强忧患意识，有效防范和化解前进道路上的各种风险。彩虹和风雨共生，机遇和挑战并存，这是亘古不变的辩证法则。我们党建党近百年、新中国成立70多年、改革开放40多年的历史，从来都不是一帆风顺的。志不求易者成，事不避难者进。我们要辩证认识和把握国内外大势，加强战略性、系统性、前瞻性研究谋划，做好较长时间应对外部环境变化的思想准备和工作准备，善于在危机中育新机、于变局中开新局。要发扬斗争精神，敢于斗争、善于斗争，根据形势变化及时调整斗争策略，团结一切可以团结的力量，调动一切积极因素，不断夺取具有许多新的历史特点的伟大斗争新胜利。

同志们、朋友们！

"天行健，君子以自强不息。"一个民族之所以伟大，根本就在于在任何困难和风险面前都从来不放弃、不退缩、不止步，百折不挠为自己的前途命运而奋斗。从5000多年文明发展的苦难辉煌中走来的中国人民和中华民族，必将在新时代的伟大征程上一路向前，任何人任何势力都不能阻挡中国人民实现更加美好生活的前进步伐！

让我们更加紧密地团结起来，大力弘扬伟大抗疫精神，勠力同心、锐意进取，奋力实现决胜全面建成小康社会、决战脱贫攻坚目标任务，在全面建设社会主义现代化国家的新征程上创造新的历史伟业！

（新华社北京9月8日）

习近平主持召开科学家座谈会并发表重要讲话

中共中央总书记、国家主席、中央军委主席习近平2020年9月11日下午在京主持召开科学家座谈会并发表重要讲话，就"十四五"时期我国科技事业发展听取意见。他强调，我国经济社会发展和民生改善比过去任何时候都更加需要科学技术解决方案，都更加需要增强创新这个第一动力。我国广大科学家和科技工作者有信心、有意志、有能力登上科学高峰。希望广大科学家和科技工作者肩负起历史责任，坚持面向世界科技前沿、面向经济主战场、面向国家重大需求、面向人民生命健康，不断向科学技术广度和深度进军。

中共中央政治局常委、中央书记处书记王沪宁，中共中央政治局常委、国务院副总理韩正出席座谈会。

座谈会上，中国工程院院士徐匡迪，清华大学交叉信息研究院院长、中国科学院院士姚期智，西湖大学校长、中国科学院院士施一公，中国工程院副院长、中国工程院院士陈左宁，阿里巴巴集团技术委员会主席、中国工程院院士王坚，中国科学院古脊椎动物与古人类研究所研究员付巧妹，北京化工大学特聘教授戴伟等7位科学家代表先后发言，就深化科技体制改革、推动科技创新和发展等问题提出意见和建议。习近平同发言的每一位科学家都进行了交流，深入探讨一些重大科技问题和科技体制改革创新问题。

在认真听取大家发言后，习近平发表了重要讲话。他表示，大家作了很好的发言，结合各自研究领域提出了许多有价值的意见和建议，请有关方面认真研究吸收。

习近平指出，党的十八大以来，我们高度重视科技创新工作，坚持把创新作为引领发展的第一动力。通过全社会共同努力，我国科技事业取得历史性成就、发生历史性变革。重大创新成果竞相涌现，一些前沿领域开始进入并跑、领跑阶段，科技实力正在从量的积累迈向质的飞跃，从点的突破迈向系统能力提升。在这次抗击新冠肺炎疫情过程中，广大科技工作者在治疗、疫苗研发、防控等多个重要领域开展科研攻关，为统筹推进疫情防控和经济社会发展提供了有力支撑、作出了重大贡献。借此机会，我向广大科技工作者表示衷心的感谢！习近平强调，当今世界正经历百年未有之大变局，我国发展面临的国内外环境发生深刻复杂变化，我国"十四五"时期以及更长时期的发展对加快科技创新提出了更为迫切的要求。加快科技创新是推动高质量发展的需要，是实现人民高品质生活的需要，是构建新发展格局的需要，是顺利开启全面建设社会主义现代化国家新征程的需要。习近平强调，我国拥有数量众多的科技工作者、规模庞大的研发投入，关键是要改善科技创新生态，激发创新创造活力，给广大科学家和科技工作者搭建施展才华的舞台，让科技创新成果源源不断涌现出来。要坚持需求导向和问题导向，对能够快速突破、及时解决问题的技术，要抓紧推进；对属于战略性、需要久久为功的技术，要提前部署。要发挥我国社会主义制度能够集中力量办大事的优势，整合优化科技资源配置，狠抓创新体系建设，进行优化组合，组建一批国家实验室，形成我国实验室体系，发挥高校在科研中的重要作用，推动重要领域关键核心技术攻关。要持之以恒加强基础研究，明确我国基础研究领域方向和发展目标，加大基础研究投入，在财政、金融、税收等方面给予必要政策支持，创造有利于基础研究的良好科研生态，建立健全科学评价体系、激励机制，持续不断坚持下去。要加强创新人才教育培养，把教育摆在更加重要位置，全面提高教育质量，加强数学、物理、化学、生物等基础学科建设，鼓励具备条件的高校积极设置基础研究、交叉学科相关学科专业，加强基础学科本科生培养，注重培养学生创新意识和创新能力。要依靠改革激发科技创新活力，通过深化科技体制改革把巨大创新潜能有效释放出来，坚决破除"唯论文、唯职称、唯学历、唯奖项"。要加强国际科技合作，更加主动地融入全球创新网络，在开放合作中提升自身科技创新能力。习近平指出，科学成就离不开精神支撑。科学家精神是科技工作者在长期科学实践中积累的宝贵精神财富。希望广大科技工作者不忘初心、牢记使命，秉持国家利益和人民利益至上，继承和发扬老一辈科学家胸怀祖国、服务人民的优秀品质，弘扬"两弹一星"精神，主动肩负起历史重任，把自己的科学追求融入建设社会主义现代化国家的伟大事业中去。广大科技工作者要树立敢于创造的雄心壮志，敢于提出新理论、开辟新领域、探索新路径，在独创独有上下功夫。要多出高水平的原创成果，为不断丰富和发展科学体系作出贡献。要鼓励科技工作者专注于自己的科研事业，勤奋钻研，不慕虚荣，不计名利。要广泛宣传科技工作者勇于探索、献身科学的生动事迹。好奇心是人的天性，对科学兴趣的引导和培养要从娃娃抓起，使他们更多了解科学知识，掌握科学方法，形成一大批具备科学家潜质的青少年群体。

习近平强调，各级党委和政府以及各级领导干部要认真贯彻党中央关于科技创新的决策部署，落实好创新驱动发展战略，尊重劳动、尊重知识、尊重人才、尊重创造，遵循科学发展规律，推动科技创新成果不断涌现，并转化为现实生产力。领导干部要加强对新科学知识的学习，关注全球科技发展趋势。

习近平：在深圳经济特区建立40周年 庆祝大会上的讲话

女士们，先生们，同志们：

今天，我们在这里隆重集会，庆祝深圳等经济特区建立40周年，总结经济特区建设经验，在更高起点上推进改革开放，动员全党全国全社会为乘势而上开启全面建设社会主义现代化国家新征程、向第二个百年奋斗目标进军而团结奋进。

兴办经济特区，是党和国家为推进改革开放和社会主义现代化建设进行的伟大创举。1978年12月，党的十一届三中全会作出把党和国家工作中心转移到经济建设上来、实行改革开放的历史性决策，动员全党全国各族人民为社会主义现代化建设进行新的长征。1979年4月，广东省委负责人向中央领导同志提出兴办出口加工区、推进改革开放的建议。邓小平同志明确指出，还是叫特区好，中央可以给些政策，你们自己去搞，杀出一条血路来。同年7月，党中央、国务院批准广东、福建两省实行"特殊政策、灵活措施、先行一步"，并试办出口特区。1980年8月党和国家批准在深圳、珠海、汕头、厦门设置经济特区，1988年4月又批准建立海南经济特区，明确要求发挥经济特区对全国改革开放和社会主义现代化建设的重要窗口和示范带动作用。

长期以来，在党中央坚强领导和全国大力支持下，各经济特区解放思想、改革创新，勇担使命、砥砺奋进，在建设中国特色社会主义伟大进程中谱写了勇立潮头、开拓进取的壮丽篇章，为全国改革开放和社会主义现代化建设作出了重大贡献。

女士们、先生们、同志们！

广东是改革开放的排头兵、先行地、实验区，是建立经济特区时间最早、数量最多的省份。深圳是改革开放后党和人民一手缔造的崭新城市，是中国特色社会主义在一张白纸上的精彩演绎。深圳广大干部群众披荆斩棘、埋头苦干，用40年时间走过了国外一些国际化大都市上百年走完的历程。这是中国人民创造的世界发展史上的一个奇迹。

——40年来，深圳奋力解放和发展社会生产力，大力推进科技创新，地区生产总值从1980年的2.7亿元增至2019年的2.7万亿元，年均增长20.7%，经济总量位居亚洲城市第五位，财政收入从不足1亿元增加到9424亿元，实现了由一座落后的边陲小镇到具有全球影响力的国际化大都市的历史性跨越。

——40年来，深圳坚持解放思想、与时俱进，率先进行市场取向的经济体制改革，首创1000多项改革举措，奏响了实干兴邦的时代强音，实现了由经济体制改革到全面深化改革的历史性跨越。

——40年来，深圳坚持实行"引进来"和"走出去"，积极利用国际国内两个市场、两种资源，积极吸引全球投资，外贸进出口总额由1980年的0.18亿美元跃升至2019年的4315亿美元，年均增长26.1%，实现了由进出口贸易为主到全方位高水平对外开放的历史性跨越。

——40年来，深圳坚持发展社会主义民主政治，尊重人民主体地位，加强社会主义精神文明建设，积极培育和践行社会主义核心价值观，实现了由经济开发到统筹社会主义物质文明、政治文明、精神文明、社会文明、生态文明发展的历史性跨越。

——40年来，深圳坚持以人民为中心，人民生活水平大幅提高，教育、医疗、住房等实现翻天覆地的变化，2019年居民人均可支配收入6.25万元，比1985年增长31.6倍；率先完成全面建成小康社会的目标，实现了由解决温饱到高质量全面小康的历史性跨越。

40年春风化雨，40年春华秋实。当年的蛇口开山炮声犹然在耳，如今的深圳经济特区生机勃勃，向世界展示了我国改革开放的磅礴伟力，展示了中国特色社会主义的光明前景。

看似寻常最奇崛，成如容易却艰辛。深圳等经济特区一路走来，每一步都不是轻而易举的，每一步都付出了艰辛努力。深圳等经济特区改革发展事业取得的成就，是党中央坚强领导的结果，是广大干部群众开拓进取的结果，是全国人民和四面八方广泛支持的结果。在这里，我代表党中央、国务院和中央军委，向经济特区广大建设者，向所有为经济特区建设作出贡献的同志们，致以诚挚的问候！向各位来宾，向关心和支持经济特区建设的国内外各界人士，表示衷心的感谢！

女士们、先生们、同志们！

深圳等经济特区的成功实践充分证明，党中央关于兴办经济特区的战略决策是完全正确的。经济特区不仅要继续办下去，而且要办得更好、办得水平更高。

深圳等经济特区40年改革开放实践，创造了伟大奇迹，积累了宝贵经验，深化了我们对中国特色社会主义经济特区建设规律的认识。一是必须坚持党对经济特区建设的领导，始终保持经济特区建设正确方向。二是必须坚持和完善中国特色社会主义制度，通过改革实践推动中国特色社会主义制度更加成熟更加定型。三是必须坚持发展是硬道理，坚持敢闯敢试、敢为人先，以思想破冰引领改革突围。四是必须坚持全方位对外开放，不断提高"引进来"的吸引力和"走出去"的竞争力。五是必须坚持创新是第一动力，在全球科技革命和产业变革中赢得主动权。六是必须坚持以人民为中心的发展思想，让改革发展成果更多更公平惠及人民群众。七是必须坚持科学立法、严格执法、公正司法、全民守法，使法治成为经济特区发展的重要保障。八是必须践行绿水青山就是金山银山的理念，实现经济社会和生态环境全面协调可持续发展。九是必须全面准确贯彻"一国两制"基本方针，促进内地与香港、澳门融合发展、相互促进。十是必须坚持在全国一盘棋中更好发挥经济特区辐射带动作用，为全国发展作出贡献。

以上十条，是经济特区40年改革开放、创新发展积累的宝贵经验，对新时代经济特区建设具有重要指导意义，必须倍加珍惜、长期坚持，在实践中不断丰富和发展。

女士们、先生们、同志们！

当今世界正经历百年未有之大变局，新冠肺炎疫情全球大流行使这个大变局加速演进，经济全球化遭遇逆流，保护主义、单边主义上升，世界经济低迷，国际贸易和投资大幅萎缩，国际经济、科技、文化、安全、政治等格局都在发生深刻调整，世界进入动荡变革期。

我国正处于实现中华民族伟大复兴的关键时期，经济已由高速增长阶段转向高质量发展阶段。我国社会主要矛盾发生变化，人民对美好生活的要求不断提高，经济长期向好，市场空间广阔，发展韧性强大，正在形成以国内大循环为主体、国内国际双循环相互促进的新发展格局。同时，我国经济正处在转变发展方式、优化经济结构、转换增长动力的攻关期，实现高质量发展还有许多短板弱项，经济特区发展也面临着一些困难和挑战。

新形势需要新担当、呼唤新作为。新时代经济特区建设要高举中国特色社会主义伟大旗帜，统筹推进"五位一体"总体布局，协调推进"四个全面"战略布局，从我国进入新发展阶段大局出发，落实新发展理念，紧扣推动高质量发展、构建新发展格局，以一往无前的奋斗姿态、风雨无阻的精神状态，改革不停顿，开放不止步，在更高起点上推进改革开放，推动经济特区工作开创新局面，为全面建设社会主义现代化国家、实现第二个百年奋斗目标作出新的更大的贡献。

党中央对深圳改革开放、创新发展寄予厚望。2019年8月，党中央出台了支持深圳建设中国特色社会主义先行示范区的意见，全面部署了有关工作。深圳要建设好中国特色社会主义先行示范区，创建社会主义现代化强国的城市范例，提高贯彻落实新发展理念能力和水平，形成全面深化改革、全面扩大开放新格局，推进粤港澳大湾区建设，丰富"一国两制"事业发展新实践，率先实现社会主义现代化。这是新时代党中央赋予深圳的历史使命。

第一，坚定不移贯彻新发展理念。广东、深圳经济发展水平较高，面临的资源要素约束更紧，受到来自国际的技术、人才等领域竞争压力更大，落实新发展理念、推动高质量发展是根本出路。要坚持发展是第一要务、人才是第一资源、创新是第一动力，率先推动质量变革、效率变革、动力变革，努力实现更高质量、更有效率、更加公平、更可持续、更为安全的发展。

要坚持供给侧结构性改革这条主线，使生产、分配、流通、消费更多依托国内市场，提升供给体系对国内需求的适配性，以高质量供给满足日益升级的国内市场需求。要坚定不移实施创新驱动发展战略，培育新动能，提升新势能，建设具有全球影响力的科技和产业创新高地。要围绕产业链部署创新链、围绕创新链布局产业链，前瞻布局战略性新兴产业，培育发展未来产业，发展数字经济。要加大基础研究和应用基础研究投入力度，发挥深圳产学研深度融合优势，主动融入全球创新网络。要对标国际一流水平，大力发展金融、研发、设计、会计、法律、会展等现代服务业，提升服务业发展能级和竞争力。要实施更加开放的人才政策，引进培养一批具有国际水平的战略科技人才、科技领军人才、青年科技人才和高水平创新团队，聚天下英才而用之。

第二，与时俱进全面深化改革。改革永远在路上，改革之路无坦途。当前，改革又到了一个新的历史关头，很多都是前所未有的新问题，推进改革的复杂程度、敏感程度、艰巨程度不亚于40年前，必须以更大的政治勇气和智慧，坚持摸着石头过河和加强顶层设计相结合，不失时机、蹄疾步稳深化重要领域和关键环节改革，更加注重改革的系统性、整体性、协同性，提高改革综合效能。

党中央经过深入研究，决定以经济特区建立40周年为契机，支持深圳实施综合改革试点，以清单批量授权方式赋予深圳在重要领域和关键环节改革上更多自主权，一揽子推出27条改革举措和40条首批授权事项。深圳经济特区要扛起责任，牢牢把握正确方向，解放思想、守正创新，努力在重要领域推出一批重大改革措施，形成一批可复制可推广的重大制度创新成果。要着眼于解决高质量发展中遇到的实际问题，着眼于建设更高水平的社会主义市场经济体制需要，多策划战略战役性改革，多推动创造型、引领型改革，在完善要素市场化配置体制机制、创新链产业链融合发展体制机制、市场化法治化国际化营商环境、高水平开放型经济体制、民生服务供给体制、生态环境和城市空间治理体制等重点领域先行先试。要优化政府管理和服务，全面推行权力清单、责任清单、负面清单制度，加快构建亲清政商关系。要进一步激发和弘扬企业家精神，依法保护企业家合法权益，依法保护产权和知识产权，激励企业家干事创业。

第三，锐意开拓全面扩大开放。当前，世界经济面临诸多复杂挑战，我们决不能被逆风和回头浪所阻，要站在历史正确的一边，坚定不移全面扩大开放，推动建设开放型世界经济，推动构建人类命运共同体。

新发展格局不是封闭的国内循环，而是开放的国内国际双循环。要优化升级生产、分配、流通、消费体系，深化对内经济联系、增加经济纵深，增强畅通国内大循环和联通国内国际双循环的功能，加快推进规则标准等制度型开放，率先建设更高水平开放型经济新体制。要在内外贸、投融资、财政税务、金融创新、出入境等方面，探索更加灵活的政策体系、更加科学的管理体制，加强同"一带一路"沿线国家和地区开展多层次、多领域的务实合作。越是开放越要重视安全，统筹好发展和安全两件大事，增强自身竞争能力、开放监管能力、风险防控能力。

第四，创新思路推动城市治理体系和治理能力现代化。经过40年高速发展，深圳经济特区城市空间结构、生产方式、组织形态和运行机制发生深刻变革，面临城市治理承压明显、发展空间不足等诸多挑战。要树立全周期管理意识，加快推动城市治理体系和治理能力现代化，努力走出一条符合超大型城市特点和规律的治理新路子。要强化依法治理，善于运用法治思维和法治方式解决城市治理顽症难题，让法治成为社会共识和基本准则。要注重在科学化、精细化、智能化上下功夫，发挥深圳信息产业发展优势，推动城市管理手段、管理模式、管理理念创新，让城市运转更聪明、更智慧。

第五，真抓实干践行以人民为中心的发展思想。中国共产党根基在人民、血脉在人民。人民对美好生活的向往就是我们的奋斗目标。经济特区改革发展的出发点和落脚点都要聚焦到这个目标上来。

生活过得好不好，人民群众最有发言权。要从人民群众普遍关注、反映强烈、反复出现的问题出发，拿出更多改革创新举措，把就业、教育、医疗、社保、住房、养老、食品安全、生态环境、社会治安等问题一个一个解决好，努力让人民群众的获得感成色更足、幸福感更可持续、安全感更有保障。要尊重人民群众首创精神，不断从人民群众中汲取经济特区发展的创新创造活力。要把提高发展平衡性放在重要位置，不断推动公共资源向基层延伸，构建优质均衡的公共服务体系，建成全覆盖可持续的社会保障体系。要毫不放松抓好常态化疫情防控，认真总结经验教训，举一反三补齐公共卫生短板。

第六，积极作为深入推进粤港澳大湾区建设。粤港澳大湾区建设是国家重大发展战略，深圳是大湾区建设的重要引擎。要抓住粤港澳大湾区建设重大历史机遇，推动三地经济运行的规则衔接、机制对接，加快粤港澳大湾区城际铁路建设，促进人员、货物等各类要素高效便捷流动，提升市场一体化水平。要深化前海深港现代服务业合作区改革开放，规划建设好河套深港科技创新合作区，加快横琴粤澳深度合作区建设。要以大湾区综合性国家科学中心先行启动区建设为抓手，加强与港澳创新资源协同配合。要继续鼓励引导港澳台同胞和海外侨胞充分发挥投资兴业、双向开放的重要作用，在经济特区发展中作出新贡献。要充分运用粤港澳重大合作平台，吸引更多港澳青少年来内地学习、就业、生活，促进粤港澳青少年广泛交往、全面交流、深度交融，增强对祖国的向心力。

中央和国家有关部门要准确把握党中央战略意图，全力支持深圳等经济特区改革发展工作，按照统筹推进"五位一体"总体布局、协调推进"四个全面"战略布局的要求，支持经济特区深化改革开放、开展前瞻性科技创新、发展战略性新兴产业、发展高水平对外开放、加强民主法治建设、加强社会主义精神文明建设、加强民生保障和改善、改革创新社会治理、加强生态文明建设等工作，为新时代经济特区改革发展提供科学指导和有力支持。

女士们、先生们、同志们！

一花独放不是春，百花齐放春满园。我们坚定不移奉行互利共赢的开放战略，既从世界汲取发展动力，也让中国发展更好惠及世界。经济特区建设40年的实践离不开世界各国的共同参与，也为各国创造了广阔的发展空间、分享了发展利益。欢迎世界各国更多地参与中国经济特区的改革开放发展，构建共商共建共享共赢新格局。

女士们、先生们、同志们！

经济特区处于改革开放最前沿，加强党的全面领导和党的建设有着更高要求。要深入贯彻新时代党的建设总要求，以改革创新精神在加强党的全面领导和党的建设方面率先示范，扩大基层党的组织覆盖和工作覆盖。广大党员、干部要坚定理想信念、更新知识观念、掌握过硬本领，自觉站在党和国家大局上想问题、办事情。要建立健全激励机制，推动形成能者上、优者奖、庸者下、劣者汰的正确导向，为改革者负责、为担当者担当，激发党员、干部干事创业的热情和劲头。要持之以恒正风肃纪，坚定不移惩治腐败，坚决反对形式主义、官僚主义，营造风清气正的良好政治生态。

中国特色社会主义是物质文明和精神文明全面发展的社会主义。经济特区要坚持"两手抓、两手都要硬"，在物质文明建设和精神文明建设上都要交出优异答卷。要加强理想信念教育，培育和践行社会主义核心价值观，深化中国特色社会主义和中国梦宣传教育，教育引导广大干部群众特别是青少年坚定中国特色社会主义道路自信、理论自信、制度自信、文化自信。要弘扬以爱国主义为核心的民族精神和以改革创新为核心的时代精神，继续发扬敢闯敢试、敢为人先、埋头苦干的特区精神，激励干部群众勇当新时代的"拓荒牛"。要深入开展群众性精神文明创建活动，广泛开展社会公德、职业道德、家庭美德、个人品德教育，不断提升人民文明素养和社会文明程度。要加强公共文化设施建设，推动文化产业高质量发展，更好满足人民精神文化生活新期待。

女士们、先生们、同志们！

四十载波澜壮阔，新征程催人奋进。经济特区的沧桑巨变是一代又一代特区建设者拼搏奋斗干出来的。在新起点上，经济特区广大干部群众要坚定不移贯彻落实党中央决策部署，永葆"闯"的精神、"创"的劲头、"干"的作风，努力续写更多"春天的故事"，努力创造让世界刮目相看的新的更大奇迹！

（新华社深圳10月14日）

习近平：在浦东开发开放30周年庆祝大会上的讲话

女士们，先生们，同志们：

30年前，国际形势风云变幻，国内改革风起云涌，党中央全面研判国际国内大势，统筹把握改革发展大局，作出了开发开放上海浦东的重大决策，掀开了我国改革开放向纵深推进的崭新篇章。

今天，我们在这里隆重集会，庆祝浦东开发开放30周年，就是要回顾历史、展望未来，支持浦东在全面建设社会主义现代化国家新征程中锐意进取，推进更深层次改革、更高水平开放，为实现全面建设社会主义现代化国家的奋斗目标、实现中华民族伟大复兴的中国梦作出新的更大的贡献！

首先，我代表党中央、国务院和中央军委，向上海广大干部群众，致以热烈的祝贺和诚挚的问候！向所有关心、支持、参与浦东开发开放的港澳台同胞、海外侨胞和各国人士，表示衷心的感谢！

女士们、先生们、同志们！

党中央对浦东开发开放高度重视、寄予厚望。邓小平同志亲自倡导，指出"开发浦东，这个影响就大了，不只是浦东的问题，是关系上海发展的问题，是利用上海这个基地发展长江三角洲和长江流域的问题"，要求"抓紧浦东开发，不要动摇，一直到建成"。

党的十四大强调，以上海浦东开发开放为龙头，进一步开放长江沿岸城市，尽快把上海建成国际经济、金融、贸易中心之一，带动长江三角洲和整个长江流域地区经济的新飞跃。党的十五大、十六大、十七大都要求浦东在扩大开放、自主创新等方面走在前列。

进入新时代，党的十八大、十九大继续对浦东开发开放提出明确要求，党中央把首个自由贸易试验区、首批综合性国家科学中心等一系列国家战略任务放在浦东，推动浦东开发开放不断展现新气象。

30年来，浦东创造性贯彻落实党中央决策部署，取得了举世瞩目的成就。经济实现跨越式发展，生产总值从1990年的60亿元跃升到2019年的1.27万亿元，财政总收入从开发开放初期的11亿元增加到2019年的逾4000亿元，浦东以全国1/8000的面积创造了全国1/80的国内生产总值、1/15的货物进出口总额。改革开放走在全国前列，诞生了第一个金融贸易区、第一个保税区、第一个自由贸易试验区及临港新片区、第一家外商独资贸易公司等一系列"全国第一"。核心竞争力大幅度增强，基本形成以现代服务业为主体、战略性新兴产业为引领、先进制造业为支撑的现代产业体系，承载了上海国际经济中心、金融中心、贸易中心、航运中心、科技创新中心建设的重要功能。人民生活水平整体性跃升，2019年城乡居民人均可支配收入达到71647元，人均预期寿命从1993年的76.10岁提高到84.46岁，城镇人均住房建筑面积从1993年的15平方米提高到42平方米。

30年披荆斩棘，30载雨雪风霜。经过30年发展，浦东已经从过去以农业为主的区域，变成了一座功能集聚、要素齐全、设施先进的现代化新城，可谓是沧桑巨变。浦东开发开放30年取得的显著成就，为中国特色社会主义制度优势提供了最鲜活的现实明证，为改革开放和社会主义现代化建设提供了最生动的实践写照！

实践充分证明，党的十一届三中全会以来形成的党的基本理论、基本路线、基本方略是完全正确的；改革开放是坚持和发展中国特色社会主义、实现中华民族伟大复兴的必由之路；改革发展必须坚持以人民为中心，把人民对美好生活的向往作为我们的奋斗目标，依靠人民创造历史伟业！

女士们、先生们、同志们！

从现在起到本世纪中叶，是我国全面建成社会主义现代化强国的30年。当前，世界正经历百年未有之大变局，新冠肺炎疫情全球大流行使这个大变局加速演变，单边主义、保护主义上升，国际格局深刻调整，不稳定不确定因素明显增多，今后一个时期我们将面对更为复杂多变的外部环境。越是面对挑战，我们越是要遵循历史前进逻辑、顺应时代发展潮流、呼应人民群众期待，在更加开放的条件下实现更高质量的发展。

新征程上，我们要把浦东新的历史方位和使命，放在中华民族伟大复兴战略全局、世界百年未有之大变局这两个大局中加以谋划，放在构建以国内大循环为主体、国内国际双循环相互促进的新发展格局中予以考量和谋划，准确识变、科学应变、主动求变，在危机中育先机、于变局中开新局。

党中央正在研究制定《关于支持浦东新区高水平改革开放、打造社会主义现代化建设引领区的意见》，将赋予浦东新区改革开放新的重大任务。浦东要抓住机遇、乘势而上，全面贯彻党的十九大和十九届二中、三中、四中、五中全会精神，科学把握新发展阶段，坚决贯彻新发展理念，服务构建新发展格局，坚持稳中求进工作总基调，勇于挑最重的担子、啃最硬的骨头，努力成为更高水平改革开放的开路先锋、全面建设社会主义现代化国家的排头兵、彰显"四个自信"的实践范例，更好向世界展示中国理念、中国精神、中国道路。

第一，全力做强创新引擎，打造自主创新新高地。科学技术从来没有像今天这样深刻影响着国家前途命运，从来没有像今天这样深刻影响着人民幸福安康。我国经济社会发展比过去任何时候都更加需要科学技术解决方案，更加需要增强创新这个第一动力。要面向世界科技前沿、面向经济主战场、面向国家重大需求、面向人民生命健康，加强基础研究和应用基础研究，打好关键核心技术攻坚战，加速科技成果向现实生产力转化，提升产业链水平，为确保全国产业链供应链稳定多作新贡献。

浦东要在基础科技领域作出大的创新，在关键核心技术领域取得大的突破，更好发挥科技创新策源功能。要优化创新创业生态环境，疏通基础研究、应用研究和产业化双向链接的快车道。要聚焦关键领域发展创新型产业，加快在集成电路、生物医药、人工智能等领域打造世界级产业集群。要深化科技创新体制改革，发挥企业在技术创新中的主体作用，同长三角地区产业集群加强分工协作，突破一批核心部件、推出一批高端产品、形成一批中国标准。要积极参与、牵头组织国际大科学计划和大科学工程，开展全球科技协同创新。

第二，加强改革系统集成，激活高质量发展新动力。改革开放是当代中国最显著的特征。党的十八届三中全会以来，我们聚焦深层次体制机制障碍，推出一系列重大改革，打通理顺许多堵点难点，很多领域实现了历史性变革、系统性重塑、整体性重构。随着我国迈入新发展阶段，要聚焦基础性和具有重大牵引作用的改革举措，在政策取向上相互配合、在实施过程中相互促进、在改革成效上相得益彰，推动各方面制度更加成熟更加定型。

浦东要在改革系统集成协同高效上率先试、出经验。要探索开展综合性改革试点，统筹推进重要领域和关键环节改革，从事物发展的全过程、产业发展的全链条、企业发展的全生命周期出发来谋划设计改革，加强重大制度创新充分联动和衔接配套，放大改革综合效应，打造市场化、法治化、国际化的一流营商环境。

第三，深入推进高水平制度型开放，增创国际合作和竞争新优势。对外开放是我国的基本国策，任何时候都不能动摇。当今时代，任何关起门来搞建设的想法，任何拒人于千里之外的做法，任何搞唯我独尊、赢者通吃的企图，都是逆历史潮流而动的！当前，经济全球化遇到一些回头浪，但世界决不会退回到相互封闭、彼此分割的状态，开放合作仍然是历史潮流，互利共赢依然是人心所向。要敞开大门欢迎各国分享中国发展机遇，积极参与全球经济治理。凡是愿意同我们合作的国家、地区和企业，我们都要积极开展合作。

浦东要着力推动规则、规制、管理、标准等制度型开放，提供高水平制度供给、高质量产品供给、高效率资金供给，更好参与国际合作和竞争。要更好发挥中国（上海）自由贸易试验区临港新片区作用，对标最高标准、最高水平，实行更大程度的压力测试，在若干重点领域率先实现突破。要加快同长三角共建辐射全球的航运枢纽，提升整体竞争力和影响力。要率先实行更加开放更加便利的人才引进政策，积极引进高层次人才、拔尖人才和团队特别是青年才俊。

第四，增强全球资源配置能力，服务构建新发展格局。我说过，中国经济是一片大海，我还要说世界经济也是一片大海。世界大海大洋都是相通的，任何人企图人为阻碍世界大海大洋相通，都只能是一种不自量力的幻想！加快构建新发展格局，要更好统筹国内国际两个市场两种资源，增强资源配置能力，提高对资金、信息、技术、人才、货物等要素配置的全球性影响力。

浦东要努力成为国内大循环的中心节点和国内国际双循环的战略链接，在长三角一体化发展中更好发挥龙头辐射作用。要完善金融市场体系、产品体系、机构体系、基础设施体系，支持浦东发展人民币离岸交易、跨境贸易结算和海外融资服务，建设国际金融资产交易平台，提升重要大宗商品的价格影响力，更好服务和引领实体经济发展。要发展更高能级的总部经济，统筹发展在岸业务和离岸业务，成为全球产业链供应链价值链的重要枢纽。

第五，提高城市治理现代化水平，开创人民城市建设新局面。人民城市人民建、人民城市为人民。城市是人集中生活的地方，城市建设必须把让人民宜居安居放在首位，把最好的资源留给人民。要坚持广大人民群众在城市建设和发展中的主体地位，探索具有中国特色、体现时代特征、彰显我国社会主义制度优势的超大城市发展之路。要提高城市治理水平，推动治理手段、治理模式、治理理念创新，加快建设智慧城市，率先构建经济治理、社会治理、城市治理统筹推进和有机衔接的治理体系。

推进城市治理，根本目的是提升人民群众获得感、幸福感、安全感。要着力解决人民群众最关心最直接最现实的利益问题，不断提高公共服务均衡化、优质化水平。要构建和谐优美生态环境，把城市建设成为人与人、人与自然和谐共生的美丽家园。要把全生命周期管理理念贯穿城市规划、建设、管理全过程各环节，把健全公共卫生应急管理体系作为提升治理能力的重要一环，着力完善重大疫情防控体制机制，毫不放松抓好常态化疫情防控，全方位全周期保障人民健康。

中央和国家有关部门要站在全局高度、聚焦国家战略，会同上海市做好顶层设计，积极研究制定支持浦东高水平改革开放的具体举措，共同推动各项政策落地见效。

女士们、先生们、同志们！

2021年是中国共产党成立100周年。上海是中国共产党诞生地。要传承红色基因、践行初心使命，不断提升党的建设质量和水平，确保改革开放正确方向。广大党员、干部要勇于担当、敢为先锋，奋力创造新时代新奇迹。

女士们、先生们、同志们！

"装点此关山，今朝更好看。"上海是一座光荣的城市，是一个不断见证奇迹的地方。浦东开发开放30年的历程，走的是一条解放思想、深化改革之路，是一条面向世界、扩大开放之路，是一条打破常规、创新突破之路。展望未来，我们完全有理由相信，在新时代中国发展的壮阔征程上，上海一定能创造出令世界刮目相看的新奇迹，一定能展现出建设社会主义现代化国家的新气象！

李克强：政府工作报告

——2020年5月22日在第十三届全国人民代表大会第三次会议上

各位代表：

现在，我代表国务院，向大会报告政府工作，请予审议，并请全国政协委员提出意见。

这次新冠肺炎疫情，是新中国成立以来我国遭遇的传播速度最快、感染范围最广、防控难度最大的重大突发公共卫生事件。在以习近平同志为核心的党中央坚强领导下，经过全国上下和广大人民群众艰苦卓绝努力并付出牺牲，疫情防控取得重大战略成果。当前，疫情尚未结束，发展任务异常艰巨。要努力把疫情造成的损失降到最低，努力完成今年经济社会发展目标任务。

一、2019年和今年以来工作回顾

去年，我国发展面临诸多困难挑战。世界经济增长低迷，国际经贸摩擦加剧，国内经济下行压力加大。以习近平同志为核心的党中央团结带领全国各族人民攻坚克难，完成全年主要目标任务，为全面建成小康社会打下决定性基础。

——经济运行总体平稳。国内生产总值达到99.1万亿元，增长6.1%。城镇新增就业1352万人，调查失业率在5.3%以下。居民消费价格上涨2.9%。国际收支基本平衡。

——经济结构和区域布局继续优化。社会消费品零售总额超过40万亿元，消费持续发挥主要拉动作用。先进制造业、现代服务业较快增长。粮食产量1.33万亿斤。常住人口城镇化率首次超过60%，重大区域战略深入实施。

——发展新动能不断增强。科技创新取得一批重大成果。新兴产业持续壮大，传统产业加快升级。大众创业万众创新深入开展，企业数量日均净增1万户以上。

——改革开放迈出重要步伐。供给侧结构性改革继续深化，重要领域改革取得新突破。减税降费2.36万亿元，超过原定的近2万亿元规模，制造业和小微企业受益最多。政府机构改革任务完成。"放管服"改革纵深推进。设立科创板。共建"一带一路"取得新成效。出台外商投资法实施条例，增设上海自贸试验区新片区。外贸外资保持稳定。

——三大攻坚战取得关键进展。农村贫困人口减少1109万，贫困发生率降至0.6%，脱贫攻坚取得决定性成就。污染防治持续推进，主要污染物排放量继续下降，生态环境总体改善。金融运行总体平稳。

——民生进一步改善。居民人均可支配收入超过3万元。基本养老、医疗、低保等保障水平提高。城镇保障房建设和农村危房改造深入推进。义务教育阶段学生生活补助人数增加近40%，高职院校扩招100万人。

我们隆重庆祝中华人民共和国成立70周年，极大激发全国各族人民的爱国热情，汇聚起夺取新时代中国特色社会主义伟大胜利的磅礴力量。

我们加强党风廉政建设，扎实开展"不忘初心、牢记使命"主题教育，严格落实中央八项规定精

神，持续纠治"四风"，为基层松绑减负。

中国特色大国外交成果丰硕。成功举办第二届"一带一路"国际合作高峰论坛等重大主场外交活动，习近半主席等党和国家领导人出访多国，出席二十国集团领导人峰会、金砖国家领导人会晤、亚信峰会、上海合作组织峰会、东亚合作领导人系列会议、中欧领导人会晤、中日韩领导人会晤等重大活动。积极参与全球治理体系建设和改革，推动构建人类命运共同体。经济外交、人文交流卓有成效。中国为促进世界和平与发展作出了重要贡献。

各位代表！

新冠肺炎疫情发生后，党中央将疫情防控作为头等大事来抓，习近平总书记亲自指挥、亲自部署，坚持把人民生命安全和身体健康放在第一位。在党中央领导下，中央应对疫情工作领导小组及时研究部署，中央指导组加强指导督导，国务院联防联控机制统筹协调，各地区各部门履职尽责，社会各方面全力支持，开展了疫情防控的人民战争、总体战、阻击战。广大医务人员英勇奋战，人民解放军指战员勇挑重担，科技工作者协同攻关，社区工作者、公安干警、基层干部、新闻工作者、志愿者坚守岗位，快递、环卫、抗疫物资生产运输人员不辞劳苦，亿万普通劳动者默默奉献，武汉人民、湖北人民坚韧不拔，社会各界和港澳台同胞、海外侨胞捐款捐物。中华儿女风雨同舟、守望相助，筑起了抗击疫情的巍峨长城。

在疫情防控中，我们按照坚定信心、同舟共济、科学防治、精准施策的总要求，抓紧抓实抓细各项工作。及时采取应急举措，对新冠肺炎实行甲类传染病管理，各地启动重大突发公共卫生事件一级响应。坚决打赢武汉和湖北保卫战并取得决定性成果，通过果断实施严格管控措施，举全国之力予以支援，调派4万多名医护人员驰援，建设火神山、雷神山医院和方舱医院，快速扩充收治床位，优先保障医用物资，不断优化诊疗方案，坚持中西医结合，坚持"四集中"，全力救治患者，最大程度提高治愈率、降低病亡率。延长全国春节假期，推迟开学、灵活复工、错峰出行，坚持群防群控，坚持"四早"，坚决控制传染源，有效遏制疫情蔓延。加强药物、疫苗和检测试剂研发。迅速扩大医用物资生产，短时间内大幅增长，抓好生活必需品保供稳价，保障交通干线畅通和煤电油气供应。因应疫情变化，适时推进常态化防控。针对境外疫情蔓延情况，及时构建外防输入体系，加强对境外我国公民的关心关爱。积极开展国际合作，本着公开、透明、负责任态度，及时通报疫情信息，主动分享防疫技术和做法，相互帮助、共同抗疫。

对我们这样一个拥有14亿人口的发展中国家来说，能在较短时间内有效控制疫情，保障了人民基本生活，十分不易、成之惟艰。我们也付出巨大代价，一季度经济出现负增长，生产生活秩序受到冲击，但生命至上，这是必须承受也是值得付出的代价。我们统筹推进疫情防控和经济社会发展，不失时机推进复工复产，推出8个方面90项政策措施，实施援企稳岗，减免部分税费，免收所有收费公路通行费，降低用能成本，发放贴息贷款。按程序提前下达地方政府债务限额。不误农时抓春耕。不懈推进脱贫攻坚。发放抗疫一线和困难人员补助，将价格临时补贴标准提高1倍。这些政策使广大人民群众从中受益，及时有效促进了保供稳价和复工复产，我国经济表现出坚强韧性和巨大潜能。

各位代表！

去年以来经济社会发展和今年疫情防控取得的成绩，是以习近平同志为核心的党中央坚强领导的结果，是习近平新时代中国特色社会主义思想科学指引的结果，是全党全军全国各族人民团结奋斗的结果。我代表国务院，向全国各族人民，向各民主党派、各人民团体和各界人士，表示诚挚感谢！向香港特别行政区同胞、澳门特别行政区同胞、台湾同胞和海外侨胞，表示诚挚感谢！向关心支持中国现代化建设和抗击疫情的各国政府、国际组织和各国朋友，表示诚挚感谢！

在肯定成绩的同时，我们也清醒看到面临的困难和问题。受全球疫情冲击，世界经济严重衰退，产业链供应链循环受阻，国际贸易投资萎缩，大宗商品市场动荡。国内消费、投资、出口下滑，就业压力显著加大，企业特别是民营企业、中小微企业困难凸显，金融等领域风险有所积聚，基层财政收支矛盾加剧。政府工作存在不足，形式主义、官僚主义仍较突出，少数干部不担当、不作为、不会为、乱作为。一些领域腐败问题多发。在疫情防控中，公共卫生应急管理等方面暴露出不少薄弱环节，群众还有一些意见和建议应予重视。我们一定要努力改进工作，切实履行职责，尽心竭力不辜负人民的期待。

二、今年发展主要目标和下一阶段工作总体部署

做好今年政府工作，要在以习近平同志为核心的党中央坚强领导下，以习近平新时代中国特色社会主义思想为指导，全面贯彻党的十九大和十九届二中、三中、四中全会精神，坚决贯彻党的基本理论、基本路线、基本方略，增强"四个意识"、坚定"四个自信"、做到"两个维护"，紧扣全面建成小康社会目标任务，统筹推进疫情防控和经济社会发展工作，在疫情防控常态化前提下，坚持稳中求进工作总基调，坚持新发展理念，坚持以供给侧结构性改革为主线，坚持以改革开放为动力推动高质量发展，坚决打好三大攻坚战，加大"六稳"工作力度，保居民就业、保基本民生、保市场主体、保粮食能源安全、保产业链供应链稳定、保基层运转，坚定实施扩大内需战略，维护经济发展和社会稳定大局，确保完成决战决胜脱贫攻坚目标任务，全面建成小康社会。

当前和今后一个时期，我国发展面临风险挑战前所未有，但我们有独特政治和制度优势、雄厚经济基础、巨大市场潜力，亿万人民勤劳智慧。只要直面挑战，坚定发展信心，增强发展动力，维护和用好我国发展重要战略机遇期，当前的难关一定能闯过，中国的发展必将充满希望。

综合研判形势，我们对疫情前考虑的预期目标作了适当调整。今年要优先稳就业、保民生，坚决打赢脱贫攻坚战，努力实现全面建成小康社会目标任务；城镇新增就业900万人以上，城镇调查失业率6%左右，城镇登记失业率5.5%左右；居民消费价格涨幅3.5%左右；进出口促稳提质，国际收支基本平衡；居民收入增长与经济增长基本同步；现行标准下农村贫困人口全部脱贫、贫困县全部摘帽；重大金融风险有效防控；单位国内生产总值能耗和主要污染物排放量继续下降，努力完成"十三五"规划目标任务。

需要说明的是，我们没有提出全年经济增速具体目标，主要因为全球疫情和经贸形势不确定性很大，我国发展面临一些难以预料的影响因素。这样做，有利于引导各方面集中精力抓好"六稳""六保"。"六保"是今年"六稳"工作的着力点。守住"六保"底线，就能稳住经济基本盘；以保促稳、稳中求进，就能为全面建成小康社会夯实基础。要看到，无论是保住就业民生、实现脱贫目标，还是防范化解风险，都要有经济增长支撑，稳定经济运行事关全局。要用改革开放办法，稳就业、保民生、促消费，拉动市场、稳定增长，走出一条有效应对冲击、实现良性循环的新路子。

积极的财政政策要更加积极有为。今年赤字率拟按3.6%以上安排，财政赤字规模比去年增加1万亿元，同时发行1万亿元抗疫特别国债。这是特殊时期的特殊举措。上述2万亿元全部转给地方，建立特殊转移支付机制，资金直达市县基层、直接惠企利民，主要用于保就业、保基本民生、保市场主体，包括支持减税降费、减租降息、扩大消费和投资等，强化公共财政属性，决不允许截留挪用。要大力优化财政支出结构，基本民生支出只增不减，重点领域支出要切实保障，一般性支出要坚决压减，严禁新建楼

堂馆所，严禁铺张浪费。各级政府必须真正过紧日子，中央政府要带头，中央本级支出安排负增长，其中非急需非刚性支出压减50%以上。各类结余、沉淀资金要应收尽收、重新安排。要大力提质增效，各项支出务必精打细算，一定要把每一笔钱都用在刀刃上、紧要处，一定要让市场主体和人民群众有真真切切的感受。

稳健的货币政策要更加灵活适度。综合运用降准降息、再贷款等手段，引导广义货币供应量和社会融资规模增速明显高于去年。保持人民币汇率在合理均衡水平上基本稳定。创新直达实体经济的货币政策工具，务必推动企业便利获得贷款，推动利率持续下行。

就业优先政策要全面强化。财政、货币和投资等政策要聚力支持稳就业。努力稳定现有就业，积极增加新的就业，促进失业人员再就业。各地要清理取消对就业的不合理限制，促就业举措要应出尽出，拓岗位办法要能用尽用。

脱贫是全面建成小康社会必须完成的硬任务，要坚持现行脱贫标准，增加扶贫投入，强化扶贫举措落实，确保剩余贫困人口全部脱贫，健全和执行好返贫人口监测帮扶机制，巩固脱贫成果。要打好蓝天、碧水、净土保卫战，实现污染防治攻坚战阶段性目标。加强金融等领域重大风险防控，坚决守住不发生系统性风险底线。

今年已过去近5个月，下一阶段要毫不放松常态化疫情防控，抓紧做好经济社会发展各项工作。出台的政策既保持力度又考虑可持续性，根据形势变化还可完善，我们有决心有能力完成全年目标任务。

三、加大宏观政策实施力度，着力稳企业保就业

保障就业和民生，必须稳住上亿市场主体，尽力帮助企业特别是中小微企业、个体工商户渡过难关。

加大减税降费力度。强化阶段性政策，与制度性安排相结合，放水养鱼，助力市场主体纾困发展。继续执行去年出台的下调增值税税率和企业养老保险费率政策，新增减税降费约5000亿元。前期出台6月前到期的减税降费政策，包括免征中小微企业养老、失业和工伤保险单位缴费，减免小规模纳税人增值税，免征公共交通运输、餐饮住宿、旅游娱乐、文化体育等服务增值税，减免民航发展基金、港口建设费，执行期限全部延长到今年年底。小微企业、个体工商户所得税缴纳一律延缓到明年。预计全年为企业新增减负超过2.5万亿元。要坚决把减税降费政策落到企业，留得青山，赢得未来。

推动降低企业生产经营成本。降低工商业电价5%政策延长到今年年底。宽带和专线平均资费降低15%。减免国有房产租金，鼓励各类业主减免或缓收房租，并予政策支持。坚决整治涉企违规收费。

强化对稳企业的金融支持。中小微企业贷款延期还本付息政策再延长至明年3月底，对普惠型小微企业贷款应延尽延，对其他困难企业贷款协商延期。完善考核激励机制，鼓励银行敢贷、愿贷、能贷，大幅增加小微企业信用贷、首贷、无还本续贷，利用金融科技和大数据降低服务成本，提高服务精准性。大幅拓展政府性融资担保覆盖面并明显降低费率。大型商业银行普惠型小微企业贷款增速要高于40%。促进涉企信用信息共享。支持企业扩大债券融资。加强监管，防止资金"空转"套利，打击恶意逃废债。金融机构与贷款企业共生共荣，鼓励银行合理让利。为保市场主体，一定要让中小微企业贷款可获得性明显提高，一定要让综合融资成本明显下降。

千方百计稳定和扩大就业。加强对重点行业、重点群体就业支持。今年高校毕业生达874万人，要促进市场化社会化就业，高校和属地政府都要提供不断线的就业服务，扩大基层服务项目招聘。做好退

役军人安置和就业保障。实行农民工在就业地平等享受就业服务政策。帮扶残疾人、零就业家庭等困难群体就业。我国包括零工在内的灵活就业人员数以亿计，今年对低收入人员实行社保费自愿缓缴政策，涉及就业的行政事业性收费全部取消，合理设定流动摊贩经营场所。资助以训稳岗拓岗，加强面向市场的技能培训，鼓励以工代训，共建共享生产性实训基地，今明两年职业技能培训3500万人次以上，高职院校扩招200万人，要使更多劳动者长技能、好就业。

四、依靠改革激发市场主体活力，增强发展新动能

困难挑战越大，越要深化改革，破除体制机制障碍，激发内生发展动力。

深化"放管服"改革。在常态化疫情防控下，要调整措施、简化手续，促进全面复工复产、复市复业。推动更多服务事项一网通办，做到企业开办全程网上办理。放宽小微企业、个体工商户登记经营场所限制，便利各类创业者注册经营、及时享受扶持政策。支持大中小企业融通发展。完善社会信用体系。以公正监管维护公平竞争，持续打造市场化、法治化、国际化营商环境。

推进要素市场化配置改革。推动中小银行补充资本和完善治理，更好服务中小微企业。改革创业板并试点注册制，发展多层次资本市场。强化保险保障功能。赋予省级政府建设用地更大自主权。促进人才流动，培育技术和数据市场，激活各类要素潜能。

提升国资国企改革成效。实施国企改革三年行动。健全现代企业制度，完善国资监管体制，深化混合所有制改革。基本完成剥离办社会职能和解决历史遗留问题。国企要聚焦主责主业，健全市场化经营机制，提高核心竞争力。

优化民营经济发展环境。保障民营企业平等获取生产要素和政策支持，清理废除与企业性质挂钩的不合理规定。限期完成清偿政府机构、国有企业拖欠民营和中小企业款项的任务。构建亲清政商关系，促进非公有制经济健康发展。

推动制造业升级和新兴产业发展。支持制造业高质量发展。大幅增加制造业中长期贷款。发展工业互联网，推进智能制造，培育新兴产业集群。发展研发设计、现代物流、检验检测认证等生产性服务业。电商网购、在线服务等新业态在抗疫中发挥了重要作用，要继续出台支持政策，全面推进"互联网+"，打造数字经济新优势。

提高科技创新支撑能力。稳定支持基础研究和应用基础研究，引导企业增加研发投入，促进产学研融通创新。加快建设国家实验室，重组国家重点实验室体系，发展社会研发机构，加强关键核心技术攻关。发展民生科技。深化国际科技合作。加强知识产权保护。改革科技成果转化机制，畅通创新链，营造鼓励创新、宽容失败的科研环境。实行重点项目攻关"揭榜挂帅"，谁能干就让谁干。

深入推进大众创业万众创新。发展创业投资和股权投资，增加创业担保贷款。深化新一轮全面创新改革试验，新建一批双创示范基地，坚持包容审慎监管，发展平台经济、共享经济，更大激发社会创造力。

五、实施扩大内需战略，推动经济发展方式加快转变

我国内需潜力大，要深化供给侧结构性改革，突出民生导向，使提振消费与扩大投资有效结合、相互促进。

推动消费回升。通过稳就业促增收保民生，提高居民消费意愿和能力。支持餐饮、商场、文化、

旅游、家政等生活服务业恢复发展，推动线上线下融合。促进汽车消费，大力解决停车难问题。发展养老、托幼服务。发展大健康产业。改造提升步行街。支持电商、快递进农村，拓展农村消费。要多措并举扩消费，适应群众多元化需求。

扩大有效投资。2020年拟安排地方政府专项债券3.75万亿元，比2019年增加1.6万亿元，提高专项债券可用作项目资本金的比例，中央预算内投资安排6000亿元。重点支持既促消费惠民生又调结构增后劲的"两新一重"建设，主要是：加强新型基础设施建设，发展新一代信息网络，拓展5G应用，建设数据中心，增加充电桩、换电站等设施，推广新能源汽车，激发新消费需求、助力产业升级。加强新型城镇化建设，大力提升县城公共设施和服务能力，以适应农民日益增加的到县城就业安家需求。新开工改造城镇老旧小区3.9万个，支持管网改造、加装电梯等，发展居家养老、用餐、保洁等多样社区服务。加强交通、水利等重大工程建设。增加国家铁路建设资本金1000亿元。健全市场化投融资机制，支持民营企业平等参与。要优选项目，不留后遗症，让投资持续发挥效益。

深入推进新型城镇化。发挥中心城市和城市群综合带动作用，培育产业、增加就业。坚持房子是用来住的、不是用来炒的定位，因城施策，促进房地产市场平稳健康发展。完善便民、无障碍设施，让城市更宜业宜居。

加快落实区域发展战略。继续推动西部大开发、东北全面振兴、中部地区崛起、东部率先发展。深入推进京津冀协同发展、粤港澳大湾区建设、长三角一体化发展。推进长江经济带共抓大保护。编制黄河流域生态保护和高质量发展规划纲要。推动成渝地区双城经济圈建设。促进革命老区、民族地区、边疆地区、贫困地区加快发展。发展海洋经济。

实施好支持湖北发展一揽子政策，支持保就业、保民生、保运转，促进经济社会秩序全面恢复。

提高生态环境治理成效。突出依法、科学、精准治污。深化重点地区大气污染治理攻坚。加强污水、垃圾处置设施建设，推进生活垃圾分类。加快人口密集区危化品生产企业搬迁改造。壮大节能环保产业。严惩非法捕杀、交易、食用野生动物行为。实施重要生态系统保护和修复重大工程，促进生态文明建设。

保障能源安全。推动煤炭清洁高效利用，发展可再生能源，完善石油、天然气、电力产供销体系，提升能源储备能力。

六、确保实现脱贫攻坚目标，促进农业丰收农民增收

落实脱贫攻坚和乡村振兴举措，保障重要农产品供给，提高农民生活水平。

坚决打赢脱贫攻坚战。加大剩余贫困县和贫困村攻坚力度，对外出务工劳动力，要在就业地稳岗就业。开展消费扶贫行动，支持扶贫产业恢复发展。加强易地扶贫搬迁后续扶持。深化东西部扶贫协作和中央单位定点扶贫。强化对特殊贫困人口兜底保障。搞好脱贫攻坚普查。继续执行对摘帽县的主要扶持政策。接续推进脱贫与乡村振兴有效衔接，全力让脱贫群众迈向富裕。

着力抓好农业生产。稳定粮食播种面积和产量，提高复种指数，提高稻谷最低收购价，增加产粮大县奖励，大力防治重大病虫害。支持大豆等油料生产。惩处违法违规侵占耕地行为，新建高标准农田8000万亩。培育推广优良品种。完善农机补贴政策。深化农村改革。加强非洲猪瘟等疫病防控，恢复生猪生产，发展畜禽水产养殖。健全农产品流通体系。压实"米袋子"省长负责制和"菜篮子"市长负责制。14亿中国人的饭碗，我们有能力也务必牢牢端在自己手中。

拓展农民就业增收渠道。支持农民就近就业创业，促进一二三产业融合发展，扩大以工代赈规模，让返乡农民工能打工、有收入。加强农民职业技能培训。依法根治拖欠农民工工资问题。扶持适度规模经营主体，加强农户社会化服务。支持农产品深加工。完善乡村产业发展用地保障政策。增强集体经济实力。增加专项债券投入，支持现代农业设施、饮水安全工程和人居环境整治，持续改善农民生产生活条件。

七、推进更高水平对外开放，稳住外贸外资基本盘

面对外部环境变化，要坚定不移扩大对外开放，稳定产业链供应链，以开放促改革促发展。

促进外贸基本稳定。围绕支持企业增订单稳岗位保就业，加大信贷投放，扩大出口信用保险覆盖面，降低进出口合规成本，支持出口产品转内销。加快跨境电商等新业态发展，提升国际货运能力。推进新一轮服务贸易创新发展试点。筹办好第三届进博会，积极扩大进口，发展更高水平面向世界的大市场。

积极利用外资。大幅缩减外资准入负面清单，出台跨境服务贸易负面清单。深化经济特区改革开放。赋予自贸试验区更大改革开放自主权，在中西部地区增设自贸试验区、综合保税区，增加服务业扩大开放综合试点。加快海南自由贸易港建设。营造内外资企业一视同仁、公平竞争的市场环境。

高质量共建"一带一路"。坚持共商共建共享，遵循市场原则和国际通行规则，发挥企业主体作用，开展互惠互利合作。引导对外投资健康发展。

推动贸易和投资自由化便利化。坚定维护多边贸易体制，积极参与世贸组织改革。推动签署区域全面经济伙伴关系协定，推进中日韩等自贸谈判。共同落实中美第一阶段经贸协议。中国致力于加强与各国经贸合作，实现互利共赢。

八、围绕保障和改善民生，推动社会事业改革发展

面对困难，基本民生的底线要坚决兜牢，群众关切的事情要努力办好。

加强公共卫生体系建设。坚持生命至上，改革疾病预防控制体制，加强传染病防治能力建设，完善传染病直报和预警系统，坚持及时公开透明发布疫情信息。用好抗疫特别国债，加大疫苗、药物和快速检测技术研发投入，增加防疫救治医疗设施，增加移动实验室，强化应急物资保障，强化基层卫生防疫。加快公共卫生人才队伍建设。深入开展爱国卫生运动。普及卫生健康知识，倡导健康文明生活方式。要大幅提升防控能力，坚决防止疫情反弹，坚决守护人民健康。

提高基本医疗服务水平。居民医保人均财政补助标准增加30元，开展门诊费用跨省直接结算试点。对受疫情影响的医疗机构给予扶持。深化公立医院综合改革。发展"互联网+医疗健康"。建设区域医疗中心。提高城乡社区医疗服务能力。推进分级诊疗。促进中医药振兴发展，加强中西医结合。构建和谐医患关系。严格食品药品监管，确保安全。

推动教育公平发展和质量提升。坚持立德树人。有序组织中小学教育教学和中高考工作。加强乡镇寄宿制学校、乡村小规模学校和县城学校建设。完善随迁子女义务教育入学政策。办好特殊教育、继续教育，支持和规范民办教育。发展普惠性学前教育，帮助民办幼儿园纾困。推动高等教育内涵式发展，推进一流大学和一流学科建设，支持中西部高校发展。扩大高校面向农村和贫困地区招生规模。发展职业教育。加强教师队伍建设。推进教育信息化。要稳定教育投入，优化投入结构，缩小城乡、区

域、校际差距，让教育资源惠及所有家庭和孩子，让他们有更光明未来。

加大基本民生保障力度。上调退休人员基本养老金，提高城乡居民基础养老金最低标准。实现企业职工基本养老保险基金省级统收统支，提高中央调剂比例。全国近3亿人领取养老金，必须确保按时足额发放。落实退役军人优抚政策。做好因公殉职人员抚恤。扩大失业保险保障范围，将参保不足1年的农民工等失业人员都纳入常住地保障。完善社会救助制度。扩大低保保障范围，对城乡困难家庭应保尽保，将符合条件的城镇失业和返乡人员及时纳入低保。对因灾因病因残遭遇暂时困难的人员，都要实施救助。要切实保障所有困难群众基本生活，保民生也必将助力更多失业人员再就业敢创业。

丰富群众精神文化生活。培育和践行社会主义核心价值观，发展哲学社会科学、新闻出版、广播影视等事业。加强文物保护利用和非物质文化遗产传承。加强公共文化服务，筹办北京冬奥会、冬残奥会，倡导全民健身和全民阅读，使全社会充满活力、向上向善。

加强和创新社会治理。健全社区管理和服务机制。加强乡村治理。支持社会组织、人道救助、志愿服务、慈善事业等健康发展。保障妇女、儿童、老人、残疾人合法权益。完善信访制度，加强法律援助，及时解决群众合理诉求，妥善化解矛盾纠纷。开展第七次全国人口普查。加强国家安全能力建设。完善社会治安防控体系，依法打击各类犯罪，建设更高水平的平安中国。

强化安全生产责任。加强洪涝、火灾、地震等灾害防御，做好气象服务，提高应急管理、抢险救援和防灾减灾能力。实施安全生产专项整治。坚决遏制重特大事故发生。

各位代表！

面对艰巨繁重任务，各级政府要自觉在思想上政治上行动上同以习近平同志为核心的党中央保持高度一致，践行以人民为中心的发展思想，落实全面从严治党要求，坚持依法行政，建设法治政府，坚持政务公开，提高治理能力。要依法接受同级人大及其常委会的监督，自觉接受人民政协的民主监督，主动接受社会和舆论监督。强化审计监督。发挥好工会、共青团、妇联等群团组织作用。政府工作人员要自觉接受法律、监察和人民监督。加强廉洁政府建设，坚决惩治腐败。

各级政府要始终坚持实事求是，牢牢把握社会主义初级阶段这个基本国情，遵循客观规律，一切从实际出发，立足办好自己的事。要大力纠治"四风"，力戒形式主义、官僚主义，把广大基层干部干事创业的手脚从形式主义的束缚中解脱出来，为担当者担当，让履职者尽责。要紧紧依靠人民群众，尊重基层首创精神，以更大力度推进改革开放，激发社会活力，凝聚亿万群众的智慧和力量，这是我们战胜一切困难挑战的底气。广大干部应临难不避、实干为要，凝心聚力抓发展、保民生。只要我们始终与人民群众同甘共苦、奋力前行，中国人民追求美好生活的愿望一定能实现。

今年要编制好"十四五"规划，为开启第二个百年奋斗目标新征程擘画蓝图。

各位代表！

我们要坚持和完善民族区域自治制度，支持少数民族和民族地区加快发展，铸牢中华民族共同体意识。全面贯彻党的宗教工作基本方针，发挥宗教界人士和信教群众在促进经济社会发展中的积极作用。海外侨胞是祖国的牵挂，是联通世界的重要桥梁，要发挥好侨胞侨眷的独特优势，不断增强中华儿女凝聚力，同心共创辉煌。

去年以来，国防和军队建设取得重要进展，人民军队在疫情防控中展示了听党指挥、闻令而动、勇挑重担的优良作风。要深入贯彻习近平强军思想，深入贯彻新时代军事战略方针，坚持政治建军、改革强军、科技强军、人才强军、依法治军。坚持党对人民军队的绝对领导，严格落实军委主席负责制。全力加强练兵备战，坚定维护国家主权、安全、发展利益。打好军队建设发展"十三五"规划落实攻坚战，编制军队建设"十四五"规划。深化国防和军队改革，提高后勤和装备保障能力，推动国防科技创新发展。完善国防动员体系，始终让军政军民团结坚如磐石。

我们要全面准确贯彻"一国两制""港人治港""澳人治澳"、高度自治的方针，建立健全特别行政区维护国家安全的法律制度和执行机制，落实特区政府的宪制责任。支持港澳发展经济、改善民生，更好融入国家发展大局，保持香港、澳门长期繁荣稳定。

我们要坚持对台工作大政方针，坚持一个中国原则，在"九二共识"基础上推动两岸关系和平发展。坚决反对和遏制"台独"分裂行径。完善促进两岸交流合作、深化两岸融合发展、保障台湾同胞福祉的制度安排和政策措施，团结广大台湾同胞共同反对"台独"、促进统一，我们一定能开创民族复兴的美好未来。

应对公共卫生危机、经济严重衰退等全球性挑战，各国应携手共进。中国将同各国加强防疫合作，促进世界经济稳定，推进全球治理，维护以联合国为核心的国际体系和以国际法为基础的国际秩序，推动构建人类命运共同体。中国坚定不移走和平发展道路，在扩大开放中深化与各国友好合作，中国始终是促进世界和平稳定与发展繁荣的重要力量。

各位代表！

中华民族向来不畏艰难险阻，当代中国人民有战胜任何挑战的坚定意志和能力。我们要更加紧密地团结在以习近平同志为核心的党中央周围，高举中国特色社会主义伟大旗帜，以习近平新时代中国特色社会主义思想为指导，迎难而上，锐意进取，统筹推进疫情防控和经济社会发展，努力完成全年目标任务，为把我国建设成为富强民主文明和谐美丽的社会主义现代化强国、实现中华民族伟大复兴的中国梦不懈奋斗！

中共中央国务院关于新时代加快完善社会主义市场经济体制的意见

社会主义市场经济体制是中国特色社会主义的重大理论和实践创新，是社会主义基本经济制度的重要组成部分。改革开放特别是党的十八大以来，我国坚持全面深化改革，充分发挥经济体制改革的牵引作用，不断完善社会主义市场经济体制，极大调动了亿万人民的积极性，极大促进了生产力发展，极大增强了党和国家的生机活力，创造了世所罕见的经济快速发展奇迹。同时要看到，中国特色社会主义进入新时代，社会主要矛盾发生变化，经济已由高速增长阶段转向高质量发展阶段，与这些新形势新要求相比，我国市场体系还不健全、市场发育还不充分，政府和市场的关系没有完全理顺，还存在市场激励不足、要素流动不畅、资源配置效率不高、微观经济活力不强等问题，推动高质量发展仍存在不少体制机制障碍，必须进一步解放思想，坚定不移深化市场化改革，扩大高水平开放，不断在经济体制关键性基础性重大改革上突破创新。为贯彻落实党的十九大和十九届四中全会关于坚持和完善社会主义基本经济制度的战略部署，在更高起点、更高层次、更高目标上推进经济体制改革及其他各方面体制改革，构建更加系统完备、更加成熟定型的高水平社会主义市场经济体制，现提出如下意见。

一、总体要求

（一）指导思想

以习近平新时代中国特色社会主义思想为指导，全面贯彻党的十九大和十九届二中、三中、四中全会精神，坚决贯彻党的基本理论、基本路线、基本方略，统筹推进"五位一体"总体布局和协调推进"四个全面"战略布局，坚持稳中求进工作总基调，坚持新发展理念，坚持以供给侧结构性改革为主线，坚持以人民为中心的发展思想，坚持和完善社会主义基本经济制度，以完善产权制度和要素市场化配置为重点，全面深化经济体制改革，加快完善社会主义市场经济体制，建设高标准市场体系，实现产权有效激励、要素自由流动、价格反应灵活、竞争公平有序、企业优胜劣汰，加强和改善制度供给，推进国家治理体系和治理能力现代化，推动生产关系同生产力、上层建筑同经济基础相适应，促进更高质量、更有效率、更加公平、更可持续的发展。

（二）基本原则

——坚持以习近平新时代中国特色社会主义经济思想为指导。坚持和加强党的全面领导，坚持和完善中国特色社会主义制度，强化问题导向，把握正确改革策略和方法，持续优化经济治理方式，着力构建市场机制有效、微观主体有活力、宏观调控有度的经济体制，使中国特色社会主义制度更加巩固、优越性充分体现。

——坚持解放和发展生产力。牢牢把握社会主义初级阶段这个基本国情，牢牢扭住经济建设这个中心，发挥经济体制改革牵引作用，协同推进政治、文化、社会、生态文明等领域改革，促进改革发展高效联动，进一步解放和发展社会生产力，不断满足人民日益增长的美好生活需要。

——坚持和完善社会主义基本经济制度。坚持和完善公有制为主体、多种所有制经济共同发展，按劳分配为主体、多种分配方式并存，社会主义市场经济体制等社会主义基本经济制度，把中国特色社会主义制度与市场经济有机结合起来，为推动高质量发展、建设现代化经济体系提供重要制度保障。

——坚持正确处理政府和市场关系。坚持社会主义市场经济改革方向，更加尊重市场经济一般规律，最大限度减少政府对市场资源的直接配置和对微观经济活动的直接干预，充分发挥市场在资源配置中的决定性作用，更好发挥政府作用，有效弥补市场失灵。

——坚持以供给侧结构性改革为主线。更多采用改革的办法，更多运用市场化法治化手段，在巩固、增强、提升、畅通上下功夫，加大结构性改革力度，创新制度供给，不断增强经济创新力和竞争力，适应和引发有效需求，促进更高水平的供需动态平衡。

——坚持扩大高水平开放和深化市场化改革互促共进。坚定不移扩大开放，推动由商品和要素流动型开放向规则等制度型开放转变，吸收借鉴国际成熟市场经济制度经验和人类文明有益成果，加快国内制度规则与国际接轨，以高水平开放促进深层次市场化改革。

二、坚持公有制为主体、多种所有制经济共同发展，增强微观主体活力

毫不动摇巩固和发展公有制经济，毫不动摇鼓励、支持、引导非公有制经济发展，探索公有制多种实现形式，支持民营企业改革发展，培育更多充满活力的市场主体。

（一）推进国有经济布局优化和结构调整

坚持有进有退、有所为有所不为，推动国有资本更多投向关系国计民生的重要领域和关系国家经济命脉、科技、国防、安全等领域，服务国家战略目标，增强国有经济竞争力、创新力、控制力、影响力、抗风险能力，做强做优做大国有资本，有效防止国有资产流失。对处于充分竞争领域的国有经济，通过资本化、证券化等方式优化国有资本配置，提高国有资本收益。进一步完善和加强国有资产监管，有效发挥国有资本投资、运营公司功能作用，坚持一企一策，成熟一个推动一个，运行一个成功一个，盘活存量国有资本，促进国有资产保值增值。

（二）积极稳妥推进国有企业混合所有制改革

在深入开展重点领域混合所有制改革试点基础上，按照完善治理、强化激励、突出主业、提高效率要求，推进混合所有制改革，规范有序发展混合所有制经济。对充分竞争领域的国家出资企业和国有资本运营公司出资企业，探索将部分国有股权转化为优先股，强化国有资本收益功能。支持符合条件的混合所有制企业建立骨干员工持股、上市公司股权激励、科技型企业股权和分红激励等中长期激励机制。深化国有企业改革，加快完善国有企业法人治理结构和市场化经营机制，健全经理层任期制和契约化管理，完善中国特色现代企业制度。对混合所有制企业，探索建立有别于国有独资、全资公司的治理机制和监管制度。对国有资本不再绝对控股的混合所有制企业，探索实施更加灵活高效的监管制度。

（三）稳步推进自然垄断行业改革

深化以政企分开、政资分开、特许经营、政府监管为主要内容的改革，提高自然垄断行业基础设施供给质量，严格监管自然垄断环节，加快实现竞争性环节市场化，切实打破行政性垄断，防止市场垄断。构建有效竞争的电力市场，有序放开发用电计划和竞争性环节电价，提高电力交易市场化程度。推进油气管网对市场主体公平开放，适时放开天然气气源和销售价格，健全竞争性油气流通市场。深化铁路行业改革，促进铁路运输业务市场主体多元化和适度竞争。实现邮政普遍服务业务与竞争性业务分业经营。完善烟草专卖专营体制，构建适度竞争新机制。

（四）营造支持非公有制经济高质量发展的制度环境

健全支持民营经济、外商投资企业发展的市场、政策、法治和社会环境，进一步激发活力和创造力。在要素获取、准入许可、经营运行、政府采购和招投标等方面对各类所有制企业平等对待，破除制约市场竞争的各类障碍和隐性壁垒，营造各种所有制主体依法平等使用资源要素、公开公平公正参与竞争、同等受到法律保护的市场环境。完善支持非公有制经济进入电力、油气等领域的实施细则和具体办法，大幅放宽服务业领域市场准入，向社会资本释放更大发展空间。健全支持中小企业发展制度，增加面向中小企业的金融服务供给，支持发展民营银行、社区银行等中小金融机构。完善民营企业融资增信支持体系。健全民营企业直接融资支持制度。健全清理和防止拖欠民营企业中小企业账款长效机制，营造有利于化解民营企业之间债务问题的市场环境。完善构建亲清政商关系的政策体系，建立规范化机制化政企沟通渠道，鼓励民营企业参与实施重大国家战略。

三、夯实市场经济基础性制度，保障市场公平竞争

建设高标准市场体系，全面完善产权、市场准入、公平竞争等制度，筑牢社会主义市场经济有效运行的体制基础。

（一）全面完善产权制度

健全归属清晰、权责明确、保护严格、流转顺畅的现代产权制度，加强产权激励。完善以管资本为主的经营性国有资产产权管理制度，加快转变国资监管机构职能和履职方式。健全自然资源资产产权制度。健全以公平为原则的产权保护制度，全面依法平等保护民营经济产权，依法严肃查处各类侵害民营企业合法权益的行为。落实农村第二轮土地承包到期后再延长30年政策，完善农村承包地"三权分置"制度。深化农村集体产权制度改革，完善产权权能，将经营性资产折股量化到集体经济组织成员，创新农村集体经济有效组织形式和运行机制，完善农村基本经营制度。完善和细化知识产权创造、运用、交易、保护制度规则，加快建立知识产权侵权惩罚性赔偿制度，加强企业商业秘密保护，完善新领域新业态知识产权保护制度。

（二）全面实施市场准入负面清单制度

推行"全国一张清单"管理模式，维护清单的统一性和权威性。建立市场准入负面清单动态调整机制和第三方评估机制，以服务业为重点试点进一步放宽准入限制。建立统一的清单代码体系，使清单事项与行政审批体系紧密衔接、相互匹配。建立市场准入负面清单信息公开机制，提升准入政策透明度和负面清单使用便捷性。建立市场准入评估制度，定期评估、排查、清理各类显性和隐性壁垒，推动"非禁即入"普遍落实。改革生产许可制度。

（三）全面落实公平竞争审查制度

完善竞争政策框架，建立健全竞争政策实施机制，强化竞争政策基础地位。强化公平竞争审查的刚性约束，修订完善公平竞争审查实施细则，建立公平竞争审查抽查、考核、公示制度，建立健全第三方审查和评估机制。统筹做好增量审查和存量清理，逐步清理废除妨碍全国统一市场和公平竞争的存量政策。建立违反公平竞争问题反映和举报绿色通道。加强和改进反垄断和反不正当竞争执法，加大执法力度，提高违法成本。培育和弘扬公平竞争文化，进一步营造公平竞争的社会环境。

四、构建更加完善的要素市场化配置体制机制，进一步激发全社会创造力和市场活力

以要素市场化配置改革为重点，加快建设统一开放、竞争有序的市场体系，推进要素市场制度建设，实现要素价格市场决定、流动自主有序、配置高效公平。

（一）建立健全统一开放的要素市场

加快建设城乡统一的建设用地市场，建立同权同价、流转顺畅、收益共享的农村集体经营性建设用地入市制度。探索农村宅基地所有权、资格权、使用权"三权分置"，深化农村宅基地改革试点。深化户籍制度改革，放开放宽除个别超大城市外的城市落户限制，探索实行城市群内户口通迁、居住证互认制度。推动公共资源由按城市行政等级配置向按实际服务管理人口规模配置转变。加快建立规范、透明、开放、有活力、有韧性的资本市场，加强资本市场基础制度建设，推动以信息披露为核心的股票发行注册制改革，完善强制退市和主动退市制度，提高上市公司质量，强化投资者保护。探索实行公司信用类债券发行注册管理制。构建与实体经济结构和融资需求相适应、多层次、广覆盖、有差异的银行体系。加快培育发展数据要素市场，建立数据资源清单管理机制，完善数据权属界定、开放共享、交易流通等标准和措施，发挥社会数据资源价值。推进数字政府建设，加强数据有序共享，依法保护个人信息。

（二）推进要素价格市场化改革

健全主要由市场决定价格的机制，最大限度减少政府对价格形成的不当干预。完善城镇建设用地价格形成机制和存量土地盘活利用政策，推动实施城镇低效用地再开发，在符合国土空间规划前提下，推动土地复合开发利用、用途合理转换。深化利率市场化改革，健全基准利率和市场化利率体系，更好发挥国债收益率曲线定价基准作用，提升金融机构自主定价能力。完善人民币汇率市场化形成机制，增强双向浮动弹性。加快全国技术交易平台建设，积极发展科技成果、专利等资产评估服务，促进技术要素有序流动和价格合理形成。

（三）创新要素市场化配置方式

缩小土地征收范围，严格界定公共利益用地范围，建立土地征收目录和公共利益用地认定机制。推进国有企事业单位改革改制土地资产处置，促进存量划拨土地盘活利用。健全工业用地多主体多方式供地制度，在符合国土空间规划前提下，探索增加混合产业用地供给。促进劳动力、人才社会性流动，完善企事业单位人才流动机制，畅通人才跨所有制流动渠道。抓住全球人才流动新机遇，构建更加开放的国际人才交流合作机制。

（四）推进商品和服务市场提质增效

推进商品市场创新发展，完善市场运行和监管规则，全面推进重要产品信息化追溯体系建设，建立打击假冒伪劣商品长效机制。构建优势互补、协作配套的现代服务市场体系。深化流通体制改革，加强全链条标准体系建设，发展"互联网+流通"，降低全社会物流成本。强化消费者权益保护，探索建立集体诉讼制度。

五、创新政府管理和服务方式，完善宏观经济治理体制

完善政府经济调节、市场监管、社会管理、公共服务、生态环境保护等职能，创新和完善宏观调控，进一步提高宏观经济治理能力。

（一）构建有效协调的宏观调控新机制

加快建立与高质量发展要求相适应、体现新发展理念的宏观调控目标体系、政策体系、决策协调体系、监督考评体系和保障体系。健全以国家发展规划为战略导向，以财政政策、货币政策和就业优先政策为主要手段，投资、消费、产业、区域等政策协同发力的宏观调控制度体系，增强宏观调控前瞻性、针对性、协同性。完善国家重大发展战略和中长期经济社会发展规划制度。科学稳健把握宏观政策逆周期调节力度，更好发挥财政政策对经济结构优化升级的支持作用，健全货币政策和宏观审慎政策双支柱调控框架。实施就业优先政策，发挥民生政策兜底功能。完善促进消费的体制机制，增强消费对经济发展的基础性作用。深化投融资体制改革，发挥投资对优化供给结构的关键性作用。加强国家经济安全保障制度建设，构建国家粮食安全和战略资源能源储备体系。优化经济治理基础数据库。强化经济监测预测预警能力，充分利用大数据、人工智能等新技术，建立重大风险识别和预警机制，加强社会预期管理。

（二）加快建立现代财税制度

优化政府间事权和财权划分，建立权责清晰、财力协调、区域均衡的中央和地方财政关系，形成稳定的各级政府事权、支出责任和财力相适应的制度。适当加强中央在知识产权保护、养老保险、跨区域生态环境保护等方面事权，减少并规范中央和地方共同事权。完善标准科学、规范透明、约束有力的预算制度，全面实施预算绩效管理，提高财政资金使用效率。依法构建管理规范、责任清晰、公开透明、风险可控的政府举债融资机制，强化监督问责。清理规范地方融资平台公司，剥离政府融资职能。深化税收制度改革，完善直接税制度并逐步提高其比重。研究将部分品目消费税征收环节后移。建立和完善综合与分类相结合的个人所得税制度。稳妥推进房地产税立法。健全地方税体系，调整完善地方税税制，培育壮大地方税税源，稳步扩大地方税管理权。

（三）强化货币政策、宏观审慎政策和金融监管协调

建设现代中央银行制度，健全中央银行货币政策决策机制，完善基础货币投放机制，推动货币政策从数量型调控为主向价格型调控为主转型。建立现代金融监管体系，全面加强宏观审慎管理，强化综合监管，突出功能监管和行为监管，制定交叉性金融产品监管规则。加强薄弱环节金融监管制度建设，消除监管空白，守住不发生系统性金融风险底线。依法依规界定中央和地方金融监管权责分工，强化地方政府属地金融监管职责和风险处置责任。建立健全金融消费者保护基本制度。有序实现人民币资本项目可兑换，稳步推进人民币国际化。

（四）全面完善科技创新制度和组织体系

加强国家创新体系建设，编制新一轮国家中长期科技发展规划，强化国家战略科技力量，构建社会主义市场经济条件下关键核心技术攻关新型举国体制，使国家科研资源进一步聚焦重点领域、重点项目、重点单位。健全鼓励支持基础研究、原始创新的体制机制，在重要领域适度超前布局建设国家重大科技基础设施，研究建立重大科技基础设施建设运营多元投入机制，支持民营企业参与关键领域核心技术创新攻关。建立健全应对重大公共事件科研储备和支持体系。改革完善中央财政科技计划形成机制和组织实施机制，更多支持企业承担科研任务，激励企业加大研发投入，提高科技创新绩效。建立以企业为主体、市场为导向、产学研深度融合的技术创新体系，支持大中小企业和各类主体融通创新，创新促进科技成果转化机制，完善技术成果转化公开交易与监管体系，推动科技成果转化和产业化。完善科技

人才发现、培养、激励机制，健全符合科研规律的科技管理体制和政策体系，改进科技评价体系，试点赋予科研人员职务科技成果所有权或长期使用权。

（五）完善产业政策和区域政策体系

推动产业政策向普惠化和功能性转型，强化对技术创新和结构升级的支持，加强产业政策和竞争政策协同。健全推动发展先进制造业、振兴实体经济的体制机制。建立市场化法治化解过剩产能长效机制，健全有利于促进市场化兼并重组、转型升级的体制和政策。构建区域协调发展新机制，完善京津冀协同发展、长江经济带发展、长江三角洲区域一体化发展、粤港澳大湾区建设、黄河流域生态保护和高质量发展等国家重大区域战略推进实施机制，形成主体功能明显、优势互补、高质量发展的区域经济布局。健全城乡融合发展体制机制。

（六）以一流营商环境建设为牵引持续优化政府服务

深入推进"放管服"改革，深化行政审批制度改革，进一步精简行政许可事项，对所有涉企经营许可事项实行"证照分离"改革，大力推进"照后减证"。全面开展工程建设项目审批制度改革。深化投资审批制度改革，简化、整合投资项目报建手续，推进投资项目承诺制改革，依托全国投资项目在线审批监管平台加强事中事后监管。创新行政管理和服务方式，深入开展"互联网+政务服务"，加快推进全国一体化政务服务平台建设。建立健全运用互联网、大数据、人工智能等技术手段进行行政管理的制度规则。落实《优化营商环境条例》，完善营商环境评价体系，适时在全国范围开展营商环境评价，加快打造市场化、法治化、国际化营商环境。

（七）构建适应高质量发展要求的社会信用体系和新型监管机制

完善诚信建设长效机制，推进信用信息共享，建立政府部门信用信息向市场主体有序开放机制。健全覆盖全社会的征信体系，培育具有全球话语权的征信机构和信用评级机构。实施"信易+"工程。完善失信主体信用修复机制。建立政务诚信监测治理体系，建立健全政府失信责任追究制度。严格市场监管、质量监管、安全监管，加强违法惩戒。加强市场监管改革创新，健全以"双随机、一公开"监管为基本手段、以重点监管为补充、以信用监管为基础的新型监管机制。以食品安全、药品安全、疫苗安全为重点，健全统一权威的全过程食品药品安全监管体系。完善网络市场规制体系，促进网络市场健康发展。健全对新业态的包容审慎监管制度。

六、坚持和完善民生保障制度，促进社会公平正义

坚持按劳分配为主体、多种分配方式并存，优化收入分配格局，健全可持续的多层次社会保障体系，让改革发展成果更多更公平惠及全体人民。

（一）健全体现效率、促进公平的收入分配制度

坚持多劳多得，着重保护劳动所得，增加劳动者特别是一线劳动者劳动报酬，提高劳动报酬在初次分配中的比重，在经济增长的同时实现居民收入同步增长，在劳动生产率提高的同时实现劳动报酬同步提高。健全劳动、资本、土地、知识、技术、管理、数据等生产要素由市场评价贡献、按贡献决定报酬的机制。完善企业薪酬调查和信息发布制度，健全最低工资标准调整机制。推进高校、科研院所薪酬制度改革，扩大工资分配自主权。鼓励企事业单位对科研人员等实行灵活多样的分配形式。健全以税收、社会保障、转移支付等为主要手段的再分配调节机制。完善第三次分配机制，发展慈善等社会公益事业。多措并举促进城乡居民增收，缩小收入分配差距，扩大中等收入群体。

（二）完善覆盖全民的社会保障体系

健全统筹城乡、可持续的基本养老保险制度、基本医疗保险制度，稳步提高保障水平。实施企业职工基本养老保险基金中央调剂制度，尽快实现养老保险全国统筹，促进基本养老保险基金长期平衡。全面推开中央和地方划转部分国有资本充实社保基金工作。大力发展企业年金、职业年金、个人储蓄性养老保险和商业养老保险。深化医药卫生体制改革，完善统一的城乡居民医保和大病保险制度，健全基本医保筹资和待遇调整机制，持续推进医保支付方式改革，加快落实异地就医结算制度。完善失业保险制度。开展新业态从业人员职业伤害保障试点。统筹完善社会救助、社会福利、慈善事业、优抚安置等制度。加强社会救助资源统筹，完善基本民生保障兜底机制。加快建立多主体供给、多渠道保障、租购并举的住房制度，改革住房公积金制度。

（三）健全国家公共卫生应急管理体系

强化公共卫生法治保障，完善公共卫生领域相关法律法规。把生物安全纳入国家安全体系，系统规划国家生物安全风险防控和治理体系建设，全面提高国家生物安全治理能力。健全公共卫生服务体系，优化医疗卫生资源投入结构，加强农村、社区等基层防控能力建设。完善优化重大疫情救治体系，建立健全分级、分层、分流的传染病等重大疫情救治机制。完善突发重特大疫情防控规范和应急救治管理办法。健全重大疾病医疗保险和救助制度，完善应急医疗救助机制。探索建立特殊群体、特定疾病医药费豁免制度。健全统一的应急物资保障体系，优化重要应急物资产能保障和区域布局，健全国家储备体系，完善储备品类、规模、结构，提升储备效能。

七、建设更高水平开放型经济新体制，以开放促改革促发展

实行更加积极主动的开放战略，全面对接国际高标准市场规则体系，实施更大范围、更宽领域、更深层次的全面开放。

（一）以"一带一路"建设为重点构建对外开放新格局

坚持互利共赢的开放战略，推动共建"一带一路"走深走实和高质量发展，促进商品、资金、技术、人员更大范围流通，依托各类开发区发展高水平经贸产业合作园区，加强市场、规则、标准方面的软联通，强化合作机制建设。加大西部和沿边地区开放力度，推进西部陆海新通道建设，促进东中西互动协同开放，加快形成陆海内外联动、东西双向互济的开放格局。

（二）加快自由贸易试验区、自由贸易港等对外开放高地建设

深化自由贸易试验区改革，在更大范围复制推广改革成果。建设好中国（上海）自由贸易试验区临港新片区，赋予其更大的自主发展、自主改革和自主创新管理权限。聚焦贸易投资自由化便利化，稳步推进海南自由贸易港建设。

（三）健全高水平开放政策保障机制

推进贸易高质量发展，拓展对外贸易多元化，提升一般贸易出口产品附加值，推动加工贸易产业链升级和服务贸易创新发展。办好中国国际进口博览会，更大规模增加商品和服务进口，降低关税总水平，努力消除非关税贸易壁垒，大幅削减进出口环节制度性成本，促进贸易平衡发展。推动制造业、服务业、农业扩大开放，在更多领域允许外资控股或独资经营，全面取消外资准入负面清单之外的限制。健全外商投资准入前国民待遇加负面清单管理制度，推动规则、规制、管理、标准等制度型开放。健全外商投资国家安全审查、反垄断审查、国家技术安全清单管理、不可靠实体清单等制度。健全促进对外

投资政策和服务体系。全面实施外商投资法及其实施条例，促进内外资企业公平竞争，建立健全外资企业投诉工作机制，保护外资合法权益。创新对外投资方式，提升对外投资质量。推进国际产能合作，积极开展第三方市场合作。

（四）积极参与全球经济治理体系变革

维护完善多边贸易体制，维护世界贸易组织在多边贸易体制中的核心地位，积极推动和参与世界贸易组织改革，积极参与多边贸易规则谈判，推动贸易和投资自由化便利化，推动构建更高水平的国际经贸规则。加快自由贸易区建设，推动构建面向全球的高标准自由贸易区网络。依托共建"一带一路"倡议及联合国、上海合作组织、金砖国家、二十国集团、亚太经合组织等多边和区域次区域合作机制，积极参与全球经济治理和公共产品供给，构建全球互联互通伙伴关系，加强与相关国家、国际组织的经济发展倡议、规划和标准的对接。推动国际货币基金组织份额与治理改革以及世界银行投票权改革。积极参与国际宏观经济政策沟通协调及国际经济治理体系改革和建设，提出更多中国倡议、中国方案。

八、完善社会主义市场经济法律制度，强化法治保障

以保护产权、维护契约、统一市场、平等交换、公平竞争、有效监管为基本导向，不断完善社会主义市场经济法治体系，确保有法可依、有法必依、违法必究。

（一）完善经济领域法律法规体系

完善物权、债权、股权等各类产权相关法律制度，从立法上赋予私有财产和公有财产平等地位并平等保护。健全破产制度，改革完善企业破产法律制度，推动个人破产立法，建立健全金融机构市场化退出法规，实现市场主体有序退出。修订反垄断法，推动社会信用法律建设，维护公平竞争市场环境。制定和完善发展规划、国土空间规划、自然资源资产、生态环境、农业、财政税收、金融、涉外经贸等方面法律法规。按照包容审慎原则推进新经济领域立法。健全重大改革特别授权机制，对涉及调整现行法律法规的重大改革，按法定程序经全国人大或国务院统一授权后，由有条件的地方先行开展改革试验和实践创新。

（二）健全执法司法对市场经济运行的保障机制

深化行政执法体制改革，最大限度减少不必要的行政执法事项，规范行政执法行为，进一步明确具体操作流程。根据不同层级政府的事权和职能，优化配置执法力量，加快推进综合执法。强化对市场主体之间产权纠纷的公平裁判，完善涉及查封、扣押、冻结和处置公民财产行为的法律制度。健全涉产权冤错案件有效防范和常态化纠正机制。

（三）全面建立行政权力制约和监督机制

依法全面履行政府职能，推进机构、职能、权限、程序、责任法定化，实行政府权责清单制度。健全重大行政决策程序制度，提高决策质量和效率。加强对政府内部权力的制约，强化内部流程控制，防止权力滥用。完善审计制度，对公共资金、国有资产、国有资源和领导干部履行经济责任情况实行审计全覆盖。加强重大政策、重大项目财政承受能力评估。推动审批监管、执法司法、工程建设、资源开发、海外投资和在境外国有资产监管、金融信贷、公共资源交易、公共财政支出等重点领域监督机制改革和制度建设。依法推进财政预算、公共资源配置、重大建设项目批准和实施、社会公益事业建设等领域政府信息公开。

（四）完善发展市场经济监督制度和监督机制

坚持和完善党和国家监督体系，强化政治监督，严格约束公权力，推动落实党委（党组）主体责任、书记第一责任人责任、纪委监委监督责任。持之以恒深入推进党风廉政建设和反腐败斗争，坚决依规依纪依法查处资源、土地、规划、建设、工程、金融等领域腐败问题。完善监察法实施制度体系，围绕权力运行各个环节，压减权力设租寻租空间，坚决破除权钱交易关系网，实现执规执纪执法贯通，促进党内监督、监察监督、行政监督、司法监督、审计监督、财会监督、统计监督、群众监督、舆论监督协同发力，推动社会主义市场经济健康发展。

九、坚持和加强党的全面领导，确保改革举措有效实施

发挥党总揽全局、协调各方的领导核心作用，把党领导经济工作的制度优势转化为治理效能，强化改革落地见效，推动经济体制改革不断走深走实。

（一）坚持和加强党的领导

进一步增强"四个意识"、坚定"四个自信"、做到"两个维护"，从战略和全局高度深刻认识加快完善社会主义市场经济体制的重大意义，把党的领导贯穿于深化经济体制改革和加快完善社会主义市场经济体制全过程，贯穿于谋划改革思路、制定改革方案、推进改革实施等各环节，确保改革始终沿着正确方向前进。

（二）健全改革推进机制

各地区各部门要按照本意见要求并结合自身实际，制定完善配套政策或实施措施。从国情出发，坚持问题导向、目标导向和结果导向相统一，按照系统集成、协同高效要求纵深推进，在精准实施、精准落实上下足功夫，把落实党中央要求、满足实践需要、符合基层期盼统一起来，克服形式主义、官僚主义，一个领域一个领域盯住抓落实。将顶层设计与基层探索结合起来，充分发挥基层首创精神，发挥经济特区、自由贸易试验区（自由贸易港）的先行先试作用。

（三）完善改革激励机制

健全改革的正向激励体系，强化敢于担当、攻坚克难的用人导向，注重在改革一线考察识别干部，把那些具有改革创新意识、勇于改革、善谋改革的干部用起来。巩固党风廉政建设成果，推动构建亲清政商关系。建立健全改革容错纠错机制，正确把握干部在改革创新中出现失误错误的性质和影响，切实保护干部干事创业的积极性。加强对改革典型案例、改革成效的总结推广和宣传报道，按规定给予表彰激励，为改革营造良好舆论环境和社会氛围。

2020年5月11日

国务院关于实施金融控股公司准入管理的决定

国发〔2020〕12号

各省、自治区、直辖市人民政府，国务院各部委、各直属机构：

为加强对非金融企业、自然人等主体控股或者实际控制金融机构的监督管理，规范金融控股公司行为，防范系统性金融风险，现作出如下决定：

一、对金融控股公司实施准入管理

中华人民共和国境内的非金融企业、自然人以及经认可的法人控股或者实际控制两个或者两个以上不同类型金融机构，具有本决定规定情形的，应当向中国人民银行提出申请，经批准设立金融控股公司。

（一）本决定所称金融控股公司，是指依照《中华人民共和国公司法》和本决定设立的，控股或者实际控制两个或者两个以上不同类型金融机构，自身仅开展股权投资管理、不直接从事商业性经营活动的有限责任公司或者股份有限公司。

（二）本决定所称金融机构的类型包括：

1.商业银行（不含村镇银行，下同）、金融租赁公司；

2.信托公司；

3.金融资产管理公司；

4.证券公司、公募基金管理公司、期货公司；

5.人身保险公司、财产保险公司、再保险公司、保险资产管理公司；

6.国务院金融管理部门认定的其他机构。

（三）本决定所称应当申请设立金融控股公司的规定情形，是指具有下列情形之一：

1.控股或者实际控制的金融机构中含商业银行的，金融机构的总资产不少于人民币5000亿元，或者金融机构总资产少于人民币5000亿元但商业银行以外其他类型的金融机构总资产不少于人民币1000亿元或者受托管理的总资产不少于人民币5000亿元；

2.控股或者实际控制的金融机构中不含商业银行的，金融机构的总资产不少于人民币1000亿元或者受托管理的总资产不少于人民币5000亿元；

3.控股或者实际控制的金融机构总资产或者受托管理的总资产未达到上述第一项、第二项规定的标准，但中国人民银行按照宏观审慎监管要求认为需要设立金融控股公司。

二、设立金融控股公司的条件和程序

（一）申请设立金融控股公司，除应当具备《中华人民共和国公司法》规定的条件外，还应当具备以下条件：

1.实缴注册资本额不低于人民币50亿元，且不低于所直接控股金融机构注册资本总和的50%；

2.股东、实际控制人信誉良好，且符合相关法律、行政法规及中国人民银行的有关规定；

3.有符合任职条件的董事、监事和高级管理人员；

4.有为所控股金融机构持续补充资本的能力；

5.有健全的组织机构和有效的风险管理、内部控制制度等其他审慎性条件。

（二）中国人民银行应当自受理设立金融控股公司申请之日起6个月内作出批准或者不予批准的书面决定；决定不予批准的，应当说明理由。

经批准设立的金融控股公司，由中国人民银行颁发金融控股公司许可证，凭该许可证向市场监督管理部门办理登记，领取营业执照。未经中国人民银行批准，不得登记为金融控股公司，不得在公司名称中使用"金融控股""金融集团"等字样。

依照本决定规定应当设立金融控股公司但未获得批准的，应当按照中国人民银行会同国务院银行保险监督管理机构、国务院证券监督管理机构提出的要求，采取转让所控股金融机构的股权或者转移实际控制权等措施。

（三）金融控股公司变更名称、住所、注册资本、持有5%以上股权的股东、实际控制人，修改公司章程，投资控股其他金融机构，增加或者减少对所控股金融机构的出资或者持股比例导致控制权变更或者丧失，分立、合并、解散或者破产，应当向中国人民银行提出申请。中国人民银行应当自受理申请之日起3个月内作出批准或者不予批准的书面决定。

三、其他规定

（一）本决定施行前已具有本决定规定应当申请设立金融控股公司情形的，应当自本决定施行之日起12个月内向中国人民银行申请设立金融控股公司。逾期未申请的，应当按照中国人民银行会同国务院银行保险监督管理机构、国务院证券监督管理机构提出的要求，采取转让所控股金融机构的股权或者转移实际控制权等措施。

（二）非金融企业或者经认可的法人控股或者实际控制的金融资产占其并表总资产的85%以上且符合本决定规定应当申请设立金融控股公司情形的，也可以依照本决定规定的设立金融控股公司条件和程序，申请将其批准为金融控股公司。

（三）中国人民银行根据本决定制定设立金融控股公司条件、程序的实施细则，并组织实施监督管理，可以采取相关审慎性监督管理措施。

本决定自2020年11月1日起施行。

国务院办公厅

2020年9月11日

国务院办公厅关于深化商事制度改革进一步为企业松绑减负激发企业活力的通知

国办发〔2020〕29号

各省、自治区、直辖市人民政府，国务院各部委、各直属机构：

党中央、国务院高度重视商事制度改革。近年来，商事制度改革取得显著成效，市场准入更加便捷，市场监管机制不断完善，市场主体繁荣发展，营商环境大幅改善。但从全国范围看，"准入不准营"现象依然存在，宽进严管、协同共治能力仍需强化。为更好统筹推进新冠肺炎疫情防控和经济社会发展，加快打造市场化、法治化、国际化营商环境，充分释放社会创业创新潜力、激发企业活力，经国务院同意，现将有关事项通知如下：

一、推进企业开办全程网上办理

（一）全面推广企业开办"一网通办"

2020年年底前，各省、自治区、直辖市和新疆生产建设兵团全部开通企业开办"一网通办"平台，做到企业开办全程网上办理，进一步压减企业开办时间至4个工作日内或更少。在此基础上，探索推动企业开办标准化、规范化试点。

（二）持续提升企业开办服务能力

依托"一网通办"平台，推行企业登记、公章刻制、申领发票和税控设备、员工参保登记、住房公积金企业缴存登记线上"一表填报"申请办理。具备条件的地方实现办齐的材料线下"一个窗口"一次领取，或者通过寄递、自助打印等实现不见面办理。在加强监管、保障安全前提下，大力推进电子营业执照、电子发票、电子印章在更广领域运用。

二、推进注册登记制度改革取得新突破

（一）加大住所与经营场所登记改革力度

支持各省级人民政府统筹开展住所与经营场所分离登记试点。市场主体可以登记一个住所和多个经营场所。对住所作为通信地址和司法文书（含行政执法文书）送达地登记，实行自主申报承诺制。对经营场所，各地可结合实际制定有关管理措施。对于市场主体在住所以外开展经营活动、属于同一县级登记机关管辖的，免于设立分支机构，申请增加经营场所登记即可，方便企业扩大经营规模。

（二）提升企业名称自主申报系统核名智能化水平

依法规范企业名称登记管理工作，运用大数据、人工智能等技术手段，加强禁限用字词库实时维护，提升对不适宜字词的分析和识别能力。推进与商标等商业标识数据库的互联共享，丰富对企业的告知提示内容。探索"企业承诺+事中事后监管"，减少"近似名称"人工干预。加强知名企业名称字号

保护，建立名称争议处理机制。

三、简化相关涉企生产经营和审批条件

（一）推动工业产品生产许可证制度改革

将建筑用钢筋、水泥、广播电视传输设备、人民币鉴别仪、预应力混凝土铁路桥简支梁5类产品审批下放至省级市场监管部门。健全严格的质量安全监管措施，加强监督指导，守住质量安全底线。进一步扩大告知承诺实施范围，推动化肥产品由目前的后置现场审查调整为告知承诺。开展工业产品生产许可证有关政策、标准和技术规范宣传解读，加强对企业申办许可证的指导，帮助企业便利取证。

（二）完善强制性产品认证制度

扩大指定认证实施机构范围，提升实施机构的认证检测一站式服务能力，便利企业申请认证检测。防爆电气、燃气器具和大容积冰箱转为强制性产品认证费用由财政负担。简化出口转内销产品认证程序。督促指导强制性产品指定认证实施机构通过开辟绿色通道、接受已有合格评定结果、拓展在线服务等措施，缩短认证证书办理时间，降低认证成本。做好认证服务及技术支持，为出口转内销企业提供政策和技术培训，精简优化认证方案，安排专门人员对认证流程进行跟踪，合理减免出口转内销产品强制性产品认证费用。

（三）深化检验检测机构资质认定改革

将疫情防控期间远程评审等应急措施长效化。2021年在全国范围内推行检验检测机构资质认定告知承诺制。全面推行检验检测机构资质认定网上审批，完善机构信息查询功能。

（四）加快培育企业标准"领跑者"

优化企业标准"领跑者"制度机制，完善评估方案，推动第三方评价机构发布一批企业标准排行榜，形成2020年度企业标准"领跑者"名单，引导更多企业声明公开更高质量的标准。

四、加强事中事后监管

（一）加强企业信息公示

以统一社会信用代码为标识，整合形成更加完善的企业信用记录，并通过国家企业信用信息公示系统、"信用中国"网站或中国政府网及相关部门门户网站等渠道，依法依规向社会公开公示。

（二）健全失信惩戒机制

落实企业年报"多报合一"政策，进一步优化工作机制，大力推行信用承诺制度，健全完善信用修复、强制退出等制度机制。依法依规运用各领域严重失信名单等信用管理手段，提高协同监管水平，加强失信惩戒。

（三）推进实施智慧监管

在市场监管领域，进一步完善以"双随机、一公开"监管为基本手段、以重点监管为补充、以信用监管为基础的新型监管机制。健全完善缺陷产品召回制度，督促企业履行缺陷召回法定义务，消除产品安全隐患。推进双随机抽查与信用风险分类监管相结合，充分运用大数据等技术，针对不同风险等级、信用水平的检查对象采取差异化分类监管措施，逐步做到对企业信用风险状况以及主要风险点精准识别和预测预警。

（四）规范平台经济监管行为

坚持审慎包容、鼓励创新原则，充分发挥平台经济行业自律和企业自治作用，引导平台经济有序竞争，反对不正当竞争，规范发展线上经济。依法查处电子商务违法行为，维护公平有序的市场秩序，为平台经济发展营造良好营商环境。

各地区、各部门要认真贯彻落实本通知提出的各项任务和要求，聚焦企业生产经营的堵点痛点，加强政策统筹协调，切实落实工作责任，认真组织实施，形成工作合力。市场监管总局要会同有关部门加强工作指导，及时总结推广深化商事制度改革典型经验做法，协调解决实施中存在的问题，确保各项改革措施落地见效。

国务院办公厅

2020年9月1日

国务院关于进一步提高
上市公司质量的意见

国发〔2020〕14号

各省、自治区、直辖市人民政府，国务院各部委、各直属机构：

资本市场在金融运行中具有牵一发而动全身的作用，上市公司是资本市场的基石。提高上市公司质量是推动资本市场健康发展的内在要求，是新时代加快完善社会主义市场经济体制的重要内容。《国务院批转证监会关于提高上市公司质量意见的通知》（国发〔2005〕34号）印发以来，我国上市公司数量显著增长、质量持续提升，在促进国民经济发展中的作用日益凸显。但也要看到，上市公司经营和治理不规范、发展质量不高等问题仍较突出，与建设现代化经济体系、推动经济高质量发展的要求还存在差距。同时，面对新冠肺炎疫情影响，上市公司生产经营和高质量发展面临新的考验。为进一步提高上市公司质量，现提出如下意见。

一、总体要求

以习近平新时代中国特色社会主义思想为指导，全面贯彻党的十九大和十九届二中、三中、四中全会精神，认真落实党中央、国务院决策部署，贯彻新发展理念，坚持市场化、法治化方向，按照深化金融供给侧结构性改革要求，加强资本市场基础制度建设，大力提高上市公司质量。坚持存量与增量并重、治标与治本结合，发挥各方合力，强化持续监管，优化上市公司结构和发展环境，使上市公司运作规范性明显提升，信息披露质量不断改善，突出问题得到有效解决，可持续发展能力和整体质量显著提高，为建设规范、透明、开放、有活力、有韧性的资本市场，促进经济高质量发展提供有力支撑。

二、提高上市公司治理水平

（一）规范公司治理和内部控制。完善公司治理制度规则，明确控股股东、实际控制人、董事、监事和高级管理人员的职责界限和法律责任。控股股东、实际控制人要履行诚信义务，维护上市公司独立性，切实保障上市公司和投资者的合法权益。股东大会、董事会、监事会、经理层要依法合规运作，董事、监事和高级管理人员要忠实勤勉履职，充分发挥独立董事、监事会作用。建立董事会与投资者的良好沟通机制，健全机构投资者参与公司治理的渠道和方式。科学界定国有控股上市公司治理相关方的权责，健全具有中国特色的国有控股上市公司治理机制。严格执行上市公司内控制度，加快推行内控规范体系，提升内控有效性。强化上市公司治理底线要求，倡导最佳实践，加强治理状况信息披露，促进提升决策管理的科学性。开展公司治理专项行动，通过公司自查、现场检查、督促整改，切实提高公司治理水平。（证监会、国务院国资委、财政部、银保监会等单位负责）

（二）提升信息披露质量。以提升透明度为目标，优化规则体系，督促上市公司、股东及相关信息披露义务人真实、准确、完整、及时、公平披露信息。以投资者需求为导向，完善分行业信息披露标准，优化披露内容，增强信息披露针对性和有效性。严格执行企业会计准则，优化信息披露编报规则，提升财务信息质量。上市公司及其他信息披露义务人要充分披露投资者作出价值判断和投资决策所必需的信息，并做到简明清晰、通俗易懂。相关部门和机构要按照资本市场规则，支持、配合上市公司依法依规履行信息披露义务。（证监会、国务院国资委、工业和信息化部、财政部等单位负责）

三、推动上市公司做优做强

（一）支持优质企业上市。全面推行、分步实施证券发行注册制。优化发行上市标准，增强包容性。加强对拟上市企业的培育和辅导，提升拟上市企业规范化水平。鼓励和支持混合所有制改革试点企业上市。发挥股权投资机构在促进公司优化治理、创新创业、产业升级等方面的积极作用。大力发展创业投资，培育科技型、创新型企业，支持制造业单项冠军、专精特新"小巨人"等企业发展壮大。发挥全国中小企业股份转让系统、区域性股权市场和产权交易市场在培育企业上市中的积极作用。（证监会、国务院国资委、国家发展改革委、财政部、工业和信息化部等单位与各省级人民政府负责）

（二）促进市场化并购重组。充分发挥资本市场的并购重组主渠道作用，鼓励上市公司盘活存量、提质增效、转型发展。完善上市公司资产重组、收购和分拆上市等制度，丰富支付及融资工具，激发市场活力。发挥证券市场价格、估值、资产评估结果在国有资产交易定价中的作用，支持国有企业依托资本市场开展混合所有制改革。支持境内上市公司发行股份购买境外优质资产，允许更多符合条件的外国投资者对境内上市公司进行战略投资，提升上市公司国际竞争力。研究拓宽社会资本等多方参与上市公司并购重组的渠道。（证监会、工业和信息化部、国务院国资委、国家发展改革委、财政部、人民银行、商务部、市场监管总局、国家外汇局等单位与各省级人民政府负责）

（三）完善上市公司融资制度。加强资本市场融资端和投资端的协调平衡，引导上市公司兼顾发展需要和市场状况优化融资安排。完善上市公司再融资发行条件，研究推出更加便捷的融资方式。支持上市公司通过发行债券等方式开展长期限债务融资。稳步发展优先股、股债结合产品。大力发展权益类基金。丰富风险管理工具。探索建立对机构投资者的长周期考核机制，吸引更多中长期资金入市。（证监会、财政部、人民银行、国家发展改革委、银保监会等单位负责）

（四）健全激励约束机制。完善上市公司股权激励和员工持股制度，在对象、方式、定价等方面作出更加灵活的安排。优化政策环境，支持各类上市公司建立健全长效激励机制，强化劳动者和所有者利益共享，更好吸引和留住人才，充分调动上市公司员工积极性。（证监会、国务院国资委、财政部等单位负责）

四、健全上市公司退出机制

（一）严格退市监管。完善退市标准，简化退市程序，加大退市监管力度。严厉打击通过财务造假、利益输送、操纵市场等方式恶意规避退市行为，将缺乏持续经营能力、严重违法违规扰乱市场秩序的公司及时清出市场。加大对违法违规主体的责任追究力度。支持投资者依法维权，保护投资者合法权益。（证监会、最高人民法院、公安部、国务院国资委等单位与各省级人民政府负责）

（二）拓宽多元化退出渠道。完善并购重组和破产重整等制度，优化流程、提高效率，畅通主动退市、并购重组、破产重整等上市公司多元化退出渠道。有关地区和部门要综合施策，支持上市公司通

过并购重组、破产重整等方式出清风险。（证监会、最高人民法院、司法部、国务院国资委等单位与各省级人民政府负责）

五、解决上市公司突出问题

（一）积极稳妥化解上市公司股票质押风险。坚持控制增量、化解存量，建立多部门共同参与的上市公司股票质押风险处置机制，强化场内外一致性监管，加强质押信息共享。强化对金融机构、上市公司大股东及实际控制人的风险约束机制。严格执行分层次、差异化的股票质押信息披露制度。严格控制限售股质押。支持银行、证券、保险、私募股权基金等机构参与上市公司股票质押风险化解。（证监会、最高人民法院、人民银行、银保监会、国务院国资委等单位与各省级人民政府负责）

（二）严肃处置资金占用、违规担保问题。控股股东、实际控制人及相关方不得以任何方式侵占上市公司利益。坚持依法监管、分类处置，对已形成的资金占用、违规担保问题，要限期予以清偿或化解；对限期未整改或新发生的资金占用、违规担保问题，要严厉查处，构成犯罪的依法追究刑事责任。依法依规认定上市公司对违规担保合同不承担担保责任。上市公司实施破产重整的，应当提出解决资金占用、违规担保问题的切实可行方案。（证监会、最高人民法院、公安部等单位与各省级人民政府负责）

（三）强化应对重大突发事件政策支持。发生自然灾害、公共卫生等重大突发事件，对上市公司正常生产经营造成严重影响的，证券监管部门要在依法合规前提下，作出灵活安排；有关部门要依托宏观政策、金融稳定等协调机制，加强协作联动，落实好产业、金融、财税等方面政策；各级政府要及时采取措施，维护劳务用工、生产资料、公用事业品供应和物流运输渠道，支持上市公司尽快恢复正常生产经营。（国家发展改革委、财政部、工业和信息化部、商务部、税务总局、人民银行、银保监会、证监会等单位与各省级人民政府负责）

六、提高上市公司及相关主体违法违规成本

（一）加大执法力度。严格落实证券法等法律规定，加大对欺诈发行、信息披露违法、操纵市场、内幕交易等违法违规行为的处罚力度。加强行政机关与司法机关协作，实现涉刑案件快速移送、快速查办，严厉查处违法犯罪行为。完善违法违规行为认定规则，办理上市公司违法违规案件时注意区分上市公司责任、股东责任与董事、监事、高级管理人员等个人责任；对涉案证券公司、证券服务机构等中介机构及从业人员一并查处，情节严重、性质恶劣的，依法采取暂停、撤销、吊销业务或从业资格等措施。（证监会、公安部、最高人民法院、财政部、司法部等单位与各省级人民政府负责）

（二）推动增加法制供给。推动修订相关法律法规，加重财务造假、资金占用等违法违规行为的行政、刑事法律责任，完善证券民事诉讼和赔偿制度，大幅提高相关责任主体违法违规成本。支持投资者保护机构依法作为代表人参加诉讼。推广证券期货纠纷示范判决机制。（证监会、最高人民法院、司法部、公安部、财政部等单位负责）

七、形成提高上市公司质量的工作合力

（一）持续提升监管效能。坚持服务实体经济和保护投资者合法权益方向，把提高上市公司质量作为上市公司监管的重要目标。加强全程审慎监管，推进科学监管、分类监管、专业监管、持续监管，

提高上市公司监管有效性。充分发挥证券交易所一线监督及自律管理职责、上市公司协会自律管理作用。（证监会负责）

（二）强化上市公司主体责任。上市公司要诚实守信、规范运作，专注主业、稳健经营，不断提高经营水平和发展质量。上市公司控股股东、实际控制人、董事、监事和高级管理人员要各尽其责，公平对待所有股东。对损害上市公司利益的行为，上市公司要依法维权。鼓励上市公司通过现金分红、股份回购等方式回报投资者，切实履行社会责任。（证监会、国务院国资委、财政部、全国工商联等单位负责）

（三）督促中介机构归位尽责。健全中介机构执业规则体系，明确上市公司与各类中介机构的职责边界，压实中介机构责任。相关中介机构要严格履行核查验证、专业把关等法定职责，为上市公司提供高质量服务。相关部门和机构要配合中介机构依法依规履职，及时、准确、完整地提供相关信息。（证监会、财政部、司法部、银保监会等单位与各省级人民政府负责）

（四）凝聚各方合力。完善上市公司综合监管体系，推进上市公司监管大数据平台建设，建立健全财政、税务、海关、金融、市场监管、行业监管、地方政府、司法机关等单位的信息共享机制。增加制度供给，优化政策环境，加强监管执法协作，协同处置上市公司风险。充分发挥新闻媒体的舆论引导和监督作用，共同营造支持上市公司高质量发展的良好环境。（各相关单位与各省级人民政府负责）

国务院办公厅

2020年10月5日

中共中央关于制定国民经济和社会发展第十四个五年规划和二〇三五年远景目标的建议

"十四五"时期是我国全面建成小康社会、实现第一个百年奋斗目标之后，乘势而上开启全面建设社会主义现代化国家新征程、向第二个百年奋斗目标进军的第一个五年。中国共产党第十九届中央委员会第五次全体会议深入分析国际国内形势，就制定国民经济和社会发展"十四五"规划和二〇三五年远景目标提出以下建议。

一、全面建成小康社会，开启全面建设社会主义现代化国家新征程

（一）决胜全面建成小康社会取得决定性成就

"十三五"时期是全面建成小康社会决胜阶段。面对错综复杂的国际形势、艰巨繁重的国内改革发展稳定任务特别是新冠肺炎疫情严重冲击，以习近平同志为核心的党中央不忘初心、牢记使命，团结带领全党全国各族人民砥砺前行、开拓创新，奋发有为推进党和国家各项事业。全面深化改革取得重大突破，全面依法治国取得重大进展，全面从严治党取得重大成果，国家治理体系和治理能力现代化加快推进，中国共产党领导和我国社会主义制度优势进一步彰显；经济实力、科技实力、综合国力跃上新的大台阶，经济运行总体平稳，经济结构持续优化，预计二〇二〇年国内生产总值突破一百万亿元；脱贫攻坚成果举世瞩目，五千五百七十五万农村贫困人口实现脱贫；粮食年产量连续五年稳定在一万三千亿斤以上；污染防治力度加大，生态环境明显改善；对外开放持续扩大，共建"一带一路"成果丰硕；人民生活水平显著提高，高等教育进入普及化阶段，城镇新增就业超过六千万人，建成世界上规模最大的社会保障体系，基本医疗保险覆盖超过十三亿人，基本养老保险覆盖近十亿人，新冠肺炎疫情防控取得重大战略成果；文化事业和文化产业繁荣发展；国防和军队建设水平大幅提升，军队组织形态实现重大变革；国家安全全面加强，社会保持和谐稳定。"十三五"规划目标任务即将完成，全面建成小康社会胜利在望，中华民族伟大复兴向前迈出了新的一大步，社会主义中国以更加雄伟的身姿屹立于世界东方。全党全国各族人民要再接再厉、一鼓作气，确保如期打赢脱贫攻坚战，确保如期全面建成小康社会、实现第一个百年奋斗目标，为开启全面建设社会主义现代化国家新征程奠定坚实基础。

（二）我国发展环境面临深刻复杂变化

当前和今后一个时期，我国发展仍然处于重要战略机遇期，但机遇和挑战都有新的发展变化。当今世界正经历百年未有之大变局，新一轮科技革命和产业变革深入发展，国际力量对比深刻调整，和平与发展仍然是时代主题，人类命运共同体理念深入人心，同时国际环境日趋复杂，不稳定性不确定性明显增加，新冠肺炎疫情影响广泛深远，经济全球化遭遇逆流，世界进入动荡变革期，单边主义、保护主义、霸权主义对世界和平与发展构成威胁。我国已转向高质量发展阶段，制度优势显著，治理效能提

升，经济长期向好，物质基础雄厚，人力资源丰富，市场空间广阔，发展韧性强劲，社会大局稳定，继续发展具有多方面优势和条件，同时我国发展不平衡不充分问题仍然突出，重点领域关键环节改革任务仍然艰巨，创新能力不适应高质量发展要求，农业基础还不稳固，城乡区域发展和收入分配差距较大，生态环保任重道远，民生保障存在短板，社会治理还有弱项。全党要统筹中华民族伟大复兴战略全局和世界百年未有之大变局，深刻认识我国社会主要矛盾变化带来的新特征新要求，深刻认识错综复杂的国际环境带来的新矛盾新挑战，增强机遇意识和风险意识，立足社会主义初级阶段基本国情，保持战略定力，办好自己的事，认识和把握发展规律，发扬斗争精神，树立底线思维，准确识变、科学应变、主动求变，善于在危机中育先机、于变局中开新局，抓住机遇，应对挑战，趋利避害，奋勇前进。

（三）到二〇三五年基本实现社会主义现代化远景目标

党的十九大对实现第二个百年奋斗目标作出分两个阶段推进的战略安排，即到二〇三五年基本实现社会主义现代化，到本世纪中叶把我国建成富强民主文明和谐美丽的社会主义现代化强国。展望二〇三五年，我国经济实力、科技实力、综合国力将大幅跃升，经济总量和城乡居民人均收入将再迈上新的大台阶，关键核心技术实现重大突破，进入创新型国家前列；基本实现新型工业化、信息化、城镇化、农业现代化，建成现代化经济体系；基本实现国家治理体系和治理能力现代化，人民平等参与、平等发展权利得到充分保障，基本建成法治国家、法治政府、法治社会；建成文化强国、教育强国、人才强国、体育强国、健康中国，国民素质和社会文明程度达到新高度，国家文化软实力显著增强；广泛形成绿色生产生活方式，碳排放达峰后稳中有降，生态环境根本好转，美丽中国建设目标基本实现；形成对外开放新格局，参与国际经济合作和竞争新优势明显增强；人均国内生产总值达到中等发达国家水平，中等收入群体显著扩大，基本公共服务实现均等化，城乡区域发展差距和居民生活水平差距显著缩小；平安中国建设达到更高水平，基本实现国防和军队现代化；人民生活更加美好，人的全面发展、全体人民共同富裕取得更为明显的实质性进展。

二、"十四五"时期经济社会发展指导方针和主要目标

（一）"十四五"时期经济社会发展指导思想

高举中国特色社会主义伟大旗帜，深入贯彻党的十九大和十九届二中、三中、四中、五中全会精神，坚持以马克思列宁主义、毛泽东思想、邓小平理论、"三个代表"重要思想、科学发展观、习近平新时代中国特色社会主义思想为指导，全面贯彻党的基本理论、基本路线、基本方略，统筹推进经济建设、政治建设、文化建设、社会建设、生态文明建设的总体布局，协调推进全面建设社会主义现代化国家、全面深化改革、全面依法治国、全面从严治党的战略布局，坚定不移贯彻创新、协调、绿色、开放、共享的新发展理念，坚持稳中求进工作总基调，以推动高质量发展为主题，以深化供给侧结构性改革为主线，以改革创新为根本动力，以满足人民日益增长的美好生活需要为根本目的，统筹发展和安全，加快建设现代化经济体系，加快构建以国内大循环为主体、国内国际双循环相互促进的新发展格局，推进国家治理体系和治理能力现代化，实现经济行稳致远、社会安定和谐，为全面建设社会主义现代化国家开好局、起好步。

（二）"十四五"时期经济社会发展必须遵循的原则

——坚持党的全面领导。坚持和完善党领导经济社会发展的体制机制，坚持和完善中国特色社会

主义制度，不断提高贯彻新发展理念、构建新发展格局能力和水平，为实现高质量发展提供根本保证。

——坚持以人民为中心。坚持人民主体地位，坚持共同富裕方向，始终做到发展为了人民、发展依靠人民、发展成果由人民共享，维护人民根本利益，激发全体人民积极性、主动性、创造性，促进社会公平，增进民生福祉，不断实现人民对美好生活的向往。

——坚持新发展理念。把新发展理念贯穿发展全过程和各领域，构建新发展格局，切实转变发展方式，推动质量变革、效率变革、动力变革，实现更高质量、更有效率、更加公平、更可持续、更为安全的发展。

——坚持深化改革开放。坚定不移推进改革，坚定不移扩大开放，加强国家治理体系和治理能力现代化建设，破除制约高质量发展、高品质生活的体制机制障碍，强化有利于提高资源配置效率、有利于调动全社会积极性的重大改革开放举措，持续增强发展动力和活力。

——坚持系统观念。加强前瞻性思考、全局性谋划、战略性布局、整体性推进，统筹国内国际两个大局，办好发展安全两件大事，坚持全国一盘棋，更好发挥中央、地方和各方面积极性，着力固根基、扬优势、补短板、强弱项，注重防范化解重大风险挑战，实现发展质量、结构、规模、速度、效益、安全相统一。

（三）"十四五"时期经济社会发展主要目标

锚定二〇三五年远景目标，综合考虑国内外发展趋势和我国发展条件，坚持目标导向和问题导向相结合，坚持守正和创新相统一，今后五年经济社会发展要努力实现以下主要目标。

——经济发展取得新成效。发展是解决我国一切问题的基础和关键，发展必须坚持新发展理念，在质量效益明显提升的基础上实现经济持续健康发展，增长潜力充分发挥，国内市场更加强大，经济结构更加优化，创新能力显著提升，产业基础高级化、产业链现代化水平明显提高，农业基础更加稳固，城乡区域发展协调性明显增强，现代化经济体系建设取得重大进展。

——改革开放迈出新步伐。社会主义市场经济体制更加完善，高标准市场体系基本建成，市场主体更加充满活力，产权制度改革和要素市场化配置改革取得重大进展，公平竞争制度更加健全，更高水平开放型经济新体制基本形成。

——社会文明程度得到新提高。社会主义核心价值观深入人心，人民思想道德素质、科学文化素质和身心健康素质明显提高，公共文化服务体系和文化产业体系更加健全，人民精神文化生活日益丰富，中华文化影响力进一步提升，中华民族凝聚力进一步增强。

——生态文明建设实现新进步。国土空间开发保护格局得到优化，生产生活方式绿色转型成效显著，能源资源配置更加合理、利用效率大幅提高，主要污染物排放总量持续减少，生态环境持续改善，生态安全屏障更加牢固，城乡人居环境明显改善。

——民生福祉达到新水平。实现更加充分更高质量就业，居民收入增长和经济增长基本同步，分配结构明显改善，基本公共服务均等化水平明显提高，全民受教育程度不断提升，多层次社会保障体系更加健全，卫生健康体系更加完善，脱贫攻坚成果巩固拓展，乡村振兴战略全面推进。

——国家治理效能得到新提升。社会主义民主法治更加健全，社会公平正义进一步彰显，国家行政体系更加完善，政府作用更好发挥，行政效率和公信力显著提升，社会治理特别是基层治理水平明显提高，防范化解重大风险体制机制不断健全，突发公共事件应急能力显著增强，自然灾害防御水平明显提升，发展安全保障更加有力，国防和军队现代化迈出重大步伐。

三、坚持创新驱动发展，全面塑造发展新优势

坚持创新在我国现代化建设全局中的核心地位，把科技自立自强作为国家发展的战略支撑，面向世界科技前沿、面向经济主战场、面向国家重大需求、面向人民生命健康，深入实施科教兴国战略、人才强国战略、创新驱动发展战略，完善国家创新体系，加快建设科技强国。

（一）强化国家战略科技力量

制定科技强国行动纲要，健全社会主义市场经济条件下新型举国体制，打好关键核心技术攻坚战，提高创新链整体效能。加强基础研究、注重原始创新，优化学科布局和研发布局，推进学科交叉融合，完善共性基础技术供给体系。瞄准人工智能、量子信息、集成电路、生命健康、脑科学、生物育种、空天科技、深地深海等前沿领域，实施一批具有前瞻性、战略性的国家重大科技项目。制定实施战略性科学计划和科学工程，推进科研院所、高校、企业科研力量优化配置和资源共享。推进国家实验室建设，重组国家重点实验室体系。布局建设综合性国家科学中心和区域性创新高地，支持北京、上海、粤港澳大湾区形成国际科技创新中心。构建国家科研论文和科技信息高端交流平台。

（二）提升企业技术创新能力

强化企业创新主体地位，促进各类创新要素向企业集聚。推进产学研深度融合，支持企业牵头组建创新联合体，承担国家重大科技项目。发挥企业家在技术创新中的重要作用，鼓励企业加大研发投入，对企业投入基础研究实行税收优惠。发挥大企业引领支撑作用，支持创新型中小微企业成长为创新重要发源地，加强共性技术平台建设，推动产业链上中下游、大中小企业融通创新。

（三）激发人才创新活力

贯彻尊重劳动、尊重知识、尊重人才、尊重创造方针，深化人才发展体制机制改革，全方位培养、引进、用好人才，造就更多国际一流的科技领军人才和创新团队，培养具有国际竞争力的青年科技人才后备军。健全以创新能力、质量、实效、贡献为导向的科技人才评价体系。加强学风建设，坚守学术诚信。深化院士制度改革。健全创新激励和保障机制，构建充分体现知识、技术等创新要素价值的收益分配机制，完善科研人员职务发明成果权益分享机制。加强创新型、应用型、技能型人才培养，实施知识更新工程、技能提升行动，壮大高水平工程师和高技能人才队伍。支持发展高水平研究型大学，加强基础研究人才培养。实行更加开放的人才政策，构筑集聚国内外优秀人才的科研创新高地。

（四）完善科技创新体制机制

深入推进科技体制改革，完善国家科技治理体系，优化国家科技规划体系和运行机制，推动重点领域项目、基地、人才、资金一体化配置。改进科技项目组织管理方式，实行"揭榜挂帅"等制度。完善科技评价机制，优化科技奖励项目。加快科研院所改革，扩大科研自主权。加强知识产权保护，大幅提高科技成果转移转化成效。加大研发投入，健全政府投入为主、社会多渠道投入机制，加大对基础前沿研究支持。完善金融支持创新体系，促进新技术产业化规模化应用。弘扬科学精神和工匠精神，加强科普工作，营造崇尚创新的社会氛围。健全科技伦理体系。促进科技开放合作，研究设立面向全球的科学研究基金。

四、加快发展现代产业体系，推动经济体系优化升级

坚持把发展经济着力点放在实体经济上，坚定不移建设制造强国、质量强国、网络强国、数字中国，推进产业基础高级化、产业链现代化，提高经济质量效益和核心竞争力。

（一）提升产业链供应链现代化水平

保持制造业比重基本稳定，巩固壮大实体经济根基。坚持自主可控、安全高效，分行业做好供应链战略设计和精准施策，推动全产业链优化升级。锻造产业链供应链长板，立足我国产业规模优势、配套优势和部分领域先发优势，打造新兴产业链，推动传统产业高端化、智能化、绿色化，发展服务型制造。完善国家质量基础设施，加强标准、计量、专利等体系和能力建设，深入开展质量提升行动。促进产业在国内有序转移，优化区域产业链布局，支持老工业基地转型发展。补齐产业链供应链短板，实施产业基础再造工程，加大重要产品和关键核心技术攻关力度，发展先进适用技术，推动产业链供应链多元化。优化产业链供应链发展环境，强化要素支撑。加强国际产业安全合作，形成具有更强创新力、更高附加值、更安全可靠的产业链供应链。

（二）发展战略性新兴产业

加快壮大新一代信息技术、生物技术、新能源、新材料、高端装备、新能源汽车、绿色环保以及航空航天、海洋装备等产业。推动互联网、大数据、人工智能等同各产业深度融合，推动先进制造业集群发展，构建一批各具特色、优势互补、结构合理的战略性新兴产业增长引擎，培育新技术、新产品、新业态、新模式。促进平台经济、共享经济健康发展。鼓励企业兼并重组，防止低水平重复建设。

（三）加快发展现代服务业

推动生产性服务业向专业化和价值链高端延伸，推动各类市场主体参与服务供给，加快发展研发设计、现代物流、法律服务等服务业，推动现代服务业同先进制造业、现代农业深度融合，加快推进服务业数字化。推动生活性服务业向高品质和多样化升级，加快发展健康、养老、育幼、文化、旅游、体育、家政、物业等服务业，加强公益性、基础性服务业供给。推进服务业标准化、品牌化建设。

（四）统筹推进基础设施建设

构建系统完备、高效实用、智能绿色、安全可靠的现代化基础设施体系。系统布局新型基础设施，加快第五代移动通信、工业互联网、大数据中心等建设。加快建设交通强国，完善综合运输大通道、综合交通枢纽和物流网络，加快城市群和都市圈轨道交通网络化，提高农村和边境地区交通通达深度。推进能源革命，完善能源产供储销体系，加强国内油气勘探开发，加快油气储备设施建设，加快全国干线油气管道建设，建设智慧能源系统，优化电力生产和输送通道布局，提升新能源消纳和存储能力，提升向边远地区输配电能力。加强水利基础设施建设，提升水资源优化配置和水旱灾害防御能力。

（五）加快数字化发展

发展数字经济，推进数字产业化和产业数字化，推动数字经济和实体经济深度融合，打造具有国际竞争力的数字产业集群。加强数字社会、数字政府建设，提升公共服务、社会治理等数字化智能化水平。建立数据资源产权、交易流通、跨境传输和安全保护等基础制度和标准规范，推动数据资源开发利用。扩大基础公共信息数据有序开放，建设国家数据统一共享开放平台。保障国家数据安全，加强个人信息保护。提升全民数字技能，实现信息服务全覆盖。积极参与数字领域国际规则和标准制定。

五、形成强大国内市场，构建新发展格局

坚持扩大内需这个战略基点，加快培育完整内需体系，把实施扩大内需战略同深化供给侧结构性改革有机结合起来，以创新驱动、高质量供给引领和创造新需求。

（一）畅通国内大循环

依托强大国内市场，贯通生产、分配、流通、消费各环节，打破行业垄断和地方保护，形成国民经济良性循环。优化供给结构，改善供给质量，提升供给体系对国内需求的适配性。推动金融、房地产同实体经济均衡发展，实现上下游、产供销有效衔接，促进农业、制造业、服务业、能源资源等产业门类关系协调。破除妨碍生产要素市场化配置和商品服务流通的体制机制障碍，降低全社会交易成本。完善扩大内需的政策支撑体系，形成需求牵引供给、供给创造需求的更高水平动态平衡。

（二）促进国内国际双循环

立足国内大循环，发挥比较优势，协同推进强大国内市场和贸易强国建设，以国内大循环吸引全球资源要素，充分利用国内国际两个市场两种资源，积极促进内需和外需、进口和出口、引进外资和对外投资协调发展，促进国际收支基本平衡。完善内外贸一体化调控体系，促进内外贸法律法规、监管体制、经营资质、质量标准、检验检疫、认证认可等相衔接，推进同线同标同质。优化国内国际市场布局、商品结构、贸易方式，提升出口质量，增加优质产品进口，实施贸易投资融合工程，构建现代物流体系。

（三）全面促进消费

增强消费对经济发展的基础性作用，顺应消费升级趋势，提升传统消费，培育新型消费，适当增加公共消费。以质量品牌为重点，促进消费向绿色、健康、安全发展，鼓励消费新模式新业态发展。推动汽车等消费品由购买管理向使用管理转变，促进住房消费健康发展。健全现代流通体系，发展无接触交易服务，降低企业流通成本，促进线上线下消费融合发展，开拓城乡消费市场。发展服务消费，放宽服务消费领域市场准入。完善节假日制度，落实带薪休假制度，扩大节假日消费。培育国际消费中心城市。改善消费环境，强化消费者权益保护。

（四）拓展投资空间

优化投资结构，保持投资合理增长，发挥投资对优化供给结构的关键作用。加快补齐基础设施、市政工程、农业农村、公共安全、生态环保、公共卫生、物资储备、防灾减灾、民生保障等领域短板，推动企业设备更新和技术改造，扩大战略性新兴产业投资。推进新型基础设施、新型城镇化、交通水利等重大工程建设，支持有利于城乡区域协调发展的重大项目建设。实施川藏铁路、西部陆海新通道、国家水网、雅鲁藏布江下游水电开发、星际探测、北斗产业化等重大工程，推进重大科研设施、重大生态系统保护修复、公共卫生应急保障、重大引调水、防洪减灾、送电输气、沿边沿江沿海交通等一批强基础、增功能、利长远的重大项目建设。发挥政府投资撬动作用，激发民间投资活力，形成市场主导的投资内生增长机制。

六、全面深化改革，构建高水平社会主义市场经济体制

坚持和完善社会主义基本经济制度，充分发挥市场在资源配置中的决定性作用，更好发挥政府作

用，推动有效市场和有为政府更好结合。

（一）激发各类市场主体活力

毫不动摇巩固和发展公有制经济，毫不动摇鼓励、支持、引导非公有制经济发展。深化国资国企改革，做强做优做大国有资本和国有企业。加快国有经济布局优化和结构调整，发挥国有经济战略支撑作用。加快完善中国特色现代企业制度，深化国有企业混合所有制改革。健全管资本为主的国有资产监管体制，深化国有资本投资、运营公司改革。推进能源、铁路、电信、公用事业等行业竞争性环节市场化改革。优化民营经济发展环境，构建亲清政商关系，促进非公有制经济健康发展和非公有制经济人士健康成长，依法平等保护民营企业产权和企业家权益，破除制约民营企业发展的各种壁垒，完善促进中小微企业和个体工商户发展的法律环境和政策体系。弘扬企业家精神，加快建设世界一流企业。

（二）完善宏观经济治理

健全以国家发展规划为战略导向，以财政政策和货币政策为主要手段，就业、产业、投资、消费、环保、区域等政策紧密配合，目标优化、分工合理、高效协同的宏观经济治理体系。完善宏观经济政策制定和执行机制，重视预期管理，提高调控的科学性。加强国际宏观经济政策协调，搞好跨周期政策设计，提高逆周期调节能力，促进经济总量平衡、结构优化、内外均衡。加强宏观经济治理数据库等建设，提升大数据等现代技术手段辅助治理能力。推进统计现代化改革。

（三）建立现代财税金融体制

加强财政资源统筹，加强中期财政规划管理，增强国家重大战略任务财力保障。深化预算管理制度改革，强化对预算编制的宏观指导。推进财政支出标准化，强化预算约束和绩效管理。明确中央和地方政府事权与支出责任，健全省以下财政体制，增强基层公共服务保障能力。完善现代税收制度，健全地方税、直接税体系，优化税制结构，适当提高直接税比重，深化税收征管制度改革。健全政府债务管理制度。建设现代中央银行制度，完善货币供应调控机制，稳妥推进数字货币研发，健全市场化利率形成和传导机制。构建金融有效支持实体经济的体制机制，提升金融科技水平，增强金融普惠性。深化国有商业银行改革，支持中小银行和农村信用社持续健康发展，改革优化政策性金融。全面实行股票发行注册制，建立常态化退市机制，提高直接融资比重。推进金融双向开放。完善现代金融监管体系，提高金融监管透明度和法治化水平，完善存款保险制度，健全金融风险预防、预警、处置、问责制度体系，对违法违规行为零容忍。

（四）建设高标准市场体系

健全市场体系基础制度，坚持平等准入、公正监管、开放有序、诚信守法，形成高效规范、公平竞争的国内统一市场。实施高标准市场体系建设行动。健全产权执法司法保护制度。实施统一的市场准入负面清单制度。继续放宽准入限制。健全公平竞争审查机制，加强反垄断和反不正当竞争执法司法，提升市场综合监管能力。深化土地管理制度改革。推进土地、劳动力、资本、技术、数据等要素市场化改革。健全要素市场运行机制，完善要素交易规则和服务体系。

（五）加快转变政府职能

建设职责明确、依法行政的政府治理体系。深化简政放权、放管结合、优化服务改革，全面实行政府权责清单制度。持续优化市场化法治化国际化营商环境。实施涉企经营许可事项清单管理，加强事中事后监管，对新产业新业态实行包容审慎监管。健全重大政策事前评估和事后评价制度，畅通参与政策制定的渠道，提高决策科学化、民主化、法治化水平。推进政务服务标准化、规范化、便利化，深化政务公开。深化行业协会、商会和中介机构改革。

七、优先发展农业农村，全面推进乡村振兴

坚持把解决好"三农"问题作为全党工作重中之重，走中国特色社会主义乡村振兴道路，全面实施乡村振兴战略，强化以工补农、以城带乡，推动形成工农互促、城乡互补、协调发展、共同繁荣的新型工农城乡关系，加快农业农村现代化。

（一）提高农业质量效益和竞争力

适应确保国计民生要求，以保障国家粮食安全为底线，健全农业支持保护制度。坚持最严格的耕地保护制度，深入实施藏粮于地、藏粮于技战略，加大农业水利设施建设力度，实施高标准农田建设工程，强化农业科技和装备支撑，提高农业良种化水平，健全动物防疫和农作物病虫害防治体系，建设智慧农业。强化绿色导向、标准引领和质量安全监管，建设农业现代化示范区。推动农业供给侧结构性改革，优化农业生产结构和区域布局，加强粮食生产功能区、重要农产品生产保护区和特色农产品优势区建设，推进优质粮食工程。完善粮食主产区利益补偿机制。保障粮、棉、油、糖、肉等重要农产品供给安全，提升收储调控能力。开展粮食节约行动。发展县域经济，推动农村一二三产业融合发展，丰富乡村经济业态，拓展农民增收空间。

（二）实施乡村建设行动

把乡村建设摆在社会主义现代化建设的重要位置。强化县城综合服务能力，把乡镇建成服务农民的区域中心。统筹县域城镇和村庄规划建设，保护传统村落和乡村风貌。完善乡村水、电、路、气、通信、广播电视、物流等基础设施，提升农房建设质量。因地制宜推进农村改厕、生活垃圾处理和污水治理，实施河湖水系综合整治，改善农村人居环境。提高农民科技文化素质，推动乡村人才振兴。

（三）深化农村改革

健全城乡融合发展机制，推动城乡要素平等交换、双向流动，增强农业农村发展活力。落实第二轮土地承包到期后再延长三十年政策，加快培育农民合作社、家庭农场等新型农业经营主体，健全农业专业化社会化服务体系，发展多种形式适度规模经营，实现小农户和现代农业有机衔接。健全城乡统一的建设用地市场，积极探索实施农村集体经营性建设用地入市制度。建立土地征收公共利益用地认定机制，缩小土地征收范围。探索宅基地所有权、资格权、使用权分置实现形式。保障进城落户农民土地承包权、宅基地使用权、集体收益分配权，鼓励依法自愿有偿转让。深化农村集体产权制度改革，发展新型农村集体经济。健全农村金融服务体系，发展农业保险。

（四）实现巩固拓展脱贫攻坚成果同乡村振兴有效衔接

建立农村低收入人口和欠发达地区帮扶机制，保持财政投入力度总体稳定，接续推进脱贫地区发展。健全防止返贫监测和帮扶机制，做好易地扶贫搬迁后续帮扶工作，加强扶贫项目资金资产管理和监督，推动特色产业可持续发展。健全农村社会保障和救助制度。在西部地区脱贫县中集中支持一批乡村振兴重点帮扶县，增强其巩固脱贫成果及内生发展能力。坚持和完善东西部协作和对口支援、社会力量参与帮扶等机制。

八、优化国土空间布局，推进区域协调发展和新型城镇化

坚持实施区域重大战略、区域协调发展战略、主体功能区战略，健全区域协调发展体制机制，完善新型城镇化战略，构建高质量发展的国土空间布局和支撑体系。

（一）构建国土空间开发保护新格局

立足资源环境承载能力，发挥各地比较优势，逐步形成城市化地区、农产品主产区、生态功能区三大空间格局，优化重大基础设施、重大生产力和公共资源布局。支持城市化地区高效集聚经济和人口、保护基本农田和生态空间，支持农产品主产区增强农业生产能力，支持生态功能区把发展重点放到保护生态环境、提供生态产品上，支持生态功能区的人口逐步有序转移，形成主体功能明显、优势互补、高质量发展的国土空间开发保护新格局。

（二）推动区域协调发展

推动西部大开发形成新格局，推动东北振兴取得新突破，促进中部地区加快崛起，鼓励东部地区加快推进现代化。支持革命老区、民族地区加快发展，加强边疆地区建设，推进兴边富民、稳边固边。推进京津冀协同发展、长江经济带发展、粤港澳大湾区建设、长三角一体化发展，打造创新平台和新增长极。推动黄河流域生态保护和高质量发展。高标准、高质量建设雄安新区。坚持陆海统筹，发展海洋经济，建设海洋强国。健全区域战略统筹、市场一体化发展、区域合作互助、区际利益补偿等机制，更好促进发达地区和欠发达地区、东中西部和东北地区共同发展。完善转移支付制度，加大对欠发达地区财力支持，逐步实现基本公共服务均等化。

（三）推进以人为核心的新型城镇化

实施城市更新行动，推进城市生态修复、功能完善工程，统筹城市规划、建设、管理，合理确定城市规模、人口密度、空间结构，促进大中小城市和小城镇协调发展。强化历史文化保护、塑造城市风貌，加强城镇老旧小区改造和社区建设，增强城市防洪排涝能力，建设海绵城市、韧性城市。提高城市治理水平，加强特大城市治理中的风险防控。坚持房子是用来住的、不是用来炒的定位，租购并举、因城施策，促进房地产市场平稳健康发展。有效增加保障性住房供给，完善土地出让收入分配机制，探索支持利用集体建设用地按照规划建设租赁住房，完善长租房政策，扩大保障性租赁住房供给。深化户籍制度改革，完善财政转移支付和城镇新增建设用地规模与农业转移人口市民化挂钩政策，强化基本公共服务保障，加快农业转移人口市民化。优化行政区划设置，发挥中心城市和城市群带动作用，建设现代化都市圈。推进成渝地区双城经济圈建设。推进以县城为重要载体的城镇化建设。

九、繁荣发展文化事业和文化产业，提高国家文化软实力

坚持马克思主义在意识形态领域的指导地位，坚定文化自信，坚持以社会主义核心价值观引领文化建设，加强社会主义精神文明建设，围绕举旗帜、聚民心、育新人、兴文化、展形象的使命任务，促进满足人民文化需求和增强人民精神力量相统一，推进社会主义文化强国建设。

（一）提高社会文明程度

推动形成适应新时代要求的思想观念、精神面貌、文明风尚、行为规范。深入开展习近平新时代中国特色社会主义思想学习教育，推进马克思主义理论研究和建设工程。推动理想信念教育常态化制度化，加强党史、新中国史、改革开放史、社会主义发展史教育，加强爱国主义、集体主义、社会主义教育，弘扬党和人民在各个历史时期奋斗中形成的伟大精神，推进公民道德建设，实施文明创建工程，拓展新时代文明实践中心建设。健全志愿服务体系，广泛开展志愿服务关爱行动。弘扬诚信文化，推进诚

信建设。提倡艰苦奋斗、勤俭节约，开展以劳动创造幸福为主题的宣传教育。加强家庭、家教、家风建设。加强网络文明建设，发展积极健康的网络文化。

（二）提升公共文化服务水平

全面繁荣新闻出版、广播影视、文学艺术、哲学社会科学事业。实施文艺作品质量提升工程，加强现实题材创作生产，不断推出反映时代新气象、讴歌人民新创造的文艺精品。推进媒体深度融合，实施全媒体传播工程，做强新型主流媒体，建强用好县级融媒体中心。推进城乡公共文化服务体系一体建设，创新实施文化惠民工程，广泛开展群众性文化活动，推动公共文化数字化建设。加强国家重大文化设施和文化项目建设，推进国家版本馆、国家文献储备库、智慧广电等工程。传承弘扬中华优秀传统文化，加强文物古籍保护、研究、利用，强化重要文化和自然遗产、非物质文化遗产系统性保护，加强各民族优秀传统手工艺保护和传承，建设长城、大运河、长征、黄河等国家文化公园。广泛开展全民健身运动，增强人民体质。筹办好北京冬奥会、冬残奥会。

（三）健全现代文化产业体系

坚持把社会效益放在首位、社会效益和经济效益相统一，深化文化体制改革，完善文化产业规划和政策，加强文化市场体系建设，扩大优质文化产品供给。实施文化产业数字化战略，加快发展新型文化企业、文化业态、文化消费模式。规范发展文化产业园区，推动区域文化产业带建设。推动文化和旅游融合发展，建设一批富有文化底蕴的世界级旅游景区和度假区，打造一批文化特色鲜明的国家级旅游休闲城市和街区，发展红色旅游和乡村旅游。以讲好中国故事为着力点，创新推进国际传播，加强对外文化交流和多层次文明对话。

十、推动绿色发展，促进人与自然和谐共生

坚持绿水青山就是金山银山理念，坚持尊重自然、顺应自然、保护自然，坚持节约优先、保护优先、自然恢复为主，守住自然生态安全边界。深入实施可持续发展战略，完善生态文明领域统筹协调机制，构建生态文明体系，促进经济社会发展全面绿色转型，建设人与自然和谐共生的现代化。

（一）加快推动绿色低碳发展

强化国土空间规划和用途管控，落实生态保护、基本农田、城镇开发等空间管控边界，减少人类活动对自然空间的占用。强化绿色发展的法律和政策保障，发展绿色金融，支持绿色技术创新，推进清洁生产，发展环保产业，推进重点行业和重要领域绿色化改造。推动能源清洁低碳安全高效利用。发展绿色建筑。开展绿色生活创建活动。降低碳排放强度，支持有条件的地方率先达到碳排放峰值，制定二○三○年前碳排放达峰行动方案。

（二）持续改善环境质量

增强全社会生态环保意识，深入打好污染防治攻坚战。继续开展污染防治行动，建立地上地下、陆海统筹的生态环境治理制度。强化多污染物协同控制和区域协同治理，加强细颗粒物和臭氧协同控制，基本消除重污染天气。治理城乡生活环境，推进城镇污水管网全覆盖，基本消除城市黑臭水体。推进化肥农药减量化和土壤污染治理，加强白色污染治理。加强危险废物医疗废物收集处理。完成重点地区危险化学品生产企业搬迁改造。重视新污染物治理。全面实行排污许可制，推进排污权、用能权、用水权、碳排放权市场化交易。完善环境保护、节能减排约束性指标管理。完善中央生态环境保护督察制度。积极参与和引领应对气候变化等生态环保国际合作。

（三）提升生态系统质量和稳定性

坚持山水林田湖草系统治理，构建以国家公园为主体的自然保护地体系。实施生物多样性保护重大工程。加强外来物种管控。强化河湖长制，加强大江大河和重要湖泊湿地生态保护治理，实施好长江十年禁渔。科学推进荒漠化、石漠化、水土流失综合治理，开展大规模国土绿化行动，推行林长制。推行草原森林河流湖泊休养生息，加强黑土地保护，健全耕地休耕轮作制度。加强全球气候变暖对我国承受力脆弱地区影响的观测，完善自然保护地、生态保护红线监管制度，开展生态系统保护成效监测评估。

（四）全面提高资源利用效率

健全自然资源资产产权制度和法律法规，加强自然资源调查评价监测和确权登记，建立生态产品价值实现机制，完善市场化、多元化生态补偿，推进资源总量管理、科学配置、全面节约、循环利用。实施国家节水行动，建立水资源刚性约束制度。提高海洋资源、矿产资源开发保护水平。完善资源价格形成机制。推行垃圾分类和减量化、资源化。加快构建废旧物资循环利用体系。

十一、实行高水平对外开放，开拓合作共赢新局面

坚持实施更大范围、更宽领域、更深层次对外开放，依托我国大市场优势，促进国际合作，实现互利共赢。

（一）建设更高水平开放型经济新体制

全面提高对外开放水平，推动贸易和投资自由化便利化，推进贸易创新发展，增强对外贸易综合竞争力。完善外商投资准入前国民待遇加负面清单管理制度，有序扩大服务业对外开放，依法保护外资企业合法权益，健全促进和保障境外投资的法律、政策和服务体系，坚定维护中国企业海外合法权益，实现高质量引进来和高水平走出去。完善自由贸易试验区布局，赋予其更大改革自主权，稳步推进海南自由贸易港建设，建设对外开放新高地。稳慎推进人民币国际化，坚持市场驱动和企业自主选择，营造以人民币自由使用为基础的新型互利合作关系。发挥好中国国际进口博览会等重要展会平台作用。

（二）推动共建"一带一路"高质量发展

坚持共商共建共享原则，秉持绿色、开放、廉洁理念，深化务实合作，加强安全保障，促进共同发展。推进基础设施互联互通，拓展第三方市场合作。构筑互利共赢的产业链供应链合作体系，深化国际产能合作，扩大双向贸易和投资。坚持以企业为主体，以市场为导向，遵循国际惯例和债务可持续原则，健全多元化投融资体系。推进战略、规划、机制对接，加强政策、规则、标准联通。深化公共卫生、数字经济、绿色发展、科技教育合作，促进人文交流。

（三）积极参与全球经济治理体系改革

坚持平等协商、互利共赢，推动二十国集团等发挥国际经济合作功能。维护多边贸易体制，积极参与世界贸易组织改革，推动完善更加公正合理的全球经济治理体系。积极参与多双边区域投资贸易合作机制，推动新兴领域经济治理规则制定，提高参与国际金融治理能力。实施自由贸易区提升战略，构建面向全球的高标准自有贸易区网络。

十二、改善人民生活品质，提高社会建设水平

坚持把实现好、维护好、发展好最广大人民根本利益作为发展的出发点和落脚点，尽力而为、量力而行，健全基本公共服务体系，完善共建共治共享的社会治理制度，扎实推动共同富裕，不断增强人

民群众获得感、幸福感、安全感，促进人的全面发展和社会全面进步。

（一）提高人民收入水平

坚持按劳分配为主体、多种分配方式并存，提高劳动报酬在初次分配中的比重，完善工资制度，健全工资合理增长机制，着力提高低收入群体收入，扩大中等收入群体。完善按要素分配政策制度，健全各类生产要素由市场决定报酬的机制，探索通过土地、资本等要素使用权、收益权增加中低收入群体要素收入。多渠道增加城乡居民财产性收入。完善再分配机制，加大税收、社保、转移支付等调节力度和精准性，合理调节过高收入，取缔非法收入。发挥第三次分配作用，发展慈善事业，改善收入和财富分配格局。

（二）强化就业优先政策

千方百计稳定和扩大就业，坚持经济发展就业导向，扩大就业容量，提升就业质量，促进充分就业，保障劳动者待遇和权益。健全就业公共服务体系、劳动关系协调机制、终身职业技能培训制度。更加注重缓解结构性就业矛盾，加快提升劳动者技能素质，完善重点群体就业支持体系，统筹城乡就业政策体系。扩大公益性岗位安置，帮扶残疾人、零就业家庭成员就业。完善促进创业带动就业、多渠道灵活就业的保障制度，支持和规范发展新就业形态，健全就业需求调查和失业监测预警机制。

（三）建设高质量教育体系

全面贯彻党的教育方针，坚持立德树人，加强师德师风建设，培养德智体美劳全面发展的社会主义建设者和接班人。健全学校家庭社会协同育人机制，提升教师教书育人能力素质，增强学生文明素养、社会责任意识、实践本领，重视青少年身体素质和心理健康教育。坚持教育公益性原则，深化教育改革，促进教育公平，推动义务教育均衡发展和城乡一体化，完善普惠性学前教育和特殊教育、专门教育保障机制，鼓励高中阶段学校多样化发展。加大人力资本投入，增强职业技术教育适应性，深化职普融通、产教融合、校企合作，探索中国特色学徒制，大力培养技术技能人才。提高高等教育质量，分类建设一流大学和一流学科，加快培养理工农医类专业紧缺人才。提高民族地区教育质量和水平，加大国家通用语言文字推广力度。支持和规范民办教育发展，规范校外培训机构。发挥在线教育优势，完善终身学习体系，建设学习型社会。

（四）健全多层次社会保障体系

健全覆盖全民、统筹城乡、公平统一、可持续的多层次社会保障体系。推进社保转移接续，健全基本养老、基本医疗保险筹资和待遇调整机制。实现基本养老保险全国统筹，实施渐进式延迟法定退休年龄。发展多层次、多支柱养老保险体系。推动基本医疗保险、失业保险、工伤保险省级统筹，健全重大疾病医疗保险和救助制度，落实异地就医结算，稳步建立长期护理保险制度，积极发展商业医疗保险。健全灵活就业人员社保制度。健全退役军人工作体系和保障制度。健全分层分类的社会救助体系。坚持男女平等基本国策，保障妇女儿童合法权益。健全老年人、残疾人关爱服务体系和设施，完善帮扶残疾人、孤儿等社会福利制度。完善全国统一的社会保险公共服务平台。

（五）全面推进健康中国建设

把保障人民健康放在优先发展的战略位置，坚持预防为主的方针，深入实施健康中国行动，完善国民健康促进政策，织牢国家公共卫生防护网，为人民提供全方位全周期健康服务。改革疾病预防控制体系，强化监测预警、风险评估、流行病学调查、检验检测、应急处置等职能。建立稳定的公共卫生事业投入机制，加强人才队伍建设，改善疾控基础条件，完善公共卫生服务项目，强化基层公共卫生体系。落实医疗机构公共卫生责任，创新医防协同机制。完善突发公共卫生事件监测预警处置机制，健全医疗救治、科技支撑、物资保障体系，提高应对突发公共卫生事件能力。坚持基本医疗卫生事业公益属性，深化医药卫生体制改革，加快优质医疗资源扩容和区域均衡布局，加快建设分级诊疗体系，加强公立医院建设和管理考核，推进国家组织药品和耗材集中采购使用改革，发展高端医疗设备。支持社会办医，推广远程医疗。坚持中西医并重，大力发展中医药事业。提升健康教育、慢病管理和残疾康复服务质量，重视精神卫生和心理健康。深入开展爱国卫生运动，促进全民养成文明健康生活方式。完善全民健身公共服务体系。加快发展健康产业。

（六）实施积极应对人口老龄化国家战略

制定人口长期发展战略，优化生育政策，增强生育政策包容性，提高优生优育服务水平，发展普惠托育服务体系，降低生育、养育、教育成本，促进人口长期均衡发展，提高人口素质。积极开发老龄人力资源，发展银发经济。推动养老事业和养老产业协同发展，健全基本养老服务体系，发展普惠型养老服务和互助性养老，支持家庭承担养老功能，培育养老新业态，构建居家社区机构相协调、医养康养相结合的养老服务体系，健全养老服务综合监管制度。

加强和创新社会治理。完善社会治理体系，健全党组织领导的自治、法治、德治相结合的城乡基层治理体系，完善基层民主协商制度，实现政府治理同社会调节、居民自治良性互动，建设人人有责、人人尽责、人人享有的社会治理共同体。发挥群团组织和社会组织在社会治理中的作用，畅通和规范市场主体、新社会阶层、社会工作者和志愿者等参与社会治理的途径。推动社会治理重心向基层下移，向基层放权赋能，加强城乡社区治理和服务体系建设，减轻基层特别是村级组织负担，加强基层社会治理队伍建设，构建网格化管理、精细化服务、信息化支撑、开放共享的基层管理服务平台。加强和创新市域社会治理，推进市域社会治理现代化。

十三、统筹发展和安全，建设更高水平的平安中国

坚持总体国家安全观，实施国家安全战略，维护和塑造国家安全，统筹传统安全和非传统安全，把安全发展贯穿国家发展各领域和全过程，防范和化解影响我国现代化进程的各种风险，筑牢国家安全屏障。

（一）加强国家安全体系和能力建设

完善集中统一、高效权威的国家安全领导体制，健全国家安全法治体系、战略体系、政策体系、人才体系和运行机制，完善重要领域国家安全立法、制度、政策。健全国家安全审查和监管制度，加强国家安全执法。加强国家安全宣传教育，增强全民国家安全意识，巩固国家安全人民防线。坚定维护国家政权安全、制度安全、意识形态安全，全面加强网络安全保障体系和能力建设。严密防范和严厉打击敌对势力渗透、破坏、颠覆、分裂活动。

（二）确保国家经济安全

加强经济安全风险预警、防控机制和能力建设，实现重要产业、基础设施、战略资源、重大科技等关键领域安全可控。实施产业竞争力调查和评价工程，增强产业体系抗冲击能力。确保粮食安全，保障能源和战略性矿产资源安全。维护水利、电力、供水、油气、交通、通信、网络、金融等重要基础设

施安全，提高水资源集约安全利用水平。维护金融安全，守住不发生系统性风险底线。确保生态安全，加强核安全监管，维护新型领域安全。构建海外利益保护和风险预警防范体系。

（三）保障人民生命安全

坚持人民至上、生命至上，把保护人民生命安全摆在首位，全面提高公共安全保障能力。完善和落实安全生产责任制，加强安全生产监管执法，有效遏制危险化学品、矿山、建筑施工、交通等重特大安全事故。强化生物安全保护，提高食品药品等关系人民健康产品和服务的安全保障水平。提升洪涝干旱、森林草原火灾、地质灾害、地震等自然灾害防御工程标准，加快江河控制性工程建设，加快病险水库除险加固，全面推进堤防和蓄滞洪区建设。完善国家应急管理体系，加强应急物资保障体系建设，发展巨灾保险，提高防灾、减灾、抗灾、救灾能力。

（四）维护社会稳定和安全

正确处理新形势下人民内部矛盾，坚持和发展新时代"枫桥经验"，畅通和规范群众诉求表达、利益协调、权益保障通道，完善信访制度，完善各类调解联动工作体系，构建源头防控、排查梳理、纠纷化解、应急处置的社会矛盾综合治理机制。健全社会心理服务体系和危机干预机制。坚持专群结合、群防群治，加强社会治安防控体系建设，坚决防范和打击暴力恐怖、黑恶势力、新型网络犯罪和跨国犯罪，保持社会和谐稳定。

十四、加快国防和军队现代化，实现富国和强军相统一

贯彻习近平强军思想，贯彻新时代军事战略方针，坚持党对人民军队的绝对领导，坚持政治建军、改革强军、科技强军、人才强军、依法治军，加快机械化信息化智能化融合发展，全面加强练兵备战，提高捍卫国家主权、安全、发展利益的战略能力，确保二〇二七年实现建军百年奋斗目标。

（一）提高国防和军队现代化质量效益。加快军事理论现代化，与时俱进创新战争和战略指导，健全新时代军事战略体系，发展先进作战理论。加快军队组织形态现代化，深化国防和军队改革，推进军事管理革命，加快军兵种和武警部队转型建设，壮大战略力量和新域新质作战力量，打造高水平战略威慑和联合作战体系，加强军事力量联合训练、联合保障、联合运用。加快军事人员现代化，贯彻新时代军事教育方针，完善三位一体新型军事人才培养体系，锻造高素质专业化军事人才方阵。加快武器装备现代化，聚力国防科技自主创新、原始创新，加速战略性前沿性颠覆性技术发展，加速武器装备升级换代和智能化武器装备发展。

（二）促进国防实力和经济实力同步提升。同国家现代化发展相协调，搞好战略层面筹划，深化资源要素共享，强化政策制度协调，构建一体化国家战略体系和能力。推动重点区域、重点领域、新兴领域协调发展，集中力量实施国防领域重大工程。优化国防科技工业布局，加快标准化通用化进程。完善国防动员体系，健全强边固防机制，强化全民国防教育，巩固军政军民团结。

十五、全党全国各族人民团结起来，为实现"十四五"规划和二〇三五年远景目标而奋斗

实现"十四五"规划和二〇三五年远景目标，必须坚持党的全面领导，充分调动一切积极因素，广泛团结一切可以团结的力量，形成推动发展的强大合力。

（一）加强党中央集中统一领导。贯彻党把方向、谋大局、定政策、促改革的要求，推动全党深入学习贯彻习近平新时代中国特色社会主义思想，增强"四个意识"、坚定"四个自信"、做到"两个维护"，完善上下贯通、执行有力的组织体系，确保党中央决策部署有效落实。落实全面从严治党主体责任、监督责任，提高党的建设质量。深入总结和学习运用中国共产党一百年的宝贵经验，教育引导广大党员、干部坚持共产主义远大理想和中国特色社会主义共同理想，不忘初心、牢记使命，为党和人民事业不懈奋斗。全面贯彻新时代党的组织路线，加强干部队伍建设，落实好干部标准，提高各级领导班子和干部适应新时代新要求抓改革、促发展、保稳定水平和专业化能力，加强对敢担当善作为干部的激励保护，以正确用人导向引领干事创业导向。完善人才工作体系，培养造就大批德才兼备的高素质人才。把严的主基调长期坚持下去，不断增强党自我净化、自我完善、自我革新、自我提高能力。锲而不舍落实中央八项规定精神，持续纠治形式主义、官僚主义，切实为基层减负。完善党和国家监督体系，加强政治监督，强化对公权力运行的制约和监督。坚持无禁区、全覆盖、零容忍，一体推进不敢腐、不能腐、不想腐，营造风清气正的良好政治生态。

（二）推进社会主义政治建设。坚持党的领导、人民当家作主、依法治国有机统一，推进中国特色社会主义政治制度自我完善和发展。坚持和完善人民代表大会制度，加强人大对"一府一委两院"的监督，保障人民依法通过各种途径和形式管理国家事务、管理经济文化事业、管理社会事务。坚持和完善中国共产党领导的多党合作和政治协商制度，加强人民政协专门协商机构建设，发挥社会主义协商民主独特优势，提高建言资政和凝聚共识水平。坚持和完善民族区域自治制度，全面贯彻党的民族政策，铸牢中华民族共同体意识，促进各民族共同团结奋斗、共同繁荣发展。全面贯彻党的宗教工作基本方针，积极引导宗教与社会主义社会相适应。健全基层群众自治制度，增强群众自我管理、自我服务、自我教育、自我监督实效。发挥工会、共青团、妇联等人民团体作用，把各自联系的群众紧紧凝聚在党的周围。完善大统战工作格局，促进政党关系、民族关系、宗教关系、阶层关系、海内外同胞关系和谐，巩固和发展大团结大联合局面。全面贯彻党的侨务政策，凝聚侨心、服务大局。坚持法治国家、法治政府、法治社会一体建设，完善以宪法为核心的中国特色社会主义法律体系，加强重点领域、新兴领域、涉外领域立法，提高依法行政水平，完善监察权、审判权、检察权运行和监督机制，促进司法公正，深入开展法治宣传教育，有效发挥法治固根本、稳预期、利长远的保障作用，推进法治中国建设。促进人权事业全面发展。

（三）保持中国香港、中国澳门长期繁荣稳定。全面准确贯彻"一国两制""港人治港""澳人治澳"、高度自治的方针，坚持依法治港治澳，维护宪法和基本法确定的特别行政区宪制秩序，落实中央对特别行政区全面管治权，落实特别行政区维护国家安全的法律制度和执行机制，维护国家主权、安全、发展利益和特别行政区社会大局稳定。支持特别行政区巩固提升竞争优势，建设国际创新科技中心，打造"一带一路"功能平台，实现经济多元可持续发展。支持中国香港、中国澳门更好融入国家发展大局，高质量建设粤港澳大湾区，完善便利港澳居民在内地发展政策措施。增强港澳同胞国家意识和爱国精神。支持中国香港、中国澳门同各国各地区开展交流合作。坚决防范和遏制外部势力干预港澳事务。

（四）推进两岸关系和平发展和祖国统一。坚持一个中国原则和"九二共识"，以两岸同胞福祉为依归，推动两岸关系和平发展、融合发展，加强两岸产业合作，打造两岸共同市场，壮大中华民族经济，共同弘扬中华文化。完善保障台湾同胞福祉和在大陆享受同等待遇的制度和政策，支持台商台企参与"一带一路"建设和国家区域协调发展战略，支持符合条件的台资企业在大陆上市，支持福建探索海峡两岸融合发展新路。加强两岸基层和青少年交流。高度警惕和坚决遏制"台独"分裂活动。

（五）积极营造良好外部环境。高举和平、发展、合作、共赢旗帜，坚持独立自主的和平外交政策，推进各领域各层级对外交往，推动构建新型国际关系和人类命运共同体。推进大国协调和合作，深化同周边国家关系，加强同发展中国家团结合作，积极发展全球伙伴关系。坚持多边主义和共商共建共享原则，积极参与全球治理体系改革和建设，加强涉外法治体系建设，加强国际法运用，维护以联合国为核心的国际体系和以国际法为基础的国际秩序，共同应对全球性挑战。积极参与重大传染病防控国际合作，推动构建人类卫生健康共同体。

（六）健全规划制定和落实机制。按照本次全会精神，制定国家和地方"十四五"规划纲要和专项规划，形成定位准确、边界清晰、功能互补、统一衔接的国家规划体系。健全政策协调和工作协同机制，完善规划实施监测评估机制，确保党中央关于"十四五"发展的决策部署落到实处。

实现"十四五"规划和二〇三五年远景目标，意义重大，任务艰巨，前景光明。全党全国各族人民要紧密团结在以习近平同志为核心的党中央周围，同心同德，顽强奋斗，夺取全面建设社会主义现代化国家新胜利！

新华社北京2020年11月3日

关于印发《"双百企业"推行经理层成员任期制和契约化管理操作指引》和《"双百企业"推行职业经理人制度操作指引》的通知

各中央企业，各省、自治区、直辖市及计划单列市和新疆生产建设兵团国资委：

为深入贯彻落实党中央、国务院关于推行国有企业经理层成员任期制和契约化管理、建立职业经理人制度的决策部署，指导"双百企业"率先全面推进相关工作，国务院国有企业改革领导小组办公室制定了《"双百企业"推行经理层成员任期制和契约化管理操作指引》《"双百企业"推行职业经理人制度操作指引》，现印发给你们，供工作参考。

"双百企业"推行经理层成员任期制和契约化管理操作指引

为贯彻落实党中央、国务院关于建立健全市场化经营机制、激发企业活力的决策部署，完善国有企业领导人员分类分层管理制度，更好解决三项制度改革中的突出矛盾和问题，有效激发微观主体活力，按照《中共中央 国务院关于深化国有企业改革的指导意见》（中发〔2015〕22号）、《关于印发〈国企改革"双百行动"工作方案〉的通知》（国资发研究〔2018〕70号）、《国务院国有企业改革领导小组办公室关于支持鼓励"双百企业"进一步加大改革创新力度有关事项的通知》（国资改办〔2019〕302号）等文件精神和有关政策规定，结合中央企业和地方国有企业相关工作实践，制定本操作指引。

"双百企业"（含所属各级子企业，下同）在推行经理层成员任期制和契约化管理时，相关工作参考本操作指引。鼓励未纳入国企改革"双百行动"的中央企业所属各级子企业和地方国有企业（含所属各级子企业，下同），参考本操作指引积极推进相关工作。本操作指引印发前，已根据党中央、国务院有关文件精神和政策规定，在本企业或本地区推行经理层成员任期制和契约化管理的，可以按照"就优"原则参考本操作指引完善相关工作。

一、基本概念、范围和职责

（一）基本概念

本操作指引所称的经理层成员任期制和契约化管理，是指对企业经理层成员实行的，以固定任期和契约关系为基础，根据合同或协议约定开展年度和任期考核，并根据考核结果兑现薪酬和实施聘任（或解聘）的管理方式。

（二）范围

一般包括"双百企业"的总经理（总裁、行长等）、副总经理（副总裁、副行长等）、财务负责人和公司章程规定的其他高级管理人员。

（三）职责

"双百企业"的控股股东及其党组织对"双百企业"推行经理层成员任期制和契约化管理工作发挥领导和把关作用。已建立董事会的"双百企业",其控股股东及其党组织负责对相关工作方案进行审核把关;未建立董事会的"双百企业",其控股股东及其党组织负责组织制定相关工作方案并进行审核把关,指导"双百企业"具体实施。

"双百企业"党组织负责研究讨论相关工作方案和考核结果应用等重大事项。

"双百企业"董事会负责组织制定相关工作方案、履行决策审批程序、与经理层成员签订契约、开展考核、兑现薪酬、聘任(或解聘)等。

二、基本操作流程

"双百企业"推行经理层成员任期制和契约化管理,一般应履行以下基本操作流程:

(一)制定方案

"双百企业"应结合实际制定工作方案,方案一般包括以下内容:企业基本情况、背景和目的、任期制管理的主要举措、契约化管理的主要举措、监督管理的主要举措、组织保障和进度安排等。

(二)履行决策审批程序

方案制定后,"双百企业"应按照"三重一大"决策机制,根据公司章程或控股股东及其党组织有关要求,履行相关决策审批程序。

(三)签订契约

根据"双百企业"董事会建设情况实际,由"双百企业"董事会(或控股股东)与经理层成员签订岗位聘任协议和经营业绩责任书(年度和任期),依法依规建立契约关系,明确任期期限、岗位职责、权利义务、业绩目标、薪酬待遇、退出规定、责任追究等内容。

(四)开展考核

严格按照契约约定开展年度和任期经营业绩考核,强化刚性考核。

(五)结果应用

依据年度和任期经营业绩考核结果,结合综合评价结果等确定薪酬、决定聘任(或解聘),强化刚性兑现。

三、任期制管理相关环节操作要点

(一)任期管理

1.任期期限。经理层成员的任期期限由董事会(或控股股东)确定,一般为两到三年,可以根据实际情况适当延长。

2.到期重聘。经理层成员任期期满后,应重新履行聘任程序并签订岗位聘任协议。未能续聘的,自然免职(解聘),如有党组织职务,原则上应一并免去。

(二)明确权责

"双百企业"应明确经理层成员的岗位职责及工作分工,合理划分权责界面。

1.岗位说明书。可以采用岗位说明书等方式,明确经理层成员的岗位职责和任职资格。

2.权责清单。可以采用制定权责清单等方式,规范董事会(或控股股东)与经理层、总经理与其他经理层成员之间的权责关系。

四、契约化管理相关环节操作要点

（一）契约签订

1.经营业绩责任书。根据岗位聘任协议，签订年度和任期经营业绩责任书。经营业绩责任书一般包括以下内容：

（1）双方基本信息；

（2）考核内容及指标；

（3）考核指标的目标值、确定方法及计分规则；

（4）考核实施与奖惩；

（5）其他需要约定的事项。

2.考核内容及指标。根据岗位职责和工作分工，按照定量与定性相结合、以定量为主的导向，确定每位经理层成员的考核内容及指标。年度和任期经营业绩考核内容及指标应适当区分、有效衔接。

3.考核指标的目标值。目标值应科学合理、具有一定挑战性，一般根据企业发展战略、经营预算、历史数据、行业对标情况等设置。

4.签约程序。一般由"双百企业"董事会授权董事长与总经理签订年度和任期经营业绩责任书。董事会可以授权总经理与其他经理层成员签订年度和任期经营业绩责任书。未建立董事会的"双百企业"，由其控股股东确定相关签约程序并组织实施。

（二）考核实施

年度经营业绩考核以年度为周期进行考核，一般在当年年末或次年年初进行。任期经营业绩考核一般结合任期届满当年年度考核一并进行。

考核期末，董事会（或控股股东）依据经审计的财务决算数据等，对经理层成员考核内容及指标的完成情况进行考核，形成考核与奖惩意见，并反馈给经理层成员。经理层成员对考核与奖惩意见有异议的，可及时向董事会（或控股股东）反映。最终确认的考核结果可以在一定范围内公开。

（三）薪酬管理

1.薪酬结构。经理层成员薪酬结构一般包括基本年薪、绩效年薪、任期激励等。

（1）基本年薪是年度基本收入，按月固定发放。

（2）绩效年薪是与年度经营业绩考核结果挂钩的浮动收入，原则上占年度薪酬（基本年薪与绩效年薪之和）的比例不低于60%。

（3）任期激励是与任期经营业绩考核结果挂钩的收入。

鼓励"双百企业"综合运用国有控股上市公司股权激励、国有科技型企业股权和分红激励、国有控股混合所有制企业员工持股等中长期激励政策，探索超额利润分享、虚拟股权、跟投等中长期激励方式，不断丰富完善经理层成员的薪酬结构。

2.薪酬兑现。"双百企业"应根据经营业绩考核结果。

合理拉开经理层成员薪酬差距。年度考核不合格的，扣减全部绩效年薪。

"双百企业"应根据有关规定建立薪酬追索扣回制度，在岗位聘任协议中予以明确并严格执行。

（四）退出管理

1.退出条件。"双百企业"应加强对经理层成员任期内的考核和管理，经考核认定不适宜继续任职的，应当中止任期、免去现职。一般包括以下情形：

（1）年度经营业绩考核结果未达到完成底线（如百分制低于70分），或年度经营业绩考核主要指标未达到完成底线（如完成率低于70%）的。

（2）连续两年年度经营业绩考核结果为不合格或任期经营业绩考核结果为不合格的。

（3）任期综合考核评价不称职，或者在年度综合考核评价中总经理得分连续两年靠后、其他经理层成员连续两年排名末位，经分析研判确属不胜任或者不适宜担任现职的。

（4）对违规经营投资造成国有资产损失负有责任的。

（5）因其他原因，董事会（或控股股东及其党组织）认为不适合在该岗位继续工作的。

2.退出方式。对不胜任或不适宜担任现职的经理层成员，不得以任期未满为由继续留任，应当及时解聘。

五、监督管理相关环节操作要点

（一）严格任期

任期期限、最多连任届数和期限等一经确定，不得随意延长。

（二）履职监督

"双百企业"应建立健全对推行任期制和契约化管理的经理层成员的监督体系，党组织、董事会、监事会等治理主体，以及纪检监察、巡视、审计等部门根据职能分工，做好履职监督工作。坚持以预防和事前监督为主，建立健全提醒、诫勉、函询等制度办法，及早发现和纠正其不良行为倾向。

（三）责任追究

经理层成员在聘任期间应当维护企业国有资产安全、防止国有资产流失，不得侵吞、贪污、输送、挥霍国有资产。经理层成员违反规定，未履行或未正确履行职责，在经营投资中造成国有资产损失或其他严重不良后果的，严肃追究责任。

按照"三个区分开来"要求，支持鼓励"双百企业"按照公私分明、尽职合规免责原则，建立健全并细化相关工作机制的主体、标准、适用情形和工作流程，形成可落实可操作的制度安排。

"双百企业"推行职业经理人制度操作指引

为贯彻落实党中央、国务院关于建立健全市场化经营机制、激发企业活力的决策部署，完善国有企业领导人员分类分层管理制度，更好解决三项制度改革中的突出矛盾和问题，有效激发微观主体活力，按照《中共中央 国务院关于深化国有企业改革的指导意见》（中发〔2015〕22号）、《关于印发<国企改革"双百行动"工作方案>的通知》（国资发研究〔2018〕70号）、《国务院国有企业改革领导小组办公室关于支持鼓励"双百企业"进一步加大改革创新力度有关事项的通知》（国资改办〔2019〕302号）等文件精神和有关政策规定，结合中央企业和地方国有企业相关工作实践，制定本操作指引。

"双百企业"（含所属各级子企业，下同）在推行职业经理人制度时，相关工作可以参考本操作指引。鼓励未纳入国企改革"双百行动"的中央企业所属各级子企业和地方国有企业（含所属各级子企业，下同），参考本操作指引积极推进相关工作。本操作指引印发前，已根据党中央、国务院有关文件精神和政策规定，在本企业或本地区推行职业经理人制度的，可以按照"就优"原则参考本操作指引完善相关工作。

一、基本概念、范围和职责

（一）基本概念

本操作指引所称职业经理人是指按照"市场化选聘、契约化管理、差异化薪酬、市场化退出"原则选聘和管理的，在充分授权范围内依靠专业的管理知识、技能和经验，实现企业经营目标的高级管理人员。

（二）范围

一般包括"双百企业"的总经理（总裁、行长等）、副总经理（副总裁、副行长等）、财务负责人和按照公司章程规定的高级管理人员。对于确定推行职业经理人制度的"双百企业"，原则上应当在高级管理人员中全面推行。

（三）职责

"双百企业"的控股股东及其党组织对"双百企业"推行职业经理人制度工作发挥领导和把关作用，负责对相关工作方案，特别是在确定标准、规范程序、参与考察、推荐人选等方面把关。

"双百企业"董事会依法选聘和管理职业经理人，负责组织制定相关工作方案和管理制度、履行决策审批程序、组织开展选聘、参与考察、决定聘任或解聘、开展考核、兑现薪酬等。

"双百企业"党组织会同董事会制定相关工作方案和管理制度并组织人选推荐、测试、考察等工作，集体研究后向董事会提出意见建议。

二、基本操作流程

（一）企业条件

支持鼓励同时具备以下条件的"双百企业"，加快推行职业经理人制度。

1.主业处于充分竞争行业和领域，或者主要从事新产业、新业态、新商业模式；

2.人力资源市场化程度较高；

3.建立了权责对等、运转协调、有效制衡的决策执行监督机制；

4.董事会重大决策、选人用人、薪酬分配等权利依法得到有效落实。

（二）操作流程

"双百企业"推行职业经理人制度，一般应履行以下基本操作流程：

1.制定方案。"双百企业"应结合实际制定工作方案，方案一般包括以下内容：企业基本情况、背景和目的、岗位职责、任职条件、选聘方式、选聘程序、薪酬标准、业绩目标、考核规定、退出规定、组织保障和进度安排等。

2.履行决策审批程序。方案制定后，"双百企业"应按照"三重一大"决策机制，根据公司章程或控股股东及其党组织有关要求，履行相关决策审批程序。

3.市场化选聘。一般包括制定招聘方案、发布招聘公告、报名及资格审查、实施综合考评（测评、面试评估等）、组织考察或背景调查、作出聘任决定等。

4.签订契约。"双百企业"与职业经理人签订劳动合同、聘任合同、经营业绩责任书等，以契约方式明确聘任岗位、聘任期限、任务目标、权利义务、考核评价、薪酬标准、履职待遇及福利、奖惩措施、续聘和解聘条件、保密要求、违约责任等内容。

5.开展考核。严格按照契约约定开展年度和任期经营业绩考核，强化刚性考核。

6.结果应用。依据年度和任期经营业绩考核结果等确定薪酬、决定聘任（或解聘），强化刚性兑现。

三、市场化选聘相关环节操作要点

"双百企业"职业经理人可以采取竞聘上岗、公开招聘、委托推荐等方式产生。

（一）选聘标准

坚持业绩导向、市场导向。人选应具有良好的职业道德、职业操守、职业信用，具有过硬的专业素质和治企能力，熟悉企业经营管理工作，以往经营业绩突出，在所处行业或相关专业领域有一定影响力和认可度。

（二）人选来源

坚持五湖四海、任人唯贤。一般包括本企业内部人员、股东推荐人员、社会参与人员、人才中介机构推荐人员等，不受企业内外、级别高低、资历深浅限制。

（三）选聘程序

坚持公平公正、竞争择优。一般包括制定招聘方案、发布招聘公告、报名及资格审查、实施综合考评（测评、面试评估等）、组织考察或背景调查、作出聘任决定。

本企业内部人员参与竞聘职业经理人的，个人应当先行提出申请，承诺竞聘成功后放弃原有身份、解除（终止）聘任关系后不得要求恢复原有身份，并遵守职业经理人管理的相关规定。

符合条件的职业经理人，可以按照有关规定进入"双百企业"党组织领导班子。

四、契约化管理相关环节操作要点

（一）契约签订

1.职业经理人实行聘任制。职业经理人聘任期限由董事会决定，原则上不超过三年，可以根据实际情况适当延长。董事会可以依法对职业经理人设置试用期。

2.契约实现形式。"双百企业"应与职业经理人签订劳动合同、聘任合同和经营业绩责任书（年度和任期）。

"双百企业"与职业经理人依法签订劳动合同。本企业内部人员选聘为职业经理人的，一般应重新签订劳动合同。

董事会授权董事长与职业经理人签订聘任合同，聘任期限原则上应与劳动合同期限保持一致。根据聘任合同，董事会授权董事长与总经理签订年度和任期经营业绩责任书，董事会可以授权总经理与其他职业经理人签订年度和任期经营业绩责任书。经营业绩责任书一般包括以下内容：双方基本信息，考核内容及指标，考核指标的目标值、确定方法及计分规则，考核实施与奖惩及其他需要约定的事项。

3.考核内容及指标。董事会对职业经理人实施年度和任期考核，考核以经营业绩考核指标为主，根据岗位职责和工作分工，确定每位职业经理人的考核内容及指标，年度和任期经营业绩考核内容及指标应适当区分、有效衔接。

董事会可以结合实际对职业经理人进行试用期考核和任期考核。

4.考核指标的目标值。考核指标目标值设定应当具有较强的挑战性，力争跑赢市场、优于同行。考核指标目标值应当结合本企业历史业绩、同行业可比企业业绩情况等综合确定。

（二）考核实施

年度经营业绩考核以年度为周期进行考核，一般在当年年末或次年年初进行。任期经营业绩考核一般结合聘任期限届满当年年度考核一并进行。

考核期末，董事会依据经审计的企业财务决算数据等，对职业经理人考核内容及指标的完成情况进行考核，形成考核与奖惩意见，并反馈给职业经理人。职业经理人对考核与奖惩意见有异议的，可及时向董事会反映。

五、差异化薪酬相关环节操作要点

（一）薪酬结构

职业经理人薪酬结构可以包括基本年薪、绩效年薪、任期激励，也可以实施各种方式的中长期激励，具体由董事会与职业经理人协商确定。

1.基本年薪是职业经理人的年度基本收入。

2.绩效年薪是与职业经理人年度经营业绩考核结果相挂钩的浮动收入，原则上占年度薪酬（基本年薪与绩效年薪之和）的比例不低于60%。

3.任期激励是与职业经理人任期经营业绩考核结果挂钩的收入。

鼓励"双百企业"综合运用国有控股上市公司股权激励、国有科技型企业股权和分红激励、国有控股混合所有制企业员工持股等中长期激励政策，探索超额利润分享、虚拟股权、跟投等中长期激励方式，不断丰富完善职业经理人的薪酬结构。

职业经理人履职待遇及福利，由董事会与职业经理人协商确定。

（二）薪酬水平

职业经理人薪酬总水平应当按照"业绩与薪酬双对标"原则，根据行业特点、企业发展战略目标、经营业绩、市场同类可比人员薪酬水平等因素，由董事会与职业经理人协商确定。

（三）薪酬支付

1.规范薪酬支付。基本年薪按月支付。绩效年薪、任期激励先考核后兑现，可结合企业实际情况延期支付。中长期激励收入在董事会与职业经理人签订的聘任合同约定的锁定期到期后支付或行权。

解除（终止）聘用和劳动关系后（聘期届满考核合格但不再续聘的除外），原则上不得兑现当年绩效年薪、任期激励和其他中长期激励收入。

2.实行薪酬追索扣回制度。"双百企业"应根据有关规定建立薪酬追索扣回制度，并在聘任合同中予以明确。

六、市场化退出相关环节操作要点

（一）退出条件

建立职业经理人市场化退出机制，依据职业经理人聘任合同约定和经营业绩考核结果等，出现以下情形的，应解除（终止）聘任关系。

1.考核不达标的，如：年度经营业绩考核结果未达到完成底线（如百分制低于70分）；年度经营业绩考核主要指标未达到完成底线（如完成率低于70%）；聘任期限内累计两个年度经营业绩考核结果为不合格；任期经营业绩考核结果为不合格。

2.对于开展任期综合考核评价的，评价结果为不称职的。

3.因严重违纪违法、严重违反企业管理制度被追究相关责任的。

4.聘任期间对企业重大决策失误、重大资产损失、重大安全事故等负有重要领导责任的，或对违规经营投资造成国有资产损失负有责任的。

5.因健康原因无法正常履行工作职责的。

6.聘期未满但双方协商一致解除聘任合同或者聘期届满不再续聘的。

7.试用期内或试用期满，经试用发现或试用考核结果不适宜聘任的情形。

8.董事会认定不适宜继续聘任的其他情形。

（二）辞职规定

职业经理人因个人原因辞职的，应依据《中华人民共和国劳动合同法》和签订的聘任合同有关条款，提前30日提出辞职申请。未经批准擅自离职、给企业造成损失的，依法依规追究其相应责任。

（三）退出规定

"双百企业"在职业经理人解除（终止）聘任关系的同时，如有党组织职务应当一并免去，并依法解除（终止）劳动关系。

七、监督管理相关环节操作要点

（一）组织人事关系管理

职业经理人是中共党员的，其党组织关系由"双百企业"党组织进行管理，其中来自于外部的，其党组织关系应当及时转入"双百企业"党组织进行管理。"双百企业"可以根据有关要求自行明确职业经理人个人有关事项报告的管理规定。职业经理人的人事档案原则上应委托人才服务机构管理。职业经理人退休相关事宜按照国家有关规定执行。

（二）出国（境）管理

职业经理人因私出国（境）证件由"双百企业"党组织集中保管，职业经理人因私出国（境）时应当根据有关规定履行请假等手续。

（三）培养发展

"双百企业"应加强对职业经理人的思想政治教育，提高职业经理人的政治素质。建立健全符合职业经理人特点的培养体系，提升职业经理人的专业能力和职业素养。

（四）保密管理

聘任期间以及退出后，职业经理人应当按照国家和企业有关规定以及聘任合同有关约定，严格履行保密责任和义务。

（五）履职监督

"双百企业"应建立健全对职业经理人的监督体系，党组织、董事会、监事会等治理主体，以及纪检监察、巡视、审计等部门根据职能分工，做好履职监督工作。坚持以预防和事前监督为主，建立健全提醒、诚勉、函询等制度办法，及早发现和纠正其不良行为倾向。

（六）责任追究

职业经理人在聘任期间应当维护企业国有资产安全、防止国有资产流失，不得侵吞、贪污、输送、挥霍国有资产。职业经理人违反规定，未履行或未正确履行职责，在经营投资中造成国有资产损失或其他严重不良后果的，严肃追究责任。

按照"三个区分开来"要求，支持鼓励"双百企业"按照公私分明、尽职合规免责原则，建立健全并细化相关工作机制的主体、标准、适用情形和工作流程，形成可落实可操作的制度安排。

国务院国有企业改革领导小组

办　公　室

2020年1月22日

关于中央企业加强参股管理有关事项的通知

国资发改革规〔2019〕126号

各中央企业：

近年来，中央企业以参股等多种方式与各类所有制企业合资合作，对提高国有资本运行和配置效率、发展混合所有制经济起到了重要促进作用。但实践中也存在部分企业参股投资决策不规范、国有股权管控不到位等问题，影响国有资本配置效率，造成国有资产流失。为深入贯彻习近平新时代中国特色社会主义思想，形成以管资本为主的国有资产监管体制，规范操作，强化监督，有效维护国有资产安全，现就中央企业加强参股管理有关事项通知如下：

一、规范参股投资

（一）严把主业投资方向

严格执行国有资产投资监督管理有关规定，坚持聚焦主业，严控非主业投资。不得为规避主业监管要求，通过参股等方式开展中央企业投资项目负面清单规定的商业性房地产等禁止类业务。

（二）严格甄选合作对象

应进行充分尽职调查，通过各类信用信息平台、第三方调查等方式审查合作方资格资质信誉，选择经营管理水平高、资质信誉好的合作方。对存在失信记录或行政处罚、刑事犯罪等违规违法记录的意向合作方，要视严重程度审慎或禁止合作。不得选择与参股投资主体及其各级控股股东领导人员存在特定关系（指配偶、子女及其配偶等亲属关系，以及共同利益关系等）的合作方。

（三）合理确定参股方式

结合企业经营发展需要，合理确定持股比例，以资本为纽带、以产权为基础，依法约定各方股东权益。不得以约定固定分红等"名为参股合作、实为借贷融资"的名股实债方式开展参股合作。

（四）完善审核决策机制

参股投资决策权向下授权应作为重大事项经党委（党组）研究讨论，由董事会或经理层决定，授权的管理层级原则上不超过两级。达到一定额度的参股投资，应纳入"三重一大"范围，由集团公司决策。

二、加强参股国有股权管理

（一）依法履行股东权责

按照公司法等法律法规规定，依据公司章程约定，向参股企业选派国有股东代表、董事监事或重要岗位人员，有效行使股东权利，避免"只投不管"。加强对选派人员的管理，进行定期轮换。在参股企业章程、议事规则等制度文件中，可结合实际明确对特定事项的否决权等条款，以维护国有股东权益。

（二）注重参股投资回报

定期对参股的国有权益进行清查，核实分析参股收益和增减变动等情况。合理运用增持、减持或退出等方式加强价值管理，不断提高国有资本配置效率。对满5年未分红、长期亏损或非持续经营的参股企业股权，要进行价值评估，属于低效无效的要尽快处置，属于战略性持有或者培育期的要强化跟踪管理。

（三）严格财务监管

加强运行监测，及时掌握参股企业财务数据和经营情况，发现异常要深入剖析原因，及时采取应对措施防范风险。加强财务决算审核，对于关联交易占比较高、应收账款金额大或账龄长的参股企业，要加强风险排查。对风险较大、经营情况难以掌握的股权投资，要及时退出。不得对参股企业其他股东出资提供垫资。严格控制对参股企业提供担保，确需提供的，应严格履行决策程序，且不得超股权比例提供担保。

（四）规范产权管理

严格按照国有产权管理有关规定，及时办理参股股权的产权占有、变动、注销等相关登记手续，按期进行数据核对，确保参股产权登记的及时性、准确性和完整性。参股股权取得、转让应严格执行国有资产评估、国有产权进场交易、上市公司国有股权管理等制度规定，确保国有权益得到充分保障。

（五）规范字号等无形资产使用

加强无形资产管理，严格规范无形资产使用，有效维护企业权益和品牌价值。不得将字号、经营资质和特许经营权等提供给参股企业使用。产品注册商标确需授权给参股企业使用的，应严格授权使用条件和决策审批程序，并采取市场公允价格。

（六）加强领导人员兼职管理

中央企业及各级子企业领导人员在参股企业兼职，应根据工作需要从严掌握，一般不越级兼职，不兼"挂名"职务。确需兼职的，按照管理权限审批，且不得在兼职企业领取工资、奖金、津贴等任何形式的报酬和获取其他额外利益；任期届满连任的，应重新报批。参股经营投资主体及其各级控股股东领导人员亲属在参股企业关键岗位任职，应参照企业领导人员任职回避有关规定执行。

（七）加强党的建设

按照关于加强和改进非公有制企业党的建设工作有关规定，切实加强党的建设，开展参股企业党的工作，努力推进党的组织和工作覆盖，宣传贯彻党的路线方针政策，团结凝聚职工群众，促进企业健康发展。

三、强化监督问责

（一）加强内部监督

应将参股经营作为内部管控的重要内容，建立健全以风险管理为导向、合规管理监督为重点的规范有效的内控体系。对各级企业负责人开展任期经济责任审计时，要将其任期内企业参股投资与参股企业关联交易等有关事项列入重点审计内容。

（二）严格责任追究

参股经营中造成国有资产流失或者其他严重不良后果的，要按照《中央企业违规经营投资责任追究实施办法（试行）》等有关规定，对相关责任人给予严肃处理，并实行终身追责；涉嫌违纪违法的，移送有关部门严肃查处。

　　各中央企业要高度重视混合所有制改革中的参股管理，加强组织领导，按照本通知要求，抓紧对参股经营投资进行全面梳理检查，认真查找在合作方选择、决策审批、财务管控、领导人员兼职以及与参股企业关联交易等方面存在的问题，及时整改。同时，坚持问题导向，举一反三，制定完善规章制度，细化管理措施，落实管理责任，切实维护国有资产权益，严防国有资产流失，促进混合所有制经济健康发展。

　　中央企业基金业务参股管理另行规定。

国资委

2019年12月12日

国资委 国家知识产权局关于印发《关于推进中央企业知识产权工作高质量发展的指导意见》的通知

国资发科创规〔2020〕15号

各中央企业：

为全面贯彻党的十九大和十九届二中、三中、四中全会精神，深入实施创新驱动发展战略，全面提升中央企业知识产权工作水平，进一步增强中央企业自主创新能力，国资委、国家知识产权局制定了《关于推进中央企业知识产权工作高质量发展的指导意见》，现印发给你们，请认真贯彻落实。

请各地方国资委、知识产权局（知识产权管理部门）参照执行本意见，积极推进地方国有企业知识产权工作高质量发展。

国资委 国家知识产权局

2020年2月26日

关于推进中央企业知识产权工作高质量发展的指导意见

为全面贯彻党的十九大和十九届二中、三中、四中全会精神，落实《关于强化知识产权保护的意见》（中办发〔2019〕56号），深入实施创新驱动发展战略，全面推进中央企业知识产权工作高质量发展，推动中央企业自主创新能力持续提升，加快培育具有全球竞争力的世界一流企业，增强国有经济竞争力、创新力、控制力、影响力和抗风险能力，提出以下意见。

一、总体要求

（一）指导思想

以习近平新时代中国特色社会主义思想为指导，坚定不移贯彻新发展理念，以高质量发展为主线，以提升自主创新能力为根本，以保护企业合法权益为基础，以促进科技成果转化为重点，以激发企业家和科研人员创新创造活力为导向，巩固和增强中央企业知识产权创造、运用、管理能力，不断完善知识产权保护体系，健全体制机制，更好发挥知识产权对中央企业创新发展的支撑作用，为建设知识产权强国作出积极贡献。

（二）基本原则

——坚持战略引领。贯彻知识产权强国战略纲要，主动对接高质量发展重大需求，紧密结合企业自身发展需要，总体谋划、统筹实施企业知识产权工作。

——聚焦核心技术。在关系国家安全和国民经济命脉的重要行业和关键领域、战略性新兴产业，围绕中央企业主责主业，加快关键核心技术知识产权培育，增强企业竞争力。

——遵循市场规律。在知识产权创造、布局、定价、运用、风险防范、国际合作等方面，按照市场规则，依法合规组织开展，充分发挥市场在资源配置中的决定性作用。

——突出问题导向。找准知识产权工作薄弱环节，克服体制机制障碍，夯实工作基础，着重解决专利质量不高、运用不足等问题，强化专业化人才队伍建设。

——加强统筹兼顾。根据企业所处行业和知识产权工作发展阶段，组织协调各类资源，突出重点、上下结合、内外联动，分类分领域推进知识产权能力建设，促进知识产权工作与企业高质量发展深度融合。

（三）总体目标

到2025年，基本建立适应高质量发展需要的中央企业知识产权工作体系，中央企业知识产权创造、运用、保护、管理能力显著增强，有效专利拥有量持续增长，在关键核心技术领域实现重点专利布局，工作模式更加成熟，体制机制更加完善，打造一支规模合理、结构优化的高水平人才队伍，对中央企业创新发展的引领支撑作用进一步提升，中央企业有效发明专利拥有量占有效专利拥有量的比重达到50%以上，中国专利奖获奖数量占全部奖项数量20%以上。与2019年初相比，中央企业美日欧有效专利拥有量翻一番，专利质量评价优秀企业数量翻一番，马德里商标国际注册量增长50%以上，中央企业集团层面国家知识产权示范企业数量增长50%以上。

二、加强知识产权高质量创造

（一）坚持知识产权战略引领

针对有关重点领域、重要产业的知识产权特点和发展趋势，加强专利分析与产业运行决策深度融合，建立专利导航工作机制，制定本企业知识产权战略，进一步明确知识产权工作的目标、方向和重点任务。着眼企业长远发展需要，对标世界一流，制定和完善企业知识产权工作相关意见和办法，编制重大关键核心技术专项知识产权规划。

（二）培育一批高价值专利

聚焦重要行业和关键领域，依托重大科研项目和企业研发平台，培育一批创新程度高、市场竞争力强的原创型、基础型高价值专利。在项目立项、研发过程、试验验证、推广应用等技术全生命周期，挖掘和培育高价值专利。积极参与标准制定，将自身先进专利技术纳入行业、国家或国际标准，形成标准必要专利。

（三）加强海外知识产权布局

综合企业发展需求、国际维权能力、竞争对手布局等因素，制定海外知识产权策略，绘制专利导航图。优先在符合技术发展趋势、具有领先水平和市场应用前景的领域申请海外专利，加强海外布局，提升国际竞争能力。

（四）提升知识产权创造能力

加强国际商标注册，培育知名品牌，对科技创新成果、核心竞争优势、商业模式等进行商标品牌化建设。针对新业态新领域发展趋势，加强版权、植物新品种、集成电路布图设计等方面知识产权工作，提升知识产权综合实力。

三、促进知识产权高效运用

（一）加大知识产权实施力度

鼓励建立内部技术市场和知识产权有偿使用机制，提高知识产权实施率。制定企业对外知识产权许可、转让相关程序和技术推广目录，开展分级管理，盘活现有资源。加强与其他企业之间的知识产权合作，提升运用效益。建立健全科技成果转化机制，充分利用工资总额、股权激励、分红权激励等分配激励政策，促进知识产权实施。

（二）加强知识产权合规使

在知识产权许可、转让、收购时，通过评估、协议、挂牌交易、拍卖等市场化方式确定价格。在新技术、新工艺、新材料、新产品等投放市场前，开展知识产权法律风险分析，有效防范法律风险。尊重他人知识产权，严格按照约定的范围使用。

（三）拓宽知识产权价值实现渠道

通过质押融资、作价入股、证券化、构建专利池等市场化方式，挖掘和提升企业知识产权价值。鼓励企业运用知识产权开展海外股权投资，支撑国际业务拓展。积极发展知识产权金融，提升资本化运作水平。

（四）建立知识产权运营平台

建立服务于科技成果转移转化的知识产权运营服务平台，为企业知识产权提供咨询、评估、经纪、交易、信息、代理等服务。制定技术转移服务制度，建立信用与评价机制。在中央企业"双创"工作中探索知识产权运营新模式。

四、提升知识产权保护能力

（一）强化知识产权风险防范

将知识产权风险防范意识贯穿科研生产经营活动全过程，防范知识产权流失和侵权。涉及国家安全和国计民生的关键核心技术，在对外转让、许可时要加强知识产权风险审议。在高端人才引进、技术合作、企业并购等重大经营活动中全面开展知识产权尽职调查。

（二）加强技术秘密保护

实施技术秘密与专利的组合保护策略。重视技术秘密的登记与认定，加强对涉密人员、载体、场所等全方位管理。加强人才交流和技术合作中的技术秘密保护，强化对掌握关键技术秘密离职人员的竞业限制。规范涉及技术秘密的合同管理，防范不当使用或泄密。

（三）加大知识产权保护力度

加强在线监测和市场巡视，及时发现知识产权侵权行为。完善知识产权快速维权机制，有效运用行政、刑事、民事、仲裁、调解等多种形式维护企业合法权益。积极应对国内外知识产权滥用和滥诉行为，切实维护自身权益。

（四）提升海外知识产权保护能力

完善海外知识产权纠纷预警防范机制，加强重大案件跟踪研究。建立海外知识产权法律修改变化动态跟踪机制，及时进行风险提示。建立信息沟通机制，加大工作协调力度，提高知识产权纠纷应对处理能力。

五、完善知识产权管理体系

（一）强化知识产权机构和制度建设

中央企业集团要明确负责知识产权管理工作的部门。中央企业所属科研单位和重要生产制造企业要明确知识产权管理归口部门，配备与知识产权业务规模相适应、满足工作实际需要的专职管理人员。完善知识产权管理制度，夯实工作基础，推动专利、技术秘密等集中管理。在关键核心技术研发、重要成果转移转化过程中，配备知识产权专员。鼓励有条件的企业贯彻实施《企业知识产权管理规范》（GB/T 29490-2013），优化知识产权管理体系。

（二）实施知识产权分级管理

综合技术、法律、市场等因素，制定符合本行业特点的知识产权质量评价办法。根据对主营业务影响程度，对专利、技术秘密进行分级管理并动态调整。定期梳理存量专利，及时合规处置低价值专利和闲置商标。

（三）加强知识产权服务机构管理

中央企业集团公司要加强对知识产权服务机构的准入、考核、淘汰等方面管理，完善服务机构评级体系，优化资源配置和使用。具备条件的中央企业可在内部组建知识产权服务机构，实行市场化薪酬，提高服务质量和效率。

（四）提高知识产权管理信息化水平

搭建信息化管理平台，实现知识产权业务流程化和规范化。建立专业化数据库，加大信息集成力度，提高综合研判能力。建立竞争情报分析和信息共享机制，支撑经营决策、技术研发和市场开拓。

六、组织实施和措施保障

（一）加强组织领导

进一步强化对知识产权工作的重视，企业主要负责同志要亲自研究部署，领导班子中明确专人分管。科技、规划、财务、人力资源、法律等部门要加强协同联动，按照本意见目标任务要求，制定实施方案及配套措施，不断完善工作机制，保障知识产权各项工作的落实。

（二）加大投入力度

不断提高企业知识产权投入，设立专项资金预算，组织开展高价值专利培育、专利导航、知识产权尽职调查、管理信息系统建设、专利数据库建设、知识产权保护与维权、风险评估等重点工作。探索设立企业知识产权相关基金，拓宽资金投入渠道。

（三）加强人才队伍建设

健全知识产权人才工作体系，建设一支数量充足、结构合理、素质优良的人才队伍，培养和引进知识产权领军人才、国际化专业人才。鼓励申报知识产权专业职称，设置高层级专家职（岗）位。加强对研发人员、知识产权管理人员、运营人员、专员的多层次、精准化系统培训。建立企业知识产权专家库。具备条件的企业研究组建专业化检索分析团队。

（四）加强考核激励

将知识产权工作纳入所属企业绩效考核评价体系，作为各级领导班子综合考评的重要内容。对在知识产权工作中作出重要贡献的单位和人员给予表彰和奖励。

（五）进一步加强对中央企业知识产权工作的指导

国资委加强对中央企业知识产权工作的总体统筹和顶层设计，指导企业编制实施知识产权战略。推动中央企业提升对于知识产权密集型产业发展的贡献度。对中央企业知识产权实施科技成果转化所涉及工资总额，结合工资总额特殊事项清单相关规定予以单列管理，加大中长期激励范围及力度。持续开展中央企业专利质量评价工作，进一步强化专利质量导向，组织中央企业高质量专利申报中国专利奖。鼓励中央企业牵头推动知识产权联盟建设，研究建设中央企业知识产权运营平台，指导企业加强对所属知识产权中介服务机构的管理。建立中央企业知识产权专家库，促进中央企业知识产权工作交流，宣传推广先进经验和典型模式，定期组织开展多层次知识产权培训。

（六）进一步加强对中央企业知识产权工作的政策支持

增强与中央企业联系互动，建立定期沟通交流机制，帮助解决知识产权痛点、难点问题。指导中央企业开展知识产权贯标和申报国家知识产权优势企业、示范企业。指导支持中央企业开展专利导航、建立产业知识产权运营中心、技术与创新支持中心等。支持中央企业申报中国专利奖。支持中央企业将战略性高价值专利组合纳入国家知识产权运营公共服务平台项目库，开展高价值专利运营。支持中央企业在相关知识产权保护中心备案，提升中央企业知识产权创造和保护效率。

工业和信息化部办公厅关于印发《中小企业数字化赋能专项行动方案》的通知

工信厅企业〔2020〕10号

各省、自治区、直辖市及计划单列市、新疆生产建设兵团中小企业主管部门，有关单位：

现将《中小企业数字化赋能专项行动方案》印发给你们，请结合实际，抓紧推进落实。

工业和信息化部办公厅

2020年3月18日

中小企业数字化赋能专项行动方案

为深入贯彻习近平总书记关于统筹推进新冠肺炎疫情防控和经济社会发展工作的重要指示精神，落实党中央、国务院有关复工复产和提升中小企业专业化能力的决策部署，以数字化网络化智能化赋能中小企业，助力中小企业疫情防控、复工复产和可持续发展，制定本方案。

一、行动目标

坚持统筹推进新冠肺炎疫情防控和经济社会发展，以新一代信息技术与应用为支撑，以提升中小企业应对危机能力、夯实可持续发展基础为目标，集聚一批面向中小企业的数字化服务商，培育推广一批符合中小企业需求的数字化平台、系统解决方案、产品和服务，助推中小企业通过数字化网络化智能化赋能实现复工复产，增添发展后劲，提高发展质量。

二、重点任务

（一）利用信息技术加强疫情防控

推广"行程卡""健康码"等新应用，实现人员流动信息实时监测与共享，在确保疫情防控到位的前提下加快企业员工返岗。运用医疗物资保障、疫情预警、库存及物流配送、资源调配等小程序、工具包，科学精准防控疫情，推动有序复工复产。

（二）利用数字化工具尽快恢复生产运营

支持中小企业运用线上办公、财务管理、智能通讯、远程协作、视频会议、协同开发等产品和解决方案，尽快恢复生产管理，实现运营管理数字化，鼓励数字化服务商在疫情防控期间向中小企业减免使用费。支持数字化服务商打造智能办公平台，推出虚拟云桌面、超高清视频、全息投影视频等解决方案，满足虚拟团队管理、敏感数据防控等远程办公场景升级新需求。

（三）助推中小企业上云用云

引导数字化服务商面向中小企业推出云制造平台和云服务平台，支持中小企业设备上云和业务系统向云端迁移，帮助中小企业从云上获取资源和应用服务，满足中小企业研发设计、生产制造、经营管理、市场营销等业务系统云化需求。加快"云+智能"融合，帮助中小企业从云上获取更多的生产性服务。鼓励数字化服务商向中小企业和创业团队开放平台接口、数据、计算能力等数字化资源，提升中小企业二次开发能力。

（四）夯实数字化平台功能

搭建技术水平高、集成能力强、行业应用广的数字化平台，应用物联网、大数据、边缘计算、5G、人工智能、增强现实/虚拟现实等新兴技术，集成工程设计、电子设计、建模、仿真、产品生命周期管理、制造运营管理、自动化控制等通用操作系统、软件和工具包，灵活部署通用性强、安全可靠、易二次开发的工业APP，促进中小企业生产要素数字化、生产过程柔性化及系统服务集成化。打造工业APP测试评估平台和可信区块链创新协同平台，为中小服务商和中小企业提供测试认证服务。

（五）创新数字化运营解决方案

针对不同行业中小企业的需求场景，开发使用便捷、成本低廉的中小企业数字化解决方案，实现研发、设计、采购、生产、销售、物流、库存等业务在线协同。推广应用集中采购、资源融合、共享生产、协同物流、新零售等解决方案，以及线上采购与销售、线下最优库存与无人配送、智慧物流相结合的供应链体系与分销网络，提升中小企业应对突发危机能力和运营效率。

（六）提升智能制造水平

针对中小企业典型应用场景，鼓励创新工业互联网、5G、人工智能和工业APP融合应用模式与技术，引导有基础、有条件的中小企业加快传统制造装备联网、关键工序数控化等数字化改造，应用低成本、模块化、易使用、易维护的先进智能装备和系统，优化工艺流程与装备技术，建设智能生产线、智能车间和智能工厂，实现精益生产、敏捷制造、精细管理和智能决策。

（七）加强数据资源共享和开发利用

支持基于产业集群和供应链上下游企业打通不同系统间的数据联通渠道，实现数据信息畅通、制造资源共享和生产过程协同。支持发展新型数据产品和服务，鼓励探索专业化的数据采集、数据清洗、数据交换、数据标注等新商业模式，发展弹性分布式计算、数据存储等基础数据处理云服务和在线机器学习、自然语言处理、图像理解、语音识别、知识图谱、数据可视化、数字孪生等数据分析服务，帮助中小企业提升数据开发和应用水平。

（八）发展数字经济新模式新业态

扶持疫情防控期间涌现的在线办公、在线教育、远程医疗、无人配送、新零售等新模式新业态加快发展，培育壮大共享制造、个性化定制等服务型制造新业态，深挖工业数据价值，探索企业制造能力交易、工业知识交易等新模式，鼓励发展算法产业和数据产业，培育一批中小数字化服务商。打造开源工业APP开发者社区和中小企业开放平台，搭建中小企业资源库和需求池，发展众包、众创、云共享、云租赁等模式。

（九）强化供应链对接平台支撑

建设产业供应链对接平台，打造线上采购、分销流通模式，为中小企业提供原材料匹配、返工人员共享、自动化生产线配置、模具资源互助、防护物资采购、销售和物流资源对接等服务。基于工业互联网平台，促进中小企业深度融入大企业的供应链、创新链。支持大型企业立足中小企业共性需求，搭建资源和能力共享平台，在重点领域实现设备共享、产能对接、生产协同。

（十）促进产业集群数字化发展

支持小型微型企业创业创新基地、创客空间等中小企业产业集聚区加快数字基础设施改造升级，建设中小企业数字化公共技术服务平台，创建中小企业数字化创新示范园。支持产业集群内中小企业以网络化协作弥补单个企业资源和能力不足，通过协同制造平台整合分散的制造能力，实现技术、产能、订单与员工共享。

（十一）提高产融对接平台服务水平

促进中小企业、数字化服务商和金融机构等的合作，构建企业信用监测、智能供需匹配、大数据风控等服务体系，提供基于生产运营实时数据的信用评估、信用贷款、融资租赁、质押担保等金融服务，为企业获得低成本融资增信，提升中小企业融资能力和效率。打造促进中小企业融资增信的公共服务平台，应用新一代信息技术，提供合同多方在线签署、存证服务，传递供应链上下游信用价值，激发中小企业数据资产活力。

（十二）强化网络、计算和安全等数字资源服务支撑

支持电信运营商开展"提速惠企""云光惠企""企业上云"等专项行动，提升高速宽带网络能力，强化基础网络安全，进一步提速降费。加快推广5G和工业互联网应用，拓展工业互联网标识应用，加强中小企业网络、计算和安全等数字基础设施建设。

（十三）加强网络和数据安全保障

推动中小企业落实《网络安全法》等法律法规和技术标准的要求，强化网络与数据安全保障措施。建设工业互联网安全公共服务平台，面向广大中小企业提供网络和数据安全技术支持服务。鼓励安全服务商创新安全服务模式，提升安全服务供给能力，为中小企业量身定制全天候、全方位、立体化的安全解决方案。

三、推进措施

（一）强化组织保障

各地中小企业主管部门要加强中小企业数字化赋能工作的统筹协调，政府、服务机构、企业协同推进和落实好专项行动。发挥中小企业主体作用，主动适应新形势，推进自我变革与数字化赋能，提升企业应对风险能力和可持续发展能力。调动数字化服务商积极性，发挥中小企业公共服务示范平台和平台网络作用，帮助企业精准防控疫情、有序复工复产，加速数字化网络化智能化转型。

（二）完善激励机制

将中小企业数字化改造升级纳入"专精特新"中小企业培育体系和小型微型企业创业创新示范基地建设，予以重点支持。按照"企业出一点、服务商让一点、政府补一点"的思路，鼓励各地将中小企业数字化列入中小企业发展专项资金等资金重点支持范围。对流动性遇到暂时困难、发展前景良好的中小企业，通过数字化改造升级推进复工复产和转型发展的，金融机构在优惠利率贷款中给予优先支持。

（三）组织供需对接

建立中小企业数字化可信服务商、优秀数字化产品与服务评价体系，征集、培育和推广一批技术力量强、服务效果好、深受中小企业欢迎的数字化服务商、优秀数字化产品与服务。通过在线直播、视频展播、线上对接等形式，实现数字化产品和服务展示互动与对接交易，指导企业科学制定部署模式，合理配置资源服务。举办2020中小企业信息化服务信息发布会。组织大中小企业融通创新暨数字化产品和解决方案对接、"创新中国行"数字化应用推广等活动。

（四）加强培训推广

加强面向中小企业的数字化网络化智能化培训课程体系和教学师资队伍建设，利用"企业微课"、工业和信息化技术技能人才网上学习平台等线上平台和中小企业经营管理领军人才培训、银河培训工程等渠道，加强数字化网络化智能化技术培训。适时总结推介数字化赋能标杆中小企业和实践案例，加强示范引领。在中国国际中小企业博览会、中国（四川）中小微企业云服务大会、中国数字经济高端峰会等会议期间，举办中小企业数字化赋能高端论坛，促进理论研究与实践交流。在工业和信息化部门户网站开设专栏，提供"一站式"综合服务。加强新闻宣传，营造良好舆论环境。

关于印发《中央企业控股上市公司实施股权激励工作指引》的通知

国资考分〔2020〕178号

各中央企业：

为深入贯彻落实习近平新时代中国特色社会主义思想，建立健全生产要素由市场评价贡献、按贡献决定报酬的机制，推动中央企业实施中长期激励，国资委在总结中央企业控股上市公司股权激励工作的基础上，制定了《中央企业控股上市公司实施股权激励工作指引》，现印发给你们，供参考。

国务院

2020年4月23日

中央企业控股上市公司实施 股权激励工作指引

第一章 总 则

第一条 为进一步推动中央企业控股上市公司建立健全长效激励约束机制，完善股权激励计划的制定和实施工作，充分调动上市公司核心骨干人才的积极性，促进国有资产保值增值，推动国有资本做强做优做大，根据《中华人民共和国公司法》《中华人民共和国企业国有资产法》《关于修改<上市公司股权激励管理办法>的决定》（证监会令第148号）和国有控股上市公司实施股权激励的有关政策规定，制定本指引，供企业在工作中参考使用。

第二条 本指引适用于国务院国有资产监督管理委员会（以下简称国资委）履行出资人职责的中央企业及其各级出资企业控股或实际控制的上市公司（以下简称上市公司）。

第三条 本指引所称股权激励，是指上市公司以本公司股票或者其衍生权益为标的，对其董事、高级管理人员及管理、技术和业务骨干实施的长期激励。

第四条 本指引用于指导中央企业、上市公司国有控股股东依法履行出资人职责，按照本指引及相关规定指导上市公司科学制定股权激励计划、规范履行决策程序，做好股权激励计划的实施管理工作。

第五条 上市公司实施股权激励应当遵循以下原则：（一）坚持依法规范，公开透明，遵循法律法规和公司章程规定，完善现代企业制度，健全公司治理机制。（二）坚持维护股东利益、公司利益和激励对象利益，促进上市公司持续发展，促进国有资本保值增值。（三）坚持激励与约束相结合，风险与收益相匹配，强化股权激励水平与业绩考核双对标，充分调动上市公司核心骨干人才的积极性。（四）坚持分类分级管理，从企业改革发展和资本市场实际出发，充分发挥市场机制，规范起步，循序渐进，积极探索，不断完善。

第六条 上市公司实施股权激励应当具备以下条件：（一）公司治理规范，股东大会、董事会、监事会、经理层组织健全，职责明确。股东大会选举和更换董事的制度健全，董事会选聘、考核、激励高级管理人员的职权到位。（二）外部董事（包括独立董事）人数应当达到董事会成员的半数以上。薪酬与考核委员会全部由外部董事组成，薪酬与考核委员会制度健全，议事规则完善，运行规范。（三）基础管理制度规范，内部控制制度健全，三项制度改革到位，建立了符合市场竞争要求的管理人员能上能下、员工能进能出、收入能增能减的劳动用工、业绩考核、薪酬福利制度体系。（四）发展战略明确，资产质量和财务状况良好，经营业绩稳健。近三年无财务会计、收入分配和薪酬管理等方面的违法违规行为。（五）健全与激励机制对称的经济责任审计、信息披露、延期支付、追索扣回等约束机制。（六）证券监督管理机构规定的其他条件。

第七条 国有控股股东应当增强法治观念和诚信意识，遵守法律法规，执行国家政策，维护出资人利益。上市公司董事、监事和高级管理人员在实施股权激励计划过程中应当诚实守信、恪尽职守、勤勉尽责，维护上市公司和股东的利益。

第二章　股权激励计划的制定

第一节　一般规定

第八条 上市公司股权激励计划应当依据法律法规和股票交易上市地监管规定科学制定，对上市公司、激励对象具有约束力，股权激励计划应当包括下列事项：（一）股权激励的目的。（二）激励对象的确定依据和范围。（三）激励方式、标的股票种类和来源。（四）拟授出的权益数量，拟授出权益涉及标的股票数量及占上市公司股本总额的百分比；分期授出的，本计划拟授予期数，每期拟授出的权益数量、涉及标的股票数量及占股权激励计划涉及标的股票总额的百分比、占上市公司股本总额的百分比；设置预留权益的，拟预留权益的数量、涉及标的股票数量及占股权激励计划涉及标的股票总额的百分比。（五）激励对象为董事、高级管理人员的，其各自可获授的权益数量、权益授予价值占授予时薪酬总水平的比例；其他各类激励对象可获授的权益数量、占股权激励计划拟授出权益总量的百分比。（六）股票期权（股票增值权）的行权价格及其确定方法，限制性股票的授予价格及其确定方法。（七）股权激励计划的有效期，股票期权（股票增值权）的授予日、生效日（可行权日）、行权有效期和行权安排，限制性股票的授予日、限售期和解除限售安排。（八）激励对象获授权益、行使权益的条件，包括公司业绩考核条件及激励对象个人绩效考核条件，上市公司据此制定股权激励业绩考核办法。（九）上市公司授出权益、激励对象行使权益的程序，上市公司据此制定股权激励管理办法。（十）调整权益数量、标的股票数量、授予价格或者行权价格的方法和程序。（十一）股权激励会计处理方法、限制性股票或股票期权公允价值的确定方法、涉及估值模型重要参数取值合理性、实施股权激励应当计提费用及对上市公司经营业绩的影响。（十二）股权激励计划的变更、终止。（十三）上市公司发生控制权变更、合并、分立以及激励对象发生职务变更、离职、死亡等事项时股权激励计划的执行。（十四）上市公司与激励对象之间相关纠纷或争端解决机制。（十五）上市公司与激励对象其他的权利义务，以及其他需要说明的事项。

第九条　上市公司应当与激励对象签订权益授予协议，确认股权激励计划、股权激励管理办法、业绩考核办法等有关约定的内容，并依照有关法律法规和公司章程约定双方的其他权利义务。上市公司应当承诺，股权激励计划相关信息披露文件不存在虚假记载、误导性陈述或者重大遗漏。所有激励对象应当承诺，上市公司因信息披露文件中有虚假记载、误导性陈述或者重大遗漏，导致不符合授予权益或行使权益安排的，激励对象应当自相关信息披露文件被确认存在虚假记载、误导性陈述或者重大遗漏后，将由股权激励计划所获得的全部利益返还公司。

第二节 激励方式和标的股票来源

第十条　上市公司股权激励方式包括股票期权、股票增值权、限制性股票，以及法律法规允许的其他方式。（一）股票期权，是指上市公司授予激励对象在未来一定期限内以预先确定的价格和条件购买本公司一定数量股票的权利。激励对象有权行使或者放弃这种权利。股票期权不得转让、用于担保或偿还债务。（二）股票增值权，是指上市公司授予激励对象在一定的时期和条件下，获得规定数量的股票价格上升所带来的收益的权利。股权激励对象不拥有这些股票的所有权，也不拥有股东表决权、配股权。股票增值权不得转让、用于担保或偿还债务。（三）限制性股票，是指上市公司按照股权激励计划规定的条件授予激励对象转让等权利受到限制的本公司股票。激励对象自授予日起享有限制性股票的所有权，但在解除限售前不得转让、用于担保或偿还债务。

第十一条　上市公司应当根据实施股权激励的目的，按照股票交易上市地监管规定，结合所处行业经营规律、企业改革发展实际、股权激励市场实践等因素科学确定激励方式。

第十二条　股票增值权原则上适用于境内注册、发行中国香港上市外资股的上市公司（H股公司）。股票增值权应当由公司统一管理，达到可行权条件后原则上由公司统一组织行权，并根据激励对象个人业绩完成情况兑现收益。

第十三条　上市公司确定实施股权激励所需标的股票来源，应当符合法律法规、股票交易上市地监管规定和上市规则。应当根据企业实际情况，采取向激励对象发行股份（增量）、回购本公司股份（存量）及其他合规方式确定标的股票来源，不得仅由国有股东等部分股东支付股份或其衍生权益。对于股票市场价格低于每股净资产或股票首次公开发行价格的，鼓励通过回购本公司股份的方式确定标的股票来源。

第三节 股权激励对象

第十四条　股权激励对象应当聚焦核心骨干人才队伍，一般为上市公司董事、高级管理人员以及对上市公司经营业绩和持续发展有直接影响的管理、技术和业务骨干。

第十五条　上市公司确定激励对象，应当根据企业高质量发展需要、行业竞争特点、关键岗位职责、绩效考核评价等因素综合考虑，并说明其与公司业务、业绩的关联程度，以及其作为激励对象的合理性。

第十六条　上市公司国有控股股东或中央企业的管理人员在上市公司担任除监事以外职务的，可以参加上市公司股权激励计划，但只能参加一家任职上市公司的股权激励计划，应当根据所任职上市公司对控股股东公司的影响程度、在上市公司担任职务的关键程度决定优先参加其中一家所任职上市公司的股权激励计划。中央和国资委党委管理的中央企业负责人不参加上市公司股权激励。市场化选聘的职业经理人可以参加任职企业的股权激励。

第十七条　激励对象不得以"代持股份"或者"名义持股"等不规范方式参加上市公司股权激励计划。

第十八条 下列人员不得参加上市公司股权激励计划：（一）未在上市公司或其控股子公司任职、不属于上市公司或其控股子公司的人员。（二）上市公司独立董事、监事。（三）单独或合计持有上市公司5%以上股份的股东或者实际控制人及其配偶、父母、子女。（四）国有资产监督管理机构、证券监督管理机构规定的不得成为激励对象的人员。

第十九条 上市公司公告董事会审议通过的股权激励计划草案和实施方案（亦称授予方案，下同）后，应当将股权激励对象姓名、职务等信息在公司内部进行公示，履行民主监督程序。监事会应当对股权激励名单进行审核，充分听取公示意见。上市公司应当按照股票交易上市地监管规定和上市规则履行激励对象的信息披露程序。

第四节 权益授予数量

第二十条 在股权激励计划有效期内，上市公司授予的权益总量应当结合公司股本规模大小、激励对象范围和股权激励水平等因素合理确定。上市公司全部在有效期内的股权激励计划所涉及标的股票总数累计不得超过公司股本总额的10%（科创板上市公司累计不超过股本总额的20%）。不得因实施股权激励导致国有控股股东失去实际控制权。

第二十一条 上市公司首次实施股权激励计划授予的权益所涉及标的股票数量原则上应当控制在公司股本总额的1%以内。

中小市值上市公司及科技创新型上市公司可以适当上浮首次实施股权激励计划授予的权益数量占股本总额的比例，原则上应当控制在3%以内。

第二十二条 非经股东大会特别决议批准，任何一名激励对象通过全部在有效期内的股权激励计划获授权益（包括已行使和未行使的）所涉及标的股票数量，累计不得超过公司股本总额的1%。

第二十三条 鼓励上市公司根据企业发展规划，采取分期授予方式实施股权激励，充分体现激励的长期效应。每期授予权益数量应当与公司股本规模、激励对象人数，以及激励对象同期薪酬水平和权益授予价值等因素相匹配。有关权益授予价值确定等具体要求，按照本章第七节规定执行。上市公司连续两个完整年度内累计授予的权益数量一般在公司股本总额的3%以内，公司重大战略转型等特殊需要的可以适当放宽至股本总额的5%以内。

第二十四条 上市公司需为拟市场化选聘人员设置预留权益的，预留权益数量不得超过该期股权激励计划拟授予权益数量的20%，并在计划中就预留原因及预留权益管理规定予以说明。预留权益应当在股权激励计划经股东大会审议通过后12个月内明确授予对象，原则上不重复授予本期计划已获授的激励对象。超过12个月未明确授予对象的，预留权益失效。

第五节 行权价格和授予价格

第二十五条 上市公司拟授予的股票期权、股票增值权的行权价格，或者限制性股票的授予价格，应当根据公平市场价格原则确定。公平市场价格一般按如下方法确定：（一）境内上市公司定价基准日为股权激励计划草案公布日。公平市场价格不得低于下列价格较高者：股权激励计划草案公布前1个交易日公司标的股票交易均价，股权激励计划草案公布前20个交易日、60个交易日或者120个交易日的公司标的股票交易均价之一。（二）境外上市公司定价基准日为权益授予日。公平市场价格不得低于下列价格较高者：授予日公司标的股票收盘价、授予日前5个交易日公司标的股票平均收盘价。（三）股票交易上市地监管规定和上市规则另有规定的，从其规定。

第二十六条 股票期权、股票增值权的行权价格不低于按上条所列方法确定的公平市场价格，以及公司标的股票的单位面值。限制性股票的授予价格不得低于公平市场价格的50%，以及公司标的股的单位面值。（一）股票公平市场价格低于每股净资产的，限制性股票授予价格不应低于公平市场价格的60%。（二）中央企业集团公司应当依据限制性股票解锁时的业绩目标水平，指导上市公司合理确定限制性股票的授予价格折扣比例与解锁时间安排。

第二十七条 上市公司首次公开发行股票（IPO）时拟实施的股权激励计划，应当在股票发行上市满30个交易日以后，依据本指引第二十五条、第二十六条规定确定其拟授权益的行权价格或者授予价格。

第六节 计划有效期和时间安排

第二十八条 股权激励计划的有效期自股东大会通过之日起计算，一般不超过10年。股权激励计划有效期满，上市公司不得依据该计划授予任何权益。

第二十九条 在股权激励计划有效期内，采取分期实施方式授予权益的，每期权益的授予间隔期应当在1年（12个月）以上，一般为两年，即权益授予日2年（24个月）间隔期满后方可再次授予权益。

第三十条 上市公司每期授予权益的有效期，应当自授予日起计算，一般不超过10年。超过有效期的，权益自动失效，并不可追溯行使。每期授予的权益在有效期内，区分不同激励方式，按照以下规定行使：（一）股票期权、股票增值权激励方式：应当设置行权限制期和行权有效期，行权限制期自权益授予日至权益生效日止，原则上不得少于2年（24个月），在限制期内不可以行使权益；行权有效期自权益生效日至权益失效日止，由上市公司根据实际确定，但不得少于3年，在行权有效期内原则上采取匀速分批生效的办法。（二）限制性股票激励方式：应当设置限售期和解锁期，限售期自股票授予日起计算，原则上不得少于2年（24个月），在限售期内不得出售股票；限售期满可以在不少于3年的解锁期内匀速分批解除限售。

第三十一条 在董事会讨论审批或者公告公司定期业绩报告等影响股票价格的敏感事项发生时，以及相关法律法规、监管规定对上市公司董事、高级管理人员买卖本公司股票的期间有限制的，上市公司不得在相关限制期间内向激励对象授予权益，激励对象也不得行使权益。具体办法按照证券监督管理机构的有关规定执行。

第三十二条 上市公司董事、高级管理人员转让、出售其通过股权激励计划所得的股票，应当符合有关法律法规及证券监督管理机构的有关规定。

第七节 权益的公允价值、授予数量和收益水平

第三十三条 上市公司实行股票期权（股票增值权）激励方式的，应当根据企业会计准则选取适当的期权定价模型，对拟授予的单位股票期权（股票增值权）的公允价值进行科学合理的估算。在计算单位权益的公允价值时，应当参照本指引附件1的有关参数选择、计算原则。上市公司实行限制性股票激励方式的，在计算单位权益公允价值时，不应低于限制性股票授予时公平市场价格与授予价格的差额。

第三十四条 上市公司应当根据授予激励对象权益的公允价值占其薪酬总水平的比重，合理确定授予激励对象的权益数量，科学设置激励对象薪酬结构。（一）董事、高级管理人员的权益授予价值，根据业绩目标确定情况，不高于授予时薪酬总水平的40%。（二）管理、技术和业务骨干等其他激励对象的权益授予价值，比照本条上款办法，由上市公司董事会合理确定。

第三十五条 激励对象授予时薪酬总水平是确定股权激励收益、授予数量的重要依据，计算时应当符合以下原则：（一）上市公司董事、高级管理人员薪酬水平原则上与上市公司年度报告披露的薪酬水平（同口径）一致。（二）在上市公司任职的中央企业管理人员，其薪酬总水平按照中央企业核定水平确定。（三）薪酬总水平偏低或偏高的，可以依据本公司业绩考核与薪酬管理办法，结合公司经营效

益情况，并参考市场同类人员薪酬水平、本公司岗位薪酬体系等因素合理确定权益授予水平。

第三十六条 股权激励对象实际获得的收益，属于投资性收益，不再设置调控上限。

第三十七条 对于短期市场大幅波动导致实际收益过高的，上市公司应当引导激励对象延长持有期限，维护市场对公司长期发展的信心和股权激励机制的良好形象。

第三章 股权激励的业绩考核

第一节 公司业绩考核

第三十八条 上市公司实施股权激励，应当建立完善的公司业绩考核体系，结合企业经营特点、发展阶段、所处行业等情况，科学设置考核指标，体现股东对公司经营发展的业绩要求和考核导向，原则上应当包含以下三类考核指标：（一）反映股东回报和公司价值创造等综合性指标，如净资产收益率、总资产报酬率、净资产现金回报率（EOE）、投资资本回报率（ROIC）等。（二）反映企业持续成长能力的指标，如净利润增长率、营业利润增长率、营业收入增长率、创新业务收入增长率、经济增加值增长率等。（三）反映企业运营质量的指标，如经济增加值改善值（ΔEVA）、资产负债率、成本费用占收入比重、应收账款周转率、营业利润率、总资产周转率、现金营运指数等。中央企业主营业务上市公司，一般应当选择经济增加值（EVA）或经济增加值改善值作为考核指标。债务风险较高的企业（资产负债率超过80%），一般应当选择资产负债率作为考核指标。净利润的计算口径一般为扣除非经常性损益后归属于母公司所有者的净利润，或根据对标企业情况选择相同的口径。

第三十九条 上市公司应当同时采取与自身历史业绩水平纵向比较和与境内外同行业优秀企业业绩水平横向对标方-15-式确定业绩目标水平。（一）选取的同行业企业或者对标企业，均应当在股权激励计划或者考核办法中载明所属行业范围、选择的原则与依据及对标企业名单。（二）对标企业在权益授予后的考核期内原则上不调整，如因对标企业退市、主营业务发生重大变化、重大资产重组导致经营业绩发生重大变化等特殊原因需要调整的，应当由董事会审议确定，并在公告中予以披露及说明。

第四十条 在权益授予和生效环节，应当与公司业绩考核指标完成情况进行挂钩。业绩目标水平的设定应当结合公司经营趋势、发展战略综合确定，并经股东大会审议通过。（一）权益授予环节的业绩目标，是股权激励计划设定的分期授予权益的业绩条件，体现股东对公司持续发展的绩效考核基本要求。目标水平根据公司发展战略规划，结合计划制定时公司近三年平均业绩水平、上一年度实际业绩水平、同行业平均业绩（或者对标企业50分位值）水平合理确定。股权激励计划无分期实施安排的，可以不设置权益授予环节的业绩考核条件。（二）权益生效（解锁）环节的业绩目标，是各期授予权益在生效（解锁）时的考核要求，由分期实施方案具体确定，体现股东对公司高质量发展的绩效挑战目标。目标水平应在授予时业绩目标水平的基础上有所提高，根据分期实施方案制定时公司近三年平均业绩水平、上一年度实际业绩水平、同行业平均业绩（或者对标企业75分位值）水平，结合公司经营趋势、所处行业特点及发展规律科学设置，体现前瞻性、挑战性。行业发展波动较大，难以确定业绩目标绝对值水平的，可以通过与境内外同行业优秀企业业绩水平横向对标的方式确定。（三）分期实施股权激励计划的，各期实施方案设置的公司业绩指标和目标值原则上应当保持一致性、可比性，后期实施方案的公司业绩目标低于前期方案的，上市公司应当充分说明其原因与合理性。

第四十一条 上市公司应当在公告股权激励计划草案、实施方案的同时披露所设定指标的科学性和合理性。对政府调控市场价格、依法实行专营专卖的行业，相关企业的业绩指标，应当事先约定剔除价格调整、政府政策调整等不可抗力因素对业绩影响的方法或原则。

第四十二条 上市公司业绩指标的考核，应当采用公司年度报告披露的财务数据，并且应当在对外披露中就股权激励业绩考核指标完成情况予以说明。

第四十三条 上市公司未满足股权激励计划设定的权益授予业绩目标的，当年不得授予权益。未满足设定的权益生效（解锁）业绩目标的，由公司按照以下办法处理：（一）当年计划生效的股票期权、股票增值权不得生效，予以注销。（二）当年计划解锁的限制性股票不得解除限售，由上市公司回购，回购价不高于授予价格与股票市价的较低者。

第二节 激励对象绩效考核评价

第四十四条 上市公司应当建立健全股权激励对象绩效考核评价机制，切实将权益的授予、生效（解锁）与激励对象个人绩效考核评价结果挂钩，根据考核评价结果决定其参与股权激励计划的资格，并分档确定权益生效（解锁）比例。激励对象绩效考核评价不合格的，由公司按照本指引第四十三条办法处理。

第四十五条 授予上市公司董事、高级管理人员的权益，应当根据任期考核结果行权或者兑现。境外上市公司授予的股票期权，应当将不低于获授量的20%留至限制期满后的任期（或者任职）期满考核合格后行权，或在激励对象行权后，持有不低于获授量20%的公司股票，至限制期满后的任期（或者任职）期满考核合格后方可出售；授予的股票增值权，其行权所获得的现金收益需进入上市公司为股权激励对象开设的账户，账户中现金收益应当有不低于20%的部分至任期（或者任职）期满考核合格后方可提取；授予的限制性股票，应当将不低于获授量的20%锁定至任期（或者任职）期满考核合格后解锁。如果任期考核不合格或者经济责任审计中发现经营业绩不实、国有资产流失、经营管理失职以及存在重大违法违纪的行为，对于相关责任人任期内已经行权的权益应当建立退回机制，由此获得的股权激励收益应当上交上市公司。

第三节 科创板上市公司实施股权激励的考核

第四十六条 中央企业控股科创板上市公司，根据国有控股上市公司实施股权激励的有关要求，按照《上海证券交易所科创板股票上市规则》等相关规定，规范实施股权激励。

第四十七条 科创板上市公司以限制性股票方式实施股权激励的，若授予价格低于公平市场价格的50%，上市公司应当适当延长限制性股票的限售期及解锁期，并设置不低于公司近三年平均业绩水平或同行业对标企业75分位值水平的解锁业绩目标条件。

第四十八条 尚未盈利的科创板上市公司实施股权激励的，限制性股票授予价格按照不低于公平市场价格的60%确定。在上市公司实现盈利前，可生效的权益比例原则上不超过授予额度的40%，对于属于国家重点战略行业、且因行业特性需要较长时间才可实现盈利的，应当在股权激励计划中明确提出调整权益生效安排的申请。

第四章　股权激励计划的管理

第一节 股权激励管理办法

第四十九条 国有控股股东应当依法行使股东权利，要求和督促上市公司制定规范的股权激励管理办法，并建立与之相适应的业绩考核评价制度，以业绩考核指标完成情况为基础对股权激励计划实施动态管理。

第五十条 上市公司股权激励管理办法，应当主要包括股权激励计划的管理机构及其职责权限、股权激励计划的实施程序、特殊情形处理、信息披露、财务会计与税收处理、监督管理等内容条款。（一）治理机构及管理职责，一般包括公司股东大会、董事会、董事会薪酬与考核委员会及公司内部相关职能部门等涉及股权激励各实施环节的机构，及其承担的股权激励管理职责。（二）股权激励计划实施程序，应当包括计划拟订、权益授予、权益生效（解锁）、激励对象权益行使与收益管理等工作。（三）责任追究和特殊情形处理，一般包括公司及激励对象资格取消情形、激励对象离职处理、权益数量和行权价格的调整等内容。

第五十一条 上市公司按照股权激励管理办法和业绩考核办法，建立健全公司业绩考核及激励对象绩效考核评价体系，以业绩考核完成情况决定对激励对象全体或个人权益的授予和生效（解锁）。（一）权益授予时，应当根据计划设定的公司业绩考核及激励对象绩效考核评价完成情况，决定对激励对象全体或个人是否授予权益，以及权益授予数量。（二）已经授予的权益在生效（解锁）时，应当按照计划及实施方案约定，根据公司业绩考核和激励对象绩效考核评价完成情况，决定激励对象全体所获授权益在当期可以生效部分是否生效（解锁），以及激励对象个人获授权益的生效（解锁）比例。

第二节 责任追究和特殊情形处理

第五十二条 上市公司有下列情形之一的，国有控股股东应当依法行使股东权利，提出取消当年度可行使权益，同时终止实施股权激励计划，经股东大会或董事会审议通过，一年内不得向激励对象授予新的权益，激励对象也不得根据股权激励计划行使权益或者获得激励收益：（一）未按照规定程序和要求聘请会计师事务所开展审计的。（二）年度财务报告、内部控制评价报告被注册会计师出具否定意见或者无法表示意见的审计报告。（三）国有资产监督管理机构、监事会或者审计部门对上市公司业绩或者年度财务报告提出重大异议。（四）发生重大违规行为，受到证券监督管理机构及其他有关部门处罚。

第五十三条 股权激励对象有下列情形之一的，上市公司国有控股股东应当依法行使股东权利，提出终止授予其新的权益、取消其尚未行使权益的行使资格、追回已获得的相关股权激励收益，并依据法律及有关规定追究其相应责任：（一）经济责任审计等结果表明未有效履职或者严重失职、渎职的。（二）违反国家有关法律法规、上市公司章程规定的。（三）激励对象在任职期间，有受贿索贿、贪污盗窃、泄露上市公司商业和技术秘密、实施关联交易损害上市公司利益、声誉和对上市公司形象有重大负面影响等违法违纪行为，并受到处分的。（四）激励对象未履行或者未正确履行职责，给上市公司造成较大资产损失以及其他严重不良后果的。

第五十四条 股权激励计划实施过程中，上市公司的财务会计文件或信息披露文件有虚假记载、误导性陈述或者重大遗漏，导致不符合授予权益或行使权益安排的，激励对象尚未行使的权益不再行使，上市公司应当收回激励对象由相关股权激励计划所获得的全部利益，不得再向负有责任的对象授予新的权益。

第五十五条 股权激励对象因调动、免职、退休、死亡、丧失民事行为能力等客观原因与企业解除或者终止劳动关系时，授予的权益当年达到可行使时间限制和业绩考核条件的，可行使部分可以在离职（或可行使）之日起半年内行使，半年后权益失效；当年未达到可行使时间限制和业绩考核条件的，原则上不再行使。尚未解锁的限制性股票，可以按授予价格由上市公司进行回购（可以按照约定考虑银行同期存款利息）。股权激励对象辞职、因个人原因被解除劳动关系的，尚未行使的权益不再行使。尚未解锁的限制性股票按授予价格与市场价格孰低原则进行回购，已获取的股权激励收益按授予协议或股权激励管理办法规定协商解决。

第五十六条 股权激励管理办法对上市公司回购限制性股票的具体情形及回购后股票的处理作出规定，应当符合《中华人民共和国公司法》规定，回购价格根据回购原因分类管理。（一）股权激励对象因调动、免职、退休、死亡、丧失民事行为能力等客观原因而导致的回购，按授予价格由上市公司进行回购（可以按照约定考虑银行同期存款利息）。（二）上市公司未满足设定的权益生效（解锁）业绩目标，股权激励对象绩效考核评价未达标、辞职、个人原因被解除劳动关系，激励对象出现本指引第五十三条、第五十四条规定情形等其他原因而导致的回购，以及公司终止实施股权激励计划的，回购价格不得高于授予价格与股票市价的较低者。（三）上市公司董事会应当公告回购股份方案，方案应当包括：回购股份的原因，回购价格及定价依据，回购股份的种类、数量及占股权激励计划所涉及标的股票的比例，拟用于回购的资金总额及来源，回购后公司股本结构的变动情况及对公司业绩的影响。

第五十七条 上市公司发生控制权变更、合并、分立等情形时，对激励对象未生效（解锁）权益不得做出加速生效或者提前解锁的安排。

第五十八条 上市公司股权激励管理办法就权益授出后标的股票除权、除息等原因调整授予数量及行权价格的原则、方式和程序等进行规定，应符合股票交易上市地监管规定和上市规则。

第五十九条 对于其他原因调整股票期权（或者股票增值权）授予数量、行权价格或者其他条款的，应当由上市公司董事会审议后，国有控股股东报中央企业集团公司审核同意，经股东大会通过后实施。

第三节 财务处理和税收规定

第六十条 国有控股股东应当要求和督促上市公司在实施股权激励计划的财务会计及税收处理等方面，严格执行境内外有关法律法规、财务制度、会计准则、税务制度和上市规则。

第六十一条 上市公司应当在股权激励计划中明确说明股权激励会计处理方法，测算并列明实施股权激励计划对公司各期业绩的影响；同时根据股权激励计划设定的条件，业绩指标完成情况以及实际行使权益情况等后续修正信息，按照会计准则有关规定确认对公司各期财务报告的影响，规范报表列报和信息披露。

第六十二条 股权激励对象应当承担行使权益或者购买股票时所发生的费用。上市公司不得直接或通过关联方间接为激励对象依股权激励计划获取有关权益提供贷款以及其他任何形式的财务资助，包括为其贷款提供担保。

第六十三条 股权激励对象应当就取得的股权激励收益依法缴纳个人所得税。具体计税规定按照国家有关规定执行。境外上市公司股权激励对象，应当同时遵守境外有关税收规定。

第五章 股权激励计划的实施程序

第一节 各级国有股东的职责

第六十四条 中央企业负责所出资控股上市公司股权激励计划及分期实施方案的审核职责。中央企业集团公司根据国家有关政策规定，结合本企业改革发展进程及战略规划，制定本企业实施股权激励的总体计划和管理办法。

第六十五条 上市公司国有股东应当切实履行出资人职责，根据国有控股上市公司实施股权激励的有关政策规定，通过规范的公司治理程序，按照中央企业的有关意见，认真指导上市公司规范实施股权激励，充分调动核心骨干人才创新创业的积极性，共享企业改革发展成果。

第六十六条 国资委加强对中央企业控股上市公司规范实施股权激励进行指导和监督。中央企业控股上市公司股权激励计划，经中央企业集团公司审核同意，报国资委批准。国资委不再审核上市公司（不含主营业务整体上市公司）依据股权激励计划制定的分期实施方案。上市公司国有控股股东关于实施股权激励的相关政策，中央企业可以向国资委进行咨询。

第二节 计划审议程序

第六十七条 上市公司董事会薪酬与考核委员会负责拟订股权激励计划草案并提交董事会审议。董事会应当依法对股权激励计划草案作出决议，履行法定程序后，提交上市公司股东大会审议。

第六十八条 上市公司应当按照相关法律法规和公司章程的规定，规范履行股权激励内部审议程序。（一）独立董事及监事会应当就股权激励计划草案是否有利于上市公司的持续发展，是否存在明显损害上市公司及全体股东利益的情形发表独立意见。（二）董事会审议股权激励计划草案时，拟为激励对象的董事或者与激励对象存在关联关系的董事，应当回避表决。（三）股东大会审议股权激励计划时，拟为激励对象的股东或者与激励对象存在关联关系的股东，应当回避表决。

第六十九条 上市公司应当在董事会审议通过股权激励计划草案后，根据股票上市地证券监管规定，及时公告董事会决议、股权激励计划草案、股权激励管理办法、独立董事意见、监事会意见、法律意见书等相关材料。

第三节 计划申报程序

第七十条 董事会审议通过股权激励计划草案后，上市公司国有控股股东应当在股东大会审议之前，将股权激励计划草案及相关申请文件按照公司治理和股权关系，报经中央企业集团公司审核同意、国资委批复后，提交上市公司股东大会审议。

第七十一条 上市公司股东大会召开前，股权激励计划草案未获得中央企业集团公司、国资委同意的，国有控股股东应当按照有关法律法规及相关规定，提议上市公司股东大会延期审议股权激励计划草案。国有控股股东在上市公司召开股东大会时，应当按照中央企业集团公司的意见，对上市公司股权激励计划草案进行表决。

第七十二条 国有控股股东关于上市公司实施股权激励的申请文件应当包括以下内容：（一）上市公司简要情况，包括历史沿革、上市时间、经营范围、主营业务及所处市场地位等情况；股本结构、公司治理结构、组织架构、员工人数及构成、薪酬管理制度等情况。（二）上市公司实施股权激励条件的合规性说明。（三）股权激励计划草案内容要点，包括股权激励计划和股权激励管理办法等应当由股东大会审议的事项及其相关说明，以及本期实施方案的内容概要。（四）权益授予数量和授予价值的说明，应当就上市公司选择的期权定价模型及权益公允价值的测算，激励对象获授权益的价值及占授予时薪酬总水平的比例等情况进行说明。（五）业绩考核条件说明，包括上市公司业绩考核评价制度及业绩目标水平的确定过程，公司历史业绩水平、同行业企业或对标企业业绩水平的数据比较和分析情况。（六）各级国有控股股东对上市公司股权激励计划及其实施方案等内容的审核意见。（七）有关监管规定要求的其他材料。

第七十三条 中央企业集团公司应当从实施条件、实施程序以及实施方案的合法性和合理性等方面对上市公司股权激励计划草案、分期实施方案进行评审。具体评审细则参考附件2。

第四节 计划的实施

第七十四条 股权激励计划及首期实施方案经股东大会通过后，上市公司董事会根据股东大会决议，负责股权激励的实施工作。以后年度实施的股权激励分期实施方案，应当依据股权激励计划制定，确定本期拟授予的激励对象名单、授予权益的数量、权益的行权（授予）价格、行使权益的时间安排及业绩考核条件等内容。

第七十五条　股权激励分期实施方案，应当根据股票上市地证券监管规定，履行相应的法律程序。在董事会审议决定前，国有控股股东应当报中央企业集团公司审核同意。中央企业主营业务整体上市公司的分期实施方案，报国资委审核同意后实施。

第七十六条　上市公司董事会应当根据股东大会决议，负责实施限制性股票的授予、解除限售和回购以及股票期权的授权、行权和注销。上市公司监事会应当对股权激励对象名单进行审核，充分听取公示意见。

第七十七条　上市公司按照股权激励计划和实施方案向激励对象授出权益前，应当召开董事会就设定的公司授予权益的条件、激励对象获授权益的条件是否成就进行审议，独立董事及监事会应当同时发表明确意见。条件未成就时，上市公司不得向激励对象授予权益，未授予的权益也不得递延下期授予。

第七十八条　激励对象在行使权益前，董事会应当就股权激励计划和实施方案设定的激励对象行使权益的条件是否成就进行审议，独立董事及监事会应当同时发表明确意见。

第七十九条　因标的股票除权、除息或者其他原因需要调整权益价格或者数量的，上市公司董事会应当按照股权激励计划及其管理办法规定的原则、方式和程序进行调整。调整后，在年度报告中予以披露及说明。

第八十条　上市公司在股东大会审议通过股权激励计划草案或实施方案之前可对其进行变更。变更需经董事会审议通过，并报中央企业集团公司审核同意。

第八十一条　上市公司董事会对已通过股东大会审议的股权激励计划或实施方案进行变更的，应当及时公告，报中央企业集团公司审核同意，并根据上市地监管规定和股权激励计划要求提交股东大会审议。变更事项不得包括导致加速行权或提前解除限售、降低行权价格或授予价格的情形。独立董事、监事会应当就变更后的计划或实施方案是否有利于上市公司的持续发展，是否存在明显损害上市公司及全体股东利益的情形发表独立意见。

第五节 计划的撤销、终止和重新申报

第八十二条　上市公司董事会在股东大会审议前撤销股权激励计划或者股东大会审议未通过股权激励计划的，上市公司国有控股股东应当在决议公告后5个工作日内，向中央企业集团公司报告撤销原股权激励计划审核。自决议公告之日起3个月内，上市公司不得再次审议股权激励计划。

第八十三条　上市公司终止已实施的股权激励计划，应当由股东大会或者股东大会授权董事会审议决定，说明终止理由、对公司业绩的影响并公告。上市公司国有控股股东应当在决议公告后5个工作日内，向中央企业集团公司报告终止原股权激励计划。自决议公告之日起3个月内，上市公司不得再次审议股权激励计划。

第八十四条　上市公司出现下列情况的，国有控股股东应当按照相关规定重新履行申报审核程序：（一）上市公司终止股权激励计划、实施新计划、变更股权激励计划相关重要事项的。（二）上市公司需要调整股权激励方式、激励对象范围、权益授予数量等股权激励计划主要内容的。

第六节 监督管理

第八十五条　上市公司董事会审议通过股权激励计划草案或分期实施方案后，按照证券监督管理机构的要求予以公告，国资委将关注社会公众等有关方面的评价意见，并作为审核股权激励计划、监督股权激励实施的重要参考。

　　第八十六条　境内上市公司股权激励的实施程序和信息披露应当符合中国证监会《上市公司股权激励管理办法》的有关规定。境外上市公司股权激励的实施程序应当符合股票上市地证券监督管理的有关规定。

　　第八十七条　上市公司未按照法律法规及相关规定实施股权激励计划的，中央企业集团公司应当责令国有控股股东督促上市公司立即进行整改，并对公司及相关责任人依法依规追究责任；在整改期间，中央企业集团公司应当停止受理该公司实施股权激励的申请。

　　第八十八条　为上市公司股权激励计划出具专业意见的机构和人员，应当保证所出具的文件真实、准确、完整，未履行诚实守信、勤勉尽责义务，所发表的专业意见存在虚假记载、误导性陈述或者重大遗漏的，国资委、中央企业予以通报。

　　第七节 信息披露和报告

　　第八十九条　上市公司实行股权激励，应当真实、准确、完整、及时、公平地公开披露或者提供信息，不得有虚假记载、误导性陈述或者重大遗漏。国有控股股东应当要求和督促上市公司按照有关规定严格履行信息披露义务，及时披露股权激励计划及其实施情况等相关信息。

　　第九十条　上市公司分期实施股权激励的，实施方案经董事会审议通过后，上市公司应当及时披露董事会决议公告，对拟授出的权益价格、行使权益安排、是否符合股权激励计划的安排等内容进行说明。

　　第九十一条　因标的股票除权、除息或者其他原因调整权益价格或者数量的，调整议案经董事会审议通过后，上市公司应当及时披露董事会决议公告。

　　第九十二条　上市公司董事会应当在授予权益及股票期权行权登记完成后、限制性股票解除限售前，及时披露相关实施情况的公告。

　　第九十三条　上市公司向激励对象授出权益时，应当按照规定履行信息披露义务，并再次披露股权激励会计处理方法、公允价值确定方法、涉及估值模型重要参数取值的合理性、实施股权激励应当计提的费用及对上市公司业绩的影响。

　　第九十四条　上市公司董事会对激励对象获授权益、行使权益的条件是否成就进行审议的，上市公司应当及时披露董事会决议公告，同时公告独立董事、监事会等方面的意见。

　　第九十五条　上市公司应当按照有关监管规定和上市规则要求，在年度报告中披露报告期内股权激励的实施情况和业绩考核情况，包含以下内容：（一）各期次股权激励的授予时间和有效期、激励方式、激励对象范围和人数、权益授予价格和授予数量。（二）各期次股权激励所涉权益的授予价格、权益数量历-32-次调整的情况，以及经调整后的最新权益价格和权益数量。（三）报告期初各期次权益累计已行使、失效情况和尚未行使的权益数量。（四）报告期内全部激励对象各期次权益的授予、行使和失效总体情况，以及所引起的股本变动情况，至报告期末累计已授出但尚未行使的权益总额。（五）公司董事、高级管理人员各自的姓名、职务以及各期次权益的获授价格、获授数量、有效期限，在报告期内历次获授权益行使价格、行使数量和失效的情况，至报告期末其所持权益数量。（六）公司实施股权激励业绩考核情况，以及对各期次权益的解锁和生效的影响。（七）股权激励的会计处理方法，以及股权激励费用对公司业绩的影响等。（八）报告期内激励对象获授权益、行使权益的条件是否成就的说明。（九）报告期内终止实施股权激励的情况及原因。（十）有关监管规定要求披露的其他内容。

　　第九十六条　国有控股股东应当在上市公司年度报告披露之日起10个工作日内将上述情况报告中

央企业集团公司。中央企业集团公司应当汇总所控股上市公司股权激励年度实施情况，报告国资委。

第六章 附　则

第九十七条 本指引下列用语的含义：（一）高级管理人员，是指公司的经理、副经理、财务负责人、上市公司董事会秘书和公司章程规定的其他人员。（二）外部董事，是指由非上市公司员工等外部人员担任的董事。外部董事不在公司担任除董事和董事会专门委员会有关职务外的其他职务，不负责执行层的事务，与其担任董事的公司不存在可能影响其公正履行外部董事职务的关系。控股股东公司员工担任的外部董事，参与上市公司股权激励的，在本指引第六条第二款中不视同为外部董事。独立董事是指与所受聘的公司及其主要股东没有任何经济上的利益关系且不在上市公司担任除董事外的其他任何职务的人员。（三）标的股票，是指根据股权激励计划，激励对象有权获授或者购买的上市公司股票。（四）权益，是指激励对象根据股权激励计划获得的上市公司股票、股票期权或者股票增值权。（五）股本总额，本指引第二十条、第二十一条和第二十二条所称股本总额是指股东大会批准最近一次股权激励计划时公司已发行的股本总额。（六）授予日，是指上市公司向激励对象授予权益的日期，须确定在股权激励计划规定的授予条件满足之后。授予日必须为交易日。（七）行使，是指激励对象根据股权激励计划，对获授的股票期权或者股票增值权进行行权，对限制性股票进行解除限售的行为。（八）生效日，又称可行权日，是指激励对象获授的股票期权或者股票增值权可以开始行权的日期。生效日必须为可交易日。（九）解锁日，又称解除限售日，是指激励对象获授的限制性股票可以开始出售的日期。解锁日必须为可交易日。（十）行权价格，是指上市公司向激励对象授予股票期权或者股票增值权时所确定的、激励对象购买上市公司股票（或者计算增值收益）的价格。（十一）授予价格，是上市公司向激励对象授予限制性股票的价格。（十二）权益授予价值，是指激励对象获授权益的预期价值，按照单位权益公允价值与授予数量的乘积计算确定。单位股票期权或者股票增值权的公允价值，参照国际通行的期权定价模型进行测算；单位限制性股票的公允收益，为公司赠与部分当期价值，即授予价格与公平市场价格的差额。（十三）授予时薪酬总水平，是指激励对象获授权益时距离下一期股权激励授予的间隔期内薪酬总水平（含股权激励收益），统计年限应当与股权激励计划的授予间隔期匹配。该年限应当在1年以上，但最高不超过3年。（十四）股权激励实际收益，是指激励对象行使权益时实—35—际兑现的税前账面收益，区分不同激励方式按照以下原则确定：1.股票期权、股票增值权：实际收益=行权数量×（行权日公司标的股票收盘价–行权价格）。2.限制性股票：实际收益=解锁数量×（解锁日公司标的股票收盘价–授予价格）。3.标的股票除权、除息的，按行权（解锁）时的调整情况，计算行权（解锁）数量和行权（授予）价格。（十五）本指引所称的"以上"含本数，"超过""低于""少于"不含本数。

附件1：股票期权、股票增值权价值估算中相关参数的选择与计算原则

本原则适用于单位权益的授予价值测算，上市地证券监管机构有明确规定的，从其规定。财务管理中关于授予权益的费用计提估值，应根据会计准则核算。

一、无风险利率：应当采取相同期限的国债年化利率。如不存在与股票期权或者股票增值权预期期限一致的国债，可以选取短于该期限的国债年化利率为替代。

二、股价波动率：应当基于可公开获得的信息，可以采取本公司、同行业企业历史数据，同时参

考同行业可比企业在与本公司可比较时期内的历史数据。计算区间一般为1年，也可与股票期权或者股票增值权的预期期限相当。

三、预期分红收益率：激励计划就标的股票现金分红除息调整股票期权（股票增值权）的行权价格的，预期分红率应当为0。

四、预期期限：预期期限=∑每批生效比例×该批预期行权时间，预期行权时间=0.5×（期权生效时间+生效截至时间）。

五、行权价格、市场价格：按照本指引第二十五条所述公平市场价格确定。上市公司拟订授予方案时，按估值日的公平市场价格测算权益的预期价值。估值日以董事会审议授予方案前5个交易日为宜。

附件2：中央企业控股上市公司股权激励计划草案评审细则

序号	类别	评审项目	评审要点	评审标准描述	合规与否	情况说明
1	实施条件	公司治理结构	股东会、董事会、监事会和经理层	组织架构健全、职责明确、运作有效	是/否	
2			外部董事（含独立董事）	占董事会成员半数以上	是/否	
3			董事会薪酬与考核委员会	全部由外部董事构成、议事规则健全	是/否	
4		基础管理制度	劳动用工、薪酬福利及业绩考核制度	符合市场经济和现代企业制度要求	是/否	
5			内部控制体系和基础管理制度	制度健全、运作有效	是/否	
6		中长期发展方向	发展战略和实施计划	发展战略目标和实施计划明确，持续发展能力良好	是/否	
7		财务状况	财务状况和经营业绩	资产质量和财务状况良好，经营业绩稳健；近三年无财务违法违规行为和不良记录	是/否	
8		其他	证券监督管理机构规定的其他条件	按照相关规定评审	是/否	
9	实施程序	内部审议程序	董事会决议	审议表决情况	是/否	
10			关联董事回避情况	按照要求回避表决	是/否	
11			独立董事意见	按照要求发表独立意见	是/否	
12			监事会意见	按照要求对名单进行核实	是/否	
13	实施程序	国有控股股东意见	国有控股股东发表意见	按照规定审核议案、咨询政策并发表意见	是/否	
14			向国资委申报情况	按照规定及时向国资委申报	是/否	
15		其他	董事会召开、公告等事项	符合证券监管规定	是/否	
16			财务顾问或律师意见	按照要求发表独立意见	是/否	
17	实施方案	一般规定	申报资料的完整和合规	按照要求提供申报资料	是/否	
18			股权激励计划内容	要素完整、资料详实	是/否	
19			所选股权激励方式	符合政策规定和政策导向	是/否	
20			标的股票来源	来源明确、合规	是/否	
21			行权或购股资金来源	来源明确、合规	是/否	
22		股权激励对象	激励对象范围、重点和人数	符合政策规定，人数控制合理	是/否	
23			激励对象资格	不存在不符合资格的人员；按照规定进行信息披露；提供分类情况及拟授权益数量	是/否	
24		权益授予数量	权益授予总量和首期授予数量	符合政策规定，并与公司股本总额、激励范围和激励水平相匹配	是/否	
25			个人获授数量	符合政策规定，并按照权益授予价值和公平市场价格测算确定	是/否	
26			分期授予和预留股份	符合政策规定	是/否	
27	实施方案	行权价格、授予价格和公允价值、授予价值	行权价格、授予价格	符合公平市场价格原则；限制性股票的授予价格不低于公平市场价格的50%	是/否	
28			单位权益的公允价值	采取的估值模型或者计算方法、相关计算参数符合规定；专业机构出具其意见	是/否	
29			权益授予价值	控制在授予时总薪酬水平的规定比例内；授予时总薪酬水平的计算符合规定	是/否	
30		计划有效期、行使时间等	计划有效期和授予间隔期	符合政策规定	是/否	
31			各期次权益有效期和行使安排	行权限制（限售期）和行权有效期（解锁期）符合政策规定；匀速分批生效（解除限售）	是/否	
32			董事、高管出售、转让股票限制	符合《中华人民共和国公司法》相关规定	是/否	
33	考核管理	业绩考核条件	业绩考核体系及运用	公司、个人层面均有业绩考核；在授予、生效（解锁）环节双重挂钩	是/否	
34			公司业绩考核指标和目标水平	业绩指标齐全；目标水平与自身历史业绩和同行业业绩水平比较均具有挑战性	是/否	
35			个人绩效评价及运用	个人绩效评价与授予、生效（解锁）挂钩；负责人绩效评价符合相关规定，权益行使与任期考核挂钩	是/否	
36	考核管理	股权激励计划管理	计划终止，激励对象资格取消	相关条款符合政策规定	是/否	
37			激励对象离职、公司股本变动时的处理	符合政策规定	是/否	
38			未行使权益的处理	符合政策规定	是/否	
39			财务资助	公司不得提供任何形式财务资助	是/否	
40			信息披露和实施情况报告	相关条款规定符合政策规定	是/否	

关于开展对标世界一流管理提升行动的通知

国资发改革〔2020〕39号

各中央企业，各省、自治区、直辖市及计划单列市和新疆生产建设兵团国资委：

为深入贯彻习近平总书记重要指示批示精神，落实党的十九大和十九届二中、三中、四中全会精神，进一步推动国有企业加强管理体系和管理能力建设，加快培育具有全球竞争力的世界一流企业，国务院国资委决定在中央企业和地方国有重点企业（以下统称国有重点企业）开展对标世界一流管理提升行动（以下简称对标提升行动），现将有关事项通知如下：

一、充分认识开展对标提升行动的重要性和紧迫性

加强管理是企业发展的永恒主题，是企业实现基业长青的重要保障。习近平总书记作出重要指示批示，深刻阐述了新时期加强管理体系和管理能力建设的重要意义，为做好企业管理工作指明了方向，提供了根本遵循。党的十九届四中全会作出推进国家治理体系和治理能力现代化的重大战略部署，对国有企业提升管理能力和水平提出了更高要求。近年来，国有企业不断夯实管理基础、强化管理创新，企业管理工作取得积极成效。但与世界一流企业相比，仍存在管理制度不完备、体系不健全、机制不完善、执行不到位等问题，一定程度上影响了企业发展的质量和效益。特别是当前，受全球疫情冲击，世界经济增长低迷，产业链供应链循环受阻，不确定不稳定因素增多，我国经济形势面临的下行压力持续加大。面对日益严峻的形势和挑战，国有企业必须通过立足自身、苦练内功，从先进的管理中要质量、要效益、要增长，才能在日益复杂激烈的竞争环境中立于不败之地，才能不断增强国有经济竞争力、创新力、控制力、影响力和抗风险能力。

要充分认识新形势下对标世界一流提升企业管理水平的重要意义，将对标提升行动作为贯彻落实习近平总书记重要指示批示精神和党的十九届四中全会决策部署的重要举措，作为应对新挑战新要求、提高企业发展质量效益的关键抓手，作为增强核心竞争力、着力打造具有全球竞争力世界一流企业的必然要求，摆上重要工作日程，抓紧研究部署推进。通过对标世界一流企业，聚焦自身存在的突出问题，进一步加强管理体系和管理能力建设，尽快补齐短板和弱项，有效增强竞争实力，促进国有资产保值增值，推动国有资本和国有企业做强做优做大。

二、准确把握对标提升行动的总体要求和重点任务

总体要求：以习近平新时代中国特色社会主义思想为指导，以对标世界一流为出发点和切入点，以加强管理体系和管理能力建设为主线，坚持突出重点、统筹推进、因企施策，对照世界一流企业、行业先进企业找差距，有针对性地采取务实管用的工作措施，促进企业管理水平在现有基础上明显提升。到2022年，国有重点企业管理理念、管理文化更加先进，管理制度、管理流程更加完善，管理方法、管

理手段更加有效，管理基础不断夯实，创新成果不断涌现，基本形成系统完备、科学规范、运行高效的中国特色现代国有企业管理体系，企业总体管理能力明显增强，部分国有重点企业管理达到或接近世界一流水平。

重点任务：综合分析世界一流企业的优秀实践，深入查找企业管理的薄弱环节，通过健全工作制度、完善运行机制、优化管理流程、明确岗位职责、严格监督检查等措施，持续加强企业管理的制度体系、组织体系、责任体系、执行体系、评价体系等建设，全面提升管理能力和水平。

（一）加强战略管理，提升战略引领能力

针对战略管理意识不强、投资决策不科学、主责主业不突出、国际化经营水平不高等问题，进一步强化战略管理意识，紧紧围绕落实国家战略和提升企业核心竞争力的要求，科学谋划战略定位、主攻方向和业务结构，切实强化战略规划的刚性约束和有效落实；强化投资管理，健全完善战略规划、商业计划、投资决策、项目实施、考核评价等紧密衔接的管理体系，实施投资全周期管理，提高投资的科学性和有效性；强化主业管理，推动各类资源要素向主责主业集中，严控非主业投资，加快剥离非主业非优势业务，清理处置低效无效资产；强化国际化经营，积极稳妥实施"走出去"，构建更加适应国际化经营需要的管理机制，有序融入世界产业链和创新生态圈，不断增强全球话语权和影响力。

（二）加强组织管理，提升科学管控能力

针对总部定位不清晰、机构设置不匹配、授权放权不充分、流程运转不顺畅、管理方式不合理等问题，进一步明确总部职能定位，科学设置组织架构，探索推行"扁平化""大部门制""项目制"管理，建立健全目标明确、边界清晰、权责对等、精简高效的组织体系；分类开展授权放权，综合考虑所出资企业发展阶段、行业特点、治理能力、管理基础等因素，给予不同范围、不同程度的授权放权，全面激发企业活力；完善组织运行机制，进一步压缩管理链条、优化工作流程，确保组织高效运转、快速响应；转变行政化管理方式，依据股权关系，通过法人治理结构，依法履职行权，提升企业管理市场化、法治化水平；加强组织文化建设，着力培育传承国有企业优良传统、体现时代特征的企业文化，积极履行社会责任，塑造良好企业形象，不断增强企业凝聚力、向心力和软实力。

（三）加强运营管理，提升精益运营能力

针对精细化管理能力不强、成本和质量管控不到位、运营效率不高等问题，进一步树立全员参与、协同高效、持续改善的精益管理理念，将精益管理运用到研发设计、生产制造、供应链管理、营销服务等全流程全链条，以最小资源投入，创造更多更大价值；加强现场管理，对生产现场各要素进行合理有效的计划、组织、协调、控制，实现生产的安全、优质、高效、环保、低耗和均衡；着力优化供应链管理，持续提升采购的集约化、规范化、信息化、协同化水平，实现采购优质优价和全生命周期总成本最低；完善营销管理和用户服务体系，科学制订营销策略，创新服务模式，不断提升服务质量和品牌形象，提高客户忠诚度和满意度。

（四）加强财务管理，提升价值创造能力

针对集团财务管控薄弱、"两金"规模较大、资金使用效率不高、资本运营能力不足等问题，进一步构建一体化财务管控体系，深入推进资金集中统一管理，完善全面预算管理和财务信息化建设，实现财务信息贯通和管控落地；充分挖掘和有效利用财务资源，持续优化资本结构、强化"两金"管控、加强成本费用控制，不断提高资源配置效率；建立健全资本管理体系，有效利用多层次资本市场，通过股权运作、并购重组、基金投资、培育孵化等方式，提高资本的流动性和回报率，促进国有资本保值增值；加强市值管理，依托上市公司平台有效整合资源、盘活存量资产，提高上市公司透明度，不断提升价值创造能力。

（五）加强科技管理，提升自主创新能力

针对关键核心技术受制于人、创新效率不高、科技领军人才不足、创新体制机制有待完善等问题，进一步加强科技创新战略规划，强化新兴技术和战略必争领域前瞻性布局，加大研发投入，提升知识产权工作水平，打造长板优势；完善技术创新体系，形成基础研究、应用基础研究、技术创新、成果转化及高新技术产业化相配套的梯次研发体系，加强高水平研发平台建设，加快突破一批关键核心技术；提高协同创新水平，加强产学研用合作，积极融入全球创新网络，推进国企创新联合体建设，打造高水平双创平台，组建共性技术研发平台和技术创新战略联盟；完善体制机制，强化创新考核引导，健全人才引进培养评价激励机制，促进科技成果转移转化，营造良好创新生态。

（六）加强风险管理，提升合规经营能力

针对风险防范意识不强、内控体系不完善、合规管理不到位、责任追究力度不够等突出问题，进一步强化风险防控意识，抓好各类风险的监测预警、识别评估和研判处置，坚决守住不发生重大风险的底线；加强内控体系建设，充分发挥内部审计规范运营和管控风险等作用，构建全面、全员、全过程、全体系的风险防控机制；推进法律管理与经营管理深度融合，突出抓好规章制度、经济合同、重大决策的法律审核把关，切实加强案件管理，着力打造法治国企；健全合规管理制度，加强对重点领域、重点环节和重点人员的管理，推进合规管理全面覆盖、有效运行；加强责任追究体系建设，加快形成职责明确、流程清晰、规范有序的工作机制，加大违规经营投资责任追究力度，充分发挥警示惩戒作用。

（七）加强人力资源管理，提升科学选人用人能力

针对人力资源规划不清晰、三项制度改革落实不到位、人才队伍活力不足、高层次领军人才缺乏等突出问题，进一步强化规划引领，坚持人力资源管理占企业战略、业务发展同步谋划，充分发挥市场作用，围绕人力资源的获取、配置、利用、保留和开发等核心环节持续探索创新，提高人力资源对企业战略目标的支撑作用；完善市场化选人用人机制，拓展人才引进渠道，着力推行经理层任期制和契约化管理，积极探索职业经理人制度，加快建立和实施以劳动合同管理为基础、以岗位管理为核心的市场化用工制度；健全薪酬分配激励机制，全面推行岗位绩效工资制度，统筹运用多种中长期激励方式，鼓励支持知识、技术、管理等生产要素有效参与分配，充分激发各类人才的活力动力；加强人才培养和梯队建设，以创新型、专业化、高层次人才为重点，把握不同类别人才特点因才施策，持续优化人才成长路径和队伍结构，全面提升人才队伍素质。

（八）加强信息化管理，提升系统集成能力

针对信息化管理缺乏统筹规划、信息化与业务"两张皮"、信息系统互联互通不够、存在安全隐患等问题，结合"十四五"网络安全和信息化规划制定和落实，以企业数字化智能化升级转型为主线，进一步强化顶层设计和统筹规划，充分发挥信息化驱动引领作用；促进业务与信息化的深度融合，推进信息系统的平台化、专业化和规模化，实现业务流程再造，为企业生产经营管理和产业转型升级注入新动力；打通信息"孤岛"，统一基础数据标准，实现企业内部业务数据互联互通，促进以数字化为支撑的管理变革；加强网络安全管理体系建设，落实安全责任，完善技术手段，加强应急响应保障，确保不发生重大网络安全事件。

三、扎实做好对标提升行动的组织实施

（一）加强组织领导

切实将加强党的领导党的建设贯穿对标提升行动全过程和各方面，牢牢把握正确方向，为完成工作目标提供坚强保障。各地国资委要高度重视，认真抓好对标提升行动的组织实施。国有重点企业党委（党组）充分发挥把方向、管大局、保落实的领导作用，认真研究制定实施方案，抓好部署安排和组织落实。企业主要负责同志作为第一责任人，要靠前指挥、亲自推动。加强统筹协调，建立工作机制，明确牵头承担对标提升行动任务和企业管理工作的责任部门，强化人员、资金、考核等保障措施。

（二）有序推进实施

对标提升行动分为三个阶段：1.研究部署阶段（2020年6月–9月）：印发专门文件，召开启动会议，全面部署对标提升行动。坚持一企一策、一行一策，聚焦管理薄弱环节，制定对标提升行动实施方案和"对标提升工作清单"，于2020年9月底前按照管理关系报国务院国资委或地方国资委备案。实施方案要明确对标提升行动的目标任务、主要措施、进度安排、组织保障等，也可结合实际增加相关管理提升任务。"对标提升工作清单"要明确每项重点任务的对标领域、对标对象、问题表现、提升目标、具体措施、成果形式、时间节点、进展情况、责任部门及责任人等。2.组织落实阶段（2020年10月–2022年7月）：贯彻落实国务院国资委工作部署，按照实施方案和"对标提升工作清单"，集中力量推进管理体系和管理能力建设，补齐管理短板，提升管理水平。3.评估深化阶段（2022年8—12月）：深入总结对标提升行动的做法和经验，对提升效果进行全面深入的评估，建立管理提升的长效机制，持续加强企业管理工作。

（三）加强指导督促

国务院国资委将成立对标提升行动领导小组，建立统筹推进落实的工作机制，加强组织动员、指导督促和考核评估。按照不同的管理类别组织开展系列培训和课题研究，提供有针对性的指导。通过视频会议、现场研讨、调研督导等方式，搭建沟通交流平台，推介优秀企业管理成果和经验，促进相互交流和借鉴。组织有关专家、中介机构和企业等，明确评价标准，开展分析评估。将对标提升行动纳入中央企业领导班子综合考核评价以及董事会工作评价，在任期经营业绩考核中给予加分奖励。各地国资委可结合本地实际，采取切实有效措施，加强对所监管国有重点企业开展对标提升行动的指导督促，并及时向国务院国资委报告有关进展情况。

（四）实施在线监管

国务院国资委充分运用国资国企在线监管系统，搭建专项工作平台，有效促进对标提升行动开展。通过专项工作平台，及时发布政策文件，传达工作部署要求，动态更新各企业工作进展，推介展示好的做法和经验。汇总分析企业在不同阶段遇到的难点问题，采取专家咨询、在线交流等方式答疑解惑。借助行业协会和中介机构力量，结合企业实际，探索在国资国企在线监管系统中建立分行业的对标指标数据库，为工作开展提供有力支撑。各地国资委也要充分运用信息化手段，加强对标提升行动的实时跟踪、推动促进和支持保障。

（五）抓好典型选树

国务院国资委将强化激励、鼓励先进，按照不同行业、不同层级、不同管理类型，持续推出一批管理标杆企业，选树一批管理标杆项目，推广一批管理标杆范式。通过《国有企业改革动态》专刊、

"国资小新""国企改革"微信公众号和国资委网站等平台，对国有重点企业中出现的标杆企业、标杆项目和标杆范式进行广泛宣传和推广，不断扩大应用成效。各地国资委和国有重点企业要高度注重总结提炼好的经验做法，做好先进典型推介宣传，形成比学赶超的浓厚氛围。

国资委办公厅

2020年6月15日印发

关于健全支持中小企业发展制度的若干意见

工信部联企业〔2020〕108号

各省、自治区、直辖市及计划单列市人民政府，新疆生产建设兵团：

中小企业是国民经济和社会发展的主力军，是建设现代化经济体系、推动经济高质量发展的重要基础，是扩大就业、改善民生的重要支撑，是企业家精神的重要发源地。党中央、国务院高度重视中小企业发展，近年来出台了一系列政策措施，有关工作取得积极成效，但仍存在一些突出问题，特别是一些基础性制度性问题亟待解决。为深入贯彻党的十九届四中全会精神，坚持和完善社会主义基本经济制度，坚持"两个毫不动摇"，形成支持中小企业发展的常态化、长效化机制，促进中小企业高质量发展，经国务院同意，现就健全支持中小企业发展制度，提出如下意见。

一、完善支持中小企业发展的基础性制度

（一）健全中小企业法律法规体系

以《中小企业促进法》为基础，加快构建具有中国特色、支持中小企业发展、保护中小企业合法权益的法律法规体系。鼓励地方依法制定本地促进中小企业发展的地方法规。探索建立中小企业法律法规评估制度和执行情况检查制度，督促法律法规落实到位。

（二）坚持公平竞争制度

全面实施市场准入负面清单制度，公正公平对待中小企业，破除不合理门槛和限制，实现大中小企业和各种所有制经济权利平等、机会平等、规则平等。全面落实公平竞争审查制度，完善审查流程和标准，建立健全公平竞争审查投诉、公示、抽查制度。加强和改进反垄断和反不正当竞争执法，维护市场竞争秩序。

（三）完善中小企业统计监测和发布制度

健全中小企业统计监测制度，定期发布中小企业统计数据。建立中小企业融资状况调查统计制度，编制中小微企业金融条件指数。加强中小企业结构化分析，提高统计监测分析水平。探索利用大数据等手段开展中小企业运行监测分析。完善《中小企业主要统计数据》手册，研究编制中小企业发展指数。适时修订中小企业划型标准。

（四）健全中小企业信用制度

坚持"政府+市场"的模式，建立健全中小企业信用信息归集、共享、查询机制，依托全国信用信息共享平台，及时整合共享各类涉企公共服务数据。建立健全中小企业信用评价体系，完善金融信用信息基础数据库，创新小微企业征信产品，高效对接金融服务。研究出台有关法律法规，规范中小企业信用信息采集、公示查询和信用监管等。发挥国家企业信用信息公示系统的基础作用，将涉企信息记于企业名下并依法公示。

（五）完善公正监管制度

减少监管事项，简化办事流程，推广全程网上办、引导帮办，全面推行信用监管和"互联网+监管"改革。推进分级分类、跨部门联合监管，加强和规范事中事后监管，落实和完善包容审慎监管，避免对中小企业采取简单粗暴处理措施，对"一刀切"行为严肃查处。

二、坚持和完善中小企业财税支持制度

（一）健全精准有效的财政支持制度

中央财政设立中小企业科目，县级以上财政根据实际情况安排中小企业发展专项资金。建立国家中小企业发展基金公司制母基金，健全基金管理制度，完善基金市场化运作机制，引导有条件的地方政府设立中小企业发展基金。完善专项资金管理办法，加强资金绩效评价。

（二）建立减轻小微企业税费负担长效机制

实行有利于小微企业发展的税收政策，依法对符合条件的小微企业按照规定实行缓征、减征、免征企业所得税、增值税等措施，简化税收征管程序；对小微企业行政事业性收费实行减免等优惠政策，减轻小微企业税费负担。落实好涉企收费目录清单制度，加强涉企收费监督检查，清理规范涉企收费。

（三）强化政府采购支持中小企业政策机制

修订《政府采购促进中小企业发展暂行办法》，完善预留采购份额、价格评审优惠等措施，提高中小企业在政府采购中的份额。向中小企业预留采购份额应占本部门年度政府采购项目预算总额的30%以上；其中，预留给小微企业的比例不低于60%。

三、坚持和完善中小企业融资促进制度

（一）优化货币信贷传导机制

综合运用支小再贷款、再贴现、差别存款准备金率等货币政策工具，引导商业银行增加小微企业信贷投放。进一步疏通利率传导渠道，确保贷款市场报价利率（LPR）有效传导至贷款利率。建立差异化小微企业利率定价机制，促进信贷利率和费用公开透明，保持小微企业贷款利率定价合理水平。

（二）健全多层次小微企业金融服务体系

推进普惠金融体系建设，深化大中型银行普惠金融事业部改革，推动中小银行、非存款类金融机构和互联网金融有序健康发展。鼓励金融机构创新产品和服务，发展便利续贷业务和信用贷款，增加小微企业首贷、中长期贷款、知识产权质押贷款等，开展供应链金融、应收账款融资，加强银税互动。推动金融科技赋能金融机构服务中小企业。研究出台《非存款类放贷组织条例》，加快推进小额金融纠纷快速解决等机制建设。完善规范银行业涉企服务收费监管法规制度，降低小微企业综合性融资成本。

（三）强化小微企业金融差异化监管激励机制

健全商业银行小微企业金融服务监管长效机制，出台《商业银行小微企业金融服务监管评价办法》。修订《金融企业绩效评价办法》，将商业银行小微企业服务情况与资本补充、金融债发行、宏观审慎评估（MPA）考核、金融机构总部相关负责人考核及提任挂钩。引导银行业金融机构探索建立授信尽职免责负面清单制度。督促商业银行优化内部信贷资源配置和考核激励机制，单列小微企业信贷计划，改进贷款服务方式。

（四）完善中小企业直接融资支持制度

大力培育创业投资市场，完善创业投资激励和退出机制，引导天使投资人群体、私募股权、创业投资等扩大中小企业股权融资，更多地投长、投早、投小、投创新。稳步推进以信息披露为核心的注册制改革，支持更多优质中小企业登陆资本市场。鼓励中小企业通过并购重组对接资本市场。稳步推进新三板改革，健全挂牌公司转板上市机制。完善中小企业上市培育机制，鼓励地方加大对小升规、规改股、股上市企业的支持。加大优质中小企业债券融资，通过市场化机制开发更多适合中小企业的债券品种，完善中小企业债券融资增信机制，扩大债券融资规模。

（五）完善中小企业融资担保体系

健全政府性融资担保体系，发挥国家融资担保基金作用，实施小微企业融资担保降费奖补政策，完善风险补偿机制和绩效考核激励机制，引导各级政府性融资担保机构扩大小微企业融资担保业务规模、降低担保费率水平。鼓励银行业金融机构加大与政府性融资担保机构合作，合理确定风险分担比例和担保贷款风险权重，落实金融机构和融资担保机构尽职免责制度，提高小微企业融资可获得性。推动建立统一的动产和权利担保登记公示系统。

四、建立和健全中小企业创新发展制度

（一）完善创业扶持制度

改善创业环境，广泛培育创业主体。完善创业载体建设，健全扶持与评价机制，为小微企业创业提供低成本、便利化、高质量服务。鼓励大企业发挥技术优势、人才优势和市场优势，为创业活动提供支撑。鼓励服务机构提供创业相关规范化、专业化服务。

（二）完善中小企业创新支持制度

创新中小企业产学研深度融合机制，促进大中小企业联合参与重大科技项目，推动高校、科研院所和大企业科研仪器、实验设施、中试小试基地等创新资源向中小企业开放。调整完善科技计划立项、任务部署和组织管理方式，大幅提高中小企业承担研发任务比例，加大对中小企业研发活动的直接支持。完善专业化市场化创新服务体系，完善国家技术创新中心、制造业创新中心等支持中小企业创新的机制，提升小微企业创业创新示范基地、科技企业孵化器、专业化众创空间、大学科技园等扶持中小企业创新的能力与水平。完善中小企业创新人才引进和培育制度，优化人才激励和权益保障机制。以包容审慎的态度，鼓励中小企业技术创新、产品创新、模式创新。

（三）完善支持中小企业"专精特新"发展机制

健全"专精特新"中小企业、专精特新"小巨人"企业和制造业单项冠军企业梯度培育体系、标准体系和评价机制，引导中小企业走"专精特新"之路。完善大中小企业和各类主体协同创新和融通发展制度，发挥大企业引领支撑作用，提高中小企业专业化能力和水平。

（四）构建以信息技术为主的新技术应用机制

支持中小企业发展应用5G、工业互联网、大数据、云计算、人工智能、区块链等新一代信息技术以及新材料技术、智能绿色服务制造技术、先进高效生物技术等，完善支持中小企业应用新技术的工作机制，提升中小企业数字化、网络化、智能化、绿色化水平。支持产业园区、产业集群提高基础设施支撑能力，建立中小企业新技术公共服务平台，完善新技术推广机制，提高新技术在园区和产业链上的整体应用水平。

五、完善和优化中小企业服务体系

（一）完善中小企业服务体系

健全政府公共服务、市场化服务、社会化公益服务相结合的中小企业服务体系，完善服务机构良性发展机制和公共服务平台梯度培育、协同服务和评价激励机制。探索建立全国中小企业公共服务一体化平台。发展中小企业服务产业，引导服务机构提供规范化、精细化、个性化服务，引导大企业结合产业链、供应链、价值链、创新链为中小企业提供配套服务。鼓励各类社会组织为企业提供公益性服务，探索建立志愿服务机制。

（二）健全促进中小企业管理提升机制

完善中小企业培训制度，构建具有时代特点的课程、教材、师资和组织体系，建设慕课平台，构建多领域、多层次、线上线下相结合的中小企业培训体系。健全技能人才培养、使用、评价、激励制度，加快培养高素质技能人才，弘扬"工匠精神"。健全中小企业品牌培育机制。实施小微企业质量管理提升行动。完善中小企业管理咨询服务机制。

（三）夯实中小企业国际交流合作机制

深化双多边中小企业合作机制，促进中小企业国际交流合作。探索建设中小企业海外服务体系，夯实中小企业国际化发展服务机制，在国际商务法务咨询、知识产权保护、技术性贸易措施、质量认证等方面为中小企业提供帮助。支持有条件的地方建设中外中小企业合作区，完善评价激励机制。推进关税保证保险改革。鼓励跨境电商等新业态发展，探索建立B2B出口监管制度，支持跨境电商优进优出。

六、建立和健全中小企业合法权益保护制度

（一）构建保护中小企业及企业家合法财产权制度

坚决保护中小企业及企业家合法财产权，依法惩治侵犯中小企业投资者、管理者和从业人员合法权益的违法犯罪行为。严格按照法定程序采取查封、扣押、冻结等措施，依法严格区分违法所得、其他涉案财产与合法财产，严格区分企业法人财产与股东个人财产，严格区分涉案人员个人财产与家庭成员财产。建立涉政府产权纠纷治理长效机制。出台并落实《保障中小企业款项支付条例》，从源头遏制拖欠问题。

（二）健全中小企业知识产权保护制度

完善知识产权保护法律法规和政策，建立健全惩罚性赔偿制度，提高法定赔偿额。实施中小企业知识产权战略推进工程，加强知识产权服务业集聚发展区建设，强化专利导航工作机制，完善支持中小企业开发自主知识产权技术和产品的政策，提升中小企业创造、运用、保护和管理知识产权能力。优化中小企业知识产权维权机制，建设一批知识产权保护中心。构建知识产权纠纷多元化解决机制，强化中小企业知识产权信息公共服务，推进知识产权纠纷仲裁调解工作。提高知识产权审查效率，减轻中小企业申请和维持知识产权的费用负担。

（三）完善中小企业维权救济制度

构建统一的政务咨询投诉举报平台，畅通中小企业表达诉求渠道，完善咨询投诉举报处理程序和督办考核机制。探索建立中小企业公益诉讼制度、国际维权服务机制。鼓励法律服务机构开展小微企业法律咨询公益服务。建立健全中小企业应急救援救济机制，帮助中小企业应对自然灾害、事故灾难、公

共卫生事件和社会安全事件等不可抗力事件。

七、强化促进中小企业发展组织领导制度

（一）强化各级促进中小企业发展工作机制

县级以上地方人民政府必须建立健全促进中小企业发展领导小组，由政府领导担任领导小组组长，办公室设在负责中小企业促进工作的综合管理部门，强化促进中小企业发展工作队伍建设。领导小组要定期召开会议研究落实党中央、国务院促进中小企业发展的重大决策部署，及时向上一级领导小组办公室报告有关工作情况。领导小组各成员单位要认真执行领导小组议定事项，建立内部责任制，加强工作落实。

（二）完善中小企业决策保障工作机制

完善中小企业政策咨询制度，培育一批聚焦中小企业研究的中国特色新型智库，建立政策出台前征求中小企业与专家意见制度和政策实施效果评估制度。完善中小企业政策发布、解读和舆情引导机制，提高政策知晓率、获得感和满意度。定期开展中小企业发展环境第三方评估，并向社会公布结果。

工业和信息化部
国家发展和改革委员会
科学技术部、财政部
2020年7月24日

关于加快推进国有企业数字化转型工作的通知

各中央企业，各省、自治区、直辖市及计划单列市和新疆生产建设兵团国资委：

为贯彻落实习近平总书记关于推动数字经济和实体经济融合发展的重要指示精神，落实党中央、国务院关于推动新一代信息技术与制造业深度融合，打造数字经济新优势等决策部署，促进国有企业数字化、网络化、智能化发展，增强竞争力、创新力、控制力、影响力、抗风险能力，提升产业基础能力和产业链现代化水平，现就加快推进国有企业数字化转型工作的有关事项通知如下：

一、提高认识，深刻理解数字化转型的重要意义

深入学习领会习近平总书记关于推动数字经济和实体经济融合发展的重要指示精神，研究落实党中央、国务院有关政策，将数字化转型作为改造提升传统动能、培育发展新动能的重要手段，不断深化对数字化转型艰巨性、长期性和系统性的认识。发挥国有企业在新一轮科技革命和产业变革浪潮中的引领作用，进一步强化数据驱动、集成创新、合作共赢等数字化转型理念，系统组织数字化转型理论、方法和实践的集中学习，积极开展创新大赛、成果推广、树标立范、交流培训等多种形式的活动，激发基层活力，营造勇于、乐于、善于数字化转型的氛围。

二、加强对标，着力夯实数字化转型基础

（一）建设基础数字技术平台

运用5G、云计算、区块链、人工智能、数字孪生、北斗通信等新一代信息技术，探索构建适应企业业务特点和发展需求的"数据中台""业务中台"等新型IT架构模式，建设敏捷高效可复用的新一代数字技术基础设施，加快形成集团级数字技术赋能平台，提升核心架构自主研发水平，为业务数字化创新提供高效数据及一体化服务支撑。加快企业内网建设，稳妥推动内网与互联网的互联互通。优化数据中心布局，提升服务能力，加快企业上云步伐。

（二）建立系统化管理体系

应用两化融合管理体系标准（GB/T23000系列），加快建立数字化转型闭环管理机制，以两化融合管理体系促进企业形成并完善数字化转型战略架构。积极推进数字化转型管理工作与质量管理、信息安全、职业健康管理等体系的融合应用。建立数字化转型诊断对标工作机制，定期开展诊断对标，持续提升新一代信息技术与企业业务融合发展水平。

（三）构建数据治理体系

加快集团数据治理体系建设，明确数据治理归口管理部门，加强数据标准化、元数据和主数据管理工作，定期评估数据治理能力成熟度。加强生产现场、服务过程等数据动态采集，建立覆盖全业务链条的数据采集、传输和汇聚体系。加快大数据平台建设，创新数据融合分析与共享交换机制。强化业务场景数据建模，深入挖掘数据价值，提升数据洞察能力。

（四）提升安全防护水平

建设态势感知平台，加强平台、系统、数据等安全管理。使用安全可靠的设备设施、工具软件、信息系统和服务平台，提升本质安全。建设漏洞库、病毒库、威胁信息库等网络安全基础资源库，加强安全资源储备。搭建测试验证环境，强化安全检测评估，开展攻防演练，加快培养专业人才队伍。

三、把握方向，加快推进产业数字化创新

（一）推进产品创新数字化

推动产品和服务的数字化改造，提升产品与服务策划、实施和优化过程的数字化水平，打造差异化、场景化、智能化的数字产品和服务。开发具备感知、交互、自学习、辅助决策等功能的智能产品与服务，更好地满足和引导用户需求。

（二）推进生产运营智能化

推进智慧办公、智慧园区等建设，加快建设推广共享服务中心，推动跨企业、跨区域、跨行业集成互联与智能运营。按照场景驱动、快速示范的原则，加强智能现场建设，推进5G、物联网、大数据、人工智能、数字孪生等技术规模化集成应用，实现作业现场全要素、全过程自动感知、实时分析和自适应优化决策，提高生产质量、效率和资产运营水平，赋能企业提质增效。

（三）推进用户服务敏捷化

加快建设数字营销网络，实现用户需求的实时感知、分析和预测。整合服务渠道，建设敏捷响应的用户服务体系，实现从订单到交付全流程的按需、精准服务，提升用户全生命周期响应能力。动态采集产品使用和服务过程数据，提供在线监控、远程诊断、预测性维护等延伸服务，丰富完善服务产品和业务模式，探索平台化、集成化、场景化增值服务。

（四）推进产业体系生态化

依托产业优势，加快建设能源、电信、制造、医疗、旅游等领域产业链数字化生态协同平台，推动供应链、产业链上下游企业间数据贯通、资源共享和业务协同，提升产业链资源优化配置和动态协调水平。加强跨界合作创新，与内外部生态合作伙伴共同探索形成融合、共生、互补、互利的合作模式和商业模式，培育供应链金融、网络化协同、个性化定制、服务化延伸等新模式，打造互利共赢的价值网络，加快构建跨界融合的数字化产业生态。

四、技术赋能，全面推进数字产业化发展

（一）加快新型基础设施建设

充分发挥国有企业新基建主力军优势，积极开展5G、工业互联网、人工智能等新型基础设施投资和建设，形成经济增长新动力。带动产业链上下游及各行业开展新型基础设施的应用投资，丰富应用场景，拓展应用效能，加快形成赋能数字化转型、助力数字经济发展的基础设施体系。

（二）加快关键核心技术攻关

通过联合攻关、产业合作、并购重组等方式，加快攻克核心电子元器件、高端芯片、基础软件、核心工业软件等关键短板，围绕企业实际应用场景，加速突破先进传感、新型网络、大数据分析等数字化共性技术及5G、人工智能、区块链、数字孪生等前沿技术，打造形成国际先进、安全可控的数字化转型技术体系。

（三）加快发展数字产业

结合企业实际，合理布局数字产业，聚焦能源互联网、车联网等新领域，着力推动电子商务、数据资产运营、共享服务、平台服务、新零售等数字业务发展，打造规模化数字创新体，培育新业务增长点。面向企业数字化转型需要，加强资源整合优化，创新体制机制，培育行业领先的数字化服务龙头企业，研发和输出数字化转型产品和系统解决方案。

五、突出重点，打造行业数字化转型示范样板

（一）打造制造类企业数字化转型示范

以智能制造为主攻方向，加快建设推广智能工厂、数字化车间、智能炼厂、智能钢厂等智能现场，推动装备、生产线和工厂的数字化、网络化、智能化改造，着力提高生产设备数字化率和联网率，提升关键工序数控化率，增强基于数字孪生的设计制造水平，加快形成动态感知、预测预警、自主决策和精准执行能力，全面提升企业研发、设计和生产的智能化水平。积极打造工业互联网平台，推动知识能力的模块化、软件化和平台化，加快产业链供应链资源共享和业务协同。

（二）打造能源类企业数字化转型示范

加快建设推广智慧电网、智慧管网、智能电站、智能油田、智能矿山等智能现场，着力提高集成调度、远程操作、智能运维水平，强化能源资产资源规划、建设和运营全周期运营管控能力，实现能源企业全业务链的协同创新、高效运营和价值提升。

（三）打造建筑类企业数字化转型示范

重点开展建筑信息模型、三维数字化协同设计、人工智能等技术的集成应用，提升施工项目数字化集成管理水平，推动数字化与建造全业务链的深度融合，助力智慧城市建设，着力提高BIM技术覆盖率，创新管理模式和手段，强化现场环境监测、智慧调度、物资监管、数字交付等能力，有效提高人均劳动效能。

（四）打造服务类企业数字化转型示范

着力推进智慧营销、智慧物流、智慧金融、智慧旅游、智慧供应链等建设，推动实体服务网点向虚拟智慧网点转变，打造智慧服务中心，发展基于互联网平台的用户服务，打造在线的数字服务产品，积极创新服务模式和商业模式，提升客户体验，提高客户黏性，拓展数字服务能力，扩展数字业务规模。

六、统筹部署，多措并举确保转型工作顺利实施

（一）制定数字化转型规划和路线图

结合企业实际，制定企业数字化转型专项规划，明确转型方向、目标和重点，勾画商业模式、经营模式和产业生态蓝图愿景。以构建企业数字时代核心竞争能力为主线，制定数字化转型方案，纳入企业年度工作计划，明确相关部门和岗位工作要求，加强动态跟踪和闭环管控。加快企业数字化治理模式、手段、方法升级，以企业架构为核心构建现代化IT治理体系，促进IT投资与业务变革发展持续适配。运用数字化转型服务平台（http://gq.dlttx.com），开展诊断对标。

（二）协同推进数字化转型工作

建立跨部门联合实施团队，探索建设数字化创新中心、创新实验室、智能调度中心、大数据中心等平台化、敏捷化的新型数字化组织，推动面向数字化转型的企业组织与管理变革，统筹构建数字化新

型能力，以钉钉子的精神切实推动数字化转型工作，一张蓝图干到底。对接考核体系，以价值效益为导向，跟踪、评价、考核、对标和改进数字化转型工作。

（三）做好数字化转型资源保障

要实行数字化转型一把手负责制，企业主要负责同志应高度重视、亲自研究、统筹部署，领导班子中明确专人分管，统筹规划、科技、信息化、流程等管控条线，优化体制机制、管控模式和组织方式，协调解决重大问题。建立与企业营业收入、经营成本、员工数量、行业特点、数字化水平等相匹配的数字化转型专项资金投入机制。加快培育高水平、创新型、复合型数字化人才队伍，健全薪酬等激励措施，完善配套政策。

国务院国资委将加强对国有企业数字化转型工作的指导，组织数字化转型线上诊断，开展"一把手谈数字化转型"工作，遴选推广数字化转型典型案例和解决方案，推进数字化转型协同创新平台建设，组织数字化转型相关交流研讨，切实推动国有企业数字化转型工作。

国务院国资委办公厅

2020年8月21日

国家发展改革委、科技部等四部门发布
《关于扩大战略性新兴产业投资 培育壮大
新增长点增长极的指导意见》

发改高技〔2020〕1409号

国务院有关部门，各省、自治区、直辖市、新疆生产建设兵团发展改革委、科技厅（委、局）、工业和信息化委（厅）、财政厅（局）：

为深入贯彻落实党中央、国务院关于在常态化疫情防控中扎实做好"六稳"工作，全面落实"六保"任务，扩大战略性新兴产业投资、培育壮大新的增长点增长极的决策部署，更好发挥战略性新兴产业重要引擎作用，加快构建现代化产业体系，推动经济高质量发展，现提出如下意见：

一、总体要求

以习近平新时代中国特色社会主义思想为指导，全面贯彻党的十九大和十九届二中、三中、四中全会精神，统筹做好疫情防控和经济社会发展工作，坚定不移贯彻新发展理念，围绕重点产业链、龙头企业、重大投资项目，加强要素保障，促进上下游、产供销、大中小企业协同，加快推动战略性新兴产业高质量发展，培育壮大经济发展新动能。

（一）聚焦重点产业领域

着力扬优势、补短板、强弱项，加快适应、引领、创造新需求，推动重点产业领域形成规模效应。

（二）打造集聚发展高地

充分发挥产业集群要素资源集聚、产业协同高效、产业生态完备等优势，利用好自由贸易试验区、自由贸易港等开放平台，促进形成新的区域增长极。

（三）增强要素保障能力

按照"资金跟着项目走、要素跟着项目走"原则，引导人才、用地、用能等要素合理配置、有效集聚。

（四）优化投资服务环境

通过优化营商环境、加大财政金融支持、创新投资模式，畅通供需对接渠道，释放市场活力和投资潜力。

二、聚焦重点产业投资领域

（一）加快新一代信息技术产业提质增效

加大5G建设投资,加快5G商用发展步伐,将各级政府机关、企事业单位、公共机构优先向基站建设开放,研究推动将5G基站纳入商业楼宇、居民住宅建设规范。加快基础材料、关键芯片、高端元器件、新型显示器件、关键软件等核心技术攻关,大力推动重点工程和重大项目建设,积极扩大合理有效投资。稳步推进工业互联网、人工智能、物联网、车联网、大数据、云计算、区块链等技术集成创新和融合应用。加快推进基于信息化、数字化、智能化的新型城市基础设施建设。围绕智慧广电、媒体融合、5G广播、智慧水利、智慧港口、智慧物流、智慧市政、智慧社区、智慧家政、智慧旅游、在线消费、在线教育、医疗健康等成长潜力大的新兴方向,实施中小企业数字化赋能专项行动,推动中小微企业"上云用数赋智",培育形成一批支柱性产业。实施数字乡村发展战略,加快补全农村互联网基础设施短板,加强数字乡村产业体系建设,鼓励开发满足农民生产生活需求的信息化产品和应用,发展农村互联网新业态新模式。实施"互联网+"农产品出村进城工程,推进农业农村大数据中心和重要农产品全产业链大数据建设,加快农业全产业链的数字化转型。(责任部门:发展改革委、工业和信息化部、科技部、教育部、住房城乡建设部、交通运输部、水利部、农业农村部、商务部、卫生健康委、广电总局、国铁集团等按职责分工负责)

(二)加快生物产业创新发展步伐

加快推动创新疫苗、体外诊断与检测试剂、抗体药物等产业重大工程和项目落实落地,鼓励疫苗品种及工艺升级换代。系统规划国家生物安全风险防控和治理体系建设,加大生物安全与应急领域投资,加强国家生物制品检验检定创新平台建设,支持遗传细胞与遗传育种技术研发中心、合成生物技术创新中心、生物药技术创新中心建设,促进生物技术健康发展。改革完善中药审评审批机制,促进中药新药研发和产业发展。实施生物技术惠民工程,为自主创新药品、医疗装备等产品创造市场。(责任部门:发展改革委、卫生健康委、科技部、工业和信息化部、中医药局、药监局等按职责分工负责)

(三)加快高端装备制造产业补短板

重点支持工业机器人、建筑、医疗等特种机器人、高端仪器仪表、轨道交通装备、高档五轴数控机床、节能异步牵引电动机、高端医疗装备和制药装备、航空航天装备、海洋工程装备及高技术船舶等高端装备生产,实施智能制造、智能建造试点示范。研发推广城市市政基础设施运维、农业生产专用传感器、智能装备、自动化系统和管理平台,建设一批创新中心和示范基地、试点县。鼓励龙头企业建设"互联网+"协同制造示范工厂,建立高标准工业互联网平台。(责任部门:发展改革委、工业和信息化部、住房城乡建设部、农业农村部、国铁集团等按职责分工负责)

(四)加快新材料产业强弱项

围绕保障大飞机、微电子制造、深海采矿等重点领域产业链供应链稳定,加快在光刻胶、高纯靶材、高温合金、高性能纤维材料、高强高导耐热材料、耐腐蚀材料、大尺寸硅片、电子封装材料等领域实现突破。实施新材料创新发展行动计划,提升稀土、钒钛、钨钼、锂、铷铯、石墨等特色资源在开采、冶炼、深加工等环节的技术水平,加快拓展石墨烯、纳米材料等在光电子、航空装备、新能源、生物医药等领域的应用。(责任部门:发展改革委、工业和信息化部等按职责分工负责)

(五)加快新能源产业跨越式发展

聚焦新能源装备制造"卡脖子"问题,加快主轴承、IGBT、控制系统、高压直流海底电缆等核心技术部件研发。加快突破风光水储互补、先进燃料电池、高效储能与海洋能发电等新能源电力技术瓶颈，建设智能电网、微电网、分布式能源、新型储能、制氢加氢设施、燃料电池系统等基础设施网络。提升先进燃煤发电、核能、非常规油气勘探开发等基础设施网络的数字化、智能化水平。大力开展综合能源服务，推动源网荷储协同互动，有条件的地区开展秸秆能源化利用。（责任部门：发展改革委、工业和信息化部、自然资源部、能源局等按职责分工负责）

（六）加快智能及新能源汽车产业基础支撑能力建设

开展公共领域车辆全面电动化城市示范，提高城市公交、出租、环卫、城市物流配送等领域车辆电动化比例。加快新能源汽车充/换电站建设，提升高速公路服务区和公共停车位的快速充/换电站覆盖率。实施智能网联汽车道路测试和示范应用，加大车联网车路协同基础设施建设力度，加快智能汽车特定场景应用和产业化发展。支持建设一批自动驾驶运营大数据中心。以支撑智能汽车应用和改善出行为切入点，建设城市道路、建筑、公共设施融合感知体系，打造基于城市信息模型（CIM）、融合城市动态和静态数据于一体的"车城网"平台，推动智能汽车与智慧城市协同发展。（责任部门：发展改革委、工业和信息化部、住房城乡建设部、交通运输部等按职责分工负责）

（七）加快节能环保产业试点示范

实施城市绿色发展综合示范工程，支持有条件的地区结合城市更新和城镇老旧小区改造，开展城市生态环境改善和小区内建筑节能节水改造及相关设施改造提升，推广节水效益分享等合同节水管理典型模式，鼓励创新发展合同节水管理商业模式，推动节水服务产业发展。开展共用物流集装化体系示范，实现仓储物流标准化周转箱高效循环利用。组织开展多式联运示范工程建设。发展智慧农业，推进农业生产环境自动监测、生产过程智能管理。试点在超大城市建立基于人工智能与区块链技术的生态环境新型治理体系。探索开展环境综合治理托管、生态环境导向的开发（EOD）模式等环境治理模式创新，提升环境治理服务水平，推动环保产业持续发展。加大节能、节水环保装备产业和海水淡化产业培育力度，加快先进技术装备示范和推广应用。实施绿色消费示范，鼓励绿色出行、绿色商场、绿色饭店、绿色电商等绿色流通主体加快发展。积极推行绿色建造，加快推动智能建造与建筑工业化协同发展，大力发展钢结构建筑，提高资源利用效率，大幅降低能耗、物耗和水耗水平。（责任部门：发展改革委、科技部、工业和信息化部、自然资源部、生态环境部、住房和城乡建设部、交通运输部、农业农村部、商务部、国铁集团等按职责分工负责）

（八）加快数字创意产业融合发展

鼓励数字创意产业与生产制造、文化教育、旅游体育、健康医疗与养老、智慧农业等领域融合发展，激发市场消费活力。建设一批数字创意产业集群，加强数字内容供给和技术装备研发平台，打造高水平直播和短视频基地、一流电竞中心、高沉浸式产品体验展示中心，提供VR旅游、AR营销、数字文博馆、创意设计、智慧广电、智能体育等多元化消费体验。发展高清电视、超高清电视和5G高新视频，发挥网络视听平台和产业园区融合集聚作用，贯通内容生产传播价值链和电子信息设备产业链，联动线上线下文化娱乐和综合信息消费，构建新时代大视听全产业链市场发展格局。（责任部门：发展改革委、教育部、工业和信息化部、农业农村部、文化和旅游部、广电总局、体育总局等按职责分工负责）

三、打造产业集聚发展新高地

（一）深入推进国家战略性新兴产业集群发展工程

构建产业集群梯次发展体系，培育和打造10个具有全球影响力的战略性新兴产业基地、100个具备国际竞争力的战略性新兴产业集群，引导和储备1000个各具特色的战略性新兴产业生态，形成分工明确、相互衔接的发展格局。适时启动新一批国家战略性新兴产业集群建设。培育若干世界级先进制造业集群。综合运用财政、土地、金融、科技、人才、知识产权等政策，协同支持产业集群建设、领军企业培育、关键技术研发和人才培养等项目。（责任部门：发展改革委、科技部、工业和信息化部、财政部、人力资源社会保障部、自然资源部、商务部、人民银行、知识产权局等按职责分工负责）

（二）增强产业集群创新引领力

启动实施产业集群创新能力提升工程。发挥科技创新中心、综合性国家科学中心创新资源丰富的优势，推动特色产业集群发展壮大。依托集群内优势产学研单位联合建设一批产业创新中心、工程研究中心、产业计量测试中心、质检中心、企业技术中心、标准创新基地、技术创新中心、制造业创新中心、产业知识产权运营中心等创新平台和重点地区承接产业转移平台。推动产业链关键环节企业建设产业集群协同创新中心和产业研究院。（责任部门：发展改革委、科技部、工业和信息化部、市场监管总局、中科院、知识产权局等按职责分工负责）

（三）推进产城深度融合

启动实施产业集群产城融合示范工程。以产业集群建设推动生产、生活、生态融合发展，促进加快形成创新引领、要素富集、空间集约、宜居宜业的产业生态综合体。加快产业集群交通、物流、生态环保、水利等基础设施数字化改造。推进产业集群资源环境设施共建共享、能源资源智能利用、污染物集中处理等设施建设。探索"核心承载区管理机构+投资建设公司+专业运营公司"建设新模式，推进核心承载区加快向企业综合服务、产业链资源整合、价值再造平台转型。推动符合条件的战略性新兴产业集群通过市场化方式开展基础设施领域不动产投资信托基金（REITs）试点。（责任部门：发展改革委、住房城乡建设部、交通运输部、水利部、证监会、国铁集团等按职责分工负责）

（四）聚焦产业集群应用场景营造

启动实施产业集群应用场景建设工程。围绕5G、人工智能、车联网、大数据、区块链、工业互联网等领域，率先在具备条件的集群内试点建设一批应用场景示范工程，定期面向特定市场主体发布应用场景项目清单，择优评选若干新兴产业应用场景进行示范推广，并给予应用方一定支持。鼓励集群内企业发展面向定制化应用场景的"产品+服务"模式，创新自主知识产权产品推广应用方式和可再生能源综合应用，壮大国内产业循环。（责任部门：发展改革委、工业和信息化部、住房城乡建设部、能源局、知识产权局等按职责分工负责）

（五）提高产业集群公共服务能力

实施产业集群公共服务能力提升工程。依托行业协会、专业机构、科研单位等建设一批专业化产业集群促进机构。推进国家标准参考数据体系建设。建设产业集群创新和公共服务综合体，强化研发设计、计量测试、标准认证、中试验证、检验检测、智能制造、产业互联网、创新转化等产业公共服务平台支撑，打造集技术转移、产业加速、孵化转化等为一体的高品质产业空间。在智能制造、绿色制造、工业互联网等领域培育一批解决方案供应商。支持有条件的集群聚焦新兴应用开展5G、数据中心、人工智能、工业互联网、车联网、物联网等新型基础设施建设。（责任部门：发展改革委、工业和信息化部、住房城乡建设部、商务部、市场监管总局、中科院等按职责分工负责）

四、增强资金保障能力

（一）加强政府资金引导

统筹用好各级各类政府资金、创业投资和政府出资产业投资基金，创新政府资金支持方式，强化对战略性新兴产业重大工程项目的投资牵引作用。鼓励地方政府设立战略性新兴产业专项资金计划，按市场化方式引导带动社会资本设立产业投资基金。围绕保障重点领域产业链供应链稳定，鼓励建立中小微企业信贷风险补偿机制，加大对战略性新兴产业的支持力度。（责任部门：发展改革委、工业和信息化部、财政部等按职责分工负责）

（二）提升金融服务水平

鼓励金融机构创新开发适应战略性新兴产业特点的金融产品和服务，加大对产业链核心企业的支持力度，优化产业链上下游企业金融服务，完善内部考核和风险控制机制。鼓励银行探索建立新兴产业金融服务中心或事业部。推动政银企合作。构建保险等中长期资金投资战略性新兴产业的有效机制。制订战略性新兴产业上市公司分类指引，优化发行上市制度，加大科创板等对战略性新兴产业的支持力度。加大战略性新兴产业企业（公司）债券发行力度。支持创业投资、私募基金等投资战略性新兴产业。（责任部门：人民银行、银保监会、证监会、发展改革委等按职责分工负责）

（三）推进市场主体投资

依托国有企业主业优势，优化国有经济布局和结构，加大战略性新兴产业投资布局力度。鼓励具备条件的各类所有制企业独立或联合承担国家各类战略性新兴产业研发、创新能力和产业化等建设项目。支持各类所有制企业发挥各自优势，加强在战略性新兴产业领域合作，促进大中小企业融通发展。修订外商投资准入负面清单和鼓励外商投资产业目录，进一步放宽或取消外商投资限制，增加战略性新兴产业条目。（责任部门：发展改革委、工业和信息化部、商务部、国资委等职责分工负责）

五、优化投资服务环境

（一）深化"放管服"改革

全力推动重大项目"物流通、资金通、人员通、政策通"。深化投资审批制度改革，推进战略性新兴产业投资项目承诺制审批，简化、整合项目报建手续，深化投资项目在线审批监管平台应用，加快推进全程网办。全面梳理新产业、新业态、新模式准入和行政许可流程，精简审批环节，缩短办理时限，推行"一网通办"。（责任部门：发展改革委牵头，各部门按职责分工负责）

（二）加快要素市场化配置

充分发挥市场在资源配置中的决定性作用，更好发挥政府作用。统筹做好用地、用水、用能、环保等要素配置，将土地林地、建筑用砂、能耗等指标优先保障符合高质量发展要求的重大工程和项目需求。加强工业用地市场化配置，鼓励地方盘活利用存量土地。（责任部门：发展改革委、自然资源部、生态环境部、住房城乡建设部、水利部、商务部等按职责分工负责）

（三）完善包容审慎监管

推动建立适应新业态新模式发展特点、以信用为基础的新型监管机制。规范行政执法行为，推进跨部门联合"双随机、一公开"监管和"互联网+监管"，细化量化行政处罚标准。（责任部门：发展

改革委牵头，各部门按职责分工负责）

　　各地区、各部门要积极做好政策咨询和宣传引导工作，以"线上线下"产业招商会、优质项目遴选赛、政银企对接会、高端论坛等形式加强交流合作，增强企业投资意愿，激发社会投资创新动力和发展活力，努力营造全社会敢投资、愿投资、善投资战略性新兴产业发展的良好氛围。（责任部门：发展改革委牵头，各部门按职责分工负责）

国家发展改革委科技部

工业和信息化部

财政部

2020年9月8日

关于支持民营企业加快改革发展与转型升级的实施意见

发改体改〔2020〕1566号

各省、自治区、直辖市人民政府，新疆生产建设兵团，国务院有关部门，全国总工会，国家开发银行、中国进出口银行、中国农业发展银行、中国国家铁路集团有限公司：

为深入贯彻习近平总书记关于支持民营企业改革发展的重要讲话精神，认真落实《中共中央　国务院关于营造更好发展环境支持民营企业改革发展的意见》有关要求，推动相关支持政策加快落地见效，有效应对新冠肺炎疫情影响，激发民营企业活力和创造力，进一步为民营企业发展创造公平竞争环境，带动扩大就业，经国务院同意，现提出以下意见。

一、切实降低企业生产经营成本

（一）继续推进减税降费。切实落实常态化疫情防控和复工复产各项政策，简化优惠政策适用程序，深入开展有针对性的政策宣传辅导，帮助企业准确掌握和及时享受各项优惠政策。贯彻实施好阶段性减免社会保险费和降低社保费率政策等。对受疫情影响严重的中小企业，依法核准其延期缴纳税款申请。对小微企业2020年1月1日至2021年12月31日的工会经费，实行全额返还支持政策。

（二）进一步降低用能用网成本。落实阶段性降低企业用电价格的支持政策，持续推进将除高耗能以外的大工业和一般工商业电价全年降低5%。切实加强转供电价格监管，确保民营企业及时足额享受降价红利。

（三）深入推进物流降成本。依法规范港口、班轮、铁路、机场等经营服务性收费。建立物流基础设施用地保障机制，引导各地合理设置投资强度、税收贡献等指标限制，鼓励通过长期租赁等方式保障物流用地。规范城市配送车辆通行管理，根据地方实际优化通行管理措施，鼓励发展夜间配送和共同配送、统一配送等集约化配送模式。

二、强化科技创新支撑

（一）支持参与国家重大科研攻关项目。鼓励民营企业参与国家产业创新中心、国家制造业创新中心、国家工程研究中心、国家技术创新中心等创新平台建设，加快推进对民营企业的国家企业技术中心认定工作，支持民营企业承担国家重大科技战略任务。

（二）增加普惠型科技创新投入。各地要加大将科技创新资金用于普惠型科技创新的力度，通过银企合作、政府引导基金、科技和知识产权保险补助、科技信贷和知识产权质押融资风险补偿等方式，支持民营企业开展科技创新。

（三）畅通国家科研资源开放渠道。推动国家重大科研基础设施和大型科研仪器进一步向民营企业开放。鼓励民营企业和社会力量组建专业化的科学仪器设备服务机构，参与国家科研设施与仪器的管理与运营。

（四）完善知识产权运营服务体系。发展专业化技术交易知识产权运营机构，培育技术经理人。规范探索知识产权证券化，推动知识产权融资产品创新。建设国家知识产权公共服务平台，为民营企业和中小企业创新提供知识产权一站式检索、保护和咨询等服务。

（五）促进民营企业数字化转型。实施企业"上云用数赋智"行动和中小企业数字化赋能专项行动，布局一批数字化转型促进中心，集聚一批面向中小企业数字化服务商，开发符合中小企业需求的数字化平台、系统解决方案等，结合行业特点对企业建云、上云、用云提供相应融资支持。实施工业互联网创新发展工程，支持优势企业提高工业互联网应用水平，带动发展网络协同制造、大规模个性化定制等新业态新模式。

三、完善资源要素保障

（一）创新产业用地供给方式。优化土地市场营商环境，保障民营企业依法平等取得政府供应或园区转让的工业用地权利，允许中小民营企业联合参与工业用地招拍挂，可按规定进行宗地分割。鼓励民营企业利用自有工业用地发展新产业新业态并进行研发创新，根据相关规划及有关规定允许增加容积率的，不增收土地价款等费用。民营企业退出原使用土地的，市、县人民政府应支持依法依约转让土地，并保障其合法土地权益；易地发展的，可以协议出让方式重新安排工业用地。

（二）加大人才支持和培训力度。畅通民营企业专业技术人才职称评审通道，推动社会化评审。增加民营企业享受政府特殊津贴人员比重。适时发布技能人才薪酬分配指引，引导企业建立符合技能人才特点的工资分配制度。加快实施职业技能提升行动，面向包括民营企业职工在内的城乡各类劳动者开展大规模职业技能培训，并按规定落实培训补贴。

（三）优化资质管理制度。对存量资质、认证认可实施动态调整，优化缩减资质类别，建筑企业资质类别和等级压减三分之一以上。对新能源汽车、商用车等行业新增产能，在符合市场准入要求条件下，公平给予资质、认证认可，不得额外设置前置条件。深化工业产品生产许可证制度改革，除涉及公共安全、经济安全产品以外，不再实行许可证管理，对于保留许可证管理产品，审批权限下放至省级市场监管部门。完善强制性产品认证制度，探索引入"自我符合性声明"方式，优化认证程序。

（四）破除要素流动的区域分割和地方保护。除法律法规明确规定外，不得要求企业必须在某地登记注册，不得为企业在不同区域间的自由迁移设置障碍。支持地方开展"一照多址"改革，探索简化平台企业分支机构设立手续。逐步统一全国市场主体登记业务规范、数据标准和统一平台服务接口，减少区域间登记注册业务的差异性。完善企业注销网上服务平台，进一步便利纳税人注销程序。对设立后未开展生产经营活动或者无债权债务的市场主体，可以按照简易程序办理注销。

四、着力解决融资难题

（一）加大对民营企业信贷支持力度。引导商业银行增加制造业民营企业信贷投放，大幅增加制造业中长期贷款，满足民营制造业企业长期融资需求。进一步修改完善金融企业绩效评价办法，强化对小微企业贷款业务评价。鼓励中小银行与开发性、政策性金融机构加深合作，提升服务民营企业、小微企业质效。

（二）支持开展信用融资。加大对中小企业融资综合信用服务平台和地方征信平台建设指导力度，推动政府部门、公用事业单位、大型互联网平台向征信机构和信用评级机构开放企业信用信息，鼓励金融机构和征信机构、信用评级机构加强合作，利用大数据等技术手段开发针对民营企业的免抵押免担保信用贷款产品。加大"信易贷"等以信用信息为核心内容的中小微企业融资模式推广力度，依托全国中小企业融资综合信用服务平台、地方征信平台等各类信用信息服务平台，加大信用信息归集力度，更好发挥对小微企业信用贷款的支持作用。用好普惠小微信用贷款支持方案，大幅增加小微企业信用贷款。深入开展"银税互动"，扩大受惠企业范围，推动缓解企业融资难题。

（三）拓展贷款抵押质押物范围。支持大型企业协助上下游企业开展供应链融资。依法合规发展企业应收账款、存货、仓单、股权、租赁权等权利质押贷款。积极探索将用能权、碳排放权、排污权、合同能源管理未来收益权、特许经营收费权等纳入融资质押担保范围。逐步扩大知识产权质押物范围，对企业专利权、商标专用权和著作权等无形资产进行打包组合融资，推动知识产权质押贷款增量扩面。继续向银行业金融机构延伸不动产登记服务点，加快"互联网+不动产登记"，推进查询不动产登记信息、办理抵押预告登记和抵押登记、发放电子不动产登记证明等全程不见面网上办理。鼓励银行等金融机构根据企业物流、信息流、资金流的评价结果，提升制造业民营企业最高授信额度。

（四）拓展民营经济直接融资渠道。支持民营企业开展债券融资，进一步增加民营企业债券发行规模。大力发展创业投资，支持民营企业创新发展。支持民营企业在全国中小企业股份转让系统、区域性股权市场挂牌交易和融资。

（五）创新信贷风险政府担保补偿机制。指导政府性融资担保机构加大对中小微企业的支持力度，适当降低融资担保费率。鼓励各地设立信用贷款、知识产权质押贷款、中小微企业贷款等风险分担机制，简化审核流程，分担违约风险。

（六）促进及时支付中小企业款项。落实《保障中小企业款项支付条例》，加快建立支付信息披露制度、投诉处理和失信惩戒制度以及监督评价机制。要对恶意拖欠、变相拖欠等行为开展专项督查，通报一批拖欠民营企业账款的典型案例，督促拖欠主体限期清偿拖欠账款。

五、引导扩大转型升级投资

（一）鼓励产业引导基金加大支持力度。更好发挥国家新兴产业创业投资引导基金、国家中小企业发展基金、国家制造业转型升级基金、先进制造产业投资基金、战略性新兴产业引导基金和国家绿色发展基金等基金以及地方各级政府设立的产业引导基金作用，鼓励各类产业引导基金加大对民营企业的支持力度。发挥国家科技成果转化引导基金作用，支持民营企业推广转化一批重大技术创新成果。

（二）支持传统产业改造升级。加快推动传统产业技术改造，向智能、安全、绿色、服务、高端方向发展，加强检验检测平台、系统集成服务商等技术改造服务体系建设。推动机械装备产业高质量发展、石化产业安全绿色高效发展，推进老旧农业机械、工程机械及老旧船舶更新改造。支持危化品企业改造升级，对于仅申报小批量使用危险化学品、不涉及制造和大规模囤积的项目，设立"一企一策"评审通道。

（三）支持民营企业平等参与项目投资。用好中央预算内投资和地方政府专项债券筹集的资金，优化投向结构和投资领域，支持金融机构依法合规提供融资，保障各类市场主体平等参与项目建设运营。对在政府和社会资本合作（PPP）项目中设置针对民营资本差别待遇或歧视性条款的，各级财政部门按照规定不予资金支持。探索按照"揭榜挂帅，立军令状"的公开征集方式组织实施一批重大投资工程。

（四）引导民营企业聚焦主业和核心技术。优化《鼓励外商投资产业目录》和《产业结构调整指导目录》，推动民营企业在产业链、价值链关键业务上重组整合，进一步集聚资源、集中发力，增强核心竞争力。

（五）提升民营企业应急物资供给保障能力。加快发展柔性制造，提升制造业应急保障能力。完善合理的激励政策，引导生产重要应急物资、应急装备的民营企业强化日常供应链管理，增强生产能力储备。积极支持民营节能环保企业参与医疗废弃物处理处置、污水垃圾处理等工程建设。鼓励民营企业加大医疗器械生产制造投资，保障民营企业公平参与公共卫生基础设施建设。

六、巩固提升产业链水平

（一）精准帮扶重点民营企业。对处于产业链关键环节重点民营企业所遇到的问题和困难，实施响应快速、程序简单、规则透明的针对性帮扶。及时研判产业链发展趋势，引导企业将产业链关键环节留在国内。

（二）依托产业园区促进产业集群发展。以园区为载体集聚创新资源和要素，促进国家级新区、高新技术开发区、经济技术开发区、新型工业化产业示范基地等规模扩大、水平提升。在产业转型升级示范区和示范园区的相关项目安排方面，加大对民营企业支持力度。鼓励各地建设中小微企业产业园、小型微型企业创业创新示范基地、标准化厂房及配套设施。

（三）有序引导制造业民营企业产业转移。推动中西部和东北地区积极承接东部地区制造业民营企业转移，支持承接产业转移示范区等重点功能平台建设，为制造业民营企业有序转移创造条件。

（四）提高产业链上下游协同协作水平。国有企业特别是中央企业要发挥龙头带动作用，进一步加强与产业链上下游企业协同，协助解决配套民营企业技术、设备、资金、原辅料等实际困难，带动上下游各类企业共渡难关。支持民营企业参与供应链协同制造，推进建设上下游衔接的开放信息平台。

七、深入挖掘市场需求潜力

（一）进一步放宽民营企业市场准入。加快电网企业剥离装备制造等竞争性业务，进一步放开设计施工市场，推动油气基础设施向企业公平开放。进一步放开石油、化工、电力、天然气等领域节能环保竞争性业务。制定鼓励民营企业参与铁路发展的政策措施，支持民营企业参与重大铁路项目建设以及铁路客货站场经营开发、快递物流等业务经营。依法支持社会资本进入银行、证券、资产管理、债券市场等金融服务业。推动检验检测机构市场化改革，鼓励社会力量进入检验检测市场。

（二）以高质量供给创造新的市场需求。落实支持出口产品转内销的实施意见，支持适销对路出口商品开拓国内市场。扩大基础设施建设投资主体，规范有序推进PPP项目，营造公平竞争的市场环境，带动民营企业参与5G网络、数据中心、工业互联网等新型基础设施投资建设运营。

（三）实施机器人及智能装备推广计划。扩大机器人及智能装备在医疗、助老助残、康复、配送以及民爆、危险化学品、煤矿、非煤矿山、消防等领域应用。加快高危行业领域"机器化换人、自动化减人"行动实施步伐，加快自动化、智能化装备推广应用及高危企业装备升级换代。加强对民营企业创新型应急技术装备推广应用的支持力度，在各类应急救援场景中，开展无人机、机器人等无人智能装备测试。

（四）支持自主研发产品市场迭代应用。适时修订国家首台（套）重大技术装备推广应用指导目录，优化首台（套）保险覆盖范围，加大对小型关键装备和核心零部件支持力度。支持通过示范试验工程提升国产装备应用水平。

（五）助力开拓国际市场。健全促进对外投资的政策和服务体系，拓展民营企业"走出去"发展空间，支持民营企业平等参与海外项目投标，避免与国内企业恶性竞争。搭建支持民营企业开展第三方市场合作的平台。鼓励行业组织协助企业开拓国际市场。发挥海外中国中小企业中心作用，提供专业化、本地化服务。

八、鼓励引导民营企业改革创新

（一）鼓励有条件的民营企业优化产权结构。鼓励民营企业构建现代企业产权结构，严格区分企业法人财产和企业主个人以及家族财产，分离股东所有权和公司法人财产权，明确企业各股东的持股比例。鼓励民营企业推进股权多元化，推动民营企业自然人产权向法人产权制度转变。鼓励有条件的股份制民营企业上市和挂牌交易。

（二）鼓励民营企业参与混合所有制改革。加大国有企业混合所有制改革力度，深入推进重点领域混合所有制改革。鼓励民营企业通过出资入股、收购股权、认购可转债、股权置换等形式参与国有企业改制重组、合资经营和混合所有制改革，促进行业上下游和企业内部生产要素有效整合。

（三）引导民营企业建立规范的法人治理结构。引导企业依据公司法及相关法律法规，形成权责明确、运转协调、有效制衡的决策执行监督体系，健全市场化规范经营机制，建立健全以质量、品牌、安全、环保、财务等为重点的企业内部管理制度。积极推动民营企业加强党组织和工会组织、职工代表大会制度建设，强化企业内部监督，增强企业凝聚力。

九、统筹推进政策落实

（一）完善涉企政策服务机制。建立健全企业家参与涉企政策制定机制，鼓励各地建立统一的民营企业政策信息服务平台，畅通企业提出意见诉求直通渠道。认真听取民营企业意见和诉求，鼓励各地建立民营企业转型升级问题清单制度，及时协调解决企业反映的问题困难。

（二）加强组织领导和督促落实。发展改革委要会同相关部门统筹做好支持民营企业改革发展与转型升级工作，完善工作机制，加强政策指导、工作协调和督促落实，及时研究解决民营企业发展中遇到的问题。

（三）加强典型推广示范引领。开展民营企业转型升级综合改革试点，支持试点地方先行先试、大胆创新，探索解决民营企业转型升级面临突出问题的有效路径和方式，梳理总结民营企业建立现代企业制度和转型升级的经验成效，复制推广各地支持民营企业改革发展的先进做法。

国家发展改革委科技部

工业和信息化部财政部

人力资源社会保障部

人民银行

2020年10月14日

后　　记

　　《中国企业改革发展蓝皮书》创编于2018年，是中国企业改革与发展研究会组织编写的权威年度报告，发行两年来受到广泛欢迎。今年的《中国企业改革发展2020蓝皮书》沿革前两届的风格，既坚持对当年中国企业改革发展时事的深入研究和客观记录，又在原基础上对结构与内容进一步完善，力求突出其工具书的属性，提高其对中国企业改革发展的资料性研究价值。

　　《中国企业改革发展2020蓝皮书》主报告由吉林大学中国国有经济研究中心撰写；分报告则来自于2020中国企业改革发展优秀成果及中国可持续发展工商理事会、中国企业改革与发展研究会信用委员会、国信联合（北京）认证中心撰写的分析报告，以及疫情对企业的影响等特约研究论文；同时收录了具有典型意义的近期中国企业改革发展案例；新增加的数据统计与分析章节，摘编了国民经济相关数据、居民消费数据、对外经济贸易数据、科技创新数据、500强企业趋势数据等；领导讲话及指导性文件收录了公开发布的与企业改革与发展相关的政策性文章、文件。

　　2020年注定会是个特殊的年份，年初突如其来的新冠疫情，叠加中美贸易摩擦，双重压力下企业的发展面临巨大挑战。但危中有机，抓住机遇的企业能够化危为机、转危为机，用创新革除企业发展的羁绊。数字经济、5G、新基建，立足大循环、促进双循环，已成为新时代中国企业持续发展的必然选择。我们愿紧扣时代脉搏，紧密围绕企业及企业生存环境，更好地以年度"蓝皮书"方式，服务于中国企业改革发展。

　　欢迎大家对"蓝皮书"编辑提出宝贵的修改完善建议。